भारतीय परम्परा का आधुनिकीकरण

भारतीय परम्परा का आधुनिकीकरण

(Modernization of Indian Tradition)

योगेन्द्र सिंह

अनुवादक
अरविन्द कुमार अग्रवाल

रावत पब्लिकेशन्स

जयपुर • नई दिल्ली • गुवाहाटी • कोलकाता

ISBN 978-81-316-0004-7 (Hardback)
ISBN 978-81-316-0005-4 (Paperback)

Reprinted, 2025

Published by
Prem Rawat for **Rawat Publications**
Satyam Apts., Sector 3, Jawahar Nagar, Jaipur - 302 004 (India)
Phones: 0141 265 1748 / 265 7006
E-mail : info@rawatbooks.com
Website: rawatbooks.com

New Delhi Office
4858/24, Ansari Road, Daryaganj, New Delhi 110 002
Phone: 011-23263290

Printed at Nice Printing Press, New Delhi

विषय सूची

हिंदी पाठकों के लिए 7

अनुवादक की कलम से 9

आमुख 11

1 भारत में सामाजिक परिवर्तन : एक उपागम 19
Social Change in India: An Approach

2 सांस्कृतिक परम्पराओं में अन्तःजनित परिवर्तन एवं आधुनिकीकरण 65
Orthogenetic Changes in Cultural Traditions and Modernization

3 इस्लाम का प्रभाव एवं आधुनिकीकरण 115
The Impact of Islam and Modernization

4 पाश्चात्य प्रभाव एवं सांस्कृतिक आधुनिकीकरण 157
The Western Impact and Cultural Modernization

5 सामाजिक संरचना में परिवर्तन एवं आधुनिकीकरण (वृहत्–संरचनात्मक परिवर्तन) 219
Changes in Social Structure and Modernization: The Macro-Structural Changes

6 सामाजिक संरचना में परिवर्तन तथा आधुनिकीकरण (लघु–संरचनात्मक परिवर्तन) 279
Changes in Social Structures and Modernization: The Micro-Structural Changes

7 भारतीय परम्परा का आधुनिकीकरण : विश्लेषण 327
Modernization of Indian Tradition: Analysis

हिंदी पाठकों के लिए

भारतीय परम्परा का आधुनिकीकरण... का हिंदी अनुवाद अत्यंत समसामयिक है। इसके द्वारा न केवल यह पुस्तक हिंदी भाषी पाठकों तक पहुंचेगी वरन आधुनिकता और परम्परा से सम्बन्धित अवधारणाओं और प्रक्रियाओं के विश्लेषण और चिंतन का क्षेत्र भी विस्तृत होगा। पिछले कुछ दशकों में आधुनिकता और आधुनिकीकरण के विचारों का बराबर मूल्यांकन और विश्लेषण होता रहा है। वैश्वीकरण की प्रक्रिया ने इसमें कतिपय नए वैचारिक आयामों को भी उजागर किया है।

इस परिप्रेक्ष्य में इस पुस्तक की समसामयिकता का अपना स्थान है। प्रथम, जिन अवधारणाओं और पद्धतियों के द्वारा आधुनिकता और परम्परा का अध्ययन इस पुस्तक में किया गया है उनकी उपादेयता मात्र बनी हुई ही नहीं है बल्कि बढ़ गई है। अन्तरराष्ट्रीय स्तर पर बौद्धिक जगत में आज यह स्वीकार किया जा रहा है कि आधुनिकता, सांस्कृतिक, संरचनात्मक और, ऐतिहासिक दृष्टि से एक सापेक्षिक प्रक्रिया है। 1950 के दशक में यह दृष्टिकोण स्वीकृत नहीं था। वैश्वीकरण की प्रक्रिया में भी सांस्कृतिक सापेक्षिकता और इतिहासपरकता का तत्व आज वर्तमान है। वैश्वीकरण की प्रक्रिया में 'स्थानीयता' का महत्व बना रहता है। ग्लोबलाइजेशन के साथ ग्लोकालाइजेशन की निरन्तर उपस्थिति इसको उजागर करती है।

इस संदर्भ में इस पुस्तक की मूल अवधारणायें, वृहत और लघु परम्परा' व 'वृहत तथा लघु संरचना' का इतिहास सापेक्षिक अध्ययन व विश्लेषण और अधिक उपयोगी सिद्ध हो सकता है। इस पैराडाइम Paradigm के द्वारा सहजता व

वैज्ञानिकता के साथ बदलते तथ्यों का मूल्यांकन 'समय व स्थान' के परिवेश में कुशलता से किया जा सकता है।

पुस्तक का हिंदी अनुवाद काफी समय से विचाराधीन रहा है। इस लक्ष्य को वास्तविकता में परिवर्तित करने का श्रेय मेरे सहयोगी एवं पूर्व विद्यार्थी डॉ. अरविंद अग्रवाल को जाता है। उन्होंने अत्यन्त धैर्य और कौशल के साथ अनुवाद का सराहनीय कार्य किया है। मैं उनके प्रति आभार व कृतज्ञता प्रगट करता हूं।

रावत पब्लिकेशन ने अनुवाद की प्रक्रिया को सम्पन्न करने के लिए निरन्तर प्रयास किया। उनके सहयोग के द्वारा ही पुस्तक का हिंदी–अनुवाद सम्भव हो सका है। मैं उनके प्रति भी आभारी हूं।

सेन्टर फॉर द स्टडी ऑफ सोशियल सिस्टम्स, **योगेन्द्र सिंह**
स्कूल ऑफ सोशियल साइन्सेज,
जवाहरलाल नेहरू विश्वविद्यालय,
नई दिल्ली
26 जनवरी 2006

अनुवादक की कलम से

मेरे गुरुओं के गुरु व जवाहरलाल नेहरू विश्वविद्यालय में मेरे गुरु प्रोफेसर योगेन्द्र सिंह की इस कालजयी कृति का अनुवाद करना मेरे लिए शैक्षणिक चुनौती तो थी ही, साथ–साथ प्रो. सिंह के प्रति अपनी कृतज्ञता अर्पित करने का एक माध्यम भी था। बहुत समय से समाजशास्त्र के हिन्दी विद्यार्थियों के लिए इस पुस्तक के अनुवाद का विचार मन में था। इस पुस्तक के अनुवाद हेतु प्रोफेसर योगेन्द्र सिंह की अनुमति, तथा मुझ में व्यक्त विश्वास के लिए मैं अत्यंत आभारी व ऋणी हूं। हमारे विश्वविद्यालय में पूर्व कुलपति प्रोफेसर के.एल.शर्मा ने शोध व अकादमिक कार्य के लिए जो स्फूर्त वातावरण बनाया, उसने मुझे बहुत प्रेरित किया। अतः इस प्रेरण हेतु, मेरे गुरु, प्रोफेसर के.एल.शर्मा के प्रति मैं विनम्र कृतज्ञता ज्ञापित करता हूं।

इस पुस्तक का अनुवाद करते समय हिन्दी पाठकों की सुविधा हेतु यथासम्भव सरल भाषा का प्रयोग किया गया है तथा यह प्रयास किया गया है सम्पूर्ण पुस्तक में अंग्रेजी के प्रत्येक तकनीकी शब्द को एक समरूप हिन्दी शब्द के द्वारा अनूदित किया जाये। जहाँ अंग्रेजी शब्द का मानक व सुगम हिन्दी शब्द नहीं मिला है वहाँ उसे रोमन हिन्दी में लिखा गया है। अनेक स्थानों पर भाषा को स्पष्ट करने के उद्‌देश्य से कोष्ठक में अंग्रेजी शब्दों को भी दिया जा रहा है। पुस्तक के अंत में संदर्भों में पुस्तकों, शोधपत्रों व लेखकों के बारे में अंग्रेजी भाषा में लिखा गया है व टिप्पणियों का हिन्दी में अनुवाद किया गया है, ताकि हिन्दी पाठकों को सुविधा रहे तथा अंग्रेजी में मौलिक साहित्य को ढूंढ़ने में सरलता रहे।

जे.एन.यू. में मेरे विद्यार्थी काल से मेरी मित्र व जीवनसंगिनी, डा. हेमा

अग्रवाल के अटूट सहयोग के कारण यह पुस्तक मात्र ढाई महीने में अनूदित हो गई। हमारा पुत्र, अर्णिम हमें बौद्धिक कार्य करने के लिए प्रायः अपने स्वयं के उदाहरण से प्रेरित करता रहा है।

इस कार्य हेतु समयानुकूल सहायता व प्रोत्साहन हेतु श्री कैलाश रावत के प्रति आभारी हूं।

समाजशास्त्र के वरिष्ठ अध्यापक, श्री हरिकृष्ण रावत ने इस अनुवाद को पढ़कर कुछ मूल्यवान सुझाव दिए। उनकी इस सदाशयता के प्रति मेरा विनम्र आभार समर्पित है।

अंततः, मैं, इस अनुवाद की त्रुटियों, भूलों व अशुद्धियों के लिए उत्तरदायित्व को विनम्र स्वीकार करता हूं। आशा है यह हिन्दी अनुवाद, मौलिक कृति के अर्थ व भाव को स्पष्ट करने में सफल होगा।

26 जनवरी 2006 **अरविन्द कुमार अग्रवाल**

आमुख

(Preface)

एक व्यवस्थित समाजशास्त्रीय परिप्रेक्ष्य के माध्यम से ये लेख भारत में आधुनिकीकरण की प्रतिक्रियाओं को विश्लेषित करने का प्रयास हैं। आधुनिकीकरण की शक्तियों को विश्लेषित करने में प्रयुक्त दो मुख्य अवधारणाएँ, 'सामाजिक संरचना' तथा 'परम्परा' हैं। जबकि सामाजिक संरचना पर महत्व के कारण हमने समकालीन समाजशास्त्रीय अध्ययनों की सहायता से सामाजिक परिवर्तनों तथा आधुनिकीकरण की असमान प्रक्रियाओं का सर्वेक्षण किया है, परम्परा के ढांचे में हमारे विश्लेषण ने यह आवश्यक कर दिया है कि हम भारतीय इतिहास से जानें, अथवा एक प्रकार के समाजशास्त्रीय इतिहासलेखन (historiography) को भी प्रयुक्त कर सकते हैं। भारतीय परम्परा की संज्ञानात्मक–संरचनात्मक विशेषताओं को स्थापित करने के लिए इतिहास लेखानात्मक रचनाओं (historiographic constructions) की आवश्यकता होती है, इन संज्ञानात्मक–संरचनात्मक विशेषताओं में हमने 'सोपानक्रम', 'समग्रवाद', 'निरन्तरता' तथा 'पारलौकिकता' के तत्वों के होने का चरित्र बताया है। भारतीय सामाजिक व्यवस्था तथा परम्परा के संरचनात्मक लक्षणों की व्याख्या में ड्यूमां मुख्यालय सोपानक्रम के तत्व को प्रकाश में लाते हैं।* ड्यूमाँ की व्याख्या में सोपानक्रम के अन्तर्गत 'समग्रवाद' तथा 'पारलौकिकता' [त्याग (renunciation)] आते हैं। तथापि, उपरोक्त चार विशेषताओं के संदर्भ में वैयक्तिक रूप से एवं

---

* Louis Dumont: *Homo Hierarchicus: The Caste System and Its Implications*, Vikas Publications, Delhi.

सामूहिक रूप से भारतीय परम्परा की संरचना के अध्ययन की आवश्यकता है ताकि परम्पराओं में निहित न केवल स्थायित्व की अपितु अनुकूलनात्मक परिवर्तनों से गुजरने की प्रवृत्ति को भी प्रकाश में लाया जा सके।

'सामाजिक संरचना' तथा 'परम्परा' की व्यवस्थाएं भारतीय सामाजिक प्रघटना तथा इसकी वास्तविकताओं के सम्पूर्ण पहलुओं को समाहित करती हैं। इन व्यवस्थाओं में आधुनिकीकरण या तो उदीयमान तथा अंतःजनित स्रोतों से आरम्भ होता है या व्यवस्था के बाहर शक्तियों के साथ सम्पर्क के द्वारा होता है। सामाजिक परिवर्तन की शुरुआत के इन दो आधारों को सामाजिक संरचनाओं तथा परम्पराओं के स्तरों पर विश्लेषित किया जाना चाहिए। भारत में सामाजिक परिवर्तन के अधिकांश अध्ययनों का अवधारणात्मक ढांचा इस प्रकार का है कि उनका केन्द्र बिदु या तो परम्परा को छोड़कर सामाजिक संरचना पर होता है अथवा सामाजिक संरचना की समुचित व्याख्या के बिना परम्परा पर होता है। आधुनिकीकरण के विश्लेषण हेतु हम जिस अवधारणात्मक योजना (पैराडाइम) को प्रयुक्त करते हैं वह न केवल भारत में सामाजिक परिवर्तन के बारे में अधिकांश अवधारणात्मक सूत्रणों को समेकित करने का प्रयास करती है, अपितु उसका उद्देश्य इन सूत्रणों को व्यवस्थित व व्यापक बनाना भी है। तथापि, अवधारणात्मक पैराडाइम के सूत्रण का यह प्रयास इसके सैद्धांतिक सूत्रण के बजाय आधुनिकीकरण की सामान्य प्रवृत्तियों के विश्लेषण हेतु ही समुचित है। सामाजिक परिवर्तन एवं आधुनिकीकरण के बारे में सैद्धांतिक सूत्रण का प्रयास अवधारणाओं व प्रस्थापनाओं के और अधिक उच्च स्तर के एकीकरण द्वारा करना होगा।

"भारत में सामाजिक परिवर्तन : एक उपागम" नामक प्रथम अध्याय, भारत में सामाजिक परिवर्तन एवं आधुनिकीकरण पर अवधारणात्मक सूत्रणों के प्रचलित समूहों की समीक्षा है। 'संस्कृतीकरण' तथा 'पश्चिमीकरण', 'लघु एवं वृहत् परम्पराएं' 'सार्वभौमिकीकरण' तथा 'संकुचितीकरण' जैसी अवधारणाएं, जिन्हें सांस्कृतिक परम्पराओं में परिवर्तन की अवधारणाओं के तौर पर भारत में सामाजिक परिवर्तनों का अध्ययन कर रहे समाज वैज्ञानिकों द्वारा प्रयुक्त किया गया है, उनकी आलोचनात्मक समीक्षा की गई है। संरचनात्मक परिवर्तनों के विश्लेषण में उनकी कमियों और अवधारणाओं के तौर पर उनकी तार्किक अपर्याप्तताओं को भी प्रकाश में लाया गया है। इसका अभिप्राय यह है कि ये अवधारणाएं केवल तब ही उपयोगी हैं जब इन्हें सामाजिक परिवर्तन की संरचनात्मक प्रक्रियाओं से सीधे सम्बंध रखने वाली अन्य अवधारणाओं के साथ प्रयुक्त किया जाए। अवधारणाओं के दो समूह, संरचना व परम्परा, प्रत्येक के लिए एक को योजनाबद्ध तरीके से लागू किया जाना चाहिए तथा एक पैराडाइम के रूप में एकीकृत किया जाना चाहिए। इस अध्याय के अंत में अवधारणाओं के इन

समूहों की एक समेकित योजना प्रदान करने वाला एक पैराडाइम सूत्रबद्ध किया गया है।

यह पैराडाइम दो आयामों पर सूत्रबद्ध किया गया है: प्रथम अध्याय उन स्रोतों के बारे में है जिनसे सामाजिक परिवर्तन प्रारम्भ हो सकता है। जैसा कि हमने ऊपर बताया है कि स्रोत सामाजिक व्यवस्थाओं के या तो अंतःजनित या बाह्यजनित हो सकते हैं। दूसरा आयाम सामाजिक प्रघटनाओं की प्रकृति से सम्बंधित है जिसमें इस प्रकार के परिवर्तन हो रहे हैं। इन सामाजिक प्रघटनाओं को क्रमशः 'परम्परा' तथा 'सामाजिक संरचना' के तौर पर संवर्गीकृत (Categorize) किया जा सकता है। सामाजिक यथार्थ के इन दो स्वरूपों के वर्गीकरण में आम परिपाटी का पालन करते हुए हमने 'परम्परा' को 'लघु' व 'वृहत्' परम्पराओं में तथा 'सामाजिक संरचना' को 'वृहत् संरचनाओं' तथा 'लघु–संरचनाओं' में उपविभाजित किया है। यह वर्गीकरण गुण–क्षेत्रों (Property-Spaces) के समूह अथवा सामाजिक क्षेत्रों के प्रकार उत्पन्न करता है जिनका सीधा सम्बंध सामाजिक परिवर्तन एवं आधुनिकीकरण की प्रक्रिया से है। इसके बाद वाले अध्यायों में भारत में आधुनिकीकरण की सैद्धांतिक वास्तविकताओं का इस पैराडाइम की सहायता से सूत्रबद्ध किए गए अवधारणात्मक संवर्गों के माध्यम से विश्लेषण किया गया है। इस पद्धति के माध्यम से हमें पता चलता है कि सामाजिक विश्लेषण हेतु वर्तमान में उपलब्ध सामाजिक परिवर्तन की अवधारणाओं को न केवल हम उनकी तार्किक प्रासंगिकता में रख सकते हैं अपितु हम शेष सामाजिक प्रघटनाओं की व्याख्या हेतु नई अवधारणाएं भी रच सकते हैं जिन सामाजिक प्रघटनाओं का विश्लेषण पारम्परिक रूप से ज्ञात अवधारणाओं के संवर्गों द्वारा सम्भव नहीं था।

हम अपने विश्लेषण को हिन्दू धर्म व इस्लाम की परम्परा की प्रमुख विशेषताओं पर केन्द्रित करते हुए प्रारम्भ करते हैं तथा हमारा विश्लेषण इस पर केन्द्रित है कि ये परम्पराएं आधुनिकीकरण की शक्तियों का किस प्रकार प्रत्युत्तर दे रही हैं। हम यह पाते हैं कि भारत में दोनों पारलौकिकता के नियमों पर प्रतिमानित थीं। इस तथ्य के बावजूद कि इस्लामी मत में इन नियमों से प्रमुख तत्वों का भेद था, यथार्थ में इस्लाम की परम्पराओं ने समय के साथ–साथ उपरोक्त चार नियमों में से अनेक तत्व आंतरीकृत कर लिए। अतः हिन्दू तथा इस्लामी, दोनों परम्पराओं के लिए आधुनिकीकरण का आशय, सोपानक्रम से 'समानता', समग्रवाद से 'व्यक्तिवाद', निरन्तरता से 'ऐतिहासिकता' तथा पारलौकिकता से 'इहलौकिक तर्कवाद' तथा लौकिकवाद की ओर टूट कर जाने की मनो–मानदंडात्मक चुनौती (psychic-normative challenge) है। तथापि, संक्रमण की प्रक्रिया बिरले ही आसान होती है, इसमें तनाव अथवा सामाजिक विखंडन तक निहित होते हैं। मुख्यतया पाश्चात्य प्रभाव के कारण आधुनिकीकारक

परिवर्तनों के प्रारम्भ होने के बहुत पहले इस्लामी तथा हिन्दू परम्पराएं अनेक स्तरों पर अंतःजनित परिवर्तनों से गुजरी हैं। हिन्दू परम्पराओं में 'संस्कृतीकरण' तथा मुस्लिम परम्पराओं में 'इस्लामीकरण' परिवर्तन की उन प्रक्रियाओं का प्रतिनिधित्व करते हैं जो इन दोनों परम्पराओं में भीतर से हुए हैं। ये प्रक्रियाएं न केवल एक सांस्कृतिक आंदोलन का प्रतिनिधित्व करती हैं अपितु व्यवस्थाओं में सामाजिक संरचनात्मक तनावों का भी प्रतिनिधित्व करती हैं। इस पक्ष की प्रायः उपेक्षा की गई है और इसका विश्लेषण होना चाहिए।

अध्याय द्वितीय ''सामाजिक परम्पराओं में अंतःजनित परिवर्तन एवं आधुनिकीकरण'' तथा अध्याय तृतीय ''इस्लाम का प्रभाव एवं आधुनिकीकरण'' में हम परम्परा में इन परिवर्तनों के विभिन्न पक्षों का तथा आधुनिकीकरण एवं सामाजिक परिवर्तन की प्रक्रियाओं के प्रति इनकी समकालीन प्रासंगिकता का विश्लेषण करते हैं। परिवर्तनशील सामाजिक संरचनात्मक शक्तियों के संदर्भ में आंतरिक गतिकी का हिन्दू धर्म व इस्लाम की 'लघु' एवं 'वृहत्' परम्पराओं के स्तर पर परीक्षण किया गया है। वर्तमान अध्ययन की एक उपकल्पना है कि संस्कृतीकरण अथवा इस्लामीकरण नामक सांस्कृतिक आंदोलन, जो कि मुख्यतया 'लघु' एवं 'वृहत्' परम्पराओं के मध्य अंतःक्रिया के एक स्वरूप का प्रतिनिधित्व करते हैं, आभासी रूप से भारतीय सामाजिक व्यवस्था में अप्रकट तनावों को प्रतिबिम्बित करते हैं। ये तनाव स्तरीकरण एवं शक्ति की व्यवस्थाओं की संरचनात्मक दृढ़ता के कारण पैदा होते हैं। इन दोनों परम्पराओं को कुछ समय तक आलोड़ित करने वाली सांस्कृतिक गतिशीलता की अतिरिक्त प्रेरणा आम लोगों व जन सामान्य के लिए सामाजिक गतिशीलता के अवसरों को बंद रखने से फलित हुई है। 'लघु' एवं 'वृहत्' परम्पराओं की गतिकी को इन संरचनात्मक शक्तियों के माध्यम से समझाया जा सकता है जिसके अंतर्गत भारत में विभिन्न समूहों, जातियों व समुदायों ने इस्लामीकरण अथवा संस्कृतीकरण को अपनाया, जिसका कारण, अन्य कारणों के अतिरिक्त, सामाजिक संरचना में उनकी वर्तमान स्थिति के विरुद्ध प्रतिरोध भी था। तथापि, समकालीन परिवर्तनों के साथ–साथ, इन प्रक्रियाओं की संरचनात्मक प्रासंगिकता भी बदल गई है, परन्तु नियम वही बना हुआ है।

इन नए कारकों की व्याख्या अध्याय चतुर्थ ''पाश्चात्य प्रभाव तथा आधुनिकीकरण'' में की गई है। यह अध्याय, मुख्यतया पाश्चात्य प्रभाव के माध्यम से, भारत में सांस्कृतिक परिवर्तन की बाह्यजनित प्रक्रियाओं की व्याख्या करता है। इस सम्पर्क के फलस्वरूप आधुनिकीकरण के प्रारम्भ के साथ–साथ भारत में पूर्व व पश्चिम की विषम (Heteronomic) परम्पराओं के मध्य वृहत् स्तरीय टकराव के ऐतिहासिक चरण का प्रारम्भ हुआ। हिन्दू धर्म एवं इस्लाम के मध्य पूर्ववर्ती सम्पर्क

का परिणाम सांस्कृतिक चुनौतियां तथा प्रत्युत्तर तो थे परन्तु वास्तव में टकराव दो पारम्परिक विश्व–दर्शनों के मध्य था। ऐसा औपनिवेशिक शासन के माध्यम से पाश्चात्य सम्पर्क के चरण में नहीं था। समय के साथ–साथ सार्वभौमिकतावादी वैधानिक मानदण्डों, शैक्षणिक आधुनिकीकरण, संचार जालों के विस्तार, प्रौद्योगिकियों, नगरीय केन्द्रों के विकास तथा इन सबसे ऊपर आधुनिक राजनैतिक संस्थाओं के उदय ने एक समानान्तर नई 'वृहत्' परम्परा के संस्थायीकरण में सहायता प्रदान की। वस्तुतः, इनमें से अधिकांश, भारत में इसकी अपनी परिस्थितियों की ऐतिहासिकता के माध्यम से सावयवी रूप से विकसित हुईं। अनुकूलन के इस प्रतिमान हेतु प्रारूपात्मक संरचनात्मक शक्तियां उत्तरदायी थीं।

भारत में आधुनिकीकरण तथा सामाजिक परिवर्तन के अधिकांश अध्ययनों में संरचनात्मक पक्षों की व्याख्या व्यवस्थित रूप में नहीं हुई है। भारतीय सामाजिक व्यवस्थाओं की 'वृहत्–संरचनाओं' तथा 'लघु–संरचनाओं' के स्तरों पर आधुनिकीकरण की संरचनात्मक प्रक्रियाओं का हमने परीक्षण किया है। सामाजिक संरचना के इन दो उप–भागों को 'वृहत्' एवं 'लघु' परम्पराओं का विश्लेषणात्मक प्रतिपक्ष माना जा सकता है। भारतीय सामाजिक व्यवस्थाओं के वृहत् एवं लघु–संरचनात्मक स्तरों पर होने वाली आधुनिकीकरण की प्रक्रियाओं की व्याख्या के प्रति अध्याय पंचम एवं षष्ठम समर्पित हैं।

वृहत् संरचनाओं में (वे सम्बंधात्मक कड़ियाँ जिनका सम्पूर्ण भारत में विस्तार है) हमने राजनैतिक, औद्योगिक तथा नगरीय संरचनाओं की परिवर्तनशील प्रकृति तथा औद्योगिक कामगार, मध्यम वर्गों तथा अभिजन जैसे संवर्गों का विश्लेषण किया है। नौकरशाही, औद्योगिक, राजनैतिक तथा बौद्धिक अभिजनों की भूमिका एवं संगठन का आधुनिकीकरण प्रक्रियाओं के सम्बंध में अध्ययन किया गया है। हम यह देखते हैं कि अभिजन समूहों की सांस्कृतिक समरूपता, जिसका अस्तित्व अंग्रेजी काल में था अथवा स्वतंत्र भारत के प्रथम दशक में था, तब से धीरे–धीरे विषम रूप लेती जा रही है। राजनैतिक अभिजन की तुलना में औद्योगिक, सैन्य, नौकरशाही तथा बौद्धिक अभिजनों की उपसंस्कृतियों, समाजीकरण प्रतिमानों तथा विश्व–दर्शन में कोई भी महत्वपूर्ण अंतर देख सकता है। आधुनिकीकरण की प्रक्रियाओं की असंतुलित वृद्धि के फलस्वरूप सामाजिक व्यवस्था में यह संरचनात्मक अनियमितता की मात्रा को प्रतिबिम्बित करता है। तथापि, हमारा निष्कर्ष है कि भारतीय मामले में इस प्रकार की अनियमितताएं समाधान योग्य हैं तथा उनके मध्य मूल्य–अंतराल वास्तविक होने के स्थान पर आभासी अधिक हैं। सांस्कृतिक तनाव जो कि भारतीय व्यवस्था में विविध प्रकार के हैं, आधुनिकीकरण के लक्षणसूचक हो सकते हैं।

जब हम भारतीय समाज एवं इसकी परम्पराओं के आधुनिकीकरण में लघु–संरचनाओं की भूमिका का विश्लेषण करते हैं तो यह स्पष्ट रूप से उजागर होता है। इन लघु–संरचनाओं की सम्बंधात्मक कड़ियों का संकीर्ण विस्तार होता है। ये सम्बंध किसी भाषायी क्षेत्र तक सीमित हो सकते हैं अथवा नातेदारी सम्बंधों पर आधारित उससे भी कहीं अधिक संकीर्ण भौगोलिक सीमा तक सीमित हो सकते हैं। इसके उदाहरण हैंः भारत में जाति, परिवार व ग्राम समुदाय। जाति पर आधारित संरचनात्मक सम्बंधों का सम्पूर्ण भारत में एक क्षेत्रीय चरित्र है, और इसकी व्यापक प्रकृति के कारण पारिवारिक व्यवस्था के सामाजिक सम्बंध जाति के साथ आच्छादित (overlap) भी होते हैं। प्रामाणिक रूप से, स्थानीय क्षेत्र, लोककथाओं, अर्थव्यवस्था तथा अस्मिता पर आधारित संरचनात्मक सम्बंधों के समूह में ग्राम समुदाय की जड़े आबद्ध हैं। इन सभी संरचनाओं का पारम्परिक लचीलापन सर्व विदित है, तथा भारत में आधुनिकीकरण के प्रति ये संस्थाएं कितनी समस्याएं खड़ी करती हैं इस पर समाज वैज्ञानिकों ने निरन्तर वाद–विवाद किया है।

इसके विपरीत, हमारा विश्लेषण यह उजागर करता है कि आधुनिकीकरण की आवश्यकताओं के प्रति इन लघु–संरचनाओं ने महान अनुकूलनात्मक क्षमता के साथ व्यवहार किया है। जाति आज भारतीय सामाजिक व्यवस्था में आधुनिकीकरण की एक प्रमुख संरचनात्मक जाल बन गई है। गाँव, जिला तथा कुछ सीमा तक राज्य स्तरों पर स्थानीय राजनैतिक निकायों, मतदान व्यवहार तथा शक्ति संरचना जैसे कुछ प्रमुख संरचनात्मक स्वरूपों में जाति व्याप्त हो गई है। तथापि, अपने सामाजिक प्रकार्यों को छोड़े बिना जाति बहुत तेजी से एक निगमित समूह में अपने आपको रूपान्तरित कर रही है। यह अनुकूलनकारी प्रतिमान पारिवारिक संरचना तथा ग्राम समुदाय स्तर पर भी दिखाई दे रहा है। तथापि, भारत में आधुनिकीकरण की अनूठी विशेषता यह है कि संरचनात्मक विच्छेद या विखंडन के स्थान पर इसे परम्परागत संरचनाओं में अनुकूलनकारी परिवर्तनों के माध्यम से आगे बढ़ाया जा रहा है। इस प्रकार आधुनिकीकरण के साथ–साथ नव–परम्परायीकरण काएक स्वरूप आगे बढ़ता है। इस प्रक्रिया के परिणाम निष्कर्ष वाले अध्यायः भारतीय समाज का आधुनिकीकरणः विश्लेषण, में विश्लेषित किए गए हैं।

आधुनिकीकरण के अध्ययन की कुछ सीमाएं भी हैं। अध्ययन का केन्द्र बिन्दु प्रमुखतया लघु एवं वृहत् परम्पराएं, लघु व वृहत्–संरचनाएं तथा उनके विशेष स्वरूपों जैसे कुछ चुनिंदा समाजशास्त्रीय चरों (वेरिऍबल) पर है। कुछ अन्य महत्वपूर्ण चरों की या तो पूर्णतः व्याख्या नहीं की गई अथवा उन्हें बिल्कुल विश्लेषित नहीं किया गया है। इस सम्बंध में जनांकिकीय तथा आर्थिक चरों को

बताया जा सकता है। हमारे अनुसार, इनकी पूर्ण व्याख्या हमारे द्वारा सूत्रबद्ध किए गए पैराडाइम की सहायता से की जा सकती है, परन्तु इन समस्याओं की प्रकृति को देखते हुए एक पृथक् तथा विशिष्टीकृत व्याख्या अनिवार्य है। इसके बावजूद हम आशा करते हैं कि हमारे प्रमुख निष्कर्ष परिवर्तित नहीं होंगे, यद्यपि, आधुनिकीकरण के विश्लेषण में इन दो चरों का ध्यान रखा गया है।

इन लेखों के अधिकांश भागों को 1966–67 के दौरान मैक्गिल विश्वविद्यालय, मॉंट्रियल, कनाडा में लिखा गया था, जहाँ समाजशास्त्र एवं सामाजिक मानवशास्त्र विभाग में मेरे पास एक शिक्षण वृत्ति थी। इन लेखों को लिखने के लिए मुझे सैंटर फॉर द डवलपिंग एरिया स्टडीज, मैक्गिल विश्वविद्यालय द्वारा आवश्यक सुविधाएं पेश की गई थीं। इन लेखों में से कुछ को बाद में संशोधित किया गया है। इस पुस्तक पर कार्य करने के लिए सुविधाएं उपलब्ध कराने के लिए मैं, प्रोफेसर इर्विंग ब्रेशर, निदेशक, सैन्टर फॉर द डवलपिंग एरिया स्टडीज को धन्यवाद देता हूं। डब्ल्यू.ए. वैस्टले तथा प्रोफेसर रिचर्ड सेलिसबरी, दोनों जो विभिन्न कालों में विभागाध्यक्ष रहे, मुझे सर्वोत्तम सुविधाएं उपलब्ध कराने के लिए धन्यवाद के पात्र हैं। मैक्गिल विश्वविद्यालय में समाजशास्त्र की प्रोफेसर, एलिन डी.रॉस के प्रति मैं विशेषतया कृतज्ञ हूं। वस्तुतः उन्होंने मेरे लिए मैक्गिल का प्रवास सम्भव बनाया, तथा वहाँ पर फैकल्टी क्लब में मेरे प्रवास को आरामदेह तथा सुखद बनाया ताकि मैं यह कार्य पूर्ण कर सकूं। उन्होंने हर सम्भव ध्यान रखा कि मुझे कोई असुविधा न हो तथा मुझे कनाडा व अमेरिका के विद्वानों से मिलने व चर्चा करने के भरपूर अवसर प्राप्त हों। अत्यधिक व्यस्त होने के बावजूद उन्होंने पांडुलिपि का पहला प्रतिवेदन पढ़ा तथा मुझे सहायतापूर्ण सुझाव पेश किए।

मैं प्रोफेसर बल्देव राज नायर तथा डॉ. सतीश सबरवाल को भी उनकी अनेक निजी सहृदयतापूर्ण कार्यों के लिए धन्यवाद ज्ञापित करना चाहता हूं जिन्होंने मेरे मॉंट्रियल प्रवास को सुखद बनाया। वे मेरे प्रवास के समय मैक्गिल में पढ़ा रहे थे।

इस पुस्तक का पहला संस्करण 1973 में थामसन पब्लिकेशन द्वारा नेशनल बुक ट्रस्ट के सहयोग से प्रकाशित हुआ था। इसके पश्चात् सभी संस्करणों का प्रकाशन रावत पब्लिकेशन्स द्वारा किया गया।

मैं रावत पब्लिकेशन्स के श्री कैलाश रावत को विशेष धन्यवाद देना चाहता हूं, जिन्होंने इस पुस्तक के शीघ्र व उच्च निपुणता के साथ प्रकाशन में वैयक्तिक रुचि ली।

इन लेखों के लिखने में मुझे उत्तरी अमेरिका व भारत में अनेक सहयोगियों के सुझावों ने लाभान्वित किया है; तथापि, जिस स्वरूप में इन्हें प्रस्तुत किया गया

है उसका सम्पूर्ण उत्तरदायित्व मेरा है, तथा अभिव्यक्त विचार मेरे हैं, और यदि कुछ त्रुटियाँ हैं तो उनके लिए मैं ही एकमात्र दोषी हूँ।

सेन्टर फॉर दी स्टडी ऑफ सोशियल सिस्टम्स, **योगेन्द्र सिंह**
स्कूल ऑफ सोशियल साइन्सेज,
जवाहरलाल नेहरू विश्वविद्यालय,
नई दिल्ली
26 जनवरी 2006

1

भारत में सामाजिक परिवर्तन : एक उपागम

(Social Change in India: An Approach)

हमारा उद्देश्य समकालीन भारतीय समाज में सामाजिक परिवर्तन के बारे में उपलब्ध अवधारणाओं व प्रस्थापनों का मूल्यांकन करना है। हम यह बताना चाहते हैं कि किस प्रकार भारत में सामाजिक परिवर्तन का अध्ययन अपूर्ण व उथला रहा है, ऐसा या तो भारत में सामाजिक प्रक्रियाओं पर आंशिक ध्यान होने के कारण हुआ है अथवा समाजशस्त्रियों द्वारा प्रयुक्त विश्लेषणात्मक संवर्गों (analytical categories) की कमियों के कारण हुआ है। हम इन विश्लेषणात्मक संवर्गों में कुछ व्यापक पुनर्सूत्रीकरण करने का सुझाव दे रहे हैं जो कि सैद्धांतिक रूप से सुसंगत (theoretically consistent) हैं तथा जो सामाजिक परिवर्तन की भारतीय प्रक्रियाओं की व्यापक समझ का मार्ग प्रशस्त कर सकते हैं। इन संवर्गों को स्पष्टता व सटीकता की दृष्टि से एक पैराडाइम के रूप में इस अध्याय के अंतिम भाग में प्रस्तुत किया गया है।

विचारधारा के रूप में सामाजिक परिवर्तन
(Social Change as Ideology)

सामाजिक परिवर्तन का अध्ययन, इसके सिद्धांत की अस्पष्ट प्रकृति के कारण दुष्कर है और यह भारत जैसे समाज के संदर्भ में और भी कठिन हो जाता है जिसमें न केवल परम्पराओं की बहुलता है तथा इतिहास की जड़ें अत्यधिक गहरी हैं अपितु यह (भारतीय समाज) राष्ट्रवादी आकांक्षाओं के आंदोलन में लिप्त है जिसके अन्तर्गत परिवर्तन व आधुनिकीकरण की अवधारणाएं विचारधारात्मक अर्थों से ओत–प्रोत हैं। इस स्थिति में, परिवर्तन को एक सामान्य सामाजिक प्रक्रिया के

रूप में नहीं देखा जा सकता बल्कि यह एक विचारधारा के रूप में परिणित हो जाता है। यह परिवर्तन अपने आप में वांछनीय होता है तथा जिसके लिए प्रयास किये जाने चाहिये।[1]

यह बात, भारत में सामाजिक परिवर्तन के मूल्यांकन में गैर–वैज्ञानिक तत्वों को समाहित कर देती है, इस प्रकार के तत्व अनेक अध्ययनों में देखे जा सकते हैं। इन अध्ययनों के लेखक, भारत में परिवर्तन या अपरिवर्तन (non-change) का मूल्यांकन अपने स्वयं के नैतिक अथवा विचारधारात्मक दृष्टिकोण से करते हैं। ये लेखक परिवर्तन की खातिर परिवर्तन की वांछनीयता को भिन्न–भिन्न महत्व देते हैं। इनमें से कुछ तो भविष्यवक्ता बन जाते हैं,[2] अन्य धीमे परिवर्तन पर असंतोष व्यक्त करते हैं[3], तथा कुछ अन्य, परिवर्तन की भारतीय प्रघटना के बारे में अर्द्ध–निर्धारणात्मक व्याख्याएं (quasi-deterministic interpretations) प्रस्तुत करते हैं।[4]

यह प्रवृत्ति तब भी देखने को मिलती है जब कुछ समाज वैज्ञानिकों द्वारा परिवर्तन को 'विकास' एवं 'प्रगति' के समतुल्य मान लिया जाता है। ड्यूमाँ के अनुसार, ''यह समाज व्यवस्था के औचित्यीकरण के समान है जो वह नहीं है अपितु वह जो रूप ग्रहण कर रही है......इन परिस्थितियों में उन लोगों पर अत्यधिक व उत्तरोत्तर सामाजिक दबाव डाला जाता है जो जनता की नजरों में सामाजिक परिवर्तन के बारे में जानकार होने चाहिए''।[5]

तथापि, विचारधारात्मक अभिमुखन (ideological orientation) केवल सामाजिक परिवर्तन के उद्देश्यों के निरूपण (रचना) तक ही सीमित नहीं है, अपितु यह बात परिवर्तन के विश्लेषण हेतु समाजशास्त्रीय संवर्गों के विशिष्ट स्वरूप पर भी लागू होती है। इस उद्देश्य की प्राप्ति हेतु एक विशिष्टतावादी (particularistic) या खास (typical) भारतीय समाजशास्त्र के विकास की बात भी की जाती है। इस बात के प्रस्तावक, तथापि, यह स्वीकार करते हैं कि समाजशास्त्रीय व्याख्याओं (sociological explanations) में कुछ ऐसी बौद्धिकता निहित होती है जो सार्वभौमिकवादी (universalistic) हो, फिर चाहे इसे ''सामाजिक अनुभूति (sociological apperception)[6] 'समानुभूति' (empathy)[7] या 'समाजशास्त्रीय परिकल्पन (sociological imagination)[8] कुछ भी क्यों न कहा जाए, परन्तु साथ ही साथ वे ये भी मानते हैं कि किसी भी राष्ट्र के सांस्कृतिक संदर्भ में परिवर्तन के विशिष्ट स्वरूपों की व्याख्या हेतु ऐसे अवधारणात्मक संवर्गों की आवश्यकता है जो उस विशिष्ट संस्कृति पर लागू हों। अतः, वे यह मानते हैं कि एक भारतीय समाजशास्त्र होना चाहिए जो कि पाश्चात्य समाजशास्त्र अथवा विश्व के अन्य भागों के समाजशास्त्र से भिन्न हो। कतिपय भारतीय समाजशास्त्रियों का यह विशिष्टतावाद (particularism) परिवर्तन के विश्लेषण में एक अन्य विचारधारात्मक तत्व को जोड़ देता है।

इस प्रवृत्ति का उद्गम विशेषतया, 19वीं शताब्दी के दौरान प्रतिपादित सामाजिक उद्‌विकास के सिद्धांतों के नृसमूह–केन्द्रीय सूत्रणों (ethnocentric formulations) के प्रति भारतीय समाजशास्त्रियों की प्रतिक्रिया में निहित है।[9] आंशिक रूप से, यह कुछ समाजशास्त्रियों के बौद्धिक अभिमुखनों का द्योतक है जो कि मानवतावादी व गैर–आनुभाविक (humanistic and non-empirical) हैं और इसकी सुरक्षा हेतु जहाँ ये एक ओर समाजशास्त्रीय विशिष्टतावाद (sociological particularism) की हिमायत करते हैं, वहीं दूसरी ओर, भारतीय परम्परा के अनुरूप समाजशास्त्र को पराभौतिक (metaphysical) तथा ऐतिहासिक आनुमानिक (historical-speculative) विषय का दर्जा देना चाहते हैं। तथापि, इस तथ्य को नजरअंदाज कर दिया गया है कि पाश्चात्य समाजशास्त्र में भी प्रत्यक्षवाद विरोध की परम्परा रही है, और केवल इसी आधार पर भारतीय समाजशास्त्र की बात को समर्थन नहीं दिया जा सकता । स्पष्टतः, इस प्रकार के तर्क का एक भाग, नये राष्ट्रों के बुद्धिजीवियों व अभिजनों (elite) का 'अस्मिता संकट' (identity crisis) है।[10] कुछ हद तक यह इस बात को भी प्रतिबिम्बित करता है कि किस प्रकार भारतीय समाजशास्त्रियों के चिन्तन पर भारतीय राजनैतिक, आर्थिक और सांस्कृतिक कारकों का प्रभाव पड़ता है। यह एक ऐसी समस्या है जो कि ज्ञान के समाजशास्त्र से संबंधित है।[11]

तथापि, भारतीय समाजशास्त्रियों का यह अभिमुखन पूर्णतया विचारधारात्मक नहीं है। इसका बहुत बड़ा भाग उन अवधारणात्मक अस्पष्टताओं (conceptual ambiguities) का परिणाम हैं जो सामान्यतः समाजशास्त्र में विद्यमान हैं। उदाहरणार्थ, कतिपय भारतीय समाजशास्त्रियों को सामाजिक व्यवस्था (social system) की उस परिभाषा पर आपत्ति है जो यह कहती है कि "समाज व्यवस्था व्यक्तिकर्ताओं (व्यक्ति के रूप में कर्ताओं) की एक बहुलता (a plurality of individual actors) है जो संतुष्टि के पर्याप्तीकरण (optimization of gratification) की प्रवृत्ति (tendency) के संदर्भ में अभिप्रेरित होते हैं।"[12] इन समाजशास्त्रियों का यह दृष्टिकोण है कि पारम्परिक रूप से जाति आधार पर संगठित भारतीय समाज व्यवस्था का आदर्श 'आत्मत्याग' (self-denial) सोपानक्रम (hierarchy) व धर्म के मूल्य थे, न कि 'संतुष्टि का पर्याप्तीकरण' सामाजिक व्यवस्था की ऐसी अवधारणा एक व्यक्तिवादी दर्शन संदर्भ–संरचना (an individual frame of reference) की उपज है जो भारतीय परिस्थिति में लागू नहीं होती।

उपरोक्त मतों कि यदि गहन समीक्षा की जाये तो यह कहा जा सकता है कि इन तर्कों में विचारधारात्मक तत्व निहित हैं। भारतीय समाज की अद्वितीयता (uniqueness) पर दिया जाने वाले बल की उत्पत्ति समाजशास्त्र की निरी तथ्य सामग्री, जैसे विशिष्ट मूल्य, संस्थाएं, प्रथाएं व सांस्कृतिक स्वरूप तथा इसकी अवधारणात्मक अमूर्तताओं (conceptual abstractions), जो समाजशास्त्रीय संवर्गों

(sociological categories) का आधार है; का भ्रम (confusion of levels) से होती है। इस बात पर ध्यान नहीं दिया जाता है कि संस्कृति की अपेक्षा अवधारणाओं के रूप में 'समाज' या सामाजिक संरचना अधिक उच्च स्तरीय अमूर्तताएं हैं।[13] इस दृष्टिकोण की एक तार्किक परिणति यह है कि समाजशास्त्र को संस्कृतिशास्त्र (culturalogy) अथवा संभवतः संस्कृति शास्त्रों की एक श्रृंखला (a series of culturalogy)[14] जो विचारधारात्मक प्रतिबद्धताओं[15] के विभिन्न समूहों पर आधारित है, के पक्ष में अस्वीकार कर दिया जाना चाहिये। इसके अतिरिक्त, एक भारतीय समाजशास्त्र का दावा एक मानवतावादी पद्धतिशास्त्रीय परम्परा (humanistic methodological tradition) पर पूर्णतया आधारित नहीं है, जैसा कि हम ऊपर बता चुके हैं कि पश्चिम में भी यह परम्परा विद्यमान है,[16] अपेक्षाकृत इसकी जड़ें राष्ट्रवाद की विचारधारा में निहित हैं।

सामाजिक परिवर्तन के विश्लेषण के लिये, संस्थाओं का तुलनात्मक अध्ययन एक पूर्व आवश्यकता है जो कि समाजशास्त्र में एक संस्कृतिशास्त्रीय उपागम (culturological) द्वारा संभव नहीं है क्योंकि यह सामाजिक प्रघटना की विशिष्टता को आवश्यकता से अधिक महत्व देता है। उदाहरण के लिए, आधुनिकीकरण की अवधारणा को विशुद्धतः कैसे भारत विद्या की संदर्भ–संरचना (indological frame of reference) में समझा जा सकता है? भारतीय समाज की सामाजिक संरचना में परिवर्तन अर्थात (परिवार, जाति, नागरिक एवं सामुदायिक प्रशासन तथा नौकरशाही क्षेत्र में परिवर्तन की) कैसे व्याख्या की जा सकती है जब तक कानून, संवैधानिक अधिकार, नौकरशाही, विज्ञान व प्रौद्योगिकी में नये विषमांगी विकास (new heterogenetic developments) के महत्व का विश्लेषण न कर लिया जाये।

तथापि, कोई भी इस बात से इन्कार नहीं कर सकता है कि भारतीय सांस्कृतिक परंपरा अद्वितीय है, परन्तु अद्वितीयता, जीवन का एक सामान्य व सरल तथ्य है; समयकाल के अर्थ में प्रत्येक स्थूल घटना अद्वितीय है। अद्वितीयता यथार्थ का केवल एक पहलू है; इसके अन्य पहलुओं में प्रकार्य (function) आता है......... जिस प्रकार सामाजिक वास्तविकताएं अंतर्क्रिया करती हैं तथा अंतर्सम्बन्धित होती हैं। इस बात के अध्ययन के लिए तुलना की आवश्यकता होगी जो कि बिना अवधारणात्मक अमूर्तता के असंभव है। ये अमूर्तताएं एक सोपानक्रम व्यवस्था बनाती हैं जिनके द्वारा समाजशास्त्री 'स्रोतों की भाषा (यह शब्द हैंस एल. ज़िटरबर्ग ने दिया है) को समाजशास्त्र की भाषा में अनूदित करता है। समाजशास्त्री न केवल सामाजिक घटनाओं व स्वरूपों की स्थूल विशिष्टताओं को देखता है, अपितु उन्हें तुलना हेतु उच्चतर अमूर्तताओं में परिवर्तित या अनूदित भी करता है।

संभवतः इसी अर्थ में लुई ड्यूमाँ जाति की भारतीय संस्था में व्यक्ति

(पाश्चात्य विचार) के प्रकार्यात्मक समतुल्य (functional equivalent) ढूंढ़ पाते हैं, लुई ड्यूमाँ अन्यथा एक संस्कृतिशास्त्रीय उपागम अपनाते हैं, अथवा उनके अपने शब्दों में, "भारतीय समाजशास्त्र हेतु विचारणात्मक–संरचनात्मक उपागम (ideo-structural approach) व्यक्ति के प्रकार्यात्मक समतुल्य (पाश्चात्य विचार) तक पहुंच पाते हैं।"[17] वे लिखते हैं:

> 'व्यक्तिवाद' 'परमाणुवाद' 'लौकिकवाद' (individualism, atomism, secularism) जैसे शब्द प्रायः पारम्परिक समाजों से आधुनिक समाज की विपरीत प्रकृति को दर्शाने के लिए प्रयुक्त किये जाते हैं। विशेषतया जातिगत समाज की आधुनिक समाज से तुलना आम बात है। इसमें सर्वप्रथम, एक ओर स्वतंत्रता व समानता व दूसरी ओर अंतर्निर्भरता व सोपानक्रम (interdependence and hierarchy) रखे जाते हैं। दो प्रकार की समाज व्यवस्थाओं की तुलना में स्थायित्व बनाम गतिशीलता, प्रदत्त बनाम अर्जित का प्रयोग किया जाता है। यहां एक प्रश्न उठ सकता है कि सामाजिक व्यवहार में यहाँ या वहाँ में क्या इतना अंतर है, जैसा कि [स्पष्ट अथवा गूढ़ (explicit or implicit)] सामाजिक सिद्धांतों में परिलक्षित होता है। यहाँ एक और बात बताना चाहता हूं कि जातिगत समाज के विचार व अभिवृत्तियाँ (attitudes) पाश्चात्य समाज के लिए नए नहीं हैं। .... तुलना के विषय को पुनः लेते हुए हम यह कह सकते हैं कि आधुनिक समाज में जहाँ व्यक्ति मूल्यों का मुख्य वाहक है, प्राचीन हिन्दू समाज में व्यवस्था, अथवा धर्म के समकक्ष है........ आधुनिक समाज का उद्‌विकास मध्ययुगीन समाज से हुआ है, जो कि प्रथम दृष्टि में पारम्परिक समाज जैसा प्रतीत होता है। यह समाज आधुनिक समाज की अपेक्षा भारतीय समाज जैसा प्रतीत होता है। 'यूनिवर्सिटास' (universitas) की अवधारणा, अर्थात् उस सामाजिक समग्र की अवधारणा जिसके जीवित मनुष्य मात्र हिस्से हैं, स्पष्टतः समाज की पारम्परिक अवधारणा से जुड़ी है और यह विशेषतः धर्म को हिन्दू धारणा और अनेक सामाजिक प्रस्थितियों की संस्तरणात्मक अंतर्निर्भरता से मिलती–जुलती है।[18]

इसका तात्पर्य यह है कि पद्धतिशास्त्रीय स्पष्टता न होने के कारण भारतीय संस्कृति के अनेक तत्व अद्वितीय माने जाते हैं। यदि पद्धतिशास्त्रीय सुविधा उपलब्ध हो तो इन तत्वों की सांस्कृतिक प्रतीकों के रूप में विशिष्टता को बिना विकृत किये हुए इन तत्वों को अमूर्तता के उच्चतर धरातल पर विश्लेषित किया जा सकता है। उदाहरणार्थ, क्या हम 'धर्म' के प्रकार्यात्मक समतुल्य को

मानदण्डात्मक व्यवस्था (normative order) के रूप में, 'कर्म' को व्यक्तिगत नैतिक प्रतिबद्धता (personal moral commitment), और जाति स्तरीकरण के सोपानीकृत सिद्धान्त (hierarchical principle of stratification) के रूप में प्रयोग नहीं कर सकते हैं? जाति के बारे में यह दर्शाने के लिए कि भारतीय परम्परा के बाहर भी किस प्रकार जाति जैसे संरचनात्मक तत्व पाए जाते हैं, वृहत् तुलनात्मक अध्ययन किया जा चुका है।[19]

इसके अतिरिक्त, विषय संबंधी पृथकतावाद (disciplinary isolationism) समाज विज्ञानों में परस्पर समीप आने की प्रवृत्ति के विपरीत है। तथापि, अलग–अलग विषयों में आंतरिक विभेदीकरण (internal differentiation) की प्रक्रिया के साथ–साथ यह भी चलती रहती है। रेमो एरो[20] तथा एडवर्ड ई. शिल्स[21] सहित अनेक जाने–माने समाजशास्त्रियों ने इस प्रक्रिया को स्वीकारा है। इस संदर्भ में भारतीय समाजशास्त्र का दावा कुछ पुरातनपंथी (anachrosnistic) है।

भारत में सामाजिक परिवर्तन के अध्ययनों में एक अन्य पक्षपात (bias) संस्कृति व मूल्यों को अत्यधिक महत्व देने से उत्पन्न हुआ है। प्रायः संरचनात्मक वास्तविकताओं (structural realities) की उपेक्षा कर दी जाती है, जिसके कारण अध्ययन मूल्य संबंधी आग्रहों से ग्रसित (value bias) हो जाते हैं। अधिकांश अध्ययन पर–संस्कृतिग्रहण, (acculturation), मानदण्डों व मूल्यों के प्रसार पर केन्द्रित हैं। क्षेत्रीय एवं राष्ट्रीय संदर्भों में, इन मूल्यों के 'प्रसार' को परिवर्तन के रूप में देखा जाता है। इसका कारण मुख्यतया ऐतिहासिक है। भारत में सर्वप्रथम समाजशास्त्रीय अध्ययन करने वाले ब्रिटिश व फ्रांसीसी समाज वैज्ञानिक जाति[22], प्रथा एवं संस्कृति के नृतत्वशास्त्र (ethnography) में अधिक रुचि रखते थे और उन्होंने इन प्रघटनाओं का अध्ययन एक विवरणात्मक (descriptive) या प्रकार्यात्मक प्रारूप (functional model) से किया है। वस्तुतः, द्वंद्वात्मक (dialectical) या संघर्ष (conflict) प्रारूप पर आधारित अध्ययन बहुत कम हैं।[23]

प्रकार्यात्मक व द्वंद्वात्मक प्रारूप का भेद सर्वविदित है जिसे यहां दोहराने की आवश्यकता नहीं है। प्रकार्यवादी यह मान लेते हैं कि "समाज तत्वों की अपेक्षाकृत स्थायी संरचना है" तथा सर्वसम्मति या मतैक्यता (consensus) सामाजिक व्यवस्था का एक सर्वव्यापी (ubiquitous) तत्व है। इसके विपरीत, द्वंद्वात्मक प्रारूप, परिवर्तन[24] अथवा तनाव[25] को समाज में सर्वव्यापी मानता है। चूंकि प्रकार्यवाद सामाजिक व्यवस्थाओं को मूल्य मतैक्यता की स्थिति में मानता है, अतः यह सामाजिक सम्बन्धों में शक्ति की भूमिका को द्वैतीयक स्थान पर धकेल देता हैं; जबकि दूसरी ओर, द्वंद्वात्मक प्रारूप यह मानकर चलता है कि किसी भी स्तरीकृत सामाजिक संरचना में मूल्य संघर्ष एक सार्वभौमिक वास्तविकता है। प्रकार्यवाद परिवर्तन को नई परिस्थितियों से सामंजस्य की धीमी, संचयी प्रक्रिया

मानता है। द्वंद्वात्मक प्रारूप यह मानता है कि अधिकांश परिवर्तन क्रांतिकारी महत्व के होते हैं तथा सामाजिक संरचना में गुणात्मक रूपान्तरण लाते हैं। प्रकार्यवाद के अनुसार यह माना जाता है कि सामाजिक व्यवस्थाओं में आंतरिक वृद्धि तथा बाह्य शक्तियों के साथ सामंजस्य द्वारा निरन्तर परिवर्तन होते रहते हैं, द्वंद्वात्मक प्रारूप में, परिवर्तन के प्रमुख स्रोत स्वयं व्यवस्था में ही नैसर्गिक रूप से अंतर्निहित या इमानेन्ट (immanent) होते हैं।

विचारधारात्मक कारणों से इन दोनों प्रारूपों में अंतर को बढ़ा–चढ़ा कर पेश किया जाता है जबकि वास्तव में इनमें कई समान तत्व होते हैं। तथापि, मतैक्य (consensus) व संघर्ष (conflict) प्रारूपों में प्रायः प्रस्तुत खाई अपने आप में सम्पूर्ण (absolute) नहीं है। न केवल मतैक्य प्रारूप में, अपितु संघर्ष प्रारूप में भी व्यवस्था–एकीकरण प्रकार्य (system-integrative functions) होते हैं जैसा कि अनेक समाजशास्त्रियों ने पाया है।[26] इसके अतिरिक्त, दोनों ही प्रारूप परिवर्तन का उदविकासीय दृष्टिकोण अपनाते हैं व कुछ अर्थों में दोनों ही समाज के संतुलन प्रारूप (equillibrium model) पर आधारित हैं।

फिर भी, यह एक विचित्र तथ्य है कि जो भारतीय समाजशास्त्री एक विशिष्ट भारतीय समाजशास्त्र की आवश्यकता पर आवाज उठाते हैं, वे स्वयं पद्धतिशास्त्रीय रूप से या तो द्वंद्वात्मक या प्रकार्यात्मक उपागम से जुड़े हुए हैं। यह इन समाजशास्त्रियों के चिन्तन में न केवल अस्पष्टता दर्शाती है अपितु संघर्ष भी परिलक्षित करती है। इसके कुछ उदाहरण, हम भारत में सामाजिक परिवर्तन के अध्ययन हेतु अपनाये गये इनके अवधारणात्मक उपागमों (conceptual approaches) में देख सकते हैं।

भारत में सामाजिक परिवर्तन के बारे में अवधारणाएं तथा उपागम (Concepts and Approaches about Social Change in India)

भारत में सामाजिक परिवर्तन के बारे में कतिपय प्रमुख अवधारणाओं व उपागमों को निम्न रूप से समूहबद्ध कर सकते हैं : (i) संस्कृतीकरण एवं पश्चिमीकरण (Sanskritization and Westernization) (ii) लघु व वृहत् परम्पराएं (Little and Great traditions) जो कि निम्न से बनती हैं – (a) संकुचितीकरण एवं सार्वभौमीकरण (parochialization and universalization) एवं (b) सांस्कृतिक निर्वाह एवं परम्परा का संगठन (cultural performances and organization of traditions); (iii) बहुल परम्पराएं (multiple traditions); (iv) 'संरचनात्मक उपागम, जो कि निम्न पर आधारित हैं–(a) प्रकार्यात्मक प्रारूप (functional model) तथा (b) द्वंद्वात्मक प्रारूप (dialectical model); एवं (v) संज्ञानात्मक–ऐतिहासिक अथवा भारतशास्त्रीय उपागम (Cognitive-historical or indological approach)। हम इन सब में प्रत्येक की संक्षेप में समीक्षा करेंगे ताकि

अवधारणात्मक एकीकरण हेतु समान आधार खोज सकें और इनमें पाए जाने वाली अभिनतियों (biases) व सीमाओं को भी दर्शा सकें जिनसे वे ग्रस्त हैं।

संस्कृतीकरण एवं पश्चिमीकरण (Sanskritization and Westernization)

संस्कृतीकरण शब्द को सर्वप्रथम एम.एन. श्रीनिवास ने भारत की पारम्परिक सामाजिक संरचना में सांस्कृतिक गतिशीलता की प्रक्रिया के विवेचन हेतु प्रयुक्त किया। मैसूर में कुर्गों के अपने अध्ययन में उन्होंने पाया कि निम्न जातियों ने जातिगत सोपानक्रम में अपनी स्थिति ऊपर उठाने के लिए ब्राह्मणों की कुछ प्रथाएं अपना लीं तथा अपनी कुछ वे प्रथाएं त्याग दीं जिन्हें उच्च जातियाँ अपवित्र मानती थीं। उदाहरण के लिए, उन्होंने मांसाहार, मद्यपान व अपने देवताओं को पशुबलि देना बंद कर दिया; पोशाक, भोजन व रीति–रिवाजों के मामलों में उन्होंने ब्राह्मणों का अनुसरण किया। वे एक दो पीढ़ी में ऐसा करके, जातिगत सोपानक्रम में उच्च स्थिति का दावा करना चाहते थे। गतिशीलता की इस प्रक्रिया को दर्शाने हेतु श्रीनिवास ने सर्वप्रथम 'ब्राह्मणीकरण' शब्द प्रयुक्त किया। कालान्तर में इसे बदलकर संस्कृतीकरण कर दिया। संस्कृतीकरण, ब्राह्मणीकरण से कहीं अधिक वृहत् अवधारणा है। श्रीनिवास ने अनुभव किया कि जो प्रक्रिया निम्न जातियों को मैसूर में ब्राह्मणों की प्रथाओं के अनुसरण हेतु उत्प्रेरित करती है, वह निम्न जातियों की एक सामान्य प्रवृत्ति का एक विशिष्ट उदाहरण है जिसमें निम्न जातियाँ उच्च जातियों के सांस्कृतिक तौर–तरीकों का अनुसरण करती हैं; अनेक मामलों में ये उच्च जातियाँ गैर–ब्राह्मण थीं; देश के विभिन्न क्षेत्रों में ये क्षत्रिय, जाट, वैश्य आदि थीं। तथापि, असली विचार जाति व्यवस्था का सोपानक्रम है जिसे सैद्धांतिक रूप में वर्ण में प्रस्तुत किया जाता है। ब्राह्मण, क्षत्रिय, वैश्य व शूद्र, इसी क्रम में ये चार वर्ण हैं तथा अस्पृश्यों (untouchables) के अपवाद को छोड़कर सभी वैयक्तिक जातियाँ (individual castes) या उपजातियाँ वर्ण के आधार पर एक सोपानक्रम में वर्गीकृत की जा सकती हैं। अस्पृश्य पारम्परिक रूप से वर्ण सोपानक्रम के बाहर रहे हैं तथा ये जातिगत स्तरीकरण का सबसे निचला स्तर (lowest rung) है। ब्राह्मणों को वर्ण सोपानक्रम में सर्वोच्च स्थान प्राप्त है और ये अनन्त समय से सर्वोच्च आदरणीय स्थिति पर रहे हैं। ब्राह्मणों के द्वारा पुरोहित वर्ग (priestly class) का निर्माण हुआ है, तथा संस्थागत साधनों द्वारा इन्हें हिन्दू ग्रंथों व धर्मशास्त्रों के अध्ययन व व्याख्या का एकाधिकार प्राप्त था।[27] हिन्दू परम्परा के संरक्षक होने के नाते इनसे हिन्दू धर्म के आदर्श मानदण्डों (ideal norms) का कट्टर अनुसरण अपेक्षित था; सोपानक्रम में जैसे–जैसे जाति की स्थिति नीची होती जाती है, वैसे–वैसे इस अपेक्षा की कठोरता कम होती जाती है, यहाँ तक कि निम्न व अस्पृश्य वर्गों से इन आदर्श मानदण्डों का अधिकतम विपथगमन (विचलन) भी सहनीय था।

अतः जाति व्यवस्था की सामाजिक संरचना में सामाजिक स्थितियों का सोपानक्रम आदर्श हिन्दू आचार–मानदण्डों (ideal Hindu conduct-norms) के अनुपालन की अपेक्षाओं के सोपानक्रम से जुड़ा हुआ था। न केवल पवित्र हिन्दू मानदण्डों से निम्न व अस्पृश्य जातियों द्वारा किया गया थोड़ा बहुत विपथगमन सहनीय था, अपितु एक स्तर पर इन जातियों द्वारा मानदण्डों की पालना के प्रयास का कट्टरता से प्रतिरोध किया जाता था, जिन मानदण्डों की पालना पर उच्च जातियों का एकाधिकार था। जाति में प्रस्थिति जन्म द्वारा प्रदत्त होने के कारण, उच्च जाति प्रस्थितियों में सरल गतिशीलता के अवसर न्यूनाधिक बंद थे।

इस बंद व्यवस्था के बावजूद जातिगत सोपानक्रम तथा इसके मानदण्डों में समय–समय पर परिवर्तन होते रहे हैं। उदाहरण के लिये, हिन्दू धर्म के वैदिक काल में जो सांस्कृतिक रूप से स्वीकार्य था, वह कालान्तर में कुछ मामलों में निषिद्ध (taboo) हो गया। वैदिक हिन्दुत्व जादू और आत्मावाद के तत्वों पर आधारित था, वैदिक ब्राह्मण सोमरस पीते थे, पशुबलि चढ़ाते थे व गोमांस खाते थे।[28] बाद में यह प्रतिबंधित हो गया और अपवाद स्वरूप केवल निम्न व अस्पृश्य जातियों को इसकी छूट दी गई। तथापि, सोपानक्रम नियम अपरिवर्तित रहा। कुछ अपवादों को छोड़कर यह पक्ष अधिक सशक्त हो गया कि जो जातियां कर्मकाण्डीय श्रेष्ठता (ritual superiority) से श्रेष्ठ थीं, वे आर्थिक और राजनैतिक दृष्टि से भी प्रभुत्वशाली थीं।[29] इस तथ्य ने जाति–व्यवस्था के सोपानक्रम की नींव को अधिक सुदृढ़ किया।[30]

हिन्दू सामाजिक व्यवस्था की इस अपेक्षाकृत बंद व्यवस्था के दौरान सांस्कृतिक व सामाजिक गतिशीलता की प्रक्रिया संस्कृतीकरण है। सामाजिक परिवर्तन का यह अंतःजनित (endogenous) स्रोत है। सामाजिक मनोवैज्ञानिक दृष्टिकोण से, संस्कृतीकरण भविष्य में ऊंची प्रस्थिति प्राप्त करने हेतु उच्च समूह की संस्कृति की ओर 'पूर्वभासी समाजीकरण' (anticipatory socialisation) की सार्वभौमिक अभिप्रेरणा (universal motivation) का एक सांस्कृतिक रूप से विशिष्ट उदाहरण है। संस्कृतीकरण का विशिष्ट अर्थ हिन्दू परम्परा पर आधारित इसके अर्थ की ऐतिहासिकता में निहित है। इस अर्थ में संस्कृतीकरण समूहों की लम्बवत् गतिशीलता के साधन के रूप में पर–संस्कृतिग्रहण की सामान्य प्रक्रिया की एक अद्वितीय ऐतिहासिक अभिव्यक्ति है।

यहाँ हमें संस्कृतीकरण में अन्तर्निहित दो स्तरीय अर्थों को स्पष्ट करना आवश्यक है अर्थों के दो स्तरों को स्पष्ट कर देना चाहिये जिन्हें श्रीनिवास ने अंतर्परिवर्तनीय रूप से (interchangeably) प्रयुक्त किया है। इसे हम संस्कृतीकरण के 'ऐतिहासिक विशिष्ट' (historically specific) तथा 'संदर्भ विशिष्ट' (contextual specific) अर्थ कह सकते हैं। ऐतिहासिक विशिष्ट अर्थ में संस्कृतीकरण भारतीय इतिहास की उन प्रक्रियाओं की ओर इंगित करता है

जिनके कारण इतिहास के विभिन्न कालों में विभिन्न जातियों की प्रस्थिति, उनके नेतृत्व अथवा सांस्कृतिक प्रतिमानों में परिवर्तन हुए। यह भारत के वृहत् ऐतिहासिक परिदृश्य (broad historical spectrum) में सामाजिक परिवर्तन के एक अंतःजनित स्रोत का परिचायक है। तथापि, संदर्भ विशिष्ट अर्थ में संस्कृतीकरण भारत में विभिन्न भागों में निम्न जातियों अथवा उपजातियों द्वारा उच्च जातियों के सांस्कृतिक अनुकरण की समकालीन प्रक्रिया दर्शाती है। इस प्रकार के संस्कृतीकरण की प्रकृति किसी भी तरह से समरूप नहीं रही है क्योंकि जिन सांस्कृतिक मानदण्डों या प्रथाओं का अनुकरण किया जाता है। उसके मूल स्वरूप में भिन्नताएं हो सकती हैं जिसमें संस्कृत जन्य (sanskritic), या हिन्दू पारम्परिक स्वरूपों से लेकर जनजातीय (tribal) और यहाँ तक कि इस्लामी प्रतिमान भी शामिल हो सकते हैं।

संस्कृतीकरण की संदर्भगत प्रक्रिया (contextual process) में पाये जाने वाले प्रतिमानों की विविधता द्वारा यह दर्शाया जा सकता है। अध्ययनों द्वारा यह प्रकट हुआ है कि अनेक स्थानों पर निम्न जातियाँ क्षत्रियों की प्रथाओं का अनुसरण करती हैं, न कि ब्राह्यणों का[31]; अन्य स्थानों पर यह पाया गया है कि जनजातियाँ सवर्ण हिन्दुओं की प्रथाओं का अनुसरण करती हैं[32]; कुछ अपवाद स्वरूप मामलों में उच्च जातियों को जनजातीय तौर–तरीकों की नकल करते हुए देखा गया है अथवा उनमें 'जनजातीयकरण' (tribalization) की प्रक्रिया चल रही है।[33] अन्य संदर्भों में, यह देखा गया है कि उच्च के साथ–साथ निम्न जातियों मुस्लिम सांस्कृतिक शैली का अनुकरण कर रही हैं।[34] हिन्दू परम्परा की दृष्टि से इस्लामी परम्परा बाह्य–जनित (exogenous) होने के कारण, इस प्रकार के पर–संस्कृतिग्रहण के स्वरूप संस्कृतीकरण के दायरे में नही आ पाते हैं। इसके परे भारत में संस्कृतजन्य (sanskritic) तथा निम्न जातियों और जनजातियों की अन्तःजनित (orthogenetic) परम्पराओं के मध्य सांस्कृतिक अंतः क्रिया की प्रक्रिया सदैव पाई गई है। इस कारण से संस्कृतीकरण की सही प्रकृति को परिभाषित करना कठिन हो जाता है।

परिणामस्वरूप, श्रीनिवास संस्कृतीकरण की परिभाषा समय–समय पर बदलते रहे हैं। प्रारंभ में उन्होंने इसे ''शाकाहार व मद्य निषेध अपनाकर तथा अपने कर्मकांड व देवकुल (pantheon) के संस्कृतीकरण द्वारा एक या दो पीढ़ियों में'' निम्न जातियों द्वारा जातिगत सोपानक्रम में ऊपर उठने की प्रवृत्ति के रूप में परिभाषित किया है। उनके अनुसारः

> जाति व्यवस्था एक ऐसी कठोर व्यवस्था नहीं है जिसमें प्रत्येक घटक जाति की स्थिति सदैव के लिए स्थायी हो। विशेषतः सोपानक्रम के मध्य स्तरों में गतिशीलता सदैव सम्भव रही है।एक अथवा दो पीढ़ी में एक निम्न जाति शाकाहार व मद्य निषेध अपनाकर तथा अपने

कर्मकांडों व देवकुल व संस्कृतीकरण कर के संस्तरण में उच्च स्थिति पर पहुंच सकती है। संक्षेप में, यथा सम्भव निम्न जाति ने ब्राह्मणों की प्रथाओं, कर्मकांडों व विश्वासों को अपनाया है तथा निम्न जाति द्वारा ब्राह्मणों की जीवन शैली को भी बहुधा अपनाया प्रतीत होता है यद्यपि सैद्धांतिक रूप से ऐसा निषिद्ध है। इस प्रक्रिया को 'ब्राह्मणीकरण' के स्थान पर 'संस्कृतीकरण' कहा गया क्योंकि कुछ वैदिक कर्मकांड केवल ब्राह्मण एवं दो अन्य 'द्विज' जातियों तक सीमित हैं।[35]

यहाँ निम्न जातियों द्वारा ब्राह्मणों की प्रथाओं व तौर–तरीकों के अनुकरण को संस्कृतीकरण कहा गया है। बाद में श्रीनिवास ने संस्कृतीकरण को पुनःपरिभाषित किया है, "यह एक ऐसी प्रक्रिया है जिसके अन्तर्गत एक 'निम्न' हिन्दू जाति, या जनजाति व अन्य समूह, प्रायः उच्च, द्विज जाति के अनुरूप अपनी प्रथाओं, रीति–रिवाजों, विचारधारा तथा जीवन शैली को परिवर्तित करते हैं"[36] (रेखांकित शब्द लेखक द्वारा जोड़े गए हैं)। संस्कृतीकरण की यह नई अवधारणा प्रामाणिक रूप से वृहत्तर है: यह न तो एक संदर्भ समूह के रूप में ब्राह्मणों तक सीमित है और न ही रीति–रिवाजों व धार्मिक प्रथाओं का अनुकरण मात्र है। अब इसका अर्थ विचारधाराओं का अनुकरण भी है, परन्तु यह स्पष्ट नहीं है कि 'विचारधारा' शब्द को किस अर्थ में प्रयुक्त किया गया है। लौकिक अर्थ (secular in meaning) में ऐसा नहीं हो सकता क्योंकि उस दशा में संस्कृतीकरण एवं लौकिकीकरण (पश्चिमीकरण) का भेद धुंधला जाता है। संभवतः विचारधारा का अर्थ हिन्दू परम्परा की अनेक विषयों सम्बन्धी पक्षों से है। श्रीनिवास ने एक बार लिखा है: "संस्कृतीकरण का अर्थ न केवल नई प्रथाओं व आदतों को अपनाना है अपितु उन नये विचारों व मूल्यों से परिचित होना भी है जो प्रायः पवित्र के साथ–साथ विशाल लौकिक संस्कृत साहित्य में पाये जाते हैं। कर्म, धर्म, पाप, माया, संसार और मोक्ष सर्व प्रचलित संस्कृतजन्य धार्मिक विचारों के उदाहरण हैं, तथा जब लोग संस्कृतिकृत हो जाते हैं, तो ये शब्द प्रायः उनके वार्तालाप का अंग बन जाते हैं।" इस प्रकार दो पक्षों में भेद किया जा सकता है।

तथापि, एक विचारधारात्मक अनुकरणात्मक प्रक्रिया (ideological borrowing process) के रूप में संस्कृतीकरण के अर्थ में एक प्रमुख सैद्धांतिक निहितार्थ (major theoretical implication) है। यह 'संस्कृतजन्य' (sanskritic) शब्द को विस्तृत बना देता है जिसमें संस्कृति के पवित्र व लौकिक (sacred and secular) दोनों पक्ष सम्मिलित हो जाते हैं। वस्तुतः संस्कृतीकरण द्वारा प्रायः उच्च जातियों के प्रस्थिति प्रतीकों (status symbols) का ही अनुकरण निम्न जातियों द्वारा किया जाता है। उदाहरणार्थ, उत्तर–पश्चिमी उत्तर प्रदेश में निम्न जातियों ने उच्च जातियों के कर्मकांडों या पवित्र प्रथाओं का ही अनुकरण नहीं किया अपितु उनके रहन–सहन व शान–शौकतपूर्ण शैली का भी अनुकरण किया, जैसे पान

खाना, स्वर्णाभूषण, जूते व ऐसी पोशाकें पहनना जो जमींदारी उन्मूलन तक उनके लिए निषिद्ध थीं।[37]

यहाँ आर्थिक व राजनैतिक प्रभुत्व की प्रघटना अत्यधिक महत्वपूर्ण हो जाती है। इस बात को श्रीनिवास ने माना है, और संस्कृतीकरण की अवधारणा को शक्ति व प्रभुत्व की प्रघटना से जोड़ा है। वे लिखते हैं : "स्थानीय प्रभु जाति (local dominant caste) के द्वारा संस्कृतीकरण के विभिन्न प्रारूपों (models) की मध्यस्थता सांस्कृतिक हस्तांतरण (cultural transmission) की प्रक्रिया में प्रभुजाति के महत्व पर बल देती है। अतः यदि स्थानीय प्रभु जाति ब्राह्मण या लिंगायत है तो यह संस्कृतीकरण का ब्राह्मणीय प्रारूप (Brahminical model) को प्रकट करेगी, और यदि प्रभु जाति राजपूत या बनिया है तो यह क्षत्रिय या वैश्य प्रारूप (Kshatriya or Vaisya model) हस्तांतरित करेगी। वास्तव में प्रत्येक स्थानीय प्रभु जाति की ब्राह्मण, क्षत्रिय और वैश्य प्रारूप की अपनी अवधारणा होती है।"[38] यह प्रामाणिक तौर पर दर्शाता है कि संस्कृतीकरण का अर्थ अथवा संदर्भ न केवल प्रत्येक प्रारूप में बदलता है, अपितु उसी प्रारूप में यह एक क्षेत्र से दूसरे क्षेत्र (region) में भी बदल जाता है। इन अंतर्विरोधों के अतिरिक्त जो इस प्रक्रिया के ऐतिहासिक व संदर्भ विशिष्ट स्तरों के मध्य विद्यमान हैं, संस्कृतीकरण के विभिन्न 'संदर्भ विशिष्ट' (contextual specific) अर्थों में अंतर्विरोधों का परिचय देते हैं।

संस्कृतीकरण की प्रक्रिया के साथ प्रभुत्व (प्रभुता) (dominance) या शक्ति की अवधारणा को जोड़ने में भी एक समस्या है। सामाजिक परिवर्तन के संस्कृतीकरण प्रारूप में प्रभुता की प्रघटना संरचनात्मक तत्वों को महत्व देती है जिसे श्रीनिवास ने कभी पूर्ण रूप से स्पष्ट नहीं किया। इस संदर्भ में श्रीनिवास ने भारत में राजनैतिक संगठन के विभिन्न स्तरों में "राजनैतिक व्यवस्था में अस्थिरता' (fluidity of the political system)[39] के साथ जाति गतिशीलता की प्रक्रियाओं का सहसम्बन्ध बताया है ,भारत में राजनैतिक संगठन के विभिन्न स्तर [साम्राज्यवादी (imperial), द्वैतीयक स्थानीय[40] (secondary local) अथवा साम्राज्यवादी क्षेत्रीय प्रांतीय (imperial regional provincial), ग्राम स्तर[41] (village level)] हैं, तथा उन्होंने जाति गतिशीलता की प्रक्रियाओं का सहसम्बन्ध ब्रिटिश–पूर्व उत्पादक व्यवस्था[42] (pre-British productive system) के साथ बताया है। श्रीनिवास के अनुसार, राजनैतिक अस्थिरता के कारण भूतकाल में अनेक प्रभु जातियाँ शाही फरमान (royal decrees) अथवा स्वायत्त राजनैतिक शक्ति के गठन के कारण जाति सोपानक्रम में उच्च स्थान पा गई थीं। इतिहासकार के.एम. पन्निकर तो यहाँ तक कहते हैं कि भारत में नंद लोग अंतिम सच्चे क्षत्रिय थे (ईसा से पाँच शताब्दी पूर्व) और तब से निम्न जातियों द्वारा शक्ति हथियाने और फलस्वरूप क्षत्रिय भूमिका व सामाजिक स्थिति प्राप्त करने के कारण तथाकथित क्षत्रिय अस्तित्व में आए।[43]

उपरोक्त वर्णित संस्कृतीकरण की प्रक्रिया इस शब्द के 'ऐतिहासिक विशिष्ट' (historical specific) प्रयोग का एक उत्तम उदाहरण है। यह भारतीय इतिहास में शक्ति के उत्थान व पतन, संघर्षों व युद्ध तथा राजनैतिक रणनीतियों के माध्यम से प्रभु समूहों (dominant groups) के पदारोहण व संचरण को दर्शाता है। ये सभी संरचनात्मक परिवर्तन के उदाहरण हैं जिसे संस्कृतीकरण जैसी अवधारणा पूर्णतया स्पष्ट नहीं करती। इसके अतिरिक्त, संस्कृतीकरण के इस अर्थ का इस अवधारणा के 'संदर्भ विशिष्ट' अर्थ के साथ कोई तार्किक सम्बन्ध नहीं है क्योंकि इस अर्थ में संस्कृतीकरण से उच्च जाति प्रस्थिति या वास्तविक शक्ति में वास्तविक आरोह (real ascendance) परिणित नहीं होता।

पश्चिमीकरण (Westernization)

संस्कृतीकरण की तुलना में, पश्चिमीकरण एक सरल अवधारणा है। इसे श्रीनिवास ने इस प्रकार परिभाषित किया है "भारतीय समाज और संस्कृति में 150 वर्ष से अधिक अंग्रेजी शासन के परिणामस्वरूप उत्पन्न हुए परिवर्तन, जिनमें विभिन्न स्तरों..... प्रौद्योगिकी (technology), संस्थाओं विचारधारा व मूल्यों में परिवर्तन शामिल है[44], पश्चिमीकरण है। मानवतावाद तथा तार्किकवाद (humanitarianism and rationalism) पश्चिमीकरण के महत्वपूर्ण हिस्से हैं जिसके फलस्वरूप भारत में अनेक संस्थात्मक व सामाजिक श्रृंखलाबद्ध सुधार हुए। वैज्ञानिक, प्रौद्योगिकीय एवं शैक्षणिक संस्थाओं की स्थापना, राष्ट्रवाद का उदय, देश में नई राजनैतिक संस्कृति व नेतृत्व सभी पश्चिमीकरण के अधिउत्पाद (by-product) हैं। श्रीनिवास के अनुसार, पश्चिमीकरण में वृद्धि संस्कृतीकरण की प्रक्रिया को धीमा नहीं करती अपितु दोनों साथ–साथ चलती रहती हैं, और कुछ हद तक पश्चिमीकरण में वृद्धि संस्कृतीकरण की प्रक्रिया को तीव्र करती है। उदाहरण के लिये, डाक सुविधाएं, रेलें, बसें व समाचार संचार भारत में पश्चिमी प्रभाव के फल हैं जिनके कारण पहले की तुलना में अब अधिक संगठित धार्मिक तीर्थयात्राएं, बैठकें व जातिगत एकता आदि सम्भव हो पाई हैं।

श्रीनिवास ने 'आधुनिकीकरण' की अवधारणा की अपेक्षा पश्चिमीकरण की अवधारणा को वरीयता दी है। उनके अनुसार, आधुनिकीकरण लक्ष्यों की तार्किकता को मानकर चलती है जिसे वस्तुतः ऐसा मानकर नहीं चला सकता क्योंकि केवल साधनों की तार्किकता का पूर्वानुमान कर सकते हैं, सामाजिक क्रिया के लक्ष्यों की तार्किकता का नहीं"[45]। पश्चिमीकरण से श्रीनिवास का आशय प्राथमिक रूप से अंग्रेजी प्रभाव से भी है और वे यह भी मानते हैं कि यह "ऐतिहासिक रूप से अमान्य (फिर भी) पद्धतिशास्त्रीय रूप से अपरिहार्य है।[45]

स्पष्टतः, अवधारणाओं के रूप में संस्कृतीकरण व पश्चिमीकरण मूलतः सांस्कृतिक परिवर्तनों के विश्लेषण पर ध्यान केंद्रित करते हैं और इनके द्वारा

सामाजिक संरचना में परिवर्तन की व्यवस्थित व्याख्या हेतु गुंजाइश नहीं है। श्रीनिवास इस बात को स्वीकार करते हैं कि "संस्कृतीकरण और आधुनिकीकरण के संदर्भ में आधुनिक भारत में होने वाले सामाजिक परिवर्तनों की व्याख्या मूलतः सांस्कृतिक है न कि संरचनात्मक। संरचना के संदर्भ में विश्लेषण संस्कृति के संदर्भ में विश्लेषण की तुलना में अधिक दुष्कर है"[45] वे आगे लिखते हैं कि संस्कृतीकरण द्वारा बिना संरचनात्मक परिवर्तन हुए जाति व्यवस्था में 'स्थितिगत परिवर्तन' (positional change) होते हैं।

किन्तु, प्रश्न उठते हैं कि अवधारणा के रूप में संस्कृतीकरण और आधुनिकीकरण भारत में सांस्कृतिक परिवर्तन के परिणामों की कितनी व्याख्या कर पाते हैं? क्या संस्कृतीकरण और पश्चिमीकरण की प्रघटनाएं इतनी व्यापक हैं कि ये भारत के सभी प्रमुख सांस्कृतिक परिवर्तनों की व्याख्या कर सकें? इसका उत्तर देने के लिए इन अवधारणाओं पर दो भागों में चर्चा आवश्यक है: पहली, तार्किक संदर्भ में तथा दूसरी प्रासंगिक उपयुक्तता (contextual sufficiency)' के संदर्भ में।

तार्किक अर्थ में, संस्कृतीकरण व पश्चिमीकरण, 'सत्य प्रतिपादक' (truth asserting)' अवधारणाएं हैं जो कि आदर्श–प्रारूप के तर्क (logics of ideal-typical)' और प्रघटना की नॉमिनल परिभाषाओं (nominal definitions of phenomena)'के बीच झूलती रहती हैं।[46] अतः इनके अर्थ प्रायः अस्पष्ट होते हैं, विशेषतः जब हम सांस्कृतिक यथार्थ के एक स्तर (ऐतिहासिक विशिष्ट) से दूसरे स्तर (संदर्भ विशिष्ट) की ओर जाते हैं। श्रीनिवास स्वयं संस्कृतीकरण के बारे में कहते हैं कि यह ''एक अति जटिल व विषम अवधारणा है। यह भी सम्भव है कि इसे एक अकेली अवधारणा मानने की अपेक्षा अवधारणाओं के एक पुंज के तौर पर प्रयुक्त किया जाए तो अधिक लाभकारी होगा। यहाँ यह याद रखना महत्वपूर्ण होगा कि यह एक व्यापक सांस्कृतिक प्रक्रिया के लिए केवल एक नाम है।''[47]

इस प्रकार अवधारणा की नॉमिनल प्रकृति (nominal nature) स्पष्टतः प्रामाणिक है। यही कारण है कि संस्कृतीकरण व पश्चिमीकरण सांस्कृतिक परिवर्तन का कोई एक सुसंगत सिद्धांत रचने में असमर्थ है। इस प्रकार की सुसंगतता वास्तविकता से कहीं परे है क्योंकि श्रीनिवास के स्वयं के शब्दों में, ''संस्कृतीकरण की अवधारणा की विषमता में परस्पर विरोधी मूल्य निहित हैं जैसा कि शायद पश्चिमीकरण में भी होता है।''[47] अन्यथा भी नॉमिनल परिभाषाओं में सिद्धांत नहीं होते हैं। इनमें कोई प्राक्कल्पनाएं (hypotheses) नहीं होतीं तथा ज़ैटरबर्ग के शब्दों में ''जो सत्य या असत्य नहीं हो सकतीं। ये अनगढ़ या सुघड़, उचित या अनुचित, प्रभावशाली या अर्थहीन हो सकती हैं, परन्तु कभी भी सत्य या असत्य नहीं हो सकतीं।''[48] स्पष्टतः, संस्कृतीकरण व पश्चिमीकरण सैद्धांतिक रूप से ढीली अवधारणाएं हैं; परन्तु सत्यनिष्ठ अवधारणाओं के रूप में ये महती उचित व सम्भाव्य हैं।

जिस प्रकार से विद्वानों ने इनकी व्याख्या की है, उससे इन अवधारणाओं का सैद्धांतिक ढीलापन प्रमाणित होता है। उदाहरणार्थ, ई.बी. हार्पर परिवर्तन की एक ऐतिहासिक अवधारणा से भिन्न, संस्कृतीकरण को एक प्रकार्यात्मक अवधारणा के रूप में प्रयुक्त करते हैं। उनके अनुसार संस्कृतीकरण ऐतिहासिक पुनर्संरचना की अपेक्षा परिवर्तनशील तत्वों के मध्य सम्बन्धों को समझने का एक निर्वचनात्मक संवर्ग (interpretative category) है।[49] इसके विपरीत, जे.एफ.स्टाल लिखते हैं: ''यह स्पष्ट होना चाहिए कि संस्कृतीकरण की अवधारणा एक प्रक्रियां का वर्णन करती है तथा यह परिवर्तन की एक अवधारणा है। यह एक ऐसी अवधारणा नहीं है, जिस पर संकालिक विश्लेषण (synchronic analysis) द्वारा संकालिक विश्लेषण से प्राप्त सामग्री की व्याख्या की जा सके। इस अर्थ में संस्कृतीकरण एक परा–अवधारणा (meta-concept) है, तथा सभी ऐतिहासिक अवधारणाएं''[50] परा–अवधारणाएं हैं क्योंकि ये समकालिक विश्लेषण की अवधारणाओं पर आधारित होती हैं। वे आगे लिखते हैं: ''श्रीनिवास व अन्य मानवशास्त्रियों द्वारा प्रयुक्त संस्कृतीकरण एक जटिल अवधारणा है तथा अवधारणाओं का एक वर्ग है। यह अवधारणा अपने आप में भ्रामक है क्योंकि इसका संस्कृत से सम्बन्ध अत्यन्त जटिल है।

संस्कृतीकरण के अर्थों में अस्पष्टता और विरोधाभास इस तथ्य से प्रकट होता है कि इसे एक ही समय में एक प्रकार्यात्मक अवधारणा (गैर–ऐतिहासिक) तथा एक ऐतिहासिक परा–अवधारणा के रूप में प्रयुक्त किया जा सकता है। स्टाल द्वारा संस्कृतीकरण को एक परा–अवधारणा बताना भी स्पष्ट नहीं है क्योंकि सामान्यतः परा–अवधारणाएं प्राथमिक अथवा सरल (primitive) अवधारणाओं से कहीं उच्च स्तर के अमूर्तता की होती हैं। इसके विपरीत संस्कृतीकरण एक प्राथमिक अवधारणा है जो भारत में सांस्कृतिक परिवर्तनों की सैद्धांतिक प्रक्रियाओं के एक विशेष समूह का वर्णन करती है। इस अवधारणा में विशिष्ट अथवा खास पर जोर दिया गया है न कि सामान्य अथवा सार्वभौमिक पर। यह बात श्रीनिवास द्वारा इस अवधारणा के बचाव में दिए गए निम्न कथन से सिद्ध होती है: ''एक सुझाव दिया गया था कि हमें संस्कृतीकरण जैसी स्थानीय अवधारणा को त्यागकर पर–संस्कृतिग्रहण (acculturation) जैसी एक सार्वभौमिक अवधारणा प्रयुक्त करनी चाहिए, परन्तु मेरे विचार में इस धारणा को अस्वीकार कर देना चाहिए क्योंकि पर–संस्कृतिग्रहण हिंदू समाज में एक विशिष्ट स्वरूप ले लेता है और हम पर संस्कृतिग्रहण के इस विशिष्ट स्वरूप का चित्रण करना चाहते हैं।[51] यह स्टाल के सिद्धान्त को विरोध करता है।

संदर्भगत रूप से, संस्कृतीकरण एवं पश्चिमीकरण आनुभाविक अवलोकनों पर आधारित हैं तथा सांस्कृतिक परिवर्तन के कुछ पक्षों पर वस्तुपरक अन्तर्दृष्टि प्रदान करते हैं। तथापि, संदर्भगत संरचना परिधि (contextual frame of reference) की जटिलता के कारण समस्याएं उत्पन्न हो जाती हैं। जैसा कि हम कह चुके हैं, जब इन्हें 'ऐतिहासिक विशिष्ट' व 'सन्दर्भ विशिष्ट' अर्थों में प्रयुक्त किया जाता है तो इन अवधारणाओं के समान अर्थ अथवा सैद्धांतिक परिणाम नहीं होते हैं। संस्कृतीकरण प्रकार्यात्मक अवधारणा है या ऐतिहासिक यह विवाद भी शायद प्रयोग के इन्हीं दो स्तरों (ऐतिहासिक विशिष्ट व संदर्भ विशिष्ट) से जुड़ा हुआ है। ऐतिहासिक विशिष्ट अर्थ में, संस्कृतीकरण ऐतिहासिक अर्थों से आलोड़ित एक अवधारणा है जो स्टाल के दृष्टिकोण से काफी मिलती–जुलती है; परन्तु संदर्भ विशिष्ट अर्थ में संस्कृतीकरण ई.बी. हार्पर द्वारा दी गई प्रकार्यात्मक अवधारणा के कई गुणों को प्रकट करती है।

फिर भी, संस्कृतीकरण भारत में समकालीन व अतीत के सांस्कृतिक परिवर्तनों के अनेक पक्षों को स्पष्ट करने में असफल है क्योंकि यह गैर–संस्कृत परम्पराओं की उपेक्षा करती है। यह उल्लेखनीय है कि प्रायः संस्कृति का एक गैर–संस्कृत तत्व (non-sanskritic element) संस्कृत परम्परा का स्थानीयकृत स्वरूप हो सकता है। भारत में एक ग्राम समुदाय के अपने अध्ययन में मैकिम मैरियट ने इस प्रकार की प्रघटना को देखा है। वे 'गैर–संस्कृत परम्पराओं' की कीमत पर 'संस्कृतीकरण' की स्पष्ट प्रक्रिया को नहीं देखते है। उधार लेने की अपेक्षा, उन्हें "सांस्कृतिक स्वरूपों में बिना आभासी पुनर्स्थापन (replacement) तथा संचित व परिवर्द्धित तत्वों के तार्कीकरण के बिना शनैः शनैः संचयन व परिवर्द्धन के प्रमाण मिले हैं........ गैर संस्कृत कर्मकाण्ड (non-sanskritic) संस्कृत कर्मकाण्ड का पुनर्स्थापन किए बिना प्रायः (sanskritic rites) उनके साथ जुड़ जाते हैं।[52]

इसके अतिरिक्त, संस्कृत प्रभाव देश के सभी भागों में सार्वभौमिक नहीं रहा है। अधिकांश उत्तर भारत में, विशेषतः पंजाब में, सांस्कृतिक अनुकरण हेतु इस्लामी परम्परा ने आधार प्रदान किया। यहाँ इस्लाम के सूफीवाद व रहस्यवाद (mysticism) के आंदीलनों के साथ हिन्दू परम्परा के संश्लेषण (synthesis) के रूप में सिखवाद उभरा। चानना के अनुसार, पंजाब में "सांस्कृतिक रूप से संस्कृत प्रभाव (sanskritic influence) अनेक प्रवृत्तियों में से एक रहा है और कभी–कभी तो यह एक मुख्य प्रवृत्ति नहीं बन पाया। उन्नीसवीं शती के तृतीय चतुर्थांश तक कुछ शताब्दियों से इस क्षेत्र में फारसी प्रभाव प्रभुत्वशील (dominating) रहा है।"[53]

चानना पश्चिमीकरण को भी एक सरल प्रक्रिया नहीं मानते। उनके अनुसार "वर्तमान संदर्भ में (पंजाब की स्थिति), यह कहना बेहतर होगा कि भारतीयकरण हो रहा है; इससे हमारा अर्थ है पश्चिमीकरण अधिकांशतया बाह्य रूप से हो रहा है और अंतःचेतना के मामलों में पश्चिमी मानवीय मूल्यों को मिलाकर अधिकांशतया भारतीय मूल्यों की पुनर्स्थापना हो रही है।"[54] इस सांस्कृतिक

संश्लेषण या भारतीयकरण को अन्य इतिहासवेत्ताओं ने भी माना है।[55]

फिर भी, भारतीयकरण के कुछ पक्ष संस्कृतीकरण–पश्चिमीकरण उपागम के अनुरूप नहीं हैं। नव अभिजन (elite) तथा कुछ जातियों और धार्मिक समूहों में पृथक्कीकरण (isolationism)[56] तथा देशज पुनर्रुद्धारीकरण (nativistic revivalism) के द्वारा अपनी अंतःसमूह पहचान को महत्व देने की बढ़ती प्रवृत्ति इसी प्रकार का एक उदाहरण है। इन आंदोलनों में से कुछ, जैसे दक्षिण में द्रविड़ अस्मिता हेतु, भारत की पूर्वी सीमा पर जनजातीय अस्मिता हेतु तथा कश्मीर में मुस्लिम राष्ट्रीय पहचान तो भारतीयकरण की प्रक्रिया से सम्बन्धित भी नहीं है। इस प्रकार के आंदोलनों में कार्यरत शक्तियाँ, जैसा कि प्रायः संस्कृतीकरण में भी होता है, मात्र सांस्कृतिक नहीं हैं, ये आर्थिक संसाधनों व शक्ति हेतु प्रतिद्वंद्विता तथा अंतर्वर्गीय व अंतर्समूही संघर्ष के मूल में निहित सामाजिक व्यवस्था के गुप्त संरचनात्मक तनावों (latent structural tensions) से उभरती हैं।

जैसा कि हैरॉल्ड ए. गूल्ड ने सुझाया है कि प्रायः संस्कृतीकरण के पीछे अभिप्रेरित–शक्ति (motive-force) सांस्कृतिक अनुकरण की नहीं होती बल्कि सामाजिक–आर्थिक वंचनाओं के विरुद्ध विद्रोह व चुनौती की अभिव्यक्ति होती है।[57] इस प्रकार संस्कृतीकरण आर्थिक एवं सामाजिक शक्ति हेतु गुप्त अंतर्वर्गीय व अंतर्जातीय प्रतियोगिता हेतु सांस्कृतिक छद्म आवरण है जो कि आमतौर पर एक परम्पराबद्ध समाज में होता है जहाँ परम्परागत रूप से सुविधा प्राप्त उच्च जातियाँ शक्ति एवं सामाजिक प्रस्थिति पर एकाधिकार रखती हैं। जब राजनैतिक लोकतांत्रीकरण, भूमि सुधार तथा अन्य सामाजिक सुधार जैसी बाह्य शक्तियों का प्रभाव उच्च जातियों के इस एकाधिकार को तोड़ देता है तो संस्कृतीकरण के सांस्कृतिक छद्म आवरण को हटाकर फेंक दिया जाता है और इसका स्थान सुविधा प्राप्त उच्च जातियों के साथ देशज एकता (nativistic solidarity) पर आधारित खुला संघर्ष ले लेता है।

पश्चिमीकरण की अवधारणा भी जटिलताओं से मुक्त नहीं है। श्रीनिवास पश्चिमीकरण को भारत में अंग्रेजी प्रभाव के बराबर मानते हैं, परन्तु यह धारणा भी अति संकीर्ण है क्योंकि स्वतंत्रता के पश्चात् भारत में आधुनिकीकरण के रूसी व अमेरिकी रूपों का प्रभाव भी बहुत रहा है। आधुनिकीकरण का यह स्वरूप भी निहित विचारधाराओं के प्रभाव से पूर्णतया मुक्त नहीं है; उदाहरण के लिए, औद्योगीकरण की नीति को लिया जा सकता है। इस क्षेत्र में सार्वजनिक बनाम निजी प्रबंधन व फैक्ट्रियों के स्वामित्व का निरंतर विवाद आधुनिकीकरण में विचारधारा की भूमिका का एक उदाहरण है। ये मूल्य संघर्ष, जो भारत में परिवर्तन एवं आधुनिकीकरण का एक अभिन्न हिस्सा हैं, को भी पश्चिमीकरण जैसी अवधारणा द्वारा समझाया नहीं जा सकता। इसके अतिरिक्त, भारत में अनेक नव अभिजनों हेतु पश्चिमीकरण एक नकारात्मक अवधारणा है जैसा कि एशिया के नए

देशों में भी है, क्योंकि इस अवधारणा का सम्बन्ध इन देशों पर पश्चिम के पूर्व औपनिवेशिक आधिपत्य से है। अतः यह अवधारणा, आधुनिकीकरण[58] की तुलना में अधिक मूल्यबद्ध है, जो कि हमें बेहतर विकल्प प्रतीत होती है।

लघु एवं वृहत् परम्पराएं (Little and Great Traditions)

सामाजिक परिवर्तन के विश्लेषण में लघु एवं वृहत् परम्पराओं की अवधारणाओं के प्रयोग का उपागम सर्वप्रथम रॉबर्ट रैडफील्ड ने मैक्सिकन समुदायों के अपने अध्ययनों में किया है। इस प्रारूप से प्रभावित होकर, मिल्टन सिंगर व मैकिम मैरियट ने इस अवधारणात्मक संरचना का प्रयोग कर भारत में सामाजिक परिवर्तन के कुछ अध्ययन किये हैं। इस उपागम में आधारभूत विचार 'सभ्यता (civilization) तथा 'परम्परा का सामाजिक संगठन' (social organization of tradition)[59] है। यह इस उद्‌विकासीय विचार (evolutionary view) पर आधारित है कि सभ्यता या परम्परा की संरचना (जो कि सांस्कृतिक व सामाजिक संरचनाओं, दोनों से बनती है) दो अवस्थाओं (stages) में विकसित होती है: प्रथम अंतःजनित (orthogenetic) या स्थानीय (indigenous) उद्‌विकास द्वारा तथा द्वितीय, अन्य संस्कृतियों या सभ्यताओं के साथ बाह्य जनित (heterogenetic) टकरावों (encounters) या सम्पर्कों द्वारा। इन सभ्यताओं की सामाजिक संरचना दो स्तरों पर कार्य करती है। प्रथम, निरक्षर कृषकों या आमजनों के स्तर पर, द्वितीय, अभिजन अथवा 'चिंतनशील कुछ' (reflective few) के स्तर पर। प्रथम स्तर पर सांस्कृतिक प्रक्रियाएं लघु परम्पराओं का गठन करती हैं तथा द्वितीय स्तर पर वृहत् परम्पराओं का निर्माण करती हैं। तथापि, परम्पराओं के इन दोनों स्तरों के मध्य निरंतर अंतः क्रिया चलती रहती है।

सभ्यता की एकता इसकी सांस्कृतिक संरचना द्वारा बनाए रखी जाती है जो कि सांस्कृतिक अभिव्यक्तियाँ व उनके उत्पादों द्वारा एक एकात्मक विश्व–दर्शन (unity of world-view) को सतत् बनाए रखती हैं। ये सांस्कृतिक अभिव्यक्तियाँ लघु एवं वृहत् दोनों परम्पराओं की सामाजिक संरचना के इर्द–गिर्द संस्थाकृत होती हैं।

"ऐसे निगमित समूहों (corporate groups) जैसा कि जातियों, सम्प्रदायों (sects) अथवा एक प्रकार के या अन्य प्रकार के शिक्षकों, वाचकों (reciters), कर्मकांडीय नेताओं (ritual leaders) में निहित वे भूमिकाओं व प्रस्थितियों की स्थायी व महत्वपूर्ण व्यवस्थाएं, जो कि वृहत् परम्परा के विकास व संचरण से सम्बन्धित हैं,"[60] इस परम्परा की सामाजिक संरचना का निर्माण करती है। लघु परम्परा की सामाजिक संरचना इसके अपने भूमिका पालकों से बनती है, जैसे लोक कलाकार, दवा देने वाले, कहावतें, पहेलियाँ व कहानियाँ बताने वाले, कवि तथा नर्तक आदि। वैयक्तिक वृद्धि की अंतःजनित या बाह्यजनित प्रक्रिया में इन

दोनों परम्पराओं में होने वाली अंतःक्रिया के माध्यम से सांस्कृतिक व्यवस्था में परिवर्तन होते हैं। तथापि, परिवर्तन के प्रतिमान सामान्यतया अंतःजनित से बाह्यजनित विभेदीकरण के स्वरूपों में या परम्पराओं की सांस्कृतिक संरचनाओं में परिवर्तन होते हैं।

इस उपागम में यह माना जाता है कि सभी सभ्यताएं सांस्कृतिक संगठन के प्राथमिक अथवा अंतःजनित स्तर से प्रारम्भ होती हैं और समय के साथ–साथ ये न केवल आंतरिक वृद्धि के द्वारा व्यापक बनती हैं, बल्कि इससे भी अधिक महत्वपूर्ण रूप से अन्य सभ्यताओं के सम्पर्क से व्यापक बनती हैं जो कि एक बाह्यजनित प्रक्रिया है। ऐसा माना जाता है कि इस परिवर्तन की दिशा लोक अथवा कृषक सांस्कृतिक संरचना व सामाजिक संगठन से नगरीय सांस्कृतिक संरचना व सामाजिक संगठन की ओर होती है। तथापि, अंतिम अवस्थाओं में, इसका परिणाम विशेषतः सभ्यताओं के मध्य बढ़े हुए आदान प्रदान के माध्यम से[61] एक वैश्विक, सार्वभौमिक संस्कृति के प्रतिमान के रूप में होता है।

इन मान्यताओं के साथ, भारत में सांस्कृतिक परिवर्तनों के बारे में मिल्टन सिंगर कथनों की एक श्रृंखला प्रस्तुत करते हैं :

> (1) क्योंकि भारत की एक 'प्राथमिक' अथवा 'स्थानीय' सभ्यता थी जो कि पहले से विद्यमान लोक व क्षेत्रीय संस्कृतियों से बनी थी, इसकी 'वृहत परम्परा' की 'लघु परम्परा' के साथ निरन्तरता पाई जाती है जो विभिन्न क्षेत्रों, गांवों, जातियों और जनजातियों में देखी जा सकती है। (2) यह सांस्कृतिक निरन्तरता एक समान सांस्कृतिक चेतना का परिणाम व कारण थी जिसमें अधिकांश भारतीय भागीदार थे और उनके मानसिक दृष्टिकोण व मूल्य–परिवेश (ethos) की जरूरी समानताओं में अभिव्यक्त होती थी। (3) और भारत में यह समान सांस्कृतिक चेतन कतिपय प्रक्रियाओं व कारकों की सहायता से बनी थी......... अर्थात् पवित्र पुस्तकों व पवित्र वस्तुओं से .... एक विशिष्ट वर्ग (ब्राह्मणों) द्वारा व अन्य सांस्कृतिक संचरण (transmission) के अभिकारकों (agents) द्वारा। (4) भारत जैसी प्राथमिक सभ्यता में, विगत से सांस्कृतिक निरन्तरता इतनी गहन है कि यहाँ तक कि 'आधुनिकीकारक' एवं 'प्रगति' की विचारधाराओं की स्वीकृति सामाजिक व सांस्कृतिक परिवर्तन के रेखीय स्वरूप में प्रकट नहीं होती अपितु इसका परिणाम आभासी 'आधुनिक' नवाचारों (innovations) के 'परम्परायीकरण' में हो सकता है।[62]

बाद के अध्ययनों से पता चलता है कि भारत में लघु एवं वृहत् परम्पराएं न केवल अंतःक्रिया करती हैं अपितु अंतर्निर्भर भी हैं[63] और आधुनिकीकारक शक्तियाँ

न केवल स्वीकार कर ली जाती हैं अपितु जीवन के परम्परागत तरीकों में अवशोषित भी कर ली जाती हैं। मिल्टन सिंगर का निष्कर्ष है कि :

> वर्तमान तथ्यों के आधार पर यह मुझे दिखाई देता है कि जहाँ आधुनिकीकारक प्रभावों ने निस्संदेह भारतीय समाज व संस्कृति के अनेक पक्षों को परिवर्तित किया है, उन्होंने इसकी मूलभूत संरचना व प्रतिमान को नष्ट नहीं किया है। इन्होंने (आधुनिकीकारक प्रभावों ने) भारतीयों को नये विकल्प और जीवन शैली के कुछ नए तरीके दिये हैं, परन्तु संरचना इतनी लचीली व समृद्ध है कि अनेक भारतीयों ने अनेक आधुनिक नवाचारों को अपनी भारतीयता खोए बिना स्वीकार कर लिया है। दूसरे शब्दों में, वे अपने विकल्पों को इस तरह से संयोगित (combine) कर पाए हैं जो कि उनकी सांस्कृतिक परम्परा के कुछ पक्षों को नए विकल्पों के साथ पुष्ट (affirm) करते हैं।[64]

मैकिम मैरियट ने उत्तरी भारत के किशनगढ़ी नामक गाँव में इस उपागम पर आधारित एक अन्य महत्वपूर्ण अध्ययन किया है। मैरियट का विश्वास है कि "किशनगढ़ी के अपने समग्र (universe) के साथ सम्बन्धों के अवधारणात्मक निरूपण हेतु प्राथमिक सभ्यता की प्रक्रिया की अवधारणा, उपलब्ध सभी प्रारूपों में से सर्वपयुक्त प्रतीत होती है।[65]

मैरियट के अनुसार गाँव की संस्कृति व इसके सामाजिक संगठन की संरचना जो लघु व वृहत् परम्परा के तत्वों से बनी है, में दोनों परम्पराओं के मध्य निरंतर अंतर्क्रिया हो रही है। लघु परम्परा के तत्व, स्थानीय प्रथाएँ, देवी देवता तथा कर्मकांड वृहत् परम्परा के स्तर पर ऊपर की ओर संचरित होते हैं तथा वृहत् परम्परा के मान्यता प्राप्त स्वरूपों (legitimate forms) के साथ 'पहचाने' जाते हैं। इस प्रक्रिया को मैरियट 'सार्वभौमिकीकरण (universalization) कहते हैं। ठीक इसी तरह, वृहत् परम्परा के कुछ तत्व नीचे की ओर संचरित होकर लघु परम्परा के सावयवी भाग बन जाते हैं और इस प्रक्रिया में अपने मूल स्वरूप को खो देते हैं। इन दो परम्पराओं के मध्य इस प्रकार के विनिमय के लिए उन्होंने 'संकुचितीकरण' (parochialization) शब्द का प्रयोग किया।

संकुचितीकरण को इस तरह परिभाषित किया गया कि जब वृहत् परम्परा के तत्वों का "सीमितिकरण (limitation) की प्रक्रिया द्वारा उनकी स्पष्टता, साहित्यिक स्वरूप का वंचन तथा कम व्यवस्थित एवं कम अनुचिंतनीय (reflective) आयामों में ह्रास हो।"[66]

मैरियट के अनुसार, संस्कृतीकरण गाँव में एक स्वतन्त्र प्रक्रिया के रूप में आगे नहीं बढ़ता है; साधारण स्थानापन्नता (replacement) के बजाय गैर–संस्कृतीय स्वरूपों पर वृद्धि के द्वारा आच्छादित होती है । मैरियट लिखते हैः

> यह समझने के लिए कि इतने लंबे समय में किशनगढ़ी के उत्सवों में संस्कृतीकरण ने इतनी कम प्रगति क्यों की है और यह जानने के लिए कि संस्कृतीय कर्मकांडों को गैर–संस्कृतीय कर्मकांडों को विस्थापित किए बिना, क्यों गैर–संस्कृतीय कर्मकांडों पर प्रायः लाद दिया जाता है, सभ्यता की प्राथमिक अथवा स्थानीय प्रक्रिया की अवधारणा पुनः उपयोगी मार्गदर्शन करती है। परिभाषा के अनुसार, कोई भी स्थानीय सभ्यता वह है जिसकी वृहत् परम्परा 'सार्वभौमिकीकरण' द्वारा उत्पन्न होती है अथवा अपनी लघु परम्परा में विद्यमान तत्वों को आगे बढ़ाने से उपजती है (Redfield and Singer 1954:68)। इस प्रकार की वृहत् परम्परा की प्रभुता इस बात में निहित होती है कि जो भी पहले से विद्यमान है उसका यह अधिक वाचाल एवं परिष्कृत पुनर्कथन अथवा व्यवस्थीकरण है....। लघु परम्परा की बाह्यजनित (heterogenetic) आलोचना तथा इसकी विषयवस्तु के द्वैतीयक रूपांतरण के बिना स्थानीय वृहत् परम्परा अपनी स्वयं के उन प्राचीन आदिरूपों को स्थानांतरित करने की प्रभुता नहीं रखती जो आदिरूप उसके स्वयं की पवित्रता के स्रोत हैं........ यदि वृहत् परम्परा के स्थानीय उद्‌गम, स्रोत व सम्बन्ध उसकी किसी लघु परम्परा को उखाड़ फेंकने की प्रभुता को घटाते हैं तो लघु परम्परा की आवश्यक रूप से बिना सीखी व निरक्षर प्रकृति भी किन्हीं भी तत्वों के वृहत् से लघु परम्परा में सीधे संचरण या प्रसार को बाधित करते हैं। सार्वभौमिकीकरण की भांति, नीचे की ओर प्रसार में भी रूपान्तरण निहित होता है।[67]

तुलनात्मक रूप से देखा जाए तो सार्वभौमिकीकरण एवं संकुचितीकरण की अवधारणाएं संस्कृतीकरण में निहित सांस्कृतिक प्रक्रिया का विवरण देती हैं; विशेषतः सार्वभौमिकीकरण इस अवधारणा से बहुत मिलती–जुलती है। तथापि, संकुचितीकरण, संस्कृतीकरण का एक विपरीत स्वरूप है या विसंस्कृतीकरण है जिस अवधारणा का विचार श्रीनिवास से छूट गया था। इसके बावजूद, मैरियट के योगदान की व्यापकता बहुत सीमित है क्योंकि वे सांस्कृतिक परिवर्तन की अंतःजनित प्रक्रिया पर ही अपना ध्यान केन्द्रित करते हैं।

मूल्यांकन करने पर हम पाते हैं कि लघु व वृहत् परम्पराओं का उपागम सांस्कृतिक परिवर्तन के तुलनात्मक अध्ययन की सम्भावना प्रदान करता है जो कि संस्कृतीकरण–पश्चिमीकरण प्रारूप द्वारा सम्भव नहीं है क्योंकि वह सांस्कृतिक सीमाओं द्वारा बंधा हुआ है। इसके अतिरिक्त, यह उपागम परिवर्तन के अपने अतःजनित व बाह्यजनित स्त्रोंतों की अवधारणाओं की तुलना में अधिक व्यापक और अवधारणाओं की अधिक तार्किक रूप से सुगठित संरचना रखता है जिसे

श्रीनिवास क्रमशः पश्चिमीकरण व संस्कृतीकरण कहते हैं। इस तुलनात्मक लाभ के बावजूद, इस उपागम में भी संस्कृतिशास्त्रीय पक्षपात का दोष है तथा यह सामाजिक परिवर्तन के संरचनात्मक पक्षों की उपेक्षा करता है।

बहु परम्पराएं (Multiple Traditions)

कुछ समाज वैज्ञानिकों की यह प्रमुख सोच है कि भारतीय समाज या संस्कृति को संस्कृतीय एवं पाश्चात्य परम्पराओं अथवा लघु एवं वृहत परम्पराओं के द्विभाजन द्वारा पूरी तरह नहीं विवेचित किया जा सकता। भारतीय परम्परा कहीं बहुत अधिक जटिल है जिसमें परम्पराओं का एक सोपानक्रम विद्यमान है, जिनमें प्रत्येक का विश्लेषण आवश्यक है ताकि परिवर्तन की व्यापकता को समझा जा सके। श्यामाचरण दुबे इस विचार के हिमायती हैं :

> मौटे तौर पर 'संस्कृतीय प्रारूप' आकर्षक लगता है, परन्तु ध्यान से विश्लेषण करने पर पता चलता है कि यह बहुत भ्रामक है। संस्कृतीय स्रोत एक प्रारूप नहीं अपितु ये अनेक प्रारूप प्रदान करते हैं और उनमें से कुछ तो मूल रूप से परस्पर विरोधी आदर्शों वाले हैं। जिसे हम हिन्दू दर्शन कहते हैं वह कोई विचार–दर्शन का एक सम्प्रदाय नहीं है, यह अनेक विचार–दर्शनों का एक संकलन है जो समाज की विभिन्न छवियों को चिन्हित करता है, उनकी हिमायत करता है और अनेक मूल्यों की विभिन्न व्यवस्थाओं को बताता है...........। संस्कृतीकरण की उपकल्पना एक दिशा व एक केन्द्र बिंदु को इंगित करती है। यह कर्मकांडीय पक्ष पर ध्यान केन्द्रित करती है........। हिन्दू जीवन में कर्मकांडों की महत्ता को नकारा नहीं जा सकता, परन्तु साथ–साथ लौकिक प्रवृत्तियों (secular trends) के प्रभाव भी इतने महत्वहीन नहीं हैं कि उनकी उपेक्षा की जा सके। जहाँ तक लघु एवं वृहत् परम्परा की बात है तो ऊपरी तौर पर उनकी कोई सुस्पष्ट परिभाषा नहीं है.....। जहाँ पर भी एक से अधिक वृहत् अथवा वृहत् जैसी परम्पराएँ हैं जिसमें प्रत्येक के अपने शास्त्रीय ग्रंथ हैं, आचार संहिताएं हैं, वहां स्थिति और भी अधिक भ्रमपूर्ण हो जाती है.........। यह भी जोड़ा जा सकता है कि वृहत् परम्परा–लघु परम्परा संदर्भ परिधि (Great tradition little tradition frame of reference) में उन क्षेत्रीय, पाश्चात्य एवं उभरती हुई राष्ट्रीय परम्पराओं की भूमिका व महत्व के अध्ययन हेतु बहुत स्थान नहीं है जबकि ये सभी अपने अपने रूप में शक्तिशाली हैं।[68]

विकल्प के रूप में, दुबे ने भारत में परम्पराओं का षट्स्तरीय वर्गीकरण

दिया है परिवर्तन के मूल्यांकन हेतु इनमें से प्रत्येक का ग्रामीण व नगरीय संदर्भ में अध्ययन आवश्यक है। ये निम्न हैं: शास्त्रीय परम्परा (the classical tradition), उद्गामी राष्ट्रीय परम्परा (the emergent national tradition) क्षेत्रीय परम्परा (the regional tradition), स्थानीय परम्परा (the local tradition), पाश्चात्य परम्परा (the Western tradition), एवम् सामाजिक समूहों की स्थानीय उपसंस्कृति परम्पराएं (the local subcultural traditions of social groups)[69], परम्पराओं के ये विभिन्न स्तर निस्संदेह परिवर्तन के अध्ययन हेतु एक व्यापक सम्भावना प्रस्तुत करते हैं, परन्तु सैद्धांतिक रूप से ये तदर्थ (adhoc) आधार पर वर्गीकृत हैं एवं नॉमिनलिस्टिक (nominalistic) हैं। सैद्धांतिक स्तर पर भी यहाँ सामाजिक संरचना के स्थान पर संस्कृति पर अधिक महत्व दिया जा रहा है। यह बताना निरर्थक होगा कि भारत में सांस्कृतिक प्रतिमानों या परम्पराओं के बहुवर्गीकरण के कुछ अन्य प्रयास[70], अभी हाल के वर्षों में किये गये हैं, ऐसी ही सीमाओं से ग्रस्त हैं।

संरचनात्मक परिवर्तनों के सिद्धांत (Theories of Structural Change)

परिवर्तन का कोई भी संरचनात्मक विश्लेषण सांस्कृतिक विश्लेषण से भिन्न होता है, सांस्कृतिक विश्लेषण प्रथाओं,मूल्यों व विचारणात्मक प्रघटनाओं की विशिष्टता, उनकी एकता, अंतःक्रिया व परिवर्तन के संदर्भ में होता है। संरचनात्मक विश्लेषण सामाजिक सम्बन्धों के जाल (network) पर केन्द्रित होता है यद्यपि ये सांस्कृतिक रूप से विशिष्ट होते हैं परन्तु सामाजिक संरचना के उच्च अमूर्तता के स्तर पर इनमें समान व तुलनात्मक गुणों की सहभागिता होती है। अतः जाति, नातेदारी, वर्ग, व्यावसायिक समूह, फैक्ट्री व प्रशासकीय संरचनाएं जो कि सामाजिक अंतःक्रिया के विशिष्ट क्षेत्र होते हैं, संरचनात्मक यथार्थ कहलाते हैं। ये मानवीय आवश्यकताओं तथा मनुष्य की अस्तित्ववादी दशाओं से उपजते हैं तथा संस्कृति के भीतर व अनेक संस्कृतियों के मध्य तुलना योग्य होते हैं। इन संरचनात्मक यथार्थों (structural realities) के उपआधार (substratum) में असंख्य विशिष्ट मूल्य, प्रथाएं व संस्कृतियाँ होती हैं।

सामाजिक संरचना का स्थायित्व संस्कृति पर निर्भर होता है, परन्तु संरचना संस्कृति से अधिक अमूर्त होती है। परिवर्तन के संरचनात्मक विश्लेषण में प्रतिमानित सम्बन्धों में नये अनुकूलनों की गुणात्मक प्रकृति दर्शानी होती है, जैसे जब संयुक्त परिवार टूटकर एकाकी बन जाए, कोई जाति समूह वर्ग समूह में रूपांतरित हो जाए या जब लोकप्रिय मत का नेता पारम्परिक करिश्माई नेतृत्व का स्थान ग्रहण कर ले, इत्यादि। प्रकार्यवादी दृष्टिकोण से इस प्रकार की "व्याख्या बताती है कि किस प्रकार विभिन्न प्रकार की गतिविधि एक–दूसरे पर आसीन हो

जाती है तथा एक–दूसरे के साथ सुसंगत होती हैं, तथा किस प्रकार संघर्षों को सीमित किया जाता है तथा संरचना को बदलने से रोका जाता है।''

भारत में ऐतिहासिक कारणों से, परिवर्तन के विश्लेषण के सांस्कृतिक उपागम तो काफी प्रचलित हैं, परन्तु संरचनात्मक उपागम बहुत कम हैं। तथापि, संरचनात्मक अध्ययनों की पूरी तरह से उपेक्षा नहीं की गई है। इस प्रकार के अनेक अध्ययन ग्रामीण समुदायों, पारिवारिक संरचना, नगरीय क्षेत्रों, नेतृत्व तथा राजनैतिक संरचना, आदि के समाजशास्त्र में विद्यमान हैं। तथापि, इन विभिन्न क्षेत्रों के निष्कर्षों की तुलना का कोई प्रयास नहीं किया गया है, जिससे अंतर्संरचनात्मक सुसंगत परीक्षणों (inter-structural compatibility tests) को किया जा सके तथा सामाजिक परिवर्तन के बारे में कुछ वृहत् सामान्यीकरण दिये जा सकें। इसके अभाव में प्रायः सारी चर्चा बिना अमूर्त सामान्यीकरणों के सामाजिक तथ्यों की विशिष्टता पर ही सिमट जाती हैं जैसा कि बेली कहते हैं, संरचनात्मक विश्लेषण में ''हमें लोगों द्वारा दिए गये सिद्धांतों के द्वारा प्रदत्त कोरे तथ्यों तक ही सीमित नहीं रहना चाहिए'', हमारा काम ''लोकप्रिय विचारों के खुले विरोधाभासों'' से सुसंगत तत्वों का अमूर्तीकरण मात्र नहीं है जैसा कि कोई संस्कृतिशास्त्रीय अध्ययन प्रयास करता है। कुछ समस्याओं के कारण, सीधे व्यवहार से या अन्य गैर–शाब्दिक (non-verbal) सूचना से, तथा अपने स्वयं की अवधारणाएं प्रयुक्त कर तथा लोगों के विचारों से बचते हुए अमूर्तीकरण कर के एक वैध समाजशास्त्रीय समझ (a valid sociological understanding) प्राप्त की जा सकती है।[71]

अतः किसी संरचनात्मक विश्लेषण में नृतत्वशास्त्रीय ब्यौरों (ethnographic details) से अमूर्त अवधारणाओं का सूत्रण अपरिहार्य है जिसके द्वारा सामाजिक जीवन के तथ्यों का न केवल विवरण दिया जा सकता है, अपितु उसकी व्याख्या भी की जा सकती है।[72] इसके संरचनात्मक रूप से प्रस्थापनाओं के सोपान (hierarchy of propositions) की आवश्यकता होती है। उदाहरण के लिए, आधुनिकीकरण जैसे शब्द के संस्कृतिशास्त्रीय (culturalogical) तथा संरचनात्मक अर्थों में भेद इस बात पर निर्भर करेगा कि अमूर्त संरचनात्मक कथनों के माध्यम से इसके परिणामों को कैसे सूत्रबद्ध किया जाता है। एक उदाहरण के तौर पर हम आधुनिकीकरण के निम्न सूत्रण को ले सकते हैं जो कि रिचर्ड डी. लैम्बर्ट ने पूना की फैक्ट्रियों के अपने अध्ययन में मुख्य रूप से संरचनात्मक संदर्भ परिधि (structural frame of reference) में किया है:

> इस साहित्य में सभी जगह एक अपेक्षाकृत सरल ध्रुवीयता (relatively simple polarity) देखने को मिलती है– कृषक समाजों से आद्यौगिक समाजों में परिवर्तन के बारे में चर्चा में आदर्श प्रारूप के एक समूह (a

set of ideal types) के संघटक भाग बार–बार उभर कर आते हैं। अपने उद्देश्य के खातिर, हम उन पाँच परिवर्तनों को चुनेंगे जिनके बारे में यह माना जाता है कि वे आधुनिकीकरण नामक सामाजिक परिवर्तन की प्रक्रिया के साथ–साथ घटित होते हैः अंतर्वैयक्तिक आर्थिक सम्बन्धों के प्रमुख आधार के रूप में प्रस्थिति का स्थान संविदा (contract) ले लेता है; प्राथमिक समूह आधारित संगठित उत्पादन प्रक्रियाओं का स्थान एक अधिक जटिल श्रम विभाजन, अति विशिष्टीकृत व्यवसाय और पृथक् आर्थिक भूमिकाओं की अंतर्निर्भरता ले लेती है; सामाजिक सोपानीकरण (social gradation) के वैध आधार के रूप में प्रदत्त प्रस्थिति का स्थान अर्जित प्रस्थिति ले लेती है; प्रस्थिति स्थायित्व का स्थान तेज लम्बवत् व क्षैतिज गतिशीलता ले लेती है; तथा किसी भी व्यक्ति की प्रस्थिति के स्थायित्व, अपरिहार्यता (inevitability), तथा औचित्य (propriety) के स्थान पर अपनी प्रस्थिति को सुधारने की महत्वाकांक्षा बलवती हो जाती है......। ऐसा माना जाता है कि फैक्ट्री व्यवस्था के साथ–साथ कुछ संस्थात्मक पूर्व–आवश्यकताएं भी होती हैं जो कि इस प्रकार के कार्य संगठन से उपजती हैं, ऐसी पूर्व–आवश्यकताएं जो समाज को एक ध्रुवीयता से दूसरे छोर पर ले जाने में, स्थैतिक, प्रदत्त प्रस्थिति ग्रस्त, परम्पराबद्ध प्राथमिक समूह अभिमुखित, विशिष्टवादी, भाग्यवादी समाज से तेजी से परिवर्तनशील, अर्जित प्रस्थिति की प्रभुता वाले, प्रगतिशील द्वैतीयक समूह अभिमुखित, सार्वभौमिक एवं महत्वाकांक्षी समाज की ओर ले जाने में कारगर होती है।[73]

भारत में अधिकांश संरचनात्मक अध्ययनों में, आदर्श–प्रारूपी सूत्रणों एवं कथनों को स्पष्ट रूप से नहीं इंगित किया जाता, यद्यपि इस बात की अंतर्निहित मान्यता होती है। भूमिकाओं का विभेदीकरण एवं परिवार में सत्ता केन्द्र के परिवर्तन[74], शक्ति संरचना में जातियों एवं जनजातियों की परिवर्तनशील स्थितियाँ[75], नए गुटों का प्रादुर्भाव[76] तथा गाँवों में प्रभु जाति[77], प्रशासनतंत्र का प्रसार, युवा संगठनों का प्रादुर्भाव[78] नए श्रमिक आंदोलन[79], नगरीय वृद्धि तथा औद्योगिक–जनांकिकीय परिवर्तन तथा नेतृत्व[81] में परिवर्तन[80], आदि कुछ संरचनात्मक अध्ययन हुए हैं जो भारत में सामाजिक परिवर्तन के बारे में मूल्यवान संकेत देते हैं। भारत में सामाजिक परिवर्तन के विश्लेषण हेतु संरचनात्मक उपागमों के कुछ विशिष्ट अभिमुखनों के बारे में हम निम्न चर्चा करेंगे।

द्वंद्वात्मक उपागम (Dialectical Approach)

अपने आरम्भिक मार्क्सवादी स्वरूप की तुलना में, समाजशास्त्र में द्वंद्वात्मक उपागम की अवधारणाओं व प्रस्थापनाओं में और अधिक परिष्करण (refinement) हुआ है। इसके अटकलपच्चू दार्शनिक तत्वों का स्थान मौलिक समाजशास्त्रीय सूत्रणों (genuine sociological formulation) के संवर्गों ने ले लिया है।[82] भारत में, मार्क्सवादी सिद्धांत ने कुछ विद्वानों को अवश्य प्रभावित किया, परन्तु समग्र रूप से चिंतन व अनुसंधान की एक वैज्ञानिक परम्परा को विकसित करने में यह असफल रहा है।[83] इस प्रारूप पर आधारित आरम्भिक अध्ययनों में हम आर्थिक व्याख्या पर आधारित जाति के अध्ययन[84], भारतीय इतिहास की "उत्पादन के साधनों व सम्बन्धों के क्रमिक विकास के समयानुसार क्रम में वर्ग के दृष्टिकोण से व्याख्या[85], तथा आर्थिक संस्थाओं द्वारा निदेशित भारत में सामाजिक विकास की अवस्थाओं का उद्‌विकास सूत्रण[86] बता सकते हैं।

तथापि, मार्क्सवादी संवेदनशीलता, आधुनिक भारत के बुद्धिजीवियों के चिंतन प्रतिमान में घुली–मिली रहती है। कम्युनिस्ट पार्टी के नेताओं के मस्तिष्क पर यह हावी है, तथा काँग्रेस पार्टी व अन्य उदारवादी पार्टियों के बहुत सारे सदस्य इसकी विचाराधारा से प्रभावित हैं। सामान्यतया मार्क्सवाद से लगाव कम विशिष्ट है, और यह प्रायः एक एकीकृत विश्व–दर्शन (world-view) अथवा विचार दर्शन (system of thought) की भांति काम करने की बजाय उग्र उपनिवेशवाद विरोधी (militant anticolonialism) की भावना को उभारता है। एम.एन.रॉय, जवाहर लाल नेहरू तथा जयप्रकाश नारायण जैसे बुद्धिजीवियों ने, जो प्रारंभ में इस दर्शन के प्रतिपादक थे, बाद में इसकी तार्किक आलोचना की। समाजशास्त्र में, भारत में इस उपागम का प्रभाव कभी भी सशक्त नहीं रहा। शायद इसका कारण यह रहा हो कि समाजशास्त्र की पद्धतिशास्त्र व विषयवस्तु पर ब्रिटिश समाजशास्त्र व मानवशास्त्र के प्रकार्यवाद का प्रभाव हावी रहा है। इसके बावजूद द्वंद्वात्मक अथवा मार्क्सवादी समाजशास्त्र की पद्धति से कुछ समाजशास्त्री प्रभावित थे।

इनमें एक डी.पी. मुकर्जी थे। उनकी लेखनियों में हम द्वंद्वात्मक संदर्भ परिधि (dialectical frame of reference) के अन्तर्गत व्यवस्थित चिन्तन पाते हैं। वे मुख्यतया भारतीय परम्परा के पश्चिम के साथ अन्तःक्रिया पर ध्यान केन्द्रित करते हैं जिसके अन्तर्गत भारतीय परम्परा के पश्चिम के सम्पर्क में आने के कारण जहाँ एक ओर सांस्कृतिक विरोधाभासों (cultural contradictions) की शक्तियाँ मुखरित हुईं, वहीं दूसरी ओर इसके कारण एक नए मध्यम वर्ग का जन्म हुआ। उनके अनुसार, इन शक्तियों के उदय के कारण संघर्ष व संवाद (conflict and synthesis) की एक द्वंद्वात्मक प्रक्रिया का प्रादुर्भाव हुआ जिसे कि भारतीय समाज की वर्ग संरचना की संचित ऊर्जा के द्वारा प्रोत्साहित किया जाना चाहिये। यद्यपि, इसे नियोजन के माध्यम से किया जा सकता है। वे लिखते हैं कि :

> भारतीय परम्परा का महत्व इस बात में निहित है कि यह अपनी संचयी शक्तियों (conserving forces) को हड़बड़ाहट भरे परिवर्तन को रोकने में लगा सकता है। दोनों के मध्य द्वंद्वात्मक सम्बन्ध का अन्तिम परिणाम सामंजस्य है। इस बीच तनाव है और तनाव केवल शोध के विषय के रूप में महत्वपूर्ण नहीं है, यदि इस तनाव के कारण एक उच्चतर अवस्था फलित होती है तो यह इच्छित भी है और यह उच्चतर अवस्था वह है जिसमें व्यक्ति का नियोजित, सामाजिक रूप से निदेशित, सामूहिक प्रयासों द्वारा ऐतिहासिक रूप से समझे हुए लक्ष्य की ओर एकात्मीकरण करता है, और लेखक की समझ में यह लक्ष्य एक समाजवादी व्यवस्था है। उसमें तनाव समाप्त नहीं होंगे। यह कब्र की शांति नहीं है। इस उच्च एवं परिश्रमी प्रयास के कठिन मार्ग में केवल प्रकृति, काम व मनुष्य से अलगाव रुक जाएगा।[86]

स्पष्टततः, मुकर्जी के विचार सामाजिक परिवर्तन के द्वंद्वात्मक उपागम से बहुत मिलते–जुलते हैं, मुकर्जी सामाजिक परिवर्तन को एक ऐसी संवाद (synthesis) प्रक्रिया के रूप में देखते हैं जो कि मूल्यों व वर्ग हितों के विरोधाभासी व्यवस्थाओं के मध्य अन्तर्क्रिया व संघर्ष से उभर रही है। उनके अनुसार यह प्रक्रिया भारत में इस्लाम के प्रभाव से प्रारम्भ हुई जो आज तक चल रही है। ब्रिटिश राज ने भारत में एक ऐसा मध्यम वर्ग पैदा करके एक नई ऐतिहासिक प्रासंगिकता (historical contingency) पैदा कर दी, जिस वर्ग की जड़ें न तो परम्परा में हैं और न आधुनिकता में। अतः अब भारतीय समाज खुला नहीं होते हुए भी बंद समाज भी नहीं रहा।[87]

भारत में राष्ट्रवाद के उदय के अध्ययन हेतु ए.आर. देसाई ने द्वंद्वात्मक उपागम को प्रयुक्त किया है। उनके अनुसार भारत में राष्ट्रवाद ब्रिटिश उपनिवेशवाद के द्वारा उत्पन्न की गई भौतिक दशाओं का परिणाम है और ब्रिटिश पूर्व भारत में इस राष्ट्रवाद का अस्तित्व नहीं था। अंग्रेजी शासन ने आर्थिक विनाश के साथ–साथ आर्थिक सुधार भी किए जिससे एक नई सामाजिक चेतना व वर्ग संरचना उभरी और इसी से राष्ट्रवाद का उदय हुआ। देसाई लिखते हैं :

> (अंग्रेजी शासन के दौरान) ब्रिटेन के विरुद्ध विभिन्न वर्गों की अपनी विशिष्ट शिकायतें थीं। उद्योगपति भारत के निर्बाध औद्योगीकरण से मुक्ति चाहते थे तथा स्थानीय उद्योगों की संरक्षा (protection) चाहते थे। शिक्षित वर्ग सेवाओं का भारतीयकरण चाहते थे क्योंकि ऊँचे पद अंग्रेजों के लिए ही नियत थे। काश्तकार (agriculturists) भूमि कर में घटोतरी की मांग करते थे। श्रमिक कार्य की बेहतर दशाओं व आजीविका की मांग रखते थे। सम्पूर्ण राष्ट्र ने संगठन व प्रेस

(association and press) की स्वतन्त्रता, विधायी सभा (assembly), चुनी हुई विधायिका (elected legislature) ......और अन्ततः सम्पूर्ण स्वतन्त्रता की मांग की।[88]

भारत में पारस्परिक संस्थाओं की निरन्तरता में आर्थिक सम्बन्ध मुख्यतया स्थायित्व लाने वाले कारक हैं जो कि देसाई के अनुसार, बदल जाएगी जैसे ही ये सम्बन्ध बदलेंगे। यह विशेषतया जाति के लिये सच है जो कि उद्योग, आर्थिक स्वतन्त्रता, शिक्षा आदि सामाजिक भौतिक दशाओं के उत्पन्न होने से अन्ततः टूट कर बिखर जाएगी। देसाई के अनुसार, भारतीय राष्ट्रवाद के उदय में शिक्षा की भूमिका को कुछ ज्याद ही बढ़ा–चढ़ा कर बताया गया है। देसाई कहते हैं कि : "भारतीय राष्ट्रवाद, वस्तुतः भारत में नई सामाजिक भौतिक दशाओं का परिणाम है और अंग्रेजी आधिपत्य के कारण भारतीय समाज में उपजी हुई नई सामाजिक शक्तियों का फल है। यह हितों के वस्तुपरक संघर्ष का परिणाम है.....। यद्यपि देसाई भारत में आधुनिक शिक्षा की शुरुआत की प्रगतिशील भूमिका को मानते हैं, परन्तु यह निष्कर्ष गलत होगा कि भारतीय राष्ट्रवाद इस शिक्षा की देन था।"[89]

भारत में सामाजिक परिवर्तन के अध्ययन हेतु द्वंद्वात्मक उपागम की एक महत्त्वपूर्ण कमी यह है कि इसके प्रमुख दावे प्रायः इतिहासशास्त्रीय (historiographic) प्रमाणों पर आधारित हैं और जिन्हें आसानी से चुनौती दी जा सकती है। इन दावों के समर्थन में ठोस प्रत्यक्षानुभवी आंकड़ों (substantial empirical data) की कमी है। तथापि, सैद्धान्तिक रूप से, यह उपागम भारत में परिवर्तन व संघर्ष की विभिन्न प्रक्रियाओं के विश्लेषण हेतु सबसे अधिक उपयुक्त हो सकता है बशर्ते यह वैज्ञानिक अनुसंधान की ठोस परम्परा पर आधारित हो। इस कमी के बावजूद इस प्रारूप पर आधारित कुछ अध्ययन उपयोगी उपकल्पनाएँ प्रस्तुत करते हैं, जिन्हें सामाजिक परिवर्तन के अध्ययनों के दौरान जाँचा–परखा जा सकता है।

संज्ञानात्मक ऐतिहासिक उपागम (Cognitive Historical Approach)

संज्ञानात्मक ऐतिहासिक दृष्टिकोण से सामाजिक परिवर्तन के विश्लेषण का प्रतिपादन लुई ड्यूमाँ द्वारा किया गया। वे भारतीय समाज को सम्बन्धों की व्यवस्था के रूप में नहीं देखते थे अपितु मूल्य प्रतिमानों या संज्ञानात्मक संरचनाओं अथवा विचारणात्मक व्यवस्थाओं के रूप में देखते हैं। स्वयं समाजशास्त्र को एक व्यवसाय (vocation) के रूप में माना जाता है, जो कि सामाजिक जीवन के प्रत्येक सरल तथ्य को समाज के सामूहिक प्रतिनिधियों की जटिल संरचना में रखने का प्रयास करता है। ड्यूमाँ के अनुसार :

समस्या यह है कि एक ही समय में अनेक स्तरों पर कोई भी बात सत्य है। प्रत्येक विचार का क्षेत्र, प्रत्येक दृष्टिकोण स्वयं एक सरलीकरण पर निर्भर करता है, परन्तु विचार विवेचनात्मक (discursive) है और यह एक क्षेत्र का अन्वेषण नहीं कर सकता, अपितु एक के बाद एक दृष्टिकोण दे सकता है और इस प्रकार विभिन्न सरलीकरणों को जोड़कर तथ्य की जटिलता की पुनर्रचना करता है.....। यदि आम विचार हर बार इस प्रकार अपने स्वयं का सरलीकरण करता है, तो इस अर्थ में, समाजशास्त्री का व्यवसाय उल्टा है। समाजशास्त्री की समझ का हिस्सा सरल को जटिल से, लघु को वृहत् से विस्थापित करके, किसी प्रतिबन्धित क्षेत्र को उसके अपने पर्यावरण में पुनः लाकर प्रकाश में लाना, जिसे कि आम विचार दबा कर रखता है (और प्रायः इसके बाद के सामान्य विचार)। समाजशास्त्री को एक ऐसे विचार का निर्माण करना होता है, जिसमें कि तथ्यों का प्रतिनिधित्व उसी प्रकार से हो जैसे कि वे दिखाई देते हैं तथा साथ ही साथ इन्हें इनके अचेतन प्रतिभागों (non-conscious counterparts) के साथ इसके सम्बन्ध में भी देखा जाए।[90]

ड्यूमाँ के अनुसार, इस सामाजिक परिवर्तन के अध्ययन का केन्द्र "पाश्चात्य संस्कृति की अभिव्यक्ति पर भारतीय सोच की प्रतिक्रिया" होना चाहिए और किस प्रकार पाश्चात्य संस्कृति के संज्ञानात्मक तत्वों (cognitive elements) जैसे कि व्यक्तिवाद, स्वतन्त्रता, प्रजातंत्र, आदि के प्रभाव के अन्तर्गत भारतीय परम्परा स्वीकारने अथवा नकारने की प्रतिक्रिया कर रही है। भारतीय व पाश्चात्य संज्ञानात्मक व्यवस्था में परस्पर विपरीतता इस बात की है कि जहाँ भारतीय व्यवस्था समग्रवादी (holistic) प्रकृति की है, वहीं पाश्चात्य व्यवस्था व्यक्तिवादी (individualistic) प्रकृति की है; और यही विपरीतता भारत में आधुनिकता व परम्परा के मध्य तनाव की प्रकृति को जन्म देती है।

भारत की परम्परागत सामाजिक संरचना में, धर्म अथवा नैतिक व्यवस्था की उस अवधारणा पर आधारित जातियों के सोपानीकृत संगठन (hierarchical organization of castes) द्वारा समग्रता के सिद्धान्त का परिपोषण होता था जिस अवधारणा द्वारा सोपानक्रम (hierarchy) सिद्धान्त को बल मिलता था। इसी से सामाजिक असमानता, प्रदूषण–पवित्रता (pollution-purity) तथा पुजारी–राजा के गठजोड़ (alliance) के विचार फलित होते थे ताकि करिश्माई सत्ता के माध्यम से सामाजिक व्यवस्था को लागू किया जा सके। ड्यूमाँ के विचार में प्राचीन ब्राह्मण ग्रंथों में रचे गए पुजारी व राजा के मध्य पारस्परिकता के सम्बन्ध (complimentary relationship) भारतीय समाज व्यवस्था में 'विशुद्ध सोपानक्रम की एक भाषा' के विकास के लिए अनिवार्य थे।[91]

क्या इसका अर्थ यह है कि भारतीय परम्परा आधुनिकीकरण के लिए अभेद्य है? दो कारणों से ड्यूमाँ इसका नकारात्मक उत्तर देते हैं: प्रथम, क्योंकि समग्रवाद (holism) व सोपानक्रम (hierarchy) के विचार आधुनिकता से पूर्व की पाश्चात्य परम्परा में भी प्रभुत्व रखते थे,[92] और द्वितीय, क्योंकि पारम्परिक भारतीय समाज व्यवस्था संन्यासी अथवा बैरागी[93] की संस्थात्मक भूमिका के माध्यम से सामाजिक व सांस्कृतिक नवाचारों (innovations) को मान्यता प्रदान करती थी। भारतीय पारम्परिक समाज में संन्यासी आध्यात्मिक पारलौकिकता के माध्यम से सामाजिक सोपानक्रम अथवा जाति के मानदण्ड से मुक्त था तथा परम्परा के अर्थ की पुनर्व्याख्या करने और उसे परिवर्तित करने के लिए अधिकृत था।

उपरोक्त विचारों से यह स्पष्ट कि ड्यूमाँ का प्राथमिक केन्द्र बिन्दु भारतीय सांस्कृतिक संरचना के मूलभूत प्रसंगों (themes) में परिवर्तन पर है, न कि सामाजिक समूहों अथवा संरचनाओं की गतिकी (dynamics) पर। उनके विचार में समाजशास्त्रीय अध्ययन किसी समाज के 'विचारणात्मक संरचना' (ideo-structures) में परिवर्तन के गहन पक्षों से सम्बन्धित होने चाहिए बजाय तात्कालिक, व्यावहारिक मसलों (expedient issues) के जो कि अन्ततः तुच्छ होते हैं। वे लिखते हैं कि "परिवर्तन का अध्ययन सशक्त जनता की मांग का प्रत्युत्तर देता है और सही समाजशास्त्रीय मसलों के स्थान पर, कुछ हद तक एक आधुनिक समाज के सदस्य के रूप में विद्यार्थी की विषयपरक आवश्यकताओं से अधिक सम्बन्धित होता है।"[94] इसके अतिरिक्त "विचारणात्मक संरचना (ideo-structural) उपागम संकालिक (synchronic) व द्विकालिक (diachronic) दोनों प्रकार के अध्ययनों के लिए उपयोगी होने का अतिरिक्त लाभ देता है।[95]

संज्ञानात्मक ऐतिहासिक उपागम में तुलनात्मक अध्ययन हेतु सांस्कृतिक प्रसंगों पर अमूर्तीकरण की एक श्रेणी को सूत्रबद्ध करने का भी फायदा होता है, जो कि सामान्यतयाः आदर्श प्रारूप के जैसे होते हैं। अवधारणाओं के अमूर्तीकरण के इस लचीलेपन के कारण यह संभव हो पाता है कि इस उपागम के माध्यम से उन विभिन्न ऐतिहासिक अवस्थाओं का अध्ययन किया जा सके, जिनके द्वारा भारत में सांस्कृतिक परिवर्तन घटित हुए हैं। संस्कृतीकरण व पश्चिमीकरण की भांति यह उपागम भारतीय संस्कृति व समाज पर इस्लामिक संस्कृति के प्रभाव के अध्ययन की संभावनाओं को खारिज नहीं करता। इसके बावजूद यह उपागम प्रमुखतः संस्कृतिशास्त्रीय (culturalogical) है, अतः इसका विषयक्षेत्र सीमित है। इसके अतिरिक्त, भारत में पारम्परिक सामाजिक व्यवस्था की प्रकृति को समझाने के लिए ड्यूमां की मान्यता क्षत्रिय व ब्राह्मण के मध्य गठजोड़ (alliance) पर आधारित राजा प्रारूप (kingly model) सभी को स्वीकार्य न हो और संभव है कि भारतीय समाज के प्रत्येक भाग पर लागू भी न हो।[96]

एक एकीकृत उपागम की ओर
(Toward an Integrated Approach)

उपरोक्त उपागमों का मूल्यांकन करने से हम पाते हैं कि सामाजिक परिवर्तन के अध्ययन में प्रत्येक उपागम के अपने लाभ हैं, परन्तु ये लाभ सीमित हैं क्योंकि ये भारत में सामाजिक परिवर्तन पर व्यापक परिप्रेक्ष्य प्रस्तुत नहीं करते। संस्कृतीकरण एक आनुभाविक यथार्थ है और प्रायः यह एक ऐसा स्वरूप लेता है जो कि देशज (nativistic) अधिक है और अपने अभिमुखन में उच्च संस्कृतीय परम्परा से निदेशित होने की अपेक्षा विसंस्कृतीकरणात्मक है। यह दबे हुए अन्तर्वर्गीय आक्रोश (inter-class hostility) को भी अभिव्यक्त कर सकता है। हैरोल्ड गूल्ड के अनुसारः "संस्कृति के पीछे प्रमुख उद्देश्यों में से एक दबे हुए आक्रोश का कारक भी है जो कि जाति व्यवस्था को नकारने में अभिव्यक्त नहीं होता अपितु इस स्वरूप में होता है कि जाति व्यवस्था के शिकार इस व्यवस्था पर नियंत्रण कर लें और अपनी कुंठाओं को उसी रणक्षेत्र में शान्त करें जहाँ से उन्हें ये कुंठाएँ मिलीं। तभी कुछ ऐसा पाने का संतोष हो सकता है जो कि व्यावहारिक है, ठोस है और उनके विगत अनुभवों से संबंधित है।"[97] संस्कृतीकरण और पश्चिमीकरण में छुपे हुए अनेक अर्थों को श्री निवास ने भी स्वीकार किया है : "संस्कृतीकरण —— में अनेक परस्पर विरोधी मूल्य छुपे हुए हैं जैसा कि शायद पश्चिमीकरण में छुपे हुए हैं।"[98]

अन्य उपागमों की सीमाएँ भी बताई गई हैं। लघु परम्परा–वृहत् परम्परा परिवर्तन की कारणात्मक व्याख्या करने के संदर्भ में सशक्त है, परन्तु इसका विषयक्षेत्र (Scope) संस्कृतिशास्त्रीय है और यह परम्परा की अधिक विशिष्ट उपसंरचनाओं पर ध्यान नहीं देता। बहुपरम्परा सिद्धान्त परम्पराओं के वर्गीकरण में तो गहराई तक जाता है, परन्तु परिवर्तन की व्याख्या हेतु उसमें परिवर्तन को समझाने के लिए सैद्धान्तिक अथवा व्याख्यात्मक संवर्ग (Categories) नहीं हैं। द्वंद्वात्मक तथा अन्य संरचनात्मक सिद्धान्त स्थापित तार्किक अवधारणाओं पर आधारित हैं, परन्तु इनमें परिवर्तन संबंधी आनुभाविक अध्ययनों अथवा अभिलेखों की कमी है। तथापि इनमें से प्रत्येक सामाजिक परिवर्तन के एकीकृत उपागम हेतु कुछ न कुछ योगदान दे सकता है।

सामाजिक परिवर्तन से जुड़ी हुई अवधारणाओं की एक श्रृंखला को समानताओं के आधार पर तार्किक व्यवस्था में पिरोकर सैद्धान्तिक सूत्रण किए जा सकते हैं। हमारा यह प्रयास है कि सामाजिक परिवर्तन के विभिन्न उपागमों में अवधारणात्मक सूत्रणों में छुपी सैद्धान्तिक समानताओं को ढूंढ़ें और फिर उन्हें एक व्यवस्थात्मक तार्किक सिद्धान्त के आधार पर एक सूत्र में पिरोकर एक अच्छी–खासी अवधारणात्मक एकात्मकता प्राप्त की जाए।

परिवर्तन की दिशा के संदर्भ में सबसे पहली सैद्धान्तिक एकता पाई जाती है

जो कि सभी उपागमों में निहित है। अधिकांशतया सभी उपागम एक रेखीय उद्विकासात्मक दिशा को मानते हैं जिसमें सांस्कृतिक परिवर्तन आगे बढ़ रहे हैं। जैसा कि मिल्टन सिंगर ने कहा है– "किसी भी अन्य प्रकार के परिवर्तन की भांति संस्कृति परिवर्तन में एक कालिक आयाम होता है (temporal dimension) जो रेखीय और चक्रीय प्रकार के परिवर्तनों में भेद करने में उपयोगी होता है। सांस्कृतिक परिवर्तनों के रेखीय प्रकार एक तारीख अथवा उसके आसपास की तारीख की (a date or approximate date) विशिष्टता लिए होते हैं, जिसके द्वारा पहले और बाद का भेद किया जा सकता है। इस अर्थ में सांस्कृतिक परम्परा का आधुनिकीकरण एक रेखीय प्रकार का परिवर्तन है। इसका अर्थ यह हुआ कि परम्परा का रूपान्तरण हो रहा है जो कि एक निश्चित तारीख से पहले नहीं हुआ था ––––। तथापि आधुनिक काल में परम्परा में होने वाले सभी परिवर्तन आधुनिकीकरण में परिवर्तित नहीं होते –––। दूसरे शब्दों में यह जानने के लिए यह उपयोगी है कि क्या परम्परा में घटित किसी विशिष्ट परिवर्तन का परिणाम एक विशिष्ट तारीख से पहले विद्यमान संरचना के साथ निरन्तरता रखता है अथवा उस संरचना के स्थान पर एक नई संरचना विस्थापित हो गई है। यदि परिवर्तन विद्यमान संरचना के साथ निरन्तरता रखता है तो यह परिवर्तन पारम्परिक प्रकार का है और यदि इसने संरचना को विस्थापित किया है तो यह आधुनिकीकरण प्रकार का है –––। और यदि परिवर्तन के फलस्वरूप एक ऐसी संरचना बनती है जो कि न तो परम्परागत जैसी है और न नितान्त नई तो इसे हम मध्यमार्गी संरचना (Compromise formation) कह सकते हैं।"

भारत में सामाजिक एवं सांस्कृतिक परिवर्तनों सम्बन्धी अधिकांश सूत्रणों (सिद्धान्तों) (formulations) की दिशा उद्विकासीय है। श्रीनिवास संस्कृतीकरण से पश्चिमीकरण में परिवर्तन की अवस्थाओं का सूत्रण प्रस्तुत करते हैं, जिसमें संस्कृतीकरण से पहले की अवस्था तार्किक रूप से अन्तर्निहित है। मोटे तौर पर ये अवस्थाएँ भारत में प्रमुख ऐतिहासिक, सांस्कृतिक कालों और उनमें परिवर्तनों से बहुत मिलती–जुलती हैं। समकालीन सैद्धान्तिक अर्थ में जब एक जनजाति जाति का अनुकरण करती हैं तो इसे हम पूर्व संस्कृति अवस्था से संस्कृतीकरण की ओर परिवर्तन का एक उदाहरण मान सकते हैं। तथापि, परिवर्तन के द्वंद्वात्मक और संरचनात्मक प्रारूप परिवर्तन की दिशा के संदर्भ में स्पष्टतया एक रेखीय अवधारणा को अपनाते हैं। अतः परिवर्तन के भारतीय सिद्धान्तों में एक महत्वपूर्ण एकात्मक सिद्धान्त इस प्रक्रिया के दीर्घकाल में एक रेखीय उद्विकास प्रतीत होता है। लघु कालों में, विपरीत दिशा में परिवर्तन (Regressive movements in change) को भी स्वीकार किया गया है।

परिवर्तन की अवधारणाओं में एक बार इस मोटी सैद्धान्तिक एकता को हम मान्यता दे दें तो लघु स्तरों पर अन्य क्षेत्रों में एकता से संबंधित प्रश्न उठ सकते

हैं। एक ऐसा स्तर संदर्भ का है जिसमें परिवर्तन लाने वाली प्रक्रिया शुरू होती है और एक नये गुणात्मक स्वरूप के रूप में उत्पन्न होती है। इस स्तर पर भी हम परिवर्तन की अधिकांश अवधारणाओं में समानता रख पाते हैं। यह संदर्भ की परिभाषा में वृहत या महत् (macro or Great) अथवा सूक्ष्म या लघु परम्परा की संरचनाओं (micro or little structures of traditions) में निहित होता है। रैडफील्ड, सिंगर और मैरियट लघु और वृहत परम्पराओं में स्पष्ट भेद करते हैं। श्रीनिवास के शब्दों में संस्कृतीकरण और आधुनिकीकरण दोनों वृहत परम्पराओं के स्वरूप हैं। संस्कृतिपूर्व (पूर्व–सांस्कृतिक) (pre-sanskritic) को लघु परम्परा माना गया है। संभवतः जिसे पहले संस्कृतीकरण का 'ऐतिहासिक विशिष्ट' कहा जाता था, उसका अर्थ वृहत स्तर (Macroscopic level) से है और 'संदर्भ विशिष्ट' का अर्थ परम्परा के लघु स्तर (Microscopic level) से है।

बैली, मेयर, एप्सटाइन एवं अन्य के द्वारा दिये गये परिवर्तन के संरचनात्मक सूत्रणों में संरचनाओं के वृहत एवं लघु स्तरों में स्पष्ट भेद पाया जाता है। द्वंद्वात्मक उपागम में, यद्यपि यह भेद आसान न हो क्योंकि इसमें एककारणात्मकवाद (assumed monistic reductionism) का आग्रह प्रतीत होता है, परन्तु इस सिद्धान्त में भी अधोसंरचनाओं और अधिसंरचनाओं में अथवा संदर्भात्मक स्तरों पर भेद किया गया है। डी.पी. मुकर्जी के लेखनों में परम्पराओं के उन स्तरों और प्रकारों का विषद् विवेचन मिलता है जो अन्तःक्रिया और टकराव के माध्यम से परिवर्तन प्रकट करते हैं। तथापि, अधिकांश मामलों में इस्लाम, हिन्दू एवं आधुनिक पश्चिम जैसी वृहत परम्पराओं को केन्द्र बिन्दु बनाया गया है और परम्पराओं की लघु संरचना का विवेचन बहुत कम हुआ है। इसके बावजूद सामाजिक परिवर्तन के साहित्य में सामाजिक, सांस्कृतिक प्रघटनाओं के वृहत् एवं लघु स्तरों के मध्य भेद इतना व्यापक है कि इसके उपागम में एक अवधारणात्मक एकता की आवश्यकता न केवल सैद्धान्तिक रूप से, अपितु तार्किक रूप से भी अपेक्षित है।

विभिन्न उपागमों में जिस प्रकार से परिवर्तन की कारणात्मक प्रकृति की व्याख्या की गई है, उस आधार पर भी अवधारणात्मक एकता संभव है, उदाहरण के लिए प्रकार्यात्मक उपागम बाह्य स्रोतों के द्वारा नये व्यवहार और संस्कृति के नये स्वरूपों के प्रसार के माध्यम से परिवर्तन की व्याख्या करता है और इसके विपरीत द्वंद्वात्मक सिद्धान्त सामाजिक परिवर्तन के आन्तरिक स्रोतों पर या व्यवस्था के अन्दर ही स्रोतों को देखने पर अधिक बल देता है और इसे वह सामाजिक संरचना में अन्तर्निहित मानता है। सामाजिक परिवर्तन की अवधारणाओं के एकीकरण के किसी भी प्रयास में, उपागम की एकता एवं संतुलन के लिए यह आवश्यक है कि परिवर्तन के इन दोनों कारणात्मक स्रोतों को मान्यता दी जाये।

भारत में परिवर्तन के अधिकांश अध्ययन परिवर्तन के कारणों की बाह्य सम्पर्क के संदर्भ में व्याख्या करते हैं जिनसे नयी भूमिकाओं और मूल्यों का प्रसार हुआ है। बहुत कम समाजशास्त्रियों ने परिवर्तन के लिए व्यवस्था के आन्तरिक तत्वों के योगदान को मान्यता दी है। यहाँ मिल्टन सिंगर और मैरियट दोनों के अध्ययनों का हवाला दिया जा सकता है, जिसमें उन्होंने रेडफील्ड के प्रारूप का अनुसरण करते हुए परिवर्तन हेतु अन्तःजनित और बाह्यजनित दोनों स्रोतों की व्याख्या की है। श्रीनिवास के अनुसार, संस्कृतीकरण अन्तःजनित परिवर्तन की प्रक्रिया है और पश्चिमीकरण इस प्रक्रिया का बाह्यजनित स्वरूप है। इस भेद को अन्य समाजशास्त्री भी प्रत्यक्ष अथवा अप्रत्यक्ष रूप से स्वीकारते हैं। अतः सामाजिक परिवर्तन के उपागम में अवधारणात्मक एकता के किसी भी प्रयास में परिवर्तन के जनक इन दोनों कारणात्मक कारकों का ध्यान रखना होगा।

अन्ततः अवधारणात्मक एकता के लिए यह आवश्यक है कि जिस प्रघटना में परिवर्तन हो रहा है उसके <u>सैद्धान्तिक क्षेत्र</u> की स्पष्ट विवेचना की जाए। हम सामाजिक यथार्थ के दो प्रमुख सैद्धान्तिक पक्ष देख सकते हैं, जिनके प्रति परिवर्तन के अधिकांश अध्ययनों का अभिमुखन है ––– संस्कृति व सामाजिक संरचना। संस्कृति वे प्रथागत मानक प्रस्तुत करती है जो मनुष्य की सामाजिक गतिविधियों को नियंत्रित करते हैं; जबकि सामाजिक संरचना गतिविधियों के जाल से उपजती है। संस्कृति का एकात्मक तत्व अर्थ अथवा प्रतीकात्मक व्यवस्था होती है और सामाजिक संरचना में एकात्मक तत्व संस्कृति स्वयं होती है जो मनुष्य को विभिन्न गतिविधियों में उत्प्रेरित करने के लिए एक संस्थात्मक मार्ग प्रशस्त करती है।

भारत में सामाजिक परिवर्तन की व्याख्या करने के लिए बनाई गई अधिकांश अवधारणाएँ प्रायः संस्कृतिशास्त्रीय हैं। वे पारम्परिक भारतीय संस्कृति के उन विभिन्न स्वरूपों पर ध्यान केन्द्रित करती हैं जो भारत में अनेक आधुनिक, सांस्कृतिक नवाचारों के शुरू होने से प्रकट हुई हैं। इन अवधारणाओं द्वारा सामाजिक प्रघटना के अन्य स्तरों पर होने वाले परिवर्तनों की समुचित व्याख्या नहीं की जा सकती, जैसे कि सामाजिक संरचना एवं समूह संबंधों के स्वरूपों में होने वाले परिवर्तनों की व्याख्या। इसके अतिरिक्त, सांस्कृतिक व्याख्याएँ सदैव विशिष्टीकृत होती हैं, अतः परिवर्तन के बारे में सामान्यीकरण देने में इनकी सीमाएँ होती हैं। उदाहरण के तौर पर, भारत में जाति की वास्तविकता की एक से दूसरे क्षेत्र में तुलना नहीं की जा सकती, क्योंकि भारत के किसी एक क्षेत्र में जाति की सांस्कृतिक शैली, कर्मकाण्ड और सामाजिक व्यवहार से संबंधित नियम भारत के दूसरे क्षेत्र में जाति की तुलना में मौलिक रूप से भिन्न होते हैं। तथापि, शक्ति अथवा सत्ता, व्यावसायिक प्रस्थिति एवं आर्थिक प्रस्थिति, आदि संरचनात्मक आधारों के संदर्भ में तुलनाएँ की जा सकती हैं। अतः यह अनिवार्य है कि

परिवर्तन की व्याख्या का प्रयास संरचनात्मक और सांस्कृतिक दोनों दृष्टिकोणों से किया जाये।

भारत में सामाजिक परिवर्तन का विश्लेषण करने हेतु उपागमों में जिस स्वरूप में अवधारणात्मक एकता का प्रयास किया जा सकता है, उसको एक योजनाबद्ध स्वरूप में नीचे प्रस्तुत किया गया है :–

एक एकीकृत उपागम हेतु पैराडाइमः

आधुनिकीकरण

परिवर्तन के स्रोत	*सांस्कृतिक संरचना*		*सामाजिक संरचना*	
	लघु परम्परा	*वृहत् परम्परा*	*लघु संरचना*	*वृहत् संरचना*
बाह्यजनित परिवर्तन (Heterogenetic Changes)	इस्लामीकरण	द्वैतीयक इस्लामी प्रभाव	भूमिका विभेदीकरण	राजनैतिक नवाचार
	प्राथमिक–पश्चिमीकरण	द्वैतीयक पश्चिमीकरण अथवा (आधुनिकीकरण)	नये वैधीकरण (New Legitimations)	अभिजन, नौकरशाही, उद्योग आदि की नयी संरचनाएँ
अन्तःजनित परिवर्तन (Orthogenetic Changes)	संस्कृतीकरण अथवा परम्परायीकरण	सांस्कृतिक पुनर्जागरण	प्रतिमान पुनरावृत्ति, अनिवार्य प्रवास अथवा जनसंख्या स्थानान्तरण	अभिजन संचरण, राजाओं का पदानुक्रम, नगरों तथा व्यापार केन्द्रों का उदय व पतन

परम्परायीकरण

भारत में सामाजिक परिवर्तन पर एकीकृत विचार को किस प्रकार प्राप्त किया जा सकता है, इस बारे में उपरोक्त पैराडाइम हमारे विश्लेषण का तार्किक परिणाम है। सामाजिक परिवर्तन के कारण को सामाजिक व्यवस्था अथवा परम्परा के अन्दर व बाहर दोनों तरफ ढूंढ़ना होगा। इसके लिए रैडफील्ड व सिंगर द्वारा प्रयुक्त अवधारणा को हम विशेषतः उपयोगी पाते हैं जो परिवर्तन के अन्तःजनित व बाह्यजनित स्रोतों के मध्य भेद करते हैं। सांस्कृतिक संरचना व सामाजिक संरचना के मध्य भी भेद किया जाता है ताकि इन दो अपेक्षाकृत रूप से स्वतन्त्र सैद्धान्तिक क्षेत्रों के स्तर पर परिवर्तन के अवलोकन की आवश्यकता पर ध्यान केन्द्रित किया जा सके। पुनश्च, रैडफील्ड का अनुसरण करते हुए सांस्कृतिक संरचना को लघु परम्परा व वृहत् परम्परा के संवर्गों (categories) में विभक्त किया

गया है। इसी प्रकार सामाजिक संरचना को भी लघु संरचना (micro structure) एवं वृहत् संरचना (macro structure) के संवर्गों (categories) में विभक्त किया गया है। ये विभेद संदर्भों पर ध्यान केन्द्रित करने की आवश्यकता का परिणाम है, जैसा कि पहले चर्चा की जा चुकी है, जिसके माध्यम से परिवर्तन की प्रक्रियाओं का प्रसार व गहनता (spread and depth) के स्तर पर मूल्यांकन किया जा सके। अन्ततः परिवर्तन की दिशा ''परम्परायीकरण'' से ''आधुनिकीकरण'' की ओर एक रेखीय उद्‌विकासीय स्वरूप में दिखाई देती है। परम्परायीकरण (traditionalization) के अन्तर्गत सांस्कृतिक व सामाजिक संरचनाओं में अन्तःजनित प्रतिमानों (orthogenetic patterns) द्वारा नियन्त्रित परिवर्तनों की सम्पूर्ण श्रृंखला आती है। इसी प्रकार बाह्यजनित सम्पर्कों (heterogenetic contacts) से प्रेरित परिवर्तनों का शुद्ध परिणाम आधुनिकीकरण के अन्तर्गत आता है।

कारणात्मक शक्तियाँ (causal forces), सैद्धान्तिक क्षेत्र (substantive domains), संदर्भ व परिवर्तन की दिशा (context and direction of change) हमें वे तार्किक सीमाएं (logical boundaries) प्रदान करती हैं जिनके भीतर भारत में सामाजिक परिवर्तन की और अधिक विशिष्ट प्रक्रियाओं का अवलोकन व विवरण किया जा सकता है। पैराडाइम के प्रत्येक सम्बन्धित खाने में इन विशिष्ट प्रक्रियाओं और उनका विवरण देने वाली सम्बन्धित अवधारणाओं को बताया गया है। सम्बन्धित सैद्धान्तिक क्षेत्रों से सम्बन्धित परिवर्तन के विश्लेषण में इन विशिष्ट अवधारणाओं के महत्व को आने वाले अध्यायों में परखा गया है। उदाहरण के लिये भारत की सांस्कृतिक संरचना में, इस्लामी प्रभाव सांस्कृतिक रूपान्तरण एवं संश्लेषण एक महत्वपूर्ण एक बाह्य जनित स्रोत (heterogenetic source) है, और जैसा कि हमने आगे विश्लेषित किया है, इसके महत्व को लघु व वृहत् परम्परा दोनों स्तरों पर देखा जा सकता है। इसके बाद भारत में बाह्यजनित (exogenous) सांस्कृतिक प्रभाव का एक प्रमुख स्वरूप पश्चिमीकरण है जिसके परिणाम लघु व वृहत् परम्पराओं के लिये भी महत्वपूर्ण हैं। श्रीनिवास ने स्वयं पश्चिमीकरण के दो स्तरों को ''प्राथमिक'' एवं ''द्वैतीयक'' कहा था और हमने इन दोनों शब्दों को ऐसे ही (पैराडाइम में) ले लिया है ताकि अनावश्यक रूप के शाब्दिक आडम्बर से बचा जा सके।

भारत की सांस्कृतिक संरचना में अन्तःजनित स्रोतों द्वारा हुए परिवर्तन भी अनेक संवर्गों (categories) में आते हैं। संस्कृतीकरण परिवर्तन की एक ऐसी ही प्रक्रिया है। सैद्धान्तिक रूप से, संस्कृतीकरण लघु एवं वृहत् परम्परा दोनों में आए सांस्कृतिक परिवर्तनों को बिम्बित करता है, परन्तु इस प्रक्रिया के बारे में अधिकांश आनुभाविक प्रेक्षण लघु परम्परा तक ही सीमित हैं। इस कारण, संस्कृतीकरण व सांस्कृतिक पुनर्जागरण में एक विभेद किया गया है जिसमें सांस्कृतिक

पुनर्जागरण, सांस्कृतिक संरचना की वृहत् परम्परा में होने वाले अन्तःजनित परिवर्तनों को इंगित करता है। संस्कृतीकरण को हम लघु परम्परा में परिवर्तन की प्रक्रिया मानते हैं। जैसा कि हम आगे चर्चा करेंगे, इस अवधारणा के भारत में सामाजिक परिवर्तन हेतु परिणामों के अनेक अनपेक्षित स्वरूप हैं।

सामाजिक संरचना में परिवर्तनों को अधिक लाभकारी तरीके से विवेचित किया जा सकता है, जब वृहत् व लघु संरचनाओं (macro and micro structures) में विभेद किया जाए। वृहत् संरचनाओं के उदाहरण हैं : नौकरशाही, उद्योग, बाजार, नेतृत्व, राजनैतिक दल इत्यादि। इनमें वे भूमिका सम्बन्ध आते हैं जिनमें सीमाओं का अखिल भारतीय विस्तार है। इसके विपरीत, लघु संरचनाओं के भूमिका सम्बन्धों व उनके कर्तव्यों के विस्तार हेतु सीमित दायरे हैं, जैसे कि नातेदारी, परिवार, जाति एवं उपजाति एवं जनजाति, इत्यादि। इनमें से कुछ संरचनाएं, जैसे नातेदारी एवं विवाह अन्तर्निहित "सीमा के सिद्धान्त द्वारा नियन्त्रित होती हैं जो कि इन संस्थाओं द्वारा फलित सम्बन्धों की प्रकृति निर्धारित करती हैं जैसे कि नातेदारी संज्ञाओं की संख्या और जीवन साथी के चयन मे भौगोलिक सीमाओं को बहुत ही संकुचित दायरे में समेट देती हैं।

भारतीय समाज की लघु व वृहत् संरचनाओं में आधारभूत परिवर्तन, पश्चिम के सम्पर्क में आने के बाद ही प्रारम्भ हुए हैं। वैज्ञानिक व प्रौद्योगिक नवाचारों, जो आज सामाजिक संरचनाओं में परिवर्तनों के संवेग (momentum of changes) को निरन्तर उद्विकासीय दिशा में प्रोत्साहित करते रहते हैं, भारत को पश्चिम से विरासत में मिली हैं। परिणामस्वरूप, भारतीय इतिहास के पूर्व–संपर्क काल में अधिकांश संरचनात्मक परिवर्तन चाहे लघु अथवा वृहत् संरचनाओं (micro and macro structures) में हों, उद्विकासीय प्रतिमान (evolutionary pattern) पर होने के बजाय दोलनकारी (oscillatory) होते थे। जाति, परिवार, आदि जैसी लघु संरचनाओं में प्रतिमान पुनरावृत्ति (pattern recurrence) रूपान्तरण का आम स्वरूप था। प्रवास (migration) परिवर्तन का एक महत्वपूर्ण स्रोत था; परन्तु भूमि की कमी न होने के कारण[99], ऐसा प्रवास एक ग्रामीण आवास से दूसरे ग्रामीण आवास में होता था तथा यह नगरीकरण में फलित नहीं होता था। मोटे तौर पर, यही वृहत् संरचनाओं का सत्य था, जहां परिवर्तन का केन्द्र मुख्यतया राजतंत्रों का उदय व पतन और पूर्व–औद्योगिक नगरों का प्रसार व संकुचन होता था जो कि साम्राज्यों के चढ़ते व गिरते भविष्य के साथ ही क्रमशः उदित अथवा नष्ट हो जाते थे।

अतः, भारतीय समाज की सामाजिक संरचना में परिवर्तन के अन्तःजनित स्रोतों में वास्तविक संरचनात्मक परिवर्तन लाने की क्षमता नहीं थी, ये परिवर्तन तो समकालीन प्रक्रियाओं के बाह्यजनित स्वरूप द्वारा क्रियान्वित हुए हैं। तथापि, संरचनात्मक परिवर्तन के व्यापक अध्ययन हेतु इन दोनों कारकों द्वारा जनित

परिवर्तनों की प्रकृति को समझना होगा। हमारे द्वारा प्रस्तुत की गई परिवर्तन की अवधारणाओं के योजनाबद्ध निरूपण में व्यापकता व सैद्धान्तिक सुसंगतता का लाभ है।

आगे के पृष्ठों में सामाजिक परिवर्तन के उपागम के उपरोक्त योजनाबद्ध निरूपण के माध्यम से भारत में सामाजिक परिवर्तन के विश्लेषण का एक प्रयास किया गया है।

टिप्पणियां तथा संदर्भ
(Notes and References)

1. Louis Dumont, "Change, Interaction and Comparison", *Contributions to Indian Sociology,* No. VII, March 1964, pp. 7-17 (यह लेख मनुष्य जाति के आधुनिक विश्व–दर्शन के प्रतिबिम्ब के रूप में परिवर्तन के अध्ययन के प्रति समकालीन समाज में वैज्ञानिकों की अत्यधिक चिन्ता का स्पष्टतया विश्लेषण करता है। यह वस्तुपरक वैज्ञानिक चिन्ताओं से व्युपन्न होने के स्थान पर सांस्कृतिक संक्रमण की एक अवस्था है)।
2. Ronald Segal, *The Crisis in India,* Penguin Books, England, 1965; Selig Harrison, *India the Most Dangerous Decades*, Princeton, 1960.
3. समकालीन भारत पर इस प्रकार की विशिष्ट प्रतिक्रिया को उच्च साहित्यिक कृति (नायपाल की निम्न कृति में देखा जा सकता है।) V.S. Naipaul, *An Area of Darkness,* London. Deusch,1964.
4. *See,* Nirad C. Chaudhari, *The Continent of Circe, London,* 1966.
5. Louis Dumont, op. cit., p. 10.
6. Louis Dumont, "The Modern Conception of the Individual", *Contributions to Indian Sociology,* No. VIII, October 1965, p. 16.
7. Edward Shils, "The Calling of Sociology", in Theories of Society (ed.) *by* Talcott Parsons, Edward Shils, Kasper D. Naegele & Jesse R. Pitts, Vol. 2, Free Press of Glencoe, 1962. भारत में समाज विज्ञानों के विकास एवं समानुभूतिपूर्ण क्षमता (empathetic capacity) के मध्य सम्बन्ध (जिससे अनेक विद्वान असहमत हो सकते हैं) निम्न पुस्तक में व्याख्या का विषय है। *The Intellectual Between Tradition and Modernity: The Indian Situation, by* Edward Shils, Mouton & Co., the Hague, 1961.

8. C. Wright Mills, *The Sociological Imagination,* New York, Grove Press, 1959, pp. 5-13
9. B.N. Seal, quoted in H. Barnes & Becker, Social Thought from Lore to Science, Vol. 3, p.1147.
10. Lucian W. Pye, *Aspects of Political Development,* Toronto, Little, Brown & Co., 1966, Ch. Ill, pp. 49-67.
11. देखिए Marshall B. Chinard & Joseph W. Elder, "Sociology in India: A Study in the Sociology of Knowledge", *American Sociological Review,* Vol. 30, No. 4, August 1965, pp. 581-587.
12. Talcott Parsons, *The Social System,* New York, Free Press of Glencoe, 1951, pp. 5-6.
13. संस्कृति एवं सामाजिक संरचना में विभेद के लिए देखिए — Linton, *Culture and Mental Disorder;* and Nadel, *The Foundations of Social Anthropology,* London, Cohen & West, 1953, p.81.
14. F.G. Bailey, "For a Sociology of India", *Contributions to Indian Sociology,* No. 111, July 1959, the Hague, pp. 88-101.
15. यह इस तथ्य से प्रमाणित होगा कि अनेक भारतीय समाजशास्त्री, जो एक प्रारूपात्मक विशिष्ट भारतीय समाजशास्त्र के हिमायती हैं; वे इसके लिए समान मूल्य संदर्भ परिधि के आधार पर से तर्क नहीं करते। उदाहरण के लिए, डी.पी. मुकर्जी जो स्वयं एक मार्क्सवादी होने का दावा करते हैं, आर. एन. सक्सेना कर्म, धर्म मोक्ष, आदि जैसी हिन्दू सामाजिक व्यवस्था के पारम्परिक संवर्गों (traditional categories) पर आधारित समाजशास्त्र का पक्ष लेते हैं, अन्य के लिए भारतीय समाजशास्त्र हिन्दू सभ्यता की आधारभूत व विशिष्ट विचारणात्मक–संरचनात्मक वास्तविकताओं से बनता है। *See*, D.P. Mukerji, *Diversities,* New Delhi, Peoples Publishing House, 1958; R.N. Saksena, in *Sociology, Social Research and Social Policy in India* (ed.), op. cit., and also his article in *Sociology for India,* (ed.) by Unnithan, Singh, Singhi & Deva, New Delhi, Prentice Hall of India, 1967.
16. उदाहरणार्थ, हैंस ज़ैटरबर्ग यह स्वीकारते हैं कि सामाजिक वास्तविकताओं की प्रकृति प्रतीकात्मक होती है परन्तु, उनके अनुसार, इसे समाजशास्त्र के सार्वभौमिकतावादी स्वरूप की सम्भावना को निरस्त नहीं करना चाहिए। वे कहते हैं: "समाजशास्त्रियों के सिद्धांत से जूझने की कठिनाई आंशिक रूप से इस दुविधा में निहित है कि समाजशास्त्र एक मानवतावादी तथा वैज्ञानिक विषय दोनों हैं। हम समाजशास्त्र की मानवतावादी विषयवस्तु से कभी पलायन नहीं कर सकते, परन्तु इसकी वैज्ञानिक रूप से व्याख्या करने का प्रयास

करते हैं।" *See*, Hans Zetterberg, *On Theory and Verification in Sociology*, New York, Bedminister Press, 1965, p.20.

17. L. Dumont, *Contributions*, No. VIII, pp. 85-99.
18. Ibid., pp. 13-19.
19. देखिए, E.R. Leach, (ed.) Aspects of Caste in South India, Ceylon and N-W Pakistan, Cambridge, 1960; John Dollard, Caste and Class in a Southern Town, New York, 1940. W. Lloyd Warner, "American Caste and Class", *American Journal of Sociology*, Vol. 42, 1936, also *see*, W. Lloyd Warner & Allison Davis, "A Comparative Study of American Caste" in: Edgar T. Thomson, (ed.) *Race Relations and Race Problem*, Durham. North Carolina, 1939.
20. Raymond Aron, "Science et Conscience de la Societe" *Archives Europeannes de Sociologie*, I, 1960, p. 29.
21. Edward Shils, op. cit.
22. *See*, A.M. Hocart, *"Caste: A Comparative Study"*, London, Methuen, 1950; Zimerman, Bougle & Others की कृतियां भी। इस अभिमुखन के और अधिक संदर्भ तथा समीक्षा निम्न में उपलब्ध है: L. Dumont, *Contributions No. II. 1958.*
23. द्वंद्वात्मक अथवा मार्क्सवादी दृष्टिकोण से भारतीय सामाजिक प्रक्रियाओं का अध्ययन भारत में कुछ विद्वानों ने किया है; परन्तु भारत में समाज विज्ञान में यह परम्परा बहुत समृद्ध नहीं है। *See*, M.N. Dutta, *Indian Social Polity;* S.A. Dange, *India from Primitive Communism to Slavery*, Bombay, People's Publishing House, 1949; D.D. Kosambi, *Indian History*, Bombay, Popular Book Depot, 1956; A.R. Desai, *Social Background of Indian Nationalism*, Bombay, Popular Book Depot, 1959. भारत में सामाजिक परिवर्तनों के संदर्भ में मार्क्सवादी अथवा द्वंद्वात्मक दृष्टिकोण का एक गहन समाजशास्त्रीय विश्लेषण डी.पी. मुकर्जी की कृतियों में पाया जा सकता है, जिनकी सोच वस्तुतः रूढ़िवादी मार्क्सवाद (जिसके प्रति उनका बौद्धिक स्वभाव कभी पूर्णतया आत्मसमर्पण नहीं करता) तथा एक परम्परावादी दृष्टिकोण के मध्य झूलती रहती है। *See* his, *Modern Indian Culture* (1942), *Views and Counterviews* (1946) and *Diversities* (People's Publishing House, 1958)
24. Ralph Daharendorf, "Toward a Theory of Social Conflict", in (ed.) Amitai Etizioni *et al.*, *Social Change: Source Pattern and Consequences*, 1964.

25. Wilbert E. Moore, in Amitai Etzioni *et al.*, Supra, p.10.
26. देखिए, Max Gluckman, *Custom and Conflict in Africa,* Oxford, Blackwell, 1955; *Rituals of Rebellion in South-East Africa,* Manchester, Manchester University Press, 1954; Lewis A. Coser, *The Functions of Social Conflict,* Glencoe, Illinois, Free Press, 1956.
27. V. Raghavan, "Methods of Popular Religious Instructions in South India" in *Traditional India: Structure and Change,* (ed.) Milton Singer, Philadephia, 1959.
28. M.N. Srinivas, "A Note on Sanskritization and Westernization" in *Caste in Modern India and other Essays,* London, Asia Publishing House, 1962, p.42.
29. Ibid., p. 45.
30. Ibid., p. 44.
31. निम्न जातियों द्वारा प्रथाओं तथा कर्मकांडों के क्षत्रिय मॉडल के अनुकरण के बारे में अनेक सामाजिक मानवशास्त्रियों ने उल्लेख किया है। *See,* A.M. Shah & R.G. Shroff "The Vahivanca Barots of Gujarat: A Caste of Genealogists and Mythographers" in Milton Singer (ed.) op. cit. pp. 40-68; Bernard S. Cohn, "The Changing Status of a Depressed Caste", in (ed.) McKim Marriot, *Village India*, University of Chicago Press, 1955, pp. 53-77; D. Pocock, "Inclusion and Exclusion: A Process in the Caste System of Gujarat", *South Western Journal of Anthropology,* Vol. 13, 1957; William L. Rowe, "Changing Rural Class Structure and the *Jajmani* System", *Human Organization,* Vol. 22, No.1, 1963, pp. 41-44.
32. Srinivas, "A Note on Sanskritization and Westernization" op.cit. p. 44.
33. S.L. Kalia, "Sanskritization and Tribalization", *Bulletin of the Tribal Research Institute,* Chindwara, April 1959.
34. Dev Raj Chanana, "Sanskritization and Westernization and India's North-West", *Economic Weekly,* Vol.8, No.9, March 4, 1961, pp. 409-414.
35. Srinivas, "A Note on Sanskritization.......", op. cit., p. 42.
36. Srinivas, *Social Change in Modern India,* Los Angeles: California, 1966., p.6.
37. Yogendra Singh, "Chanukhera: Cultural Changes in Eastern Uttar Pradesh" in (ed.) K. Ishwaran, *Change and Continuity in India's*

Villages, New York: Columbia University Press, 1979.

38. Srinivas, *Social Change in Modern India,* op. cit., p.14.

39. Ibid., p. 32.

40. B.S. Cohn, quoted in Srinivas, ibid., p.33.

41. A.M. Shah and R.G. Shroff, ibid., p.36.

42. Srinivas, *Social Change in Modern India,* op. cit., p.42.

43. K.M. Panikkar, *Hindu Society at the Cross Road,* Bombay, 1955.

44. Srinivas, "A Note on Sanskritization......", op. cit., p.55.

45. Srinivas, *Social Change in Modern India,* op. cit., p.7.

46. Zetterberg, op. cit., p.40.

47. Srinivas, "A Note on Sanskritization......", op. cit., p. 61.

48. Zetterberg, op. cit., p. 40.

49. E.B. Harper, "A Hindu Village Pantheon", *South-Western Journal of Anthropology,* XV, 1959, 227-234.

50. J.F. Staal, "Sanskrit and Sanskritization" *The Journal of Asian Studies,* Vol. 22, No. 3, May 1963, p.226.

51. M.N. Srinivas, "Discussion", in (ed.) A. Aiyappan and L.K. Balratnum, *Society in India,* S.S.A. Publication, Madras, 1956, p. 113.

52. McKim Marriot, "Little Communities in an Indigenous Civilization", in (ed.) *Village India: Studies in the Little Communities,* op. cit., pp. 196-197.

53. Dev Raj Chanana, op. cit., p. 413.

54. Ibid., p. 414.

55. K.A. Nilkantha Sastri, "Ancient Indian Contacts with the Western Land", *Diogenes*, 28, Winter, 1959, pp. 40-62. Also *see* his "Modern India and the West", *Diogenes,* Spring, 1964, p. 135.

56. McKim Marriott, "Changing Channels of Cultural Transmission in India" in (ed.) L.P. Vidyarthy, *Aspects of Religion in Indian Society,* Meerut 1961. कुछ एशियाई तथा अफ्रीकी राष्ट्रों में अभिजन के अध्ययनों ने उजागर किया है कि उनके मूल्यों में एक नई प्रवृत्ति उभर रही है, जिसके फलस्वरूप पाश्चात्य संस्कृति एवं उसके अनेक प्रतीकात्मक स्वरूपों को चेतन रूप से अस्वीकृत कर रहे हैं; यह प्रवृत्ति ने तो संस्कृतीकरण के मॉडल के

अनुरूप है और न पश्चिमीकरण मॉडल के। जिस अर्थ में श्रीनिवास संस्कृतीकरण की अवधारणा प्रयुक्त करते हैं, उस अर्थ में यह संस्कृतीकरण नहीं है क्योंकि अभिजन के द्वारा परम्परा की ओर पुनः लौटना, निम्न समूहों व वर्गों के द्वारा उच्चतर संस्कृतीय परम्परा के अनुकरण के समान नहीं है, बल्कि इसके विपरीत यह उस वर्ग द्वारा पश्चिमीकरण की अस्वीकृति है, जो कि पारम्परिक रूप से संस्कृतीय स्वरूप का संरक्षक था। इस मामले को श्रीलंका के अभिजन के उदाहरण में मार्शल सिंगर ने स्पष्टतया विश्लेषित किया है, श्रीलंका के अभिजन स्वतन्त्रता से पूर्व अत्यधिक पश्चिमीकृत थे, उनमें से अनेक ने ईसाई धर्म को अपनाकर धर्म परिवर्तित कर लिया था, परन्तु स्वतंन्त्रता के पश्चात् वही अभिजन पुनः बौद्ध धर्म में धर्म परिवर्तन कर आ रहे हैं तथा संस्कृति के पश्चिमीकृत सभी तरीकों के साथ सम्बन्धों को त्याग रहे हैं; वे सिंहली भाषा के पक्ष में अंग्रेजी को अस्वीकृत कर रहे हैं। *See*, Marshall Singer, *The Emerging Elite: A Study of Political Leadership in Ceylon,* M.I.T. Press, 1964. Also see Clifford Geertz, *Old Societies and New States,* New York, Praeger, 1963 and Lucian Pye, op. cit.

57. Harold, D. Gould, "Sanskritization and Westernization: A Dynamic View", *Economic Weekly,* Vol. 13, June 24, 1961, pp. 945-950.

58. देखिए, Srinivas, *Social Change in Modern India,* op. cit., pp. 1-52. पश्चिमीकरण के स्थान पर 'आधुनिकीकरण' शब्द को डेनियल लर्नर, गूल्ड तथा मिल्टन सिंगर द्वारा पसंद किया गया है। *See*, Daniel Lerner, *The Passing Away of Traditional Society,* Free Press, 1958, pp. 45-49; H. Gould, op.cit., p. 947; Milton Singer, "The Social Organization of Indian Tradition", *Diogenes,* Spring 1964, p.106.

59. Robert Redfield, "The Social Organisation of Tradition." *Far Eastern Quarterly,* Vol. 15, 1955-56, pp.13-21. Also see Milton Singer, "The Cultural Pattern of Indian Civilization: A Preliminary Report of a Methodological Field Study", *Far Eastern Quarterly,* Vol. 15, 1955-56, pp. 23-36; and his "Preface" in (ed.) *Traditional India Structure and Change,* op. cit., p. 10-12; the issue has again been taken up by Singer in *Diogenes,* op. cit., pp. 84-112.

60. Milton Singer, *Traditional India: Structure and Change*, op. cit., p.12.

61. Singer, "The Social Organization of Tradition", op. cit., p. 94.

62. Singer "The Cultural Pattern of Indian Civilization" op. cit., pp. 23-24.

63. McKim Marriott, op. cit., pp. 171-222.

64. Singer, "Social Organization of Indian Tradition", op. cit., p. 111.

65. Marriott, op. cit., p. 181.

66. Ibid., p. 200.

67. Ibid., p. 197.

68. S.C. Dube, "The Study of Complex Cultures", in (ed.) T.K.N. Unnithan, Indra Deva and Yogendra Singh, *Towards a Sociology of Culture in India,* Delhi, Prentice Hall of India, 1965, pp. 421-423.

69. Ibid., p. 424.

70. Unnithan, Deva & Singh, op. cit., pp. 1-35.

71. F.G. Bailey, "For a Sociology of India", op. cit., pp. 89-90.

72. George C. Homans, "Bringing Men Back In", *American Sociological Review,* Vol. 29, No. 6, December 1964, pp. 809-818.

73. Richard D. Lambert, *Workers, Factories and Social Change in India,* Princeton New Jersey, Princeton University Press, 1963, pp. 16-17.

74. हाल ही भारत में अनेक समाज वैज्ञानिकों ने परिवार का संरचनात्मक अध्ययन किया है; देखिए, Aileen D. Ross, *The Hindu Family in its Urban Setting,* University of Toronto Press, 1961: I.P. Desai, *Aspect of Family in Mahuva,* Asia, Bombay, 1965, K.M. Kapadia, *Marriage and Family in India,* Oxford University Press, 1958; Kanana, *Inter-cast Marriages in India,* Popular Book Depot, 1961, etc.

75. देखिए, F.G. Bailey, *Caste and the Economic Frontier,* Manchester, 1957; *Tribe, Caste and Nation,* Manchester, 1960; *Politics and Social Change: Orissa,* 1959, Oxford, 1963. Also *see*, A.C. Mayer, *Caste and Kinship in Central India,* London, 1960; Walter C. Neal, *Economic Changes in Rural India- Land Tenure and Reform in Uttar Pradesh 1800-1955,* Yale University Press, 1962. T. Scarlett Epstein, *Economic Development and Social Change in South India,* Manchester, 1962. S.C. Dube, *India's Changing Village,* London, 1958. Daniel Thorner, *Agrarian Prospect in India,* Asia, 1955. Daniel & Alice Thorner, *Land and Labour in India,* Asia, 1962.

76. Oscar Lewis, *Life in a North Indian Village,* University of Illinois Press, Alabama 1958. M.N. Srinivas, *A Study of Disputes,* Asia, 1964. See also his *Caste in Modern India,* op. cit.

77. Ibid.

78. *See*, M. Cormack, *She Who Rides A Peacock,* Bombay, Asia, 1960; Myron Weiner, *The Politics of Scarcity,* Chicago University Press, 1962; Y.B. Damle, *Emerging Elite,* (in press). Also see articles concerned with India in "Student Politics", (ed.), S.M. Lipset, *Comparative Education Review,* Vol. 10, No.2, June 1966.

79. देखिए, V.B. Singh, *Industrial Labour in India,* (ed.) London, Asia Publishing House, 1963; Daniel Thorner, *op. cit.*

80. एक दर्जन से अधिक नगरीय सर्वेक्षण सम्पूर्ण हो चुके हैं तथा उनमें से अनेक योजना आयोग की शोध कार्यक्रम कमेटी, भारत सरकार की सहायता से अब प्रकाशित हो रहे हैं।

81. Park & Tinker (ed.) *Leadership and Political Institutions in India,* Princeton University Press, 1959. गाँवों के संदर्भ में नेतृत्व का अध्ययन गाँवों पर अधिकांश शोध प्रबन्ध अध्ययनों का एक हिस्सा रहे हैं।

82. Ralph Daharendorf, *Class and Class in Industrial Society,* Stanford, Stanford University Press, 1958.

83. Edward Shils, op. cit., p.83.

84. B.N. Dutta, op. cit.

85. D.D. Kosambi, op. cit., Ch. 1, p. 6.

86. D.P. Mukerji, *Diversities, op. cit.,* p.76.

87. D.P. Mukerji, *Modern India Culture,* op. cit.

88. A.R. Desai, *op. cit.,* p. 146.

89. *Ibid.,* p. 145.

90. Louis Dumont, *Contributions,* No.1, *op. cit.,* p. 12.

91. Louis Dumont, *Contributions,* No. VIII, p. 90.

92. *Ibid,* p. 60.

93. *Ibid,* p. 99.

94. Dumont, *Contributions,* No. VII, op. cit., p. 12.

95. *Ibid,* p. 8.

96. K. Ishwaran, *Tradition and Economy in Village India,* Routledge and Kegan Paul, 1966, p. 152.

97. Gould, *op. cit.,* p. 946.

98. Srinivas, *op. cit.*, p. 61
99. Burton Stein, in Srinivas, ibid., pp. 42-43. See also, Baden Powell, *Origin and Growth of Village Communities in India,* Swan Sonnenschien, London, 1899.

2

सांस्कृतिक परम्पराओं में अन्तःजनित परिवर्तन एवं आधुनिकीकरण

(Orthogenetic Changes in Cultural Traditions and Modernization)

आदिकाल से, चेतना के एकीकृत सिद्धांत में समाहित[1] सांस्कृतिक निरन्तरता भारत की एकता का प्रतीक रही है और इसी सांस्कृतिक निरन्तरता ने इसकी 'आन्तरिक–संरचना'[2] (inner-structure) की अस्मिता (identity) में योगदान दिया है। यह आन्तरिक संरचना प्राथमिक रूप से धार्मिक सिद्धान्तों व उनकी व्याख्याओं में निहित है।[3] एकता अथवा अस्मिता स्थैतिक (अपरिवर्तनीय) नहीं रही है। इसके विपरीत, इस परम्परा की संरचना ने, जिसने मूल्य–संरचनाओं, कर्मकांडीय शैलियों (ritual styles) एवं विश्वासों की व्यवस्था में एकता की एक छवि प्रस्तुत करने में सफलता पाई है, इस तथ्य के बावजूद कि इसमें सांस्कृतिक विश्वासों व प्रथाओं के अनगिनत उपाधार (substrate) हैं, इस परम्परा की संरचना ने भारतीय सभ्यता के एक एकीकृत विश्व–दर्शन (world-view) के विकास में योगदान दिया है। इसकी सैद्धान्तिक संरचना व उसमें निहित प्रक्रियाओं का विविधीकरण एवं बहुलीकरण हुआ है। इन दोनों अर्थात् इसकी सैद्धान्तिक संरचना व उसमें निहित प्रक्रियाओं में से प्रत्येक अपने–अपने स्थानीय व क्षेत्रीय जाल (matrix) में छोटी नदियों व धाराओं की तरह से बहती रहीं तथा अपने स्वयं के स्थानीय भंवरों से निपटती रहीं, परन्तु अन्ततः, सभी नदियों व धाराओं की तरह भारतीय सांस्कृतिक परम्परा के महासागर में विलीन हो गईं। भारतीय संस्कृति की लघु परम्परा की प्रक्रियाओं का इसकी वृहत् परम्परा के साथ अन्तर्सम्बन्ध एक ऐतिहासिक

वास्तविकता है जिसने वृहत् परम्परा में रूपान्तरण व संश्लेषण की प्रक्रियाओं में योगदान दिया है।

यह प्रक्रिया जितनी जटिल रही है, हम इसके बदलते प्रतिमान एवं स्वरूप का अपने स्वयं के सैद्धान्तिक उपागम के संदर्भ में विश्लेषण कर सकते हैं। सबसे पहले हमें इसे एक उद्‌विकासीय तुलनात्मक–ऐतिहासिक परिप्रेक्ष्य में देखना होगा ताकि सांस्कृतिक परिवर्तन की दिशा के गुणवत्ता–प्रतिमान को जाना जा सके। हमारी योजना में यह अपनी आरम्भिक–पारम्परिक जड़ों से आधुनिकीकरण की ओर परम्परा की संरचना में परिवर्तन को बताता है। आधुनिकीकरण की अवधारणा में कोई उद्‌विकासीय सार्वभौमवाद निहित नहीं है। आधुनिकीकरण को अपनी विशिष्ट विषयवस्तु एवं स्वरूप में सार्वभौमिक उद्‌विकासीय वास्तविकता के स्थान पर ऐतिहासिक माना जा सकता है।[4] इसका अर्थ यह हुआ कि भारत की सांस्कृतिक परम्पराओं में आधुनिकीकरण विश्व के अन्य भागों में आधुनिकीकरण जैसा अथवा उसकी एक अनुकृति न हो। साथ–साथ विकास की इस ऐतिहासिकता का अर्थ उस उद्‌विकासीय दृष्टिकोण का खंडन नहीं है जो कि प्राथमिक रूप से "स्वतंत्र सांस्कृतिक परम्पराओं में बारम्बार उत्पन्न होने वाले कारणात्मक सम्बन्धों" के कारण है।[5] विभिन्न सांस्कृतिक परम्पराओं में आधुनिकीकरण जो विशिष्ट स्वरूप लेगा उसके विशिष्ट लक्षण हो सकते हैं। तथापि, इसके अपने अनिवार्य मूल्य–परिवेश (essential ethos), मूल्यों व संज्ञानात्मक संरचनाओं की आधारभूत व्यवस्था में, विश्व में सभी स्थानों पर आधुनिकीकरण में कुछ समान एवं 'बारम्बार घटने वाली' सैद्धान्तिक एवं कारणात्मक विशेषताएं हो सकती हैं। जैसा कि ऊपर बताया जा चुका है, आधुनिकीकरण के माध्यम से सांस्कृतिक रूपान्तरण की इस ऐतिहासिक परन्तु उद्‌विकासीय प्रकृति को दर्शाने हेतु, भारत में प्रमुख सांस्कृतिक परम्परा के प्रत्येक अंश का विश्लेषण किया जा सकता है। जैसा कि पहले बताया गया है कि भारतीय संस्कृति की लघु एवं वृहत् परम्पराओं में भेद एक शुरुआती कदम हो सकता है। प्रत्येक सांस्कृतिक परम्परा में परिवर्तन की प्रक्रियाओं को अन्तःजनित एवं बाह्यजनित कारणात्मक स्रोतों के संदर्भ में विश्लेषित किया जा सकता है। सांस्कृतिक एवं धार्मिक विश्वासों की आदिकालीन हिन्दू व्यवस्था के सांस्कृतिक पुनर्जागरण को अन्तःजनित स्रोतों से वृहत् परम्परा में परिवर्तन की प्रमुख प्रक्रिया के रूप में माना जा सकता है। सांस्कृतिक परिवर्तन की आनुभाविक प्रक्रिया के रूप में, संस्कृतीकरण को हिन्दू संस्कृति की लघु परम्परा में परिवर्तन के एक अन्तःजनित प्रत्युत्तर के प्रतीक की तरह देखा जा सकता है। अतिरिक्त–व्यवस्थित (extra systematic) अथवा बाह्यजनित उद्‌गम के बिन्दु से लघु परम्पराओं में होने वाले परिवर्तनों को 'इस्लामीकरण' तथा 'प्राथमिक पश्चिमीकरण' और वृहत् परम्परा में होने वाले परिवर्तनों को 'आधुनिकीकरण' कहा जा सकता है।

यह प्रश्न उठ सकता है कि क्या सांस्कृतिक परिवर्तन की ये विभिन्न प्रक्रियाएं भारतीय सांस्कृतिक परम्परा में परिवर्तन के किसी सामान्य प्रतिमान एवं दिशा में योगदान देती हैं अथवा नहीं। प्रामाणिक रूप से, कुछ प्रक्रियाएं परस्पर विरोधी अभिमुखन की हो सकती हैं और सांस्कृतिक व्यवस्था में इनका समकालिक अस्तित्व तनाव व दबाव में प्रतिफलित हो सकता है जिन्हें कि समाज वैज्ञानिकों ने पहचाना है। तथापि, गहन मूल्यांकन करने से ऐसा प्रतीत हो सकता है कि परिवर्तन की प्रक्रियाओं में आभासी असंगति के बावजूद इन सबमें एकता का आधारभूत सिद्धांत विद्यमान है। एकता का यह स्रोत शायद आधुनिकीकरण हेतु अनुकूलनों तथा बाह्य रूप से भिन्न आकांक्षाओं की अन्तर्निहित समरूपता में समाहित है। जो राष्ट्रीय स्तर पर राष्ट्रवादी अन्तर्मुखीकरण या 'अस्मिता संकट' प्रतीत हो, समूह स्तर पर 'संस्कृतीकरण' अथवा 'पश्चिमीकरण' का स्वरूप ले सकता है। इन दोनों ही प्रक्रियाओं के आधारभूत संरचनात्मक सिद्धांत, तथापि, समान बना रहता है, उदाहरणार्थ प्रस्थिति आरोहण के लिए मानदंडात्मक अनुकूलनों हेतु अभिप्रेरणा अनुकूलनों के स्वरूप में भिन्नताएं संरचनात्मक बाधाओं के विभेदात्मक संदर्भों का परिणाम हो सकती हैं। भारत में सांस्कृतिक परिवर्तन की विभिन्न प्रक्रियाओं के एकात्मक सिद्धान्त (integrative principle) के इस पक्ष को उजागर करना इस अध्ययन के हमारे उद्देश्यों में से एक है। हम न केवल सांस्कृतिक गतिशीलता व परिवर्तन की अनेक प्रक्रियाओं का विवरण मात्र देकर सांस्कृतिक परिवर्तनों की प्रकृति एवं सीमा को चिन्हित करने का प्रयास करेंगे अपितु हमारा प्राथमिक उद्देश्य विश्लेषणात्मक होगा। परिवर्तन की उदीयमान सामान्य वृहत्–प्रक्रिया के संदर्भ में सांस्कृतिक परिवर्तनों के प्रतिमानित पक्ष को रेखांकित करना होगा। इस संदर्भ में जो आधारभूत प्रश्न उठाया जाएगा तथा विश्लेषित किया जाएगा, वह भारत में सांस्कृतिक आधुनिकीकरण की प्रकृति व दिशा होगी।

इस अध्याय में सांस्कृतिक परम्परा के केवल उन्हीं परिवर्तनों पर हम ध्यान केन्द्रित करेंगे जो कि परिवर्तन के अन्तःजनित स्रोतों द्वारा समय–समय पर उदित हुए हैं। इसके बाद के अध्यायों में उन सांस्कृतिक परिवर्तनों की चर्चा करेंगे जो पर–संस्कृतिग्रहणात्मक अनुकूलनों (acculturative adaptations) के माध्यम से बाह्यजनित परम्पराओं के साथ होते हैं।

सांस्कृतिक परिवर्तन की अन्तःजनित प्रक्रियाएं (Orthogenetic Processes of Cultural Change)

ऐतिहासिक आंकड़ों के आधार पर भारतीय सभ्यता में विकास की प्राथमिक (अन्तःजनित) एवं द्वैतीयक (बाह्यजनित) अवस्थाओं में भेद करना आसान नहीं है। विशुद्ध ऐतिहासिक दृष्टिकोण से, जिसे कोई भारतीय परम्परा की अन्तःजनित

अथवा प्राथमिक संरचना कह सकता है, हो सकता है कि वह अनेक देशज अथवा विदेशी सांस्कृतिक प्रतिमानों के संश्लेषण का परिणाम हो।[6] नृतत्वशास्त्री (ethnographers) एवं इतिहासवेत्ता इस बात पर एकमत नहीं हैं कि भारत में पारम्परिक वैदिक संस्कृति तथा प्रागैतिहासिक सिन्धु घाटी संस्कृति के मध्य सम्बन्ध किस हद तक थे।[7] अतः भारत में आदिवासी लोगों की संस्कृति और प्रथाओं तथा वैदिक काल की आर्यन संस्कृति के मध्य सम्बन्ध की प्रकृति विवादास्पद है।[8] इन कठिनाइयों के मद्देनजर, भारतीय सभ्यता की अन्तःजनित अथवा प्राथमिक प्रकृति का ऐतिहासिक सूत्रण शायद कठिन है। विशिष्ट मानदण्डात्मक नियमों के आधार पर समाजशास्त्रीय सूत्रण तुलनात्मक रूप से कम कठिनाइयों भरा है। तथापि, इस अर्थ में सांस्कृतिक परम्परा में परिवर्तन के अन्तःजनित व बाह्यजनित स्रोतों में वैध विभेद बनाये रखे जा सकते हैं। हिन्दू धर्म की सांस्कृतिक परम्परा, उसके धार्मिक–नैतिक मूल्य तथा सौन्दर्यशास्त्रीय प्रतिमान, जीवनशैलियां और आचार–मानदण्ड जो ईसा से लगभग 1000 वर्ष पूर्व वैदिक साहित्य में संकलित हुए और बाद में महाकाव्यों में औपचारिक रूप से शामिल किए गए (ईसा से लगभग 1000 वर्ष से 500 वर्ष पूर्व तक), परम्परा की अन्तःजनित अवधारणा निर्माण के लिए एक काम चलाऊ आधार दे सकते हैं। वैदिक हिन्दू धर्म के स्वरूपों, विशेषतया महाकाव्यों के काल में उसकी अभिव्यक्तियों ने, विश्वासों की व्यवस्था, कर्मकाण्डीय प्रतिमान तथा सांस्कृतिक प्रथाओं की नींव डाली जिन्हें अन्य विश्व के अन्य धर्मों से न केवल भिन्न माना जा सकता है अपितु प्रकृति में स्वउदित अथवा आरम्भिक माना जा सकता है।

सांस्कृतिक परम्परा की इस विशिष्टता अथवा आरम्भिकता को किसी विशेष काल की वैदिक अथवा महाकाव्य संस्कृति के संदर्भ में परिभाषित करना अभी भी कठिन हो सकता है। सैद्धान्तिक रूप से, वेद हिन्दू धर्म के उदय और इसके सभी सांस्कृतिक प्रतिमानों का प्रतिनिधित्व करते हैं। परन्तु व्यवहार, में समय–समय पर इस परम्परा की संरचना में सदैव नए नवाचार और जुड़ाव होते रहे हैं। जहां यह प्रक्रिया परम्परा के निरन्तर अन्तःजनित विकास की उपकल्पना का समर्थन करती है, वहीं यह इस बात की भी आवश्यकता जताती है कि इस परम्परा की मुख्य विशेषताओं की अवधारणा का निर्माण ऐतिहासिक होने के बजाय आदर्श–प्रारूपात्मक हो। इस आधार पर भारतीय संस्कृति में परिवर्तन की अन्तःजनित एवं बाह्यजनित प्रक्रियाओं में भेद का प्रयास किया जा सकता है।

ठोस रूप से, भारत में अन्तःजनित सांस्कृतिक परम्परा का आधार हिन्दू धर्म है। इसके ठीक विपरीत, हिन्दू धर्म के साथ–साथ भारत में विद्यमान अन्य सभी धार्मिक–सांस्कृतिक प्रतिमान भारत की सांस्कृतिक परम्पराओं में बाह्यजनित विकास के उदाहरण हैं। जैसा कि अनेक विद्वानों ने बार–बार जोर दिया है कि हिन्दू धर्म को मात्र एक धार्मिक व्यवस्था के रूप में न देखा जाए अपितु उससे

अधिक यह एक जीवनशैली का प्रतिनिधित्व करता है।[9] इसके अन्तर्गत एक विशिष्ट विश्व–दर्शन तथा सांस्कृतिक संकुल है जिसकी पृष्ठभूमि में संस्कृति में अन्तःजनित रूपान्तरणों का विश्लेषण किया जा सकता है। यह विश्लेषण लघु एवं वृहत् परम्पराओं के स्तर पर किया जा सकता है तथा इसके लिए सामग्री ऐतिहासिक स्रोतों तथा समाजशास्त्रियों एवं सामाजिक मानवशास्त्रियों द्वारा किए गए आनुभाविक अध्ययनों से जुटायी जा सकती है।

वृहत् परम्पराएं : सांस्कृतिक पुनर्जागरण एवं परिवर्तन
(Great Traditions: Cultural Renaissance and Change)

हिन्दू धर्म की वृहत् परम्परा में वैदिक काल से 20वीं शती के सांस्कृतिक सुधार के काल तक निरन्तर अन्तःजनित परिवर्तन होते रहे हैं। हम परिवर्तन की इन प्रक्रियाओं को अन्तःजनित परिवर्तन के रूप में परिभाषित कर सकते हैं क्योंकि सांस्कृतिक नवाचार के जिन संवर्गों को इन सुधारों के द्वारा लागू किया गया, वे स्वयं आरम्भिक परम्परा की संरचना से लिए गए थे। इस प्रक्रिया के अन्तर्गत नए संवर्गों अथवा मूल्य प्रसंगों (value-themes) को मूल वृहत् परम्परा से परदेशी सांस्कृतिक व्यवस्थाओं से नहीं लिया गया। यहां तक कि अतिवादी मामलों में जब पूर्ववर्ती मानदण्डात्मक सिद्धान्तों को पूर्णतया तिलांजलि दे दी गई अथवा उनका खण्डन किया गया (जैसा कि बौद्ध एवं जैन धर्म में हुआ) इस विपरीत कृत्य की तार्किक प्रकृति की जड़ें स्व उदित परम्परा में पाई गई थीं। इस प्रकार के मामलों में सांस्कृतिक परम्परा में परिवर्तन व्यवस्था में आन्तरिक विभेदीकरण और व्यापकीकरण के माध्यम से आए। हिन्दू धर्म की वृहत् परम्परा में सांस्कृतिक परिवर्तनों की ऐसी प्रक्रियाओं को सांस्कृतिक पुनर्जागरण के रूप में परिभाषित किया गया है।

हिन्दू सभ्यता की 'प्राथमिक' जड़ों से भिन्न तथा प्रगतिशील विभेदीकरण की विभिन्न अवस्थाओं के अन्तर्गत सांस्कृतिक पुनर्जागरण के ये स्वरूप किस प्रकार घटित हो रहे हैं, इसका मूल्यांकन करने के लिए हिन्दू परम्परा की कुछ मूलभूत विशेषताओं को आदर्श–प्रारूपात्मक (ideal-typical) स्वरूप में विलग किया जा सकता है। दूसरे शब्दों में हम इसकी मूलभूत 'संज्ञानात्मक संरचनात्मक' विशेषताओं को एक व्यवस्थित उपागम में सूत्रबद्ध कर सकते हैं।[10] इस आदर्श प्रारूपात्मक स्वरूप की तुलना में सांस्कृतिक परम्परा में बाद में होने वाले प्रत्येक विभेदीकरण को आन्तरिक व्यवस्थात्मक विकास एवं परिवर्तन का उदाहरण मान सकते हैं।

हिन्दू धर्म के मानदण्डात्मक नियम उतने ही विशुद्ध रूप से व्यवस्थित और बन्द हैं, जितने कि इसकी आनुभाविक संरचना भिन्नता तथा बिखरा हुआ चरित्र लिए हुए है। बिना हिन्दू धर्म के सिद्धान्तों के व्यवस्थित और बन्द स्वरूप के ध्यान

रखे हुए, उसकी विविधता (eclecticism or amorphousness) की इस विशेषता पर बल दिया जाता है जिसके कारण हिन्दू संस्कृति और धर्म की एक अपूर्ण और त्रुटिपूर्ण छवि उभरती है।[11] हिन्दू धर्मशास्त्रीय व्यवस्था द्वारा सम्मत कर्मकाण्डी प्रथाओं में विविधता और विश्वासों में उदारता तथा खुलेपन के इस अतिवादी स्वरूप के पीछे प्रघटना का एक विशुद्ध तार्किक दृष्टिकोण है जिसे व्यवस्था (order) तथा परिवर्तन, वर्तमान एवं भविष्य (being and becoming) सृजन एवं विनाश, भोगवादी–उपयोगितावाद (hedonistic-utilitarianism) तथा आध्यात्मिक पारलौकिकता (spiritual transcendence) के नियमों के संदर्भ में अर्थपूर्ण तरीके से समझाया जा सकता है। पराभौतिकी (metaphysics) और तर्क की इस व्यवस्था में समाज एवं संस्कृति का एक सिद्धान्त निहित है जिसे बहुत असाधारण स्पष्टता के साथ सूत्रबद्ध किया गया है और जिसमें भ्रम की संभावनाएं कम हैं। इस व्यवस्था की मूलभूत जुड़वां अवधारणाएं व्यवस्था एवं परिवर्तन (order and change) हैं। मानदण्डात्मक एवं सामाजिक व्यवस्था (order), दोनों की अवधारणा सोपानक्रम (hierarchy) एवं परिवर्तन के नियम के आधार पर रची गई है जिसे कि सभी प्रघटनाओं की प्रकृति में कण–कण में भगवान के सिद्धान्त पर (immanent nature of all phenomena) समाहित माना गया है और यह समझा गया है कि यह निश्चित अन्तराल की आवृत्ति में चक्रीय रूप से घटित होती है। सोपान क्रम का नियम विकास एवं परिवर्तन के चक्रीय सिद्धान्त के साथ मिलकर समाज एवं संस्कृति के सिद्धान्त में गतिशीलता का तत्व लाते हैं।

पारम्परिक हिन्दू संस्कृति में सोपानक्रम के नियम को स्थैतिक [अपरिवर्तनशील (static)] नहीं माना जाता। सोपानक्रम को चक्रीय परिवर्तनों की प्रक्रिया का हिस्सा माना जाता है जिससे कि सोपानक्रम में गतिशीलता का गुण जुड़ जाता है। उदाहरण के लिए, जन्म से किसी व्यक्ति को उच्च अथवा निम्न संभावनाएं मिल सकती हैं जिसके फलस्वरूप उसे प्रदत्त जातिगत प्रस्थिति प्राप्त होती है, परन्तु ये नैतिक संभावनाएं स्थैतिक नहीं होतीं अपितु संचयात्मक और योगात्मक होती हैं जो कि उस व्यक्ति द्वारा किए गए इस जन्म में अथवा आने वाले जन्मों में किए गए कर्मों से प्रभावित होती हैं। इस जीवन में भी जब कोई व्यक्ति बहुत उच्च नैतिक संभावनाओं के साथ जन्म लेता है, उदाहरण के लिए, यदि वह ब्राह्मण परिवार में जन्मा है तो उसे ब्राह्मण की प्रस्थिति स्वतः नहीं मिल जाती। उसे सामाजीकरण तथा आत्मानुशासन के द्वारा इन संभावनाओं को विकसित और फलीभूत करना होता है:[12] दूसरे शब्दों में, उसे पुनर्जन्म से गुजरना पड़ता है और 'द्विज' की प्रस्थिति अर्जित करनी होती है। अन्यथा, हिन्दू परम्परा में प्रत्येक व्यक्ति जन्म के समय शूद्र (सामाजिक एवं मानदण्डात्मक प्रस्थिति में निम्नतम) होता है।[13]

अन्तःजनित हिन्दू वृहत् परम्परा की कुछ आदर्श–प्रारूपात्मक (ideal-typical) विशेषताएं इस परम्परा की जटिलताओं व अन्तर्विरोधों के बावजूद सूत्रबद्ध की जा सकती हैं, जिनके संदर्भ में बाद के विभेदीकरणों एवं परिवर्तनों का विश्लेषण किया जा सकता है। ऐसे किसी भी प्रयास के दो प्रमुख आधार व्यवस्था तथा परिवर्तन की दो प्रमुख अवधारणाएँ हो सकती हैं। वृहत् परम्परा के अधिकांश सांस्कृतिक प्रसंगों को इन जुड़वां अवधारणाओं के इर्द–गिर्द एकीकृत किया जा सकता है। सांस्कृतिक परम्परा में व्यवस्था (order) को उसी तरह से देखा जा सकता है जिस प्रकार परम्परा के सामाजिक संगठन में रैडफील्ड व सिंगर 'सांस्कृतिक संरचना' व सांस्कृतिक निष्पादन' (cultural performance) की बात करते हैं।[14] व्यवस्था के दृष्टिकोण से इस परम्परा की सांस्कृतिक व्यवस्था पर मुख्य अमूर्तीकरण परम्परा में सोपानक्रम, समग्रता एवं निरन्तरता [(पवित्र एवं लौकिक (sacred and secular) के मध्य तथा भौतिक एवं आध्यात्मिक के मध्य)] के नियम हो सकते हैं। परिवर्तन की संदर्भ परिधि के अन्तर्गत, सांस्कृतिक संरचना का अभिमुखन ब्रह्माण्डशास्त्र की चक्रीय–हस्तांतरणीय अवधारणा तथा सांस्कृतिक समग्र की ओर होता है।

तथापि, सोपानक्रम, समग्रवाद एवं निरन्तरता को किसी भी पारम्परिक सांस्कृतिक व्यवस्था की विशेषताओं के रूप में वर्णित किया जा सकता है। हमें यह दर्शाना होगा कि अन्तःजनित हिन्दू परम्परा में ये सांस्कृतिक मानदण्ड किसी विशिष्ट संदर्भ में अवस्थित हैं। हमारा दूसरा प्रयास उन अनेक प्रमुख अवस्थाओं को बताने का होगा जिनके द्वारा ऐतिहासिक रूप से इन सांस्कृतिक प्रसंगों में अन्तःजनित पुनरुत्थान, योग, अवमूल्यन तथा रूपान्तरण हुए हैं।

सोपानक्रम के नियम को आसानी से हिन्दू पारम्परिक सांस्कृतिक प्रतिमान का मूल्य–परिवेश (ethos) कहा जा सकता है। यह अधिकांश सांस्कृतिक संवर्गों, में विसरित होता है। विश्लेषणात्मक अर्थ में, अनेक बिन्दुओं पर सोपानक्रम का नियम सांस्कृतिक संरचना को नियन्त्रित करता है। ऐसे कुछ क्षेत्र, जहाँ यह नियम प्रकट रूप में देखने को मिलता है, वे हैं: भूमिका संस्थायीकरण (role institutionalization) तथा वर्ण एवं जाति के संदर्भ में इसका वैधानिकीकरण (legitimation), उद्देश्य–अभिमुखन के क्षेत्र अथवा पुरुषार्थ का सिद्धान्त, करिश्मा के स्तरों का वर्गीकरण अथवा समूह एवं वैयक्तिक विशेषताओं के रूप में गुण, एवं अन्ततः, परिवर्तनशील सांस्कृतिक चक्र। किसी रूप में, सोपानक्रम के नियम को मानसिक प्रघटना के उद्‌विकास के हिन्दू विचार में भी देखा जा सकता है जैसा कि उसे सर्वप्रथम उपनिषदों में सूत्रबद्ध किया गया है और बाद में उसका विस्तृत विवरण सांख्य दार्शनिक व्यवस्था में दिया गया है।[15]

भूमिका–संस्थायीकरण एवं उसके वैधानिकीकरण द्वारा सोपानक्रम हमें जाति व्यवस्था की सामाजिक संरचना का सांस्कृतिक पक्ष प्रदान करता है जो कि आज भी भारत में प्रचलित है तथा पारम्परिक संस्कृति की प्रमुख विशेषता के रूप में

निरन्तरता के हमारे सूत्रण को पुष्ट करता है। वैदिक काल से मानदण्डात्मक मानकों के प्रति विभेदीकृत प्रतिबद्धता पर आधारित सामाजिक समूहों के रूप में ब्राह्मण, क्षत्रिय, वैश्य, शूद्र तथा अस्पृश्य विद्यमान रहे हैं।[16] महाकाव्यों व धर्मशास्त्रों के काल में अन्तःजनित परिवर्द्धनों तथा औपचारिकीकरण के माध्यम से जाति व्यवस्था में ऐसे परिवर्तन आए, जिसे इसके मूल्य आन्तरिक रूप से और अधिक कठोर एवं अधिक असमानतामूलक मान्यताओं से ग्रस्त हो गए। शायद इसी काल में संस्थायीकृत असमानताओं पर आधारित सांस्कृतिक व्यवस्था के रूप में जाति उभर कर आई। समूहों के प्रकार्यात्मक विशेषीकरणों पर आधारित वैदिक सोपानक्रम का नियम इसी काल में विकृत होकर खान–पान, विवाह व सामाजिक अन्तःक्रिया के अन्य स्वरूपों पर कठोर प्रतिबंधों के रूप में ढल गया। एक जाति से अन्य जाति के मध्य दूरी की पहले की धारणा, को कर्मकांडी रूप दे दिया गया, जो कि अधिकांशतया प्रकार्यात्मक आधार पर आधारित थी। इस प्रकार अन्तःजाति दूरियाँ अपवित्र–पवित्र सम्बन्धों (pollution-purity relationships) के विस्तृत विभेद एवं तार्कीकरणों (rationalizations) का आधार बन गईं। अतः सोपानक्रम जो कि एक प्रकार्यात्मक नियम था, एक धार्मिक प्रघटना बन गया। यद्यपि अन्तर्जातीय दूरी को इसके मिथकीय वैदिक उद्‌गम से ही एक प्रकार की अप्रकट धार्मिक मान्यता दी गई थी, परन्तु इस बात पर विश्वास करने हेतु कारण हैं कि इस नियम का पूर्ण धार्मिक रूपान्तरण (sacerdotal transformation) कालान्तर में महाकाव्यों व धर्मशास्त्रों के काल में हुआ। अन्तःजनित परम्परा में सोपानक्रम का एक अन्य सांस्कृतिक आयाम ......गुणों के सोपानक्रम या व्यक्तियों के करिश्माई गुणों की ओर हमारा ध्यान आकर्षित करता है। हिन्दू सांस्कृतिक परम्परा में गुणों का सिद्धान्त करिश्माई वैधकरण के नियम[17] का व्यवस्थित सूत्रीकरण प्रदान करता है जो कि न केवल जाति सोपानक्रम का बल्कि इस परम्परा में शक्ति या राजतंत्र व्यवस्था का भी व्यवस्थित सूत्रीकरण प्रदान करता है। करिश्माई गुणों को स्तरों के नियम पर सोचा गया है, जो तेजस्विता व सद्‌गुणों का सर्वोच्च व सर्वश्रेष्ठ गुण <u>सत्व</u> है जिसे ऋषियों व ब्राह्मणों में पाया जाता है। इस सोपानक्रम में इसके बाद <u>राजस</u> गुण है जो कर्म शक्ति के लिए निष्ठापूर्ण प्रतिबद्धता का करिश्माई गुण लिए होता है तथा यह गुण क्षत्रियों व राजाओं में पाया जाता है। इस सोपानक्रम में अन्तिम तथा निम्नतम <u>तमस</u> है, जो कि अंधकार, सांसारिक इच्छापूर्ण व चाकरी के करिश्माई गुण से युक्त होता है। <u>सत्व</u> का अर्थ शांति एवं आध्यात्मिक आनन्द भी है; <u>राजस</u> में कर्म व सांसारिक प्रतिबद्धताओं की ओर सशक्त अभिमुखन है; तथा अन्ततः <u>तमस</u> में परतन्त्रता व अज्ञानता अन्तर्निहित है। <u>सत्व</u> ब्राह्मणों (पुजारियों) की, <u>राजस</u> क्षत्रियों (शासकों) की व <u>तमस</u> शूद्रों (निम्न जातियों) की करिश्माई विशेषता है। वैश्य की स्थिति क्षत्रिय व शूद्र के बीच में स्थित है। इस प्रकार भूमिका–संस्थायीकरण के

सोपानक्रम नियम का करिश्माई सोपानक्रम सिद्धान्त से मजबूत करता है।

हिन्दू सांस्कृतिक परम्परा में तीसरा प्रमुख सोपानक्रम (hierarchy) उद्देश्य–अभिमुखन प्रतिमानों (goal-orientation patterns) के मूल्यों के बारे में है। इस पैमाने पर जीवन–उद्देश्यों को लक्ष्यों की आरोही श्रेष्ठता के आधार पर व्यवस्थित किया गया है; काम, अर्थात्, यौन संतुष्टि तथा इन्द्रियसुख के अन्य भौतिक लक्ष्य, अर्थ, अर्थात् आर्थिक–उपयोगितावादी लक्ष्य, धर्म, अर्थात्, नैतिक कर्तव्यों के लक्ष्य (सामाजिक, धार्मिक एवं सांस्कृतिक कार्य क्षेत्रों में) और अन्ततः मोक्ष, अर्थात् जन्म और पुनर्जन्म की श्रृंखला से मुक्ति का लक्ष्य। प्रथम तीन अभिमुखनों की सामाजिक–सांस्कृतिक संदर्भ परिधि है, परन्तु मोक्ष के अभिमुखन का परा–सामाजिक (meta social) महत्व है, जिसके लिए कुछ विद्वानों ने कहा है कि लक्ष्य–अभिमुखनों (goal-orientation) में इसे बाद में जोड़ा गया था।[18] हिन्दू धर्म किसी को भी श्रेष्ठता के निम्न स्तर पर होने के कारण इन लक्ष्यों को पाने के प्रयास से रोकता नहीं है[18a] काम अथवा यौन लक्ष्य उतना ही प्रशंसनीय है जितना कि धर्म अथवा नैतिक कर्तव्य हैं। परन्तु लक्ष्य–अभिमुखन के प्रत्येक स्तर को पाने का प्रयास सामाजिक जीवन–चक्र की सही अवस्था (appropriate stage) पर ही किया जाना चाहिए, जिसके संदर्भ में प्रत्येक एक धर्म, अथवा एक नैतिक कर्तव्य बन जाता है। अतः धर्म की मूल्य व्यवस्था, हिन्दू सामाजिक सिद्धान्त में एक विशेष तथा विसरित अर्थ (diffused connotation) रखती है। विशेष स्तर पर धर्म लक्ष्य–अभिमुखन प्रतिमान में अर्थ (आर्थिक मूल्य) तथा काम (यौन संतुष्टि) के बाद धर्म की प्रगतिशील अवस्था है। तथापि, विसरित स्तर पर सही अथवा सांस्कृतिक रूप से स्वीकृत सामाजिक संदर्भों में इन चार–लक्ष्य–अभिमुखनों में से प्रत्येक धर्म हो जाता है। अतः धर्म अथवा नैतिक कर्तव्य, हिन्दू परम्परा का एक विसरित मूल्य–अभिमुखन प्रतिमान है जो इसके विश्व–दर्शन को पवित्र बनाता है।

हमने सांस्कृतिक रूप से मान्यता प्राप्त संदर्भों की चर्चा की जिसमें लक्ष्य–अभिमुखन का प्रत्येक स्तर, सामान्यीकृत दृष्टिकोण से धर्म अथवा नैतिक कर्तव्य बन जाता है। ये संदर्भ हिन्दू जीवन के विभाजन के माध्यम से आश्रम नामक चार अवस्थाओं के एक अन्य सोपानक्रम में परिभाषित होते हैं। ये हैं: ब्रह्मचर्य, शिक्षा एवं कट्टर ब्रह्मचर्य (यौन संतुष्टि से परे) की अवस्था, गृहस्थ, परिवार में गृहस्थ के जीवन की अवस्था, वानप्रस्थ, परिवार को छोड़े बिना अपेक्षाकृत त्याग करके व एकांगी रूप से नैतिक व आध्यात्मिक लक्ष्यों को पाने का प्रयास, और अन्ततः संन्यास, वह अवस्था जिसमें स्नेहात्मक–विशिष्टीकृत सामाजिक कर्तव्यों को पूर्णतया त्याग कर आध्यात्मिक मूल्यों की प्राप्ति व उनके समाज में प्रसार का प्रयास होता है। यदि हम लक्ष्य–अभिमुखनों के सोपानक्रम की जीवन–अवस्थाओं के सोपानक्रम से तुलना करें तो धर्म (नैतिक कर्तव्यों) के विशेष व विसरित अर्थ स्पष्ट हो जाएंगे। उदाहरण के लिए, काम (यौन संतुष्टि)

का लक्ष्य किसी गृहस्थ के लिए वैध लक्ष्य है परन्तु जिस व्यक्ति का ब्रह्मचर्य अथवा शिक्षा की अवस्था पूरी नहीं हुई हो उसके लिए यह एक विपथगमन या पाप है। इसी प्रकार मोक्ष हेतु प्रयास एक प्रशंसनीय उद्देश्य है, परन्तु वानप्रस्थ अथवा संन्यास आश्रम में ही, जो कि सामाजिक जीवन से सापेक्ष अथवा पूर्ण त्याग की अवस्था है। अतः यह स्पष्ट हो जाना चाहिए कि हिन्दू धर्म में बैरागी–पारलौकिकता[19] (ascetic-otherworldliness) उतनी सम्पूर्ण एवं सर्वव्यापी नहीं है जितनी कि समझी जाती है। इसके अतिरिक्त, इन जीवन–अवस्थाओं (आश्रमों) के अधिकांश मूल्य एवं इनके लक्ष्यों के वृहत् परम्परा के हिस्से होने के कारण, इनकी अनुपालना उच्च (द्विज) जातियों से ही अपेक्षित थी। शेष जनंसख्या को इस मामले में अधिक छूट मिली हुई थी। 'विचारणात्मक'–अभिप्रेरणात्मक' रूप में इन मूल्यों में से अधिकांश समाज की 'संस्थात्मक–संगठनात्मक' संरचना में फलीभूत नहीं होते थे,[20] तथा इनमें से अनेक संरचनात्मक प्रकृति के होने के बजाय 'नैतिक–धार्मिक' थे।[21] विभिन्न जीवन–अवस्थाओं अथवा आश्रमों में लक्ष्य–अभिमुखनों, भूमिका–संस्थायीकरणों तथा समुचित कर्तव्यों के निर्धारित मूल्यों की अनुपालना की अपेक्षा में बहुत ढील दी जाती थी, ये कर्तव्य देश (space) , काल (time), श्रम करने की क्षमता तथा जन्मजात गुणों के सापेक्ष थे।[22]

भूमिका–संस्थायीकरणों अथवा वर्णों, करिश्माई प्रतिभा अथवा गुणों, लक्ष्य–अभिमुखनों अर्थात् पुरुषार्थ, जीवन–अवस्थाएँ तथा इसके मूल्य–कर्तव्यों अथवा आश्रमों के सोपानक्रम प्रमुखतया सांस्कृतिक व्यवस्था एवं इसकी संरचना की हिन्दू अवधारणा से सम्बन्धित हैं। प्रत्येक सोपानक्रम किसी एक अथवा अन्य रूप से सांस्कृतिक मूल्यों के अन्य सोपानक्रम के सूत्रीकरण पर निर्भर अथवा उससे सम्बन्धित है। यह सोपानक्रमों के मध्य सम्बन्ध तथा मूल्य–संवर्गों की निर्भरता हिन्दू वृहत् परम्परा की व्यवस्था को तार्किक रूप से सुसंगत तथा बंद बनाते हैं। मूल्यों की सोपानक्रमिक अवधारणा के अतिरिक्त, मानसिक प्रघटनाओं की प्रकृति का सूत्रण भी हिन्दू धर्म में सोपानक्रमिक तरीके से विकसित किया गया माना जा सकता है। उपनिषदों में तथा कालान्तर में हिन्दू दर्शन की सांख्य व्यवस्था में, मानसिकता प्रतिमानों की अवधारणा को भी उद्विकासीय विकास के अनेक स्तरों पर विकसित किया गया है जैसे कि बुद्धि, अहंकार और अन्ततः मन, जो कि अनेक भौतिक व सांस्कृतिक प्रघटनाओं[23] हेतु एक एकात्मक मानसिक शक्ति के रूप में अनेक अंतर्माध्य कारकों (intervening factors) के विकास के बाद उदित होता है और ये अहंकार नियम द्वारा सृजित होता है। मानसिक प्रतिमानों के उद्विकास की अन्तिम अवस्था पुरुष के अस्तित्व, अर्थात् महानतम सृजनात्मक शक्ति के रूप में फलीभूत होती है।

जैसा कि प्रमाणित है, सांस्कृतिक संरचनाओं की ये सभी सोपानक्रमिक रचनाएं एक तार्किक प्रतिमान में सटीक रूप से परस्पर स्थान पा लेती हैं तथा

संस्कृति एवं समाज के समग्रवादी दृष्टिकोण के रूप में विकसित होती हैं। स्वयं समग्रवाद के विचार की जड़ें सोपानक्रम की धारणा में निहित हैं। उपरोक्त चर्चित सोपानक्रम हिन्दू धर्म की सांस्कृतिक वृहत् परम्परा के संकालिक–संरचनात्मक गुणों (synchronic-structural attributes) से सम्बन्धित है। तथापि, इस व्यवस्था का एक द्विकालिक दृष्टिकोण (diachronic view) भी विद्यमान है यद्यपि चाहे यह पाश्चात्य अर्थ में ऐतिहासिक न हो।[25] इसका प्रथम अन्तर इस बात में निहित है कि अन्य सभी सांस्कृतिक रचनाओं की भाँति यह भी सोपानक्रम के सिद्धान्त पर आधारित है। यह सोपानक्रमिक, चक्रीय एवं हस्तान्तरणीय है; और यदि आधुनिक दृष्टिकोण से मूल्यांकन किया जाए, तो अन्तिम है। काल की मूलभूत इकाई, ब्रह्मा के एक दिन (पृथ्वी के 432 करोड़ वर्ष) को चौदह मानवांतरों में उपविभक्त किया गया है और प्रत्येक मानवांतर 306,720 हजार वर्ष का होता है और प्रत्येक में एक नए मनु का जन्म होता है। प्रत्येक मानवांतर में इकहत्तर महायुग (aeons जिनमें एक हजार का कल्प होता है) और प्रत्येक चार युगों में उपविभक्त हैं, जिन्हें कृता (age of spiritual beings), त्रेता (spiritualism still dominates), द्वापर (age of mixed spiritualism) तथा कलियुग (the age of debased spiritualism) कहा गया है। इन युगों में से प्रत्येक की अवधि घटती हुई आध्यात्मिकता के साथ–साथ शनैः शनै घटती जाती है। कलियुग के अन्त के समय एक दैवीय अवतार, कल्कि के उदय की भविष्यवाणी की गई है इसके साथ ही विपथगामी परम्परा के विनाश के बाद एक अन्य महायुग का प्रारम्भ होगा।[26]

इन चार युगों की अन्तिम अवस्था में ही मानव, जैसा कि हम मानव को समकालीन समय में जानते हैं, पैदा होता है, और यह अवस्था कलियुग में आध्यात्मिक पतन का काल है।[27] अन्य उच्च स्तरीय सांस्कृतिक कालों में जनसंख्या के मनुष्य महामानव थे अथवा आज के मानव से गुणात्मक रूप से भिन्न थे। यह सोपानक्रम के भीतर सोपानक्रमों के अस्तित्व को उजागर करता है। इस स्तर पर, मानवों, महामानवों व देवताओं का सोपानक्रम है, परन्तु जैसा कि हमने भूमिका–संस्थायीकरण व करिश्माई गुणों के सिद्धान्त के सम्बन्ध में पहले चर्चा की है कि मनुष्यों में भी इन सिद्धान्तों पर आधारित सोपानक्रमिक विभाजन है। स्थायी सामाजिक व सांस्कृतिक व्यवस्था के अस्तित्व के लिए ऐसा सोपानक्रम बहुत कष्टदायक होता यदि हिन्दू वृहत् परम्परा में इसे संतुलित करने वाला सांस्कृतिक संवर्ग न होता जिसे कि हिन्दू वृहत् परम्परा में समान रूप से महत्वपूर्ण स्थान प्राप्त है। यह निरन्तरता की धारणा है और इसकी प्रमुख संस्थागत अभिव्यक्ति कर्म का सिद्धान्त अथवा किसी के कर्म द्वारा प्रारब्ध निर्धारण है। इसका सहयोगी संवर्ग आत्माओं के पुनर्जन्म का सिद्धान्त है।

कर्म का सिद्धान्त इस मान्यता पर आधारित है कि आत्मा अमर है, इसका पुनर्जन्म, जन्म के बाद यह सामाजिक रूप से किस स्थान पर होगी और उससे

जुड़ी प्रसन्नता एवं कष्ट पूर्व जन्मों के कर्मों के संचय तथा वर्तमान जीवन में कर्म के निर्धारित मानदण्ड़ों के प्रति प्रतिबद्धता की प्रकृति का परिणाम है।[28] मृत्यु के बाद किसी के भविष्य की कुंजी इसी में निहित है। जन्म व कर्म के इस चक्र से अन्तिम मुक्ति मोक्ष द्वारा प्राप्त हो सकती है जो मनुष्य को या तो उचित आचरण (धर्म) अथवा भक्ति द्वारा अथवा ज्ञान संचय द्वारा या योग द्वारा पूर्ण आत्म–नियन्त्रण द्वारा जन्म से मुक्त कर देता है।[29] इस प्रकार कर्म एवं पुनर्जन्म की अवधारणाएं, लक्ष्य–अभिमुखन तथा भूमिका–संस्थायीकरण जैसे अनेक सांस्कृतिक आयामों (cultural dimensions) के संदर्भ में हिन्दू धर्म में सोपानक्रमिक दृष्टिकोण को तार्किक आधार प्रदान करती हैं समय के आयाम में ये मनुष्य जीवन के न केवल वर्तमान अपितु अतीत व भविष्य हेतु भी अभिमुखन प्रदान करती हैं। अतः एक अवधारणा के रूप में, कर्म पारम्परिक हिन्दू संस्कृति के सोपानक्रमिक विश्व–दर्शन में निरन्तरता प्रदान करता है। कर्म सिद्धान्त सोपानक्रम की मूल्य व्यवस्था को भी मजबूत करता है।

हिन्दू सांस्कृतिक परम्परा की एक अन्य विशेषता, समग्रवाद (Holism) इसके सोपानक्रम के नियम से उपजता है। पाश्चात्य अर्थों में यह अवधारणा व्यवस्था में व्यक्ति के नियम को नकारती है। पारम्परिक हिन्दू संस्कृति की आदर्श–प्रारूपात्मक संरचना में संस्कृति में एक मध्यस्थ स्वतंत्र चर की भांति व्यक्ति की अवधारणा का अस्तित्व नहीं है। ड्यूमाँ ने सही कहा हैः

> आधुनिक व्यक्ति का अर्थ है एक में दो बातों का होनाः एक मानदण्डात्मक नियम एवं अभिकर्ता, अथवा मैं यह कहूं कि संस्थाओं का विषय जैसे कि निजी सम्पत्ति एवं राज्य। व्यक्ति के इन दो प्रकार्यों हेतु भारत में क्या समतुल्य पाया जाता है? मानदण्डात्मक नियम के रूप में, हम प्रारम्भ से ही कह सकते हैं कि इसे व्यवस्था अथवा धर्म का समग्रवादी विचार विस्थापित करता है, एक ऐसी प्रस्थापना है जिसे सत्यापित करना होगा तथा अधिक सटीक बनाना होगा। दूसरे पक्ष के बारे में, मेरा मन्तव्य यह है कि अन्य जगहों की तरह जहाँ–जहाँ पर एक विशिष्ट व्यक्ति संस्थाओं का आनुभाविक आरम्भिक अभिकर्ता है, एक को छोड़कर सभी सामाजिक संस्थाओं में व्यक्ति अनुपस्थित है, और वह एक बात है त्याग व संन्यासी बनना.... (रेखांकित शब्द लेखक के हैं)। अतः सोपानक्रम एक सार्वभौमिक शब्द है जिसके माध्यम से सब कुछ समग्र में स्थित है तथा ''यह अपना जीवन इससे पाता है'', नियंत्रण नियम के ठीक विपरीत सब कुछ इसमें स्थित है। उच्च व निम्न की अन्तर्निर्भरता में जाति व्यवस्था का अपना नियम है। समग्र सोपानीकृत है क्योंकि इसका अभिमुखन इसके सही उद्देश्य की ओर है और इसके तत्वों को स्थिर और

अपरिवर्तनीय होना पड़ता है ताकि समग्र, सिद्धांततः सोपानीकृत हो। सोपानक्रम मूलभूत है और पृथक्कीकरण इसका आवश्यक भाग है जैसा कि हम अन्तःविवाह के सम्बन्ध में देखते हैं (c. VII-91)। जातिगत अन्तःविवाह जैसे कि समग्र के प्रति अभिमुखित है, जातिगत अन्तःविवाह प्रजातिवादी अन्तःविवाह (racist endogamy) के विपरीत है, क्योंकि इस मायने में 'प्रजाति' वैयक्तिक पदार्थ है जिसे स्थाई बना दिया गया है।[30]

समग्रवाद का नियम, जो कि इस तरह सोपानक्रम की धारणा में निहित है, उन मूल्य–प्रस्थापनाओं की एक श्रृंखला के द्वारा बनाये रखा जाता है, जो यद्यपि आभासी रूप से विरोधी है, परन्तु फिर भी सांस्कृतिक प्रतीकवाद के उच्चतर स्तर पर परस्पर समझौता कर लेते हैं। यह उच्चतर प्रतीकवाद निम्नतर एवं उच्चतर की शाश्वत एकता एवं निरन्तरता, आत्मा एवं परमात्मा, परिवर्तन व परिवर्तनहीनता, सृजन एवं विनाश तथा कर्म एवं मोक्ष में विश्वास पर आधारित है। जैसा कि पोकॉक सुझाव देते हैं कि यह "एक समाजशास्त्र है जो अन्तर्विरोधों[31] के सन्दर्भ में काम करता है तथा इन पर आधारित संरचना को मुक्त करवाता है"[32]। यह तार्किक रूप से कार्य करता है क्योंकि यह पूरी व्यवस्था सोपानक्रम की मूल्य व्यवस्था पर आधारित है।

पारम्परिक हिन्दू संस्कृति के इन आदर्श–प्रारूपात्मक विशेषताओं के प्रकाश में अब हमारे लिए उन कुछ परिवर्तनों की तुलना व विश्लेषण सम्भव हो जाता है जो कि मूलभूत संवर्गों (categories) की इसकी संरचना व्यवस्था के भीतर हो रहे हैं। हिन्दू धर्म की सांस्कृतिक संरचना में समय–समय पर लाए गए कुछ प्रमुख पुनर्जागरण विकल्पों पर ही हम अपना ध्यान केन्द्रित कर सकते हैं। दो प्रकार की प्रक्रियाओं के माध्यम से वैदिक काल से ही इस परम्परा में अंतःजनित परिवर्तन निरंतर हो रहे हैं। प्रथम, वैदिक परम्परा में शनैः शनैः वृद्धि एवं पुनर्सूत्रीकरण द्वारा और दूसरा, नई परम्पराओं की स्थापना एवं विभेदीकरण के द्वारा। हिन्दू सांस्कृतिक एवं दार्शनिक व्यवस्थाओं में होने वाले अनेक सुधार आंदोलनों को प्रथम प्रकार के उदाहरणों के रूप में माना जा सकता है तथा बौद्ध, जैन एवं सिख धर्म के उदय, अर्थात् स्वतंत्र विभेदीकरण को दूसरे उदाहरण के रूप में लिया जा सकता है। प्रथम प्रक्रिया निरंतरता के माध्यम से परिवर्तन लाती है, निरन्तरता जो आदर्श–प्रारूपात्मक हिन्दू संस्कृति का मूल्य लक्षण है। दूसरी प्रक्रिया परम्परा में विभाजन के माध्यम से परिवर्तन का प्रतीक बनती है। तथापि, इनसे टूट कर विलग हुई परम्परा में भी निरन्तरता के कुछ तत्वों को ढूंढ़ पाना सम्भव हो सकता है।

वैदिककाल में सांस्कृतिक परम्परा ने लक्ष्य–अभिमुखनों अथवा भूमिका–संस्थायीकरणों अथवा करिश्माई गुणों की बंद सोपानीकृत व्यवस्था विकसित नहीं

की थी। शूद्र के सम्भावित अपवाद के साथ, ब्राह्मण, क्षत्रिय एवं वैश्य की सामाजिक एवं सांस्कृतिक भूमिका में काफी हद तक समानता हुआ करती थी। ये तीन संवर्ग सामाजिक विभक्तियों अथवा सोपानक्रमों के औपचारिक ठोस स्वरूपों की अपेक्षा प्रकार्यात्मक विशिष्टीकरण की प्रकृति के अधिक थे।[33] इस संदर्भ में जाति की बात करते हुए स्पियर लिखते हैं कि :

> जाति व्यवस्था की प्रकृति एक सामाजिक आश्चर्य की है तथा इसका उद्‌भव एक स्थायी समाजशास्त्रीय रहस्य का है। ऐसा माना जाता है कि उन्नीसवीं शती के आरम्भ में जो कठोर रूपरेखा जाति व्यवस्था की प्रकट होती है, वह कठोर रूपरेखा इसने ग्यारहवीं से चौदहवीं शताब्दी के दौरान मुस्लिम आक्रमण के समय प्राप्त की थी। हमें पता है कि यह ऋग्वेद काल में नहीं थी। हम जानते हैं कि ईसा से 500 वर्ष पूर्व यह कार्यशील रूप में पहचानी जा सकती थी। हमारा विश्वास है कि शायद तीन हजार वर्षों से यह अस्तित्व में हैं।[34]

भूमिका–संस्थायीकरणों के सोपानक्रम के आधार पर कोई यह भी पता लगा सकता है कि इस काल में लक्ष्य–अभिमुखनों (काम, अर्थ एवं धर्म) के सूत्रण उतने कठोर नहीं थे जितने बाद में हो गए। सबसे पहले हिन्दू धर्म में जीवन की बैरागी नैतिकता में कट्‌टरपन का उद्‌भव वैदिक काल के बाद हुआ, यह बौद्ध एवं जैन धर्म के उदय के बहुत बाद का है। वैदिक काल में मानवतावादी व जीवन–समर्थक मूल्यों पर बल देना प्रमुख था[34] अंतःभोज,[35] मांस, मदिरा तथा नाच–गाने के द्वारा जीवन का आनंद उठाने पर कोई प्रतिबंध नहीं था।[36] काम अथवा भौतिक इच्छाओं की पूर्ति तथा अर्थ अथवा इन्हें पाने के साधनों के संदर्भ में सही आचार–व्यवहार के नियमों अथवा धर्म के प्रति अभिमुखन का अनुकूलन कर लिया गया था। लक्ष्य–अभिमुखनों में मूल्यों के इस क्रम को कालान्तर में लगभग उल्टा कर दिया गया था। वैदिक संस्कृति के लक्ष्य–अभिमुखन प्रतिमान में मानवतावादी प्रमुखता अपने आप में उदारवाद का विस्तार थी, जो इस अवस्था में भूमिका–संस्थायीकरण प्रतिमानों के संदर्भ में विद्यमान थी।

वैदिक काल से आगे, अंतःजनित परम्परा के आदर्श–प्रारूपात्मक गुण का औपचारीकरण जारी रहा। इस काल को मोटे तौर पर महाभारत के युद्ध काल के समय से,[37] ईसा से 900 वर्ष पूर्व से ईसा के 800 वर्ष बाद, गुप्त काल के अंत काल के बाद, तक माना जा सकता है। इसी काल में हिन्दू सांस्कृतिक परम्परा के भीतर शनैः शनैः वृद्धि एवं सुधार (हिन्दू परम्परा के भीतर) की प्रक्रियाओं तथा बौद्ध एवं जैन धर्म जैसी पृथक् वृहत् परम्पराओं के रूप में विभाजन एवं विभेदीकरण के माध्यम से परिवर्तन हुए।

हिन्दू परम्परा में यह काल स्मृतियों व धर्मशास्त्रों के विकास का था, जिनमें

सामाजिक विधान सम्मिलित थे। इसी काल में महाकाव्य (महाभारत एवं रामायण) पुराण, अर्थशास्त्र (अर्थशास्त्र व लोक प्रशासन की पुस्तक), कामसूत्र लिखे गए और अंततः, शास्त्रीय काव्य, नाटक, कला, वास्तुकला, दर्शनशास्त्र, आयुर्विज्ञान एवं खगोलशास्त्र पल्लवित और पोषित हुए।[38] जीवन के कामोद्दीपक (काम), आर्थिक प्रशासनिक (अर्थ) तथा सामाजिक–कर्मकाण्डीय (धर्म) सम्बन्धी पक्षों के मापदण्डों की विशद विवेचना हेतु पृथक शास्त्र तैयार किए गए, यह तथ्य इस बात को अच्छी तरह से सिद्ध करता है कि इस काल की वृहत् परम्परा पूरी तरह पारलौकिक विषयों में ही पूर्णतया लिप्त नहीं थी, जैसा कि आम तौर पर माना जाता है। इसने लक्ष्य–अभिमुखनों, भूमिका–संस्थायीकरणों एवं सामाजिक कर्तव्यों के विभिन्न स्तरों के मध्य सौहार्दपूर्ण मधुर संबंध भी स्थापित करने का प्रयास किया। इस तथ्य के बावजूद, सोपानक्रम की धारणा सर्वव्यापी थी, तथा पहले से अधिक शक्तिशाली थी। सैद्धांतिक रूप से भौतिक जगत् आध्यात्मिक जगत् से निम्न व अधीनस्थ था।

इस काल में एक प्रमुख अंतःजनित परिवर्तन हुआ और वह सोपानक्रम की मानदण्डात्मक संरचना का सुरूपीकरण था। मनु की आचार पुस्तक (धर्मशास्त्र) ने यह स्पष्टतः सिद्ध कर दिया कि विभिन्न वर्णों व जातियों में किस हद तक अब कट्टर अवरोध थे। वैदिक काल के विपरीत, 'द्विज' जातियों का अब सामाजिक रूप से समरूप चरित्र नहीं रहा तथा खान–पान एवं विवाह के मामले में ये सामाजिक रूप से खुली हुई नहीं थीं। अब वे मात्र प्रकार्यात्मक समूह नहीं रहीं, वे अब ये जातियाँ, अंतःविवाही जातियाँ बन गईं – जिसका प्रतिरूप हमें आज देखने को मिलता है। सभी जातियों के लिए कानून के समक्ष समानता का कोई नियम स्वीकार्य नहीं था। एक से कृत्यों के लिए पुरस्कार एवं दण्ड के विभेदीकृत मानदण्ड थे जो कि इस बात पर आधारित थे कि कृत्य करने वाला ऊंची अथवा नीची जाति का है। ब्राह्मण की स्थिति को उच्च तथा अधिकांश सुविधाएं तथा पुरस्कार प्राप्त थे।[38a] अछूतों का एक नया समूह अथवा जाति अस्तित्व में आ चुकी थी, जिसके साथ–साथ अशुद्धता (अपवित्रता) एवं पवित्रता के कट्टर मानदण्ड भी अस्तित्व में आ गये। करिश्माई विशेषताओं (गुणों) की सोपानीकृत धारणाओं, क्रिया (कर्म) और पूर्व प्रारब्ध के सिद्धांत में सामाजिक मानदण्ड गहनता से ओत–प्रोत थे। अन्य धर्मशास्त्रों अथवा आचार संहिताओं में इनमें से केवल कुछ मूल्य ही परिवर्द्धित हुए थे।[39] इसके अतिरिक्त, शायद बौद्ध एवं जैन धर्म के प्रभाव के कारण, महाकाव्यों तथा पुराणों ने अब एक अधिक वैरागी एवं स्व–उपेक्षी विश्व–दर्शन को मजबूत किया। अब मदिरा न पीने एवं शाकाहार पर अधिक बल दिया गया। अनेक पुराणों में सही व गलत व्यवहार के लिए क्रमशः पुरस्कार एवं दण्ड को बिम्बित करने के लिए स्वर्ग एवं नर्क की धारणाओं का सजीव चित्रण प्रस्तुत किया गया।[40] इन बातों के मूल्य ध्रुवीकरण के माध्यम से दुष्परिणाम हुए

जिन्हें वेबर हिन्दू परम्परा का 'पारलौकिक–वैराग्य कहते हैं।

धर्मशास्त्रों ने न केवल विभिन्न वर्णों एवं जातियों की भूमिकाओं एवं लक्ष्य अभिमुखनों से सम्बन्धित सोपानक्रमिक मूल्यों के सशक्तीकरण में योगदान दिया अपितु इन मूल्यों को सांस्कृतिक चक्र की सोपानक्रमिक व्यवस्था में एकीकृत भी किया और इसी के आधार पर धर्म के मानदण्डात्मक पक्ष में सापेक्षवाद की प्रस्थापना की।[41] इसी प्रकार करिश्माई प्रतिभाओं के सोपानक्रमों को भी पुष्ट किया गया। कौटिल्य के अर्थशास्त्र में हम इन आदर्श–प्रारूपात्मक विशेषताओं के समर्थन में किसी भी प्रकार की कमी नहीं पाते हैं। अर्थशास्त्र का धर्मशास्त्र से सम्बन्ध लौकिक से पवित्र के सम्बन्धों के समान नहीं है। जैसा कि हम बता चुके हैं, कि अर्थ स्वयं चार लक्ष्य–अभिमुखनों की सोपानक्रमिक व्यवस्था का अंग है। वस्तुतः समाज में राजतंत्र एवं शक्ति संरचना के सिद्धांत में आवश्यक नियमों के समावेश के माध्यम से अर्थशास्त्र सोपानक्रम के नियम को पुनःपुष्ट करता है। राजनैतिक व्यवस्था की सोपानक्रमिक अवधारणा एवं समग्रवाद पर आधारित राज्यतंत्र की व्यवस्था के सीधे सूत्रण का यह एक प्रयास है। राज्य (kingdom) के सात अंगों, अर्थात्, स्वामी, मित्र (अमात्य), जनपद, दुर्ग, कोष, शक्ति का अंग (दण्ड), तथा सहयोगी (मित्रणी)[42] को सम्बन्धों के सोपानक्रम एवं एक संगठनशास्त्रीय (organological) प्रारूप के रूप में प्रस्तुत किया गया है। इस सोपानक्रम में केन्द्रीय प्रस्थिति में राजा है। वह वैधानिक शक्ति अथवा दण्ड को संचालित करता है, तथापि, उसे वैधता धर्म से मिलती है। शक्ति की अवधारणा लौकिक संदर्भ में सूत्रबद्ध होती है परन्तु राजा की लौकिक भूमिका तथा धार्मिक व्यवस्था को बनाए रखने हेतु उसके धार्मिक आशय (sacerdotal implications) के मध्य पूर्ण विच्छेद नहीं है। इस परम्परा में पुजारी व राजा के सम्बन्ध परिपूरक होते हैं, यद्यपि भूमिका निर्वाह के संदर्भ में पूरी तरह से विभेदीकृत हैं। अतः राजाशाही की लौकिक भूमिका सोपानक्रम के नियम का उल्लंघन नहीं करती। ड्यूमाँ लिखते हैं :

> उदाहरण के लिए, प्राचीन मिस्र अथवा सुमेर की राजाशाही अथवा चीनी साम्राज्य की राजाशाही में सर्वोच्च धार्मिक प्रकार्य सार्वभौम थे। राजा सर्वश्रेष्ठ पुजारी था तथा जो लोग पुजारी कहलाते थे, वे राजा के अधीनस्थ थे तथा केवल कर्मकांडी विशेषज्ञ थे। इसकी भारतीय स्थिति से तुलना करने पर, एक आसान विकल्प प्रतीत होता हैः या तो राजा उन धार्मिक प्रकार्यों को करता है जो कि सामान्यतया उसके हैं, तथा इसी कारण तब वह सोपानक्रम का मुखिया होता है तथा साथ–साथ राजनैतिक शक्ति का भी भोग करता है, या, यह भारतीय उदाहरण है, राजा धार्मिक प्रकार्यों हेतु पुजारियों पर निर्भर रहता है, राजाशाही के नाम पर वह स्वयं बलि नहीं दे सकता, वह अपने स्वयं

का बलिदान कर्ता नहीं हो सकता, इसके बजाय वह 'अपने से आगे' पुजारी अर्थात् पुरोहित को रखता है, और इस स्थिति में वह पुजारियों के पक्ष में सोपानक्रम की सर्वोच्चता को खो देता है और अपने लिए केवल शक्ति रखता है।

इस विच्छेद द्वारा भारत में राजा के कार्य को लौकिकीकृत कर दिया गया है। इस तथ्य से विभेदीकरण पैदा हुआ है। किसी क्षेत्र के धार्मिक जगत् में जो पृथक्कीकरण हुआ, वह धर्म के विपरीत है और लगभग उससे सम्बन्धित है जिसे हम राजनैतिक कहते हैं। मूल्य एवं प्रतिमानों के क्षेत्र के विपरीत यह शक्ति का कार्य क्षेत्र है। धर्म अथवा ब्राह्मण की सार्वभौमिक व्यवस्था के विपरीत, यह हित अथवा लाभ का क्षेत्र, (अर्थ) है।[43]

भूमिका–संस्थायीकरण के अनेक स्वरूपों में, राजसी भूमिका (अर्थ–धर्म) संरचना की दृष्टि से सर्वाधिक अलग तथा सात्मीकरण करने वाली है। ऐतिहासिक कालों में एक विशिष्ट वर्ण अथवा जाति के रूप में क्षत्रिय के अस्तित्व पर भी कुछ विद्वानों को संदेह है। पन्निकर लिखते हैं ''यह एक तथ्य है कि ऐतिहासिक कालों में क्षत्रिय जैसी कोई जाति नहीं थी''।[44] इसी प्रकार ब्राह्मण परम्परा में अथवा इसकी भूमिका–संस्थायीकरण की संरचना में भी निरन्तर आंतरिक परिवर्तन हो रहे थे, प्रत्येक का अपने वैध आध्यात्मिक व्यवसाय तथा जीवन के आध्यात्मिक एवं भौतिक उद्देश्यों के मध्य एक विभेदीकृत अभिमुखन था।[45] परम्परा की पवित्र–सोपानीकृत मानदण्डात्मक संरचना में साहित्य, शिक्षा, कला, शिल्प तथा विभिन्न अन्य आभासी रूप से लौकिक व्यवसायों में मूल्यों के अन्य स्वरूपों के विलय का समय भी यही था। परिणामस्वरूप, शिक्षा के उद्देश्यों की सोपानक्रमिक प्रकृति को औपचारिक रूप से व्यक्त किया गया तथा हिन्दू धर्म की छह दार्शनिक परम्पराओं की व्यवस्थित व्याख्या अस्तित्व में आई।

अपनी दोनों गूढ़ (परा) व उपयोगितावादी (अ–परा) अभिव्यक्तियों में शिक्षा का उद्‌देश्य धर्म अथवा नैतिक एवं सामाजिक कर्तव्यों के सही आचरण हेतु ज्ञान का संचार था। आरम्भिक रूप में शिक्षा का अर्थ वेदों का ज्ञान था, परन्तु बाद में इसमें विभिन्न कलात्मक, वैज्ञानिक तथा भाषाशास्त्रीय क्षमताओं को सीखना भी शामिल हो गया।[46] तथापि, सोपानक्रम के नियम को अभी तक बनाये रखा गया और यहाँ तक कि आभासी रूप से लौकिक शिल्प एवं कला भी इन मानदण्डों से मुक्त नहीं थे[47] राजाशाही की भूमिका की भांति, शिल्पकारी की भूमिका–संस्थायीकरण भी पवित्र एवं लौकिक मानदण्डों के सम्मिश्रण की तरह माना गया, जिसमें सोपानक्रमिक अर्थ में, पवित्र को प्रमुखता दी गई थी। स्टैला क्रैमरिश लिखती हैं :

यद्यपि, किसी शिल्प में उच्चोन्मुख प्रवृत्ति में सामाजिक महत्वाकांक्षा के अतिरिक्त एक गहन उद्देश्य भी होता है। इसे कानून की पुस्तकों में अप्रत्यक्ष रूप से माना गया है। मनु कहते हैं कि अपने काम में व्यस्त शिल्पकार के हाथ कर्मकाण्डीय रूप से शुद्ध होते हैं। गौतम धर्मशास्त्र के अनुसार, ब्राह्मण किसी कारीगर के हाथ से भोजन न स्वीकारे। इस प्रकार कानून की पुस्तकें एक ओर शिल्पकार की सामाजिक स्थिति और दूसरी ओर उसके कार्यरत रहते हुए महिमा की स्थिति में अन्तर करती हैं, जब वह अपने काम में व्यस्त होता है, या सृजन करता है और तब वह अपने अस्तित्व को विश्वकर्मा (सृजनात्मक चेतना के कुल योग के रूप में ईश्वर) के रूप में चरितार्थ करता है।[48]

वृहत् परम्परा में ये अन्तःजनित परिवर्तन इतिहास के हिन्दू काल के शास्त्रीय युग (300–700 ईस्वी) से प्रारम्भ हुए और शास्त्रीय कालोत्तर युग (700–1500 ईस्वी) तथा मध्ययुग (1500–1800 ईस्वी) से आज तक चल रहे हैं। गुप्त काल के अन्त तक वृहत् परम्परा की व्याख्या में अधिकांश व्यवस्थित कृतियां विकास के चरमोत्कर्ष पर पहुंच चुकी थीं, चाहे वे धर्म, साहित्य, मूर्तिकला, कला, विज्ञान, दर्शन या नीतिशास्त्र आदि के क्षेत्र से सम्बंधित क्यों न हों। कालान्तर में जो कुछ हुआ, वह हिन्दू सांस्कृतिक परम्परा की संरचना में इन संस्थाओं व मूल्यों की क्रमिक 'विशिष्टीकरण'[49] की प्रक्रिया थी। बौद्ध एवं जैन धर्म आदि टूटकर अलग हुई परम्पराओं के चलते जैसे ये परिवर्तन पैदा हो रहे थे, बाद के कालों में विभक्तिकरण एवं विघटनात्मक बहुलवाद के लक्षण भी उभरने लगे। वृहत् परम्परा की अपनी व्याख्या (वेदान्त दर्शन) द्वारा शंकराचार्य ने हिन्दू धर्म की सांस्कृतिक परम्परा की एकता में महान योगदान दिया है। इस संदर्भ में उनका सर्वाधिक महत्वपूर्ण योगदान देश के चार कोनों में तीर्थ के चार पवित्र केन्द्रों की स्थापना थी (हिमालय में बद्रीनाथ, उड़ीसा में पुरी, पश्चिमी तट पर द्वारका, दक्षिण में श्रृंगेरी) जो कि तब से वृहत् परम्परा के संचार के जाल का कार्य कर रहे हैं।

गुप्तकाल के पश्चात्, सांस्कृतिक गहमागहमी का केन्द्र उत्तर से दक्षिण में चला गया। शंकराचार्य दक्षिण में केरल से थे। ग्यारहवीं शती में एक अन्य दार्शनिक–संत रामानुज भी दक्षिण के थे। शंकराचार्य के विपरीत, उनका जोर मुख्यतया पराभौतिक (metaphysical) पर न होकर हिन्दू धर्म के भक्ति व कर्मकांड सम्बन्धी पक्ष पर था। तेरहवीं शती में दक्षिण से अन्य एक अन्य संत–दार्शनिक माधव ने हिन्दू धर्म के भक्ति सम्प्रदाय को स्थापित किया। परम्परा के इन अन्तःजनित आन्दोलनों का एक बहुत महत्वपूर्ण प्रकार्य यह था कि पुनर्सूत्रीकरण व पुनर्व्याख्या के माध्यम से हिन्दू धर्म की सांस्कृतिक एवं कर्मकाण्डी संरचना के आधारभूत सिद्धान्तों को लोगों के जीवन के नजदीक लाया जाए। इन्होंने न केवल वृहत् परम्परा में योगदान दिया अपितु हिन्दू धर्म की लघु एवं

वृहत् परम्परा के मध्य संचार सेतु स्थापित किया। इस काल में एक अन्य महत्वपूर्ण बात यह हुई कि शूद्र अथवा निम्न जातियों की कर्मकांडी प्रस्थिति सम्बन्धी उदारवादी सुधार आन्दोलन उदित हुआ। रामानुज व माधव दोनों निम्न जातियों के मंदिर में प्रवेश तथा उनकी अनेक निर्योग्यताओं को हटाने के पक्ष में थे।

दक्षिण में यह सांस्कृतिक पुनर्जागरण का काल था। दक्षिण में हिन्दू धर्म की वृहत् परम्परा मंदिरों के संरक्षण में फली–फूली। ये मंदिर न केवल कलाकृतियाँ थे बल्कि शिक्षण संस्थाओं, बौद्धिक चर्चाओं, सांस्कृतिक पर्वों तथा अन्य कलात्मक अभिव्यक्तियों के केन्द्र की भी भूमिका निभाते थे।[50] इस काल में वृहत् परम्परा के अनेक शास्त्रीय ग्रंथ, महाकाव्य तथा साहित्यिक कृतियां तमिल, कन्नड़, मराठी व अन्य क्षेत्रीय भाषाओं में अनूदित हुईं।[51] इसी काल में हिन्दू परम्परा के एक विभेदीकृत स्वरूप ने वीरशैववादी (लिंगायत आन्दोलन) सम्प्रदायों को जन्म दिया। वीरशैववादी परम्परा में आंशिक रूप से विरोध–सम्प्रदाय तथा आंशिक रूप से सुधार आन्दोलन का मिश्रण था। यही बात इस काल में दक्षिण भारत में जन्म लेने वाले विभिन्न अन्य भक्ति सम्प्रदायों के बारे में खरी उतरती है।

इस काल से मध्ययुगीन काल के अन्त तक, हिन्दू धर्म की सांस्कृतिक वृहत् परम्परा में अन्तःजनित परिवर्तनों में प्रमुखतया भक्ति–उदारवादी परम्पराएं विकसित हुईं जो कि पहले दक्षिण में प्रारम्भ हुई थीं। हिन्दू धर्म में नई भक्ति परम्परा में पंजाब में गुरु नानक, राजस्थान में मीराबाई, उत्तर प्रदेश में रमन,[52] कबीर तथा तुलसीदास, बंगाल में चैतन्य, गुजरात में दादू, महाराष्ट्र में तुकाराम एवं रामदास शिरोमणि संतों के रूप में उभरे। इन आन्दोलनों का योगदान द्विपक्षीय थाः प्रथम, इन्होंने धार्मिक विश्वासों की रूढ़िवादी अवधारणा को मुक्त किया तथा लोगों तक इसे उनकी अपनी भाषा में पहुंचाया। इन्होंने अभी तक के गूढ़ तथा कर्मकांड ग्रस्त धार्मिक विश्वासों को जनता की सरल शैली में रूपान्तरित किया। इनमें से कुछ ने, जिनमें कबीर एवं नानक उल्लेखनीय हैं, धार्मिक विश्वासों में विशुद्ध मानवतावादी एवं रहस्यवादी (mystical) मूल्यों को बताया और हिन्दू एवं मुस्लिम रूढ़िवादिता की आलोचना की। इसमें से अधिकांश जाति, यौन तथा धार्मिक विश्वासों पर आधारित सामाजिक निर्योग्यताओं की समाप्ति के पक्षधर थे।[53] इनका दूसरा योगदान हिन्दू संस्कृति की लघु एवं वृहत् परम्पराओं के मध्य दूरियों को पाटने का था। वस्तुतः भक्ति सम्प्रदायों तथा इनके आन्दोलनों की सामाजिक संरचना ने हिन्दू वृहत् परम्परा की निरन्तरता हेतु एक प्रमुख संचार वाहक का कार्य उस काल में किया जब मुस्लिम शासन के कारण इस परम्परा का राजकीय संरक्षण न केवल टूट गया था अपितु यह परम्परा निरन्तर बाह्य एवं आन्तरिक चुनौतियों एवं खतरों की सम्भावनाओं से जूझ रही थी। संचार के प्रमुख वाहक अनुयायियों के घुमन्तू जत्थे, धार्मिक मठ (religious seminaries) तथा भजनों व

प्रार्थनाओं के लिए आयोजित सत्संग सभाएं थीं। इस माध्यम द्वारा इस आन्दोलन की मूल्य व्यवस्था देश के सुदूर कोनों में प्रसारित हुई, जबकि भक्ति सम्प्रदाय का एक बड़ा भाग हिन्दू वृहत् परम्परा के चुनिंदा मूल्यों को लोकप्रिय तथा पुनःस्थापित करने का प्रयास था (जिसे कि हम चैतन्य, तुलसीदास एवं तुकाराम, आदि के प्रवचनों में पाते हैं) रामानन्द, कबीर, नानक, आदि जैसे संतों के नेतृत्व में इसका एक महत्वपूर्ण वर्ग हिन्दू धर्म के विश्व–दर्शन में अधिक समानतावादी तथा गैर–सोपानक्रमिक मूल्य व्यवस्था को स्थान दिलाने की आवश्यकता के प्रति प्रत्यक्ष रूप से अभिप्रेरित था। इसी प्रकार परम्परा की उनकी व्याख्या में हिन्दू परम्परा के उदारीकरण की ओर तथा इस्लाम के साथ इसके संश्लेषण के प्रति चेतन प्रयास थे। इस संदर्भ में इनके आन्दोलन पूर्णतया अन्तःजनित प्रकृति के नहीं थे।

जैसे–जैसे भारत के मध्ययुगीन इतिहास से उन्नीसवीं व बीसवीं शताब्दियों के समकालीन इतिहास में जाते हैं, सांस्कृतिक परिवर्तन की प्रक्रियाओं तथा सांस्कृतिक सुधार तथा पुनर्सूत्रीकरण के अनेक प्रयासों को पूरी तरह से अलग–थलग करना कठिन हो जाता है, जो कि उद्‌भव में पूर्णतया अन्तःजनित कहे जा सकते हैं।[54] इस प्रकार के अधिकांश आन्दोलन प्रकृति में सामाजिक–राजनैतिक होते हैं तथा पारम्परिक संस्कृति के बाहर स्थित शक्तियों की प्रतिक्रिया के रूप में प्रत्यक्ष अथवा अप्रत्यक्ष रूप से उदित होते हैं। परिणामतः, भारत में अंग्रेजी शासन के संदर्भ में जो सुधार आन्दोलन हिन्दू धर्म में उदित हुए उन्हें दो प्रमुख प्रकारों में बाँटा जा सकता है। प्रथम, सुधार, जो वेदों की आरम्भिक परम्परा के प्रतिमान पर हिन्दू धर्म के मूल्यों तथा सांस्कृतिक प्रथाओं में परिवर्तन लाना चाहते हैं, तथा द्वितीय जो नए मानदण्डों तथा सांस्कृतिक प्रसंगों का हिन्दू संस्कृति की मूल्य व्यवस्था एवं पारम्परिक प्रसंगों के साथ संश्लेषण की बात करते हैं। सांस्कृतिक सुधार में दूसरी प्रवृत्ति के अग्रणी विद्वान भारत में आधुनिकीकरण के भी संत रहे हैं। इन दोनों प्रकार के सामाजिक एवं सांस्कृतिक सुधारकों के नामों को सूचीबद्ध करना कठिन है क्योंकि कुछ अपवादों को छोड़कर कुछ हद तक, इस काल के लगभग सभी सुधारक संश्लेषण की आवश्यकता पर अपने विचारों में उदारवादिता दर्शाते हैं। तथापि, इनके मध्य एक आधार पर भेद किया जा सकता है, एक ओर वे हैं जो वृहत् हिन्दू परम्परा की मानदण्डात्मक संरचना के संदर्भ में संश्लेषण की बात करते हैं और दूसरी ओर वे हैं जो मानदण्डात्मक संरचना के अंतःजनित (हिन्दू) तथा बाह्यजनित स्रोतों (इस्लामी एवं पाश्चात्य) के संश्लेषण के संदर्भ में इस दृष्टिकोण का आभास दिलाते हैं।

मोटे तौर पर पहले प्रकार के सुधारकों में दयानंद सरस्वती एवं विवेकानन्द का नाम शामिल कर सकते हैं तथा बाद वाले प्रकार में महात्मा गाँधी को लिया

जा सकता है। उन्नीसवीं तथा बीसवीं शताब्दी के भारत के अन्य सुधारकों में राममोहन राय से नेहरू तक को दूसरे प्रकार में रखा जा सकता है और परिणामस्वरूप सांस्कृतिक परिवर्तन की प्रक्रिया के प्रति उनका योगदान भारत में सांस्कृतिक आधुनिकीकरण की प्रक्रिया का हिस्सा अधिक है, बजाय इसकी संरचना में अंतःजनित परिवर्तनों के।

हिन्दू सांस्कृतिक परम्परा में सुधार की अपनी अपील में न दयानंद ने, न विवेकानन्द ने और न गाँधी ने हिन्दू धर्म की आधारभूत आदर्श–प्रारूपात्मक सांस्कृतिक प्रसंगों को अस्वीकार किया, यह एक जिज्ञासा का विषय है। इन सभी ने सोपानक्रम के नियम की वैधता को स्वीकार किया। दयानन्द ने ऐसा वर्ण के प्रकार्यात्मक विभाजन के वैदिक प्रारूप तथा इसकी भूमिका–संस्थायीकरण के प्रतिमान का अनुपालन कर के किया। विवेकानंद व गांधी ने इसका अनुसरण किया, उन्होंने अपना प्रारूप गीता में से चुना और कर्म–योग के दर्शन अथवा निस्पृह सामाजिक क्रिया के संदर्भ में इसे एक नई वैधता दी। इन सभी ने यह माना कि जाति की कर्मकांडी निर्योग्यताएं व महिलाओं की सामाजिक निर्योग्यताएं हिन्दू परम्परा की गलत समझ पर आधारित हैं और इनको अस्वीकारने का आह्वान किया, परन्तु इन्होंने हिन्दू धर्म के सोपानक्रमिक विश्व–दर्शन को चुनौती नहीं दी जैसा कि वह मनुष्य के करिश्माई गुणों, लक्ष्य–अभिमुखनों के सोपानक्रम तथा सांस्कृतिक परिर्वतन के सोपानक्रमिक चक्रीय अवधारणा में पाया जाता है। एक नैतिक समाज के अपने आदर्शों को प्रस्तुत करने के लिए गाँधी ने तो राम राज्य के विचार तक का प्रयोग किया, रामराज्य जो स्वर्ण युग की हिन्दू अवधारणा का परिवर्द्धित स्वरूप था। यद्यपि, दयानन्द एवं विवेकानन्द के विपरीत गाँधी ने गैर–हिन्दू सांस्कृतिक मूल्यों तथा धार्मिक मूल्यों को अस्वीकारने अथवा सचेतन विरोध की वकालत नहीं की, तथापि, उनकी हिन्दू धर्म की व्याख्या तथा हिन्दू समाज के लिए सांस्कृतिक नीतियों का सूत्रण ऐसा था कि यह पाश्चात्य अथवा आधुनिक जीवन शैली तथा इसके आधारभूत मूल्य कथनों के ठीक विपरीत था।

इस सम्बन्ध में, गाँधी का योगदान अन्य दो की तुलना (दयानन्द व विवेकानन्द) में समाजशास्त्रीय दृष्टिकोण से अधिक व्यवस्थित तथा परिपूर्ण है, अतः इस पर अधिक ध्यानपूर्वक विश्लेषण एवं विचार की आवश्यकता है। वस्तुतः गाँधी द्वारा प्रस्तुत प्रारूप विदेशी धार्मिक अथवा सांस्कृतिक प्रतिमानों के प्रति उग्र प्रतिक्रिया का परिणाम नहीं है। यह कुछ हिन्दू सांस्कृतिक एवं कर्मकांडी प्रथाओं के रुग्ण पक्षों के विरुद्ध आक्रोश भरा विरोध भी नहीं है जैसा कि दयानन्द की कृतियों में प्रमुख है। यह पश्चिम की तुलना में हिन्दू समाज में गतिशीलता के अभाव अथवा विकास के तुलनात्मक अभाव के प्रति क्षोभ के गहन भाव में नहीं

उभरता जिसने चेतन अथवा अचेतन रूप से विवेकानन्द को अभिप्रेरित किया। गाँधी का योगदान अधिक व्यापक, निस्पृह एवं आधारभूत है। यह समकालीन समाज के दो सर्वाधिक मूलभूत विश्व–दर्शनों से अलग एक पूर्ण रूप से वैकल्पिक विश्व–दर्शन प्रस्तुत करता हैः इन दो विश्व–दर्शनों में प्रथम तो तथाकथित आधुनिक मुक्त विश्व का भोगवादी–उदारवाद है तथा दूसरा समाजवादी समाजों का भोगवादी–समूहवाद है।[55] अतः हिन्दू सांस्कृतिक परम्परा के अंतःजनित परिवर्तन में गाँधी का योगदान सबसे अधिक आधारभूत प्रकार का है।

गाँधी जी ने हिन्दू परम्परा के पश्चिम के साथ सम्पर्क के महत्व को समझ लिया था, चाहे यह सम्पर्क मार्क्सवादी चुनौती के रूप में आया हो या भोगवादी–व्यक्तिवादी उदारवाद की पाश्चात्य विचारधारा के माध्यम से आया हो। एक वैकल्पिक व्यवस्था के रूप में उन्होंने अपने दर्शन को सामने रखा जिसमें मूल तत्व पारम्परिक हिन्दू धर्म से लिए गए थे।[56] उन्होंने नैतिक कर्तव्यों अथवा धर्म पर आधारित सामाजिक एवं सांस्कृतिक व्यवस्था की हिन्दू अवधारणा पर पुनः जोर दिया जिसका अर्थ 'शक्ति' पर आधारित सामाजिक व्यवस्था के पाश्चात्य सिद्धांत की चेतन अस्वीकृति थी। गाँधी का अहिंसा का नियम, जो कि हिन्दू परम्परा के पाँच यमों (आत्म नियंत्रण के साधन) के सोपानक्रम से लिया गया है और जिसका कालांतर में जैन दर्शन गुणगान करता है, पारम्परिक रूप से कल्पित एक नैतिक समाज की पुनः स्थापना हेतु एक प्रयास था। इसी प्रकार, उनके द्वारा कृषि व हस्तशिल्प अर्थव्यवस्था पर दिया गया महत्व, आधुनिक प्रौद्योगिकी को उनकी अस्वीकृति निजी फायदे व लाभ को उनके द्वारा अवैध मानना, सम्पत्ति में ट्रस्टीशिप (न्यासिता) का उनका सिद्धांत (साम्यवाद का एक विकल्प), आधुनिक लोकतंत्र के केंद्र–परिधि स्वरूप के विपरीत प्रतिनिधित्वात्मक निकायों के सोपानक्रम के माध्यम से प्रशासन की विकेन्द्रित व्यवस्था पर उनका महत्व सभी यह दर्शाते हैं कि उनके विचारों की सम्पूर्ण व्यवस्था की जड़ें कितनी गहनता से आरम्भिक परम्परा में थीं। अन्य धर्मों के प्रति उनका सहिष्णुतापूर्ण दृष्टिकोण भी सहनशीलता के मूलभूत दर्शन का एक विस्तार मात्र हो सकता है जो कि हिन्दू धर्मशास्त्रों में हमेशा से विद्यमान था। अतः गांधीवाद को अंतःजनित सांस्कृतिक जागरण की एक सर्वश्रेष्ठ अभिव्यक्ति माना जाना चाहिए। जैसा कि जन जागरण इसने पहले एक बार किया था, वैसा जन जागरण (**mass moblization**) के आयाम वाली सांस्कृतिक शक्ति बनने के स्थान पर स्वतंत्र भारत में गाँधीवाद एक सम्प्रदाय मात्र बनकर रह गया है, यह एक तथ्य है। भारत में गाँधीवाद की असफलता इस देश में आधुनिकीकरण तथा सांस्कृतिक परिवर्तन की समस्या पर एक विहंगम वातायन खोलती है जिसका विश्लेषण किया जाना चाहिए।

विभेदीकरण के माध्यम से अंतःजनित परिवर्तन
(Orthogenetic Change Thorough Differentiation)

यदि हिन्दू सांस्कृतिक परम्परा के आंतरिक पुनर्गठन में वृहत् संरचना में एक विशेष प्रकार के परिवर्तन उत्तर वैदिक काल से गाँधी के युग तक हुए हैं तो विभेदीकरण के माध्यम से नई स्वायत्त परम्पराओं के गठन में परिवर्तनों के तीन प्रमुख उदाहरण बौद्ध धर्म, जैन धर्म एवं सिख धर्म हैं। इनमें से बौद्ध व जैन धर्म प्रकृति में विशुद्ध रूप से अंतःजनित हैं। यद्यपि सिख धर्म मूलभूत रूप से हिन्दूवादी परम्परा के सामान्य सिद्धांतों पर आधारित है, तथापि विशेषतः अपने बाह्य स्वरूप व शैली में सिख धर्म इस्लाम की बाह्यजनित परम्परा से भी प्रभावित हुआ।

दोनों, बौद्ध एवं जैन धर्म पृथक् धार्मिक–सांस्कृतिक परम्पराएं होते हुए भी इनकी जड़ें हिन्दू परम्परा में गहरी गड़ी हुईं हैं।[57] इन सम्बद्धताओं के बावजूद इन दोनों, आंदोलनों, विशेषतया बौद्ध धर्म, ने कुछ नए सांस्कृतिक मूल्य दिये। हम इनके महत्व का मूल्यांकन हिन्दू वृहत् परम्परा के आदर्श–प्रारूपात्मक गुणों से इनके विचलन के संदर्भ में कर सकते हैं। ऐतिहासिक दृष्टिकोण से, बौद्ध व जैन धर्म के सांस्कृतिक आंदोलनों के साथ सामाजिक संरचना में एक नगरीय–व्यापारिक समुदाय का विकास हुआ।[58] उदाहरणार्थ, अधिकांश जैन धनी व्यापारी वर्ग के थे। बौद्धों और जैनियों दोनों को राजकीय प्रश्रय प्राप्त था।

सांस्कृतिक संदर्भ में, ऐसा प्रतीत होता है कि बौद्ध एवं जैन धर्म दोनों ने निरन्तरता के मूल्य [प्रारब्ध, आत्मा के संचरण तथा पुनर्जन्म के सिद्धांत] पर आवश्यता से अधिक जोर दिया तथा सोपानक्रम (जाति अथवा वर्ण में विश्वास) का महत्व कम किया। विशेषतया बौद्ध धर्म के माध्यम से, इस सांस्कृतिक नवाचार, का महान समाजशास्त्रीय महत्व था। जैन धर्म प्रमुखतया व्यापारी समुदाय तक सीमित था; अहिंसा पर इसके महत्व ने कृषकों को इसमें आने से रोका। भूमि पर काश्तकारी करने से कीड़े मर जाते थे जो कि जैन धर्म में निषिद्ध था। परिणामस्वरूप, यद्यपि जैन धर्म ने भी जातियों के स्थायी सोपानक्रम के सिद्धांत का समर्थन नहीं किया, इस मूल्य के महत्व का व्यवहार में परीक्षण नहीं हो पाया। तथापि, बौद्ध धर्म ने उस सोपानक्रमिक भूमिका–संस्थायीकरणों के मूल तर्क को अवश्य सीधी चुनौती दी जिसके आधार पर जाति या उसकी उपविभक्तियाँ बनती थीं। इस कारण सामान्य तौर पर जनता के लिए इसमें एक क्रांतिकारी अपील थी। तथापि, सोपानक्रम के नियम को बनाए रखा गया यद्यपि एक भिन्न स्तर पर यह हुआ। बौद्ध धर्म में इसे चेतना तथा निर्वाण के आदर्श की ओर नैतिक प्रगति में रूपांतरित किया गया। जैन धर्म में इसने आत्म–नियंत्रण द्वारा नैतिक गुणों के आन्तरीकरण के माध्यम से आत्मा की मुक्ति का प्रगतिशील चरणों का रूप ले लिया जो अंततः कर्म अथवा क्रिया को ही समाप्त कर देता है।

तथापि, बौद्ध एवं जैन धर्म दोनों, संस्कृति में चक्रीय कालिकता तथा समय के सोपानक्रमिक दृष्टिकोण को किसी न किसी रूप में बनाए रखते हैं। हिन्दू धर्म के साथ ये दोनों सांस्कृतिक आंदोलनों के हस्तांतरणीय दृष्टिकोण को मानते हैं जिसका कि अंततः हिन्दू धर्म में अवतार, महायान बौद्ध धर्म में बोधिसत्व तथा जैन धर्म में तीर्थंकर द्वारा निस्तारण होता है। टूटकर अलग हुई इन दोनों परम्पराओं में हिन्दू धर्म के अनेक सांस्कृतिक मूल्यों को भी बनाए रखा गया। उदाहरण के लिए जैन धर्म में धार्मिक प्रतिज्ञाएं, योग–सूत्र तथा हिन्दू महाकाव्यों के पाँच यमों से बहुत मिलती–जुलती हैं। महायान बौद्ध धर्म में आत्मा का संचरण इसके हिन्दू सूत्रणों से बहुत मिलता–जुलता है। इन सभी समानताओं के बावजूद यह उल्लेखनीय है कि बौद्ध एवं जैन धर्म का एक अनीश्वरवादी विश्व–दर्शन है जबकि शास्त्रीय हिन्दू धर्म सदैव ईश्वरीवादी विश्वासों पर आधारित रहा है। तथापि, इस संदर्भ में यह याद रखना होगा कि हिन्दू धर्म में भी अनेक दार्शनिक एवं पराभौतिक सम्प्रदाय अनीश्वरवादी थे।

समाजशास्त्रीय दृष्टिकोण से देखा जाए तो सांस्कृतिक आंदोलनों के रूप में बौद्ध एवं जैन धर्म का इतना महत्व नहीं है जबकि हिन्दू धर्म के विश्व–दर्शन की आंतरिक द्वंद्वात्मकता की प्रक्रिया के रूप में बौद्ध एवं जैन धर्म के अंतःजनित आंदोलनों का बहुत अधिक महत्व है। इन सांस्कृतिक एवं धार्मिक आंदोलनों के क्रांतिकारी योगदान की अनदेखी नहीं की जा सकती, विशेषतया बौद्ध धर्म की, जो कि हिन्दू परम्परा के भीतर सामाजिक एवं सांस्कृतिक विरोध की प्रथम शुरुआत थी। यह कठोर औपचारिकवाद, आततीय कर्मकांडिता, सोपानक्रम की मूल्य व्यवस्था का जाति एवं ब्राह्मणवादी धार्मिक रूढ़िवादिता के रूप में सुदृढ़ीकरण के खिलाफ विरोध था।[58] तथापि, इनके बाद के विकास में यह अपने आप को पारम्परिक हिन्दू धर्म के सोपानक्रमिक मूल्य व्यवस्था से पूरी तरह से बाहर नहीं निकाल सके और परिणामस्वरूप हिन्दू व्यवस्था में इनका विलय हो गया। बौद्ध धर्म की मूल्य व्यवस्था में किस हद तक यह सोपानक्रमिक विश्व–दर्शन घुल मिल गया, इसे श्रीलंका में इसके अवशेषों में देखा जा सकता है। श्रीलंका में बौद्धवाद के एक संरचनात्मक अध्ययन के सम्बन्ध में माइकेल एम. ऐम्स लिखते है :

> बौद्ध धर्म एक पूर्ण रूप से विशिष्टवादी संरचना लिये हुए है जिसमें व्यवहार के बहुलमानक हैं, व्यवस्था में प्रत्येक स्तृत के लिए एक अलग मानक है। प्रत्येक बौद्ध, चाहे उसके आध्यात्मिक विकास का कोई भी स्तर हो, कुछ नियमों के पालन का विशेषज्ञ होता है। एक स्तर पर पूर्ण निपुणता प्राप्त कर लेने के बाद वह अगले उच्चतर स्तर पर पहुंचता है, चाहे इसी जन्म में या पुनर्जन्म के माध्यम से। उदाहरण के लिए जब कोई गृहस्थ बूढ़ा हो जाता है तो वह एक पवित्र श्रावक

भक्त बन सकता है; परन्तु अधिकांश गृहस्थ ये मानते हैं कि वे किसी अन्य जीवन में भिक्षु (monk) बनेंगे। इस विशिष्टीकृत सोपानक्रमिक रूप से गठित संरचना का अर्थ यह है कि वैरागी आदर्श (ascetic ideal) का आदर तो सभी करते हैं, परन्तु सभी उसके अनुपालन का प्रयास नहीं करते। गुणी वैरागी (virtuoso ascetics) इन आदर्शों की अनुपालना में विशेषज्ञता रखते हैं; अन्य वैरागियों की श्रद्धा करके इसे परोक्ष रूप से अर्जित करते हैं।[59]

बाद में, ऐम्स ने बौद्ध समाज में सदस्यों के न केवल भूमिका–संस्थायीकरण में सोपानक्रम के अस्तित्व को दर्शाया है, अपितु बौद्ध धार्मिक विश्व दर्शन द्वारा प्रस्तुत लक्ष्य अभिमुखनों के संदर्भ में भी दर्शाया हैं।[60] यह काफी हद तक हिन्दू परम्परा के सांस्कृतिक आदर्श–प्रारूपों के समान है। तथापि, इन दो धार्मिक व्यवस्थाओं में समानताएं बताते हुए अंतःजनित परम्परा में बौद्ध धर्म के विरोध प्रकार्य को नहीं भूलना चाहिए। जैसा कि बीसवीं शती के भारत में बड़ी संख्या में निम्न व अछूत जातियों द्वारा धर्म परिवर्तन कर बौद्ध बनना इस बात को उजागर करता है कि बौद्ध धर्म भारत में आज भी सांस्कृतिक आंदोलन की एक गतिशील प्रणाली है।[61]

अंतःजनित प्रक्रिया में निरन्तरताएं
(Continuities in the Orthogenetic Process)

हिन्दू वृहत् परम्परा में प्रमुख ज्ञातव्य परिवर्तनों के अतिरिक्त, इसकी अंतःजनित निरन्तरता की प्रक्रिया आज भी जारी है। भारत में समाज वैज्ञानिकों द्वारा किए गए अनेक आनुभाविक अध्ययनों से यह बात निरन्तर प्रकाश में आ रही है। विश्वासों एवं मूल्यों के क्षेत्रों में तथा इसकी भूमिका–संस्थायीकरणों के क्षेत्र में दोनों की विशेषता निरन्तरता है। परम्परा की संरचना में संचार के प्रतिमान निस्संदेह महत्वपूर्ण रूप से परिवर्तित हुए हैं परन्तु इनका संगठन वैसा ही बना हुआ है बल्कि संचार के माध्यमों में आधुनिक नवाचार संचार के पारम्परिक स्वरूपों को मजबूत कर रहे हैं।

भारतीय समाज में हिन्दू वृहत् परम्परा के स्थायित्व का मूल्यांकन ग्रामीण एवं नगरीय केन्द्रों के संदर्भ में किया जा सकता है। एक गाँव की लघु एवं वृहत् परम्पराओं के एक अध्ययन में यह पाया गया कि उत्सवों का लगभग पचास प्रतिशत हिन्दू वृहत् परम्परा से सीधे–सीधे सम्बन्धित है तथा नई पहचान की प्रक्रिया के माध्यम से स्थानीय देवताओं की वृहत् परम्परा के देवताओं में परिवर्तन की एक विपरीत प्रक्रिया हो रही है। इसका निष्कर्ष है कि :

> इसके उत्सवों तथा देवताओं के माध्यम से देखने पर, गाँव का धर्म लघु, स्थानीय परम्परा एवं वृहत्तर परम्पराओं के मध्य संचार की निरन्तर प्रक्रियाओं का परिणाम माना जा सकता है। इन परम्पराओं का स्थान आंशिक रूप से गाँव के भीतर व आंशिक रूप से गाँव के बाहर है। इस प्रकार के लघु समुदाय के धर्म के कुछ अवशेषात्मक हिस्सों को ही विशिष्ट अथवा पृथक्कीय माना जा सकता है।[62]

भारत के ग्रामीण समाज में वृहत् परम्परा के स्थायित्व को इसी तरह अन्य समाज वैज्ञानिकों ने भी बताया है। उत्तरी भारत के एक पहाड़ी गाँव में, वृहत् परम्परा को एक ब्राह्मण पुजारी द्वारा असरदायी रूप से जारी रखा जा रहा है[63]; हिमालय की एक गद्दी गाँव में ऐसे पुजारी हैं जिन्हें रामायण का बहुत बड़ा भाग कंठस्थ है[64]। एक अन्य उत्तर भारतीय गाँव में वृहत् परम्परा का हस्तांतरण शिवनारायण सम्प्रदाय के पुनरुत्थान तथा इसके हिन्दू मिथक कथाओं में विलय के माध्यम से हो रहा है[65]। दिल्ली के पास एक गाँव, एक साल में उन्नीस पर्व मनाता है जिनमें से दस स्पष्टतः वृहत् परम्परा से सम्बन्धित हैं।[66] देश के अन्य भागों में गाँवों से वृहत् परम्परा की सांस्कृतिक संरचना के स्थायित्व के बारे में बताया गया है। एक आंध्र गाँव, शिवपुर में सांस्कृतिक जीवन का विवरण ईश्वरन ने निम्नांकित रूप में दिया है :

> शिवपुर के समस्त मूल्य परिवेश में (ethos) में जीवन का हिन्दू दृष्टिकोण घुला मिला हुआ है और इसका धर्म इससे अछूता नहीं है। समूहों के मध्य प्रत्यक्ष भिन्नताओं के बावजूद, यह इसे एक खास तरह की एकात्मकता देता है..........गाँव में सभी समूह (रेखांकित जोड़े गए हैं) जाने–माने हिन्दू विश्वासों की मूल्य व्यवस्था के चार मूलभूत लक्ष्यों में विश्वास करते हैं; धर्म (duty, morality, law, etc. all combined in one), अर्थ (भौतिक कल्याण), काम (physical love) एवं मोक्ष (आध्यात्मिक मुक्ति); तथा साथ ही साथ मनुष्य जीवन की चार जीवन अवस्थाओं (आश्रमों) में विभाजनः ब्रह्मचारी, गृहस्थ, वानप्रस्थी तथा संन्यासी को मानते हैं। सभी....... समूहों द्वारा अपनाए गए जीवन–पथ के संस्कारों में हिन्दू धारणाओं व उद्देश्यों का आधिपत्य रहता है।[67]

वृहत् परम्परा के स्थायित्व का उपरोक्त एक अतिवादी उदाहरण हो सकता है, परन्तु अन्य अध्ययनों में भी वृहत् परम्परा में किसी न किसी रूप में निरन्तरता को देखा गया है। उड़ीसा के एक पर्वतीय गाँव में बताया गया है कि "गाँव में दो मंदिर हैं; जिनमें प्रत्येक में नित्य ठाकुरपूजा (विष्णु की पूजा) होती है।[68]"; पश्चिमी बंगाल के गाँव में दुर्गा–पूजा एक बड़ा उत्सव है तथा "प्रायः लक्ष्मी देवी (धान एवं सम्पत्ति की देवी) को सभी घरों में पूजा जाता है"।[69] मैसूर के एक गाँव में धरती

माता एवं लक्ष्मी के प्रसंगों की प्रभुता को बताया गया है[70]; वृहत् परम्परा से कृषक संस्कृति में धार्मिक प्रसंगों का स्थायित्व जिस तरह समकालीन अध्ययनों में उजागर हुआ है, इसकी समीक्षा पॉलाइन एम. कॉलेण्डा ने की है। उत्तर भारतीय मेहतरों के धार्मिक विश्वासों के अपने एकल अध्ययन के आधार पर उनका निष्कर्ष है कि मेहतरों के धर्म में 'सादगी अनिवार्यता' तथा 'भक्ति वरदान' के धार्मिक प्रसंग हैं और ये दोनों भगवद्गीता में पाए जाने वाले "हिन्दूधर्म के प्राचीन प्रसंग" से सम्बन्धित हैं।[71] अतः कृषक संस्कृति में वृहत् हिन्दू परम्परा के स्थायित्व के पर्याप्त प्रमाण हैं।

जैसे हम ग्रामीण समुदायों की अपेक्षाकृत सरल संरचना से शहरों व कस्बों की ओर बढ़ते हैं, तो वृहत् परम्परा के स्थायित्व का प्रतिमान बदलता जाता है, परन्तु यह प्रक्रिया चलती रहती है। पूर्वी भारत में गया के पवित्र शहर में 18वीं शती के अंत में लगभग बीस हजार तीर्थयात्री आए थे जबकि यातायात के साधन खराब थे व यात्रा असुरक्षित थी। रेल की स्थापना के बाद प्रतिवर्ष तीन लाख तीर्थयात्री आते हैं।[72] यही बात भारत के सभी अन्य पवित्र शहरों के लिए खरी उतरती है यद्यपि इस प्रघटना की व्यवस्थित अध्ययनों द्वारा जाँच नहीं की गई है। इस प्रक्रिया के जो कुछ अध्ययन हुए हैं, वे "वृहत् संरचना के संवहन के वाहकों" की प्रकार्यशीलता की गहरी पुनर्जीवन की प्रवृत्ति का प्रमाण देते हैं। दक्षिण में तंजौर कस्बे के बारे में ई. कैथलीन गफ लिखती हैं:

> चोल शासकों ने, जिन्होंने आठवीं से चौदहवीं शताब्दी के आरम्भ तक तंजौर पर शासन किया, ब्राह्मणों को प्रश्रय दिया तथा उन्हें अनेक गाँवों में एक मात्र भूमिपति के रूप में बसाया तथा पाठशालाओं में संस्कृत दर्शन व वैदिक कर्मकांड के अध्यापन को प्रोत्साहित किया। बाद के विजेता तेलुगू एवं मराठा राजाओं ने इस प्रश्रय को जारी रखा। आज जो ब्राह्मण लड़के घरेलू पुजारी बनना चाहते हैं, उनको किसी संस्कृत गुरु द्वारा अथवा किसी निजी वैदिक पाठशाला में एक या अधिक वेदों को कंठस्थ करा के सिखाया जा सकता है। आज भी समय–समय पर निश्चित अंतराल पर कावेरी के घाटों पर बलि के ब्राह्मण पुरोहितों द्वारा वृहद् मानव जाति की ओर से वैदिक देवताओं के लिये यज्ञ अथवा बकरों की वैदिक बलि दी जाती है। गर्मियों के मौसम में रामायण व महाभारत का संस्कृत में तथा उसकी तमिल व्याख्या का सार्वजनिक वाचन बहुत भीड़ एकत्रित करता है। जिले के दूसरे कस्बे, कुम्बकोनम में ब्राह्मण वैरागियों द्वारा एक समृद्ध मठ का संचालन हो रहा है।[73]

अतः यह प्रमाणित है कि नगरीकरण की प्रक्रिया को एकतरफा तरीके से

आधुनिकीकरण अथवा लौकिकीकरण की शक्तियों के साथ नहीं जोड़ना चाहिए, यद्यपि सीमित अर्थों में, जैसा कि सिंगर व रैडफील्ड ने कहा है कि महानगरीय नगरीय केन्द्रों में विकास प्राथमिक (अंतःजनित) से द्वैतीयक (ब्रह्यजनित) नगरीकरण में होता है। पारम्परिक शिक्षित (literate) व्यावसायिक बौद्धिकों में रूपान्तरित हो सकते हैं जिनका काम परिवर्तित परिस्थितियों में परम्परा एवं आधुनिकता के बीच मध्यस्थता करने का हो सकता है।[74] उपरोक्त तथ्य हमारे तर्कों को सम्पुष्ट करते हैं। द्वैतीयक 'अवस्थाओं में नगरीकरण वृहत् परम्परा की कड़ियों को सशक्त कर सकता है क्योंकि संचार के वाहक जो कि शायद आधुनिक मूल्यों के संवहन का कार्य कर सकते थे, जैसे कि यातायात के आधुनिक साधन, प्रेस, रेडियो, ध्वनि विस्तारक आदि वृहत् परम्परा की मूल्य व्यवस्था के प्रसारण में प्रयुक्त हो रहे हैं। अतः संचार के तीव्रीकरण में प्रत्येक कदम न केवल आधुनिकता को लाभ पहुंचा रहा है अपितु उतना ही, या शायद उससे अधिक, वृहत् परम्परा के सम्पुष्टिकरण को लाभ पहुंचा रहा है।

इस प्रघटना को बाद में सिंगर ने पहचाना है। वे लिखते हैं :

> द्वैतीयक नगरीकरण से गुजर रही वृहत् परम्परा के भविष्य में बारे में विस्तार से स्पष्ट नहीं कहा जा सकता है। हम स्वीकार करते हैं कि इसके बारे में विस्तृत चित्रण हेतु बहुत कम गहन अध्ययन हुए हैं। संस्कृति व सभ्यता के इतिहास पर सामान्य साहित्य में इस प्रकार का परिवर्तन प्रायः बहुत तीक्ष्ण और पतनोन्मुख होता है जो कि वृहत् सांस्कृतिक परम्पराओं का पतन, जीवाश्मीकरण अथवा लौकिकीकरण दर्शाता है क्योंकि मुझे संदेह है कि इस मामले पर यह आम दृष्टिकोण पर सामान्य विचार, आंशिक रूप से, एक विशिष्ट प्रकार के सांस्कृतिक विश्लेषण से प्रभावित है– इसमें सामाजिक एवं सांस्कृतिक संदर्भों से तथा लघु एवं लोकप्रिय परम्पराओं के जाल से अमूर्तीकृत कला व ज्ञान के अद्वितीय उत्पादों के ग्रंथों के अध्ययन (textual study) शामिल हैं–दक्षिण भारत में एक महानगरीय केन्द्र में वृहत् परम्परा व इसके शिक्षितों को क्या होता है, इसका मैंने एक प्रारम्भिक रूप में प्रकार्यात्मक व संदर्भात्मक अध्ययन किया।[75]

सिंगर के निष्कर्ष बताते हैं कि वृहत् परम्परा के अंतःजनित तत्व सांस्कृतिक संरचना में इसके स्थानीयकरण के माध्यम से निरन्तर बने रहते हैं। बदलती प्रवृत्ति के अनुसार, भक्ति प्रसंग जिन–मार्ग (ज्ञान मार्ग) से परे हरि कथाओं और भजनों हेतु धार्मिक सभाओं की आवृत्ति बढ़ गई है; फिल्म का माध्यम भी भक्ति परम्परा को लोकप्रिय बनाता प्रतीत होता है। वृहत् परम्परा के तत्व नाटकों व नृत्य नाटिकाओं (भरतनाट्यम) के माध्यम से पुनः अभिव्यक्त हो रहे हैं। सांस्कृतिक

प्रतिमान में कुल मिलाकर प्रवृत्ति धार्मिक कर्मकांड से परे जाकर कला–विधाओं, भक्ति गीतों तथा अन्य संगठित माध्यमों के द्वारा वृहत् परम्परा को अभिव्यक्त करने की है।[76] सिंगर के निष्कर्षों के अनुसार :

> इस प्रक्रिया का दीर्घगामी परिणाम संगठक एवं चयनकारक है। भाषा, ज्ञान, कला तथा कर्मकांड के कुछ तत्व छूट जाते हैं (जैसे वैदिक बलि); नये जुड़ जाते हैं (जैसे मंदिर व मठ संगठन)। विरोधी सम्प्रदायों के आंदोलनों तथा जनजातीय तथा क्षेत्रीय प्रथाओं के पक्ष रूढ़िवादी धार्मिक परम्परा में विलीन हो जाते हैं। लघु परम्पराओं के अंश वृहत् परम्परा में घुल–मिल जाते हैं तथा दीर्घकाल में गाँवों तथा जनजातियों की संस्कृति भी शिक्षितों के औपचारिक अध्यापन से प्रभावित होती है और जैसे कि एक बड़े व प्रसिद्ध मंदिर में अनेक पत्थर, साँप, वृक्ष, गृहों की पूज्य मूर्तियाँ होंगी, वहीं प्रमुख देवताओं का दरबार होगा। अतः एक ज्ञानी व सभ्य ब्राह्मण इन सभी पूज्यों को भेंट चढ़ाएगा, स्थानीय व पारिवारिक रीतियों का पालन करेगा, साथ ही साथ बहुत गूढ़ अद्वैत दर्शन का भी अनुयायी होगा।[77]

वृहत् परम्परा के इस लचीलेपन व इसकी निरन्तरता की कुंजी संचार के आधुनिक वाहकों की कार्यशीलता में है। इस सम्बन्ध में यह उल्लेखनीय तथ्य है कि जहाँ वृहत् परम्परा के संचार के अनेक पारम्परिक चैनल्स आज भी काम कर रहे हैं, वहीं संचार के नए चैनल्स भी इसकी वृद्धि में योगदान दे रहे हैं। वी. राधवन बताते हैं कि दक्षिण भारत में धार्मिक शिक्षण के संचार के चैनल्स इतिहास व पुराणों का वाचन एवं व्याख्या, पवित्र ग्रंथों का क्षेत्रीय भाषा में अनुवाद, मठ एवं मंदिर, नृत्य एवं नाटक तथा भक्ति संगीत एवं हरिकथा है।[78] सिंगर के अध्ययन से पता चला है कि इन चैनल्स में से अधिकांश आज भी सक्रिय हैं। इसी प्रकार मैक्कॉरमैक ने वीरशैववाद में संचार के स्वरूपों के अपने एकल अध्ययन में पाया कि जीवन–चक्र कर्मकांड, लोक गीत, पुराण एवं भक्तिवाचन तथा मेलों जैसे संचार के पारम्परिक चैनल्स के साथ–साथ प्रकाशन, नाटक–रेडियो–सिनेमा, क्लब, छात्रावास तथा विकास संस्थाओं जैसे संचार के आधुनिक स्वरूप भी वृहत् परम्परा के मूल्यों के प्रसार में योगदान देते हैं। वे लिखते हैं :

> यदि संचार के प्राचीन व नवीन स्वरूपों की तुलना की जाए तो नवीन तरीकों में विभिन्न सामाजिक वर्गों तथा जातियों के मध्य अधिक एकता लाने की प्रवृत्ति देखी जा सकती है...... तथापि, ऐसा प्रतीत होता है कि नए माध्यमों, विशेषतया, छपे हुए प्रकाशनों, की प्रवृत्ति सम्प्रदाय में संचार संरचना को सरल बनाने की है ताकि परस्पर प्रतिद्वंद्वी सामाजिक वर्गों व जातियों के बीच अंतर को पाटा जा सके।[79]

इस प्रकार यह प्रमाणित हो चुका है कि संचार के नवीन चैनल्स न केवल संचार की गहनता[80] में अपितु एकता लाने के कार्य में भी पारम्परिक उद्देश्यों को समान रूप से अथवा उससे भी अधिक प्रभावशाली ढंग से पूरा करते हैं। पारम्परिक मीडिया की अनुकूलनात्मक क्षमता इतनी सशक्त है कि संचार के आधुनिक स्वरूपों का महिमामण्डन तक किया जाता है। "प्रमाण यह बताते हैं कि भारतीय सामाजिक व्यवस्था के साथ धार्मिक प्रवचनकर्ता और लौकिक सामाजिक एवं आर्थिक सुधारक की भूमिका का एक बहुत नजदीकी रिश्ता है जिसे कि अनेक पाश्चात्य विद्वान बहुत अलग समझते हैं। तिलक, गाँधी और विनोबा भावे (गोखले, राजेन्द्र प्रसाद अथवा यहाँ तक कि पंडित नेहरू जैसे लौकिक नेताओं की तुलना में) जैसे व्यक्तियों की असाधारण लोकप्रियता के लिए यह एक स्पष्टीकरण हो सकता है जिन्होंने समतावादी सामाजिक सुधार के अपने संदेश को पारम्परिक प्रतीकवाद के साथ जोड़ा ताकि यह सुनिश्चित हो सके कि लोग उसे सुनेंगे।[81] अतः यह निष्कर्ष निकाला जा सकता है कि जहाँ संचार का आधुनिक मीडिया पारम्परिक मूल्य प्रसंगों के प्रसार में भूमिका निभाता है, वहीं पारम्परिक मीडिया के महत्त्व को कम करके आंका नहीं जा सकता। "संचार के स्वरूप में (रेखांकित शब्द लेखक के हैं) परिवर्तन न तो इतने तेज हैं और न ही इतने यकायक जैसी कि कोई कल्पना कर सकता है।[82]

वृहत् परम्परा में निरन्तरता एवं अनुकूलनात्मक परिवर्तन, इस प्रकार सांस्कृतिक एकता और सामाजिक परिवर्तन की प्रक्रिया के महत्त्वपूर्ण पक्ष हैं। भारत में सामाजिक परिवर्तन की दिशा तथा इसके गुणात्मक प्रतिमान के किसी भी मूल्यांकन में इस तथ्य द्वारा विश्लेषण के लिए न केवल सैद्धान्तिक आधार प्रदान करना चाहिए अपितु इसकी द्वंद्वात्मकता में भी अच्छी–खासी अन्तर्दृष्टि प्रदान करनी चाहिए। तथापि, यह स्मरण रखना चाहिए कि वृहत् परम्परा की निरन्तरता का अर्थ इसके आदर्श–प्रारूपात्मक मूल्य लक्षणों की निरन्तरता है, जिसके अन्तर्गत सोपानक्रम, समग्रवाद, निरन्तरता तथा चक्रीय हस्तान्तरणीय विश्व–दर्शन में भाग्यवादी विश्वास आते हैं। अमूर्त अर्थ में इन मानदण्डात्मक नियमों में से कोई भी सांस्कृतिक संश्लेषण के प्रति अनुकूल प्रतीत नहीं होते, आधुनिकीकरण की तो बात ही छोड़ दी जाए। तथापि, तथ्यों के अनुसार, यह एक अन्तर्विरोधी तथ्य है कि इस परम्परा के मूल्य परिवेश दोनों के प्रति उत्तरदायी हैं। इस प्रघटना को समझने के लिए हिन्दू धर्म द्वारा दिए गए प्रतिबद्धता तथा त्याग के मध्य महत्त्वपूर्ण संतुलन की भावना को देखना होगा जो कि भारत में आधुनिकीकरण की प्रक्रिया के लिए महत्त्वपूर्ण विश्लेषणात्मक संवर्गों (categories) की कुँजी है।

लघु परम्परा में अन्तःजनित परिवर्तन
(Orthogenetic Changes in the Little Tradition)

संस्कृतीकरण (Sanskritization)

परिवर्तन की प्रक्रियाओं के रूप में सांस्कृतिक पुनर्जागरण एवं सुधार वृहत् परम्परा के लिए महत्त्वपूर्ण है। इनका महत्त्व ग्रंथात्मक तथा संदर्भात्मक (textual and contextual) दोनों है। सांस्कृतिक परिवर्तन की प्रक्रिया के रूप में संस्कृतीकरण का प्राथमिक रूप से एक संदर्भात्मक महत्त्व है; यह इसके उदगम में विशिष्टवादी है और इसलिए यह लघु परम्परा का भाग है। संस्कृतीकरण सर्वतोमुखी सांस्कृतिक परिवर्तन की एक आनुभाविक प्रक्रिया का विवरण देता है तथा सबसे अधिक व्यापक है। यह भारत में सांस्कृतिक गतिशीलता एवं सामाजिक परिवर्तन की एक महत्त्वपूर्ण प्रक्रिया को बिम्बित करता है। जैसा कि हमने पहले बताया है, श्रीनिवास ने संस्कृतीकरण की परिभाषा देते हुए कहा "वह प्रक्रिया जिसमें कि कोई 'निम्न' हिन्दू जाति अथवा जनजाति अथवा अन्य समूह उच्च एवं प्रायः 'द्विज' जातियों के अनुरूप उसी दिशा में अपनी प्रथाओं, कर्मकाण्डों, विचारधारा तथा जीवनशैली को बदलता है।[83] आदर्श प्रारूपात्मक मूल्य संदर्भ में देखने से, संस्कृतीकरण वृहत् परम्परा द्वारा स्थापित मानदण्डात्मक संरचना तथा नियमों के विरोध का एक स्वरूप है। इसका आशय कर्म के हिन्दू सिद्धान्त की अस्वीकृति है जिसके अन्तर्गत जन्म द्वारा प्रदत्त विभिन्न स्तरों के भूमिका–संस्थायीकरणों को एकीकृत किया जाता है। अतः यह वृहत् परम्परा में परिभाषित सोपानक्रम में उच्च प्रस्थिति हथियाने की एक प्रक्रिया है और इसमें सोपानक्रम (वृहत् परम्परा) के मूलभूत नियम को नकार दिया जाता है। तथापि, यह तब है जबकि हम इस अवधारणा के महत्त्व का मूल्यांकन वृहत् परम्परा के मुख्य मानदण्डों के संदर्भ में तथा विशुद्ध तार्किक दृष्टिकोण से करें।

तथापि, यह उजागर करेगा कि किस हद तक संस्कृतीकरण हिन्दू वृहत् परम्परा के सोपानक्रमिक विश्व–दर्शन का सांस्कृतिक प्रत्युत्तर नहीं है, बल्कि आनुभाविक अस्तित्वात्मक स्थितियों के समूह के प्रति है जो कि उच्च जातियों की प्रथाओं, कर्म–काण्डों और विचारधाराओं के अनुकरण के माध्यम से प्रस्थिति को बढ़ाने के लिए प्रेरित करती है। वे उन समूहों अथवा जातियों की प्रथाओं का अनुकरण करते हैं जो कि प्रस्थिति एवं प्रतिष्ठा में उनसे उच्च हैं क्योंकि उनके लिए उच्च प्रस्थिति मूल्यवान है न कि सोपानक्रम, जो कि इसका तार्किक आधार है। इसी कारण, इस प्रकार की संस्कृतीकृत हो रही जातियों के लिए कोई एक विशिष्ट ऊँची जाति संदर्भ समूह का काम नहीं करती। श्रीनिवास कहते हैं कि "कोई एक विशिष्ट जाति का अनुकरण नहीं किया जाता, चाहे वह ऊँची जाति हो। पोकॉक सही हैं जब वे यह कहते हैं कि अपेक्षाकृत निम्न प्रस्थिति वाली

गैर–ब्राह्मण जाति ब्राह्मणवाद के विचार का (अथवा पुस्तकों के आगमन से पूर्व भी नहीं) अनुकरण नहीं करती और न ही इनको लौकिक प्रतिष्ठा की सामान्य धारणा के बारे में जानकारी थी। इसके लिए आचरण का प्रारूप इनसे ऊँची वे जातियाँ हैं जो इनके बहुत नजदीक पायी जाती हैं। ठीक से कहा जाए तो हम यह भी नहीं कह सकते कि एक जाति दूसरी जाति का अनुकरण कर रही है बल्कि एक जाति का एक स्थानीय अनुभाग दूसरे स्थानीय अनुभाग का अनुकरण कर रहा है (रेखांकित शब्द लेखक के हैं)''[84]। इस प्रेक्षण से दो बिन्दु स्पष्ट हो जाते हैं: पहला, संस्कृतीकरण वृहत् परम्परा के दायरे से बाहर है और दूसरा, एक सांस्कृतिक आन्दोलन के रूप में संस्कृतीकरण सांस्कृतिक परिवर्तन की प्रक्रिया की अत्यधिक स्थानीय अभिव्यक्ति है: द्वितीयतः, संस्कृतीकरण के पीछे कारणात्मक शक्तियाँ धार्मिक (sacerdotal) होने के बजाय अस्तित्वात्मक हैं। संस्कृतीकरण के लिए प्रभु जातियों ने किस हद तक संदर्भ मॉडल का प्रायः कार्य किया है, इस बात से यह स्पष्ट है। श्रीनिवास द्वारा परिभाषित प्रभुता के चार आधारों में से कर्मकाण्डीय रूप से उच्च प्रस्थिति केवल एक है; अन्य तीन, शिक्षा, आर्थिक शक्ति तथा संख्यात्मक बहुमत हैं।[84a] वे कहते हैं: "पारम्परिक व्यवस्था में भी जिस जाति ने आर्थिक अथवा राजनैतिक शक्ति प्राप्त कर ली उसने प्रायः अपनी कर्मकाण्डीय प्रस्थिति को सुधारने में सफलता पाई है।'' [85] इससे यह निष्कर्ष निकलता है कि संस्कृतीकरण में सफलता या असफलता का निर्धारण यथार्थवादी कारक करते हैं न कि कर्मकाण्डी कारक। संस्कृतीकरण में अभिप्रेरणा का कारण 'प्रभु जाति की प्रतिष्ठापूर्ण जीवनशैली का अनुकरण"[86] करना है, जिसके लिए प्रायः महत्त्वाकांक्षा तब उभरती है जबकि इस प्रकार की अभिप्रेरणा को मजबूत करने वाली अन्य संरचनात्मक पूर्व–आवश्यकताएँ उत्पन्न हो गई हों। उदाहरण के लिए जब आर्थिक समृद्धि अथवा शैक्षणिक उपलब्धियों के कारण निम्न जाति ऊँची जातियों की प्रथाओं का अनुकरण करना चाहती है अथवा जब विधायी परिवर्तन मताधिकार द्वारा जाति की संख्यात्मक प्रभुता में राजनैतिक प्रभुता की शक्ति को जोड़ते हैं।[87]

संस्कृतीकरण में अभिप्रेरणा की प्रकृति के विश्लेषण में हमारा उद्देश्य संस्कृतीकरण में गैर–सांस्कृतिक तत्वों का पता लगाना है जो कि भारत में सामाजिक परिवर्तन की गुणात्मक दिशा के मूल्यांकन में निर्णायक महत्त्व रखते हैं। ऐसा प्रतीत होता है कि संस्कृतीकरण में लिप्त समूहों का उद्देश्य सामाजिक प्रस्थिति एवं शक्ति के संदर्भ में उनकी नई अस्मिता को अभिव्यक्ति देना है। ऊँची जातियों की धार्मिक एवं सामाजिक प्रथाओं, तौर–तरीके व शैलियों का अनुकरण इस उद्देश्य (अस्मिता निर्माण) हेतु एक साधन के रूप में किया जाता है, न कि अपने आप में किसी उद्देश्य की पूर्ति के रूप में, जैसा कि शायद पवित्र विश्व–दर्शन सुझाए।

सामाजिक परिवर्तन की प्रक्रिया के रूप में संस्कृतीकरण भारत के इतिहास में सदा से होता चला आ रहा है। इतिहासवेत्ता बताते हैं कि समय–समय पर विभिन्न आक्रामक समूहों व आदिवासियों की जनसंख्या को उनकी सामाजिक प्रस्थिति के अनुरूप, जातियों के उपयुक्त सोपानक्रम में सम्मिलित किया गया। आक्रामक शासक क्षत्रिय तथा शक्तिशाली व्यापारी समूह, वैश्य आदि बन जाते थे। भूमिका–संस्थायीकरण की हिन्दू व्यवस्था में विदेशी नृतत्व तथा सांस्कृतिक समूहों के विलय की प्रक्रिया संस्कृतीकरण का एक प्रकार मात्र थी।[88] इस तरह की प्रक्रियाओं के कारण या तो नई जाति का गठन हुआ या इस नए समूह का विलय किसी पहले से विद्यमान जाति में हुआ। परिवर्तन के इस ऐतिहासिक पक्ष से अधिक महत्वपूर्ण संस्कृतीकरण की समकालीन प्रघटना तथा सांस्कृतिक परिवर्तन पर इसका प्रभाव है।

संस्कृतीकरण को जिस प्रकार प्रोफेसर श्री निवास एवं अन्य ने विश्लेषित किया है, उसके अनेक स्वरूप हो सकते हैं। नीची जातिगों द्वारा ऊंची जातियों का नाम अपना कर ऊँची सामाजिक–सांस्कृतिक प्रस्थिति का दावा करने के प्रयास के रूप में हो सकता है; यह केवल जीवन की ऐसी कुछ प्रथाओं व शैलियों के अनुकरण को भी दर्शा सकता है जो कि आज तक ऊँची जातियों के जीवन की प्रथाएँ व शैलियाँ ही रही हैं। कुछ बहुत विलक्षण मामलों में यह ऐसी स्थिति की ओर भी इंगित कर सकता है जहाँ निम्न जातियाँ अपनी प्रथाओं तथा सामाजिक रीति–रिवाजों का पुनः अनुकूलन करके द्विज जातियों से भी उच्चतर शुद्धता का दावा कर सकती हैं, और अन्ततः कुछ मामलों में संस्कृतीकरण में ऊँची जातियों द्वारा पहले के पश्चिमीकरण से अवनति की प्रक्रिया का स्वरूप ले लिया जाए, विशेषतया उस स्थिति में जहाँ बदली हुई परिस्थितियों में राजनैतिक व आर्थिक रूप से उनकी प्रस्थिति कमतर हो जाए। इस प्रकार की जातियाँ एक नई अस्मिता की चाह में अपने आप को ''पुनःसंस्कृतीकृत'' कर सकती हैं। इस प्रक्रिया को परम्परायीकरण भी कहा जा सकता है।

परम्परायीकरण (Traditionalization)

संस्कृतीकरण का प्रथम पक्ष उन्नीसवीं शती के अन्तिम चतुर्थांश में जनगणना के साथ प्रारम्भ हुआ। कुछ वर्गों में, जनगणना को जाति की सामाजिक स्थिति को सुधारने का एक अति उत्तम अवसर माना गया और इसी प्रकार विभिन्न जातियों के नेताओं ने इस अवसर को भुनाया।[89] कुछ हिस्सों में जनगणना के उद्देश्य के बारे में गलतफहमी हुई और और 1911 की बंगाल की जनगणना पर ओ'मेली की रिपोर्ट पर श्रीनिवास के निम्नांकित कथनों पर ध्यान दिया जाना चाहिये:

बंगाल में यह सामान्य धारणा थी कि जनगणना का उद्देश्य प्रत्येक

> जाति के सदस्यों की गणना दर्शाना नहीं था अपितु विभिन्न जातियों की सापेक्ष स्थिति को स्थापित करना तथा सामाजिक श्रेष्ठता के प्रश्न से निपटना था ....विभिन्न जातियों से सैकड़ों कानूनी वाद प्राप्त हुए–जिनका वजन ही डेढ़ मन (100 पौंड = एक मन) था– जिसमें यह निवेदन किया गया था कि उन्हें एक नए नाम से जाना जाए, उन्हें वरीयता क्रम में ऊँचे स्थान पर रखा जाए, उन्हें क्षत्रिय और वैश्य के रूप में जाना जाए, आदि।[90]

जैसा कि श्रीनिवास का अध्ययन उजागर करता है, 1911 तथा 1931 के मध्य, तेरह जातियों ने निरन्तर उच्चतर जातिगत स्थिति पाने का दावा किया; सोपानक्रम के अनुसार, दावों की प्रकृति भी धीरे–धीरे ऊपर की ओर बढ़ी। यदि एक जनगणना में किसी जाति ने वैश्य की प्रस्थिति का दावा किया, तो बाद की जनगणनाओं में यह दावा धीरे–धीरे क्रमशः क्षत्रिय व ब्राह्मण की प्रस्थिति की ओर बढ़ता गया।[91] केवल 1931 की जनगणना में 175 दावे पेश किए गए, जिनमें से अधिकांश–अर्थात् 131–शूद्रों अथवा नीची जातियों के थे, 46 अछूतों के तथा 8 जनजातियों के समूहों के थे।[92] शेष मुस्लिम जातियों के थे। यह भी जानना रोचक होगा कि अधिकांश दावों में (80) क्षत्रिय जाति प्रस्थिति; इसके बाद (33 दावे) ब्राह्मणों के पक्ष में तथा तीसरे स्थान पर (15 मामले) वैश्य प्रस्थिति मांगी गई थी। इससे परोक्ष रूप से यह सिद्ध हो सकता है कि ऊँची प्रस्थिति के दावों की तथा परिणामस्वरूप इन जातियों के संस्कृतीकरण की प्रमुख अभिप्रेरणा धार्मिक अथवा कर्मकांडी न होकर सामाजिक–सांस्कृतिक कारणों से थी। उन सभी राज्यों में, जिनके बारे में ये जनगणना के आंकड़े हैं (यू.पी, बिहार तथा उड़ीसा, केन्द्रीय प्रांत तथा बरार, बंगाल एवं सिक्किम) क्षत्रिय शासक समूह के सदस्य थे जिनकी आर्थिक समृद्धि एवं सामाजिक प्रतिष्ठा सर्वाधिक थी। यह हमारे निष्कर्ष को सिद्ध करता है। शासन के लिए जनगणना के इन परस्पर विरोधी दावों ने 1914 की जनगणना के समय इतनी झुंझलाहट पैदा की कि 1941 व उसके बाद की जनगणनाओं में, जनसंख्या अनुसूची से जाति के खाने को ही निकाल दिया गया।

जनगणना के अतिरिक्त, संस्कृतीकरण के प्रमुख एकल अध्ययनों के बारे में देश के विभिन्न भागों में क्षेत्रीय कार्य कर रहे सामाजिक मानवशास्त्रियों ने बताया है। श्रीनिवास ने बताया कि किस प्रकार दक्षिण मैसूर में, लुहार विश्वकर्मा ब्राह्मण की प्रस्थिति का दावा करते हैं, कुर्ग ब्राह्मणों की प्रथाओं का अनुकरण करते हैं और लिंगायत भी अपने आपको ब्राह्मण कर्मकांडी प्रस्थिति का मानते हैं।[93] कोहन, पोकॉक, रोव ने नीची जातियों द्वारा राजपूत प्रथाओं के अनुकरण की रिपोर्ट दी है तथा गुजरात के अपने अध्ययन में शाह एवं श्रॉफ ने राजपूत एवं वैश्य दोनों मॉडल्स के बारे में बताया है। उत्तर प्रदेश के पूर्वी क्षेत्र में कोहन एवं रोव दोनों ने

पाया कि निम्न जाति के चमारों व नोन्याओं ने राजपूतों की प्रथा का अनुकरण प्रारम्भ कर दिया है, कुछ तो नए चौहान राजपूत होने का दावा भी करने लगे हैं।[94] जमींदारी प्रथा समाप्त होने के पहले प्रथाओं में इस परिवर्तन का राजपूत प्रतिरोध करते थे, परन्तु अब वे इस प्रक्रिया को उदासीन भाव से देखते हैं। पोकॉक ने भी बताया कि गुजरात में जब तीस वर्ष पूर्व एक नीची जाति के बारिया ने पाटीदार जातियों की शैली के अनुकरण का प्रयास किया तो उसे उत्पीड़ित किया गया, परन्तु आजकल इस प्रकार के अनुकरणों को उदासीन भाव से देखा जाता है।[95] ए.एम. शाह तथा आर.जी. श्रॉफ के अध्ययन से पता चलता है कि पहले गुजरात में कोली और पाटीदार दोनों राजपूत शैली का अनुकरण करते थे, परन्तु परिवर्तित सामाजिक स्थिति तथा मूल्य–मापों में पाटीदार अब वैश्य प्रारूप से अधिक पहचाने जाने का प्रयास करते हैं। ऐसा इसलिए है कि राजपूत के 'राजाशाही प्रारूप' (kingly model) के पहले की श्रेष्ठता के स्थान पर आजकल गुजरात में "वाणिज्य प्रारूप" का प्रभुत्व है और इसी कारण संस्कृतीकरण के प्रारूप में यह परिवर्तन आया है।[96] इस प्रक्रिया के अन्य समाज वैज्ञानिकों द्वारा किए गये अध्ययनों में इससे मिलती जुलती बातें पाई जा सकती हैं। ऊँची जातियों की प्रथाओं के अनुकरण व नकल करने के ऐसे मामलों में परिवर्तन महत्वाकांक्षाओं, मूल्यों व सांस्कृतिक व्यवहार के पुनः अनुकूलन के कारण हुआ है।

समाजशास्त्रीय दृष्टिकोण से संस्कृतीकरण का तीसरा प्रतिमान और भी अधिक महत्वपूर्ण है। इन मामलों में जाति में शुद्धता एवं परम्परावाद की वृद्धि के साथ–साथ 'द्विज' जातियों की श्रेष्ठता को अस्वीकृत करने से संस्कृतीकरण हो रहा है। उत्तर प्रदेश के कोरी ब्राह्मणों से भी जल ग्रहण नहीं करते क्योंकि वे ब्राह्मणों को अपने आप से कम शुद्ध समझते हैं।[97] अनेक अन्य निम्न जातियों के मामले में भी संस्कृतीकरण के अन्तर्गत वृहत् परम्परा के कुछ मॉडल्स को अस्वीकृत कर दिया जाता है। उत्तर भारत के चमारों के संदर्भ में, कोहन लिखते हैं :

> साक्षरता ने चमारों को इस योग्य बना दिया है कि वर्नाकुलर पुस्तकों में उपलब्ध कथाओं को पढ़कर वे हिन्दू वृहत् परम्परा के पक्षों से जुड़ सकते हैं। नगरीय रोजगार ने चमारों को इस योग्य बना दिया है कि शहर के निम्न जाति के मन्दिरों में वे हिन्दू वृहत् परम्परा से निकले कर्मकांडो में भाग लेते हैं। इसके साथ–साथ एक पूर्ववत् आन्दोलन, शिव नारायण सम्प्रदाय जारी है, जिसका उद्देश्य संस्कृतीकरण है। दूसरी धारा का प्रतिनिधित्व रैदास के जन्मदिन को मनाने से होता है जो कि अब चमार कॉलेज विद्यार्थियों के हाथों में है और जो अन्य बातों में, राजनैतिक कार्यवाही के लिए प्रेरित कर रहे हैं। रैदास के

बारे में उनकी कहानियों में ब्राह्मण विरोधी झलक है और वे पूजा तथा कर्मकांड की अधिक रूढ़िवादी गतिविधियों के स्थान पर सही कर्म एवं सही नियमों पर जोर देते हैं।[98]

संस्कृतीकरण के विरुद्ध सचेतन प्रतिक्रियाओं की ऐसी प्रक्रियाओं को 'वि–संस्कृतीकरण' (de-sanskritization) कहा गया है तथा इन्हें अनेक समाजशास्त्रियों[99] द्वारा स्वीकार किया गया है। ये प्रक्रिया अभिव्यक्ति के अनेक स्वरूप ले सकती है, परन्तु सर्वाधिक निर्णायक तत्व उप–संस्कृति की अस्मिता तथा उच्चतर परम्पराओं से उपजे ऊँची जातियों के सांस्कृतिक स्वरूप की अस्वीकृति है। संरचनात्मक संदर्भ में यह नवीन क्षैतिज एकता समूहों तथा अधिक आर्थिक एवं राजनैतिक जनजागरण में योगदान देता है। तथापि, इसका परम्परायीकारक तत्व सर्वोपरि रहता है, यद्यपि यह परोक्ष रूप से आधुनिकीकरण के उद्देश्यों को आगे बढ़ाता है।[100]

संस्कृतीकरण में अन्तिम प्रक्रिया को पुनःसंस्कृतीकरण कहा जा सकता है, जिसमें पहले पश्चिमीकृत अथवा आधुनिकीकृत हुए समूह आधुनिकीकरण के अनेक सांस्कृतिक प्रतीकों को त्याग देते हैं जैसे कि पोशाक, भाषा, भोजन की आदतें तथा जीवनशैली एवं राजनैतिक विचारधाराएं तथा पुनः पारम्परिक संस्कृतीय प्रतीकों व विश्वासों को अपना लेते हैं। जैसा कि हम बता चुके हैं कि यह प्रक्रिया अनेक एशियाई तथा अफ्रीकी देशों में अभिजनों की वृहत् परम्परा में देखी जा सकती है, परन्तु यह प्रक्रिया विशिष्ट समूहों की लघु परम्परा में भी चलती रहती है। पूर्वी यू.पी. के एक गांव के अध्ययन में पाया गया कि जो राजपूत स्वतंत्रता से पूर्व पाश्चात्य संस्कृति व उसकी विचारधाराओं के कारण पहचाने जाते थे, उन्होंने स्वतंत्रता के बाद संस्कृति के इस प्रतिमान को छोड़ दिया और जानबूझ कर रूढ़िवादी हिन्दू प्रतीकवाद तथा जनसंघ की राजनैतिक विचारधारा के साथ अपनी पहचान बनाई है, जनसंघ एक रूढ़िवादी राजनैतिक दल है जिसमें हिन्दू धर्म की ओर झुकाव है।[101] यह प्रक्रिया न केवल आनुभाविक रूप से अस्तित्व में है अपितु तार्किक रूप से भी संभव है; केवल इस मामले में पुनः संस्कृतीकरण को अन–आधुनिकीकरण (non-modernization) के साथ वैसे ही समान नहीं माना जाना चाहिए जैसे कि वि–संस्कृतीकरण को परम्पराकरण के अभाव (lack of traditionalization) के समान नहीं माना जाता। सिंगर ने कहा है कि "इस अर्थ में, संस्कृतीकरण एवं पुनः–संस्कृतीकरण चक्रिय प्रक्रियाएं हैं और जब सामान्यतया हम आधुनिकीकारक परिवर्तनों को, वि–संस्कृतिकारक व परम्परायीकारक परिवर्तनों को संस्कृतिकारक होने की अपेक्षा रखते हैं, यह सदैव ऐसा हो आवश्यक नहीं है। अन्तिम विश्लेषण में, ये प्रक्रियाएं उस स्थिति के सापेक्ष होती हैं, जिससे इनकी तुलना की जा रही है, (रेखांकित वाक्य इस पुस्तक के लेखक का है)।[102]

अन्तः जनित हिन्दू परम्परा के सैद्धान्तिक क्षेत्र में संस्कृतीकरण प्रक्रिया में यह चक्रीय अथवा अधिक उचित रूप से, लहर जैसे उतार–चढ़ाव सांस्कृतिक गतिशीलता एवं निरन्तरता के बहुत बड़े स्रोत होते हैं। वृहत् परम्परा में आन्दोलनों की भांति, संस्कृतीकरण का कोई अखिल–भारतीय प्रतिमान नहीं है। न तो सांस्कृतिक अनुकरण के स्रोतों के संदर्भ में और न सांस्कृतिक स्वरूपों के अनुकरण की दिशा एवं प्रतिमान के संदर्भ में सार्वभौमिक भारतीय चरित्र है। अतः संस्कृतीकरण एवं इसके अनेक स्वरूप विशेष जातियों और यहाँ तक कि उप–जातियों का हिन्दू वृहत् परम्परा के प्रति विशिष्टीकृत सांस्कृतिक प्रत्युत्तर है। परन्तु स्वयं प्रक्रिया का अखिल भारतीय चरित्र होने के बजाय स्थानीयकृत तथा विशेष चरित्र है। तथापि, यह तृणमूल स्तर पर परिवर्तन है तथा वृहत् परम्परा में अन्तःजनित परिवर्तनों की तुलना में अधिक सार्थक व संभावित रूप से अधिक स्थायी है। यह कहना उचित हो सकता है कि अपने विभिन्न स्वरूपों में संस्कृतीकरण भारत की लघु परम्पराओं का आधुनिकता को परम्परायीकरण की प्रक्रिया के माध्यम से एक प्रत्युत्तर है।

इन परिवर्तनों के महत्व को अस्तित्ववादी एवं बंद संस्कृति की अवधारणाओं के माध्यम से समझाया जा सकता है जो कि नवाचारों एवं परिवर्तन हेतु महत्वाकांक्षाओं को अभिव्यक्तियों की एक सीमित शृंखला में दिशा निर्दिष्ट करती हैं।[103] बंद संस्कृति की प्रघटना स्वयं अस्तित्ववादी तथा सांस्कृतिक तौर पर निर्धारित होती है। इस बात पर निर्भर करते हुए कि आकांक्षाओं की तीव्रता कितनी है तथा इन आकांक्षाओं को पूरा होने में अस्तित्ववादी तथा सांस्कृतिक प्रतिरोध कितना है, इस प्रक्रिया का परिणाम विपथगमन **(deviance)** हो सकता है चाहे वह समाजशास्त्रीय दृष्टिकोण से रुग्ण हो या सकारात्मक। यह भी हो सकता है कि कोई समाज अपने सभी सदस्यों के लिए आकांक्षाओं का समान प्रतिमान सम्पुष्ट करे चाहे वे सदस्य भिन्न–भिन्न सामाजिक–आर्थिक (अस्तित्ववादी) स्थितियों में स्थित हों जैसा कि मर्टन[104] ने अमरीकी समाज में 'सफलता प्रसंग' के सार्वभौमिक प्रचलन के बारे में बताया है अथवा जैसा कि मायरन वीनर[105] भारत के बारे में लिखते हैं कि भारत इस समय 'उच्च आकांक्षाओं के संकट से गुजर रहा है। इन दोनों ही मामलों में, समूह के लिए परिणाम सम्भाव्य अस्तित्ववादी परिस्थितियों में नहीं हैं, आकांक्षा–निर्देशित उद्देश्यों को पाने के लिए गैर–संस्थायी, और यहाँ तक कि नकारात्मक साधनों द्वारा प्रयास किया जाता है; उदाहरण के लिए, अमेरिका में अपराध के माध्यम से तथा भारत में जातिवाद, भाषावाद, क्षेत्रवाद तथा अन्य गुटबाजी को सक्रिय करके यह प्रयास किया जाता है।

संस्कृतीकरण के माध्यम से सांस्कृतिक गतिशीलता हेतु प्रयास परिवर्तन हेतु उन आकांक्षाओं की अभिव्यक्ति भी हो सकती है जिसे बंद संस्कृति के सिद्धान्त के

माध्यम से बेहतर समझा जा सकता है। इस सम्बन्ध में एक बिन्दु ध्यान देने योग्य है कि यदि संस्कृतीकरण हेतु प्रयासरत विभिन्न जाति समूहों की सांस्कृतिक एवं संरचनात्मक परिस्थितियों का हम विश्लेषण करें तो कुछ महत्वपूर्ण सामान्य नियम हमारे सामने आते हैं। इन सामान्य नियमों को संस्कृतीकरण की समाजशास्त्रीय पूर्व–आवश्यकताएं (pre-requisites) भी कहा जा सकता है। ये हैं : (1) वे समूह अथवा जातियां, जिनकी प्रथाओं का अनुकरण किया जा रहा है, प्रायः अनुकरण करने वाली जाति अथवा समूह आर्थिक रूप से समृद्ध होती हैं; (2) वह समूह अथवा जाति, जो संस्कृतीकरण का प्रयास कर रही है, उसमें अपनी सामाजिक प्रस्थिति को सुधारने की उच्च आकांक्षा होती है; (3) इस प्रकार का आकांक्षी समूह, उच्च समूह अथवा संस्कृतीकरण के संदर्भ समूह के बहुत नजदीकी सम्पर्क में होता है तथा उसे अनेक अवसरों पर उससे सामाजिक, सांस्कृतिक एवं आर्थिक स्तरों पर अन्तःक्रिया करनी पड़ती है; (4) इस तरह के संस्कृतीकरणरत समूह सामान्यतया कम राजनैतिकृत होते हैं, अर्थात्, ये अभी भी ऊँची जातियों की प्रथाओं को सकारात्मक रूप से महत्व देते हैं तथा लम्बवत् गतिशीलता की इच्छा रखते हैं बजाय क्षैतिज एकता एवं अस्मिता–प्रोत्साहन के, जो कि प्रायः राजनैतिकरण की प्रघटना के बाद होता है। वि–संस्कृतीकरण, उच्च–राजनैतिकरण की अभिव्यक्ति हो सकता है। भारत के दक्षिणी भाग में ब्राह्मण–विरोधी आन्दोलनों[106] तथा महाराष्ट्र में निम्न जातियों द्वारा बौद्ध धर्म में बड़े स्तर पर धर्म परिवर्तन[107] में यह बिम्बित हो सकता है। इन पूर्व–आवश्यकताओं के संदर्भ में यह स्पष्ट हो सकता है कि संस्कृतीकरण किसी समूह के लिए उच्चतर प्रस्थिति, गतिशीलता हेतु आकांक्षाओं के प्रति सांस्कृतिक प्रत्युत्तर का एक स्वरूप है, और यह इन पूर्व आवश्यकताओं द्वारा निर्धारित विशेष समाजशास्त्रीय दशाओं में होता है, जो कि उस प्रकार के समूहों के लिए प्रस्थिति गतिशीलता के अन्य मार्ग बंद कर देती हैं। ऐसी दशाओं में जहाँ समूह संख्यात्मक, रूप से बहुत प्रभुता वाले नहीं हैं (तमिलनाडु एवं आंध्र प्रदेश से भिन्न) आर्थिक रूप से भी ऊँची जातियों पर निर्भर हैं तथा सांस्कृतिक (शैक्षणिक) एवं राजनैतिक रूप से विकसित नहीं हैं, वे उच्च जातियों के परम्परागत प्रस्थिति प्रतीकवाद को मूल्यवान मान लेते हैं तथा उसकी इच्छा करते हैं।

इसका अर्थ यह हुआ कि संस्कृतीकरण, वस्तुतः एक छुपे रूप का जिसकी नींव उसी संरचनात्मक भूमि में है जिसे कि यदि उचित दशाएं मिलें तो उसका परिणाम न केवल उच्च जातियों की प्रथाओं का अनुकरण होगा अपितु राजनैतिक पहल, आर्थिक उद्यमिता तथा आधुनिक शिक्षा एवं विकासात्मक नवाचारों के क्षेत्रों में उच्च–जातियों के अन्य तौर–तरीकों को भी अपनाया जाएगा। कुछ जातियाँ आधुनिकीकरण के स्थान पर संस्कृतीकरण क्यों कर रही हैं इसका कारण वे सारी संरचनात्मक बाधाएं और सीमाएं हैं, जिनसे ये जातियां ग्रस्त हैं तथा जिनके

कारण इनके लिए अन्य विकल्प बंद हैं। इस दृष्टिकोण से देखने से प्रतीत होता है कि संस्कृतीकरण भारत में सांस्कृतिक एवं सामाजिक परिवर्तन की एक क्रांतिकारी प्रक्रिया को शुरू कर चुका है। आधुनिकीकरण की भांति संस्कृतीकरण पारम्परिक हिन्दू धर्म की आदर्श–प्रारूपात्मक सांस्कृतिक विशेषताओं के लिए एक सच्ची चुनौती है। यह विडम्बना का विषय है कि इसकी उत्पत्ति अन्तःजनित परम्परा से हुई है।

हिन्दू परम्परा में परिवर्तन की दो अन्तःजनित प्रक्रियाओं के रूप में पुनर्जागरण एवं संस्कृतीकरण भिन्न दिशाओं की ओर अभिमुखित हैं। कुछ अपवादों को छोड़कर, पुनर्जागरण अथवा सुधार आन्दोलन, बहुत थोड़े अनुकूलनों के साथ पारम्परिक विश्व–दृष्टिकोण के मूलभूत मूल्यों को बनाए रखने की आवश्यकता पर केन्द्रित हैं। केन्द्रीय मूल्यों के साथ कभी समझौता नहीं किया जाता। मामूली बाहरी सामंजस्य प्रस्तावित हैं। यह शंकराचार्य से लेकर महात्मा गांधी तक के लिए सत्य है। अन्तःजनित पुनर्जागरण के परिवर्तन आधुनिकीकरण के प्रति तटस्थ नहीं हैं; <u>अर्थ</u> एवं <u>कर्म</u> के लक्ष्य–अभिमुखनों के सोपानक्रम के पेंदे की ओर इसे छोड़ दिया जाता है, जिन्हें कि आवश्यक होते हुए भी जीवन के लक्ष्य–अभिमुखन में केन्द्रीय स्थान नहीं दिया जा सकता। इसके अतिरिक्त, पुनर्जागरण हिन्दू धर्म की शिक्षित–अभिजन परम्परा की गतिकी का एक भाग है। यह अस्तित्वात्मक होने के स्थान पर विचारणात्मक अधिक है जबकि संस्कृतीकरण विचारणात्मक होने के स्थान पर अस्तित्वात्मक अधिक है। परम्परा में पुनर्जागरण के परिवर्तनों से भिन्न, संस्कृतीकरण परिवर्तन की एक ऐसी प्रक्रिया है जिसका प्रतिरोधी टकराव के बजाय सांस्कृतिक संश्लेषण की ओर अभिमुखन है। इस प्रकार संस्कृतीकरण व आधुनिकीकरण के मध्य सम्बन्ध अप्रत्यक्ष तौर पर परन्तु एक तरीके से सकारात्मक है। एक प्रश्न उठ सकता है: कि किस हद तक वृहत् हिन्दू परम्परा की संरचना, अपने अन्तःजनित परिवर्तनों के उतार–चढ़ावों के माध्यम से, आधुनिकीकरण के साथ मेल खा सकती है? सैद्धान्तिक दृष्टिकोण से, इसके सोपानक्रम, समग्रवाद तथा प्रारब्ध (pre-destination) के मूल्य–प्रसंग आधुनिकीकरण के अनेक सांस्कृतिक पूर्व–आवश्यकताओं के साथ सुसंगत प्रतीत नहीं होते, जैसे कि सोपानक्रम के विपरीत समतावाद का मूल्य, समग्रवाद के विपरीत व्यक्तिवाद तथा एक प्रकार के प्रगतिशील उद्‌विकासीय विश्व–दर्शन के विपरीत प्रारब्ध का हिन्दू सिद्धान्त। तथापि, यह नहीं भूलना चाहिए कि हिन्दू धर्म में कोई कट्टर नियम नहीं है तथा वृहत् परम्परा में अन्तःजनित परिवर्तन यह प्रकट करते हैं कि इसके नैतिक मानदण्ड सदैव सम्भव एवं लचीले तथा स्वांगीकारक (assimilative) हैं। बिना व्यक्ति की आन्तरिक स्वतन्त्रता को उलझन में डाले यह व्यक्तियों के लिए व्यवहार के विकल्पों की बाहय सीमा बांधते हैं। यद्यपि हिन्दू धर्म स्वयं नैतिक मानदण्डों तथा आचरण के नियमों के स्पष्ट रूप से

तार्किक संवर्ग प्रदान करता है, हिन्दू धर्म असहमति के प्रति सदैव सहिष्णु रहा है जिसमें नास्तिकवाद से अनीश्वरवाद से भक्तिपूर्ण कर्मकांड तक का विस्तार रहा है। इन सब से ऊपर, इसके मूल्य परिवेश (ethos) का अन्तिम अभिमुखन, त्याग रहा है जो मनुष्य को उन्मादपूर्ण भोगवाद से हतोत्साहित करता है तथा जीवन में तटस्थता के रवैयों, मूल्यों में बहुलवाद के प्रति सहिष्णुता तथा वस्तुपरक जिज्ञासा को सम्पुष्ट करता है। हो सकता है कि वृहत् हिन्दू परम्पराओं की विशेषताओं की अन्ततः जीत हो और ये आधुनिकीकरण के साथ चयनित संश्लेषण के प्रतिमान का एक समीकरण बैठा लें। जैसा कि हम बाद में विस्तार से बताएंगे, वस्तुतः, समकालीन भारत में ऐसा हो रहा है।

संक्षेप में, हमने हिन्दू धर्म की वृहत् एवं लघु परम्पराओं में अन्तःजनित स्रोतों से होने वाले परिवर्तनों के विश्लेषण का प्रयास किया है। इन परिवर्तनों का एक अर्थपूर्ण संदर्भ में मूल्यांकन करने के लिए हिन्दू वृहत् परम्परा की कुछ आदर्श–प्रारूपात्मक विशेषताओं को सूत्रबद्ध किया है। ये आदर्श–प्रारूपात्मक विशेषताएं सोपानक्रम, समग्रवाद, परिवर्तन की चक्रीय–हस्तान्तरणीय अवधारणा तथा निरन्तरता पर जोर है क्योंकि इन विशेषताओं में से अनेक किसी भी पारम्परिक संस्कृति में विद्यमान हो सकती हैं, हिन्दू परम्परा के संदर्भ में इन विशेषताओं की सैद्धान्तिक–ऐतिहासिक प्रकृति को उदाहरणों सहित समझाया गया है। फिर परम्परा में प्रमुख परिवर्तनों की क्रमिक अवस्थाओं को उन परिवर्द्धनों के संदर्भ में विश्लेषित किया गया है जो कि आदर्श विशेषताओं की मूल्य व्यवस्था तथा अर्थ में लाना चाहती थीं। इस संदर्भ में, वृहत् परम्परा में परिवर्तन की दो प्रमुख प्रक्रियाओं का विश्लेषण किया गया है, जिनमें से एक आदर्श–प्रारूपात्मक विशेषता की पुनःव्याख्या तथा पुनः अपनाने के द्वारा है तथा दूसरी बौद्ध तथा जैन धर्म जैसी टूटकर अलग हुई परम्पराओं के गठन के द्वारा है। लघु परम्परा के क्षेत्र में यह पाया गया है कि एक अवधारणा के रूप में संस्कृतीकरण उन परिवर्तनों की प्रकृति की समुचित व्याख्या करती है जो हो रहे हैं। चाहे इसे रेखीय अथवा चक्रीय अर्थ में लिया जाए, संस्कृतीकरण में विभिन्न प्रकार की प्रक्रियाएं समाहित हैं। जो वि–संस्कृतीकरण से पुनः संस्कृतीकरण तक हो सकती हैं। इस प्रक्रिया में एक महत्वपूर्ण तत्व यह है कि इसकी अभिव्यक्तियों के सभी स्वरूपों में वृहत् परम्परा के मूलभूत आदर्श–प्रारूपात्मक मूल्य–लक्षणों के खिलाफ विरोध का एक छुपा संदर्भ है। अतः अप्रकट रूप में, संस्कृतीकरण, आधुनिकीकरण की शक्तियों को हिन्दू संस्कृति का एक अन्तःजनित प्रत्युत्तर है।

टिप्पणियां तथा संदर्भ
(Notes and References)

1. W. Norman Brown, "The Content of Cultural Continuity in India", *Journal of Asian Studies,* Volume XX, No. 4, August 1961, p. 434.

2. Robert N. Bellah, "Epilogue" in *Religion and Progress in Modern Asia,* (ed.) R.N. Bellah, Free Press of Glencoe, 1965, pp. 170-171. Also *see*, Louis Dumont, *Contribution to Indian Sociology,* No. VIII, October 1965, आधुनिक पश्चिम के साथ हिन्दू सांस्कृतिक मूल्यों के संज्ञानात्मक ऐतिहासिक तुलना के लिए (Published by Mouton & Co., Hague).

3. M.N. Srinivas, "The Nature of the Problem of Indian Unity" in his *Caste in Modern India*, op. cit. p. 105.

4. Reinhard Bendix, *Nation Building and Citizenship,* John Wiley and Sons, New York, 1964, pp. 9-13.

5. Julian H. Steward, *Theory of Culture Change,* University of Illinois Press, Urbana, 1955; उद्विकास की अवधारणा के संदर्भ में स्टीवर्ड लिखते हैं :"यह हमारा आधारभूत विचार है कि उद्विकास का निर्णायक पद्धतिशास्त्रीय लक्षण स्वतंत्र सांस्कृतिक परम्पराओं में बारम्बार घटित होने वाले कारणात्मक सम्बंधों का निर्धारण है....... जिसका ध्यान रखे बिना लक्षणों को कारण मान लिया जाता हैं और उन्हें प्रभाव मान लिया जाता है। ऐसी मान्यता है कि आवश्यक शर्त के रूप में निश्चित दशाओं के अंतर्गत कुछ के साथ सदैव अन्य को मान लिया जाता है। चाहे सम्बंध को स्थापित होने में दस, बीस या सैकड़ों वर्ष लगें; समय के साथ विकास होना चाहिए। अतः उन श्रृंखलाओं की तुलना में, जिनमें सम्पूर्ण संस्कृतियाँ शामिल होती हैं तथा जिनको हजारों वर्ष लगते हैं, ऐसे समानांतर विकास, वैज्ञानिक दृष्टिकोण से, कम उद्विकासीय नहीं हैं; जिन्हें कुछ ही वर्ष लगते हैं तथा जिनमें लक्षणों की केवल सीमित संख्या ही निहित होती है। (पृष्ठ 27).

6. इस प्रसंग पर विवादों के लिए देखिए, Surjit Sinha, "The Tribal Cultures of Peninsular India" in *Traditional India* (ed.) Milton Singer, op. cit., pp. 299-300; G.S. Ghurye, *The Aborigines- "so-called"- and Their Future,* Gokhale Institute of Politics and Economics, Poona 1943; Milton Singer, "The Social Organization of Indian Civilization", *Diogene,* op. cit., p. 93; A.L. Basham, *The Wonder That Was India,* Grove Press Inc. New York 1954, Ch. II, pp. 10-43.

7. भारत में जनजातियों तथा हिन्दू जाति व्यवस्था के मध्य सम्बंध के मुद्दे पर

सामाजिक मानवशास्त्रियों तथा प्रजातिलेखकों के मध्य मतभेद है। उदाहरणार्थ, हट्टन के अपवाद को छोड़कर, जो यह मानते हैं कि हिन्दू धर्म की जाति व्यवस्था तथा अनेक सांस्कृतिक परम्पराओं के जनजातीय संस्कृतियों के साथ सावयवी सम्बंध हैं, और जिनके विचार भी समान हैं। अन्य सभी जनगणना आयुक्त तथा मानवशास्त्री, जैसे कि रिज़ेले, औ 'मेली, एल्विन, आदि, यह मानते हैं कि जनजातीय तथा हिन्दू परम्पराएं भिन्न हैं। *See* Hutton, *Caste in India,* London, 1955; Ghurye, *The Aborigines,* op. cit.; Verrier Elwin, *The Aboriginals,* Oxford University Press, Bombay 1943. हाल ही के मूल्यांकन हेतु देखिए F.G. Bailey "Tribe and Caste in India" *in Contributions to Indian Sociology,* No. V., 1961. डी.डी. कौसाम्बी भी मानते हैं कि भारत में कृषक हिन्दू संस्कृति के अनेक निवर्तमान सांस्कृतिक विषयों का उद्‌गम आदिवासी पंथों (aboriginal cults) तथा सांस्कृतिक प्रतिमानों में है; देखिए उनकी, *An Introduction to the History of India,* Popular Book Depot, Bombay 1956. वैदिक हिन्दू संस्कृति तथा सिंधु घाटी संस्कृति के मध्य निरन्तरता को सर्वाधिक सशक्त रूप से जॉन मार्शल ने प्रस्थापित किया। देखिए उनकी *Mohenjodaro and the Indus Civilization,* London, 1931, जबकि दूसरी ओर स्पीयर यह मानते हैं कि सिंधु घाटी संस्कृति को आक्रांता आर्यों ने उखाड़ फेंका, यद्यपि वे मानते हैं कि पर्याप्त प्रमाण नहीं हैं। *See,* Percival Spear, *India: A Modern History,* The University of Michigan Press, Ann Arbor, 1961, pp.31-32

8. *See* the works of Kosambi, Bailey, Elwin, Ghurye as cited above.
9. S. Radhakrishnan, *The Hindu of Life,* Allen & Unwin, London, 1927; also *see* P. Spear, op. cit., II, pp. 39-40.
10. Louis Dumont, in *Contribution to Indian Sociology,* Nos. VII, VIII for this viewpoint (Mouton & Co., The Hague, 1964 and 1965).
11. हिन्दू धर्म के बारे में पी.स्पीयर लिखते हैं, "जितना अधिक हिन्दू धर्म के बारे में सोचा जाता है उतना ही इसे एक अवस्था में परिभाषित करना और मुश्किल हो जाता है। एक ही समय में यह महान, बहुअंगी तथा सूक्ष्म है, गगनचुंबी तथा पाताल तक गिरने वाला है। वस्तुतः यह कहना अधिक आसान है कि यह क्या नहीं है बजाय यह कहने कि यह क्या है।" op. cit. p. 40.
12. हिन्दू महाकाव्य महाभारत में एक कसाई की कहानी कही गई है, जिसने अपने कर्तव्य के प्रति धर्मपारायण समर्पण के कारण इतनी प्रतिभा संचित कर ली थी कि उसने कौशिक नामक एक ब्राह्मण को वर्ण–धर्म (जाति के नैतिक कर्तव्य) पढ़ाया। महाकाव्य आगे कहता है: "हमारे कर्मों की अच्छाइयों व

बुराइयों के बारे में अनेक बातें कही जा सकती हैं, परन्तु जो अपने वर्ण–धर्म पर टिका रहता है वह महान महिमा अर्जित करता है। कोई ब्राह्मण जो दंभी और अहंकारी है, जो पापी व दुष्ट मस्तिष्क का है तथा जो भ्रष्ट आचरण में लिप्त है वह शूद्र से बेहतर नहीं है।" *Mahabharata,* Vanaparva, quoted in P.N. Prabhu, *Hindu Social Organization,* Popular Book Depot, 1954, pp. 311.

13. P.N. Prabhu, op. cit., p. 339.
14. Milton Singer, *Traditional India,* op. cit., pp. ix-xii.
15. Madelein Biardeau, "Ahamkara: The Ego Principle in the Upanishada", *Contributions to Indian Sociology,* No. VIII, op. cit., pp. 62-84
16. P.N. Prabhu, op. cit. p. 291.
17. Edward Shils, "Charisma, Order and Status", *American Sociological Review,* Vol. 30, No.2, April 1965; pp. 119-213. इस लेख में शिल्स करिश्मा का अर्थ सामाजिक क्रिया में अभिव्यक्ति के अधिक सामान्यीकृत स्तर पर विस्तृत करते हैं इसकी तुलना में वेबर ने सीमित अर्थ में इसे प्रयुक्त किया था।
18. Daya Krishna, "Three Myths about Indian Philosophy", *Quest,* 53, Spring 1967, pp. 9-16.

18(a.) लुई ड्यूमाँ ने यही बात कही है, जब वे यह कहते हैं: "हिन्दू धर्म में तीन मानवीय उद्देश्य हैं, धर्म, अर्थ, तथा काम कर्तव्य, (Duty) लाभ (Profit) तथा आनंद (Pleasure) (रेखांकित शब्द इस लेखक के हैं)। ये तीनों (आवश्यक) हैं तथा कानूनी हैं, परन्तु इन्हें एक सोपानक्रम में इस तरह स्तरीकृत किया गया है कि तब तक एक निम्नतर आदर्श का पालन किया जा सकता है जब तक कि उसमें श्रेष्ठतर आदर्श हस्तक्षेप न करें: धर्म, विश्व व्यवस्था के प्रति अनुरूपता, अर्थ शक्ति, सम्पत्ति, से अधिक महत्वपूर्ण है, जो कि क्रमशः काम, अर्थात् तात्कालिक आनंद से अधिक महत्वपूर्ण है। इन तीनों विचारों की कल्पना एक भिन्न तत्व के रूप में की गई है, परन्तु हमें सोपानक्रमिक पक्ष से अतिरिक्त सोचना है कि इनमें किन अन्य सम्बंधों का अस्तित्व है। वर्णों की सोपानक्रम की उपमा स्पष्ट है: धर्म ब्राह्मण अथवा पुजारी के समान है, अर्थ राजा या क्षत्रिय कालिक शक्ति (temporal power) के समान है, और काम अन्य के समान है। यही सब कुछ नहीं है, कोई भी टाल्कट पारसंस के संरचनात्मक विश्लेषण की पद्धति की सहायता से और आगे तक जा सकता है। सर्वप्रथम, काम अन्य दो का विरोधी है क्योंकि जो क्रिया भावनात्मक उद्वेगों से तत्काल पैदा होती है, वह बौद्धिक या नैतिक उद्देश्यों के आधार पर की गई क्रिया की विरोधी होती है। अतः जहाँ धर्म नैतिक सार्वभौमवाद है,

अर्थ, गणना करने वाला अहम्वाद है, कुछ–कुछ हमारे आर्थिक सिद्धांत में "तार्किक क्रिया जैसा–परन्तु राजनीति में विस्तृत, क्योंकि यहाँ सम्पत्ति शक्ति के गुण से कुछ अधिक है। जहाँ अर्थ काम से वैसे ही विपरीत है जैसे स्थगित आनंद से तात्कालिक आनंद है। धर्म इन दोनों के अंतिम लक्ष्य व विशिष्ट लक्ष्य के रूप में विपरीत है, जैसे पवित्र अपवित्र का विरोधी होता है। पारसन्स की भाषा में, काम एक अभिव्यक्तात्मक क्रिया है, अर्थ एक उपकरणात्मक क्रिया है, धर्म एक नैतिक क्रिया है तथा विरोध की एक व्यवस्था पर आधारित है।" देखिए, Louis Dumont, "World Renunciation in Indian Religion", *Contributions To Indian Sociology,* No. IV, April 1960, p. 41

19. Max Weber, *The Sociology of Religion,* (translator, Ephraim Fischoff) Beacon Press, Boston, 1963.
20. S.C. Dube, "Cultural Problems in the Economic Development of India", in *Religion and Progress in Modern Asia,* (ed.) op. cit. 43-55.
21. *Ibid.,* p.46.
22. P.N. Prabhu, op. cit., p. 73.
23. A.L. Basham, op. cit., p. 324.
24. Madelein Biardeau, No. VIII p. 26.
25. D. Pocock, *Contributions,* No. VIII p. 26.
26. A.L. Basham, op. cit., 321.
27. P.V. Kane, *History of Dharmashastra,* Vol. III, Poona: Chapter XXXIV.
28. P.N. Prabhu, op. cit., pp. 15-72.
29. *Ibid.*
30. Louis Dumont, "The Functional Equivalent of Individual in Caste Society", *Contributions,* No. VII op. cit., pp. 83-91.
31. "उद्देश्य की विषमता" (heterogony of purpose) की अवधारणा के साथ अन्तर्विरोधों के इस तर्क की तुलना रोचक हो सकती है, जैसा कि वर्नर स्टार्क ने ईसाई एवं पाश्चात्य परम्परा में सामाजिक सिद्धान्त के संदर्भ में विश्लेषण किया है। देखिए Werner Stark, *Social Theory and Christian Thought,* London: Routledge and Kegan Paul, 1958, I, pp. 1-62.
32. D. Pocock, "The Anthropology of Time-Reckoning", *Contributions,* No. VII, op. cit., p. 28.
33. इस बिन्दु पर देखिए, Basham, op. cit. pp. 148-149; P.N. Prabhu, op. cit.

p. 291; G.S. Ghurye, op. cit.; आर.पी. मसानी से निम्न उद्धरण को सहमति के साथ पन्निकर उद्धृत करते हैं: "आरम्भिक वैदिक काल के मनीषी जाति के बारे में कुछ नहीं जानते थे। इस काल के साहित्य को कोई कितना ही खंगाल डाले, उसे वर्गों के बारे में ही पता चलेगा, जाति के बारे में नहीं। तथापि, जाति की रचना के लिए आवश्यक तत्व उपलब्ध थे और क्रमिक रूप से एक व्यवस्था से दूसरी व्यवस्था के मध्य एक खाई पैदा की गई। फिर भी दीर्घ काल तक सामाजिक भेदभाव एवं अस्पृश्यता की अवधारणा, उन लोगों की प्रतिभा के लिए अरुचिकर थी जो विविधता में एकता तथा एकता में विविधता ढूंढ़ते थे। प्रत्यके वर्ग को समाज के ढांचे का अभिन्न अंग समझा जाता था।" (R.P. Masani, quoted in Panikkar, Hindu Society at Cross Roads, Bombay: Asia, 1955, p.15.) आर.सी. मजूमदार का भी यही मत है कि प्रतिबन्धित समूह के तौर पर जाति का उदय बाद में हुआ और आर्यों में इसका अस्तित्व नहीं था। देखिए उनकी पुस्तक *An Advanced History of India,* London: MacMillan & Co. 1956, pp. 32-33.

34. Albert Schweitzer, *Indian Thought and Its Development,* Bombay: Also *see* Basham, op. cit., p. 37; R.C. Majumdar, op. cit. p. 33

35. P.N. Prabhu, op. cit., p. 293.

36. *See* Basham & R.C. Majumdar, op. cit., pp. 33 and 37 respectively.

37. A.L. Basham, op. cit., p. 39

38. Ibid.

38(a). प्रोफेसर घुर्ये लिखते हैं: इस काल (लगभग ईसा से 600 वर्ष पूर्व से 300 ईस्वी तक) में ब्राह्मण वर्ग में महान दृढ़ीकरण हुआ, जबकि ब्राह्मणों की बढ़ती श्रेष्ठता से ठीक विपरीत शूद्रों में पतन हुआ।" G.S. Ghurye, op. cit., quoted in M.N. Srinivas *Social Change in Modern India,* op. cit., p. 5.

39. R. Lingat, "Time and the Dharma", *Contributions to Indian Sociology,* No. VI, p.39.

40. The *Bhagavat Puran* and *Garun Puran* make special mention of these.

41. *Manusmriti,* Book I.

42. *See,* Kautylya's *Arthsashtra,* Book VI.

43. L. Dumont, *Contributions,* No. VI, pp. 54-55.

44. K.M. Panikkar, op. cit., p. 8.

45. Daniel Inagll, "The Brahman Tradition", in *Traditional India* (ed.) Singer, op. cit., p. 7.

46. P.N. Prabhu, op. cit., pp. 120-122.
47. Stella Kramrisch, "Traditions of Indian Craftsman", in *Traditional India,* (ed), op. cit., p. 18-19.
48. Ibid., p. 18.
49. Morris Opler, "Particularization and Generalization as Processes in Ritual and Culture" in (ed.) Edward B. Harper, *Religion in South Asia,* Seattle: University of Washington Press, 1964, pp.83-87.
50. Romila Thapar, *A History of India,* England: Penguin Books, 1966, pp. 214-15.
51. Ibid., pp. 213-14.
52. समाजशास्त्रीय दृष्टिकोण से गुजरात के एक क्षेत्र में भक्ति आन्दोलन के अति उत्कृष्ट विश्लेषण हेतु, देखिए, "The Religious Creeds among the Patidars of South Gujrat A Panoramic View" in (ed.) T.K.N. Unnithan, Indra Deva & Yogendra Singh, *Towards Sociology of Culture in India,* New Delhi: Prentice Hall of India, 1965, pp. 242-261, Also *See*, D.P. Mukerji, *Modern Indian Culture,* op. cit., pp., 17-18.
53. Charles H. Heimsath, *Indian Nationalism and Hindu Social Reforms,* New Jersey: Princeton University Press, 1964, p. 54.
54. T.K.N. Unnithan & Yogendra Singh, *Tradition of Nonviolence in East and West*, प्रमुख परम्पराओं में अहिंसा की मूल्य व्यवस्थाओं का यह एक तुलनात्मक विश्लेषण है तथा इसी दृष्टिकोण से अहिंसा की गांधीवादी व्यवस्था का विस्तृत विश्लेषण प्रस्तुत करता है। (In press: to be published by India International Centre, New Delhi)
55. टॉयनबी लिखते हैं: ''उद्योगवाद की पाश्चात्य व्यवस्था तथा पाश्चात्य भावना, जिसके साथ यह व्यवस्था साथ–साथ चलती है, द्वारा भारत में घुसपैठ की समस्या से जूझते हुए महात्मा (गांधी) इस निष्कर्ष पर पहुंचे हैं कि यदि भारत को अपनी मुक्ति चाहिए तो उसे न केवल पाश्चात्य तकनीक की वर्तमान प्रणाली को, अपितु उस पूरी व्यवस्था व भावना को नकारना होगा जिसका यह प्रणाली प्रतिनिधित्व करती है। यह सिद्धान्त है जिसने एक ठोस प्रतीक ... .खद्दर, अथवा हाथ से कते घर में बने सूती धागे से हाथ से बुने कपड़े में पा लिया है और जिसके लिए वे सभी भारतीय पुरुष व महिलाओं को अपने स्वयं के पहनने के लिए बनाने के लिए आह्वान करते थे। ....हाथ से कताई की महात्मा की हिमायत वास्तव में, प्रतीकात्मक रूप से, भारतीय हित व भारतीय ऊर्जा का भौतिक से आध्यात्मिक क्रिया के स्तर पर

हस्तांतरण–अथवा पलटने की हिमायत है", Toynbee, *A Study of History,* London: Oxford University Press, 1948; Vol. III, p. 190.

56. Basham, op. cit., p. 256.

57. Romila Thapar, op. cit., pp. 109-135.

58. M.N. Srinivas, *Social Change in Modern India,* op. cit., p. 23.

59. Michael M. Ames, "Magical-Animism and Budhism: A Structural Analysis of the Sinhalese Religious System" in (ed.) *Religion in South Asia,* op. cit., p. 29.

60. Ibid., p. 30-32.

61. अतीत में बौद्ध धर्म, हिन्दू धर्म के विरुद्ध प्रतिरोध आन्दोलन के रूप में प्रारम्भ हुआ। आधुनिक भारत में भी, डॉ. अम्बेडकर के नेतृत्व में अनुसूचित जाति के 300,000 सदस्यों ने 1956 में बुद्ध धर्म को अंगीकार किया। यह आन्दोलन आज भी जारी है। *See,* Donald Eugene Smith, *India as a Secular State,* New Jersey: Princeton University Press, 1963; chapters 6 and 11.

62. McKim Marriott, "Little Communities in an Indigenous Civilization", op. cit., p. 218.

63. Gerald D. Berreman, "Brahmanism and Shamans in Pahari Religion", in (ed.) *Religion in South Asia,* op. cit., p. 55.

64. W.H. Newell, "Goshen: A Gaddi Village in the Himalayas", in (ed.) M.N. Srinivas, *India's Villages,* Bombay: Asia Publishing House, 1955; p. 56.

65. Bernard S. Cohn, "Changing Traditions of Low Caste", in *Traditional India,* op. cit., p. 212. "The Changing Status of a Depressed Caste" in (ed.) McKim Marriott, *Village India,* op. cit., p. 59.

66. Oscar Lewis, *Village Life in Northern India,* Urbana: University of Illinois Press, 1958, p. 198.

67. K. Ishwaran, *Tradition and Economy in Village India,* London: Routledge & Kegan Paul, 1966, p. 12.

68. F.G. Bailey, "An Oriya Hill Village-I", (ed.) *India's Villages*, op. cit., p. 128.

69. Jyotirmoyee Sarma, "A Village in West Bengal", ibid, p. 199.

70. M.N. Srinivas, "The Social Structure of a Mysore Village", ibid, p. 30.

71. Pauline Mahar Kolenda, "Religious Anxiety and Hindu Fate", *Religion in South Asia*, op. cit. pp. 78-79.

72. L.P. Vidhyarthi, *The Sacred Complex in Hindu Gaya,* Asia Publishing House, Bombay: 1961.

73. E. Kathleen Gough, "The Social Structure of a Tanjore Village", in *Village India* (ed.) op. cit. p. 38.

74. Robert Redfield & Milton Singer, "The Cultural Role in Cities", *Economic Development and Cultural Change;* Vol. III No. I, 1954, pp. 53-73.

75. Milton Singer, "The Great Tradition in a Metropolitan Centre: Madras", *Traditional India,* op. cit., p. 141.

76. Ibid., pp. 172-73.

77. Ibid., p. 180.

78. V. Raghavan, "Methods of Popular Religious Instruction in South India", *Traditional India,* op. cit., pp. 130-138.

79. William McCormack, "The Forms of Communications in Virasaiva Religion", in *Traditional India,* (ed.) op. cit., p. 129.

80. McKim Marriott, "Changing Channels of Cultural Transmission in Indian Civilization", *Journal of Social Research,* Vol. IV, Nos, 1-2, 1961, (Prof. Majumdar Memorial Voluemme: Aspect of Religion in Indian Society) p. 22. मैकिम मैरियट सांस्कृतिक संचरण (cultural transmission) के नए वाहकों की परिवर्तित तीव्रता के बारे में बताते हैं। वे लिखते हैं: संचार के इस तरह के नए प्रतिमान का उदय अपने साथ नव–गठित भारतीय सभ्यता लाता है। दो चरणों (phases) को स्पष्ट रूप से देखा जा सकता है। पहले चरण में, संस्कृति के उच्च स्तर से निम्न स्तर को, एकतरफा, संचार को तीव्र कर दिया जाता है; प्रत्यक्ष अनुकरण हेतु संस्कृतीय प्रारूप ले लिए जाते हैं; जबकि मध्यस्थ स्तरों तथा विशेषज्ञों को एक तरफ छोड़ दिया जाता है; निम्नतर परम्पराओं की विषय–वस्तु को उच्चतर अनुकरण द्वारा विस्थापित कर दिया जाता है। दूसरे तथा अगले क्रम के चरण में, उच्चतर सांस्कृतिक स्तरों पर विषय–वस्तु एवं स्वरूप में; एक नई लोकतांत्रिक राष्ट्रीय संस्कृति के भाग के रूप में जन प्रसार हेतु उपयुक्त सामग्री को चुनकर तथा एकत्रित करके, लोकप्रिय आवश्यताएं परिवर्तन लाने लगती हैं।" (op.cit., p.22.)

81. John J. Gumprez, "Religion and Social Communication in Village North India", in *Religion in South Asia*, op. cit., p. 96.

82. Ibid., p. 96.

83. M.N. Srinivas, *Social Change in Modern India,* op. cit., p. 6.

84. M.N. Srinivas, "The Dominant Caste in Rampura", *American Anthropologist,* Vol. 61, No.1.

84 (a). Ibid, February, 1959.

85. M.N. Srinivas, "The Indian Road to Equality", in *Caste in Modern India,* op. cit., p.90.

86. M.N. Srinivas, *Social Change in Modern India*, op. cit., p. 17.

87. M.N. Srinivas, "The Indian Road to Equality", op. cit., p. 90.

88. K.M. Panikkar, op. cit., pp. 6-26.

89. G.S. Ghurye, op. cit.

90. Srinivas, *Social Change in Modern India,* pp. 169-170.

91. Ibid., p. 97

92. Ibid, p. 99.

93. M.N. Srinivas, "A Note on Sanskritization and Westernization", op. cit., p. 42-62.

94. B.S. Cohn, "The Changing Status of Depressed Caste", in *Village India,* pp. 53-76.

95. D. Pocock, "Inclusion and Exclusion: A Process in Caste System of Gujrat", *Southwestern Journal of Anthropology,* Vol., 13, No.1, Spring, 1957.

96. A.M. Shah & R.G. Shroff, "The Vahivanca Barots of Gujrat: A Case of Genealogists and Mythographers", in *Traditional India,* op. cit., p. 63.

97. Yogendra Singh, *The Changing Pattern of Socio-economic Relations in the Countryside,* Ph.D. Thesis, Lucknow University, 1958 (unpublished).

98. B.S. Cohn, "Changing Traditions of a Low Caste", in *Traditional India,* op. cit., p. 215.

98b. मार्टिनी ओरान्स सन्थालों के मामले में समान प्रक्रिया बताते हैं। स्वतन्त्रता से पहले के दिनों में सन्थाल हिन्दू पारम्परिक प्रतीकों के साथ तादात्म्य रखते थे, यद्यपि ऐसा कभी बिना दुविधा के नहीं हुआ। अब, आजादी के बाद, ये संथाल, विशेषतः इनके शिक्षित नेता अपनी स्वयं की समूह–पहचान को आगे बढ़ाते हैं तथा हिन्दू परम्परा के साथ प्रत्यक्ष तादात्म्य के विरुद्ध मोर्चा लेते हैं। देखिए उनकी, *The Santal: A Tribe in Search of Great Tradition,* Detroit: Warre State University Press, 1965; Chapter 2, 3 and 6.

99. S.K. Srivastava, *The Process of Identification and De-Sanskritization,* Fourth All-India Conference in Sociology, Calcutta, 1959. Also *See,* D.N.

Majumdar, *Caste and Communication in an Indian Village,* Asia Publishing House, Bombay, 1958.

100. Milton Singer, "The Great Tradition in a Metropolitan Centre: Madras", op. cit., p. 179.
101. Yogendra Singh, "Chanukhera: Cultural Change in Eastern Uttar Pradesh" op. cit.,
102. Milton Singer, "The Great Tradition in a Metropolitan Centre: Madras", op. cit., p. 179.
103. Edwin M. Lemert, *Social Pathology,* New York: McGraw-Hill, 1951.
104. Robert K. Merton, *Social Theory and Social Structure,* Illinois: Free Press of Glencoe, 1957.
105. Myron Weiner, *The Politics of Scarcity,* Chicago: University of Chicago Press, 1962.
106. देखिए, M.N. Srinivas, *Caste in Modern India,* op. cit., pp. 13-41; *See* also, Selig Harrison, *India-The Most Dangerous Decades,* op. cit.; M.L.P. Patterson, "Caste and Politics in Maharashtra", *Economic Weekly,* Vol. VI, No. 39, September 15, 1954.
107. M.L.P. Patterson, op. cit., pp. 1065-07.

3

इस्लाम का प्रभाव एवं आधुनिकीकरण

(The Impact of Islam and Modernization)

जैसा कि हमने विश्लेषण किया है, सांस्कृतिक परम्पराओं में अंतःजनित प्रक्रियाओं के माध्यम से भी अतिमहत्वपूर्ण एवं क्रांतिकारी परिवर्तन आ सकते हैं। इन परिवर्तनों की तार्किक एवं कारणात्मक प्रकृति को समाजशास्त्रियों तथा मानवशास्त्रियों ने पहचाना है, जिनमें से अनेक ने इस सिद्धांत के प्रति बहुत योगदान दिया है।[1] तथापि, समकालीन विकासशील समाजों में बहुत अधिक क्रांतिकारी प्रकृति के परिवर्तन होने वाले हैं जिनका उद्‌गम बाह्यजनित स्रोतों में है। जैसा कि आर्नोल्ड टॉयनबी ने प्रस्थापित किया है, इस प्रकार के परिवर्तन, 'चुनौती तथा प्रत्युत्तर' की प्रक्रियाओं द्वारा सांस्कृतिक सम्पर्कों का परिणाम हैं।[2] आधुनिकीकरण ऐसी ही एक चुमौती है। एशिया, अफ्रीका तथा लैटिन अमेरिका के विकासशील समाजों में सांस्कृतिक लक्ष्य के रूप में आधुनिकीकरण का अर्थ गहन रूप से दुविधापूर्ण स्थितियों से (ambivalent situations) वास्ता पड़ने से है; इन समाजों की स्थानीय सांस्कृतिक परम्परा के लिए अधिकांशतः विदेशी होने के कारण आधुनिकीकरण की मानदण्डात्मक संरचना इनकी अस्मिता के लिए खतरा पेश करती है। इसके विपरीत, क्योंकि आधुनिकीकरण भी आर्थिक विकास एवं सामाजिक वृद्धि के लिए एक प्रकार की सार्वभौमिक रणनीति प्रदान करता है इसलिए इसकी आवश्यकता को तुरंत महसूस किया जाता है तथा यह इच्छित भी होता है। इस कारण इन परम्पराओं के आधुनिकीकरण के प्रति सांस्कृतिक प्रत्युत्तर में कुछ दुविधा होती है। इस प्रकार की दुविधा को सांस्कृतिक परिवर्तनों की उन सभी प्रक्रियाओं का अभिन्न हिस्सा माना जा सकता है जहाँ ये परिवर्तन किसी स्थानीय (indigenous) सांस्कृतिक परम्परा एवं एक गैर स्थानीय सांस्कृतिक

परम्परा के मध्य सम्पर्कों के माध्यम से होते हैं।

इन सांस्कृतिक सम्पर्कों का एक अन्य पक्ष भी है। प्रायः बाह्यजनित सांस्कृतिक परम्पराओं के वाहक इन प्राथमिक सभ्यताओं के सम्पर्क में उपनिवेशकों (colonizers) तथा विजेताओं के रूप में आए। इस प्रकार सांस्कृतिक समागम (syncretism) की जो प्रक्रियाएं प्रारम्भ हुईं उन्हें शुरू से ही मनोवैज्ञानिक बाधाओं का सामना करना पड़ा। इसकी मात्रा व अनुपात भिन्न–भिन्न था और इस बात पर निर्भर था कि स्थानीय सभ्यता की प्रकृति कैसी है और किस हद तक स्थानीय सभ्यता अपनी अस्मिता की चेतना को मुखरित करती है अथवा सभ्यता की एकात्मक छवि प्रस्तुत करती है। कुछ आवश्यक मनोवैज्ञानिक संदर्भों में, तथापि, विदेशी संस्कृति प्रतिमान के प्रति प्रत्युत्तर भावनाओं के ऐसे पुंज से भिन्न नहीं हो सकता जिसमें पर–संस्कृति–भयपरक उग्रता (xenophobic hostility) से लेकर पलायनवादिता (retreatism) अथवा अस्वीकृति (rejection) तथा उदासीनता (indifference) हो।[3] किसी स्थानीय सांस्कृतिक परम्परा की प्रकृति जितनी ज्यादा स्थापित होगी, उतनी ही अधिक गहन भावनाएं सांस्कृतिक विच्छेदन (dissociation) तथा दुविधा की हो सकती हैं।

आधुनिकीकरण (Modernization)

इस प्रकार के सम्पर्कों तथा इनके परिणामस्वरूप लोगों की एक विदेशी संस्कृति प्रतिमान के प्रति आम मनोवैज्ञानिक प्रतिक्रियाओं के अतिरिक्त, सम्पर्कों का एक अन्य स्तर है जिसका मूल्यांकन भिन्न संदर्भ परिधि (frame of reference) में किया जा सकता है। यह प्रमाणित होता है जब हम किसी स्थानीय संस्कृति के 'आधुनिकीकरण' के प्रति प्रत्युत्तर की प्रकृति का मूल्यांकन करते हैं, जो कि अपने आवश्यक तत्वों में, पारम्परिक मूल्यों में गहरी जड़ें रखती है। सांस्कृतिक प्रत्युत्तर के रूप में, आधुनिकीकरण में ऐसी विशेषताएं निहित होती हैं जो कि मूलभूत रूप से सार्वभौमिक एवं उद्‌विकासीय होती हैं; वे सर्व–मानवतावादी (pan-humanistic) पार–नृतत्वी (trans-ethnic) व गैर–विचारधारात्मक (non-ideological) होती है। इस दृष्टिकोण से आधुनिकीकरण को एक प्रकार का 'सांस्कृतिक–सार्वभौमिक' (cultural-universal) माना जा सकता हैं, सार्वभौमिक आरम्भिक आवश्यकताओं के स्तर पर नहीं अथवा जैसा कि समाज वैज्ञानिकों ने मनुष्य की जैव–मानसिक एकता को समझा है[4] अपितु अभिव्यक्ति के एक उच्चतम उस स्तर पर, जहाँ उच्चतर संस्कृति का संस्थायीकरण सम्भव है।

आधुनिकीकरण लगभग ऐसी ही एक सांस्कृतिक व्यवस्था है। यह मुद्दों के प्रति तार्किक रवैये का प्रतीक है और उनका विशिष्टीकृत दृष्टिकोण के स्थान पर सार्वभौमिक दृष्टिकोण से मूल्यांकन करता है; जब समस्याओं के प्रति इसका भावनात्मक प्रत्युत्तर होता है तो अभिमुखन संकुचित न होकर समानुभूतिपूर्ण

(empathetic) होता है। आधुनिकीकरण की जड़ें वैज्ञानिक विश्व–दर्शन में गड़ी हुई हैं। किसी भी विशिष्ट समाज के प्रौद्योगिकीय संसाधनों, प्रौद्योगिकीय निपुणता तथा वैज्ञानिक ज्ञान के प्रसार के स्तरों से इसका गहरा एवं सकारात्मक सहसम्बन्ध है।[5] आधुनिकीकरण के लिए केवल प्रौद्योगिकी विकास की मात्रा ही नहीं बल्कि वैज्ञानिक विश्व–दर्शन के लिए प्रतिबद्धता, समकालीन समस्याओं पर विज्ञान के मानवतावादी एवं दार्शनिक विश्व–दर्शन का आंतरीकरण आवश्यक है। यह सम्भव है कि किसी समाज अथवा व्यक्ति के पास वैज्ञानिक निपुणता एवं संसाधन तो अधिकतम हों परन्तु उसके पास जरूरी मानसिक एवं भावनात्मक आवश्यकताएं न्यूनतम हों। इसके विपरीत यह सम्भव है कि एक सफल वैज्ञानिक आधुनिक मानव के रूप में असफल हो, और सबसे धनी अथवा प्रौद्योगिकी रूप से सर्वाधिक विकसित समाज सर्वाधिक रूप से अत्याचारी हो। अतः इसी संदर्भ में आधुनिकीकरण का अर्थ समझा जानां चाहिए, और इस अर्थ के संदर्भ में हम आधुनिकीकरण के कारण आने वाले परिवर्तनों को उन सांस्कृतिक परिवर्तनों के अन्य स्वरूपों से अलग कर सकते हैं, जो परिवर्तन बाह्यजनित सांस्कृतिक व्यवस्थाओं के सम्पर्क में आने से अंतःजनित सभ्यताओं में आए हैं।

आधुनिक मूल्यों एवं पारम्परिक मूल्यों में भेद इस आधार पर किया जा सकता है कि आधुनिक मूल्य, विज्ञान की भांति उद्विकासीय सार्वभौमिक होने के नाते किसी एक विशिष्ट सांस्कृतिक परम्परा के न हों जबकि पारम्परिक सांस्कृतिक मूल्य विशिष्टीकृत (particularistic) एवं प्रारूपात्मक (typical) होते हैं। यह विशुद्ध रूप से संयोग हो सकता है कि आधुनिकता में योगदान करने वाली संस्थाएं सर्वप्रथम अपनी संस्कृति के बाहर किसी अन्य संस्कृति में विकसित हुईं। अपनी आवश्यक विशेषताओं में अथवा आदर्श–प्रारूपात्मक स्वरूपों में आधुनिकीकरण एक सार्वभौमिक–सांस्कृतिक प्रघटना है। विज्ञान की भांति, आधुनिकता किसी एक नृतत्व अथवा सांस्कृतिक समूह की एकांगी बपौती (exclusive possession) नहीं है यह सम्पूर्ण मानवता की है। तथापि, इसका अर्थ यह नहीं होना चाहिए कि सारी सैद्धांतिक बारीकियों में सभी आधुनिकीकृत समाज एवं संस्कृति एक सरीखे होंगे। इसके विपरीत, प्रमाण यह सुझाते हैं, कि प्रत्येक समाज में आधुनिकीकरण के यथार्थवादी अनुकूलन एक ऐतिहासिक और विशिष्ट स्वरूप ग्रहण कर लेते है।[6] परन्तु आधुनिकीकरण के सैद्धांतिक अनुकूलनों से स्वयं आधुनिकीकरण का भेद किया जाना चाहिए, क्योंकि ऐसी पूरी सम्भावना है कि आने वाले दीर्घकाल तक (शायद कभी नहीं) दुनिया में कहीं भी हम एक पूर्ण रूप से आधुनिक समाज को नहीं पा सकेंगे। आधुनिकीकरण की इस उद्विकासीय प्रकृति को डेनियल लर्नर ने पूर्वाभाषित कर लिया था, वे कहते हैं :

> पर–संस्कृति–भयपरकता (xenophobia) की सार्वजनिक भावना में तेज उफान के कारण बुद्धिजीवियों के लिए निर्णायक परन्तु सूक्ष्म

> बिन्दु को स्थापित करना कठिन हो गया है कि आधुनिक परिप्रेक्ष्यों के पाश्चात्य उद्‌गम को एक ऐतिहासिक संयोग कहा जा सकता है; एक बार अर्जित करने के बाद विचारों का पथ एक स्वायत्त प्रस्थिति विकसित कर लेता है; तथा आधुनिकतावाद (modernism) के मूल्यांकन हेतु अभीष्ट मापदण्ड इसके पूर्ववर्ती वृत्तांत (antecedents) नहीं हैं, अपितु इसके कारण हैं, जो कि प्रकृति में उदविकासीय एवं सार्वभौमिक हैं (रेखांकित वाक्य लेखक का है)।[8]

बाह्यजनित सांस्कृतिक प्रभावों का किसी प्राथमिक सभ्यता पर प्रभाव को इसके दोहरे संदर्भ में देखा जाना चाहिए। सर्वप्रथम, पर–संस्कृति–ग्रहण (acculturation) के उन परिवर्तनजनक विशेषताओं के सम्बन्ध में जो सांस्कृतिक संरचना को आधुनिकीकरण की ओर सक्रिय करते हैं। द्वितीयतः, उन सांस्कृतिक परिवर्तनों के प्रकाश में जो मानदण्डों, मूल्यों तथा संस्थात्मक प्रतिमानों के अन्य स्वरूपों के समागम (syncretism) से उभरते हैं। संस्कृति–परिवर्तन के किसी भी विश्लेषण में, इन दोनों स्तरों पर प्रक्रियाओं का मूल्यांकन आवश्यक है। तथापि, इनमें भेद वास्तविक होने के बजाय पद्धतिशास्त्रीय (heuristic) अधिक हो सकता है। पर–संस्कृति ग्रहण की प्रक्रियाएं जो आधुनिकीकरण में योगदान देती हैं, विशुद्ध ऐतिहासिक अर्थ में, अन्य समागम की प्रक्रियाओं (syncretic processes) के साथ अलग–थलग रहकर कार्य नहीं करती हैं। उदाहरण के लिए भारत मे ब्रिटिश औपनिवेशिक शासन के सांस्कृतिक प्रभाव का परिणाम केवल आधुनिक मूल्यों के आगमन (introjection) अथवा आधुनिक संस्थाओं के नवाचारों से ही नहीं हुआ अपितु ईसाइयत के प्रसार तथा ऐसी अनेक अन्य सांस्कृतिक शैलियों के आगमन से हुआ, जिनका प्रत्यक्ष कारणों से आधुनिकता के साथ कोई सम्बन्ध नहीं था। अन्य कारणों में से यह भी एक ऐतिहासिक कारण है कि अनेक एशियाई, अफ्रीकी तथा लैटिन अमेरिकन राष्ट्रों में आधुनिकीकरण के पश्चिम द्वारा प्रेरित प्रतिमानों के प्रति पर–संस्कृति–भयपरक प्रतिक्रिया (xenophobic reaction) जारी है।

प्राथमिक भारतीय सभ्यता के बाह्यजनित सांस्कृतिक परम्पराओं से सम्पर्क का इतिहास बहुत पुराना है; यह वैदिककाल से चला आ रहा है।[9] तथापि, इस प्रकार के सम्पर्कों में से अधिकांश या तो कम महत्व के रहे या अंतःजनित हिन्दू परम्परा की सांस्कृतिक धारा में घुलमिल गए। यह कहा जा सकता है कि भारत में वास्तविक बाह्यजनित सांस्कृतिक सम्पर्क इस्लामी विजय के साथ प्रारंभ हुआ, तथा बाद में देश में ब्रिटिश शासन थोपे जाने के माध्यम से हुआ। अतः भारत में सांस्कृतिक परिवर्तनों के हमारे विश्लेषण को हम प्राथमिक रूप से इस्लामी तथा पाश्चात्य सांस्कृतिक प्रभावों तक ही सीमित रखेंगे। इन प्रक्रियाओं के संदर्भ में हमारा यह प्रयास भी होगा कि समकालीन भारत में सांस्कृतिक आधुनिकीकरण के

सामान्य प्रतिमान व उसकी समस्याओं को खोजें। संस्कृति में बाह्यजनित विकास के संदर्भ में जिन तीन प्रमुख सांस्कृतिक प्रक्रियाओं का विश्लेषण किया जाएगा वे हैं: इस्लामीकरण, पश्चिमीकरण तथा आधुनिकीकरण। तथापि, प्रमुख प्रक्रिया, आधुनिकीकरण है जिसका विश्लेषण, देश में परम्परावाद की उदीयमान तथा अप्रकट शक्तियों के तुलनात्मक भेद में होना है। इस दृष्टिकोण से इस्लामीकरण एवं पश्चिमीकरण की प्रक्रियाएं उप–सांस्कृतिक प्रतिमानों का भाग हो सकती हैं जो कि अपने विभिन्न परिणामों में भारत में सांस्कृतिक आधुनिकीकरण की दिशा, इसकी समस्याओं तथा प्रतिमानों को उजागर कर सकती हैं।

इस अध्याय में हम भारत में इस्लामी एवं हिन्दू परम्पराओं के सम्पर्क के सामाजिक–आर्थिक परिणामों का अध्ययन करेंगे साथ ही इस सम्पर्क के कारण हुई सांस्कृतिक परिवर्तनों की प्रक्रियाओं तथा भारत में आधुनिकीकरण के लिए इस सांस्कृतिक समागम द्वारा जनित समस्याओं पर ध्यान केन्द्रित करेंगे।

इस्लाम की परम्परा (The Tradition of Islam)

हिन्दू वृहत् परम्परा की संरचना के विपरीत, इस्लाम की वृहत् संरचना एक ऐसे विश्व–दर्शन पर आधारित है जो कि ऊपरी तौर पर मूल्य–परिवेश (ethos) में अ–सोपानक्रमिक (Non-hierarchical), विशुद्ध रूप से एकेश्वरवादी तथा मसीही–ऐतिहासिक (messianic-historical) है। सभी अब्राहमवादी धर्मों[10] में परम्परा की ऐतिहासिक प्रकृति सर्वोपरि है, परन्तु इस्लाम में यह सर्वाधिक प्रमुख है। विभिन्न विश्वासों (faiths) में इतिहास की भूमिका के सम्बन्ध में विलफ्रेड कान्टवैल स्मिथ के अनुसार, "हिन्दू के लिए अंततः इतिहास महत्वपूर्ण नहीं है; ईसाई के लिए यह महत्वपूर्ण है परन्तु निर्णायक नहीं है; मुस्लिम के लिए यह निर्णायक है परन्तु अंतिम नहीं है; मार्क्सवादी के लिए यह सब कुछ है"।[11] प्रकट की गई परम्परा (revealed tradition) की ऐतिहासिकता पर दिए गए महत्व ने इस्लाम के विश्व–दर्शन को न केवल अधिक प्रसारवादी (proselytizing) या धर्म के क्षेत्र में क्रियावादी बना दिया है अपितु सामान्य सांस्कृतिक अभिमुखन में भी इसे समग्रवादी व समाज केन्द्रित बना दिया है। सिद्धांततः, इस्लाम पुजारियों के लिए कोई संस्थात्मक भूमिका को स्वीकृति नहीं देता; "उलेमा किसी भी अर्थ में पुजारी नहीं हैं; बल्कि वे यहूदी धर्म के गैर पुजारी धार्मिक–शिक्षक की भांति हैं। एकदम सही कहा जाए तो इस्लाम में पुरोहित (clergy) नहीं होते, क्योंकि नमाज में कोई भी सभा का नेतृत्व कर सकता है"।[12] इसी प्रकार, आदर्श–प्रारूपात्मक स्वरूप में, सामाजिक व्यवस्था की इसकी अवधारणा में इस्लाम में समग्रवादी नियम (holistic principle) के प्रति हिन्दू धर्म में अधिक विकसित अभिमुखन है। हिन्दू धर्म में समग्रवादी नियम धर्म [मानदण्डात्मक व्यवस्था (normative order)] की प्रमुखता से उपजता है जो कि सामाजिक–सांस्कृतिक अभिव्यक्तियों में आंतरिक रूप में

विभेदीकृत तथा सोपानक्रमिक है। हिन्दू धर्म में समग्रवाद का नियम सोपानक्रम के नियम का समन्वयक (coordinate) है। इस्लाम की प्रकट परम्परा में समग्रवाद का नियम समाजशास्त्रीय रूप से, यद्यपि सिद्धांततः नहीं, सोपानक्रमवाद से विभेदीकृत (differentiated) किया गया है, इस परम्परा में सोपानक्रम के लिए महत्वपूर्ण स्थान थोड़ा ही है।

समग्रवाद की विशिष्ट प्रकृति तथा परम्परा की ऐतिहासिकता पर महत्व ने इस्लाम में अनुदारता (insularity) तथा एकांगीपन को विशेष स्थान दिया है। इस्लामी समग्रवाद मुस्लिम उम्मा, धार्मिक अनुयायियों की सामूहिकता (umma, the collectivity of the faithful) की एकता पर आधारित है। सिद्धांत में यह एकता भौगोलिक क्षेत्र व राष्ट्रों की सीमाओं से ऊपर है तथा इस एकता का स्रोत कुरान एवं अथवा सुन्ना, हदीथ (विभिन्न परम्पराएं) एवं शरिया (इस्लाम की कानून की पुस्तक) में निहित नियमों तथा धार्मिक–नैतिक संहिताओं की सदस्यों द्वारा अनुपालना में है। भौगोलिक अर्थ में राष्ट्र की अवधारणा का कुरान में अस्तित्व नहीं है, "जिसके अन्तर्गत इस्लामी राज्यों की श्रृंखला नहीं आती अपितु मतावलम्बियों का एक राष्ट्र–मिल्लत आता है"।[13] हिन्दू परम्परा के विपरीत, <u>उम्मा</u> व <u>मिल्लत</u> की अवधारणाओं में निहित समग्रवाद के इस नियम का एक क्रांतिकारी समतावादी अर्थ है। परन्तु यह प्रश्न का विषय हो सकता है कि यह समतावादी समग्रवाद किस हद तक अस्तित्व के आनुभाविक स्तर पर समुदाय के आधार से सुसंगत है। न्यूवैनहुइत्से (Nieuwenhuitze) इस्लाम में <u>उम्मा</u> की अवधारणा का विश्लेषण करते हुए इस निष्कर्ष पर पहुंचे कि जैसा कि सभी पैगम्बरवादी धर्मों (prophetic religions) में होता है, इस धार्मिक परम्परा में जीवन के सम्पूर्ण क्षेत्र में धार्मिक पक्ष को अधिकाधिक बढ़ाने पर जोर दिया गया है।" इस प्रकार से उत्पन्न समुदाय की अवधारणा, आवश्यकतावश, समुदाय आधार की परम्परा से टूट जाती है.................. क्रमशः चयनित लोग, चर्च तथा उम्मा की अपेक्षाकृत नई अवधारणा को प्रस्तावित करके, पैगम्बरवादी धर्मों द्वारा उत्पन्न विचार की प्रवृत्ति ने नए समुदाय की सदस्यता के लिए साफ–साफ एक आधार प्रस्तावित किया है और वह उस ईश्वर में सबका विश्वास है जो स्वयं को प्रकट करता है। इस प्रकार वे अप्रत्यक्ष रूप से पारम्परिक सामाजिक–सांस्कृतिक इकाइयों की एकता (और अप्रत्यक्ष रूप से सदस्यता) हेतु अस्पष्ट एवं सदैव परिवर्तनशील, आधार के फैलते संकुल की आलोचना करते हैं"[14] और यह भी जोड़ा जा सकता है कि अप्रत्यक्ष रूप से <u>उम्मा</u> की अवधारणा सोपानक्रमिक विश्व–दर्शन से मिलती–जुलती है, यदि कोई सोपानक्रम को सदस्यता प्रस्थिति के मूल्यांकन हेतु एक प्रमाप के रूप में समझे और इस मूल्यांकन का आधार एक अपरिवर्तनीय मानदण्डात्मक नियम के व्यक्तियों द्वारा अनुपालना अथवा विपथगमन से होता है, तथा इस मामले में प्रमाण इस्लाम की प्रकट हुई परम्परा है। इस आधार पर कोई

यह सुझाव दे सकता है कि समानता अथवा समतावाद के तत्त्व, जैसा कि इस्लामी परम्परा में विद्यमान हैं, परम्परा की संरचना के अंतर्गत तार्किक रूप से अस्वीकृत (आधुनिक विश्व–दर्शन की भांति खुले हुए नहीं हैं) हैं। अतः समग्रवाद एवं सोपानक्रम के नियमों के अपरिवर्तनशील तथा धार्मिक सन्दर्भ में समानता अर्थपूर्ण है। इस स्तर पर न केवल हिन्दू धर्म एवं इस्लाम में अपितु सभी पवित्र परम्पराओं में असाधारण एकता है।[15] केवल इस संदर्भ में कोई भी यह समझ सकता है कि किस प्रकार आधुनिकीकरण न केवल हिन्दू धर्म एवं इस्लाम के लिए दुविधा खड़ी करता है अपितु उन सभी सांस्कृतिक व्यवस्थाओं के लिए दुविधा खड़ी करता है, जिनकी जड़ें पारम्परिक विश्व–दर्शन में हैं।

इस्लामी परम्परा में समग्रवादी सिद्धान्त ने जो विशिष्ट स्वरूप ग्रहण किया उसने इसके चरित्र को एकदम अनन्य (exclusive) तथा आग्रही (assertive) धर्म के रूप में प्रभावित किया। इस परम्परा की अनन्यता (exclusiveness) इस तथ्य से जानी जा सकती है कि इस धर्म के मतावलम्बियों के समुदाय (मिल्लत) तथा गैर मतावलम्बियों के मध्य बहुत स्पष्ट विभाजन रेखा खींची जाती है; किसी समाज में जहाँ गैर–मतावलम्बियों की संख्या अधिक है, कुछ परिस्थितियों के अंतर्गत उसे दारूल हर्ब अथवा युद्ध क्षेत्र घोषित किया जा सकता है जो कि दारूल इस्लाम अथवा इस्लामी देश का प्रतिवादी है। ऐसे किसी समाज के विरुद्ध जिहाद अथवा पवित्र युद्ध को धार्मिक मान्यता प्राप्त है। इस प्रकार धर्म, राजनीति एवं सामाजिक संरचना एक नियम में एकीकृत हैं।[16] तथापि, हिन्दू धर्म की वृहत् परम्परा की भांति, अरब में पैगम्बर मोहम्मद (570 ईस्वी से 632 ईस्वी) के माध्यम से हुए प्राकट्य (revelation) के समय से इस्लाम भी अनेक अंतःजनित परिवर्तनों से गुजरा है। यह आवश्यक था क्योंकि फारस, मिस्र, सीरिया आदि जैसी गैर–स्थानीय संस्कृतियों में इस्लामी प्रभुत्व के विस्तार के बाद स्थानीय प्रथाओं एवं संस्थाओं के अनुरूप इस्लाम की सामाजिक संहिताओं को अनुकूलन करना पड़ा। इस्लाम के प्रमुख धार्मिक संकल्प[17] (vows) सरल एवं निर्णायक होने के कारण नहीं बदले, परन्तु स्थानीय प्रथाओं एवं परम्पराओं के साथ समागम अपरिहार्य था।

मूल रूप में, इस्लाम एक खानाबदोश (nomadic) सामाजिक–सांस्कृतिक परिवेश में पनपा और इसकी सामाजिक संरचना का जनजातीय समतावादी चरित्र था। इन जनजातीय समूहों की संरचना बहुत उच्च सोपानक्रमिक नहीं थी, और नातेदार–अभिमुखित समतावाद से धार्मिक–अभिमुखित समतावाद में परिवर्तन अपेक्षाकृत रूप से आसान था। परन्तु संरचना का यह स्वरूप बहुत लम्बे समय तक नहीं चला।[17a] जब पैगम्बर मदीना आए तो इस्लाम के खानाबदोश आर्थिक आधार का व्यापारिक एवं कृषक अर्थव्यवस्था से आमना सामना हुआ। इस समय इस्लाम की एक ऐसी सामाजिक संरचना थी जो कि संगठन में अधिक जटिल

थी। इसकी उग्र गतिशीलता उफान पर थी और पैगम्बर की मृत्यु के 10 वर्षों के भीतर इस्लामी प्रभुत्व सीरिया, इराक, फारस एवं मिस्र में फैल चुका था। इन विजयों को खलीफाओं, धार्मिक नेताओं ने आयोजित किया था जिन्हें कि समुदाय के वरिष्ठ सदस्यों द्वारा चुना जाता था। समाजशास्त्रीय रूप से वे संरचनात्मक परिवर्तन महत्वपूर्ण थे जिन्हें इन विस्तारों के कारण इस्लाम की परम्परा में सक्रिय किया गया था। पहला महत्वपूर्ण परिवर्तन इस्लाम की राजनैतिक–आर्थिक प्रकृति में था। इसकी शक्ति की समतावादी एवं लोकतांत्रिक संरचना शीघ्र ही एक सामन्तवादी–सत्तावादी (feudal-authoritarian) प्रतिमान में रूपांतरित हो गई। उम्मायद राजवंश की स्थापना इस प्रक्रिया की शुरुआत थी। दूसरा, राजनैतिक एवं धार्मिक नेतृत्व के मध्य (नए साम्राज्य के शासकों एवं उलेमाओं के मध्य) पूर्ववर्ती एकता कमजोर हो गई थी क्योंकि प्रायः साम्राज्य के शासन की राजनैतिक एवं सांस्कृतिक नीतियाँ उलेमाओं के सीमित धार्मिक परिप्रेक्ष्यों से मेल नहीं खाती थीं।[18] राजनैतिक अभिजन (political elite) एवं धार्मिक अभिजन (उलेमा) के परिप्रेक्ष्यों का यह अन्तर्विरोध, समय के साथ–साथ और महत्वपूर्ण हो गया। इस्लामी समाजों के आधुनिकीकरण की प्रक्रिया में आज भी यह एक महत्वपूर्ण कारक है। इस्लामी वृहत् परम्परा के प्रतिनिधियों के रूप में उलेमा रूढ़िवादी होते हैं तथा उन नवाचारों को अस्वीकार कर देते हैं जो उनकी समझ में इस्लामी परम्परा की संरचना के भीतर नहीं आते। गिब के अनुसार, अधिकांश उलेमाओं के रवैये की विशेषता है कि :

> ....नए दर्शनशास्त्रों एवं विज्ञानों के साथ किसी प्रकार के सम्बन्ध के प्रति एक कठोर एवं अनमनीय (unbending) अस्वीकृति। उनके अनुसार, ये सब और कुछ नहीं हैं, अपितु अहवा (ahwa), फितूर (velleities), दिमागी अस्थिरता (caprices), बागी इन्सान के दिमाग की आधारहीन कल्पनाएं, या शैतानी कारगुजारियाँ हैं जो कि लापरवाह व मूर्ख को फंसाने के लिए हैं। उनके पूर्वजों ने एक हजार वर्ष पूर्व यूनानी दर्शनशास्त्र का मुकाबला भी इसी भावना से किया था तथा अपनी बात पर डटे रहे थे। यदि इस्लाम अल्लाह का प्राकट्य (divine revelation) है तो उनके विश्वास के अनुसार, इतिहास अपने आप को दोहराएगा; भौतिकवाद की शक्तियाँ, जिन्हें अल्लाह ने कुछ समय के लिए विकृत मानसिकता के मनुष्यों व पाखंडियों को ललचाने व गुमराह करने की छूट दे रखी है, जीत ली जाएंगी....... यह आश्चर्य का विषय नहीं है कि आम 'उलेमा' के लिए पश्चिम का अर्थ विशुद्ध भौतिकवाद है।[19]

यद्यपि यह प्रघटना उन अधिकांश नए राज्यों में जारी है जहाँ इस्लाम धर्म

का प्रभुत्व है।[20] यह एक तथ्य है कि धार्मिक अभिजनों के एक अल्पमत ने आधुनिकता की आवश्यकता के अनुसार इस्लामी परम्परा का अनुकूलन करने की चेतना दिखाई है।[21] यहाँ तक माना गया है कि इस्लामी कानून कुरान व हादीथ से निकला है तथा इसके अन्य तत्त्व इज्तिहाद (ijtihad) अथवा तर्क, इज्मा या मतैक्य, कियास या समतुल्यता (analogy) तथा तकलीद या अनुकरण (imitation) हैं। आरम्भ में इज्तिहाद अर्थात् तर्क को अधिक महत्व दिया गया था और तकलीद की रूढ़िवादिता या पारम्परिक कानून–संहिता का अंधानुकरण बाद में मध्ययुग की शुरुआत में उभर कर आया, जो कि व्यवस्था के लिए आवश्यक न भी हो और इज्तिहाद अथवा तार्किक व्याख्या के माध्यम से कानूनी मान्यताएं इस्लाम में आधुनिकवाद को प्रवेश की अनुमति देती हैं।[21]

इस्लाम के साम्राज्य के विस्तार का तीसरा प्रमुख परिणाम यह था कि इस्लाम में धर्म परिवर्तन से पहले समाजों में पूर्व विद्यमान अनेक संरचनात्मक एवं सांस्कृतिक विशेषताओं को इस्लाम की संरचना में जोड़ दिया गया, जब इन समाजों के अधिकांश सदस्यों ने इस्लाम स्वीकार कर लिया। इस्लाम के पूर्व फारसी समाज सोपानक्रमिक नियम पर स्तरीकृत था।[21a] सीरिया में इस्लाम यूनानी संस्कृति[22] तथा ईसाई रहस्यवाद (Christian mysticism) के दर्शन के सम्पर्क में आया, जो कि बाद में इस्लामी सूफीवाद[23] में पनपा। भारत में इस्लाम जिन दूरगामी सांस्कृतिक परिवर्तनों से गुजरा उसकी चर्चा आगे की जाएगी। ये सब घटनाएं बताती हैं कि इस्लामी परम्परा की अपेक्षाकृत रूप से बहुत अभेद्यता के बावजूद, इस परम्परा में अनेक अंतःजनित परिवर्तन होते रहे हैं। आधुनिकीकरण की प्रक्रिया में यह तथ्य इस्लाम के सकारात्मक पक्षों की ओर भी इंगित करता है।

भारत में इस्लामी परम्परा एवं परिवर्तन
(Islamic Tradition in India and Change)

भारत का इस्लाम के साथ सम्पर्क लगभग एक हजार वर्ष पुराना है। यह आठवीं शती के आरम्भ में सिंध पर अरब विजय के साथ प्रारम्भ हुआ। आज छह करोड़ से अधिक मुस्लिम भारत में रहते हैं। अतः ऐतिहासिक रूप से तथा विशालता की दृष्टि से, भारत में इस्लाम एक महत्वपूर्ण तथा समाजशास्त्रीय रूप से बहुत अर्थपूर्ण सांस्कृतिक परम्परा है क्योंकि हिन्दू धर्म एवं इस्लाम दोनों पारम्परिक विश्व–दर्शन के दो प्रकार हैं, इनमें से प्रत्येक में आधुनिकीकरण के प्रतिमान व दिशा का अध्ययन लाभप्रद हो सकता है। इसके अतिरिक्त, एक ओर हिन्दू धर्म एवं इस्लाम के मध्य सांस्कृतिक समागम के प्रतिमान और दूसरी ओर इस्लाम के प्रसार की प्रक्रिया, जिसे इस्लामीकरण कहा जा सकता है, महत्वपूर्ण सामाजिक आंदोलन हैं जिनका भारत में संस्कृति की समकालीन गतिकी (dynamics) पर

प्रभाव पड़ा है और इसका विश्लेषण होना चाहिए। इस प्रक्रिया का मूल्यांकन प्रथम तो इस बात के लिए होना चाहिए कि इस्लाम की वृहत् एवं लघु परम्पराओं ने भारत में सांस्कृतिक परिवर्तनों में क्या योगदान दिया है। यह परिवर्तन या तो स्थानीय भारतीय परम्पराओं के साथ अंतःक्रिया के माध्यम से नये समागमी प्रतिमानों के स्वरूप के उभरने का हो सकता है या स्वयं इस्लाम की परम्परा में अंतःजनित परिवर्तन के स्वरूप में हो सकता है। द्वितीयतः, इसका विश्लेषण इसलिए भी किया जा सकता है कि भारत में आधुनिकीकरण की प्रक्रियाएं किस प्रकार प्रभावित कर रहीं हैं या इस्लाम की परम्परा से प्रभावित हो रही हैं।

भारत में इस्लाम की वृहत् परम्परा में पर–संस्कृतिग्रहणात्मक (acculturative) तथा अंतःजनित परिवर्तन, तीन प्रमुख अवस्थाओं के माध्यम से विकसित हुए हैं। इन अवस्थाओं को ऐतिहासिक शक्तियों ने स्थापित किया और इस परम्परा की संरचना को बहुत प्रभावित किया। प्रथम अवस्था, भारत में इस्लामी शासन की अवधि से सम्बन्धित है। दूसरी अवस्था, अंग्रेजी प्रभुत्व स्थापित होने के बाद शुरू हुई, और अंतिम तीसरी अवस्था, भारत में स्वतंत्रता आंदोलन के प्रारम्भ से शुरू हुई, जिस आंदोलन का परिणाम देश के विभाजन व राजनैतिक स्वतंत्रता में हुआ। इन तीन अवस्थाओं में इस्लाम की वृहत् परम्परा की संरचना में उतार–चढ़ाव उन परिवर्तनों में बिम्बित हुए हैं जो प्रत्येक क्रमिक अवस्था में इस्लाम के धार्मिक एवं राजनैतिक अभिजन के प्रभु मनो–सांस्कृतिक अभिमुखनों में हुए।

प्रथम अवस्था की अवधि सबसे लंबी (1206 ईस्वी से 1818 ईस्वी)[24] थी और सांस्कृतिक ऐतिहासिक संदर्भ में यह अत्यधिक महत्वपूर्ण थी। इसे न केवल संघर्षों व तनावों के काल के रूप में जाना जाता है, अपितु इसके फलस्वरूप हिन्दू एवं इस्लामी परम्पराओं के मध्य प्रमुख अनुकूलन (adaptations) हुआ। ऊपरी तौर पर इस्लामी विजय को <u>जिहाद</u> अथवा धर्मयुद्ध की भावना से जोड़ा जाता है। भारत में इस्लाम के विस्तार के कारण के रूप में यह सहसम्बन्ध भारतीय समाज में इस्लामी सांस्कृतिक परम्परा के स्थान के वस्तुपरक मूल्यांकन में ऐतिहासिक अभिनतियाँ पैदा करता है। भारत में इस्लामी विजय की प्रकृति के बारे में राजेन्द्र प्रसाद कहते हैं कि "इसमें संदेह है कि आठ या नौ सौ वर्षों तक चले इन आक्रमणों में से कोई भी इस्लाम के विस्तार हेतु धार्मिक कट्टरपंथियों या उन्मादियों द्वारा विशुद्ध रूप से धार्मिक हमला था। सभी विजयों की तरह इनके पीछे भी धार्मिक उन्माद के स्थान पर सामयिक एवं भौतिक अभिप्रेरणाएं थीं।"[25] तथापि, यह सच है कि इन विजयों में धार्मिक मान्यताओं तथा <u>उलेमाओं</u> के समर्थन ने एक महत्वपूर्ण भूमिका निभाई; मुस्लिम शासकों के अन्यथा विशुद्ध राजनैतिक उद्यमों को नैतिक एवं धार्मिक औचित्य प्रदान करने के लिए वे अत्यधिक तत्पर थे।

समय–समय पर होने वाले विजय युद्धों तथा इस्लामी प्रसार के बावजूद भारत में इस्लाम की अधिक स्थायी और समाजशास्त्रीय रूप से अधिक महत्वपूर्ण विशेषता इसका हिन्दू व अन्य परम्पराओं के साथ सांस्कृतिक सहअस्तित्व था। हमें इस तथ्य पर इसलिए ध्यान देना होगा ताकि एक ओर भारत में इस्लामी परम्परा की सामाजिक संरचना को समझ सकें तथा दूसरी ओर सांस्कृतिक परिवर्तन पर इसके प्रभाव का मूल्यांकन कर सकें। एक सामाजिक संरचनात्मक दृष्टिकोण से, भारत में जब इस्लामी प्रसार शुरू हुआ, तब तक इसका जनजातीय समानतावादी चरित्र परिवर्तित हो चुका था। फारसी समाज के सम्पर्क में आने से, इसकी सामाजिक संरचना सोपानक्रमिक (hirearchized) हो गई थी तथा इसकी वृहत् संरचना के वाहक के रूप में इस्लामी अभिजन (elites) अब पृथक् वर्गों में स्तरीकृत हो गए थे। गौस अंसारी लिखते हैं :

> किसी जनजातीय संगठन में, एक विशिष्ट वर्ग के रूप में पुरोहितों का अस्तित्व बहुत कम होता है। किसी भी गोत्र के भीतर जादुई–धार्मिक संचालकों के तौर पर व्यक्ति काम करते हैं; वे अन्य गोत्र (clan) या जनजाति के अपने ही जैसे सदस्यों से निरन्तर सम्पर्क मुश्किल से ही विकसित करते हैं। अतः एक विशिष्ट वर्ग के रूप में पौरोहित्य (Priesthood) उनके लिए लगभग अनजाना होता है। इसी प्रकार, राजनैतिक उद्देश्यों हेतु गोत्र अथवा जनजाति अपना स्वयं का मुखिया चुनती है; किसी भी मुखिया की मूलभूत निष्ठा अपने स्वयं के गोत्र अथवा जनजाति के प्रति होती है। जनजातीय इस्लाम में, मनुष्य एवं अल्लाह के बीच मध्यस्थों तथा पुरोहितों के रूप में मनुष्य का होना और आनुवांशिक शासकों के रूप में मनुष्य का होना एक अनजानी बात थी। इस्लाम के जटिल समग्र में पुरोहित व शासक, इन दोनों भूमिकाओं में दो विशिष्ट वर्गों की शुरुआत तब हुई, जब इस्लाम फारसवासियों और बायजैन्टीनों (Byzantines) के सम्पर्क में आया, जिनमें इन दोनों वर्गों की परम्परा व अस्तित्व तब तक पहले से स्थापित हो चुके थे। इस प्रकार फारसवासियों व बायजैन्टीनों ने इस्लाम की सम्पूर्ण संगठनात्मक संरचना को इस प्रकार परिवर्द्धित कर दिया कि उसमें उनके स्वयं के पहले से विद्यमान सामाजिक वर्गीकरणों को स्थान मिल सके। इसके बाद, इस्लाम का लिखित इतिहास प्रायः खलीफाओं के 'दरबारों' और मुस्लिम पुजारियों की भूमिका व शिक्षण की बात करता है।

जब ईसा के बाद बारहवीं शताब्दी में भारत में स्थायी रूप से इस्लाम आया, तब तक इसका सामाजिक संगठन पहले ही से बदल चुका

> था। यद्यपि समानता व भ्रातृत्व की अवधारणाएं एक आदर्श के रूप में रहीं– एक आदर्श के रूप में यह आज भी अस्तित्व में हैं– व्यवहार में मुस्लिम समाज में सामाजिक दर्जे (Social grades) हैं। भारत के बारहवीं शती के मुस्लिम विजेता स्पष्ट रूप से पुजारियों (मिशनरियों सहित), कुलीन वर्ग [Nobility शासक परिवार व नौकरशाह] तथा अन्य सभी [सैनिकों, व्यापारियों,कारीगरों, आदि] में विभक्त थे। भारत में मुस्लिम पौरोहित्य वर्ग अपनी आरम्भिक अवस्था में आनुवंशिक नहीं था, जबकि कुलीन वर्ग में शासन का पदानुक्रम (Succession) सामान्यतया पिता से पुत्र को मिलता था। धीरे–धीरे, भारत में मुस्लिम पौरोहित्य वर्ग ने भी आनुवंशिक पदानुक्रम का नियम अपना लिया। पुत्रों को पिता का उत्तराधिकार मिलने लगा; तत्पश्चात्, आस्ताने व तकिये [प्रवचन एवं आध्यात्मिक निदेशन की पीठ (seats of preaching and spiritual guidance)] एक पारिवारिक एकाधिकार बन गए।[26]

ऐसा इसलिए भी हुआ क्योंकि अभिजन जो कि भारत में इस्लाम की वृहत् परम्परा के वाहक थे तथा इस्लामी समाज के सर्वोच्च भाग के अंग थे, वे इस धर्म के स्थानीय परिवर्तित मुस्लिमों में से नहीं थे।[27] उनमें से अधिकांश विदेशी मूल के थे तथा अशरफों के सामाजिक सोपानक्रम से थे, अर्थात्, अशरफ, मुस्लिमों के चार प्रमुख आप्रवासी समूहों, सैयद, शेख, मुगल तथा पठान, को कहते थे। इन चार समूहों में से, सैयद व शेख इस्लाम के कुलीन वर्ग के हैं जो पारम्परिक रूप से धार्मिक पदों पर आसीन हैं। इन्हें "आरम्भिक इस्लामिक कुलीन वर्ग का वंशज माना जाता है, अतः उन्हें उतना ही पवित्र मानते हैं जितना कि हिन्दू परम्परा में ब्राह्मणों को माना जाता है।"[28] दूसरी ओर, मुगल एवं पठान, पारम्परिक रूप से योद्धा, सामंती अभिजात तथा शासक रहे हैं। यद्यपि व्यावसायिक विभेदीकरण के इस प्रतिमान के प्रायः महत्वपूर्ण अपवाद हुए हैं तो भी यह एक तथ्य है कि ये चार उच्च समूह सामूहिक रूप से भारत में इस्लाम की वृहत् परम्परा के वाहक रहे हैं जो कि कालान्तर में जाति जैसी संरचना में उद्‌विकसित हुए। इस परम्परा में जो अनेक परिवर्तन बाद में आए, उनका इस्लाम की इस सामाजिक संरचना की सामाजिक–आर्थिक दशाओं में परिवर्तन से गहरा सहसम्बन्ध होना चाहिए।

जब भारत में इस्लामी शक्ति चरमोत्कर्ष पर थी, उस काल में इस्लाम के राजनैतिक व सांस्कृतिक अभिजनों ने इसकी सांस्कृतिक परम्परा को एक संरक्षात्मक व आशावादी वातावरण में आगे बढ़ाया। यह परम्परा फारसी तथा तुर्की साहित्यिक कृतियों में फली–फूली जिसे मुस्लिम शासकों का प्रश्रय प्राप्त था।[29] विदेशी धरती पर नई सामाजिक– सांस्कृतिक स्थितियों का सामना होने के कारण इसमें अनेक अंतःजनित अनुकूलन हुए। उदाहरण के लिए, सूफी विचार के अनेक सम्प्रदायों का उदय इस्लाम की सृजनात्मक लचीलेपन, समागमी तथा विशद

प्रवृत्तियों का द्योतक है। "अबुल फज़ल द्वारा बताए गये, सोलहवीं शती में भारत में प्रचलित सत्रह सूफी मतों में से आठ, हबीबी (हसन अल–बसरी के अनुयायी), जुनयादी (जुनयाद अल–बगदादी के छद्‌म–अनुयायी), तुसी (नज्म अल–दीन कुब्र के अनुयायी), चिश्ती, सुहरावर्दी, कादीरी, नक़्शबंदी, फिदावसी रूढ़िवादी थे तथा शरिआ से घनिष्ठ रूप से जुड़े हुए थे। कारखी तथा संभावित रूप से सकती में यहूदी व ईसाई भी मतावलंबी थे परन्तु शायद हिन्दू नहीं थे। तायफुरी अबू यज़ीद अल–बिस्तोनी के अनुयायी थे, जो कि उपनिषद्‌ व वेदान्ती पराभौतिकी से प्रभावित थे। (रेखांकित वाक्य लेखक का है)। अदामी इब्राहिम इब्न आदम के अनुयायी थे। काज़ीरूनी सम्प्रदाय का संस्थापक अबू इशाक़ इब्न शहरयार पारसी धर्म से धर्म परिवर्तन करके मुसलमान बना था।"[30]

इस्लाम की सूफी परम्परा इस्लामी धार्मिक विश्वासों एवं तत्वमीमांसा (metaphysics) के प्रसार के लिए न केवल उत्तरदायी थी अपितु भारत में इस्लाम के प्रसार में इसने एक महत्वपूर्ण भूमिका निभाई। इसके बैरागी वैयक्तिक आचरण, भौतिक प्रघटना की क्षण–भंगुरता (फना) तथा रहस्यवादी स्व–त्याग पर जोर का उद्‌गम यद्यपि विदेशी था, परन्तु अनेक तरीकों से हिन्दू परम्परा से मिलता–जुलता था तथा उसने हिन्दुओं के बड़े भाग को गहरे रूप में प्रभावित किया। सूफी संतों एवं दार्शनिकों द्वारा दिए गए अकर्मकांडवादिता (non-ritualism) तथा निराकार एकेश्वरवाद के उपदेश न केवल हिन्दू जनता को भा रहे थे, अपितु अन्तर्मुखिता तथा पलायनवाद की उन शक्तियों के अनुरूप भी थे जो हिन्दू परम्परा पर उसकी राजनैतिक शक्ति खोने के बाद छा गई थीं।

उनके मुस्लिम विद्वानों तथा शासकों ने हिन्दू परम्परा के कुछ पक्षों का इस्लाम के साथ सामंजस्य बैठाने के अनेक प्रत्यक्ष प्रयास किए। अकबर ने दीन–ए–इलाही नामक एक नए संश्लिष्ट सम्प्रदाय की स्थापना के माध्यम से यह प्रयास किया, जिसमें इस्लाम, जैन धर्म, हिन्दू धर्म एवं पारसी धर्म का मिश्रण था। दारा शिकोह ने उपनिषदों के एकेश्वरवाद की इस्लाम के साथ समन्वय की हिमायत की तथा इन दोनों परम्पराओं में समानताओं पर जोर दिया। साहित्यिक हस्तियों में, अमीर खुसरो ने हिन्दू धर्म की अंतःजनित परम्परा की मुस्लिम जगत के लिए व्याख्या का बहुत कार्य किया। सोलहवीं तथा सत्रहवीं शताब्दियों में अनेक मुस्लिम कवियों तथा लेखकों ने हिन्दी में लिखना पसंद किया। इनके प्रतिनिधियों के रूप में जायसी, नबी, काज़ी मोहम्मद बाहरी, शेख दान्याल चिश्ती, शेख अब्दुल कुआद्दस गंगोही, अब्दुल रहीम खान–ए–खाना का नाम लिया जा सकता है। फारसी भाषा के कवियों में फैज़ी तथा उर्फी इस प्रकार के समागमी सांस्कृतिक आह्वान से प्रभावित थे।

तथापि यह कहा जा सकता है कि भारत में इस्लामी वृहत्‌ परम्परा में आंदोलन का समागम एक हिस्सा मात्र था। इस परम्परा के एक बड़े भाग को

रूढ़िवादी तरीके से प्रशासनिक संगठन, वित्तीय नीतियाँ तथा कानून व न्याय व्यवस्था के माध्यम से बनाए रखा गया था। स्थायी मुस्लिम शक्ति के काल में, इन सभी मामलों में, इस्लाम के धार्मिक, राजनैतिक तथा सांस्कृतिक अभिजनों को उच्च सामाजिक प्रस्थिति प्राप्त थी तथा उन्होंने इस्लाम के स्थायित्व तथा विस्तार में सक्रिय योगदान दिया। मुस्लिम काज़ी (न्यायाधीश), मुफ्ती (उपदेशक), फौजदार (जिला प्रशासक), और दरबारी होते थे। इस प्रश्रय प्रदत्त अस्तित्व में इन्होंने बिना बाधा के इस्लामी संस्कृति तथा जीवन शैली में योगदान दिया।

तथापि, अंग्रेजी शासनकाल में स्थिति बदल गई। शनैः–शनैः मुस्लिम अभिजन अपनी प्रमुख प्रस्थिति खोने लगे। ''मुसलमानों ने न केवल राजनैतिक रूप से खोया अपितु अन्य कई तरीकों से भी खोया। उदाहरण के तौर पर, बंगाल के नवाब की सेना में छंटनी के कारण एक बड़ी संख्या में मुसलमान बेरोजगार हो गए। मुग़ल फौज़दारों के स्थान पर 1781 में यूरोपियन मजिस्ट्रेट नियुक्त हुए। दीवानी प्रांतों में कॉर्नवालिस ने अपराध की सुनवाई करने वाली अदालतों से मुसलमानों को एक वर्ग के रूप में हटा दिया, जहाँ 1790 से पूर्व इन अदालतों के न्यायाधीश केवल मुसलमान हुआ करते थे। उन्नीसवीं शताब्दी के आरम्भ में उत्तर–पूर्वी प्रांतों में भी इसी नियम को लागू कर दिया गया। मुस्लिम काज़ियों तथा मुफ्तियों को यद्यपि बनाए रखा गया परन्तु 1832 में जूरी के द्वारा मुकदमा चलाने की प्रथा की शुरुआत तथा 1837 में फारसी के स्थान पर अंग्रेजी के शासन ने इनके महत्व को बहुत घटा दिया था। सन् 1862 में उच्च न्यायालयों (High Courts) की स्थापना के बाद कानून अधिकारियों (Law officers) के पदों को ही समाप्त कर दिया गया''।[31]

इस प्रकार इस्लामी अभिजन की सामाजिक तथा आर्थिक स्थितियों में दूरगामी परिवर्तन हुए। इन परिवर्तनों का वृहत् इस्लामी परम्परा की स्वयं को पहले की भांति ऊर्जा व विश्वास से बनाए रखने की क्षमता पर बुरा प्रभाव पड़ा, क्योंकिः (अ) भारत के बाहर से मुस्लिम बंधुओं में से भारतीय मुस्लिम समुदाय में भर्ती बन्द हो गई; (ब) मुस्लिमों के उच्च वर्ग गरीबी में डूबने लगे और निम्नतर सामाजिक स्तृत में मिल गए; (स) मुस्लिम शिक्षा मात्रा एवं गुणवत्ता में संकुचित होने लगी; (द) ज्ञानी लोग लोकप्रिय प्रथाओं के साथ गुप्त रूप से समझौते करने लगे तथा जैसे–जैसे उनके ज्ञान के दीपक की लौ धीमी पड़ने लगी, वे स्वयं अपने इर्द–गिर्द के प्रभावों के जाल में फंसने लगे; तथा (इ) अंग्रेजों के हाथ राजनैतिक शक्ति खोने के बाद पूर्ववर्ती भारतीय मुस्लिम शासक वर्ग अंग्रेजों तथा उस पाश्चात्य सभ्यता के प्रति कटुता से भर गए जो उनका प्रतिनिधित्व करती थी।''[32]

इन शक्तियों के सन्दर्भ में इस्लाम की वृहत् परम्परा में राजनैतिक, सांस्कृतिक आन्दोलनों का अंग्रेजी शासनकाल में तथा बाद में (भारत में इस

परम्परा की द्वितीय एवं तृतीय अवस्था) मूल्यांकन होना चाहिए। अतः यह आश्चर्यजनक नहीं है कि इस काल में इस्लाम ने अधिक से अधिक अपनी पूर्ववर्ती समागमी एवं उदारवादी प्रवृत्तियों को खोया है तथा उसके स्थान पर रूढ़िवाद व पुनरुत्थान इसके प्रमुख उद्देश्य बन गए।

मुस्लिम शक्ति में पतन के शुरू होने के तुरंत बाद, अठारहवीं शती में इस्लाम में रूढ़िवादी सांस्कृतिक प्रतिमान उदित हुआ। शाह वली–उल्लाह ने एक सुधार प्रस्तावित किया जो कि उम्मा, अर्थात् मुस्लिम समुदाय की एकता को पुनः सक्रिय कर देगा, हादीथ में वर्णित मूल्यों के प्रति सदस्यों की प्रतिबद्धता को पुनः जाग्रत करेगा तथा फिक़ोर, इस्लामी न्यायशास्त्र, के अध्यापन पर आवश्यकता से अधिक जोर नहीं देगा। उन्होंने आधुनिक आवश्यकताओं के अनुरूप परम्परा के इज्तिहाद अथवा पुनः व्याख्या का आह्वान किया। परन्तु उनके शिष्यों को इस्लाम की अस्मिता को बचाने के लिए जिहाद अथवा धर्मयुद्ध के लिए उनकी उग्रवादी अपील ने अधिक प्रभावित किया। बाद में उनके पुत्र, अब्दुल अज़ीज ने बिना उग्रवादी अभिमुखन के सुधार आंदोलन को जारी रखा। वली–अल्लाह के अन्य शिष्य, शाह इस्माइल तथा अब्दुल हय धार्मिक प्रथाओं के मामले में अधिक उग्रवादी व शुद्धवादी थे। इसी प्रकार, अब्दुल अज़ीज़ के एक शिष्य सैयद अहमद बरेलवी ने भी अंग्रेजी प्रभुता से मुस्लिमों की स्वतंत्रता के लिए जिहाद का उपदेश दिया। उनके अनुसार अंग्रेजी प्रभुता (British domination) एक प्रकार का दारूल हर्ब अथवा युद्ध क्षेत्र है।

उन्नीसवीं शती के भारत में, वृहत् इस्लामी परम्परा के सुधार आंदोलन में ये विभिन्न आकर्षण दो प्रमुख सम्प्रदायों में ध्रुवीकृत होना प्रारम्भ हुए, एक जो उदारवाद एवं शांतिपूर्ण सुधार के पक्ष में था, एवं दूसरा जो रूढ़िवाद एवं उग्रवाद के पक्ष में था। पहली प्रवृत्ति को शाह अब्दुल अज़ीज़ तथा उनके शिष्य शेख करामत अली ने सक्रिय किया। ये दोनों शांतिपूर्ण धार्मिक सुधार के पक्ष में थे। अधिक उग्रवादी तरीका सैयद अहमद बरेलवी तथा शरीयत–उल्लाह ने दिया जो कि जिहाद के पक्ष में तथा अंग्रेजी शासन की युद्ध क्षेत्र के रूप में भर्त्सना करना चाहते थे। इन दोनों प्रकार की सांस्कृतिक शक्तियों के मध्य खींचतान मुस्लिम अभिजनों के आंतरिक आक्रोश को प्रतिबिम्बित करती है जो कि शक्ति से उनके अलगाव से उपजी थी। इन आंदोलनों द्वारा जनित मनो–सांस्कृतिक प्रघटना किसी न किसी रूप में बढ़ती रही, अंत में उसकी परिणिति पाकिस्तान के गठन में हुई।

सांस्कृतिक परम्परा में परिवर्तनों की यह अवस्था स्वतंत्रता हेतु संघर्ष के बीसवीं शताब्दी के प्रारम्भिक काल में सामने आई। इस समय तक इस्लाम की परम्परा में शनैः शनैः पाश्चात्य अभिजन का उदय हो चुका था, तथा वह राष्ट्रवाद एवं स्वतंत्रता के आधुनिक सांस्कृतिक लक्ष्यों की प्राप्ति हेतु धार्मिक अभिजन

(उलेमा) के साथ मिलकर काम कर रहा था। आंदोलन की यह अवस्था अपेक्षाकृत रूप से जटिल थी क्योंकि इसमें दो स्तरों के सम्बन्ध निहित थे। पहला, इस्लामी परम्परा में लौकिक मानसिकता (secular-minded) वाले अभिजनों तथा रूढ़िवादी अभिजनों के मध्य था। दूसरा, हिन्दू लौकिक व धार्मिक अभिजनों तथा मुस्लिम अभिजनों के मध्य था।

समाजशास्त्रीय दृष्टिकोण से इस्लामी अभिजनों के लिए विकल्प ढूंढ़ पाना आसान नहीं था तथा किसी भी अवस्था में बहुत स्पष्ट नहीं था। ऐतिहासिक कारक भी समस्याएं पैदा कर रहे थे। मुस्लिम अभिजनों को उनके अतीत के प्रभुत्व तथा प्रतिष्ठापूर्ण प्रस्थिति, व बाद में इसके वापिस होने तथा खोने के बारे में स्पष्ट स्मृतियाँ थीं। अतः इनमें से अनेक के लिए अंग्रेजी राज्य से स्वतंत्रता का अर्थ था वही पुरानी प्रतिष्ठा व शक्ति वाली प्रस्थिति को पुनः प्राप्त करना, वे इसके इच्छुक थे और यदि सम्भव हो पाता तो इसे एकीकृत भारतीय राजनीति के ढांचे के अंतर्गत पाना चाहते थे, अन्यथा अपने स्वयं के इस्लामी राष्ट्र के गठन के माध्यम से चाहते थे। महत्वपूर्ण बिन्दु यह था कि मुस्लिम अभिजन स्वतंत्र भारत में इस्लाम के लिए एक अल्पसंख्यक दर्जे के बारे में सोच भी नहीं सकते थे; वे समान शक्ति एवं राजनैतिक समानता चाहते थे। बहुत पहले 1888 में, सर सैयद अहमद खान ने इन भावनाओं को मुखरित कियाः ''क्या इन परिस्थितियों में यह सम्भव है कि दो राष्ट्र– मुसलमान व हिन्दू एक ही सिंहासन पर बैठें तथा शक्ति में समान रहें? बिल्कुल नहीं। यह आवश्यक है कि इनमें से एक दूसरे को जीत ले और उसे नीचे धकेल दे। यह आशा करना कि दोनों समान रहेंगे, असम्भव व अकल्पनीय की इच्छा करना होगा।''[33]

यह सच है कि इस्लामी अभिजनों द्वारा (गैर–साम्प्रदायिक व्यक्तियों के अपवाद सहित) एक अलग इस्लामी राज्य, पाकिस्तान के गठन की आवश्यकता का स्पष्ट सूत्रण बाद में हुआ,[34] ऐतिहासिक एवं यथार्थवादी (existential) कारणों से अधिकांश मुस्लिम अभिजनों व जनता की अवचेतना (subconscious) में इसकी सामाजिक मनोवैज्ञानिक जड़ें जम चुकी थीं। प्रथम, मुस्लिम दिलों में हिन्दुओं के प्रति भय व संदेह की भावना थी जो कि भारत में इस्लाम की स्थापना से ही चली आ रही थी। इसे हिन्दू साम्प्रदायिक आंदोलनों ने और बढ़ावा दिया। मुसलमान न केवल तिलक व लाजपत राय के, अपितु गाँधी के भी विचारधारात्मक आह्वानों में साम्प्रदायिक रंग होने का संदेह करते थे, गाँधी ने अपनी विचारधारात्मक प्रस्तावों में अनेक सांस्कृतिक व सामाजिक प्रतीकों को प्रयुक्त किया, जिनसे नव–हिन्दूधर्म की अच्छी–खासी बू आती थी।[35] ''यह मानने के लिए पर्याप्त तर्क हैं कि गाँधी के दोहरे उद्देश्य थेः स्वतंत्रता प्राप्ति तथा हिन्दू धर्म को बचाना।''[36]

फिर कुछ अन्य कारण भी थे जिन्होंने पाकिस्तान के लिए अंतिम

साम्प्रदायिक विजय में योगदान दिया। इस्लामी तथा हिन्दू अभिजनों की आकांक्षाओं के मध्य एक ऐतिहासिक अन्तर्विरोध विद्यमान था, जिसका आधार इस्लामी अभिजन का भारत में अतीतकालीन इस्लामी प्रभुता पुनः पाने का अचेतन अथवा चेतन लक्ष्य और हिन्दू अभिजनों की विदेशी प्रभुता (इस्लामी व अंग्रेजी दोनों) के अवशेषों को हटाने की प्रतिबद्धता थी, जिसके सन्दर्भ में इनमें से अधिकांश ने राष्ट्रवाद को अर्थ दिया था। यह और भी अधिक स्पष्ट हो जाता है जब हमें पता चलता है कि इस्लामी परम्परा किसी भी प्रकार की बहुलवादी (Pluralistic) अथवा धर्मनिरपेक्ष राज्य (secular state) को नहीं स्वीकारती और यहाँ तक कि राष्ट्रीय मानसिकता वाले मुस्लिम अभिजनों के लिए जो कि विभाजन के विरुद्ध थे, हिन्दू बहुसंख्यक धर्मनिरपेक्ष राज्य में इस्लाम के सह–अस्तित्व का औचित्य सिद्ध करना प्रायः कठिन था। इसमें हिन्दू व इस्लामी परम्परा के मध्य समाजशास्त्रीय सम्बन्ध की प्रकृति को जोड़ा जा सकता है जो कि सदैव शक्ति पर आधारित संतुलन के नियम पर आधारित थी। इस्लाम व हिन्दू धर्म के मध्य सांस्कृतिक समागम तो था परन्तु दोनों के बीच पारस्परिक सांस्कृतिक स्वीकृति कभी नहीं थी। यह स्थिति भारत में दो वृहत् परम्पराओं के मध्य राजनैतिक–सांस्कृतिक अनुदारिता (Political-cultural insularity) हेतु एक सामाजिक–मनोवैज्ञानिक पृष्ठभूमि प्रदान करती है, यह अनुदारिता आज भी चली आ रही है।

यथार्थवादी परिस्थितियों ने भी पृथक्कीकरण को सम्पुष्ट (reinforce) किया। अंग्रेजी शिक्षा, आधुनिक व्यावसायिक एवं औद्योगिक गतिविधियों तक पहुंच के मामले में मुस्लिम हिन्दुओं से पीछे थे। आंशिक रूप से यह उनके अंग्रेजी प्रभुता के प्रति गहरी नाराजगी (जिसकी परिणति 1857 के गदर में हुई) और अंग्रेजों द्वारा लाए गए नवाचारों की अस्वीकृति,[37] के कारण थी और आंशिक रूप से उनके द्वारा मुगलकाल से ही औद्योगिक व वित्तीय गतिविधियों से रखी गई दूरी थी।[38] यह याद रखना होगा कि भारत में अंग्रेजी विजय के माध्यम से शक्ति खोने का दुखद प्रभाव हिन्दू अभिजनों की तुलना में मुस्लिम अभिजनों पर अधिक पड़ा। अंग्रेजी शासन के आरम्भ के साथ इस्लाम की परम्परा पर सांस्कृतिक अन्तर्मुखता व पलायनवाद की प्रक्रिया[39] छा गई जिसे हिन्दू परम्परा ने आरम्भिक चौदहवीं तथा पंद्रहवीं शताब्दी में झेला था। यह अपने मूल्य–परिवेश (ethos) में अनुकूलनात्मक होने के बजाय प्रतिक्रियात्मक अधिक हो गई और परिणामस्वरूप यह सांस्कृतिक आधुनिकीकरण में पिछड़ गई। इस प्रक्रिया में, भारत में इस्लामी परम्परा अत्यधिक राजनैतिकीकृत हो गई और इसे इसकी स्व–अस्मिता के प्रति बहुत चेतन कर दिया गया, परन्तु मोटे तौर पर यह आधुनिकीकरण की चुनौती स्वीकारने में असफल रही। पारम्परिक उलेमा तथा पश्चिमीकृत अभिजन के मध्य बीसवीं शताब्दी में एक विभेदीकरण हो गया। मोहम्मद अली जिन्ना तथा इक़बाल

जैसे लोगों के पश्चिमीकृत अभिमुखन थे, जिन्होंने पाकिस्तान की नींव डाली, अधिकांश उलेमा पारम्परिक मूल्यों में आबद्ध थे तथा लोकमत पर उनका नियंत्रण होने के कारण, उन्हें आसानी से चुनौती नहीं दी जा सकती थी। अतः इस्लाम में आधुनिकीकरण को या तो राजनैतिक अथवा सांस्कृतिक अर्थ में महान समाजशास्त्रीय महत्व की विशेष दुविधाओं का सामना करना पड़ा है, जिसे हम निम्न रूप से विश्लेषित कर सकते हैं।

इस्लाम की लघु परम्पराः इस्लामीकरण (Little Tradition of Islam: Islamization)

हिन्दू धर्म की भांति, इस्लाम में लघु एवं वृहत् परम्परा में अंतर न केवल इस बात का है कि लघु परम्परा ग्रामीण, जन–आधारित, अशिक्षितों की व कम औपचारिक होती है, जबकि वृहत् परम्परा अभिजन–आधारित, नगरीय, चिंतन करने वाली तथा औपचारिक होती है। ये अंतर वैध नहीं है। परन्तु भारत में इस्लाम की लघु परम्परा की एक विशिष्ट ऐतिहासिक विशेषता है कि यह मुख्यतया हिन्दू धर्म से धर्म परिवर्तित किए हुए लोगों की है। प्रायः इसमें आप्रवासी मुस्लिम अभिजनों के वे वंशज भी शामिल हो सकते हैं जो अपना ऐश्वर्य खोकर धीरे–धीरे जनता के निम्न प्रस्थिति तक आ पहुंचे हैं। ऐसा विश्वास करने के लिए पर्याप्त कारण हैं कि भारत में अंग्रेजी शासन की प्रारम्भिक अवस्था में मुस्लिम कुलीन वर्ग के भाग्य में ऐसे परिवर्तन असाधारण बात नहीं थी।[40] परन्तु फिर भी अधिकांश मुस्लिम जनसंख्या धर्म परिवर्तन से बनी है।

सांस्कृतिक प्रस्थिति में तीन प्रकार के आंदोलनों के अध्ययन हेतु हम इस्लामीकरण शब्द को प्रयुक्त करते हैं; इस्लाम में धर्म परिवर्तन करके समूहों की प्रस्थिति में एक उच्चतर सांस्कृतिक एवं सामाजिक (जिसका मुस्लिम शासन में अर्थ आर्थिक भी था) गतिशीलता; दूसरा इस्लाम में धर्म परिवर्तित लोगों में सांस्कृतिक व धार्मिक मामलों में रूढ़िवादिता की ओर आंदोलन; तीसरा गैर–मुस्लिमों द्वारा कुछ इस्लामी सांस्कृतिक मूल्यों तथा जीवन शैलियों को अपनाना जिसके पीछे कारण चाहे लाभ और हित साधने का हो या सांस्कृतिक सम्पर्क की ऐतिहासिक शक्तियों की वजह रहा हो। इन सभी संदर्भों में इस्लामीकरण समाजशास्त्रीय रूप से हिन्दू धर्म में लघु परम्परा में संस्कृतीकरण के समतुल्य हो सकता है। भारत में मुस्लिम प्रभुता की ऐतिहासिक स्थिति में, सांस्कृतिक व्यवस्था के रूप में इस्लाम स्वाभाविक रूप से सर्वोच्च सामाजिक प्रस्थिति, शक्ति एवं लाभ तक पहुंच को नियंत्रित करता था। इन परिस्थितियों में इस्लाम में धर्म परिवर्तन प्रस्थिति बढ़ाने का आसान व छोटा रास्ता प्रदान करता था। इसके लिए अन्य अपेक्षाकृत रूप से कम निश्चित तरीका चयनात्मक पर–संस्कृतिग्रहण था जिसके अन्तर्गत नए शासकों के लिए आवश्यक दक्षताओं

को सीखना व विकसित करना था। तीसरे संदर्भ में इस्लामीकरण, तथापि, हाल की (ब्रिटिश व ब्रिटिश के बाद) प्रघटना है, जिसमें इस्लामी समुदायों में अधिक राजनैतिकीकरण व अस्मिता–चेतना के फलस्वरूप इस्लाम की लघु परम्परा में पुनरुत्थान के आंदोलन का स्वरूप आता है। यह हिन्दू परम्परा से बढ़ती अलगाव की भावना के कारण हो सकता है जिसकी जनक बदलती हुई राजनैतिक, सांस्कृतिक एवं आर्थिक दशाएं हैं।

धर्म परिवर्तन के माध्यम से इस्लामीकरण से हमेशा आर्थिक लाभ नहीं हुआ है: अनेक धर्म परिवर्तन करके मुस्लिम बने हिंदुओं ने अपनी पारम्परिक दक्षताओं (skills) तथा व्यवसाय को बनाए रखा और उनकी प्रस्थिति आर्थिक रूप से नहीं बदली।[41] परन्तु जिस देश में मुस्लिम शासक राज करते हों, वहाँ धर्म परिवर्तन से सुरक्षा आश्वस्त हो जाती थी और क्योंकि अधिकांश धर्म परिवर्तन करने वाले निम्न जाति के थे, संभव है कि वे सांस्कृतिक–सामाजिक प्रस्थिति में यकायक परिवर्तन की मनोवैज्ञानिक अपील से अभिप्रेरित हुए हों। धर्म परिवर्तन में शक्ति का प्रयोग एक आम बात न होकर अपवाद अधिक थी और धर्म परिवर्तन के सर्वाधिक लोकप्रिय स्रोत सूफी[42] संत थे जो लोकप्रिय हिन्दू संतों से बहुत मिलती–जुलती भाषा में बात करते थे। धर्म के प्रति इनका रुख कम कठोर व रूढ़िवादी था। अज़ीज़ अहमद लिखते हैं :

> बड़ी संख्या में भारतीय जनता के इस्लाम में धर्म परिवर्तन के लिए शक्ति का प्रयोग सामान्य बात न होकर अपवाद था। उपमहाद्वीप की एक चौथाई जनसंख्या का इस्लाम में धर्म परिवर्तन अनेक कारणों से हुआ था। सर्वप्रथम इस्लाम उन भागों में तेजी से फैला, जहाँ इसके आगमन तक बुद्ध धर्म प्रचलित था, जैसे कि प्रायद्वीप के कुछ उत्तरी–पश्चिमी तथा पूर्वी भागों में। भारतीय तटों पर मुस्लिम व्यापारियों व बसने वालों द्वारा इस्लाम के प्रसार (proselytizing) को हिन्दू राजाओं ने एक गंभीर चुनौती के रूप में नहीं लिया, जिन्होंने इस्लाम में धर्म परिवर्तन पर कोई रोक नहीं लगाई, उन क्षेत्रों में वैसे भी मुस्लिम बहुत अल्प संख्या में थे। ब्राह्मणवादी हिन्दू धर्म ने इस्लाम के प्रसार का अधिक सख्ती से प्रतिरोध किया, परन्तु इसकी दुखती रग जाति व्यवस्था थी। निम्न हिन्दू जातियों के लिए इस्लाम को स्वीकार करना उनके हिन्दू समाज में पतित प्रस्थिति से मुक्ति पाकर शासक समुदाय के साथ सैद्धांतिक समानता पाना था; इसका अर्थ पूर्व–मुगल भारत में राजकीय नियुक्ति के बेहतर अवसर प्राप्त होना था।[43]

इस्लाम में इन बड़ी संख्या के धर्म परिवर्तनों से वास्तव में सवर्ण हिन्दुओं ने

इनकी ऊंची प्रस्थिति को स्वीकार नहीं किया, जिनके लिए प्रत्येक मुसलमान अस्पृश्य था अथवा मुस्लिमों के सर्वोच्च वर्ग, अशरफों ने भी इनकी ऊंची प्रस्थिति नहीं स्वीकारी, वे विवाह तथा सामाजिक व्यवहार के मामलों में निम्न जाति के धर्म परिवर्तित करके आए लोगों से सामाजिक दूरी रखते थे। यहाँ तक अशुद्धता–शुद्धता (Pollution-purity) के मानदण्डों का पालन होता था; मुसलमान भंगियों (अस्पृश्य) को अस्वच्छता के कारण मस्जिद में घुसने की इजाजत नहीं थी।[44] विवाहों में जाति (उर्दू में ज़ात कहते हैं), अंतर्विवाह और यहां तक कि अनुलोम विवाह (Hypergamy) चलती रही,[45] और परिवर्तित धर्म के लोगों ने अपनी पहले की जातियों की सांस्कृतिक, सामाजिक एवं कर्मकांडी अस्मिताओं को बनाए रखा। इस प्रकार बहुत कुछ हिन्दू परम्परा के प्रतिमान पर इस्लाम की सामाजिक संरचना में सामाजिक एवं कर्मकांडी प्रस्थिति में एक सोपानीकृत वर्गीकरण (hierarchical gradation) प्रविष्ट हो गया। फिर भी समाजशास्त्रीय रूप से यह एक विशिष्ट प्रतिमान की रचना करता है।

पारम्परिक रूप से अशरफों (चार आप्रवासी मुस्लिम समूहों) को भारतीय मुस्लिम समुदाय में सर्वोच्च स्थिति प्राप्त थी। इनके नीचे कुछ ऊँची हिन्दू जातियों से धर्म परिवर्तन करके आए लोग, विशेषतया राजपूत थे; इनके नीचे निम्न हिन्दू जातियों से धर्म परिवर्तन कर आए लोग तथा निम्नतम प्रस्थिति अस्पृश्य जातियों से धर्म परिवर्तन कर आए लोगों की थी।[46] धर्म बदल कर आए इन लोगों में इस्लामीकरण के अनेक सांस्कृतिक परिणाम थे। इस प्रक्रिया का एक स्वाभाविक परिणाम सांस्कृतिक समागम तथा सांस्कृतिक विविधिकरण (cultural diversification) था।[46a] ऐसा बताया गया है कि राजपूतों से मुसलमान बने लोग अपनी पूर्व जाति के कुछ मानदण्डों का, विशेषकर विवाह के नियमों तथा इसके कर्मकांडों का, बहुत कठोरता से पालन करते थे। यही बात अन्य जातियों के लिए सही थी। इस प्रक्रिया का महत्वपूर्ण परिणाम यह था कि सोपानक्रमिक मूल्य–अधिमान्यताओं (hierarchical value preferences) की प्रकृति में कोई परिवर्तन नहीं आया। उच्च जाति मुसलमानों तथा उच्च हिन्दू जातियों से बने मुसलमानों के सांस्कृतिक प्रतीक, जीवन–शैली तथा प्रथाएं नीची जाति मुस्लिमों के लिए एक 'संदर्भ प्रारूप' के रूप में महत्वपूर्ण बने रहे। हिन्दू जातियों के संस्कृतीकरण जैसी एक प्रक्रिया मुसलमानों में प्रचलित थी, जिसमें निम्न जाति के मुस्लिम ऊँची मुस्लिम जातियों, विशेषतः अशरफ समूह में से, की प्रथाएं तथा नाम (काल्पनिक वंशावली की रचना के माध्यम से) अपना कर अपनी जातिगत प्रस्थिति को ऊपर उठाने का प्रयास करते थे। गौस अंसारी इन्हें फर्जी– अशरफ (pseudo-Ashraf) कहते हैं।[47] हम इस प्रक्रिया को इस्लामीकरण कहते हैं। मजे की बात यह है कि संस्कृतीकरण की तरह, इस्लामीकरण से इन जातियों की अशरफ के तौर पर प्रस्थिति को ऊँची जातियाँ स्वीकार नहीं करतीं। इस प्रक्रिया

से केवल एक जाति में एकतरफा विभेदीकरण हो जाता है। संस्कृतीकरण की भांति, इस्लामीकरण में भी आकांक्षी समूह (aspiring group) की आर्थिक स्थिति में उत्थान के बाद उसमें प्रस्थिति गतिशीलता की आकांक्षा बलवती होती है। यद्यपि इस रूप में इस्लामीकरण की प्रक्रिया संस्कृतीकरण की तुलना में कम प्रचलित है।[48]

तथापि, इस्लामी सामाजिक संरचना के भीतर प्रस्थिति गतिशीलता की एक प्रक्रिया के रूप में इस्लामीकरण में संस्कृतीकरण से मिलती–जुलती अनेक समाजशास्त्रीय समानताएं हैं। इन दोनों प्रक्रियाओं में, प्रस्थिति में गतिशीलता पाने के लिए सांस्कृतिक रूप से उच्चतर समूहों की प्रथाओं तथा नामों को अपनाया जाता है। इन दोनों परिस्थितियों में 'संदर्भ प्रारूप' (reference model) की आर्थिक प्रस्थिति पारम्परिक रूप से बेहतर प्रकृति की चली आ रही है। अंततः, संस्कृतीकरण तथा इस्लामीकरण दोनों में आकांक्षी समूह की आर्थिक प्रस्थिति में कुछ हद तक सुधार होने के बाद गतिशीलता हेतु आकांक्षा बलवती होती है। जिसे हम एक मामले में संस्कृतीकरण तथा दूसरे में इस्लामीकरण कहते हैं, वस्तुतः, वह एक यथार्थवादी स्थिति (existential situation) की अभिव्यक्ति है– सबसे आसानी से प्राप्य संसाधनों को इस प्रकार प्रयोग में लाना कि सबसे कम प्रतिरोध हो, निम्न प्रस्थिति वाले समूहों द्वारा प्रस्थिति के सोपानक्रम में ऊपर चढ़ने का एक प्रयास है। एक ऐसी सामाजिक व्यवस्था में जहाँ अन्य साधनों के माध्यम से प्रस्थिति गतिशीलता के मार्ग खुले हुए नहीं हैं (उदाहरण के लिए, जनतांत्रिक राजनैतिक अधिकार, औद्योगीकरण एवं नगरीकरण, शिक्षा आदि के माध्यम से व्यावसायिक विविधीकरण), यह एक सामान्य सी अपेक्षा है कि सांस्कृतिक संरचना के कर्मकांडी प्रतीक, जीवनशैलियाँ तथा प्रथाएं व व्यवहार के तरीके, अर्थात् जाति इस प्रक्रिया में एक महत्वपूर्ण भूमिका निभाएगी। इसका सहयोगी पक्ष यह है कि, जैसे–जैसे प्रस्थिति गतिशीलता के अन्य संरचनात्मक रास्तों का विस्तार होगा, संस्कृतीकरण तथा इस्लामीकरण जैसी प्रक्रियाओं के माध्यम से इच्छित परिवर्तनों की घटनाएं महत्वपूर्ण रूप से कम हो जाएंगी। जाति में लम्बवत् गतिशीलता के स्थान पर जातियों की शक्ति के क्षैतिज दृढ़ीकरण (horizontal consolidation) की ओर चलन बढ़ेगा।

वस्तुतः ऐसी प्रवृत्ति चल रही है, यह अनेक आनुभाविक अध्ययनों द्वारा प्रमाणित है;[49] उसमें से कुछ को हमने ऊपर विश्लेषित किया है। भारत में इस्लाम की लघु परम्परा के मामले में ऐसी ही समान प्रक्रियाओं का प्रमाण, विशेषतया स्वातंत्र्योत्तर काल में मिलता है। स्वतंत्र एवं लोकतांत्रिक भारत में परिवर्तनशील राजनैतिक–सांस्कृतिक स्थिति के साथ, सांस्कृतिक परिवर्तन की प्रक्रिया के रूप में इस्लामीकरण का संदर्भ भी बदला है। पदों (ranks) के क्षैतिज दृढ़ीकरण की बढ़ती हुई प्रवृत्ति सामने आई है। यह हमें, हमारे द्वारा पहले बताए गए

इस्लामीकरण के दूसरे अर्थ के विश्लेषण हेतु प्रेरित करता है।

इस संदर्भ में इस्लामीकरण का अर्थ भारतीय मुसलमानों में एक नई अस्मिता को बनाने की बढ़ती प्रवृत्ति है। इस अस्मिता का आधार सांस्कृतिक जीवन के रूढ़िवादी इस्लामी नियमों की वृद्धि तथा इसकी संस्कृति में अब तक चले आ रहे इनके हिन्दू अतीत के अवशेषों के रूप में विद्यमान अनेक समागमी तत्वों की चेतन अस्वीकृति है। निम्न हिन्दू जातियों से धर्म परिवर्तन करके मुसलमान बने अनेक मुस्लिम समुदायों ने अभी तक हिन्दू धर्म, इसके उत्सवों, देवताओं तथा कुछ कर्मकांडों के साथ अपने सांस्कृतिक सम्बन्धों को जारी रखा था। अपवाद स्वरूप मामलों में, विवाह में न केवल जातिगत अंतर्विवाह अपितु गोत्र बहिर्विवाह के नियमों का भी पालन हो रहा था।[50] इनमें से कुछ समुदायों में प्रथम सहोदर विवाह (first cousin marriage) की प्रथा को भी स्वीकार नहीं किया गया जो कि इस्लाम में अधिमान्य है।[51] इनमें से अनेक व्यक्ति न केवल इस्लाम द्वारा निर्धारित धार्मिक कर्मकांडों का पालन करते थे अपितु हिन्दू पंचांग के कर्मकांडों का पालन करते थे तथा अनेक हिंदू देवताओं की पूजा करते थे।[52] इस प्रकार इस्लाम की लघु परम्परा हिन्दू धर्म की लघु परम्परा के साथ सैकड़ों वर्षों से सहजीवी रूप से एकीकृत थी। इस सम्बन्ध में पाकिस्तान हेतु राजनैतिक आंदोलन ने सर्वप्रथम तनाव पैदा किया, जिसके भारतीय मुसलमानों के राजनैतिक एवं धार्मिक दोनों प्रकार की लामबंदी (mobilization) के रूप में दोहरे प्रभाव थे। इसी काल में इस्लाम में तबलीग नामक पुनरुत्थानी मिशनरी आंदोलन मौलवी मोहम्मद इलियास ने प्रारम्भ किया। यह आंदोलन स्वतंत्रता के बाद विशेषकर अधिक लोकप्रिय हो गया,[53] परन्तु यह भारत में इस्लाम की लघु परम्परा को इसके हिन्दू धर्म से प्राप्त समागमी सांस्कृतिक अवशेषों से निजात दिलाने के एकमात्र उद्देश्य से पहले ही प्रारम्भ हो चुका था। यह एक प्रकार से आर्य समाज के हिन्दू पुनरुत्थानवादी आंदोलन की प्रतिक्रिया भी थी जो कि लगभग इसी समय शुद्धि आंदोलन में सक्रिय रूप से व्यस्त था, जिसका आशय धर्म परिवर्तन कर मुसलमानों की शुद्धि करके पुनः हिन्दू धर्म में लाना था।

इस्लाम की वृहत् परम्परा में रूढ़िवादी आंदोलन के साथ–साथ, बीसवीं शताब्दी के प्रथम चतुर्थांश में सक्रिय, तबलीग़ आदोलन ने इसकी लघु परम्परा में सांस्कृतिक पलायनवाद तथा क्षैतिज गतिशीलता को गति प्रदान की। 1947 में देश के विभाजन ने इस प्रवृत्ति को सम्पुष्ट किया। इसने भारत में बची हुई मुस्लिम जनसंख्या में अल्पसंख्यक चेतना को पुष्ट किया। विभाजन के बाद हुए साम्प्रदायिक दंगों ने मुसलमानों में सदमे से भरी मनोवैज्ञानिक भावना को जन्म दिया; हिन्दू सांस्कृतिक जीवन से अलगाव में और अधिक वृद्धि हुई, क्योंकि विभाजन के बाद आर्य समाज ने कुछ ऐसे मुस्लिम समुदायों का हिन्दू धर्म में परिवर्तन के लिए व्यवस्थित अभियान चलाए, जो सांस्कृतिक रूप से हिन्दू परम्परा

के समीप थे। इस प्रक्रिया में जोर–जबरदस्ती की गई, जिसका उन मुसलमानों ने भी विरोध किया जो पुनः धर्म परिवर्तन के लिए राजी हो गए थे।[54] अंततः लोकतांत्रिक प्रकार की एक ऐसी राजनैतिक व्यवस्था के साथ मुस्लिम समुदाय स्वाभाविक रूप से असुरक्षित महसूस करने लगा, जिसमें मुसलमानों के लिए अलग से निर्वाचन जनसंख्या (electorate) तथा आरक्षित सीटें नहीं थीं, परिणामस्वरूप, इस समुदाय को प्रभावशाली राजनैतिक सहभागिता के लिए एक एकीकृत समूह के रूप में लामबंदी (mobilize) करनी पड़ी।

धार्मिक पुनरुत्थान के रूप में, इस्लामीकरण ने हिन्दुओं के साथ चले आ रहे सांस्कृतिक सम्बन्धों से मुसलमानों को दूर कर दिया तथा बढ़ी हुई अस्मिता चेतना एवं राजनैतिक लामबंदी इस अल्पसंख्यक समूह के लिए सामान्य समाजशास्त्रीय प्रक्रिया थी, जिसे कि विभाजन के बाद जिस प्रकार की राजनैतिक व सामाजिक स्थितियों का सामना करना पड़ा। इस विषय पर उपलब्ध कुछ अध्ययनों के अनुसार, इस्लामीकरण, एक एकात्मक आंदोलन के रूप में, जो कि साम्प्रदायिक, सांस्कृतिक एवं राजनैतिक चेतना को सम्पुष्ट कर रहा है, भारत में मुसलमानों में जारी है। राजनैतिक व्यवहार में मुसलमानों में एक इकाई की तरह मतदान करने की प्रवृत्ति है। कोठारी एवं शेठ ने बताया हैः "मतदान में शियाओं और सुन्नियों के मध्य मुस्लिम समुदाय के पारम्परिक विभाजन तथा इनमें से प्रत्येक में, विभिन्न 'जमातों' के प्रति निष्ठा–सुलेमानी, अल्वी, ताई–संगठन और वोरा, मोमन, खोजा और शेख जैसे समुदायों में इन सबसे भेद बिम्बित नहीं हुए। चुनाव के दौरान, सबसे गहरी खाई वाले विभाजनों की भी दूरी न्यूनतम हो गई और मुस्लिम समुदाय में रहने वालों की हाल की गुटबाजी पर भी एकता की भावना छा गई।"[56]

भारत में अल्पसंख्यक समुदाय की प्रस्थिति वाले मुसलमानों के लिए, जो ऐतिहासिक रूप से लाभदायक सांस्कृतिक तथा राजनैतिक स्थितियों में थे, को अपने कल्याण तथा सांस्कृतिक निर्वाह के लिए यह अब आवश्यक हो गया था कि वे एकता में बंधकर एकात्मक समूहों का गठन करें। धर्म परिवर्तन के माध्यम से इस्लामी समुदाय में समाहित हुए विभिन्न प्रकार की नृतत्व मूल तथा सांस्कृतिक धाराओं से आए लोगों को एकता के सूत्र में पिरोने के लिए एकमात्र सम्भव विचारधारात्मक आधार इस्लामीकरण प्रदान करता है। यह अनेक मोर्चों पर प्रभावशाली सिद्ध होता है। राजनैतिक एवं आर्थिक क्षेत्र में हितसाधक एवं व्यावहारिक प्रतिबद्धताओं तथा गठजोड़ों का जाल बिछाकर यह लाभ की स्थिति प्रदान करता है। सांस्कृतिक क्षेत्र में यह स्वतः इस्लामी समुदाय को एक ठोस एकात्मकता की ओर ले जाने वाले एकात्मक प्रतीकों को पैदा करता है। मतदान प्रतिमान में मुस्लिमों के अत्यधिक व्यवहार कुशल रुख को पॉल आर.ब्रास ने संक्षिप्तीकृत करते हुए लिखा कि मुस्लिम मतदान प्रतिमान का एक नियत फार्मूला

है कि "यदि अकेली काँग्रेस एक मुसलमान प्रत्याशी खड़ा करती है तो मुसलमान काँग्रेस को मत देंगे; यदि कोई वामपंथी पार्टी अकेली मुसलमान प्रत्याशी खड़ा करती है तो मुसलमान वामपंथियों को वोट देंगे; यदि काँग्रेस व वामपंथी पार्टी, दोनों मुसलमान उम्मीदवार खड़ा करती हैं तो मुस्लिम वोट बंट जाएंगें। यदि कोई मुसलमान उम्मीदवार नहीं है तो, मुसलमान वामपंथियों के पक्ष में मतदान करेंगे।"[57] इन विकल्पों में अंतिम को छोड़कर बाकी सभी सीधे–सीधे रूप से व्यावहारिक हैं; अंतिम विकल्प व्यावहारिक हो या न हो परन्तु नगरीय कामगार–वर्ग वाले मुस्लिम समुदाय में उग्र सुधारवाद प्रतिबिम्बित होता है जो कि ऐसे समुदाय में प्रारूपात्मक रुख (typical attitude) हो सकता है। परन्तु यह माना जा सकता है कि इस वर्ग में उग्र सुधारवाद यथार्थवादी आवश्यकताओं (existential needs) के व्यावहारिक अहसास का परिणाम है।

मुसलमानों के इन राजनैतिक अभिमुखनों के बारे में बताकर हम उनकी राजनैतिक क्रिया में व्यावहारिकता के तत्व पर जोर नहीं देना चाहते। इसके विपरीत हमारा उद्देश्य राजनैतिक व्यवहार के इस स्वरूप और उस इस्लामीकरण की प्रक्रिया के मध्य सम्बन्ध को दर्शाना है, जो कि इस संदर्भ में इस्लामी साम्प्रदायिकता की शक्तियों को प्रतिबिम्बित करता है। केरल तथा मद्रास के कुछ भागों में मुस्लिम लीग का आकार इसी प्रघटना को प्रतिबिम्बित करता है;[58] कुछ हद तक (1960 से 1961) भारत में अन्य भागों में मुस्लिम लीग के पुनरुत्थान के कुछ चिन्ह भी देखने को मिलते हैं;[59] साथ ही साथ 1953 से भारतीय मुस्लिम कन्वेंशन ने इस समुदाय की सामान्य शिकायतों को सामने लाने के लिए ठोस मोर्चा खोल रखा है।[60] अपने राजनैतिक एवं आर्थिक उद्देश्यों को साधने के लिए इन प्रक्रियाओं के माध्यम से समुदाय की लामबंदी हेतु इस्लामीकरण एक विचारधारात्मक उपकरण प्रदान करती है।

इस्लामीकरण की राजनैतिक अभिव्यक्ति सांस्कृतिक आंदोलनों से भी सम्पुष्ट होती है। यह इस्लाम के मूल्य–परिवेश (ethos) से मेल खाता है, जिसमें धर्म तथा राजनीति एक समरूप नैतिक व्यवस्था में समाहित होते हैं। विभाजन के बाद से ही देश के अनेक भागों में तबलीग नामक पुनरुत्थानवादी आंदोलन, जिसके बारे में पहले बताया जा चुका है, मुस्लिम कृषक समुदायों के कर्मकांडों तथा प्रथाओं से हिन्दू लोक परम्परा के सांस्कृतिक तत्वों को निकालने के लिए प्रभावशाली ढंग से अभियान चला रहा है। हिन्दुओं व मुसलमानों के मध्य ऐसी सांस्कृतिक सहजीविता को अनेक नृतत्वशास्त्रीय तथा समाजशास्त्रीय अध्ययनों ने आलेखित किया है।[61] अहिंसा के सम्बन्ध में धार्मिक तथा लौकिक मूल्यों पर हाल ही किए गए एक अध्ययन ने हिन्दुओं तथा मुसलमानों की मूल्य व्यवस्थाओं में समानता के अनेक तत्व पाए।[62] मूल्यों पर एक अन्य अध्ययन ने उजागर किया कि आनुभाविक भाग्यवाद के मामले में हिन्दू व मुसलमान, मुस्लिमों व ईसाइयों की तुलना में

परस्पर अधिक समीप हैं।[63] इन दोनों समुदायों में मूल्यों की इस सहजीविता तथा संस्कृति व प्रथाओं के अनेक स्वरूपों में समानता के बावजूद हिन्दू एवं मुस्लिम सदैव बंटे रहे हैं तथा एक–दूसरे पर शक करते रहे हैं। यहाँ तक कि सशक्त समागमी आंदोलन भी खाई को नहीं पाट सके। सिखवाद, जो नानक के समागमी उपदेशों के प्रभाव से आरम्भ हुआ, उसका इस्लाम तथा एकेश्वरवाद के दर्शन पर गहरा प्रभाव पड़ा; प्रारम्भ में इसने अनेक मुसलमानों को आकर्षित किया[64] परन्तु बाद में यह इस्लाम के विरुद्ध मोर्चा बन गया। तथापि सत्पंथी, कबीरपंथी, इमामशाही[65] एवं अन्य संत परम्पराओं के मुसलमान व हिन्दू संतों के उपदेशों का गहरा सहजीवी प्रभाव पड़ा, इसके परिणामस्वरूप प्राप्त सांस्कृतिक देन हिन्दू धर्म एवं इस्लाम के मध्य सांस्कृतिक सेतु स्थापित नहीं कर पाई।[66]

हिन्दू धर्म एवं इस्लाम दो भिन्न पारम्परिक दृष्टिकोण हैं और आंतरिक रूप से भिन्न हैं। ऐतिहासिक कारकों ने इस प्रघटना को और अधिक प्रखर बना दिया है। ड्यूमाँ के अनुसार, भारत में दोनों परम्पराओं का सह–अस्तित्व का आधार हमेशा "धर्म एवं शक्ति के मध्य संतुलन"[67] में था। इस कथन के एक सहयोगी पक्ष के रूप में कहा जा सकता है कि मुस्लिम समुदाय द्वारा धार्मिक व सांस्कृतिक लामबंदी के माध्यम से उसकी पुनः भरपाई का एक प्रयास हो सकता है, जिसे कि वह मानता है कि वह शक्ति के क्षेत्र में खो चुका है।

संस्कृतीकरण की भांति, इस्लामीकरण एक प्रच्छन्न राजनैतिक, सांस्कृतिक आंदोलन है परन्तु आधुनिकीकरण से इसका सम्बंध किसी भी प्रकार से समझने में स्पष्ट अथवा आसान नहीं है। इन दोनों प्रक्रियाओं में एक तत्व समान है–दोनों ही चेतन अथवा अचेतन रूप से सोपानक्रम के नियम के विरुद्ध विद्रोह हैं–जो कि पारम्परिक विश्व–दर्शन का एक प्रमुख मूल्य घटक है। परन्तु संस्कृतीकरण के माध्यम से सोपानक्रम के विरुद्ध विद्रोह का अर्थ है परम्परा से दूर हटना। इसकी मनोवैज्ञानिक परिरेखाओं से यह अंततः आधुनिकीकरण की दर को बढ़ा सकता है। तुलनात्मक रूप से, इस्लामी परम्परा में आधारभूत गुणों के पुनरुत्थान के आंदोलन के रूप में इस्लामीकरण–<u>उम्मा</u> की एकता, बढ़ा हुआ समानतावाद, इस्लाम के शरिआ तथा अन्य कानूनी संहिताओं की अनुरूपता, इस्लाम में, जैसा कि चर्च है, उसके सापेक्ष अधिक संगठन–जनसंख्या पर धार्मिक अभिजनों की पकड़ बढ़ाकर अधिक रूढ़िवादिता में योगदान कर सकता है।

भारत में सामाजिक सुधार हेतु कानूनों (जिनमें कुछ तो पाकिस्तान जैसे इस्लामी राज्य में भी लागू किए जा चुके हैं।) के प्रति इस्लाम के द्वारा प्रदर्शित प्रतिरोध इस मान्यता को समर्थन देता प्रतीत होता है। ऐतिहासिक रूप से अधिकांश इस्लामी समाजों में जहाँ आधुनिकीकरण लाया गया, <u>उलेमा</u> के प्रतिरोध के बावजूद राजनैतिक अभिजनों ने पहल की थी। पाकिस्तान में 1961 में उलेमा को दरकिनार कर के राष्ट्रपति मोहम्मद अय्यूब खान ने मुस्लिम परिवार कानून

अध्यादेश (Muslim Family Law Ordinance) लागू कर दिया। भारत में, इस्लामी सामाजिक संरचना तथा इसके दकियानूसी मानदण्डों को सुधारने तथा आधुनिकीकरण की आवश्यकता के प्रति आभासी चिंता प्रकट करने के बावजूद, उलेमा इस मुद्दे पर कभी हाँ कभी ना की अनिर्णयात्मक स्थिति में रहते हैं। मजलिस–इ–तहकीकात–इ–शरिया (शरिया मुस्लिम संहिताओं के मूल्यांकन हेतु समिति) के तत्वावधान में 1963 में उलेमा द्वारा उठाए गए इस्लाम में सुधार के मुद्दे पर टिप्पणी करते हुए ज़िया–उल–हसन फारुक़ी लिखते हैं :

> मेरी धारणा यह है कि समय पर दर्शाई गई चिंता के बावजूद............... उलेमा ने समस्या को आधे–अधूरे मन से उठाया, जहाँ तक मैं जानता हूँ, अभी तक मजलिस ने कुछ भी ठोस नहीं किया है। यह अनमना रवैया सिर्फ इस विशिष्ट प्रश्न अर्थात् कानून सुधार (रेखांकित शब्द लेखक के हैं) तक ही सीमित नहीं है। मुस्लिम समाज के पुनर्निर्माण हेतु आम तौर पर उलेमा कोई भी सकारात्मक कदम उठाने में अक्षम हैं और फिर भी ये उलेमा ही नेता हैं तथा जनता पर प्रभुता रखते हैं।[69]

परिणामस्वरूप, संस्कृतीकरण तथा इस्लामीकरण के मध्य समानताएं इस बिंदु पर समाप्त हो जाती हैं। हिन्दू धर्म में उलेमा जैसा संगठित धार्मिक अभिजन नहीं है, जो पारम्परिक मानदण्डों की अनुरूपता को लागू करे; संस्कृतीकरण का आंदोलन, ब्राह्मण पुजारियों द्वारा स्वीकृत नहीं है, फिर भी जारी है। इसके विपरीत, इस्लामीकरण न केवल धार्मिक अभिजनों द्वारा निर्मित है अपितु इसका परिणाम मुस्लिम जनता पर धार्मिक अभिजनों की पकड़ में वृद्धि में होता है। अतः यह एक सर्वोत्तम परम्परायीकरण का आंदोलन है। यह इस्लाम की वृहत् परम्परा का इसकी लघु परम्परा पर बढ़ती पकड़ का प्रतीक है। राजनीतिकरण इसका स्वाभाविक अधि–उत्पाद (by-product) है पर इसमें संदेह है कि इसका परिणाम इस्लाम की रूढ़िवादी परम्परा से हटकर होता है।

इस्लामीकरण का तीसरा स्वरूप, जिसका अब कम ऐतिहासिक महत्व है, भारत के मुस्लिम शासन के दौरान बना। अनेक हिन्दू समुदायों व जातियों ने मुगलकाल में अनेक मुस्लिम सांस्कृतिक प्रतिमान, भोजन की आदतों से लेकर, पोशाक शैली, फारसी भाषा को सीखना, कुछ मुस्लिम धार्मिक–सांस्कृतिक प्रथाओं को मनाने तक अपनाए। उत्तर भारत के कायस्थ फारसी के विद्वान व कुशल लेखकों के तौर पर प्रसिद्ध थे। उन्होंने यह भाषा सिकंदर लोधी तथा सूरी[70] के शासनकाल में सीखी। मुहम्मद शाह के शासनकाल में सारे लिपिकीय पदों पर उनका एकाधिकार था।[71] पंजाब में खत्री तथा यू.पी. में क्षत्रिय इस्लाम के सांस्कृतिक प्रभाव में आए क्योंकि इनमें से अधिकांश मुगल राजाओं के लिए

मनसबदार (सैन्य कमांडर) थे। सिंध में आमिल इस्लामी सांस्कृतिक सम्पर्क में आए और परिणामस्वरूप अरब विजय के तुरंत बाद इस्लामीकृत हो गए। भारत में इस्लामीकरण का एक अन्य समाजशास्त्रीय मामला कश्मीरी पंडितों का है, जो ब्राह्मणों के तौर पर भारत में इस्लामी प्रथाओं तथा व्यवहार के तौर–तरीकों के साथ गहरे नजदीकी सम्बन्धों का एक अनूठा उदाहरण पेश करते हैं। उन्होंने फारसी सीखना व मांसाहारी भोजन अपना लिया, जो कि सामान्यतया ब्राह्मणों के लिए वर्जित (Taboo) है। वे मुस्लिम शैली की पोशाक पहनने लगे तथा अनेक मुस्लिम त्यौहारों को मनाने लगे। अहमद लिखते हैं :

> कायस्थ, खत्री, कश्मीर के पंडित, सिंध के आमिलों जैसे कुछ हिन्दू समुदायों ने मुस्लिम संस्कृति को अपना लिया, मुस्लिम भाषाओं व साहित्य में शिक्षित हुए, प्रभावशाली तरीके से मुस्लिम प्रशासन में भाग लिया और यहाँ तक कि अपने घरेलू जीवन को भी मुस्लिम जीवन शैली के अनुरूप ढाल लिया। यह सामाजिक विकास आज भी अन्य सभ्यताओं के अभिजनों द्वारा 'आधुनिकीकरण' से भिन्न नहीं था। इन समुदायों के सदस्य अपने धर्म के अलावा मुस्लिमों से मुश्किलों से अलग पहचाने जाते थे। कुछ लोगों ने तो कुछ द्वैतीयक मुस्लिम धार्मिक–सामाजिक रीतियाँ भी अपना ली थीं, जैसे हुसैन की शहादत पर मर्सिया लिखना। कुछ ने आंशिक मुस्लिम नाम अपना लिए............. .. मुसलमानों के साथ अपनी अस्मिता मिलाने के लिए। कुछ, यद्यपि इनमें से सभी नहीं, तो अपनी स्वयं की संस्कृति से भी आंशिक रूप से अलग हो गए।[72]

इस स्वरूप में इस्लामीकरण, भारत में आरम्भिक पश्चिमीकरण की भांति, उस प्रभु शासक समुदाय की संस्कृति में पूर्वाभासी समाजीकरण (anticipatory socialization) के रूप में चलता रहा, जिसकी उस समय न केवल उच्चतर प्रस्थिति थी अपितु जो उच्चतर पदों व भौतिक लाभों तक पहुंचने के एक मार्ग का भी कार्य करता था। यह एक अटकल का विषय है कि किस हद तक यह नई परम्परा के नितांत सांस्कृतिक आकर्षण के कारण अभिप्रेरित हुई।

इस्लाम तथा भारत में आधुनिकीकरण
(Islam and Modernization in India)

हिन्दू धर्म के बाद आकार व महत्व में भारत में दूसरा स्थान रखने वाली, इस्लामी सांस्कृतिक प्रक्रिया, सांस्कृतिक आधुनिकीकरण की प्रक्रिया हेतु अनूठी समस्याएं पेश करती है। ऐतिहासिक कारणों से भारतीय मुसलमान एक बहुत ही स्व–चैतन्य (self-conscious) समुदाय है। अंग्रेजी शासन व तत्पश्चात् विभाजन के प्रभाव ने

इस जागरूकता को और बढ़ा दिया है। आधुनिकीकरण का अर्थ सांस्कृतिक उदारवाद तथा व्यावहारिकता (pragmatism) की नीति होता है। ये मूल्य एक विशेष प्रकार की सांस्कृतिक एवं सामाजिक संरचना में पैदा होते हैं, एक ऐसी संरचना जिसमें "लोग भविष्य को दैवीय न मानते हुए प्रयासों द्वारा अर्जित किया जा सकने वाला मानते हैं और अपने स्वयं के निजी भविष्य को विरासत के स्थान पर उपलब्धियों में देखते हैं।"[73] आधुनिकीकरण की पूर्व–आवश्यकताओं के साथ इस्लाम की सांस्कृतिक परम्परा कहाँ तक सहसम्बन्ध रखती है? हमारा विश्लेषण प्रकट करता है कि जाति के सोपानक्रम जैसे नियमों के रूप में परम्परावाद के तत्व, धार्मिक पुरुत्थानवाद, सांस्कृतिक एवं धार्मिक सुधारों के प्रति प्रतिरोध भारत में समकालीन इस्लाम की वे शक्तियाँ हैं जो आधुनिकीकरण की मूल्य व्यवस्था के विरुद्ध हैं। आधुनिकीकरण के इन सांस्कृतिक प्रतिरोधों में से कुछ हिन्दू धर्म व इस्लाम में समान हैं–जैसे कि समाज का विभिन्न जातियों में सोपानक्रमिक विभाजन जो कि सामाजिक सहभागिता, सामाजिक गतिशीलता और परिणामतः समानुभूतिपूर्ण योग्यता (empathic ability) के पैमाने को संकुचित करता है। फिर भी इस्लाम में प्रभु अभिजन–उलेमा–एक रूढ़िवादी शक्ति हैं, हिन्दू परम्परा में उलेमा के समतुल्य कुछ नहीं है। यहाँ यह स्मरणीय है कि भारत में पश्चिमीकरण के अगुवा बाह्मण रहे हैं।[74]

पाकिस्तान, इंडोनेशिया तथा कुछ अरब देशों में शक्तिशाली राजनैतिक अभिजनों व मध्य वर्ग के विकास ने धार्मिक अभिजनों के प्रभाव को दरकिनार कर सांस्कृतिक आधुनिकीकरण की प्रक्रिया में योगदान दिया है। तुर्की एक ऐसा उदाहरण है, जहाँ राजनैतिक अभिजनों ने धार्मिक अभिजनों को लगभग उखाड़ फेंका। यद्यपि, यह एक अतिवादी उदाहरण है। इस्लामी परम्परा के आधुनिकीकरण हेतु धार्मिक व राजनैतिक अभिजनों के मध्य संवाद आवश्यक है। धार्मिक अभिजन भी 'सांस्कृतिक मध्यस्थों' की भूमिका निभा सकते हैं और इस प्रकार लोगों में शिक्षा तथा नए राजनैतिक मूल्यों के प्रसार के माध्यम से आधुनिकीकरण में योगदान दे सकते हैं। हिन्दू तथा मुस्लिम दोनों परम्पराओं के लोगों में आधुनिकीकरण के प्रति दुविधा की भावना समान विरासत के रूप में विद्यमान है। सांस्कृतिक अनुकूलनों की सभी पारम्परिक अवस्थाओं की यह एक विशेषता है। यह मध्य पूर्व के आधुनिकीकृत हो रहे देशों में भी पाई जाती है, जहाँ कि यह कहा जाता है "अब बुद्धिजीवी बढ़ते इस्लामी स्व–महिमामंडन (Islamic self-glorification) की ओर झुकने को बाध्य महसूस करते हैं। कुछ अपनी आधुनिकता पर शर्मिंदा हैं और उसे छुपाने का प्रयास करते हैं।"[75]

जैसा कि लर्नर ने बताया है, मध्य पूर्व के इस्लामी देशों में आधुनिकीकरण नगरीकरण में वृद्धि से हो रहा है, जिसके कारण साक्षरता बढ़ रही है और सूचना के माध्यमों (समाचार पत्र, पुस्तकें तथा अन्य जन संचार या मास मीडिया) तक

पहुंच बढ़ रही है और यह सब लोगों को अधिक राजनैतिक व आर्थिक सहभागिता के लिए सक्रियकृत कर रहा है। जैसे–जैसे अधिकाधिक लोग इन आधुनिकीकरणशील स्थितियों का सामना कर रहे हैं, आधुनिकीकरण के प्रति संचयी संवेग (cumulative momentum) बढ़ रहा है। यह पारम्परिक प्रवृत्तियों के विपरीत संक्रमणात्मक एवं आधुनिक प्रवृत्तियों के नए अभिजन पैदा कर रहा है। इस्लामी परम्परा की प्रकृति चाहे जो हो, अन्य किसी भी समुदाय की भांति भारत में मुसलमानों का इन प्रक्रियाओं से वास्ता पड़ रहा है, जो आधुनिकीकरण की ओर ले जाती हैं। अब मुस्लिम समुदाय में उच्च राजनैतिक लामबंदी तथा अस्मिता निर्माण (identity formation) की प्रवृत्तियाँ दिखाई दे रही हैं। यह तथ्य इंगित करता है कि यह स्थिति शायद आधुनिकीकरण के पक्षधर नेतृत्व व सामाजिक–सांस्कृतिक शक्तियों के विकास के पहले की हो।

आधुनिकीकरण के प्रति अत्यधिक प्रतिरोध का एक स्रोत इस्लामी सामाजिक संहिताओं की अपरिवर्तनशीलता में है। तथापि, गे सामाजिक संहिताएं भी, जैसा कि अनेक विद्वानों ने विश्लेषण किया है, सदैव कठोर नहीं रही हैं। जब अन्य संस्कृतियों ने इस्लाम अपनाया तो उन संस्कृतियों की सामाजिक संहिताओं को स्थान देने के लिए अनेक अनुकूलन हुए हैं। अतः इस बात की सम्भावना है कि ये संहिताएं आधुनिकीरण की आवश्यकताओं के साथ सामंजस्य कर लें, पारम्परिक रूप से सामंजस्य (adjustments) इज्तिहाद के माध्यम से किए जाते थे। इस्लामी कानून की समीक्षा करते हुए नोएल जे. कौलसन लिखते हैं:

> परन्तु इस्लामी न्यायशास्त्र (jurisprudence) चाहे कितनी भी समस्याओं से जूझ रहा हो, कानूनी आधुनिकता ने कम से कम <u>शरिआ</u> कानून में नया जीवन व हलचल फूंक दी है और इसकी रुंधी हुई धमनियों को मृत्यु पश्चात् शरीर की जकड़न की स्थिति होने से पहले उबार लिया है। मध्ययुगीन विद्वानों के सिद्धांतों के अंधानुकरण का तक़लीद का युग इस्लामी इतिहास में एक लम्बे समय तक चला प्रतिबंध जैसा प्रतीत होता है। ठहराव ने अब नई जीवंतता (vitality) और विकास की सम्भावना के लिए रास्ता दे दिया है।[76]

आधुनिकीकरण के प्रति इस्लामी कानून के आंतरिक प्रत्युत्तर की यह नई अवस्था देर सवेर भारत तक भी पहुंचेगी। तब तक भारतीय इस्लाम में आधुनिकीकरण अन्य सांस्कृतिक मोर्चों पर होगा। शिक्षा ऐसा ही एक महत्वपूर्ण सांस्कृतिक मोर्चा है। इंडोनेशिया में आधुनिकीकरण शिक्षा के प्रसार द्वारा महत्वपूर्ण तरीके से प्रभावित हुआ है। क्लिफोर्ड गेयर्ज़ लिखते हैं :

> बजाय धार्मिक संगठन के सोपानक्रम के पुनर्गठन अथवा सामूहिक नमाज की प्रथा में परिवर्तन के अथवा कम से कम आरम्भिक रूप से

> धर्मशास्त्रीय अटकलों के पुनर्अभिमुखन में एक धार्मिक व्यवस्था के रूप में 'इस्लाम' का पुनर्नवीनीकरण अपना केन्द्र शैक्षणिक सुधार में पाता है। इस तथ्य के 'इस्लामी समाज के आधुनिकीकरण' की सम्पूर्ण प्रक्रिया के लिए कुछ महत्वपूर्ण निहितार्थ न केवल इंडोनेशिया में अपितु बहुत सामान्य हैं।[77]

तथापि, प्रश्न उठता है : इस्लाम में आधुनिकीकरण हेतु क्या शिक्षा अपने आप में पर्याप्त उत्प्रेरक हो सकती है? इस बात से कोई इन्कार नहीं कर सकता कि विशेषतः उच्च स्तर पर जिस तरह शिक्षा दी जा रही है, उस आधुनिक शिक्षा की संवर्गात्मक संरचना (categorical structure), भावना में आवश्यक रूप से आधुनिकीकरण करने वाली है। इसकी मूल्य संरचना कारणात्मक, उपयोगितावादी तथा संभावनावादी है। जिस विश्व–दर्शन पर इसकी नींव डाली गई है, वह उदारवादी है। परन्तु यह शायद अंग्रेजों द्वारा दिए गए प्रतिमान पर ढली केवल महाविद्यालयी व विश्वविद्यालयी शिक्षा के मामले में ही सत्य हो और इस मामले में भी यह केवल सैद्धांतिक अर्थ में सही है। भारत में महाविद्यालयी स्नातक इन आधुनिक मूल्यों को वास्तव में कितना आंतरीकृत कर रहें हैं, यह एक अनुमान का विषय है। इस प्रघटना को जानने के लिए किए गए कुछ अध्ययनों से पता चलता है कि भारत में शिक्षा अनेक 'संक्रमण प्रकार' के युवा पैदा कर रही है जो एक आधुनिकीकृत युवा–सामाजिक संरचना देने के स्थान पर पारम्परिक व आधुनिक विश्व–दर्शन के बीच के हैं।

पारम्परिक रूप से मुसलमानों को पारम्परिक तरीके से शिक्षा मदरसों के माध्यम से दी जाती थी जो आकार व शिक्षा स्तर के मामले में भिन्न–भिन्न होते थे। ये मदरसे न तो विज्ञान व मानविकी जैसे आधुनिक लौकिक विषय पढ़ाने पर जोर देते थे और न इनके पास पढ़ाने के अथवा सीखने के आधुनिक तरीके थे। तथापि, अंग्रेजों के आगमन के बाद स्थिति बदल गई। सन् 1875 में, एंग्लो–ओरियंटल कॉलेज की स्थापना हुई जो बाद में अलीगढ़ मुस्लिम विश्वविद्यालय कहलाया। सन् 1919 में हैदराबाद में उस्मानिया विश्वविद्यालय स्थापित किया गया, जहाँ पढ़ाने का माध्यम उर्दू था। पारम्परिक संस्थाएं शिक्षा के इन आधुनिकतावादी केन्द्रों के साथ–साथ चलती रहीं परन्तु बाद में वे भी प्रभावित हुईं। वर्तमान में यद्यपि, शिक्षा की अनेक पारम्परिक मुस्लिम संस्थाएं निरन्तर पारम्परिक आधार पर शिक्षा प्रदान कर रही हैं, फिर भी इनकी प्रवृत्ति आधुनिक शिक्षा की ओर है। ए. यूसुफ अली लिखते हैं :

> शिक्षा में पाश्चात्य प्रभाव अधिक सकारात्मक हैं। सरकारी विद्यालयों तथा विश्वविद्यालयों में आधुनिक शिक्षा को मानकीकृत (standardized) कर दिया गया है; उनके स्वयं के चाहे जो विशिष्ट

> लक्षण हों, परन्तु उन्हें सामान्य प्रावधानों (general provisions) तथा अनुदान की व्यवस्था के माध्यम से सामान्य मानकों का पालन करने के लिए बाध्य किया जाता है। आधुनिक प्रभाव देवबंद में दारूल–इस्लाम को भी प्रभावित करता है, जो कि संयुक्त प्रांत [United Provinces] (अब उत्तर प्रदेश) में है तथा अत्यंत रूढ़िवादिता के केन्द्रों में से एक है.............. कलकत्ता मदरसा की एक आधुनिक जगह है, जिसे कि सरकार नियंत्रित करती है, और दिल्ली अरेबिक कॉलेज को दिल्ली विश्वविद्यालय के मानकों के अधीन चलना पड़ता है। लखनऊ में नदवत्–उल–उलामा के आधुनिकीकरण में सबसे बड़ा योगदान मौलवी शिबली नुमानी के प्रयासों का रहा है। दिल्ली की जामिया मिलिया मुस्लिम राष्ट्रवाद के उद्वेग के अंतर्गत अलीगढ़ विश्वविद्यालय की प्रतिद्वंद्वी के रूप में स्वर्गीय श्री मुहम्मद अली ने प्रारम्भ की, परन्तु वर्तमान में यह एक योग्य प्रबंधन के हाथों में है जो बहुत आधुनिक और व्यावहारिक किस्म का है............ सम्पूर्ण भारत के लिए सामान्यतः यह कहा जा सकता है कि इस पीढ़ी के 95 प्रतिशत विद्यार्थी ऐसी शिक्षा पा रहे हैं, चाहे वह अंग्रेजी में न हो, एक शताब्दी पूर्व पारम्परिक शिक्षा से पूर्णतया भिन्न है।[78]

स्वतंत्रता के पश्चात्, सभी समुदायों में आधुनिक शिक्षा की आकांक्षा बढ़ गई है। अनेक राज्यों में इस प्रकार की नीतियाँ निर्धारित हैं कि शिक्षा में साम्प्रदायिक तत्व को घटाया जाए ताकि लौकिकता की नीति से सम्पुष्ट किया जा सके। यह हमेशा सफल नहीं रहा है अथवा इसे बिना नाराज़गी के स्वीकार नहीं किया गया है।[79] यद्यपि, दीर्घकाल में आधुनिक शिक्षा पर महत्व ऐसे परिणाम लाएगा जो आधुनिकीकरण की संस्कृति के अनुरूप हों।

आधुनिक शिक्षा के प्रति मुस्लिम धार्मिक अभिजनों की प्रतिक्रिया सदैव दुविधा से लेकर उग्र विरोध की रही है। इन अभिजनों में निम्नतर स्तर (बाजार मौलवी) पर यह प्रतिरोध विशेष रूप से कठोर रहा है।[80] परन्तु अभी हाल के अध्ययन ने बताया है कि मुस्लिम राजनैतिक अभिजनों में भी काफी संख्या में धार्मिक रूढ़िवादिता, खासतौर पर पर्सनल लॉ, पर्दा व्यवस्था तथा परिवार नियोजन के मामले में बनी हुई है।[81] भारत में इस्लाम के आधुनिकीकरण के बारे में यह एक रोचक विशेषता है कि इस सांस्कृतिक व्यवस्था के प्रति रुझान कभी पारम्परिक पथ से विचलन की दर्द भरी चेतना के बिना नहीं होता। मुसलमानों द्वारा आधुनिकीकारक अनुकूलनों के वैधकरण के नए स्रोतों का अभी पूरी तरह से संस्थायीकरण नहीं हुआ है। इसका संस्थायीकरण हिन्दू धर्म में भी नहीं हुआ है, परन्तु सांस्कृतिक नवाचारों में उदारवादिता की इसकी सामान्य विशेषता तथा एक

संगठित चर्च के अभाव में यह इस्लाम की भांति उसी मात्रा में मूल्यों के संकट नहीं पैदा करता।

इस्लाम में आधुनिकीकरण हेतु वैधकरण को भारत में इस समुदाय की सामाजिक संरचना से उभरना चाहिए। आंशिक रूप से इसे विदेशों में आधुनिकीकृत हो रहे मुस्लिम समाजों से आना चाहिए। आधुनिकीकरण के लिए पाकिस्तान सबसे नजदीकी संदर्भ प्रारूप प्रदान कर सकता है, परन्तु अभी इसने ऐसा नहीं किया है। वहाँ पर्सनल लॉ काफी हद तक आधुनिकीकृत कर दिए गए हैं, परन्तु भारतीय मुसलमान इनका विरोध करते हैं। इसका उत्तर शायद इस तथ्य में है कि अभी तक यहां आधुनिक अभिमुखन का कोई प्रभावशाली नेतृत्व नहीं उभरा है जो समुदाय को सक्रिय कर सके और इस अभिमुखन का जो कुछ भी नेतृत्व अस्तित्व में है, वह आधुनिकीकरण के अपने प्रयासों में हिन्दू बहुसंख्यक समाज के भय व संदेह के कारण उलझन में है और यह भय व संदेह अभी तक विलुप्त नहीं हुआ है। आधुनिकीकरण हेतु आवश्यक वैधकरण के लिए नए नियमों के विकास में विश्वास का अभाव एक प्रमुख बाधा है। तार्किक रूप से हिन्दू समुदाय इस संदेह को दूर करने में सहायता कर सकता है तथा इस्लाम में आधुनिकीकरण की शक्तियों को सशक्त कर सकता है। तब तक आधुनिकीकरण एक आधे–अधूरे मन का प्रत्युत्तर रहेगा तथा प्रकृति में बहुधर्मी बना रहेगा। इसके कारण वास्तविक होने के स्थान पर हितसाधक (expedient) अधिक हैं, परन्तु क्या यह सभी विकासशील देशों के आधुनिकीकरण में सार्वभौमिक मनोविज्ञान (universal psychology) नहीं है? अतः इस्लाम अकेला अपवाद नहीं है।

टिप्पणियां तथा संदर्भ
(Notes and References)

1. द्वंद्वात्मक दृष्टिकोण से सम्पूर्ण मार्क्सवादी समाजशास्त्र में परिवर्तन के अंतःजनित कारण पाए जा सकते हैं। मैक्स वेबर की कृति, द प्रोटेस्टेंट एथिक एण्ड द स्पिरिट ऑफ कैपिटलिज्म, में नए मूल्यों–समाज के संस्थायी रूपान्तरण हेतु प्रोटेस्टेंट नीतियों–के नवाचारों के माध्यम से होने वाले सांस्कृतिक परिवर्तन की अन्तजनित प्रकृति पर हमें इसी प्रकार का जोर देखने को मिलता है। सोरोकिन तथा क्रोबर के संस्कृति–परिवर्तन के सिद्धान्त स्पष्टतः परिवर्तन के अन्तःजनित स्रोत पर जोर देते हैं। यहाँ तक कि दुर्खीम भी समाज में श्रम विभाजन के अपने सिद्धान्त में इस प्रघटना की अन्तःजनित कारणात्मकता की प्रस्थापना देते हुए प्रतीत होते हैं। जब वे प्राकृतिक वृद्धि के माध्यम से जनसंख्या को गतिशील घनत्व

में परिवर्तनों के द्वारा श्रम विभाजन की व्याख्या करते हैं। सामाजिक परिवर्तन के सभी नवाचारी सिद्धान्त परिवर्तन की कारणात्मकता हेतु प्रत्यक्ष अथवा परोक्ष रूप से अन्तःजनित कारकों की प्रस्थापना करते हैं। यहाँ तक कि अनुकरणात्मक नवाचार, जो कि सृजनात्मक नवाचार की अपेक्षा अधिक प्रचलित होता है, लोगों के सांस्कृतिक प्रतिमान में अन्तःजनित परिवर्तन का कारण होता है। उदाहरणार्थ, देखिए, Everett Hagen, (op. cit., pp. 86-98) and H.G. Bernett, *Innovation the Basis of Cultural Change* (New York: McGraw-Hill Book Company, Inc., 1953), pp. 181-224. सोरोकिन के विचारों के लिए देखिए उनकी पुस्तक *Social and Cultural Dynamics* (New York: 1937), Vol. I; संस्कृति के वृद्धि के अपने सिद्धान्त को क्रोबर अपनी पुस्तक–*Configuration of Culture Growth* में प्रतिपादित करते हैं (Berkeley: 1944) तथा दुर्खाइम के लिये देखिये उनकी पुस्तक *Divison of Labour in Society* (Glencoe, Illinois: The Free Press, 1947.)

2. आरनॉल्ड जे. टॉयनबी ने अपने उपागम को निम्न शब्दों में संक्षिप्तीकृत किया है: "हमने उन प्रक्रियाओं की जॉच को अब पूरा कर लिया है जिनके द्वारा सभ्यताएँ विकसित होती हैं, तथा अनेक मामलों में जहाँ हमने जाँच की है, प्रक्रिया एक ही प्रतीत होती है। विकास तब होता है जब कोई व्यक्ति अल्पसंख्यक अथवा सम्पूर्ण समाज एक प्रत्युत्तर द्वारा चुनौती का उत्तर देता है जो कि न केवल उस विशिष्ट चुनौती का उत्तर देता है जिसने इसे उकसाया है अपितु उत्तरदाता के द्वारा एक नए प्रत्युत्तर की संभावना भी खोल देता है तथा किसी भी मामले में, विकास की प्रक्रिया जारी रहती है, जब तक कि संतुलन के व्यवधान की यह बारम्बार घटित होने वाली गतिशीलता बनी रहती है। यह विकास की प्रक्रिया है जैसा कि हमने अनेक मामलों के तुलनात्मक अध्ययन में देखा है। यद्यपि यह प्रक्रिया समरूप हो सकती है, परन्तु इस प्रक्रिया से गुजरने वाले विभिन्न दलों के अनुभव समान नहीं होते।" दखिए Toynbee, *A Study of History* (London: Oxford University Press, 1948), Vol. III, p. 377. टॉयनबी के अनुसार, सभ्यताओं के विकास की प्रक्रिया में, जिसे कि उस समाज के सृजनशील अभिजन एवं समाज के अल्संख्यक सृजनशील व्यक्ति इसे सप्रयास बढ़ाते हैं, "निकासी" तथा 'लौटने' की अवस्थाएँ होती हैं जो व्यक्ति अभिजन (जैसे बुद्ध, मोहम्मद साहब, सैंट पॉल, आदि, उनके द्वारा वर्णित, op.cit., pp.263-332) तथा समाजों पर लागू होती हैं। टॉयनबी के 'निकासी' की अवधारणा की तुलना नवाचारी व्यक्तियों के विकास हेतु पूर्व–आवश्यक प्रक्रिया में हेगन द्वारा प्रयुक्त 'पलायनवाद' से की जा सकती है। Cf. Everett E. Hagen, Supra, pp. 123-160.

3. एशिया, अफ्रीका मध्य–पूर्व एवं लैटिन अमेरिका के विकासशील समाजों में पाश्चात्य सम्पर्क के प्रति पर–संस्कृति भयपरक प्रतिक्रिया देखी गई है। डेनियल लर्नर द्वारा अध्ययन किए गए मध्य पूर्वी देशों में अभिजनों की पश्चिमीकरण के प्रति प्रतिक्रिया

पर–संस्कृति भयपरक व दुविधापूर्ण है। Daniel Lerner, *The Passing of Traditional Society*, London: The Free Press of Glencoe, 1964, pp. 408-409); Cf. Edward Shils, "The Intellectual Between Tradition and Modernity); The Indian Situation," *Comparative Studies in Society and History* Supplement I (The Hague: Mouton & Co., 1961) गैर–पाश्चात्य देशों की अस्मिता चेतना दर्शाने हेतु टॉयनबी ने प्रौद्योगिकी की पाश्चात्य उपलब्धियों के प्रति चीन की उदासीन प्रतिक्रिया के रोचक मामले को बताया एवं उद्धृत किया है। इन्हीं उद्देश्यों के प्रति वे भारत में गांधी की भूमिका के बारे में भी बताते हैं। (Supra, p.190)

Cf. Clyde Kluckhohn, "Universal Categories of Culture", *Anthropology Today* (ed.) A.L. Kroeber (Chicago: University of Chicago Press, 1953), pp. 507-523. Abraham, Kardiner, *Individual and His Society* (University of Columbia Press, 1955), Ch. I.

मरियन जे.लेवी जूनियर आधुनिकीकरण को प्रौद्योगिकीय विकास के संदर्भ में परिभाषित करते हैं। वे लिखते हैं: "आधुनिकीकरण की मेरी परिभाषा शक्ति के निर्जीव (inanimate) संसाधनों के प्रयोग तथा प्रयास के प्रभाव को कई गुणा बढ़ाने वाले उपकरणों के प्रयोग पर निर्भर है। मैं इन दो तत्वों में से प्रत्येक को एक निरन्तरता का आधार मानता हूँ। कोई भी समाज उस हद तक कमोबेश आधुनिकीकृत माना जाएगा, जिस हद तक उसके सदस्य शक्ति के निर्जीव संसाधनों का अथवा उनके प्रयासों के प्रभावों को कई गुणा बढ़ाने वाले उपकरणों का प्रयोग करते हैं किसी भी समाज में ये तत्व न तो पूर्णतः अनुपस्थित होते हैं और न ही एकान्तिक रूप में विद्यमान होते हैं।" देखिए उनकी पुस्तक *Modernization and the Structure of Societies: A Setting for International Affairs* (Princeton, New Jersey: Princeton University Press, 1966), p. II.

राइनहार्ड बैन्डिक्स लिखते हैं: "अवश्य ही, उन्नीसवीं शताब्दी के प्रारम्भ में परम्परा एवं आधुनिकता के मध्य वैषम्यता ने मुश्किल से एक ही उदीयमान वाणिज्यिक सभ्यता के प्रति एक वृहत् विचारधारात्मक प्रतिक्रिया को छुपाया, जबकि बाद की वैषम्यताएं अधिक निस्पृह व संदेहास्पद हैं। परन्तु जब पहले की, अतीत के 'सुनहरे युग' तथा सभ्यता के आधुनिक क्षरण के मध्य की विषमता कम विश्वसनीय मानी जाती है तो भी इस बौद्धिक विरासत में निहित सामान्यीकरणों को टालना कठिन है। हम "आधुनिकता" के "परम्परा" के विभिन्न तत्वों के मध्य घनिष्ठ सम्बन्ध के विचार के इतने अभ्यस्त हैं कि जब भी हमें औद्योगीकरण का कोई प्रमाण मिलता है तो हम पाश्चात्य सभ्यता के अनेक देशों में औद्योगीकरण से जुड़े हुए सामाजिक एवं राजनैतिक परिवर्तनों को ढूंढ़ते और, पाने की अपेक्षा रखते हैं।"

इस उपागम में यह विश्वास निहित है कि जैसे–जैसे समाज "पूर्ण रूप से

औद्योगिकीकृत" हो जाएंगे, वे एक–दूसरे से मिलते–जुलते नजर आएंगे। इसी प्रकार से, आर्थिक रूप से पिछड़े समाज आर्थिक रूप से उन्नत समाजों की तरह बन जाएंगे–यदि वे सफलतापूर्वक औद्योगिकीकृत होते हैं। तथापि, ये विचार "पूर्ण औद्योगीकरण" की शर्त पर टिके हैं, इनमें अधिक औचित्य नहीं है। आज के औद्योगिक समाज अपनी सामाजिक संरचना के इन तत्वों को बनाए रखते हैं जो अनेक प्रकार से आर्थिक विकास के साथ जुड़े हुए हैं। वे "औद्योगिक" विशेषण में आने वाले पक्षों में वे एक–दूसरे की तरह हैं, जैसे कि व्यावसायिक संरचना, जनंसख्या का नगरीय संकेन्द्रण तथा अन्य। यदि इस प्रकार के समाजों से तुलना के बिना कहे सभी "गैर–औद्योगिक" पक्षों को निकाल दिया जाए, तो भी यह दावा जितना प्रतीत होता है उससे कहीं अधिक जटिल है, अपितु मात्र पुनरुक्तिपूर्ण है।" *See*, Reinhard Bendix, *Nation-Building And Citizenship: Studies of our Changing Social Order* (New York: John Wiley & Sons, Inc., 1964), p.8.

7. यहाँ पर हम आधुनिकीकरण की अवधारणा को सभी गुणों के संकलन के तौर पर, जिनसे यह पहचाना जाता है, एक आदर्श–प्रारूपात्मक अथवा यूरोपियन अर्थ में प्रयुक्त करते हैं। यदि हम आधुनिकीकरण के इस सांस्कृतिक ढांचे को छोड़ दें तथा इसे प्रौद्योगिकी, निर्जीव शक्ति का प्रयोग जैसे ठोस आधारों से विस्थापित भी कर दें, (as suggested by Marion J. Levy Jr., Supra, pp. 9-15.). तो भी यह तथ्य कि इस आधार पर भी आधुनिकीकरण एक सापेक्ष प्रघटना रहती है, इसे निरस्त नहीं किया जा सकता। विज्ञान की भांति, आधुनिकीकरण एक खुली प्रक्रिया है, इसकी प्रकृति उद्‌विकासीय है। यह स्व–परिवर्द्धनीय और स्व–रूपांतरणीय है। अतः कोई भी समाज अपने लिए पूर्ण आधुनिकता की प्रस्थिति का दावा नहीं कर सकता। आधुनिकीकरण के अंश होते हैं जिन्हें भी ऐसे आधारों पर परिभाषित किया जा सकता है जो सदैव प्रकृति में आंशिक होते हैं।

8. Daniel Lerner, op. cit., p. 408.

9. K.A. Nilakanta, Sastri, “Ancient Indian Contacts with Western Lands”, *Diogenes*, (Vol.28, 1959), pp.40-62.

10. Marshall G.S. Hodgson, “A Comparison of Islam and Christianity as Frame-Work of Religious Life”, *Diogenes* (Vol. 32, 1960), pp. 49-74.

11. Wilfred Cantwell Smith, *Islam in Modern History* (Princeton: Princeton University Press, 1957), p.21.

12. Donald E. Smith, *India as a Secular State* (Princeton: Princeton University Press, 1963), p.38.

13. Keith Callard, *Pakistan: A Political Study* (London: George Allen and Unwin Ltd., 1958), p. 214. S. इस्लामी मिल्लत "व्यक्तियों का वह परस्पर

समूह है, जो कि एक स्वतन्त्र, स्व–शासित सावयव (organism) की भाँति ऐसे सभी व्यक्तियों से बना है जिनका विश्वास अल्लाह और उसके दैवीय कानून में हो, वे चाहे जहाँ भी हों ..... "इस बात से कोई फर्क नहीं पड़ता कि कोई मुसलमान किस मुस्लिम देश का है, उसकी राष्ट्रीयता मुस्लिम है: वह प्रत्येक मुस्लिम राष्ट्र का समान रूप से नागरिक है।" *See*, S. Ghaleb Khan Abbasi and A. de Zayas Abbasi, *The Structure of Islam Polity, Part I, The One Party System In Islam* (Lahore: 1952), pp. 5-6; (cited by) Keith Callard, p. 215.

14. C.A.O. Van Nieuwenhiize, "The Ummah", *Studia Islamica* (Vol. X, 1959), p.9.
15. Cf. Frithj of Schuon, *Transcendent Unity of Religions,* (London: Faber, 1953).
16. Cf. A. Yusuf Ali, "Muslim Culture and Religious Thought", *Modern India and the West* (ed.) L.S.S. O'Malley (London: Oxford University Press, 1941), pp. 394-395. Also *see* Keith Callard, Supra, pp. 194-195. डोनाल्ड ई. स्मिथ लिखते हैं : जब मोहम्मद एवं उसके अनुयायियों ने 622 ई. में मदीना में प्रवेश किया, उन्होंने स्वायत्त समाज स्थापित किया, और यह शीघ्र ही स्पष्ट हो गया कि इस्लाम निजी धार्मिक विश्वासों के निकाय से कहीं अधिक है। इस्लामी समुदाय में एक राज्य की अधिकांश विशेषताएँ थीं, इसकी अपनी सरकार, कानून एवं संस्थाओं की व्यवस्था थी। इस्लाम की अवधारणा में यह स्वायत्त समुदाय केन्द्रीय था। इसकी संस्थाएँ इसके अंग मात्र नहीं थीं। इसके अतिरिक्त, यह एकमात्र एकतंत्रात्मक समाज था जिसमें धार्मिक एवं राजनैतिक प्रकार्यों का परस्पर विलय कर दिया गया था–जिसमें, वस्तुतः, धार्मिक व लौकिक में कोई महत्वपूर्ण भेद नहीं था।" Donald E. Smith, op. cit., pp. 37-38.
17. इस्लाम की धार्मिक प्रतिज्ञाओं पर, एस.एस. इकराम लिखते हैं: "इन विश्वासों व प्रथाओं ने 'इस्लाम के पाँच स्तम्भों' में अन्ततः स्पष्ट स्वरूप पाया, जो कि कर्मकांड सिद्धांत का आसानी से स्मरणीय संक्षिप्तीकरण था। ये हैं: (1) ईश्वर की एकता तथा मोहम्मद के पैगम्बरी मिशन में आस्था की अभिव्यक्ति; (2) प्रतिदिन पाँच नमाज़ पढ़ना; (3) जकात देना: (4) रमज़ान के महीने में रोज़े रखना; तथा (5) मक्का में हज़ यात्रा करना।" Cf. S.M. Ikram, *Muslim Civilization in India* (New York: Columbia University Press, 1964), p.3

17(a). Ghaus Ansari, *Muslim Caste in Uttar Pradesh: A Study in Culture Contact* (Lucknow: Ethnographic and Folk Culture Society, U.P., 1960), p.28.

18. Anwar Moazzam, "Islamic Tradition and Modernity", *Quest* (53, June 1967), pp. 27-34.
19. Cf. H.A.R. Gibb, *Modern Trend in Islam* (Chicago: Chicago University Press, 1945), p. 47-48. (cited in) L. Fallers, "Equality, Modernity and Democracy in the New States", *Old Societies and New States* (ed.) Clifford Geertz (London: The Free press of Glencoe, 1963), p. 200.
20. Cf. Noel J. Coulson, "The Concept of Progress and Islamic Law", *Religion and Progress in Modern Asia* (ed.) R.N. Bellah (New York: The Free Press, 1965), pp.74-92. L. Fallers, op. cit., p. 200; Also see, Aziz Ahmad, *Studies in Islamic Culture in the Indian Environment* (Oxford: Clarendon Press, 1964), Chapter IV.
21. Noel J. Coulson, Supra, pp. 77-92.

21 (a) गौस अंसारी लिखते हैं: "जैसा कि हमने पहले ही देखा है.... कि फारसी समाज अवेस्ता काल से ही चार प्रमुख समूहों में विभक्त था। पुरोहित, योद्धा, आमजन तथा किसान के ये चार वर्ग लगभग वर्णों के समान हैं। सासनिया के फारस (तीसरी से सातवीं शताब्दी ईस्वी) समाज इन्हीं चार वर्गों में विभक्त बने रहे सिवाय इसके कि तीसरा समूह आमजन के स्थान पर नौकरशाही का था तथा चौथा समूह किसानों व गड़रियों का था। इस्लाम के 650 ईस्वी में आने से सासनिया वंश का अंत हो गया। यद्यपि इस्लाम समानता तथा सार्वभौमिक भाईचारे का उपदेश देता है, तथापि इसे फारस में सामाजिक भेदभाव की स्थापित व गहन रूप से जड़ जमा चुकी संस्थाओं के सामने समर्पण करना पड़ा। यहाँ तक कि तुसी में नासिर–उद–दीन जैसे फारस के प्रतिष्ठित मुस्लिम विद्वानों ने समाज के विभाजन का उपदेश दिया। समाज का उसका वर्गीकरण वही रहा, जो सासनिया काल में था।" Ansari, op. cit., p.29.

22. S.M. Ikram, op. cit., p. 5; Ghaus Ansari, op. cit., p. 26.
23. Aziz Ahmad, op. cit., pp. 121-123.
24. Cf. Percival Spear, *A History of India* (Vol. 2, Penguin Books, 1965), p.129.
25. Rajendra Prasad, *India Divided* (Bombay: 1946), p.69.
26. Ghaus Ansari, op. cit., pp. 29-30.
27. B.B. Misra, *The Indian Middle Class* (Bombay: Oxford University Press, 1960), p. 389.
28. Ghaus Ansari, op. cit., p. 38.

29. Cf. Aziz Ahmad, op. cit., pp.223-234.
30. Ibid., pp. 136-137.
31. Misra, op. cit., p. 387.
32. A. Yusuf Ali, op. cit., p.391.
33. Cf. Keith Callard, op. cit., p.11.
34. 1930 के मुस्लिम लीग के सत्र में अपने अध्यक्षीय भाषण में इकबाल ने पहली बार पाकिस्तान के गठन का प्रस्ताव रखा। तब से काँग्रेस तथा मुस्लिम लीग के मध्य समझौते तथा राजनैतिक सामंजस्य हेतु वार्ताएं चल रही थीं। इसे प्रमुख झटका तब लगा, जब 1937 के चुनावों के बाद काँग्रेस ने मुस्लिम लीग के साथ राज्य विधानसभाओं में गठबंधन करने से मना कर दिया। 1940 में मुस्लिम लीग के लाहौर सत्र में मुसलमानों के लिए पृथक राज्य की मांग हेतु एक औपचारिक प्रस्ताव पारित किया गया। सन् 1942 में अंग्रेजों ने लीग की मांग पर यह बात मान ली, परन्तु किसी प्रकार के समाधान के प्रयास जारी रहे। अंग्रेजी कैबिनेट मिशन ने 1946 में एक संघ के गठन का सुझाव रखा जिसमें तीन क्षेत्र होने थे, एक हिन्दू बहुसंख्यकों (क्षेत्र ब) का, दो मुस्लिम बहुसंख्यकों (क्षेत्र अ तथा स) के। प्रत्येक क्षेत्र सभी मामलों में स्वायत्त होना था सिवाय विदेशी मामलों, रक्षा तथा संचार के जिनको संघीय विषयों के रूप में प्रस्तावित किया गया था। बिना उनकी संख्या को ध्यान में रखे मुसलमानों व हिन्दुओं को संघीय सरकार में समानता दी गई। स्वाभाविक रूप से यह योजना काँग्रेस के राष्ट्रवादी नेताओं को स्वीकार्य नहीं हुई। इसका परिणाम देश का विभाजन हुआ।
35. लुई ड्यूमाँ लिखते हैं : हमें वह समझने पर बाध्य होना पड़ता है कि तिलक व गांधी की राजनैतिक क्रियाएं किस तरह आधारभूत तौर पर बौद्धिक समन्वय पर आधारित जिसे 19वीं शताब्दी में तैयार किया गया जिसे प्रायः नव–हिन्दूवादी कहा गया। दुर्भाग्य से राम मोहन राय से विवेकानन्द तक विकास को दोहराना असम्भव है, जिसमें हिन्दू पक्ष के सभी बाद के राजनैतिक आन्दोलन आबद्ध हैं। योजना के तौर पर हम इसकी विशेषता यही कहेंगे कि यह पाश्चात्य चुनौती के प्रति एक समन्वय है जो कि धार्मिक होने के स्थान पर राजनैतिक एवं सामाजिक अधिक हैः एक सुधरे हुए पारम्परिक, और कम से कम प्रत्यक्ष तौर पर धार्मिक दृष्टिकोण के भीतर नए सामाजिक एवं राजनैतिक मूल्यों का एकीकरण है। एक नए स्तर पर माने हुए हिन्दू मूल्यों का पुनः पुष्टिकरण। यहाँ पर हमारे लिए प्रमुख तथ्य यह है कि आधुनिक पाश्चात्य विचारों का एकीकरण एवं आंतरीकरण, जो कि पारम्परिक हिन्दू मूल्यों के विजयी पुनर्पुष्टिकरण के प्रति चैतन्य था, हिन्दुओं के स्तर पर विदेशी प्रभुता के विरुद्ध सक्रिय राजनैतिक संघर्ष की एक आरम्भिक दशा

थी। कोई भी "हिन्दू राष्ट्रवाद" के बारे में बोलने के लिए प्रेरित है, हिन्दू राष्ट्रवाद" एक ऐसी अभिव्यक्ति है जो कि स्व–विरोधी न होती तो तिलक व गांधी जैसी एकदम भिन्न प्रवृत्तियों के मध्य आम आधार को वर्णित कर सकती थीं। स्वाभाविक रूप से हिन्दुओं तथा मुस्लिमों के मध्य संघ बनाने हेतु यह इसकी नियति में नहीं था। इसके अतिरिक्त, हिन्दुओं के बाद मुसलमानों ने भी अपने ग्रन्थों तथा परम्पराओं की पुनर्व्याख्या का प्रयास किया ताकि नवाचार के लिए गुंजाइश ढूंढ़ी जा सके।" Louis Dumont, "Nationalism and Communalism", *Contributions to Indian Sociology* (No. VII, March 1964), pp. 59-60.

36. Ibid., p. 63.
37. Cantwell Smith, op. cit., pp. 185-199.
38. Misra, op. cit., p. 387.
39. Spear, op. cit., p. 224.
40. *See* A. Yusuf Ali, op. cit., p. 392; Dumont, op. cit., p. 57.
41. Aziz Ahmad, op. cit., p. 84.

    धर्म परिवर्तन में सूफी मत की भूमिका के बारे में वे लिखते हैं: "अधिकांश सूफी मतों तथा व्यक्ति सूफियों ने, एक समय अथवा अन्य समय पर, अ–मुस्लिमों के धर्म परिवर्तन को भारत में अपने प्राथमिक, आध्यात्मिक उद्देश्यों में से एक माना। दक्षिण तट के मोपलाहों को मलिक इब्न दीनार के शिष्यों ने इस्लाम में धर्म परिवर्तन करवाया (d. 744), गुजरात के दूधवालों तथा पिंजारों को अल–हल्लाज ने धर्म परिवर्तन करवाया (d.921) त्रिचनापल्ली के लब्बेज को निथार शाह ने करवाया (d. 1039), कच्छ के मेमन को यूसुफ–अल–दीन सिंधी ने, सिंध व बलूचिस्तान के दाऊदपोताओं को सिंध के करामिते मिशनरियों ने, गुजरात के बोहरों को अब्दुल्ला खराज़ी ने ....तथा गुजरात के खोजाओं को नूर सतार जैसे इस्माइली मिशनरियों ने धर्म परिवर्तन कराया। तेरहवीं शताब्दी में अजमेर में चिश्ती व मुल्तान में सुहरावर्दी धार्मिक सरायों की स्थापना उतनी ही मिशनरी गतिविधि थी जितनी कि एक धार्मिक रहस्यवादी गतिविधि थी।" Aziz, Ahmad, op.cit., p.84

42. Ibid., pp. 82-84.
43. Ibid., p. 82.
44. Ghaus Ansari, op. cit., p. 50.
45. Ibid., Chapter-6. See, also David G. Mandelbaum, "The System of Caste in India" (mimeographed draft of a forthcoming publication, Centre for South Asian Study and Centre for Advanced Study in the Behavioral

Sciences, University of California, Berkeley, 1958). इस अध्ययन का भाग II उन कृतियों का विस्तृत संदर्भ है जो भारत में मुस्लिम समुदायों में जाति व्यवस्था के अस्तित्व के बारे में बताते हैं।

46. Cf. Ghaus Ansari, op., cit., p. 35.

46 (a) अज़ीज़ अहमद लिखते हैं: "मुस्लिम समागमी सम्प्रदायों में, हिन्दू तत्व प्रायः इस्लाम में धर्म परिवर्तन के बाद भी बचे हुए हिन्दू कर्मकांड हैं। इस प्रकार मलकानों ने अनेक हिन्दू प्रथाओं को संजो कर रखा है। मलकाना राजपूत, बनिया और जाटों जैसी अनेक हिन्दू उप–जातियों से धर्म परिवर्तित होकर मुसलमान बने हैं। उन्होंने अपने हिन्दू नाम रखे हुए हैं, वे निजी संस्कारों के लिए मंदिर जाते हैं और एक–दूसरे का हिन्दू तरीके से अभिवादन करते हैं। परन्तु वे मुस्लिम मस्जिदों में नमाज पढ़ते हैं, सुन्नत करते हैं तथा मृतों को दफनाते हैं। आधे धर्म परिवर्तित मुसलमानों में गंगा घाटी के चूड़ीहार हैं जो हिन्दू देवी कालका माई की पूजा करते हैं। पंजाब के मेव हैं जो हिन्दू देवपुत्रों सिंयासी, मागती व लालची की पूजा करते हैं; तथा उत्तर भारत के संगीतकार, मिरासी दुर्गा भवानी की पूजा करते हैं। फरायज़ी आन्दोलन के वहाबी सुधारवाद के प्रभाव के पहले उन्नीसवीं शताब्दी तक बंगाल के कुछ मुसलमान कृष्ण व दुर्गा की पूजा करते थे। मराठों में एक समागमी सम्प्रदाय का नेतृत्व एक मुस्लिम, शेख मोहम्मद करता था, जिसके शिष्य तीर्थ पर मक्का या महाराष्ट्र में पंदरपुर जा सकते थे। राजपूताना के खानज़ादा परिवर्तित मुसलमान किन्हीं हिन्दू उत्सवों अथवा कर्मकांडों में भाग नहीं लेते थे, परन्तु उनके यहां विवाह ब्राह्मण सम्पन्न कराते थे। पंजाब के मेव अपने पुराने हिन्दू सामाजिक संरचना की कुछ विशेषताओं को आज भी बनाये रखे हुए हैं जैसे कि बेटियों को उत्तराधिकार का हिस्सा न देना, तथा वंशावली व समरक्तता के लगभग हिन्दू नियमों की अनुरूपता। इस्लाम में वैष्णव धर्म से परिवर्तित कुछ लोग आज भी हिन्दू सामाजिक एकांतिकता बनाए हुए हैं तथा अन्य मुसलमानों के साथ भोजन नहीं करते।"

Aziz Ahmad, op. cit., pp. 159-160. इन समागमी प्रथाओं में से विभिन्न स्वरूपों में आज भी विद्यमान हैं। गुजरात में नवसारी कस्बे में अपने अध्ययन में प्रोफेसर के.एम. कपाड़िया ने उदास व सत्पंथी पाटीदारों की कर्मकांडीय व्यवस्था में अनेक इस्लामी प्रथाओं का समागम पाया है। उदाहरणार्थ, उन्होंने मूर्ति पूजा छोड़ दी है, उनके मंदिरों में मूर्ति नहीं होती; रमजान के मुस्लिम रोज़ों की तरह वे एक माह तक उपवास करते हैं; अपनी आय का दसवां भाग, धार्मिक उद्देश्यों के लिए अलग करने के लिए कहा जाता है जो इस्लाम में ज़कात से मिलता–जुलता है। परन्तु इसके साथ वे हिन्दू प्रथाओं को भी मानते हैं। यह वैष्णववाद व इस्लामी कर्मकांडवाद का सम्मिश्रण है। Cf. K.M. Kapadia, "The Religious Creeds among the Patidars of South

Gujrat-A Panoramic View", *Towards A Sociology of Culture in India* (ed.) op. cit., pp. 242-261.

47. Ghaus Ansari, op. cit., p. 38, 62.
48. Ibid, p. 38; Srinivas, *Social Change in Modern India,* op. cit., p. 99.
49. *See,* Srinivas, *Social Change in Modern India,* op. cit., Ch. 3; D.N. Majumdar, op. cit,; Selig Harrison, op. cit., Myron Weiner, op. cit.
50. Cf. Ghaus Ansari, op. cit., pp. 40-41. Also देखिए, Pratap Chand Aggarwal, "Cultural Change and Widening Integration Among the Meos of North India" (unpublished Ph.D. dissertation, Cornell University, 1966), pp.252-283.
51. P.C. Aggarwal, Supra.
52. Cf. Aggarwal, Supra, pp. 197-214; Aziz Ahmad, op. cit., pp. 157-160.
53. Aggarwal, op. cit.
54. जो मेव, हिन्दू धर्म में परिवर्तित हो गए, उनमें हिन्दुओं के बहुसंख्यक समुदाय के विरुद्ध दबी हुई उग्रता व गुस्से की भावना थी। वे धर्म परिवर्तन के प्रतीक के रूप में सूअर का मांस खाना पसंद नहीं करते थे; इनमें से अधिकांश, व्यक्ति दबाव में हिन्दू धर्म में परिवर्तित हुए थे। देखिए, P.C. Aggarwal, op. cit., pp. 58-74.
55. Cf. Donald Smith, op. cit., p. 409.
56. Rajni Kothari & Tarun Sheth, "The Extent and Limit of Community Voting: The Case of Baroda East", *Indian Voting Behaviour* (ed.) Myron Weiner, Rajni Kothari (Calcutta: Firma K.L. Mukhopadhyay, 1965), pp. 21-22.
57. Paul R. Brass, "Class and Community Voting in Kanpur City", *Indian Voting Behaviour,* loc. cit. p. 58.
58. Norman D. Palmer, *The Indian Political System* (Boston: Houghton Mifflin Company, 1961), p.212.
59. Ibid.
60. Cf. Donald Smith, op. cit., pp. 416-419.
61. के. ईश्वरन तथा श्यामाचरण दुबे के द्वारा ग्राम स्तर के नृतत्वलेखन अध्ययन (ethnographic studies) सांस्कृतिक समागम व अन्तःक्रिया के अनेक तत्व दर्शाते हैं। K. Ishwaran, *Tradition and Economy in village India* (London: Routledge and Kegan Paul, 1966), p. 12. S.C. Dube, *Indian*

Village (London: Routledge and Kegan Paul 1955), pp. 92-93. Louis Dumont, op. cit. p. 55.

62. *See*, T.K.N. Unnithan & Yogendra Singh, *Sociology of Non-Violence and Peace* (Research Council for Cultural Studies, India International Centre, Delhi, 1969) pp. 39, 61.
63. Joseph E. Elder, "Religious Beliefs and Political Attitudes", *South Asian Politics and Religion,* (ed.) Donald E. Smith (New Jersey: Princeton University Press, 1966), p. 257.
64. K.A. Nilakanta Sastri, "Indian Contacts with Western Lands-Medieval", *Diogenes* (32, Winter 1960), p. 44.
65. K.M. Kapadia, op. cit. pp. 242-261.
66. Dumont, Supra, p. 54, Sastri, *Diogenes,* (32, Winter 1960), p. 48.
67. Dumont, Ibid, pp. 55-56.
68. Donald E. SMITH, op. cit., p. 422.
69. Ziya-Ul-Hasan Faruqi, "Indian Muslims and the Ideology of the Secular State", *South Asian Politics and Religion*, op. cit. p. 148.
70. Aziz Ahmad, op. cit. p. 106.
71. Ibid.
72. Ibid. p. 105.
73. Daniel Lerner, op. cit., p. 48.
74. *See*, Edward Shils, op. cit.; B.B. Misra, op. cit. p. 54; Harrison, op. cit., p. 55.
75. Daniel Lerner, op. cit. p. 408.
76. Noel J. Coulson, op. cit., p. 92.
77. Clifford Geertz, "Modernization in a Muslim Society: The Indonesian Case" *Religion and Progress in Modern Asia,* op. cit., p. 104.
78. A. Yusuf Ali, op. cit., p. 410.
79. Donald Smith, Supra, Ch. 12., pp. 335-371.
80. A. Yusuf Ali, op. cit., p. 401.
81. Theodore P. Wright JR., "Muslim Representation in India", *South Asian Politics and Religion,* op. cit. pp. 105-106.

4

पाश्चात्य प्रभाव एवं सांस्कृतिक आधुनिकीकरण

(The Western Impact and Cultural Modernization)

हिन्दू धर्म तथा इस्लाम की सांस्कृतिक परम्पराओं के बीच सम्पर्क आवश्यक रूप से दो पारम्परिक विश्व–दर्शनों के मध्य सम्पर्क था। जैसा कि हमने ऊपर विश्लेषण किया है, दोनों परम्पराओं में सोपानक्रम एवं समग्रवाद की मूल्य व्यवस्था प्रमुख थी। इन सांस्कृतिक परम्पराओं के द्वारा जो मानदण्डात्मक तत्व सम्पर्क में आए, वे पूर्व–आधुनिक (pre-modern) थे तथा पारम्परिक दृष्टिकोण व सामाजिक व्यवस्था की निरन्तरता के लिए कार्य करते थे। परन्तु भारतीय (हिन्दू) परम्परा का पश्चिम के साथ सम्पर्क एक भिन्न एवं क्रांतिकारी (radical) समाजशास्त्रीय महत्व रखता है। ऐतिहासिक दृष्टि से यह एक पूर्व–आधुनिक तथा आधुनिकीकारक (modernizing) सांस्कृतिक व्यवस्था के मध्य एक सम्पर्क था। जब तक पाश्चात्य परम्परा भारत की सांस्कृतिक, राजनैतिक एवं सामाजिक व्यवस्था को अर्थपूर्ण ढंग से प्रभावित कर पाती, तब तक इसकी स्वयं की संरचना में क्रांतिकारी आन्तरिक रूपान्तरण हुए; इसका पारम्परिक सोपानक्रमिक एवं समग्रवादी चरित्र टूट चुका था;[1] इसकी मूल्य–संरचना अधिक खुली, उदारवादी, समतावादी एवं मानवतावादी हो गई थी[2]; और इस परम्परा ने तर्कवाद, समानता एवं स्वतंत्रता पर आधारित वैज्ञानिक तथा प्रौद्योगिकीय विश्व–दर्शन में गहरा विश्वास और प्रभाव व्यक्त किया।[3] अनेक पाश्चात्य बुद्धिजीवियों ने इन मूल्यों पर सकारात्मक व नकारात्मक प्रतिक्रियाएं व्यक्त कीं;[4] फिर भी भारत की सांस्कृतिक परम्परा में परिवर्तन का एक नया युग प्रारम्भ करने में इस सम्पर्क के महान ऐतिहासिक महत्व की अतिशयोक्ति नहीं की जा सकती है।

भारतीय परम्परा पर पाश्चात्य सांस्कृतिक प्रभाव के तरीके के ऐतिहासिक

एवं सैद्धांतिक कार्यों में विशिष्ट लक्षण हैं। ऐतिहासिक दृष्टि से विशिष्टवादी तत्व पदानुक्रम (succession) तथा पाश्चात्य परम्परा के अनेक स्वरूपों के स्थानापन्नता (replacement) के माध्यम से धीरे–धीरे फैल रहा था। पाश्चात्य परम्परा के ये स्वरूप राजनैतिक एवं सांस्कृतिक अभिमुखन एवं प्रभाव में भिन्न थे। सबसे पहले पुर्तगालियों (पंद्रहवीं तथा सोलहवीं शताब्दी) से सम्पर्क हुआ, जिसके समाजशास्त्रीय परिणाम नगण्य थे। अभिमुखन की दृष्टि से इनका प्रभाव धर्म प्रसार (proselytizing) तथा लूटपाट (predatory)[5] का था और ये अपने साथ पूर्व–आधुनिक मूल्य तथा धार्मिक पूर्वाग्रह लाए थे। सत्रहवीं व अठारहवीं शताब्दी में इनके बाद डच तथा फ्रांसीसी आए। न तो डच लोगों का और न फ्रांसीसियों का मुख्य उद्देश्य ईसाईकरण था। डच लोग मुख्यतया वाणिज्य में रुचि रखते थे। फ्रांसीसियों के राजनैतिक लक्ष्य थे, परन्तु उनका प्रभाव मामूली था। अन्ततः केवल अंग्रेज[6] भारत में एक प्रभु शक्ति के रूप में उभरे। अतः भारतीय संस्कृति पर पाश्चात्य प्रभाव मुख्यतया अंग्रेजों का है।[7]

भारत में अंग्रेजी शक्ति का दृढ़ीकरण केवल उन्नीसवीं शताब्दी के अंत में जाकर हुआ, जिसका आरम्भ सत्रहवीं शती के प्रारम्भ में हो गया था। इस राजनैतिक शक्ति के पीछे पश्चिम की सांस्कृतिक परम्परा थी। भारतीय एवं इस राजनैतिक–सांस्कृतिक परम्परा में मूलभूत अंतर थे। इनमें से कुछ को मैक्स वेबर ने बहुत सुगमता व ऐतिहासिक वस्तुपरकता के साथ आलेखित किया है।[8] उनके अनुसार, औपचारिक तार्किकता (formal rationality), प्रयोगधर्मिता (experimentation), संहिताकरण (codification), सत्यापन (verification) तथा व्यवहार एवं विचार में तार्किक उपयोगितावादी अभिमुखन (rational-utilitarian orientation) पाश्चात्य सांस्कृतिक परम्परा के अनूठे सैद्धान्तिक गुणों में से कुछ हैं। वे ये मानते हैं कि इन सांस्कृतिक तत्वों में से अनेक स्वतन्त्र व पृथक रूप तो भारत व चीन की ओरियंटल सभ्यताओं में विद्यमान थे, परन्तु पाश्चात्य समाज की आवश्यक संरचनात्मक विशेषताओं के अभाव में, इन समाजों में ये सांस्कृतिक तत्व व्यवस्थित रूप से विकसित नहीं हो पाये।

उन्नीसवीं शताब्दी की पाश्चात्य सांस्कृतिक परम्परा जो भारत में छा गई थी, अपने मूल्य–परिवेश (ethos) तथा संरचना में हिन्दू एवं इस्लाम धर्म के पारम्परिक सांस्कृतिक प्रतिमानों से मूलभूत रूप से भिन्न थी। इसकी मूलभूत प्रस्थापनाएं (tenets) समकालीन भारतीय परम्परा के आवश्यक गुणों में से अधिकांश के विपरीत थीं। कानूनी तार्किकता का वह स्वरूप, जिस पर पाश्चात्य परम्परा आधारित थी। मनुष्य व समाज के मध्य संविदात्मक–व्यक्तिवादी सम्बन्ध (contractual-individualistic relationship) को मान्यता देता था। कानूनी न्याय व नागरिक अधिकारों के मामलों में इसने समानता, समता एवं सार्वभौमवाद के मूल्यों को प्रोत्साहित किया, न कि प्रस्थिति व संस्तरण के मूल्यों को। भारत के

साम्प्रदायिक तथा पारिवारिक प्रस्थिति आवंटन व्यवस्था (familistic status allocation system) के विपरीत, पाश्चात्य परम्परा ने अनेक प्रशासनतंत्रीय संरचनाओं (bureaucratic structures), प्रशासनिक (administrative), कानूनी तथा सैन्य, एवं शैक्षणिक एवं सांस्कृतिक उन्नयनों (नवाचारों) के माध्यम से सामाजिक स्तरीकण के नए आधार प्रस्तुत किए जो उपलब्धियों पर आधारित थे, न कि विरासत (ascription) पर तथा प्रस्थिति को केवल वैयक्तिक निष्पादन (individual performance) पर आवंटित किया न कि करिश्माई गुणों पर। इन नए अभिमुखनों ने सम्मिलित रूप से भारतीय परम्परा के दो प्रमुख (cardinal) गुणों, सोपानक्रम एवं समग्रवाद को गंभीर चुनौती पेश की।

धीरे–धीरे, पाश्चात्य प्रभाव ने भारत के सांस्कृतिक प्रतिमान में पर–संस्कृतिग्रहणात्मक (acculturative) तथा नवचारी (innovative) परिवर्तनों को उत्पन्न किया। अतः इसकी प्रक्रियाएं न केवल इस बात पर प्रकाश डालती हैं कि भारतीय परम्परा में किस हद तक आधुनिकीकारक पर–संस्कृतिग्रहण (modernizing acculturation) हो चुका है, अपितु यह भी कि किस हद तक इस प्रकार का पर–संस्कृतीग्रहण परिवर्तन एवं आधुनिकीकरण हेतु अन्तःजनित प्रवृतियों को सम्पुष्ट करता है, तथा किस हद तक ये परिवर्तन भारतीय परम्परा की सांस्कृत्तिक अस्मिता को खतरा पेश करते हैं अथवा नहीं। समस्या के दोनों पक्ष एक प्रकार से अन्तर्सम्बंधित हैं: पहला, सांस्कृतिक संश्लेषण की प्रक्रिया से सम्बन्धित है तथा दूसरा सांस्कृतिक अस्मिता की प्रघटना से सम्बन्धित है। ये दोनों प्रक्रियाएं परस्पर भिन्न हैं। तथापि, प्रश्न यह है कि: क्या इन प्रक्रियाओं हेतु एक संकेन्द्रण का कोई बिन्दु हो सकता है? निम्न पृष्ठों में हम इस प्रश्न पर विचार करेंगे।

भारत में बाह्यजनित स्रोतों के माध्यम से होने वाले सांस्कृतिक परिवर्तनों के अध्ययन हेतु हमारे द्वारा विकसित विश्लेषणात्मक योजना (ef. अध्याय–प्रथम) का अनुसरण करते हुए हम भारत में लघु एवं वृहत् सांस्कृतिक परिवर्तनों पर पाश्चात्य प्रभाव के परिणामों का विवरण देंगे। भारतीय लघु परम्परा पर पाश्चात्य प्रभाव से प्रेरित परिवर्तनों के लिए हम 'प्राथमिक पश्चिमीकरण'[9] शब्द प्रयुक्त करेंगे। इस प्रकार के परिवर्तन सामान्यतया दो प्रकार के होते हैं: प्रथम, पाश्चात्य संस्कृति के सर्वप्रथम सम्पर्क में आए भारतीयों के छोटे से भाग के माध्यम से पश्चिमीकृत उप–संस्कृति प्रतिमान का उदय। इसमें भारतीय्र बुद्धिजीवियों व विद्वानों की उप–संस्कृति शामिल है, जिन्होंने न केवल अनेक पाश्चात्य संज्ञानात्मक प्रतिमानों व जीवन–शैलियों को अपनाया, अपितु इसके तीव्र प्रसार का भी समर्थन किया क्योंकि इस पश्चिमीकृत उप–संस्कृति का प्रभाव स्थानीयकृत था, अतः इसे पश्चिमीकरण की प्राथमिक अवस्था के भाग के रूप में भी माना जा सकता है। यह प्रक्रिया लघु परम्परा का हिस्सा है, न कि वृहत्

परम्परा का, क्योंकि इसके प्रसार व अनुकूलन के तरीके ने व्यवस्थित विश्व–दर्शन नहीं विकसित किया। यह प्राथमिक रूप से उप–सांस्कृतिक थी। उप–सांस्कृतिक पश्चिमीकरण की पर–संस्कृतिग्रहण की चयनित तथा विखंडनात्मक प्रक्रिया सदैव विशेषता रही है; इसकी एक संगठित संरचना नहीं है और इसका अस्तित्व केवल स्वीकृत सांस्कृतिक प्रतिमान के बहुत कम महत्वपूर्ण क्षेत्र में है।

लघु परम्परा के प्राथमिक पश्चिमीकरण का द्वितीय प्रकार पर सांस्कृतिक तत्वों के सामान्य प्रसार की प्रक्रिया के बारे में बताता है जैसे कि नई प्रौद्योगिकी का प्रयोग, पोशाक, भोजन और अंग्रेजों से सांस्कृतिक सम्पर्क के परिणामस्वरूप आमतौर पर लोगों की जीवनशैलियों और आदतों में परिवर्तन। पश्चिमीकरण का यह स्वरूप उप–सांस्कृतिक स्वरूप से दो अर्थों में भिन्न हैः प्रथम, मूल्यों अथवा संज्ञानात्मक संवर्गों (categories) के सात्मीकरण में इसका आधार नहीं है अपितु संस्कृति के बाह्यस्वरूपों के अनुकरण मात्र में है। द्वितीय, प्राथमिक पश्चिमीकरण की पहली प्रक्रिया के विपरीत यह आम व्यक्ति तथा विद्वानों, ग्रामीणों तथा नगरवासियों में फैली हुई है।

'प्राथमिक पश्चिमीकरण' के अतिरिक्त भारत में पश्चिमीकरण का एक अन्य स्वरूप भी घटित हो रहा है जो कि केवल लघु परम्परा तक सीमित नहीं है। पश्चिमीकरण के इस स्वरूप का अखिल भारतीय चरित्र है तथा इसने सांस्कृतिक संरचनाओं के अनेक स्वरूपों के विकास में योगदान दिया है, जो कि स्थानीय अथवा क्षेत्रीय सीमाओं के परे जाकर पूरे देश में फैल गए हैं। ये सांस्कृतिक संरचनाएं एक सुसंगत मानदण्डात्मक व्यवस्था की प्रतिनिधि हैं तथा इनका आधार एक ऐसी संगठनात्मक संरचना में है जो कि अभी तक लघु परम्परा की मानदण्डात्मक संरचना से भिन्न है। इस प्रकार की सांस्कृतिक संरचनाओं के कुछ उदाहरण हैंः शिक्षा, कानून, विज्ञान एवं प्रौद्योगिकी, राजनीतिकरण के नए स्वरूप, नगरीकरण, औद्योगिकीकरण एवं अन्ततः संचार एवं यातायात की सुविधाओं तथा छपाई, प्रेस के माध्यम से सांस्कृतिक संवहन के नए माध्यम (media of cultural transmission)। इन संस्थात्मक केन्द्रों के उदय को सांस्कृतिक आधुनिकीकरण की प्रक्रिया कहा जा सकता है।

भारत में सांस्कृतिक नवाचारों के ये स्वरूप आधुनिकीकरण की नई वृहत् परम्परा के उदय में भारी योगदान देते हैं और यह नई वृहत् परम्परा शास्त्रीय वृहत् परम्परा के समानान्तर खड़ी होती है। यह हमें भारत की परिवर्तनशील सांस्कृतिक परम्परा में पारम्परिक एवं आधुनिक मूल्य व्यवस्थाओं के मध्य सहअस्तित्व की समस्या तथा इस प्रश्न के बारे में बताती है कि इस सहअस्तित्व को किस हद तक प्राप्त किया जा सकता है। निम्न पृष्ठों में हम इन समस्याओं का मूल्यांकन करेंगे। सबसे पहले हम पश्चिमीकरण के आरम्भिक उप–सांस्कृतिक स्वरूपों के द्वारा लाए गए सांस्कृतिक परिवर्तनों की चर्चा करेंगे। इसके बाद भारत

में सांस्कृतिक आधुनिकीकरण की वृहत् परम्परा के उदय एवं निरन्तरता का एक विश्लेषण किया जाएगा। तदुपरान्त भारत में लघु परम्पराओं में आधुनिकीकरण की प्रवृत्ति का विश्लेषण करेंगे। भारतीय संस्कृति की अस्मिता निर्माण एवं संश्लेषण की समस्या का मूल्यांकन विश्लेषण अन्तिम भाग में किया जाएगा।

पश्चिमीकरण के उप–सांस्कृतिक स्वरूप
(Sub-cultural Forms of Westernization)

जिस ऐतिहासिक बिन्दु पर हिन्दू परम्परा पाश्चात्य परम्परा के सम्पर्क में आई, उस समय हिन्दू परम्परा सदियों के ठहराव और विदेशी आधिपत्य से ग्रस्त थी जबकि पाश्चात्य परम्परा हाल ही में पुनर्जागरण से औद्योगिक क्रान्ति तक की अपनी उपलब्धियों से पुनर्जीवित एवं विजयी हो चुकी थी। इतिहास में इस बिन्दु पर हिन्दू परम्परा आन्तरिक लचीलेपन और बाह्यशक्ति की निम्नतम सीमा पर थी। इसके विपरीत, पाश्चात्य परम्परा आशावादिता, सार्वभौमिक प्रगति, तर्कवाद एवं भोगवाद के दर्शनशास्त्रों में ओत–प्रोत थी। कोन्डोरसेट तथा जेरैमी बेन्थम की भावनाएं सर्वोच्च रूप से छाई हुई थीं। इन अपेक्षाकृत कमियों के बावजूद हिन्दू परम्परा अभी भी प्रतिरोधक थी और आरम्भिक पाश्चात्य प्रभाव सीमांत एवं स्थानीयकृत रहा।

पाश्चात्य प्रभाव के ये सीमान्त अथवा स्थानीयकृत स्वरूप पश्चिमीकरण की लघु परम्पराएं थी। इसकी सर्वप्रथम अभिव्यक्ति मध्यमवर्ग अभिजनों की पश्चिमीकृत उप–संस्कृति के विकास में हुई, विशेषतः कलकत्ता, बम्बई तथा मद्रास में, जहां कि पश्चिमी परम्परा से सम्पर्क सबसे पहले शुरू हुआ। तथापि, शनैः–शनैः यह उप–सांस्कृतिक परम्परा आधुनिकीकरण की वृहत् परम्परा में विकसित हुई, परन्तु प्रारम्भिक स्वरूप में इसका प्रतिनिधित्व विद्वानों, लेखकों, वाणिज्यिक–दलालों, उद्यमियों तथा शासक–राजनीतिज्ञों के एक लघु समुदाय द्वारा होता था जिन्होंने भौतिक लाभ और आंशिक रूप से प्रतिबद्धता के कारण पाश्चात्य संस्कृति का अनुकरण किया।

पश्चिमीकरण का उप–सांस्कृतिक स्वरूप कुछ अवस्थाओं में विकसित हुआ। इसकी सर्वप्रथम अभिव्यक्ति अठारहवीं शताब्दी में वाणिज्यिक मध्यम वर्ग के उदय में देखी जा सकती है। इसकी सामाजिक रचना एक क्षेत्र से दूसरे में भिन्न थी। कलकत्ता क्षेत्र में, जो कि कम्पनी की सरकार का केन्द्र होने के नाते उस काल में राजनीति और वाणिज्य में अंग्रेजी प्रभाव का सर्वाधिक महत्वपूर्ण केन्द्र था, नया मध्यम वर्ग अधिकांशतया बनिया (व्यापारी) अथवा सरकार जाति से था। मद्रास क्षेत्र में इनमें से अधिकांश ब्राह्मण तथा बम्बई में इनमें से अधिकांश पारसी थे।[10] इस वर्ग के सदस्यों ने यूरोपियन व्यापारियों के लिए दलाली का काम किया और सामान्यतया इनका उद्गम निम्न वर्ग से था। इनमें से कुछ गुमाश्ते या मुनीम

(petty clerks) थे, जबकि अन्य दुभाषिये (interpreters), रोकड़िया श्रॉफ (cashier) तथा पाईकर (petty contractors) थे, जो कि यूरोपियन व्यापारिक कम्पनियों के लिए खरीददारी हेतु देश के एक से दूसरे हिस्से में जाया करते थे।[11]

सांस्कृतिक रूप से ये दलाल किसी महत्वपूर्ण हद तक पश्चिमीकृत नहीं थे। मुस्लिम काल के कायस्थों और खत्रियों की भांति ये वाणिज्यिक समूह आंशिक रूप से पश्चिमीकृत थे। ये लोग अपने यूरोपियन स्वामियों की भाषा बोलते थे और उनकी कुछ प्रथाओं और जीवनशैलियों के अनुकरण से नहीं हिचकिचाते थे। जून 1673 में मसूलीपट्टम (Madras Presidency) में एक जलपोत पर एकत्रित इन दलालों के बारे में अवलोकन करते हुए एक यूरोपियन ने टिपण्णी की: "अंग्रेजी खजाने को किनारे तक ले जाने वाले मल्लाहों के विपरीत ये लोग अधिक स्टाइलिश कपड़ों में थे, सिर पर कालीकट की सूती पगड़ी थी, हल्की बनियान तथा ढीला पायजामा था। ये सभी अंग्रेजी बोल रहे थे और थोड़ी पगार के लिए अपनी सेवाएं पेश कर रहे थे तथा यात्रियों के काम में मदद के लिए तत्पर थे"[12] अठारहवीं शताब्दी के अन्तिम चतुर्थांश में बंगाल में इस प्रकार के दुभाषियों–दलालों की संख्या एक हजार आंकी गई।[13]

अर्ध पश्चिमीकृत दलालों और व्यापारियों के इस वर्ग के विकास में इनकी संख्या महत्वपूर्ण नहीं है, अपितु इनके द्वारा प्रारम्भ किया गया सांस्कृतिक परिवर्तन महत्वपूर्ण है। विशिष्टीकृत प्रशिक्षण व शिक्षा इनकी नौकरियों की आवश्यकता थी। व्यापार एवं वाणिज्यि में नई व्यावसायिक दक्षता और तार्किक–प्रबन्धकीय[14] प्रशासन की योग्यता को सीखने की आवश्यकता थी जो कि व्यापार करने के पारम्परिक तरीकों से बहुत भिन्न थी। ये दलाल बहुत जल्दी एक नए व्यापारिक वर्ग में रूपान्तरित हो गए। भारतीय मानवता के समुद्र में इस वर्ग का आकार एवं विशालता एक छोटी लहर जैसा था, परन्तु इसके महत्व की महानता इस बात में थी कि ये पश्चिमीकरण के अग्रदूत थे। इस प्रक्रिया में इस वर्ग ने अनेक तरीकों से योगदान दिया, यद्यपि इसका कोई संगठित स्वरूप नहीं था; इनके माध्यम से भारत में धीरे–धीरे पश्चिमीकरण की उप–संस्कृति स्थापित हो गई।[15]

शायद व्यापारिक दलाल पाश्चात्य सांस्कृतिक प्रतिमान के सम्पर्क में आने वाले सबसे पहले समूहों में से थे। भारत में पश्चिमीकरण की यह उप–संस्कृति पूरी अठारहवीं शताब्दी में फैलती रही और उन्नीसवीं शताब्दी के आरम्भ में पश्चिमीकरण की नई उप–संस्कृतियां उदित होने लगीं। इनका प्रतिनिधित्व मध्यमवर्गीय व्यावसायिक समूहों तथा सामाजिक सुधारकों के समूहों की नई पीढ़ी द्वारा होता था। जिन पाश्चात्य शैक्षणिक संस्थाओं ने इस वर्ग के विकास में योगदान दिया था, वे अभी भी कलकत्ता, मद्रास तथा बम्बई क्षेत्रों में स्थानीयकृत

थीं। इन संस्थाओं को सरकारी और मिशनरियों के प्रयासों से सम्पुष्ट किया गया। सन् 1859 में 13 सरकारी महाविद्यालयों में 1909 विद्यार्थी थे, तथा 4 अनुदानित महाविद्यालयों में 878 विद्यार्थी थे; 74 उच्चतर सरकारी स्कूलों में 10,989 विद्यार्थी थे तथा 209 उसी स्तर के अथवा उससे कुछ कम स्तर के अनुदानित स्कूलों में 16,956 विद्यार्थी थे; 25 सामान्य स्कूलों में 2,241 विद्यार्थी थे तथा विशेष विषयों के 16 महाविद्यालयों में 1,154 विद्यार्थी थे।[16] तथापि, एक वर्ष बाद एंग्लो–वर्नाक्यूलर स्कूलों की संख्या 193 तक बढ़ गई, जिसमें 23,963 विद्यार्थी थे।[17]

शैक्षणिक परिवर्तनों का परिणाम दोतरफा हुआ : पहला, नए शिक्षित वर्ग सदस्यों में पाश्चात्य मूल्यों और विचारधाराओं का आन्तरीकरण तथा दूसरा, सामाजिक एवं सांस्कृतिक सुधारवादी आन्दोलनों का उदय।[18] ईसाईयत के प्रसार के साथ–साथ इन परिवर्तनों ने पश्चिमीकरण की प्रक्रिया को और आगे बढ़ाया। आरम्भिक शैक्षणिक प्रसार अधिकांशतः उच्च एवं मध्यमवर्गीय नगरीय लोगों तक सीमित था। आरम्भिक काल में, उनकी पाश्चात्य सांस्कृतिक परम्परा से अन्तःक्रिया के परिणाम ने उनमें हर पाश्चात्य बात के लिए अतिशयोक्तिपूर्ण जोश भर दिया। बंगाल में यह पहले पश्चिमीकृत हुए मध्यम वर्ग के बारे में विशेष तौर पर सच था। कलकत्ता में इस प्रवृत्ति के बारे में स्पीयर लिखते हैं:

> ... प्रतिक्रिया यह थी कि कलकत्ता में एक क्रान्तिकारी समूह द्वारा सभी कुछ पाश्चात्य को सम्पूर्णता में स्वीकारना। उन्होंने इस पश्चिमी दावे को स्वीकार कर लिया कि उन्हें तर्क के नियम के आधार पर प्रगति का रहस्य पता चल गया है; उन्होंने पाश्चात्य मानवतावादी मूल्यों को स्वीकार कर लिया। उनके विश्वास में हिन्दू धर्म की कुरीतियों को सुधारने का एकमात्र तरीका उनको समाप्त करना था। ये लोग फ्रांसीसी और अंग्रेज तर्कवादियों से अत्यधिक प्रभावित थे, कलकत्ता में जिनके प्रतिनिधि डेविड हेयर थे, जो एक घड़ीसाज थे। इनके एक भाग ने स्कॉटिश मिशनरी एलेक्जैण्डर डफ से प्रभावित होकर एक कदम आगे बढ़कर पश्चिम के धर्म तथा दर्शन एवं परोपकार को स्वीकार कर लिया था। परम्परा के साथ विच्छेद को प्रतीकात्मक रूप देने के लिए गोमांस का कर्मकांडीय रूप से भोजन करने के माध्यम से काफी प्रयास किए गए, एक कवि ने तो यहां तक डींग हांकी कि उसे सपने अंग्रेजी में आते हैं।[18]

पाश्चात्य प्रभाव न केवल नैतिकता और दर्शन तक ही सीमित था अपितु कुछ क्षेत्रों में, विशेषतः उच्च मध्यम वर्ग के सदस्यों में, यह आदतों और प्रथाओं में भी देखने को मिलता है। इनके बारे में हॉट मैकेन्जी (1831) ने कहा, ''कलकत्ता

को देखते हुए मैं सोचता हूँ कि स्थानीय लोगों में अंग्रेजी विलासिता में डूबने की एक उल्लेखनीय प्रवृत्ति है; उनके खूब सजे हुए मकान हैं, वे घड़ियाँ पहनते हैं, उन्हें गाड़ियों का शौक है और ऐसा समझा जाता है कि वे शराब पीते हैं''।[19] पश्चिमीकरण की उप–संस्कृति बंगाल में साहित्यिक परम्परा द्वारा भी सम्पुष्ट हुई। 19 शताब्दी के बंगाली कवियों में अंग्रेजी साहित्य से कविता और तुकबन्दी के समकालीन प्रारूप के अनुकरण की होड़ लगी हुई थी; उपन्यासकारों के पात्र पाश्चात्य दर्शन के मुहावरों में बात करते थे;[20] पाश्चात्य शास्त्रीय कृतियों की नकल पर अनेक उपन्यास लिखे गए तथा नाटक की नई बंगाली शैली पर पाश्चात्य थियेटर की शैली और स्वरूप की गहरी छाप थी।[21]

पश्चिमीकरण की साहित्यिक उप–संस्कृति का यह उदय केवल बंगाल में ही विशेष रूप से नहीं हुआ। मद्रास में तमिल, आन्ध्र में तेलुगू और मध्य प्रायद्वीपीय भारत में मराठी में अंग्रेजी साहित्यिक परम्परा का समान रूप से प्रभाव पड़ा।[22] इन साहित्यिक कृतियों ने एक स्थानीय माध्यम का सृजन किया, जिसके द्वारा अनेक पाश्चात्य मूल्यों का भारतीय जनता तक प्रसारण हुआ। मराठी लेखकों ने न केवल शेक्सपीयर, जॉनसन तथा बनयन की कृतियों का अनुवाद किया अपितु इनमें से कुछ ने जानबूझ कर गिब्बन, जॉनसन और मैकॉले की शैली का अनुकरण किया और कई ने बैन्थम, मिल और हर्बर्ट स्पैन्सर के तार्किक–प्रत्यक्षवादी मूल्यों को गहन रूप से आन्तरीकृत कर लिया। यही बात तमिल तथा तेलुगू साहित्य और अन्य अनेक क्षेत्रीय साहित्यिक परम्पराओं पर भी लागू होती है।

यह प्रक्रिया न केवल साहित्यिक जगत तक सीमित थी अपितु इसने अनेक सुधारवादी आन्दोलनों के रूप में एक संगठित रूप धारण कर लिया। इस प्रकार का एक आन्दोलन बंगाल में राजा राममोहन राय ने चलाया। वे एक महान विद्वान तथा भाषा शास्त्री थे। मानवतावादी सामाजिक सुधारों को लाने में वे अगुवा थे। उनकी समझ में भारत में नैतिक और भौतिक पतन का कारण हिन्दू धर्म का स्वरूपवाद (formalism) था। अतः वे हिन्दू संस्कृति में नवाचारों के पक्षधर थे साथ ही क्रांतिकारी पश्चिमीकरण के हिमायती भी थे। पाश्चात्य मूल्यों में उनके विश्वास में भारत को पुनर्जीवित करने की सशक्त इच्छा अन्तर्निहित थी और वे भारत को उसी सामाजिक, सांस्कृतिक तथा आर्थिक गतिशीलता से प्रेरित देखना चाहते थे, जो पाश्चात्य समाजों की विशेषता थी। एक सुधारक और चिन्तक के रूप में उनकी स्थिति को सर्वश्रेष्ठ तरीके से मिस कॉलैट ने संक्षेप में प्रस्तुत किया है:

> राजा केवल पश्चिमी (Occidental) नहीं थे, न ऐसे हिन्दू थे जो कि यूरोपियन की तरह परिष्कृत हो गया हो, और यदि हम इस शब्द का बिना अपमान किए प्रयोग कर सकें तो वे थोड़े बहुत आध्यात्मिक

यूरेशियन भी थे। यदि हम उनके विकास को सही तरीके से समझ पाएं तो हम पाएंगे कि वे प्राच्यविद् की (Orientalist) स्थिति से पाश्चात्य संस्कृति में से गुजरते हुए एक ऐसी सभ्यता की ओर राह दिखाते हैं जो न तो पश्चिमी है न पूर्वी, परन्तु यह इन दोनों से ही कहीं महान व बड़ी है।[23]

राजा राममोहन रॉय भारतीय संस्कृति के लिए पाश्चात्य मूल्यों, नैतिक व्यवस्थाओं तथा प्रत्यक्षवाद की भावना के जोशीले हिमायती थे। भारत में शिक्षा के पाश्चात्य स्वरूप की संस्थाओं को शुरू करने के लिए उन्होंने एक अभियान छेड़ा तथा कलकत्ता में संस्कृत महाविद्यालय की स्थापना के विरुद्ध गवर्नर–जनरल को अर्जी भेजी क्योंकि उन्होंने सोचा "कि वहाँ ज्ञानार्थी वही सब कुछ जानेंगे जो 2000 वर्षों से पता है। इसमें चालबाज व्यक्तियों द्वारा निर्मित थोथी बारीकियों व फिजूल बातों को मात्र जोड़ दिया जाएगा..........."[24] उनके अनुसार, भारतीय समाज की वर्तमान आवश्यकताओं हेतु पारम्परिक शिक्षा महत्व खो चुकी है।

तुलनात्मक धर्म का विद्यार्थी होने के नाते, राममोहन रॉय ने ब्रह्म सभा (बाद में समाज) की स्थापना की जो कि उनकी ईश्वरवाद व नैतिक नियमों की धारणा पर आधारित थी। इस समाज की प्रत्येक शनिवार शाम को दो घंटे के लिए बैठक होती थी, जिसमें शास्त्रों से अंश पढ़कर सुनाए जाते थे, तदुपरांत बंगाली भाषा में प्रवचन होता था और फिर भजन गाए जाते थे। ब्रह्म समाज द्वारा प्रस्थापित ईश्वरवाद ईसाई धर्म तथा हिन्दू वेदान्त दर्शन में पाए जाने वाले एकेश्वरवाद के साथ–साथ तार्किक–मानववाद का एक समागमी स्वरूप था। सम्पूर्ण अभिमुखन अराजनैतिक था क्योंकि राममोहन रॉय मानते थे कि "हिन्दुओं द्वारा अनुपालन किए जा रहे धर्म की वर्तमान व्यवस्था इनके राजनैतिक हितों को सम्वर्धित करने के लिए सुनियोजित नहीं है।[25] अतः सर्वप्रथम धर्म में सुधार आवश्यक है। राममोहन रॉय की मृत्यु के पश्चात् ब्रह्म समाज का नेतृत्व केशब चन्द्र सेन ने किया। उनमें पाश्चात्य मूल्यों के प्रति प्रतिबद्धता तथा ईसाई नैतिकता के प्रति प्रशंसा का भाव राममोहन रॉय से भी अधिक था। उनके विचार में भारतीय समाज का पश्चिम से सम्पर्क भारत के लिए सांस्कृतिक व नैतिक उद्धार का स्रोत था तथा उन्होंने मानवतावाद, तर्कवाद एवं विज्ञान के पाश्चात्य सांस्कृतिक मूल्यों की सम्पूर्ण मन से अनुकरण की हिमायत की।[26]

प्राथमिक पश्चिमीकरण के इन आंदोलनों का नेतृत्व ऐसे लोगों ने किया जो कि यद्यपि पाश्चात्य परम्परा एवं संस्कृति के पक्षों के तीव्र सात्मीकरण (assimilation) की आवश्यकता के पूर्ण हिमायती थे, और इसमें वे कोई समझौते को तैयार नहीं थे। तथापि, ये ऐसे लोग थे जिन्होंने समाज में अपना स्थान स्वयं बनाया था और साथ ही ये दृढ़ चरित्र के थे तथा उनके संस्कार हिन्दू परम्परा में ही ढले थे, परन्तु उनके अनुयायियों की पीढ़ी का अभिमुखन बिल्कुल भिन्न था जो

कि बाद में कॉलेज की युवा पीढ़ी से उभरकर आए थे। 'विराष्ट्रीयकृत ये लोग अति–पश्चिमीकृत[27] (denationalized and hyper-westernized) थे जो कि अपनी स्वयं की परम्परा से पूरी तरह से उखड़े हुए थे। यद्यपि यह अल्प–कालिक थी तथापि यह लहर इस तथाकथित पाश्चात्य जीवनशैली तथा विचार प्रतिमान की अतिशयोक्ति से भरी हुई थी। सबसे अतिवादी कलकत्ता के हिन्दू कॉलेज के वे विद्यार्थी थे, जिन्होंने हर हिन्दू तत्व के विरुद्ध एक उग्र रवैया अपनाया, इनमें से कुछ ने अपने युवा जोश से जनमत को आहत किया, जैसे हद से बढ़कर शराब पीना, रूढ़िवादियों के घर पर गाय की हड्डियाँ फेंकना तथा सड़कों पर यह चिल्लाते हुए कि 'हमने मुसलमानी रोटी खाई है' परेड करना।''[28]

वास्तव में पश्चिमीकरण की इन विरोधात्मक उप–संस्कृतियों का प्रभाव सीमित था। इन सांस्कृतिक विचारधाराओं का प्रतिनिधित्व करने वाले समूह प्रायः स्व–अलगावित (self-alienated) हो गए तथा समकालीन समाज पर कोई ठोस प्रभाव छोड़ने में असफल रहे। ''बौद्धिक रूप से वे अंग्रेजी के बच्चे थे, सामाजिक रूप से अपने आप में एक भिन्न वर्ग थे तथा अपनी मर्जी से रूढ़िवादी हिन्दू समाज से सम्बन्ध विच्छेद कर चुके थे। उनके तथा उनके देशवासियों के मध्य, अथवा उनके तथा अंग्रेजों के मध्य बहुत थोड़ी सहानुभूति थी; बिना दूसरे समाज में मान्य स्थान मिले, इनका लालन–पालन एक समाज के बाहर हुआ।''[29] इस अतिवादी आंदोलन की बात यदि छोड़ दें, भारत की सांस्कृतिक मिट्टी में ब्रह्मो समाज भी अपनी जड़ें नहीं जमा पाया। यह कहा गया है कि ''समाज के नियम बहुत ज्यादा परिष्कृत व चयनित थे, इसलिए लोकप्रिय नहीं हो पाए। इसके व हिन्दू धर्म के बीच गहरी खाई थी क्योंकि यह मैटेम्साईकॉसिस और अवतारों (metempsychosis and incarnations) के सिद्धांतों को नहीं मानता था, अतः यह कभी भी कोई हिन्दू सम्प्रदाय नहीं बना।''[30] इन आंदोलनों का महत्व इनके प्रसार की मात्रा में नहीं था अपितु उस नई सांस्कृतिक जागरूकता में था, जिसे इसने समाज में पैदा किया था।

पश्चिमीकरण हेतु ऐसे ही आंदोलन बम्बई तथा मद्रास क्षेत्रों में चल रहे थे। ब्रह्म समाज का मिलता–जुलता प्रारूप मद्रास में वेद समाज व बम्बई में प्रार्थना समाज था। दोनों समाज हिन्दू धर्म में सुधारवादी ईश्वरवादी आंदोलन लाने के लिए कटिबद्ध थे तथा इन्होंने समकालीन भारतीय समाज में प्रचलित हानिकारक सामाजिक रीतियों व प्रथाओं पर रोक लगाने का प्रचार किया। इन आन्दोलनों ने बाल–विवाह की प्रथा तथा स्त्रियों के शोषण का विरोध किया। कलकत्ता की भांति, बम्बई तथा मद्रास में भी अति–पश्चिमीकृत युवा आंदोलन हुए, परन्तु उनका स्तर बंगाल के आंदोलनों के समान नहीं था। बम्बई में पश्चिमीकरण का यह स्वरूप पारसियों तक ही सीमित रहा।[31] मद्रास व बम्बई में इस प्राथमिक पश्चिमीकरण प्रक्रिया का महत्व तथा अभिमुखन वैसे तो उदीयमान राष्ट्रवादी

आकांक्षा में गहन रूप से आबद्ध था।

जिस प्रकार ये आंदोलन स्थानीय व अभिजनवादी (elitist) थे, इन्होंने नब्बे के दशक के प्रारम्भ में अंग्रेजी सरकार द्वारा चलाई जा रही नीतियों पर अपेक्षा से अधिक प्रभाव छोड़ा और अनेक क्रांतिकारी–मानवतावादी समाज सुधारों को लागू कराने में सफल रहे। ये सुधार उन सामाजिक प्रथाओं से सम्बंधित थे, जिन्हें हिन्दू संस्कृति की लघु परम्परा ने जन्म दिया था। उदाहरण के लिए, हम सती प्रथा की बात कर सकते हैं जो केवल बंगाल में प्रतिवर्ष 600 विधवाओं को काल कवलित कर देती थी।[32] राममोहन रॉय के सतत प्रयासों के फलस्वरूप बंगाल में 1829 में बम्बई में 1830 में तथा राजस्थान की कुछ रियासतों में 1846 में इसे समाप्त कर दिया गया।[33] शिशु–हत्या रोकने, गुलामी के लिए बच्चों की चोरी रोकने के लिए (1774) कानून पारित किए गए तथा गुलामों को कानूनी अधिकार (1843) दिलाए गए। विधवा पुनर्विवाह अधिनियम 1856 में पारित हुआ, जिसने पहली बार इन विवाहों को कानूनी स्वीकृति प्रदान की। हिन्दू समाज की सामाजिक प्रथाओ तथा संस्थाओं में ये परिवर्तन इस समाज में बाद में आने वाले मूलभूत सांस्कृतिक पुनःअनुकूलनों के अग्रदूत थे। इन सुधारों का तर्क जिन अंतर्निहित मूल्यों में था, वे मानवतावाद, सार्वभौमिक समानता, मान–मर्यादा (dignity) तथा मनुष्य की स्वतंत्रता थीं। तार्किक रूप से, इस मूल्य व्यवस्था का मूल्य–परिवेश (ethos) सोपानक्रम की धारणा में नहीं अपितु समानता की धारणा में आबद्ध था; पूर्व नियत भाग्य के सिद्धांत (theory of pre-destination) का उस नैतिक सन्दर्भ से कोई वास्ता नहीं था, जिसमें इन सुधारों की कल्पना की गई व इन्हें लागू किया गया। इस प्रकार, हिन्दू परम्परा में सांस्कृतिक आधुनिकीकरण की प्रक्रिया की ओर एक शुरुआत हो गई, चाहे वह कितनी ही आरम्भिक रूप में क्यों न थी।

इसके अतिरिक्त, जैसे–जैसे भारतीय धरती पर अंग्रेजी नियंत्रण बढ़ा, भारतीय समाज के अन्य क्षेत्रों में भी अनेक परिवर्तन हुए। अराजकता, डकैती, निजी सेना तथा <u>ठगी</u> (धोखे व हत्या का एक संस्थात्मक स्वरूप)[34] जो कि 18वीं व 19वीं शती से भारत में आम बात थी, को समाप्त कर दिया गया तथा नियन्त्रित किया गया।[35] शिक्षा के प्रसार, यातायात तथा संचार के साधनों तथा एक ऐसे समाज की आधारशिला रखी गई जो कि तार्किक कानूनी न्याय पर आधारित था और यह न्याय "समानता के नियम तथा सकारात्मक अधिकारों की चेतना के निर्माण" में विश्वास रखता था।[36] इन सुधारों में से अधिकांश 19वीं शताब्दी के आरम्भिक काल में शुरू हुए और कालान्तर में ये भारत में आधुनिकीकरण की आधारशिला बने।

पश्चिमीकरण के इन उप–सांस्कृतिक आंदोलनों के संस्कृति–परिवर्तन की प्रक्रिया हेतु उच्च गुणात्मक महत्व के बावजूद, इन आंदोलनों का संस्थात्मक

आधार इतना व्यापक व विस्तृत नहीं था, जितना कि भारतीय सांस्कृतिक संरचनाओं की वृहत् प्रक्रियाओं का था। इसके मानदण्डात्मक संवर्ग अनजाने थे तथ इसका संगठनात्मक आधार कमजोर था, वह शहरों में रहने वाले मध्यम वर्ग व विद्यार्थी जनसंख्या तक सीमित था। अतः सांस्कृतिक परिवर्तनों की शक्तियों को लामबंद करने का इसका महत्व मात्रात्मक होने के बजाय गुणात्मक अधिक था।

सांस्कृतिक आधुनिकीकरण की वृहत् परम्परा (The Great Tradition of Cultural Modernization)

उप–सांस्कृतिक अथवा प्राथमिक पश्चिमीकरण से द्वैतीयक पश्चिमीकरण अथवा आधुनिकीकरण में परिवर्तन, जिसके अंतर्सम्बंध भारत की वृहत् परम्परा में थे, आंशिक रूप से ऐतिहासिक व संचयी कारकों के कारण हुए थे। ऐतिहासिक रूप से 1857 का गदर एक महत्वपूर्ण विभाजन रेखा है। पश्चिमीकरण की प्रघटना के प्रति शिक्षित भारतीयों के प्रत्युत्तर–प्रतिमान में यह एक क्रांतिकारी परिवर्तन लाया; अब अभिमुखन व विचारधारा में पश्चिमीकरण का अर्थ अधिकाधिक रूप से राष्ट्रवाद व लौकिकवाद के भाव में लिया जाने लगा। अल्पकालीन पर–संस्कृति प्रेम वश (xenophilic) तादात्म्य (identification) की भावना जो हर पाश्चात्य चीज अथवा बात से जुड़ी थी, वह अब घटने लगी और उसके स्थान पर एक सांस्कृतिक प्रतिक्रिया आ गई'', जिसका आदर्श था, उपलब्धियों तथा पश्चिमी मूल्यांकन में पश्चिम के साथ होड़ और साथ–साथ प्रतिबद्धता........ हिन्दू अतीत के, साथ।''[37] जॉन स्टुअर्ट मिल, हर्बर्ट स्पैंसर, कन्डोरसेट, डेविड ह्यूम, पेन एवं बैंथम की कृतियों ने भारतीयों को पश्चिम की ओर प्रशंसा भाव से देखने के लिए प्रेरित किया और इन्हीं ने उनमें राष्ट्रवाद की भावना व स्वतंत्रता एवं मुक्ति की प्रबल इच्छा का जोश भी भरा।

पश्चिमीकरण की नई अवस्था में अन्य पक्ष कम्पनी तथा अंग्रेजी सरकार की नीतियों में से कुछ जिन्हें वह शिक्षा, कानून निर्माण, वाणिज्य व उद्योग आदि में चला रही थी, के संचयी सामाजिक प्रभावों में निहित थे। इन नीतियों का एक प्रभाव नई चेतना और मूल्यों की संरचना का विकास था। यह सत्य है कि 1857 के गदर ने हिन्दू प्रथाओं तथा संस्थाओं में सुधार हेतु अंग्रेजी प्रशासन के जोश व आत्मविश्वास को ठंडा कर दिया था, परन्तु आधुनिक भारत की वास्तविक आधारशिला गदर के बाद के समय में पड़ी। ओ'मैली कहते हैं, ''आधुनिक भारत तो वास्तव में गदर के बाद की रचना है जो जीवन दशाओं में उन परिवर्तनों का कारण कही जा सकती है जो पैक्स ब्रिटेनिका (Pax Britanica) की स्थापना के बाद अस्तित्व में आई। ये परिवर्तन थे–जनसंख्या में बहुत वृद्धि, राजकीय गतिविधियों का विस्तार, व्यापार एवं उद्योग का विकास, तथा आधुनिक पाश्चात्य सभ्यता के अनुलग्नकों (adjuncts) का आगमन............., रेल, डाक व्यवस्था और

तार प्रणाली को सामाजिक सुधार के तीन महान एन्जिन कहा जाता है, जिन्हें कि विज्ञान ने पश्चिम को पहले ही दे दिया था।''[38]

परिणामतः इन क्षेत्रों में विकास के कारण आधुनिकीकरण की संस्थाओं की संरचनात्मक आधारशिलाओं तथा संचार जाल का प्रसार हुआ। इसके अतिरिक्त, संस्कृति के अन्य पक्षों में आधुनिकीकरण की प्रक्रिया निर्बाध रूप से और बढ़े हुए वेग से चलती रही। भारत में आधुनिकीकरण की वृहत् परम्परा की रचना में संस्थात्मक विकास में से कुछ जो सीधे–सीधे उत्तरदायी रहे हैं वे हैं: (1) सार्वभौमिक कानूनी अधिसंरचना (universalistic legal superstructure) का विकास (2) शिक्षा का प्रसार; (3) नगरीकरण व औद्योगीकरण; (4) संचार का विस्तृत जाल; (5) राष्ट्रवाद का विकास तथा समाज का राजनैतिकीकरण। इनमें से प्रत्येक कारक का अखिल–भारतीय महत्व था और वह प्राथमिक पश्चिमीकरण की भांति ''क उप–सांस्कृतिक प्रक्रिया अथवा स्थानीयकृत प्रक्रिया नहीं था।

एक सार्वभौमिक कानून व्यवस्था का विकास
(The Growth of a Universalistic Legal System)

यदि हम इमाइल दुर्खाइम का अनुसरण करें तो समाज में सामाजिक एकता के अदृश्य तथ्य का ''दृश्य प्रतीक''[39] कानून है; क्योंकि समाज एक नैतिक प्रघटना है, अतः इसका अन्य (कानून के अलावा) वस्तुपरक सूचकों (indices) के माध्यम से माप अथवा प्रेक्षण करना कठिन है। वे ये मानते हैं कि ''प्रथा कानून के खिलाफ नहीं होती, अपितु इसके ठीक विपरीत, कानून का आधार होती है,''[40] और ये दोनों मिलकर किसी भी विशिष्ट समाज में सामाजिक एकता की प्रकृति अथवा आंतरिक विभेदीकरण की मात्रा का एक अप्रत्यक्ष माप प्रदान करती हैं। अपवाद की परिस्थितियों में, तथापि, प्रथा एवं कानून में संघर्ष छिड़ सकता है, परन्तु दुर्खाइम के अनुसार, यह प्रमुखतया 'आदत की शक्ति' (force of habit) के कारण होता है जो प्रथा व कानून के मध्य खाई खड़ी कर देती है। तथापि, दुर्खाइम ने प्रथा व कानून के मध्य ऐसे संघर्ष के बारे में सोचा भी नहीं था जैसा भारत में है, जो कि कानून मानदण्डों की बाह्यजनित परम्पराओं के प्रसार और सांस्कृतिक सम्पर्कों की ऐतिहासिक प्रक्रियाओं पर आधारित है। उनका कानून के सामाजिक एकता तथा (हम जोड़ सकते हैं) सामाजिक प्रक्रियाओं के कारणों के वस्तुपरक प्रभाव के रूप में दिया गया जोर, भारतीय समाज की प्रथाओं तथा कानूनों में रूपान्तरणों[41] के अध्ययन के माध्यम से परिवर्तन के अध्ययन में एक नया महत्व जोड़ता है।

वास्तव में, भारत में नए कानूनी मानदण्डों का प्रसार तथा सकारात्मक कानून के सार्वभौमिक रूप का धीरे–धीरे उदय अपने आप में एक नई परम्परा की शुरुआत का द्योतक है.............. जिसमें प्रस्थिति से संविदा,[42] सोपानक्रम से

सार्वभौमिक न्याय संगत व समानता में परिवर्तन होता है। हिन्दू धर्म और इस्लाम दोनों की वृहत् परम्परा में कानून व्यवस्था की आधारशिला के जो मानदण्ड थे वे सोपानक्रम के नियम का विस्तार थे। धर्मशास्त्रों ने कानूनी अधिकारों एवं कानून को लागू करने के लिए विभेदीकृत मानक (differential standards) स्पष्ट रूप से दिए हुए हैं; और इन सबका आधार विभिन्न जातियों एवं वर्गों के गुणात्मक–प्रदत्त प्रस्थिति की मान्यता है, जिन पर कानूनी मान्यताओं के मानकों को भी क्रमिक रूप से वर्गीकृत किया जाता है। ''मनु के अनुसार, ब्राह्मण को क्षत्रिय की निंदा करने के लिए पचास पण का भुगतान दंडस्वरूप करना होगा, परन्तु किसी वैश्य या शूद्र के लिए दण्ड क्रमशः केवल पच्चीस और बारह पण का होगा। निचले क्रम के सदस्यों द्वारा उच्चतर लोगों की निंदा के लिए दण्ड बहुत अधिक गंभीर हैं। अपराधियों के वर्ग के अनुसार दण्ड के इसी प्रकार के सोपानक्रम अनेक अपराधों के लिए दिए गए हैं, और प्राचीन भारत में कानून के समक्ष सब की समानता को कभी नहीं स्वीकारा गया, और यह अधिकांश भारतीय चिंतन के बिल्कुल विपरीत था।''[43] तथापि, इसमें हम यह अवश्य जोड़ेंगे कि जहाँ ऊँची प्रस्थिति वाले उच्च वर्गों के श्रेष्ठतर कानूनी अधिकार थे, जो कि उच्च नैतिक मानकों के अनुरूप थे, पारम्परिक हिन्दू कानूनों ने उनके लिए अधिक कठोर मानक बना रखे थे जिनसे कि समुदाय के निचले वर्गों को या तो माफ कर रखा था या उन्हें इनके उल्लंघन पर अपेक्षाकृत उदारता से दण्ड दिया जाता था। भाषम लिखते हैं:

> हिन्दू कानून व्यवस्था के प्रति उचित दृष्टिकोण से देखा जाए तो हम हम पाएंगे कि यह सदैव ब्राह्मणों के पक्ष में काम नहीं करता था। मनु ने चोरी का दण्ड नियत करते समय शूद्र के लिए चुराई हुई वस्तु के मूल्य का आठ गुणा दंड के भुगतान की व्यवस्था दी है जबकि वैश्य, क्षत्रिय एवं ब्राह्मण को मूल्य का क्रमशः सोलह, बत्तीस व चौंसठ गुणा भुगतान करना बताया है। निम्न जातियों की तुलना में उच्चतर वर्गों से आचार के उच्चतर मानकों के अनुपालन की आशा की जाती थी और इस प्रकार उनके द्वारा की गई चोरी अधिक कठोर मानी जाती थी।[44]

इन दोनों उदाहरणों में, तथापि, हमें सोपानक्रम का नियम देखने को मिलता है। हिन्दू धर्म में मनुष्य की जन्मजात नैतिक व गुणात्मक विशेषताएं सोपानक्रमिक रूप से मानी गई हैं, और ये मनुष्यों में उच्च तथा निम्न जातियों में उनके जन्म के अनुसार भिन्नता लिए हुए होती हैं। अतः उच्च जातियों के व्यक्तियों में, निम्न स्तर के लोगों की तुलना में उच्च करिश्माई नैतिक प्रतिभा की अपेक्षा होती है। मानव प्रकृति में करिश्माई गुणों का सोपानक्रम, जिसके बारे में पहले चर्चा की जा

चुकी है (अध्याय द्वितीय), जो कानून के इस विशिष्टतावादी व असमानतावादी व्यवस्था के स्वरूप पर तार्किक रूप से सही बैठता है, जो कि न्याय को न्यायसंगतता (निष्पक्षता) तथा वैयक्तिक उत्तरदायित्व के आधार पर नहीं लागू करता अपितु किसी व्यक्ति की प्रस्थिति अथवा जातिगत सम्बद्धता या समग्रवादी समूह के आधार पर लागू करता है। सैद्धांतिक रूप से, इस प्रकार की कानून की व्यवस्था को मानव प्रकृति एवं सामाजिक संरचना की धारण के हिन्दू प्रघटनाशास्त्र (phenomenology) के साथ तार्किक रूप से सुसंगत माना जा सकता है। परन्तु व्यवहार में इस व्यवस्था की कार्यशीलता में भिन्नताएं सदैव रही हैं।

जैसा कि हिन्दू परम्परा के अन्य पक्षों के मामले में है, कानून–व्यवस्था के मामले में भी, लिखित आलेखों तथा संदर्भात्मक कार्यशीलता (contextual functioning) में अंतर रहा है। कानून–व्यवस्था तथा इसकी व्यवहार में अनुपालना में क्षेत्रीय व उप–सांस्कृतिक आवश्यकताओं के अनुरूप निरन्तर अनुकूलन होते रहे हैं जैसे–जैसे नृतत्व सात्मीकरण[45] तथा ऐतिहासिक परिस्थितियों की आवश्यकता होती थी। धर्मशास्त्रों के अतिरिक्त, स्थानीय प्रथाओं तथा शाही शासनादेश ने सामाजिक रूप से कार्यशील मानदण्ड तथा इसकी सामाजिक संरचना के संदर्भात्मक महत्व को परिवर्द्धित किया है। इन क्षेत्रीय एवं संदर्भात्मक भिन्नताओं के बावजूद हिन्दू कानून–व्यवस्था की विशिष्टतावादी एवं सोपानक्रमिक प्रकृति यथावत् बनी रही। यह व्यक्ति–अभिमुखी (individual-oriented) तथा सार्वभौमिकतावादी होने के बजाय समूह–अभिमुखी तथा असमानतावादी अथवा प्रदत्त (ascriptive) बनी रही। मुस्लिम संस्कृति एवं प्रशासन ने इस कानून–व्यवस्था की गुणात्मक प्रकृति में कोई मूलभूत परिवर्तन नहीं किया। स्वयं मुस्लिम कानून अनेक तरीकों से विशिष्टतावादी था। "मुसलमान के खिलाफ गैर–मुसलमान की गवाही स्वीकार्य नहीं थी। एक ऐसा नियम, जिसने हिन्दुओं और मुसलमानों के बीच होने वाले मुकदमों में न्याय के पलड़े को बराबर रखना असम्भव कर दिया.......... माता–पिता अथवा नातेदारों के हत्यारों को बेटे अथवा नातेदारों के उत्तराधिकारी क्षमा करने के लिए स्वतंत्र थे।"[46]

भारतीय समाज के साथ अंग्रेजों के सम्पर्क के समय, देश के विभिन्न भागों में जो कानून–व्यवस्था विद्यमान थी, वह अभी भी विशिष्टतावादी तथा असमानतावादी थी। अठारहवीं शताब्दी के अंत तक मध्य भारत व दक्कन का अधिकांश भाग मराठाओं के अधीन था और इन क्षेत्रों में कानूनी प्रशासन का हिन्दू स्वरूप प्रचलित था। जो भी अभिलेख उपलब्ध हैं, वे बताते हैं कि न्याय अन्यायसंगत (inequitable) प्रायः मनमाना और किसी कानून के व्यवस्थित तर्क के अनुरूप नहीं था।[47] गुजरात में भट व उत्तर में ब्राह्मण जैसे कुछ समूह अपने विशेषाधिकार आत्महत्या करने की धमकी (पश्चिम भारत में त्रागा व उत्तर में

धरना) के तहत बनाए रखे हुए थे, क्योंकि लोगों की यह धारणा थी कि इस प्रकार की मौत का पाप उन पर पड़ेगा।[48] कानून का संचालन तथा न्याय का प्रवर्तन स्थानीय प्रथाओं, लोगों के अंधविश्वासों तथा हिन्दू एवं इस्लामी कानूनी संहिताओं के असमानतावादी मूल्यों के साथ बुरी तरह से मिश्रित था। कानून लागू करना भी आंशिक रूप से ही सम्भव था क्योंकि देश में कानून एवं व्यवस्था[49] (law and order) तथा राजनैतिक संरचना के एक संगठित स्वरूप का अभाव था।

भारत में अंग्रेजी (ब्रिटिश) शक्ति की स्थापना के साथ ही देश की कानून व्यवस्था में नया मोड़ आया। अंग्रेज कानूनी उन्नयन के अनेक स्वरूप लाए जो कि पारम्परिक हिन्दू कानून के विपरीत थे तथा सार्वभौमिकतावाद, तर्कवाद एवं व्यक्तिवाद पर आधारित थे। इस प्रकार कानून आधुनिकीकरण का एक उपकरण बन गया। फिर भी, इसका विकास धीमा था और एक अर्थ में यह कहना सही हो सकता है कि पारम्परिक व आधुनिक कानूनी स्वरूपों व रीतियों में धीरे–धीरे एक संश्लेषण (synthesis) हो रहा था जो कि भारत में परम्परा व आधुनिकता के मध्य संश्लेषण की प्रक्रिया को सम्पूर्ण रूप से बिम्बित करता है।

नई न्याय व्यवस्था की आधारशिला वारेन हेस्टिंग्स ने डाली। जिलों में दीवानी (civil) तथा आपराधिक न्याय (criminal justice) के क्रियान्वयन हेतु वह कानूनी न्यायालयों की विकेन्द्रीकृत व्यवस्था का पक्षधर था। ये सभी कम्पनी के न्यायालय थे; पहले कलकत्ता, और फिर मद्रास व बम्बई में भी सुप्रीम कोर्ट रेगुलेटिंग एक्ट ऑफ 1773 के प्रावधानों के आधार पर शाही आदेश के अंतर्गत स्थापित किए गए। इस एक्ट को अंग्रेजी संसद ने ईस्ट इंडिया कम्पनी की गतिविधियों को नियंत्रित करने के लिए पारित किया था। सुप्रीम कोर्ट अथवा राजा के कोर्ट कम्पनी के न्यायालयों से अलग थे, अतः कुछ समय के लिए कानून के क्रियान्वयन का दोहरा स्वरूप था जो कि भ्रम पैदा करता था व लोगों के लिए कठिनाइयां खड़ी करता था। इसे 1861 में हटा दिया गया, जब भारतीय दण्ड संहिता (Indian Penal Code) तथा दीवानी एवं फौजदारी प्रक्रिया की संहिताओं (Codes of Civil and Criminal Procedure) के पारित होने से प्रत्येक प्रांत में निचली अदालतों पर व्यवस्थित नियन्त्रण संभव हो सका। इसके बाद इन अदालतों पर राज्य के उच्च न्यायालय का नियन्त्रण था और इसे निचली अदालतों से आई अपीलों को सुनने का अधिकार था। इन निचली अदालतों व उच्च न्यायालयों के ऊपर सर्वोच्च शक्तियों वाला, अन्तिम अपील का न्यायालय ज्युडीशियल कमेटी ऑफ हिज मेजेस्टीज प्रिवी काउन्सिल था।

इस न्यायिक प्रशासन तथा इसकी कानूनी मानदण्डात्मक संरचना के विकास की एक नई विशेषता न्यायालयों के न्यायिक एवं कार्यपालक (judicial and executive) प्रकार्यों एवं शक्तियों में पृथक्कीकरण था। इसका श्रेय

कॉर्नवालिस को जाता है, जिसने इसे सबसे पहले बंगाल में शुरू किया और बाद में वही प्रारूप (model) अन्य प्रान्तों में लागू किया गया। इस व्यवस्था का समाजशास्त्रीय महत्व यह था कि सरकारी कार्यपालिका के निर्णयों को भी अब दीवानी न्यायालयों (civil courts) में चुनौती दी जा सकती थी, इस प्रकार कानून के शासन तथा स्वतन्त्रता एवं न्याय के अधिकार की आधारशिला रखी गई।[50] परन्तु कानूनी मानदण्ड, विशेषतः घरेलू एवं निजी क्षेत्र में, अभी भी विषमांगी (heterogenous), थे जिनमें अंग्रेजी, हिन्दू, इस्लामी, पारसी, प्रथागत (customary) तथा जनजातीय जैसी विविध कानूनी परम्पराएं थीं। यहाँ तक कि इन परम्पराओं में से कुछ में क्षेत्रीय भिन्नताएं भी थीं।

फिर भी, कानूनी अधिकारों की एक समरूप व्यवस्था तथा इसके प्रशासन की स्थापना, जो कि अंग्रेजी राज्य के स्थायी होने पर उन्नीसवीं शताब्दी के तृतीय चतुर्थांश में की गई, ने सांस्कृतिक परिवर्तनों के कई स्वरूपों को जन्म दिया। सर्वप्रथम इसका मानवतावादी मूल्यों पर जोर था। ऐसी अनेक सामाजिक प्रथाओं, जो मानवीय मान–मर्यादा (dignity) तथा निजी सुरक्षा और स्वतन्त्रता का उल्लघंन करती थीं, को कानूनन समाप्त कर दिया गया। सती प्रथा को 1829 में अवैध घोषित कर दिया गया। गुलाम प्रथा को कानूनन 1843 में समाप्त कर दिया गया। इसके पहले 1832 में एक जिले से दूसरे जिले में गुलामों के व्यापार को दण्डनीय कर दिया गया। सन् 1850 में जाति निर्योग्यता उन्मूलन अधिनियम (Caste Disabilities Removal Act) पारित किया गया, जिसके अंतर्गत दूसरे धर्म में परिवर्तन के बाद भी चेतना की स्वतंत्रता (Freedom of Conscience) तथा अपनी सम्पति व उत्तराधिकार के अधिकारों की गारंटी दी गई। हिन्दू विधवाओं के पुनर्विवाह को 1856 में एक अधिनियम के द्वारा कानूनी मान्यता दी गई। ये परिवर्तन गदर के पहले के काल में लाए गए, यह समय अमानवीय व अस्वस्थ स्थानीय हिन्दू सामाजिक प्रथाओं व सांस्कृतिक तौर–तरीकों में क्रांतिकारी परिवर्तन लाने के लिए अंग्रेज प्रशासकों के असाधारण जोश से ओत–प्रोत था; इसके बाद के समय में पाश्चात्य सांस्कृतिक प्रतिमानों पर आधारित नई उदारवादी संस्थाओं को प्रारम्भ करने में उनकी लगन दिखाई दी।

सामाजिक सुधारों के लिए अंग्रेजी प्रशासन का यह जोश 1857 के गदर के बाद ठंडा पड़ गया। परन्तु प्रत्यक्ष अथवा अप्रत्यक्ष रूप से यह प्रक्रिया जारी रही और भारत की कानून–व्यवस्था में आधारभूत परिवर्तनों में से अधिकांश गदर के बाद के काल में हुए, जिनका इसकी संस्कृति पर आधुनिकीकारक प्रभाव पड़ा। लिंडजे लिखते हैं:

> लॉर्ड मैकॉले की अध्यक्षता में पहला विधि आयोग 1834 में गठित हुआ; इसकी सबसे महत्वपूर्ण उपलब्धि भारतीय दंड संहिता (Indian Penal Code) के मसविदे को तैयार करना था, जो कि 1860 तक

कानून नहीं बन पाया। मैकॉले के आयोग ने अपने रिपोर्ट्स भी तैयार कीं, जिनमें कानूनों के सुझाव थे और इन रिपोर्ट्स पर आने वाले अनेक विधि आयोगों ने ध्यान दिया जिनकी बैठकें लंदन में समय–समय पर सन् 1853 से 1870 के मध्य हुईं और जिनके प्रयासों से प्रक्रिया संहिता, दीवानी और फौज़दारी (Codes of Procedure, Civil and Criminal) क्रमशः 1859 व 1861 में लागू हुईं। सुप्रीम कोर्ट एवं सदर न्यायालयों के उच्च न्यायालयों में 1861 में विलय के साथ भारत में न्याय व्यवस्था का एकीकरण हुआ। इन आयोगों के प्रयासों के फलस्वरूप सक्सेशन एक्ट (1865), लिमिटेशन एक्ट (1871), एविडेंस एक्ट तथा कॉन्ट्रेक्ट एक्ट (1872) तथा इसके बाद भारत सरकार के निर्देशों के अधीन स्पेशियल रिलीफ एक्ट (1877) नेगोशियएबल इंस्ट्रूमेंट्स एक्ट (1881), ट्रस्ट एक्ट (1882), सम्पत्ति हस्तांतरण अधिनियम (1882) तथा ईजमेंट एक्ट (1882) अस्तित्व में आए। यह कहा जा सकता है कि इस समय तक सूत्रीकरण की प्रक्रिया समाप्त हो गई, यद्यपि व्यापक प्रकृति के कानूनों के विभिन्न प्रांतों के भूमि पट्टे के कानून (Law of Land Tenure) को परिभाषित करने के लिए लाया गया।[51]

भारत में न्याय के प्रशासन के लिए जो नए कानूनी मानदण्ड बनाए गए, यह उनकी क्रांतिकारी प्रकृति व व्यापकता को दर्शाता है। इसके आधारभूत सूत्रणों में से अधिकांश उन्नीसवीं शती के अंत तक पूर्ण हो चुके थे, परन्तु तब से नए कानून इसमें जुड़ते जा रहे हैं। हिन्दू प्रथाओं के अनेक संवेदनशील क्षेत्रों में सामाजिक सुधार लाने वाले कानून जारी रहे। ब्रह्म समाज की विवाह प्रथाओं को समाहित करने के लिए 1872 में नेटिव मैरिज एक्ट (III) लाया गया, क्योंकि ब्रह्मसमाजी अपने आप को किसी धर्म का औपचारिक सदस्य नहीं मानते थे। यह अप्रत्यक्ष रूप से सिविल मैरिज लॉ की तरह था क्योंकि वह उन दो व्यक्तियों के मध्य विवाह की अनुमति देता था जो कि भारत में विभिन्न धार्मिक समूहों की सदस्यता के बाहर थे या बाहर होने का दावा करते थे। यह अपने आप में पहला लौकिक कानून था। विवाह के लिए सहमति योग्य आयु का अधिनियम, सन् 1891 में पारित हुआ जो कि विवाह के क्षेत्र में एक और विवादास्पद कानून था। इसको 1929 में पुनः संशोधित किया गया, जब विवाह के लिए सहमति देने योग्य लड़की की आयु को दस वर्ष से बढ़ाकर तेरह वर्ष कर दिया गया।

वस्तुतः, लड़की के विवाह हेतु सहमति की आयु बढ़ाने वाला कानून एक मानवीय आवश्यकता थी, परन्तु भारत में रूढ़िवादी वर्ग ने इसका विरोध किया, इनमें प्रख्यात नेता तिलक जैसे लोग भी शामिल थे, जो इसे हिन्दू संस्कृति में हस्तक्षेप मानते थे। एज ऑफ कंसेंट बिल के कानून बनने के एक माह पश्चात्

तिलक ने April 12, 1891 महरट्टा (Mahratta) समाचार पत्र में लिखा, "हम बहुत संवेदनशील हैं और इसे हमारे राष्ट्रीय चरित्र पर हमले से कम महसूस नहीं करते। हमारी शिकायत है कि एज ऑफ कंसेंट एक्ट कानून की किताबों में भारतीय राष्ट्र का चरित्र सबसे काले अक्षरों में लिखेगा.......... जब तक कानून की पुस्तकों में बुरे चरित्र का यह प्रमाण पत्र रहेगा, हम शांति से नहीं बैठेंगे।"[51] तिलक के आह्वानों ने राष्ट्रवादी भावनाओं तथा स्व–सुधार की अभिप्रेरणा को बुरी तरह झकझोरा और भारत में रूढ़िवादी राष्ट्रवादी गुट को सम्पुष्ट किया। इसके बावजूद, सामाजिक सुधारों की कितनी गंभीर आवश्यकता थी, यह इस तथ्य से स्पष्ट होता है कि 1881 की जनगणना में बंगाल में दस वर्ष की आयु की सभी हिन्दू लड़कियों में से 14 प्रतिशत या तो विवाहित थीं या विधवा हो चुकी थीं। बम्बई के लिए यह संख्या दस प्रतिशत व मद्रास के लिए 4.5 प्रतिशत थी।[52] वैधव्य की समस्या इससे भी अधिक खराब थी। बंगाल में, 1931 में 15 से 40 वर्ष के बीच की आयु की 21 प्रतिशत महिलाएं विधवा थीं।[53] प्रमाणित रूप से, विवाह प्रथाओं में मानवतावादी सुधार लागू करने के लिए अधिनियम बहुत ही न्यायोचित थे।

उन्नीसवीं शताब्दी के अंत तक कानून अत्यंत विविधीकृत हो गए तथा समय की बढ़ती आर्थिक, औद्योगिक एवं राजनैतिक आवश्कताओं के अनुरूप हो गए। भारत अब तक डाक, छपाई व प्रेस के माध्यम से जनसंचार के युग में प्रविष्ट हो चुका था। सन् 1878 में प्रेस एक्ट आया जिसके बाद समाचार पत्र अधिनियम (1908) आया। फैक्ट्री के मज़दूरों के कल्याण हेतु अनेक कानून लाए गए क्योंकि फैक्ट्रियों की संख्या बढ़ गई थी। सर्वप्रथम फैक्ट्री एक्ट 1881 में पारित किया गया, उसे क्रमिक रूप से 1891, 1925, एवं 1931 एवं बाद में पुनः संशोधित किया गया। बंगाल खातेदारी अधिनियम सन् 1885 में पारित हुआ, जिसने भूमि पट्टेदारी (Land Tenure) के सुधार के प्रतिमान स्थापित कर दिए। सन् 1904 में सहकारिता अधिनिमय पारित किया गया। उद्योग, संचार, दण्ड संहिताओं तथा नागरिक अधिकार एवं प्रथाओं के क्षेत्र में अन्य कानूनों के विस्तृत विवरणों में जाए बिना यह जान लिया जाए कि बीसवीं शताब्दी के पहले चतुर्थांश तक न्यायिक प्रशासन के स्वरूप में एक समरूप अखिल–भारतीय प्रतिमान स्थापित किया गया जो कि कानून के समांगी मानदण्डात्मक संरचना (homogeneous normative structure) पर आधारित था। समाजशास्त्रीय रूप से नए कानून का विषय उतना ही महत्वपूर्ण था, जितना कि इसका अखिल भारतीय चरित्र, जिसने एक नई राष्ट्रीय अस्मिता तथा सांस्कृतिक आधुनिकीकरण की प्रक्रियाओं के लिए एक संस्थात्मक आधार बनाया।

तथापि, हिन्दू पर्सनल लॉ तथा प्रथाओं से सम्बंधित अधिक क्रांतिकारी सामाजिक कानून आज़ादी के बाद ही आ पाए, जिन्होंने क्रांतिकारी सामाजिक

कानूनों का एक नया युग प्रारम्भ किया। इसकी शुरुआत संविधान के लागू होने के साथ ही हो गई थी, जिसमें बिना किसी धर्म, जाति, लिंग, जन्म स्थान पर आधारित भेदभाव के सभी नागरिकों को कानून के समक्ष समानता एवं स्वतंत्रता की गारंटी दी गई थी। जाति हिन्दू व्यवस्था की जड़ों पर प्रहार करते हुए अस्पृश्यता की प्रथा के हर प्रकार के स्वरूप को समाप्त कर दिया गया था। तदुपरांत विशेष विवाह अधिनियम (1954), हिन्दू विवाह अधिनियम (1955), दहेज उन्मूलन अधिनियम (1961), बच्चों के अधिनियम तथा भारत में सुविधाहीन पिछड़े वर्गों व जनजातियों के लिए अनेक कल्याण कानून[54] बनाए गये, जिन्हें यदि वास्तव में क्रियान्वित कर दिया जाए तो वे हिन्दू समाज का ताना–बाना बदल कर रख देंगे।

ये कानूनी नवाचार हमें भारतीय समाज में आधुनिकीकारक सांस्कृतिक मानदण्डों के सामान्य प्रसार के उदाहरण प्रस्तुत करते हैं। यह सत्य है कि स्वतंत्रता प्राप्ति तक हिन्दू प्रथाओं तथा पर्सनल कानून के कई पक्ष अंग्रेजों द्वारा अनुछुए छोड़ दिए गए थे। इसके बावजूद, उन्होंने अनेक यथेष्ठ कानून लागू कर दिए ताकि न्यायिक प्रशासन का सम्पूर्ण स्वरूप तथा आर्थिक, वाणिज्यिक और सामाजिक संस्थाओं से जुड़े सम्बंधों में परिवर्तन हो सके। सर्वप्रथम न्यायिक प्रस्थापनाओं ने इस बात पर जो दिया कि ''कानून की नजरों में समानता, वादियों (complainants) की न्यायिक अनभिज्ञता (judicial ignorance), तथा यह आदर्श की आर्थिक सम्बंध संविदा पर आधारित हैं न कि प्रस्थिति पर, वर्तमान मुकदमे को शीघ्र निपटाने का लक्ष्य तथा उसी मामले में समझौते के स्थान पर स्पष्ट निर्णय की आवश्यकता,''[55] जो कि आचार–तल (ethos) तथा प्रक्रिया (procedure) में पारम्परिक प्रतिमान से मौलिक रूप से भिन्न थे।

सांस्कृतिक दृष्टिकोण से इस प्रभाव ने सोपानक्रम व समग्रवाद के सिद्धान्तों को प्रमुख रूप से छिन्न–भिन्न किया, जो कि पारम्परिक संस्कृति की दो केन्द्रीय मूल्य व्यवस्थाएं थीं। सोपानक्रम को नई कानून–व्यवस्था द्वारा समाप्त कर दिया गया जो कि प्रशासन के मामले में समानता व न्यायिकता के मानदण्डों पर टिकी हुई थी। नए कानूनी मानदण्डों पर आधारित न्याय व्यवस्था में एक जाति और दूसरी जाति के बीच असमान मानक नहीं थे।[56] न केवल सिद्धांत में, अपितु वास्तविक व्यवहार में भी नए कानून मानदण्डों के लागू होने से सामाजिक व्यवस्था में अनेक सोपानक्रमिक मूल्य तथा सम्बंधों में विघटन उत्पन्न हुआ। ओमैली लिखते हैं:

> न्यायिक व्यवस्था के दो परिणामों को संक्षेप में देखा जा सकता है, उदाहरणार्थ, समानता के नियम की स्थापना तथा सकारात्मक अधिकारों की चेतना का निर्माण। अंतिम बात निम्न वर्गों के अत्यधिक

दब्बूपन के कारण धीरे विकसित हुई, जिसने उन्हें समान कानूनों की व्यवस्था का लाभ लेने और कानून कार्यवाही द्वारा अपने अधिकारों को सही साबित करने रोका। किन्तु, शनैः शनैः एक परिवर्तन हुआ। उदाहरण के लिए, 1841 में यह देखा गया कि चमार, जो कि उत्तर भारत के घृणित अछूत थे, अपने जमींदारों के खिलाफ मुकदमा दायर करने से नहीं डरते थे, और यह भी कहा गया, कि "हमारी सम्पूर्ण व्यवस्था में जमींदारों को इससे अधिक कोई नहीं बात खिजाती अथवा नाराज करती थी।"[57]

इस बात का मूल्यांकन करने हेतु कि कानूनी नवाचार सामाजिक न्याय में समानतावाद प्राप्त करने में किस हद तक सफल रहे हैं, सम्भावित व वास्तविक परिवर्तन में भेद रखा जा सकता है। भारत में कानून अनेक ऐसे कारक ले आए हैं जो कि भारतीय समाज की प्रथाओं व संरचना में परिवर्तनों की सम्भावना रखते हैं, परन्तु क्या इन परिवर्तन की सम्भावनाओं ने परिवर्तन की वास्तविक दर के साथ गति बना कर रखी है? आनुभाविक तथ्यों के अभाव में इसका मूल्यांकन सही नहीं होगा, परन्तु भारत में कानूनी क्रांतिवाद (legal radicalism) के स्वरूप को देखते हुए इस बात के संकेत हैं कि वास्तविक परिवर्तन कहीं बहुत धीमे हैं। ग्रामीण स्तर पर इस प्रघटना के एक तुलनात्मक अध्ययन में बर्नार्ड एस. कॉहन बताते हैं कि यद्यपि गाँवों में निम्न वर्ग अपने कानूनी अधिकारों के प्रति अधिक जागरूक हो गए हैं और प्रायः वे इसे कानूनी न्यायालयों द्वारा लागू करवाने का प्रयास भी करते हैं, परन्तु बहुत कम सफल हो पाते हैं। उच्चतर जाति के ग्रामीणों के पास श्रेष्ठतर ज्ञान व आर्थिक संसाधन, निम्न वर्गों की कानूनी समानता के प्रयास और शिकायतों के निवारण को हमेशा असफल कर देते हैं।[58] फिर भी, अधिकांश गाँवों में अब ऐसे लोगों का एक वर्ग है जो कानून व कानूनी अदालतों के मामलों में विशेषज्ञ माने जाते हैं तथा वे ग्रामीण स्तर पर कानूनी सलाहकार और शहरी वकीलों और गाँवों वालों के बीच मध्यस्थ का कार्य करते हैं।[59]

तथापि, पर्सनल कानूनों की तुलना में जो कि परिवार, विवाह, तलाक, गोद लेना, संयुक्त परिवार संरक्षकत्व (joint family guardianship) अल्पवयस्कता, वैधता, उत्तराधिकार (inheritance), पदानुक्रम (succession) तथा धार्मिक सम्पत्ति (religious endowments), से सम्बन्धित हैं। भूमि अधिकार, वाणिज्य (commerce), व्यापार, उद्योग एवं श्रम, आदि के कानूनों के, जो व्यक्तियों के सीधे–सीधे भौतिक हितों से सम्बंधित होते हैं, प्रभाव अधिक हुए हैं। पर्सनल कानूनों के मामले में गाँवों की अपेक्षा शहरों में और अशिक्षितों की तुलना में शिक्षितों में इसका प्रयोग अधिक हुआ प्रतीत होता है। सोपानक्रमिक सामाजिक सम्बंधों में कानूनी नवाचारों द्वारा लाए गए वास्तविक परिवर्तन अपेक्षा से कम भले ही हों, परन्तु सांस्कृतिक दृष्टिकोण से इन सम्बंधों को परिवर्तन के प्रयासों पर

बहुत महत्व दिया गया है जो कि असफल हो जाते हैं अथवा सम्भावनाएं मात्र होते हैं। जैसे–जैसे शिक्षित तथा शहरी नागरिकों की संख्या बढ़ेगी, कानून द्वारा गारंटी दिए हुए संभावित अधिकार अधिक से अधिक यथार्थ में बदलते जाएंगे। इस दिशा में चलन (trend) पहले से ही है।

समग्रवादी हिन्दू परम्परा की एक अन्य विशेषता है जो कि कानूनी सुधारों से ठोस रूप से प्रभावित होती है। परम्परागत संस्कृति व्यक्ति को सामाजिक एवं सांस्कृतिक सहभागिता की इकाई नहीं मानती थी। अंतःक्रिया के सभी तरीकों के लिए गृहस्थ (household), गोत्र (clan), उप–जाति एवं जाति को सामाजिक इकाई माना जाता था। अब कानूनी एवं प्रशासनिक नवाचार समझौता–वार्ता के सभी मामलों में केवल व्यक्ति को इकाई मानते हैं।[60] यह परम्परा में एक महत्वपूर्ण परिवर्तन का द्योतक है। इससे परिवर्तन का प्रभाव काफी बढ़ जाता है क्योंकि कानूनी मानदण्डात्मक संरचना में व्यक्तिवाद के साथ तर्कवाद और सार्वभौमिकतावाद के मूल्य भी जुड़े हुए हैं जो कि इसका महत्व विशेषतः आधुनिकीकरक कर देते हैं। ओ'मैली कहते हैं कि: "व्यक्तिवाद की भावना, जिसमें अन्य कारकों ने भी योगदान दिया है, ने किसी ऐसे समाज के संगठन को परिवर्द्धित करने में पहले ही बहुत योगदान दिया है जिस समाज में व्यक्ति के स्थान पर समूह इकाई है तथा जिसमें किसी व्यक्ति की प्रस्थिति उन अधिकारों से निर्धारित होती है जो कि उसे एक समूह के सदस्य रूप में प्राप्त हैं।"[61]

इस प्रकार कानूनी नवाचारों द्वारा सांस्कृतिक आधुनिकीकरण भारत में अनेक स्वरूपों में आगे बढ़ता है। यह दीर्घकाल से चले आ रहे सम्मानित सोपानक्रम तथा समग्रवाद के परम्परागत मूल्य व्यवस्था को चुनौती देकर कार्य करता है। एक समरूप न्यायिक प्रशासन का हिस्सा बनकर यह व्यवस्थित तथा अखिल भारतीय चरित्र के परिवर्तनों को भी जन्म देता है। यह समरूप न्यायिक प्रशासन भारत में एक नई सांस्कृतिक वृहत् परम्परा बनाता है। यह लोगों को उनके अधिकारों व कर्तव्यों के प्रति सचेत करके तथा तर्कवाद एवं व्यक्तिवाद की संस्कृति में शिक्षित कर आधुनिकीकरण के उद्देश्यों को भी पूरा करता है। अंततः यह आधुनिक कानूनी व्यवसायों तथा नए व्यावसायिक मानदण्डों की वृद्धि व विकास में योगदान देता है, कानून के राज को स्थापित करता है, जैसा कि वेबर ने प्रस्थापित किया है, यह आधुनिकीकरण के लिए अति आवश्यक व्यावहारिक एवं तार्किक आर्थिक व्यवस्था की वृद्धि को मजबूत करता है।[62]

शिक्षा तथा आधुनिकीकरण (Education and Modernization)

समकालीन शिक्षा, जो अनेक स्वरूपों में आधुनिकीकरण की एक अभिकर्ता (agent) है, भी पश्चिम की उत्पत्ति है। पारम्परिक रूप से शिक्षा की विषयवस्तु गूढ़ (esoteric) तथा पराभौतिक (metaphysical) थी; इसका संचार उच्चतर वर्गों,

अथवा 'द्विज' जातियों तक सीमित था और इसके व्यावसायिक संगठन की संरचना आनुवंशिक तथा बंद थी। शिक्षकों एवं शिष्यों दोनों की भूमिकाएं गुणात्मक–प्रदत्त (qualitative-ascriptive) थीं। आधुनिक शिक्षा का मौलिक रूप से भिन्न अभिमुखन व संगठन है। इसकी विषय–वस्तु उदार तथा सांसारिक (exoteric) है और यह आधुनिक वैज्ञानिक विश्व–दर्शन में आबद्ध है। किसी भी आधुनिक शिक्षा के विषयों में स्वतंत्रता, समानता, मानवतावाद तथा रूढ़ियों में विश्वास की अस्वीकृति होनी चाहिए। इसकी एक व्यावसायिक संरचना है जो कि किसी विशिष्ट समूह या वर्ग को प्रदत्त नहीं है अपितु समाज में किसी के भी द्वारा योग्यता के आधार पर अर्जित की जा सकती है। आधुनिक शिक्षा की कुछ शाखाएं, जैसे कि विज्ञान, अभियांत्रिकी (engineering) तथा औषधिविज्ञान (medicine) सीधे उस विश्व–दर्शन (world-view) पर ध्यान केंन्द्रित करती है जिसमें आधुनिकीकरण के केन्द्रीय मूल्य हैं तथा आधुनिक समाज के लक्ष्य को पाने के लिए दक्षता (skill) प्रदान करती हैं। पारम्परिक भारतीय शिक्षा इन मानदंडात्मक एवं संगठनात्मक पूर्व–आवश्यकताओं (pre-requisites) से मौलिक रूप से परे थी।

भारत में आधुनिक शिक्षा की आधारशिला को अंग्रेजों ने स्थापित किया था। इसकी ऐतिहासिक महत्व की घटनाएं हैं: अंग्रेजी के माध्यम से यूरोपियन शिक्षा को प्रोत्साहन देने की 1835 की मैकॉले की नीति, सर चार्ल्स वुड का 1854 का डिस्पैच (भेजी हुई रिपोर्ट), जिसने पहली बार निजी एवं मिशनरी सहायता से जन शिक्षा (mass education) की आवश्यकता को पहचाना और चयनित शिक्षा (selective education) की नीति को छोड़ दिया जिसे 'छनन सिद्धांत' (filtration theory)[63] कहते हैं, और अंततः 1882 का प्रथम भारतीय शिक्षा आयोग जिसने शिक्षा के प्रसार में निजी भारतीय अभिकरणों (agencies) की पहल की संस्तुति की।

शनैः शनैः शैक्षणिक संगठन की एक वृहत् संरचना भारत में उभरी जिसे कि मोटे तौर पर तीन समूहों में वर्गीकृत किया जा सकता है: प्रथम, प्राथमिक–वर्नाक्यूलर शिक्षा (अंग्रेजी मिशनरी स्कूलों को छोड़कर); द्वितीय, हाई स्कूल व सैकंडरी स्कूल शिक्षा और तृतीय, कॉलेज व विश्वविद्यालय शिक्षा। प्रारम्भ से ही भारत में प्राथमिक एवं कॉलेज विश्वविद्यालय स्तर की शिक्षा के मध्य शिक्षा के माध्यम तथा विषय–वस्तु के कारण विरोधाभास उभरा। प्राथमिक स्तर पर शिक्षण का माध्यम (मिशनरी एवं पब्लिक स्कूल के अपवादों को छोड़कर) क्षेत्रीय भाषा थी और महाविद्यालय (college) स्तर पर यह अंग्रेजी भाषा थी। विज्ञान एवं यूरोपियन साहित्य का शिक्षण महाविद्यालयों व विश्वविद्यालयों में होता था, जिस तक कुछ चुनिंदा लोगों की पहुंच थी; परन्तु प्राथमिक स्तर पर जन शिक्षा इस मुख्य धारा से कटी रही। शिक्षा की संरचना में यह खाई जो मैकॉले के समय

शुरू हुई थी, आज तक पूरी तरह से पाटी नहीं जा सकी है। अतः शिक्षा के माध्यम से आधुनिकीकरण भारत में प्रारम्भ से ही महाविद्यालयों व विश्वविद्यालयों में शिक्षित युवा व अभिजनों तक ही सीमित रहा यह कभी भी एक जन प्रघटना नहीं बन पाया।

आरम्भिक दिनों में, शिक्षा के प्रसार में भी प्राथमिक शिक्षा के स्थान पर उच्च शिक्षा पर अधिक जोर था। उन्नीसवीं शताब्दी में उच्च शिक्षा के लिए, विशेषतः नगरीय मध्यम वर्गों में, बहुत अधिक भीड़ उमड़ रही थी और उच्च शिक्षा में वृद्धि भी उल्लेखनीय थी।[64] प्राथमिक शिक्षा उपेक्षित रही जब तक कि यह प्रांतीय विषय नहीं बनी। उदाहरण के लिए "सभी प्रकार के महाविद्यालयों में 1921 में विद्यार्थियों की संख्या 59,595 थी। यह 1939 में बढ़कर लगभग 2.4 गुणा अधिक 144,904 हो गई। इसी काल में सभी प्रकार के स्कूलों में विद्यार्थियों की संख्या 83.2 लाख से बढ़कर केवल 1.7 गुणा अधिक एक करोड़ 45 लाख 50 हजार हो गई। महाविद्यालय एवं स्कूल शिक्षा में अंतर 1939 के बाद के दशक में बढ़ गया। उदाहरण के लिए, 1949–50 में सभी प्रकार के महाविद्यालयीय विद्यार्थियों की संख्या बढ़कर, 380,837 हो गई, दस वर्षों में 2.7 गुणा वृद्धि। उसी काल में सभी प्रकार के स्कूलों में विद्यार्थियों की संख्या एक करोड़ 45 लाख 50 हजार से बढ़कर दो करोड 36 लाख 50 हजार हो गई, केवल 1.6 गुणा की वृद्धि हुई। विशेषतः अंग्रेजी प्रभाव के बाद उच्च शिक्षा अधिकाधिक ऊपर से भारी होती जा रही थी।"[65] आज स्कूल जनसंख्या लगभग 50,000,000 है तथा साक्षरता दर लगभग 25 प्रतिशत है।[65a] शिक्षा में विस्तार के इस पक्ष ने भारत में सांस्कृतिक परिवर्तन में अनेक महत्वपूर्ण समाजशास्त्रीय समस्याओं को जन्म दिया।

आधुनिकीकरण में शिक्षा के महत्व को तीन क्षेत्रों में विश्लेषित किया जा सकता है: प्रथम, इस शिक्षा की सांस्कृतिक विषय–वस्तु, द्वितीय, इसकी संगठनात्मक संरचना और तृतीय, इसकी वृद्धि की दर। नई शिक्षा की विषय–वस्तु प्रकृति में निस्संदेह आधुनिकीकारक तथा उदार थी। यह बात सब पर लागू होती है चाहे वह मानविकी या समाज विज्ञान या प्राकृतिक एवं व्यावहारिक विज्ञान (natural and applied sciences) हों। मानविकी एवं समाज विज्ञानों के पाठ्यक्रमों की साहित्यिक विषय–वस्तु यूरोपीय पुनर्जागरण, सुधार (reformation) तथा प्रबोधन (enlightenment) से ली गई थी। इसके प्रसंग (themes) मानवतावादी, लौकिक एवं उदारवादी थे। उदाहरण के लिए, "जॉन स्टुअर्ट मिल का लेख 'On Liberty' अपने प्रकाशन के तुरंत बाद भारतीय महाविद्यालयों में एक पाठ बन गया। भारतीयों ने मैग्नाकार्टा (Magna Carta) और यूरोप तथा अमेरिका में स्वतंत्रता तथा समानता हेतु संघर्ष को जाना। उनके अध्ययन में आधुनिक विज्ञान के महत्व स्पष्ट हो गए।"[66] इस शिक्षा में एक महत्वपूर्ण तत्व सामाजिक, राजनैतिक तथा ऐतिहासिक मुद्दों के मानवतावादी

मूल्यांकन व समकालीनता पर जोर था। इसका समाजशास्त्रीय परिणाम पारम्परिक शिक्षा से मोहभंग था, जिसके संवर्ग (categories) ग्रंथात्मक एंव मिथक शास्त्रीय कथाओं में आबद्ध थे और अतीत के प्रति उन्मादी स्तर का (obsessive degree) अभिमुखन था। नई शिक्षा की संवर्गात्मक संरचना वर्तमान एवं भविष्य की ओर अभिमुखित है। पाठ्यक्रम में इतिहास, भूगोल, राजनीति विज्ञान तथा अर्थशास्त्र, आदि जैसे विषयों में एक सूक्ष्म सा (subtle) अभिमुखन विद्यार्थियों का ध्यान सामाजिक एवं भौतिक यथार्थों पर तथा समकालीनता एवं मानवकेंद्रीयता (contemporaneity and anthropocentrism) पर केन्द्रित करने के लिए था। यह पारम्परिक दृष्टिकोण तथा मूल्यों की व्यवस्था से स्वयं एक प्रमुख परिवर्तन का द्योतक है।

शिक्षा के द्वारा सांस्कृतिक आधुनिकीकरण में भौतिक एवं जीवविज्ञानी विज्ञानों, औषधि विज्ञान और अभियांत्रिकी (engineering) की शिक्षा के साथ, बजाएं मानविकी और समाज विज्ञानों के, अधिक सकारात्मक मूल्य जोड़े जाते हैं अथवा उन्हें अधिक महत्व दिया जाता है। वैज्ञानिक शिक्षा के साथ अधिक सकारात्मक मूल्य जोड़े जाने का कारण केवल यह नहीं है कि वैज्ञानिक शिक्षा का कला की शिक्षा से अधिक आधुनिकीकारक प्रभाव होता है, अपितु क्योंकि यह शिक्षा ऐसी जनशक्ति तैयार करती है जो कि आर्थिक एवं औद्योगिक वृद्धि के लिए अपरिहार्य है। तथापि, यदि विज्ञान और अभियांत्रिकी में अच्छे–खासे व्यवसाय को तैयार करना समाज के आधुनिकीकरण में योगदान देता है तो मानविकी तथा समाज विज्ञानों में शिक्षा मनुष्य के आधुनिकीकरण में योगदान देती है। अतः किसी एक को अन्य से कम महत्वपूर्ण नहीं माना जाना चाहिए। दोनों समूहों के विषयों की शिक्षाशास्त्रीय विषयवस्तु (pedagogic content) के विश्लेषण से यह बात सिद्ध हो जाती है। पाश्चात्य साहित्य स्वरूपों में मानवतावादी विषयवस्तु ने किस प्रकार और किस हद तक भारत में बुद्धिजीवियों और शिक्षितों के उदारवादी मूल्यों में बढ़ावा दिया है, इसको एडवर्ड शिल्स ने निम्न प्रकार आलेखित किया है :

> लगभग ऐसा लगता था कि जैसे इस पुरानी पीढ़ी ने मैकॉले द्वारा हल्के से कहे गए इस दावे, कि अलमारी के एक खाने में रखी हुई पाश्चात्य साहित्य एवं विज्ञान की पुस्तकें पूर्वी ग्रन्थों के सम्पूर्ण पुस्तकालयों से अधिक श्रेष्ठ होती हैं, को अपना मार्गदर्शक बना लिया है। यह स्थिति जो तीस के मध्य और पचास के मध्य की पीढ़ी की पीढ़ी के हैं, अब कुछ भिन्न है। नाम कुछ हद तक बदल गए हैं, परन्तु अभी भी उतना ही ध्यान दिया जाता है। टैनिसन और ब्राउनिंग के स्थान पर ब्लेक और डॉने आ गए हैं। कीट्स, शैली, बायरन को सम्मानपूर्वक याद किया जाता है। इनका स्थान टी.एस. इलियट,

ऐज़रा पाउण्ड ने इनका स्थान ले लिया है। डिकिन्स और ठैकरे का स्थान अल्डस हक्सले, अर्नस्ट हैमिंग्वे, विलियम फॉकनर, सार्त्र, कामू, मान और मोराविया ने ले लिया है। थॉमस हक्सले, जॉन मॉरले और बर्के के स्थान पर बर्ट्रेन्ड रसैल और हैरॉल्ड लास्की आ गए हैं; मज़िनी और रस्किन को मॉर्क्स और लेनिन ने परिपूरित किया है, और बर्गसन को फ्रॉयड ने विस्थापित किया है। कम बौद्धिक बुद्धिजीवियों में सौमरसैट मॉम तथा स्टेफान ज़्वैंग की प्रशंसा होती है। एनकाउन्टर (Encounter) और द न्यू स्टेट्समैन (The New Statesman) निरन्तर नए नाम लाते हैं, जिनके बारे में बहुत सारे लोग जानते हैं और कुछ पढ़ते हैं। विक्टोरियाई पीढ़ी के आदर्श, पश्चिम की तुलना में भारत में अधिक लम्बे समय तक चलते रहे और उच्च स्थान पर आसीन रहे क्योंकि सैकण्डरी स्कूलों और महाविद्यालयों में वे 'पाठ्य पुस्तकों' में बने रहे।[67]

भारत में पश्चिमी चिन्तकों और साहित्यकारों की कृतियों पर जोर देने के अलावा सांस्कृतिक अन्तर्दर्शन (introspection) तथा पारम्परिक साहित्य पर एक नई दृष्टि की धारा निरन्तर चल रही थी। इसके प्रतीक वेदों के व्यवहारवाद (pragmatism), उपनिषदों की तार्किक पराभौतिकी (logical metaphysics) और कर्मयोग अथवा गीता में निहित सकारात्मक क्रिया के दर्शन से लिए गए थे। विवेकानन्द, तिलक, गोखले, गांधी, और अरविन्द जैसे महापुरुषों ने इस परम्परा की आधारशिला स्थापित की। बंगाल, पंजाब, महाराष्ट्र तथा भारत के कुछ भागों में एक उग्र राष्ट्रवादी संस्कृति पनपी। इस सांस्कृतिक प्रक्रिया ने पाश्चात्य शिक्षा तथा इसकी साहित्यिक और संज्ञानात्मक विषयवस्तु के प्रभाव को प्रतिसंतुलित (counterbalance) करने का कार्य किया।

नई शिक्षा अपनी संगठनात्मक संरचना में भिन्न थी। इसे उन शिक्षकों द्वारा दिया जाता था, जिन्हें बिना उनकी जाति अथवा जन्म को ध्यान में रखे हुए उनकी शैक्षणिक उपलब्धियों के आधार पर नियुक्त किया गया था। यह एक ऐसा नियम था जो हिन्दू परम्परा में गुरु की धारणा से मौलिक रूप से विपरीत था जिसके अनुसार गुरु को जाति से ब्राह्मण होना चाहिए। अतः शिक्षा की विषय वस्तु ही नहीं अपितु शैक्षणिक व्यवसाय की संरचना भी लौकिकीकृत हो गई थी। प्राथमिक, माध्यमिक एवं उच्च तथा उच्चतर सैकण्डरी स्कूलों में शिक्षकों के लिए प्रशिक्षण योजनाएं प्रारम्भ की गईं। बंगाल में शिक्षकों के लिए 1844 में पहला सामान्य स्कूल (Normal School) स्थापित हुआ और जिले की प्राथमिक और माध्यमिक स्कूली शिक्षा को विद्यालय निरीक्षक (Inspector of Schools) के अधीन कर दिया गया। पहली बार 1904 की शिक्षा संहिता (Education Code of 1904)

ने स्कूल की मान्यता के लिए प्रशिक्षित शिक्षकों की एक न्यूनतम संख्या में नियुक्ति को आवश्यक दशा बना दिया।[68] भारत में 1919–20 में वर्नाक्यूलर शिक्षकों की कुल संख्या केवल 201,000 थी, जिसमें से 70,000 प्रशिक्षित थे। इसी काल में एंग्लो–वर्नाक्यूलर स्कूलों में 100,000 शिक्षक थे जिनमें से 35,000 प्रशिक्षित थे और 11,000 के पास उपाधि (degree) थी।[69]

तब से प्राथमिक, माध्यमिक और हाई स्कूल शिक्षा में अत्यधिक बदलाव आया है। निम्न प्राथमिक स्कूलों में 1950–51 में शिक्षकों की कुल संख्या 537,918 थी जिनमें 82,281 महिलाएं थीं। इसी साल उच्चतर प्राथमिक स्कूलों में शिक्षकों की संख्या 85,494 थी जिसमें से 12,887 महिलाएं थीं। निम्नतर प्राथमिक स्कूल शिक्षकों की 1965–66 में संख्या लगभग 1,050,000 आंकी जाती है; जिनमें 200,000 महिलाएं होंगी। उसी वर्ष उच्चतर प्राथमिक स्कूल शिक्षकों की संख्या 520,000 आंकी जाती है, जिनमें से 140,000 महिलाएं थीं। यद्यपि शिक्षकों की संख्या में वृद्धि की दर कम रही है, इस व्यवसाय के माध्यम से देश में सांस्कृतिक प्रसार का एक संगठित प्रतिगान उभरा है जो भारत में आधुनिकीकरण की वृहत् परम्परा में योगदान देता है।[70]

उच्चतर शिक्षा में वृद्धि के बाद शिक्षा के प्राथमिक और सैकण्डरी स्तर का प्रसार हुआ। बम्बई, कलकत्ता तथा मद्रास के तीन विश्वविद्यालय जो 1857 में स्थापित हुए थे, भारत में अंग्रेजी राज के अन्त तक पन्द्रह और इनमें जुड़ गए। तथापि, स्वतन्त्रता के बाद विश्वविद्यालयों की संख्या दुगुने से अधिक हो गई है। सन् 1947 से 1966 के मध्य 46 नए विश्वविद्यालय स्थापित हुए और नौ संस्थानों को मान्य विश्वविद्यालय (Deemed to be University) का दर्जा दिया गया।[71] भारत में काम कर रहे चौंसठ विश्वविद्यालयों द्वारा 2,565 महाविद्यालय नियन्त्रित होते हैं, जिनमें 15,28,227 विद्यार्थी नामांकित हैं। इसकी 1911 के आंकड़ों से तुलना करने पर, जब केवल 186 महाविद्यालय थे तथा लगभग 13,551 विद्यार्थी (स्नातक और स्नातकोत्तर पाठ्यक्रमों में) थे, पता चलता है कि महत्वपूर्ण प्रगति हुई है। मूलभूत विज्ञानों में उत्तीर्ण होने वाले स्नातकोत्तर विद्यार्थियों की वृद्धि 1950–51 में 120.06 प्रतिशत थी, 1955–60 में 83.6 प्रतिशत थी, तथा 1961–63 में 48.2 प्रतिशत थी।[72] अभियांत्रिकी के विद्यार्थियों की संख्या, जो कि 1889–94 में केवल 1,104 (221 विद्यार्थी प्रतिवर्ष के औसत से) थी, बढ़कर 1964–65 में 78,114 हो गई। तथापि, यह कहा जा सकता है कि उच्चतर शिक्षा पा रहे विद्यार्थियों की सम्पूर्ण संख्या की तुलना में यह संख्या केवल 5.4 प्रतिशत है जो कि बहुत कम है। यदि हम कला के पाठ्यक्रमों में कुल नामांकित विद्यार्थियों के 42.0 प्रतिशत की विज्ञान में नामांकित 21.3 प्रतिशत विद्यार्थियों से तथा इसके अतिरिक्त 12.04 प्रतिशत अभियांत्रिकी, औषधि विज्ञान, कृषि तथा पशु चिकित्सा विज्ञान में डिग्रियों के लिए नामांकित 12.4 प्रतिशत विद्यार्थियों से तुलना करें तो

भी विज्ञान तथा मानविकी (कला) में नामांकन का काफी हद तक संतुलन हो जाता है।[73]

शैक्षणिक योजना तथा इसके संगठन के आधुनिकीकरण के अन्य क्षेत्रों में भी प्रगति हुई है। स्कूल तथा महाविद्यालय जाने वाली लड़कियों का प्रतिशत बढ़ा है। अनेक राज्यों में बच्चों की स्कूल शिक्षा निःशुल्क और अनिवार्य कर दी गई है। देश के आर्थिक और सामाजिक विकास के लिए शिक्षित जनशक्ति के बेहतर उपयोग हेतु नए व्यावसायिक एवं बहुप्रौद्योगिकी संस्थान (Vocational and Polytechnical Institutions) शुरू किए गए हैं। सभी स्तरों के शिक्षकों के काम करने की दशाओं तथा वेतन में काफी सुधार हुआ है, यद्यपि कुछ असंतुलन अभी भी बना हुआ है, परन्तु यह सभी वृद्धि केवल समय के अर्थ में बहुत महत्वपूर्ण प्रतीत होती है। शिक्षा की वृद्धि दर मात्रा में (in magnitude) बहुत प्रभावशाली अथवा उल्लेखनीय नहीं प्रतीत होती।

शिक्षा के प्रसार ने भी समाजशास्त्रीय दृष्टि से अर्थपूर्ण सामाजिक गतिशीलता की दर और स्तरीकरण व्यवस्था में परिवर्तन उत्पन्न नहीं किया है। उच्च शिक्षा अभी भी मुख्य रूप से उच्च वर्गों तक ही सीमित है, यह एक दुर्लभ वस्तु है और धन और सामाजिक उद्गम के लाभ को प्रतिबिम्बित करती है।[74] पिचहत्तर प्रतिशत से अधिक लोग आज भी अशिक्षित हैं।[75] "भारत में शिक्षा के लिए निर्धारित राष्ट्रीय आय का अनुपात विश्व के शैक्षणिक रूप से विकसित देशों की तुलना में कम है। संयुक्त राज्य अमेरिका जैसे अत्यधिक औद्योगीकृत देश की तुलना में भारत में शिक्षा पर प्रति व्यक्ति कुल व्यय लगभग सौवाँ हिस्सा है।"[76] जापान के 6.5 प्रतिशत, संयुक्त राज्य अमेरिका के 6.2 प्रतिशत और श्रीलंका के 4.5 प्रतिशत की तुलना में भारत अपनी राष्ट्रीय आय का 2.4 प्रतिशत भाग शिक्षा पर खर्च करता है।[77]

इन सभी सीमाओं के बावजूद, शिक्षा भारत में आधुनिकीकरण के सर्वाधिक प्रभावशाली उपकरणों में से एक रही है। इसके फलस्वरूप राष्ट्रवाद, उदारवाद एवं स्वतन्त्रता हेतु लोगों की आकांक्षाओं का सक्रियकरण (mobilization) हुआ है। यह एकमात्र प्रबुद्ध बुद्धिजीवी वर्ग के विकास के लिए उत्तरदायी है, जिसने न केवल स्वतन्त्रता के लिए एक आन्दोलन चलाया अपितु सामाजिक एवं सांस्कृतिक सुधारों के लिए अथक संघर्ष किया। भारत में इसने विद्यार्थियों की एक उप–संस्कृति को जन्म दिया जो कि पूरी तरह आधुनिक तो नहीं है परन्तु उनमें परम्परा से आधुनिकता की ओर संक्रमण के तत्व हैं।[78] इस उप–संस्कृति की आन्तरिक व्यवस्था में जो स्थायी तनाव हम पाते हैं, वह आंशिक रूप से मूल्यों की एक संरचना से दूसरी में संक्रमण के तनावों को बिम्बित करता है तथा आंशिक रूप से इस संस्कृति के वृहत् समाज के साथ संरचनात्मक कुसामंजस्य से उत्पन्न होता है। तथापि, इसका आधुनिकीकारक महत्त्व स्वप्रमाणित है। अन्ततः शैक्षणिक

व्यवस्था ने स्कूल, महाविद्यालयों और विश्वविद्यालयों की शक्ल में तार्किक रूप से संगठित रूप से संरचनाओं के नए स्वरूपों के विकास के माध्यम से आधुनिकीकरण में योगदान दिया है, जो कि ज्ञान तथा उन सांस्कृतिक संवर्गों के प्रसार हेतु, जो मूल्य–परिवेश (ethos) में आधुनिक हैं; सांस्कृतिक जाल का काम करते हैं। तथापि, भारत में सभी स्तरों पर शैक्षणिक व्यवस्था के प्रशासन और कार्यशीलता में परम्परा एवं आधुनिकता के मध्य संघर्ष के कुछ तत्वों को स्थाई रूप से देखा जा सकता है। जहाँ कुछ स्वरूपों में आधुनिकीकरण का स्वागत हुआ है, वहीं पारम्परिक मूल्यों को संरक्षित रखने का सचेतन प्रयास भी रहा है।

इसकी एक बहुत तार्किक व्याख्या है। सभी परम्परागत संस्कृतियों में आधुनिकीकरण एक नई अस्मिता चेतना की प्रक्रिया के साथ चलता है। चूंकि आधुनिकीकरण बाह्य–निर्देशित प्रक्रिया है, तो दूसरी प्रक्रिया, अर्थात् नई अस्मिता चेतना की प्रक्रिया, अवश्य ही अन्तः–निर्देशित होगी। अतः अस्मिता चेतना अपनी मूलभूत प्रतीकात्मक संरचना को अतीत की परम्परा में पाती है। इस प्रकार के समाजों में आधुनिकीकारक प्रक्रिया के रूप में राष्ट्रवाद, बाह्य–निर्देशितता (outer-directedness) के आधुनिक मनोविज्ञान और परम्परा की प्रतिबद्धता, जैसे कि राष्ट्रीय प्रतीकों में इसकी अन्तः–निर्देशित (inner- directed) खोज से पता चलता है, का एक अद्भुत मिश्रण है। भारत सरकार द्वारा नियुक्त शिक्षा आयोग, 1964–66, की रिपोर्ट का निम्नांकित कथन शिक्षा के क्षेत्र में एक अच्छा उदाहरण है:

> आधुनिकीकरण की प्रक्रिया में सर्वाधिक शक्तिशाली उपकरण विज्ञान एवं प्रौद्योगिकी पर आधारित शिक्षा है। विज्ञान के वर्तमान युग का एक महान सबक यह है कि समृद्धि किसी भी राष्ट्र की पहुंच में है जिसमें कठोर परिश्रम का संकल्प और इच्छा है तथा जिसकी एक स्थायी और प्रगतिशील सरकार है। इसमें कोई संदेह नहीं है कि आने वाले वर्षों में भारत का व्यापार और वाणिज्य बढ़ेगा; सभी के लिए और अधिक अन्न; अधिक शिक्षा, बेहतर स्वास्थ्य और एक समुचित जीवन स्तर उपलब्ध होगा। परन्तु इन भौतिक उपलब्धियों के लिए भारत का योगदान और अधिक हो सकता है और होना चाहिए। उसे विज्ञान के दोहन को सीखना होगा साथ ही यह भी सीखना होगा कि वह विज्ञान की गुलाम न हो जाए।[79]

नगरीकरण एवं औद्योगीकरण (Urbanization and Industrialization)

समाजशास्त्रीय साहित्य में, सांस्कृतिक आधुनिकीकरण तथा नगरीकरण एवं औद्योगीकरण को तार्किक आवश्यकता के विषय के रूप में माना जाता है।

समाजशास्त्र में सभी शास्त्रीय कृतियों में ग्रामीण–नगरीय,[79] (rural urban), समुदाय–समाज[80] (community-society), यांत्रिक एकता–सावयवी एकता[81] (mechanical solidarity-organic solidarity), धार्मिक–लौकिक[82] (sacred-secular) इत्यादि जैसे स्पष्ट द्विभाजीकरण (dichotomies) की धारणा भरी पड़ी हैं, जो कि न केवल यह दर्शाती है कि एक अवस्था से दूसरी अवस्था में संक्रमण सामाजिक संरचना के नए स्वरूपों के विकास का द्योतक है, अपितु यह नैतिक एवं सांस्कृतिक प्रतिमानों के नए स्तर का भी द्योतक है। चाहे–अनचाहे इन द्विशाखीकरणों के प्रथम भाग को परम्परागत, सामाजिक एवं सांस्कृतिक प्रतिमानों और अंतिम भाग को आधुनिकीकरण से जोड़ा जाता है, जिसका मूल्यांकन विभिन्न समाजशास्त्रियों द्वारा भिन्न–भिन्न तरीके से किया गया है।[83]

यद्यपि, जैसे ही हम तार्किक–निगमनात्मक सूत्रणों (logico-deductive formulations) की दुनिया से हटकर वास्तविकता की ओर जाते हैं, हम इससे अधिक जटिल प्रघटनाओं का सामना करते हैं जिन्हें कि स्पष्ट रूप से वर्गीकृत नहीं किया जा सकता। यह विशेष तौर पर इस बात के लिए सही है कि किस हद तक नगरीकरण या औद्योगीकरण के कारण संस्कृति का आधुनिकीकरण हुआ है। आधुनिकीकरण एक सापेक्ष प्रघटना तथा खुली प्रक्रिया है, नगरीकरण एवं औद्योगीकरण की भूमिका आवश्यक रूप से आधुनिकीकारक है, यद्यपि इसकी मात्रा एवं प्रतिमान (extent and pattern) में भिन्नताएं हो सकती हैं। इस प्रकार की प्रतिमान–भिन्नताओं (pattern variations) मे ऐतिहासिक कारक एक निर्णायक भूमिका निभाते हैं। विशेषतः भारत के लिए यह सत्य है।

भारत में नगरीय संस्कृति शताब्दियों पुरानी है। हस्तशिल्प एवं वाणिज्य–आधारित उद्योग शहरों जितने पुराने हैं। विभिन्न प्रकार के शहरों की योजना एवं निर्माण हेतु हिन्दू परम्परा विस्तृत मार्गदर्शिकाएं प्रदान करती हैं।[84] इस साहित्य से यह प्रमाणित है कि भारत में परम्परागत शहर सोपानक्रम के नियम के अनुसार नियोजित किए जाते थे; किसी परिवार को किस हद तक अधिक या कम अनुकूल स्थानों (favourable sites) को या पड़ोस में आवंटन किया जा सकता था, यह जाति तथा सामाजिक सोपान स्थिति (rank) निर्धारित करती थी। राजा अथवा मुखिया का किला सर्वाधिक अनुकूल स्थान पर स्थित होना चाहिए, इसके बाद पुरोहितों (ब्राह्मणों) एवं व्यापारियों के घर स्थित होते थे। निम्न एवं अछूत जातियों को उच्च जातियों से दूर शहर की बाहरी परिधि पर रहना चाहिए। प्रत्येक नगर को इसकी धार्मिक–सोपानक्रमिक भूगोल (sacred hierarchical geography) और आक्रमणों से सुरक्षा की आवश्यकता को ध्यान में रखकर निर्मित करना चाहिए। अतः, पारम्परिक रूप से ''आदर्श स्तर पर नगर जाति का केन्द्र है क्योंकि राजनैतिक स्तर पर यह राजा का केन्द्र है, जिसका प्रथम कर्तव्य, निस्संदेह, जातिक्रम को बनाए रखना था।''[85]

अतः नगरीकरण का पारम्परिक स्वरूप केवल स्थापित सांस्कृतिक प्रतिमान को सम्पुष्ट करता था जो कि सोपानक्रमिक, जाति–अभिमुखी तथा पूर्व–औद्योगिक था।[86] अतः भारत में ऐतिहासिक रूप से नगरीकरण और आधुनिकीकरण के मध्य सीधे समीकरण सम्भवतः स्थापित नहीं किया जा सकता। प्रायः आधुनिकीकरण नगरीकरण के सोपानक्रमिक अथवा परम्परागत स्वरूप के टूटने पर निर्भर करता है, जो कि भारतीय परम्परा जितना ही पुराना है। क्या यह प्रक्रिया हो रही है? क्या भारत में औद्योगीकरण नगरीकरण में आधुनिकीकरक प्रक्रियाओं की वृद्धि में योगदान दे रहा है? इन प्रश्नों के उत्तर महत्वपूर्ण हैं।

भारत में किए गए अनेक नगरीय अध्ययन तथा सर्वेक्षणों का केंद्र बिन्दु (focus) सदैव समरूप या उन मुद्दों से निर्देशित नहीं होता जिन्हें हमने उठाया है। तथापि, इन अध्ययनों में इस प्रसंग पर बहुत सार्थक सूचना उपलब्ध है। अनेक नगरीय अध्ययन दर्शाते हैं कि भारत में शहर उन सांस्कृतिक एवं संरचनात्मक विशेषताओं के निरंतर प्रभुत्व (dominance) में हैं जो कि उनसे बहुत भिन्न हैं और किसी शहर के लिए विशिष्ट (typical) माने जाते हैं, उदाहरणार्थ, औपचारिकीकरण (formalization), वैयक्तिकरण (atomization), परिवारवाद व नातेदारी आधारित समूहों का अभाव (lack of familism and kin-bound groupings) तथा लौकिक विचारधाराओं की प्रबल प्रमुखता, आदि। दूसरी ओर, अध्ययन बताते हैं कि भारतीय संदर्भ में ग्रामीण–नगरीय द्विशाखीकरण यदि असंगत नहीं है, तब भी अव्यवस्थित (untidy) अवश्य है;[87] अन्य की तो बात ही छोड़ दें, महानगरों में भी तुलनात्मक रूप से बहुत बड़ी संख्या में लोग प्राथमिक उद्योगों में कार्यरत हैं;[88] समाजशास्त्रीय रूढ़ धारणा (stereotype) के विपरीत, अनेक नगरीय केन्द्रों में परिवारवादी मानदण्ड तथा संयुक्त परिवार संरचनाएं प्रमुख रूप में पाई गई हैं;[89] कुछ नगरों के पड़ोस प्रतिमान का अध्ययन किया गया जो कि गाँवों की भांति ही जाति व नातेदारी के आधार पर संगठित है।[90] नगर में प्रवासी प्रतिमान (migratory pattern) भी नातेदारी व परिचय के सम्बन्धों के साथ घनिष्ठ रूप से सम्बन्धित है;[91] लैम्बर्ट ने इसे "परिवार केन्द्रित साहचर्य प्रवास"(family-centred associational migration) के रूप में संवर्गीकृत किया है।[91] शहरों का प्रवास प्रायः ग्रामीण आवास (rural habitat) में सामाजिक एवं आर्थिक दबाव के कारण होता है बजाय नगरीय जीवन के आकर्षण[92] के, जो केवल अपवादिक स्थितियों में काम करता है।[93]

भारत में शहर एक सांस्कृतिक टापू (isolate) नहीं होते; अनेक नगरों में संस्कृति तथा संचार के केन्द्र व जाल न केवल पश्चभूमि (hinterland) अपितु एक सम्पूर्ण क्षेत्र और कुछ मामलों में सम्पूर्ण देश में फैलते हैं।[94] शहर और गाँवों में अंतःक्रिया की निरन्तरता है और सांस्कृतिक गतिविधियों के अनेक क्षेत्रों में पृथक् संकुलों के तौर पर इन दोनों में अन्तर क्षेत्रीय सांस्कृतिक प्रतिमान की एकता के

द्वारा धुंधला जाता है। कुछ क्षेत्रों में गाँवों तथा शहरों के मध्य सांस्कृतिक सम्पर्क एक बहुत प्राचीन परम्परा के हिस्से हैं तथा इस प्रकार के मामलों में शहर में रहने वाले ग्रामीणों के लिए शहरों की संस्कृति में कुछ नया नहीं है, जो कि इसे या तो उदासीन[95] भाव से या इस प्रकार के ''गाँव के भीतर''[96] (intra-rural) दृष्टिकोण से देखते हैं। बर्ट हॉजलिट्ज का निष्कर्ष है ''भारतीय नगर......... यहाँ तक कि सबसे बड़े नगरों में से कुछ........... यहां तक कि काफी बड़े नगर के हिस्से भी ग्रामीण चरित्र को दर्शाते हैं जो उन्होंने संजो कर रखा है और जहाँ जीवन गाँवों से केवल थोड़ी भिन्न सामान्य दशाओं में चलता है।''[97] उनके अनुसार भारत में नगरीकरण उसी प्रतिमान में हो रहा है जैसा लैटिन अमेरिका में हुआ है; यहाँ तक कि भारत की नगर वृद्धि दर (urban growth rate) भी लैटिन अमेरिका के समान है।[98] कुछ भारतीय नगरों के नगरीकरण के सांस्कृतिक प्रतिमानों में समरूपता की तुलना मैक्सिको सिटी से की जा सकती है, जिसका अध्ययन ऑस्कर लेविस ने किया था। भारतीय नगरों के जाति व समुदाय पड़ोस के समानांतर मैक्सिको सिटी में कॉम्पेद्रेज्को (Compadrazqo) और वेसिनेड्स (Vacinades) होते हैं, जो कि आमने–सामने के सम्बंधों तथा नातेदारी सम्बंधों पर आधारित पड़ोस की इकाई का प्रतिनिधित्व करते हैं। यह 'परम्परागत प्रतिमानों के बिना टूटे नगरीकरण' की एक प्रक्रिया है।[99]

नगरों में पारम्परिक सांस्कृतिक प्रतिमानों की निरन्तरता अथवा परम्परागत तरीकों के प्रायः पुष्टिकरण के बारे में अनेक नगरीय अध्ययनों में बताया गया है। पूना शहर में प्रोफेसर जी.आर. गाडगिल के अध्ययन ने बताया कि दृष्टिकोण तथा सामुदायिक अस्मिताओं में समकालीन परिवर्तनों के द्वारा उपलब्ध अवसरों और शैक्षणिक तथा अन्य सांस्कृतिक संसाधनों के प्रबंधन हेतु जाति व सामुदायिक समितियों में मजबूती बढ़ रही है।[100] मिल्टन सिंगर ने जिन नगरों की लघु व वृहत् परम्परा की सांस्कृतिक संरचनाओं का अध्ययन किया, उनमें उन्होंने लचीलेपन (resilience) की प्रक्रिया को पाया। इन नगरों में पारम्परिक संस्कृति के प्रसार हेतु संचार के आधुनिक मीडिया का प्रयोग हो रहा है।[101] अतः नगरीकरण न केवल भारत में संस्कृति पर आधुनिक प्रभाव डाल रहा है अपितु परम्परा को सुदृढ़ भी करता है।

भारत में नगरीकरण की दर अपेक्षाकृत रूप से धीमी है। 'तीव्रता से नगरीकृत हो रहा राष्ट्र इसकी जनसंख्या के विशाल तथा कष्टदायक भौगोलिक विस्थापन से ग्रस्त है। स्पष्ट रूप से कहा जाए तो इसकी जनसंख्या के लगभग 60 प्रतिशत लोगों को गाँवों से शहरों को चले जाना चाहिए।''[102] इसकी तुलना में भारत में जनसंख्या का लगभग 20 प्रतिशत मात्र 1951 में शहरों में रह रहा था।[103] इस संख्या में 1961 की जनगणना में कोई ठोस परिवर्तन नहीं हुआ। किंग्स्ले डेविस के आकलन के अनुसार, 1951 की तुलना में जब 7.8 प्रतिशत

लोग एक लाख की आबादी वाले स्थानों में निवास कर रहे थे और 11.9 प्रतिशत लोग 20,000 की आबादी वाले कस्बों में रहते थे, 1961 में 8.9 प्रतिशत लोग एक लाख की आबादी वाले शहरों में तथा 13.3 प्रतिशत लोग 20,000 की आबादी वाले नगर केन्द्रों में निवास कर रहे होंगे। लॉजिस्टिक एक्सट्रापॉलेशन (logistic extrapolation) पर आधारित नगरीय अनुपात उनके प्रक्षेपण (projections) दर्शाते हैं कि केवल 1975 में भारत की जनसंख्या के कुल योग का 50 प्रतिशत नगरीय जनसंख्या हो पाएगा। यह गणना 1931–51 में नगरों व कस्बों में तेज वृद्धि के कारण कुछ पक्षपात पूर्ण है और जितनी वास्तव में सम्भव है, उससे कहीं अधिक ऊंची नगरीय वृद्धि दर को दर्शाती है।[104] इसे ध्यान में रखकर, डेविस ने संयुक्त अमेरिका को प्रारूप के रूप में मानते हुए वर्ष 1975 के लिए भारत की नगरीय जनसंख्या की भविष्यवाणी की है, जबकि अमेरिका की नगरीय वृद्धि की दर जापान से धीमे है तथा ब्रिटेन व फ्रांस से तेज है, जो इसे 'मध्यमार्गी' (middle of the road) प्रारूप बनाती है।[105] इसके आधार पर उनके अनुसार 1975 तक भारत की कुल जनसंख्या का केवल 32.4 प्रतिशत शहरों में रह रहा होगा; 50 प्रतिशत से अधिक नगरीय जनसंख्या के अनुपात को पाने के लिए भारत को सन् 2000 तक प्रतीक्षा करनी होगी।[106]

नगरीकरण की तुलनात्मक धीमी दर के बावजूद, इस दृष्टि से 1881 से निरन्तर वृद्धि हो रही है, जब भारत की कुल जनसंख्या का केवल 9.3 प्रतिशत शहरों में निवास कर रहा था। डेविस लिखते हैं कि : "सन् 1881 से 1941 तक के पूरे काल के दौरान नगरीय स्थानों में भारतीय जनसंख्या का केवल 41 प्रतिशत बढ़ा, जबकि संयुक्त राज्य अमेरिका में यह वृद्धि 111 प्रतिशत रही। इस अवधि में भारत में हुआ नगरीकरण संयुक्त राज्य अमेरिका में 1790 तथा 1850 के मध्य की अवधि में हुए नगरीकरण की दर से मेल खाता है। केवल अंतिम दशक, 1931–41 में भारत में नगरीकरण की दर समकालीन अवधि में संयुक्त राज्य अमेरिका की नगरीकरण की दर से अधिक हुई। संयुक्त राज्य अमेरिका में केवल 0.7 प्रतिशत की तुलना में भारत में 18.3 प्रतिशत की वृद्धि हुई। ऐसा प्रतीत होता है कि तीव्र नगरीकरण का काल प्रारम्भ हो ही रहा है जिसकी तुलना शायद संयुक्त राज्य अमेरिका के 1820–30 के काल से की जा सकती है।"[107]

भारत में धीमी दर के नगरीकरण ने, निस्संदेह समाज में सामाजिक संरचनात्मक परिवर्तनों की गति को धीमा किया है, परन्तु इसने सांस्कृतिक आधुनिकीकरण की प्रक्रिया अथवा आधुनिक मूल्यों के प्रसार को उसी हद तक धीमा नहीं किया है। नगरीकरण के कारण वाणिज्यवाद (commercialism) में वृद्धि, आर्थिक सम्बन्धों का मौद्रिकीकरण (monetization), अनेक लोगों के लिए फैक्ट्री एवं कार्यशालाओं (workshops) में रोजगार, अवकाश (leisure) एवं मनोरंजन के जनसंचार (mass media) की लोकप्रियता तथा आधुनिकीकृत

अभिजनों की नई उप–संस्कृतियों में धीमी किन्तु निरन्तर वृद्धि हुई है। संचार अध्ययनों (communication studies) से पता चलता है कि सोपान (ranking) तथा शहरों से दूरी के एक संरचनात्मक ढाँचे में, सांस्कृतिक मूल्य व सूचनाएं निरन्तर नगरों से गाँवों की ओर प्रसारित हो रही हैं।[108] शहर से लौटने वाले अपने साथ जीवन के आधुनिक तरीकों तथा आदतों के अनेक तत्वों को शहरों से गाँवों में ले आते हैं।[109] सामाजिक मानवशास्त्रियों द्वारा किए गए ग्राम अध्ययनों ने इस तथ्य का निरन्तर समर्थन किया है।[110]

एक वृहत् प्रक्रिया (macroprocess) के रूप में नगरीकरण को औद्योगीकरण से बल प्राप्त हुआ है। पारस्परिक वृद्धि के दृष्टिकोण से औद्योगीकरण एवं नगरीकरण के मध्य सम्बंध विवादास्पद विषय रहे हैं। यदि नगरीकरण से हमारा आशय पारम्परिक सामाजिक एवं सांस्कृतिक स्वरूपों में कमी है तो औद्योगीकरण सदैव नगरीकरण में योगदान नहीं करता।[111] इसके अतिरिक्त, औद्योगीकरण एक अपरिहार्य तरीके से आर्थिक वृद्धि की दर से जुड़ा होता है, जिसके साथ नगरीकरण की प्रक्रियाएं सुसंगत हों अथवा नहीं भी हों।[112] नगरीकरण व औद्योगीकरण के मध्य इन प्रासंगिक असंतुलनों (incidental imbalances) के अतिरिक्त, औद्योगीकरण सदैव सांस्कृतिक आधुनिकीकरण में, संस्कृतियों के स्वरूपों तथा पारम्परिक तरीकों को पूरी तरह से स्थानापन्न करके नहीं अपितु नए सांस्कृतिक समागमों तथा उप–संस्कृतियों को पैदा करके, योगदान देता है।

अन्य राष्ट्रों की तुलना में भारत में औद्योगिक वृद्धि धीमी रही है। इंग्लैंड के 4.5 प्रतिशत, रूस के 12 प्रतिशत व चीन के 61 प्रतिशत की तुलना में हमारी जनसंख्या का लगभग 70 प्रतिशत भाग कृषि में कार्यरत है।[113] तथापि, सम्पूर्ण सन्दर्भ में एक महत्वपूर्ण वृद्धि हुई है। सन् 1881 में जॉइंट स्टॉक कम्पनियों की संख्या केवल 231 थी, वह बढ़कर 1947–48 में 22,675 हो गई थी। सन् 1851 में केवल एक सूती मिल थी; 1938 में यह संख्या बढ़कर 403 हो गई; तबसे अनेक फैक्ट्रियाँ और स्थापित हो गई हैं।'' सन् 1950 के आरम्भ से.......... भारत का स्टील का उत्पादन सात गुणा हो गया है। भारत की विद्युत उर्जा की क्षमता 1953 की तुलना में अब पाँच गुनी हो गई है तथा अगले पाँच वर्षों में यह फिर दो गुनी हो जाएगी।''[114] ऑपरेटिव्ज़ (operatives) तथा कारीगरों (artisans) की कार्यशील शक्ति (working force) में 1950–61 के मध्य 45.7 प्रतिशत का परिवर्तन हुआ।[115] अन्य औद्योगिक क्षेत्रों में भी भारत ने महत्वपूर्ण प्रगति की है। परन्तु तुलनात्मक सन्दर्भों में तथा जनसंख्या वृद्धि के कारण यह वृद्धि अपेक्षाओं के अनुरूप नहीं रही है।

किंग्सले डेविस इस धीमी वृद्धि के कारणों का निम्न प्रकार से संक्षिप्तीकृत करते हैं:

> भारतीय औद्योगीकरण के सारांश को चार सामान्य प्रस्थापनाओं (propositions) में संक्षिप्तीकृत किया जा सकता है: (1) इसमें कोई संदेह नहीं है कि औद्योगीकरण इस क्षेत्र में आगे बढ़ रहा है, यह जनसंख्या से तेज बढ़ रहा है; (2) परन्तु इसमें भी कोई संदेह नहीं है कि यह जितना तेज बढ़ सकता था, उससे धीमा बढ़ा है; (3) इसके धीमेपन के कारणों में आभासी रूप से भारतीय सामाजिक संगठन, ब्रिटेन का लम्बा प्रभाव, तथा शनैः शनैः विकसित हो रही जनांकिकीय स्थिति (demographic situation) है; (4) अब तक, स्वतंत्रता प्राप्ति के बाद, तीव्र औद्योगिक वृद्धि में प्रमुख बाधक अत्यधिक जनंसख्या है, यद्यपि अन्य बाधाएं भी विद्यमान हैं।[116]

औद्योगीकरण की धीमी वृद्धि में सांस्कृतिक व संस्थात्मक कारकों की भूमिका समाज वैज्ञानिकों के मध्य बहुत अटकल का विषय रही है। समाज वैज्ञानिकों के एक वर्ग की यह दीर्घकालीन परम्परा रही है जो कि भारत में आर्थिक वृद्धि की धीमी दर का कारण इसके त्याग (renunciation) के दर्शन अथवा हिन्दू धर्म के 'पारलौकिक वैराग्यवाद' (otherworldly-asceticism) को ठहराते हैं।[117] हिन्दू संस्कृति की इस प्रकार की व्याख्याओं की मुख्य कमजोरी इसकी बिना संस्थात्मक तथा राजनैतिक– ऐतिहासिक[118] कारकों पर ध्यान दिए विश्लेषण एवं व्याख्या की अभिप्रेरणात्मक–व्यक्तिवादी संरचना (motivational individualistic) पर एकांगी निर्भरता है। इस प्रकार के विश्लेषणात्मक उपागमों का एक अन्य संकट यह है कि भारत की पश्चिम के साथ उन ऐतिहासिक बिंदुओं पर तुलना, जबकि वे तुलना योग्य नहीं हैं। उदाहरण के लिए, शास्त्रीय भारतीय संस्कृति के वैराग्यवाद (asceticism) की यूरोपीय प्रबोधन (European enlightenment) के तार्किक–भोगवाद (rational-hedonism) के साथ तुलना की जाती है, न कि ईसाईयत की मध्ययुगीन यूरोपीय नैतिकता (medieval European ethic of Christianity) के साथ, जबकि वह भी प्रकृति में वैराग्यवादी–पारलौकिक (ascetic) थी।[119] वस्तुस्थिति यह है कि हिन्दू धर्म ने न तो वास्तविक जीवन में और न परम्परागत प्रस्थापनाओं में भौतिकवाद अथवा जीवन में आनन्द के लक्ष्य को नकारा है। हमेशा भौतिक लक्ष्यों, अर्थ–काम, और नैतिक–पारलौकिक लक्ष्यों अथवा धर्म–मोक्ष के स्वस्थ संयोग पर जोर दिया गया है। धर्म–मोक्ष को अर्थ–काम की तुलना में सैद्धांतिक रूप से ऊँचा दर्जा दिया गया था परन्तु व्यवहार में हिन्दुओं के सभी वर्गों का प्रमुख काम भौतिक लक्ष्यों की प्राप्ति तथा जीवन के प्रति ठोस व्यावहारिक रवैया था। सामाजिक मानवशास्त्रियों के अवलोकनात्मक अध्ययनों ने इस बिन्दु को स्पष्टतया पुष्ट किया है।[120] आधुनिक कृषि सम्बन्धी एवं यांत्रिक नवाचारों की ग्रामीणों की स्वीकृति पर भारत में तुलनात्मक क्षेत्रीय अध्ययनों ने यह दर्शाया है कि समान नवाचार एक क्षेत्र में

सहर्ष स्वीकृत हो जाते हैं, और दूसरे क्षेत्र में उदासीनता के कारण उपेक्षित हो जाते हैं; ऐसा हिन्दू मूल्य व्यवस्था के कारण नहीं होता जो कि सार्वभौमिक रूप से समान है, परन्तु संरचनात्मक एवं संस्थात्मक प्रघटना में क्षेत्रीय व स्थानीय भिन्नताओं के कारण होता है।[121] सम्पूर्ण भारत में भौतिक प्रगति के प्रति उदासीनता[122] कम है बल्कि बढ़ती हुई आकांक्षाओं की क्रांति अधिक है।[123]

नगरों में पारम्परिक सांस्कृतिक मूल्यों तथा संस्थाओं के स्थायित्व के बावजूद, नगरीकरण एवं औद्योगीकरण अनेक सांस्कृतिक मानदण्डों तथा भौतिक दशाओं को पोषित करते हैं जो कि वृहत् स्तरीय (macroscopic) तथा आधुनिकीकारक हैं। हमने शिक्षा, मनोरंजन तथा अवकाश में जनसंचार की भूमिका के बारे में बताया है। शहरी जीवन की भौतिक दशाओं के कारण परम्परागत जीवन के तरीकों तथा परम्परागत संस्कृति में अनेक समझौतों की आवश्यकता होती है। जैसे–जैसे नई बस्तियाँ बढ़ती जाती हैं, वे अधिक विषमांगी–नृतत्व प्रकृति (heterogeneous ethnic nature) की होती हैं और अतीत के जाति–पड़ोस से मौलिक रूप से भिन्न होती हैं। आधुनिक यातायात, बैंकिंग तथा अन्य तार्किक–मौद्रिक विनिमयों, आधुनिक औषधि एवं राजनैतिक संस्कृति के बढ़ते प्रयोग शहरों तथा औद्योगिक केन्द्रों में आधुनिकीकरण की वृहत् सांस्कृतिक आधारशिला रखते हैं जो कि भारत में आधुनिकीकरण की वृहत् सांस्कृतिक परम्परा के गठन में विलीन हो जाते हैं।

संचार एवं आधुनिकीकरण (Communication and Modernization)

संचार का माध्यम जिसने विकास की दर तथा आधुनिकीकरण के सांस्कृतिक प्रसार (cultural diffusion) को बढ़ावा दिया है, भारत में पश्चिम सम्पर्क की देन है। सोलहवीं शताब्दी के उत्तरार्द्ध में छापेखाने को पुर्तगाली लाए और इसके लिए प्रोत्साहन ईसाई मिशनरियों ने दिया।[124] इलाके में पहला छापाखाना बम्बई में 1674 में भीमजी पारेख नामक भारतीय की पहल पर स्थापित हुआ, परन्तु वह कभी प्रभावशाली रूप से काम कर सका, इसमें संदेह है। अठारहवीं शताब्दी के प्रारम्भ में दक्षिण भारत [त्रांकेबार (Tranquebar)], में डेनमार्क के लूथरवादी मिशन (Danish Luthran Mission) ने एक छापाखाना स्थापित किया। अखबार नामक लिखित समाचार पत्र मुगल साम्राज्य के काल में प्रचलित होने के बारे में जानकारी है,[125] परन्तु छपे हुए समाचार पत्र पश्चिमी सम्पर्क के बाद ही अस्तित्व में आए। इस दिशा में 18वीं शती के अंतिम चतुर्थांश में एक शुरुआत हुई। इसी प्रकार, अंग्रेजों ने भारत में तार, रेल एवं आधुनिक डाक व्यवस्था प्रारम्भ की।

भारत में संचार माध्यमों के विस्तार के बाद जो परिवर्तन हुए हैं, वे आधुनिकीकरण के अप्रत्यक्ष परन्तु ठोस सूचक हैं। उन्नीसवीं शताब्दी के मध्य में कलकत्ता में समाचार पत्रों के एक फ्रैंड ऑफ इण्डिया (Friend of India) ने

उजागर किया कि "कलकत्ता में आठ बंगाली समाचार पत्रों के 1,300 पाठक नहीं थे; देश के अंदरूनी भागों में 200 से कम प्रतियाँ जाती थीं। जनवरी 1837 में केवल 151 प्रतियाँ कलकत्ता से बाहर डाक के द्वारा भेजी गईं, और 1843 में एक माह में 195; कलकत्ता के सारे अंग्रेजी के समाचार पत्रों की कुल प्रतियाँ लगभग 4,000 थीं, जिनमें केवल 125 भारतीय पाठक थे।"[127] हो सकता है कि कलकत्ता में समाचार पत्रों की बिक्री को यह रिपोर्ट कम आंकती हो क्योंकि यह स्थानीय भाषाओं[128] के समाचार पत्रों व पत्रिकाओं को नहीं गिनती, फिर भी इस काल में संचार के माध्यम के रूप में प्रेस का यह अविकसित चरित्र इस रिपोर्ट से स्पष्ट है।

तभी से समाचार पत्रों तथा पत्रिकाओं की संख्या निरन्तर बढ़ रही है। भारत में 1940–41 के दौरान 3,000 से 4,000 समाचार पत्र तथा पत्रिकाएं सत्रह विभिन्न भाषाओं में अनेक केन्द्रों से प्रकाशित हो रहे थे, जिनमें कुछ द्विभाषी थे।[129] भारत के समाचार पत्र रजिस्ट्रार (Registar of Newspapers for India) की 1966 की वार्षिक रिपोर्ट के अनुसार 1966 के अंत तक समाचार पत्रों तथा पत्रिकाओं की संख्या 10,977 थी। रिपोर्ट यह भी बताती है कि गत दस वर्षों में भारत में दैनिक समाचार पत्रों की संख्या में 42.7 प्रतिशत की वृद्धि हुई है।[130]

डाक सेवाएं, चलचित्र, रेडियो तथा पोस्टरों के द्वारा सूचना माध्यम, पैम्फलेट्स (hand bills) तथा भ्रमणशील फिल्म दर्शन इकाइयों, आदि जैसे संचार के साधनों में भी महत्वपूर्ण वृद्धि हुई है। डाक सुविधाओं में वृद्धि मात्र इस तथ्य से प्रमाणित हो जाती है कि 1836 में भारत में केवल 276 डाक घर[131] थे; 1962 में इनकी संख्या 74,596 थी।[132] इसी प्रकार की वृद्धि संचार तथा यातायात के अन्य साधनों में हुई। रेल, सड़क, वायुमार्ग तथा जलमार्ग से यातायात में विस्तार ने एक क्षेत्र से दूसरे क्षेत्र के मध्य अंतःक्रिया एवं सम्पर्क की मात्रा की तीव्रता में योगदान किया है; रेलों तथा बसों से यात्रा ने अशुद्धता व शुद्धता के सिद्धांत पर आधारित जाति सोपानक्रम के नियम को गंभीर क्षति पहुंचाई है, क्योंकि सभी जातियों, उच्च अथवा निम्न, के लोगों को एक ही रेल के डिब्बे या बस में यात्रा करनी पड़ती थी। प्रारम्भ में उच्च जाति के रूढ़िवादी वर्ग से कुछ प्रतिरोध हुआ पर इस प्रकार के आंदोलन शीघ्र ही ठंडे पड़ गए; रेलों तथा बसों द्वारा यात्रा न केवल स्वीकार करा ली गई बल्कि तीर्थ एवं अन्य सामाजिक–धार्मिक उद्देश्यों के लिए इसका प्रयोग बढ़ता गया। अतः इन प्रौद्योगिकीय नवाचारों ने कुछ हद तक पारम्परिक दृष्टिकोण में परिवर्तन किया है, परन्तु साथ ही साथ परम्परा को सुदृढ़ भी किया है।

डेनियल लर्नर के अनुसार, यात्रा एवं यातायात के साधनों में विस्तार तथा मीडिया प्रदर्शन के स्वरूपों के तौर पर समाचार पत्रों की संख्या व बिक्री में वृद्धि प्रत्यक्ष रूप से सांस्कृतिक आधुनिकीकरण से जुड़ी हुई है। भारत के मामले में,

इस मीडिया प्रदर्शन का परिणाम आधुनिकीकरण एवं परम्परायीकरण दोनों है। डाक व तार सेवाएं न केवल उन्हें दूरस्थ स्थानों तथा दूर बैठे रिश्तेदारों की अधिक सूचनाएं लाती हैं और इस प्रकार लोगों की 'मानसिक गतिशीलता' (psychic mobility) बढ़ाती हैं, अपितु जाति समितियों तथा अन्य पारम्परिक समूह गतिविधियों को अधिक कुशलता से संगठित करने की सुविधा प्रदान करती हैं।[133] अतः संचार के वाहकों तथा यातायात के तरीकों के आधुनिकीकरण का परिणाम परम्परा एवं आधुनिकता की मूल्य व्यवस्था में एक प्रकार का सांस्कृतिक समागम (cultural syncretism) होता है। इस प्रक्रिया के हिस्से के रूप में समानुभूति करने की योग्यता तथा मानसिक गतिशीलता की सुविधा, जो कि आधुनिकीकरण के मनोवैज्ञानिक प्रतिभाग हैं और अंततः "विश्व संस्कृति"[134] की चेतना का हिस्सा बनते हैं, परम्परागत संस्थाओं के साथ तादात्म्य का उभरता नया अर्थ साथ–साथ आगे बढ़ता है।

राष्ट्रवाद, राजनैतिकीकरण एवं आधुनिकीकरण (Nationalism, Politicization and Modernization)

राष्ट्रवाद तथा लोकतंत्र की राजनैतिक संस्कृति मानदण्डात्मक नवाचारों के अन्य स्वरूप हैं जो कि मूल्य परिवेश में आवश्यक रूप से आधुनिक हैं तथा उनका अखिल भारतीय (pan Indian) चरित्र है। ये दोनों प्रघटनाएं बाह्यजनित प्रकृति की हैं तथा भारतीय परम्परा के आरम्भिक मानदण्डात्मक संरचना को गंभीर चुनौती देती हैं। राष्ट्रवाद का अर्थ है एक राष्ट्र की चेतना और इससे जुड़ी राजनैतिक चेतना का अर्थ जो कि राजनैतिक मतैक्यता (political consensus) का परिणाम होती है।[135] इसकी समाजशास्त्रीय अभिव्यक्ति राष्ट्र–राज्य (Nation-State) का एक विचार है। लोकतंत्र राजनैतिक संगठन तथा मूल्यों की व्यवस्था का एक विशेष स्वरूप है, जिस पर राष्ट्र–राज्य की आधारशिला रखी जा सकती है। राष्ट्रवाद तथा लोकतंत्र दोनों समकालीन स्वरूप में पश्चिमी नवाचार हैं। पश्चिम में लोकतंत्र व राष्ट्रवाद के ऐतिहासिक उद्‌गम को जागीरों (estates) के सामंतवादी सोपानक्रमिक व्यवस्था के टूटने तथा सुधार एवं प्रबोधन (Reformation and Enlightenment) के उदय से जोड़ा जा सकता है। इसके फलस्वरूप पितृसत्तात्मक प्रभुता सम्बंधों (patrimonial authoritarian relationships) की मध्ययुगीन व्यवस्था भंग हुई, जिसका स्थान व्यक्ति प्रभुता सम्बंधों ने (individual authority relationships) ने ले लिया। इसे एक ऐसी क्रांति ने अर्जित किया जो कि औद्योगिक होने के साथ–साथ राजनैतिक भी थी।[136]

इस क्रांति से पहले सोपानक्रम व समग्रवाद के मानदण्ड जो कि किसी भी पारम्परिक समाज की विशेषता होते हैं; पाश्चात्य संस्कृति में भी विद्यमान थे।

अधिकार एवं स्वतंत्रताएं समूहों को प्राप्त थे, न कि व्यक्तियों को, व्यवस्था मतैक्यवादी होने के स्थान पर असहमतिवादी (dissensual) थी। इस व्यवस्था के बारे में बैन्डिक्स लिखते हैं:

> मध्ययुगीन राजनैतिक जीवन समाज में आनुवंशिक अथवा आध्यात्मिक दर्जा (rank), मुख्य आर्थिक संसाधन के रूप में भूमि पर नियंत्रण तथा जन प्रभुता के क्रियान्वयन (exercise of public authority) के मध्य कड़ी पर निर्भर था। वे सभी जिनको उनके दर्जे अथवा प्रस्थिति के कारण भूमि पर नियंत्रण का अधिकार नहीं दिया जाता था, इसी कारण जन मामलों (public affairs) में सीधी सहभागिता में उनको शामिल नहीं किया जाता था। अधिकार एवं स्वतंत्रताएं व्यक्ति के बजाय समूहों, निगमों (corporations), जागीरों (estates) को प्राप्त थे; न्यायिक एवं विधायी निकायों (judicial and legislative bodies) में प्रतिनिधित्व परम्परागत रूप से सुविधा प्राप्त जागीरों के माध्यम से होता था।[137]

उपरोक्त बताए गए समूह तथा जागीर आधारित अधिकार हिन्दू परम्परा में मान्य जाति आधारित अधिकारों के समान थे। सुधार एवं प्रबोधन के नेताओं द्वारा प्रेरित सामाजिक शक्तियों के माध्यम से जागीरों पर आधारित सामुदायिक मूल्य धीरे–धीरे लुप्त हो गए और उनका स्थान स्वतंत्रता, समानता व मानवतावाद के मूल्यों ने ले लिया। इनकी गारंटी व्यक्तियों को लोकतांत्रिक राष्ट्र–राज्यों की राजनैतिक संरचना के भीतर व्यक्तियों के नागरिक अधिकारों की मान्यता के माध्यम से दी गई। इन सांस्कृतिक लक्ष्यों का क्रियान्वयन धीरे–धीरे हुआ और यह अतीत की सांस्कृतिक परम्पराओं से बहुत नजदीकी से जुड़ा हुआ था।

भारत में राष्ट्रवाद एवं लोकतंत्र एक बिल्कुल भिन्न ऐतिहासिक संदर्भ में आया। इन व्यवस्थाओं के सांस्कृतिक परिणाम भारत के लिए उतने ही क्रांतिकारी हो सकते हैं, जितने कि ये पश्चिम के लिए थे, परन्तु इनकी ऐतिहासिक अभिव्यक्तियाँ समान नहीं हो सकतीं।[138] यह अनेक कारणों से है। सर्वप्रथम, इन मूल्यों को एक विदेशी परम्परा से लिया गया है और इन्हें औपनिवेशिक संरक्षण में भारत की भूमि पर उगाया गया है, जो कि मनोवैज्ञानिक रूप से खिन्न करने वाला एक कारक (irksome factor) है। दूसरा, समकालीन भारत के आर्थिक व सामाजिक संरचनात्मक कारकों की तुलना पश्चिम के 17वीं व 18वीं शती के कारकों से नहीं की जा सकती। तीसरा, ऐतिहासिक कारणों से इन संस्थात्मक नवाचारों को भारतीय जन मानस (body-politic) में संपीड़ित स्वरूप (compressed form) में प्रविष्ट किया गया है, जबकि पश्चिम में इसका विकास क्रमिक रूप से हुआ, और यह प्रघटना पश्चिम की तुलना में नए तथा कहीं

अधिक बड़े सांस्कृतिक दबाव पैदा करती है।

यदि हम भारत में राष्ट्रवाद तथा लोकतंत्र के विकास की प्रक्रिया की समीक्षा करें तो यह प्रमाणित हो जाएगा। ऐतिहासिक रूप से, भारतीय राष्ट्रवाद लोकतांत्रिक राजनैतिक व्यवस्था का अग्रदूत रहा है। राममोहन रॉय से गाँधी तक, राष्ट्रवादी चेतना का अभिमुखन भारतीय परम्परा की ओर रहा है; इस मामले में भिन्नताएं भिन्न प्रकार की न होकर अंशों (degrees) की थीं। राष्ट्रीय नेता आधुनिकता के पक्षधर थे, परन्तु पारम्परिक–सांस्कृतिक अस्मिता के मूल्य पर नहीं। तिलक एवं गाँधी इस आंदोलन के चरम स्वरूप (extreme forms) के थे, वे इस प्रकार के एक राष्ट्रवाद के हिमायती थे जो कि अतीत की हिन्दू परम्परा में गहन रूप से आबद्ध हो। भारतीय राष्ट्रवाद के उदय में गाँधी की भूमिका विशेषतः महान ऐतिहासिक महत्व की है जो कि आधुनिकीकरण की भारतीय राजनैतिक प्रक्रिया को अनूठा बनाती है।

गाँधी के पास आधुनिक पश्चिम के अनेक मानवतावादी मूल्यों को पारम्परिक सांस्कृतिक प्रतीकवाद के माध्यम से भारतीय जनता तक पहुंचाने की विलक्षण दक्षता थी; जिस प्रकार के राष्ट्रवाद के वे हिमायती थे, उसकी जड़ें हिन्दू परम्परा में थीं, परन्तु साथ ही साथ यह राष्ट्रवाद असाम्प्रदायिक और उस हद तक लौकिक (secular) था। गाँधी के लिए लौकिकवाद का अर्थ अधार्मिकता नहीं था बल्कि धार्मिक सहिष्णुता की भावना थी, जिसे उन्होंने स्वयं हिन्दू धर्म की सार्वभौमिकवादी नैतिकता (universalistic ethic) के आधार पर प्रस्थापित किया था। भारतीय राजनैतिक व्यवस्था की उनकी अवधारणा पूर्णतः असाम्प्रदायिक थी परन्तु फिर भी विशुद्ध पाश्चात्य अर्थों में लौकिक (secular) नहीं थी।

राष्ट्र के सांस्कृतिक आधुनिकीकरण में भारतीय राष्ट्रवाद की भूमिका के विश्लेषण हेतु साम्प्रदायिकता व लौकिकता की अवधारणाएं उपयोगी अवधारणात्मक उपकरण प्रदान करती हैं। आधुनिकीकरण में लौकिकता एक उप–प्रक्रिया है। इसके प्रसार का अर्थ है कि निजी तथा सामाजिक जीवन में उनके मुद्दों व घटनाओं का मूल्यांकन धार्मिक दृष्टिकोण से न होकर उपयोगितावादी दृष्टिकोण से हो।[139] 'लौकिकीकरण' की प्रक्रिया में वृद्धि होने से सामाजिक जीवन के विभिन्न क्षेत्र जो पहले धार्मिक मानदण्डों द्वारा निर्देशित होते थे, अब इन मानदण्डों की पकड़ से मुक्त हो गए हैं और अधिकाधिक उन मानदण्डों से नियंत्रित होते हैं जो कि या तो तार्किक हैं या भोगवादी हैं या दोनों हैं।

बढ़ते राष्ट्रवाद ने भारत में तीव्र राजनैतिकीकरण में योगदान दिया। इस आंदोलन का नेतृत्व प्राथमिक रूप से भारतीय राष्ट्रीय काँग्रेस ने किया, जिसने इसकी शुरुआत से ही असाम्प्रदायिक दृष्टिकोण अपनाया। इसकी स्थापना के एक वर्ष बाद 1885 में, इसकी रिपोर्ट में कहा गया कि "काँग्रेस क़ालिक हितों

(temporal interests) का समुदाय है न कि आध्यात्मिक विश्वासों (spiritual convictions) का जो कि मनुष्य को राजनैतिक प्रश्नों की चर्चा में एक–दूसरे का प्रतिनिधित्व करने के लिए योग्य बनाता है।"[140] अनेक कठिनाइयों के बावजूद काँग्रेस ने इस आदर्श के प्रति प्रतिबद्धता बनाए रखी, इन कठिनाइयों के उदाहरण हैं जैसे कि इसके नेतृत्व की विषमांगी प्रकृति जिसमें समय–समय पर उत्साही साम्प्रदायिक राष्ट्रवादी भी होते रहे हैं तथा भारत सरकार अधिनियम 1919 (Government of India Act-1919) द्वारा लागू साम्प्रदायिक प्रतिनिधित्व की व्यवस्था तथा भारत में मुस्लिम–हिन्दू सम्बंधों में ऐतिहासिक संदेह अथवा दुविधा। इन सभी कारकों के सम्मिलित रूप के कारण अंततः पूर्ण नहीं तो आंशिक रूप से साम्प्रदायिता की जीत–देश के विभाजन में हुई।

स्वतंत्र भारत में, तथापि, इसकी अनेक कठिनाइयों के बावजूद लौकिकवाद जीवित है। भारतीय राष्ट्रीय काँग्रेस, जो कि नेहरू के नेतृत्व में राजनैतिक दल के रूप में सत्ता में आई, ने भारत को एक लौकिक राज्य बनाने की आवश्यकता की निरन्तर वकालत की। स्वतंत्र भारत ने जो संविधान अपनाया, वह वैयक्तिक तथा सामूहिक धर्म तथा सामूहिक स्वतंत्रता की गारंटी देता है तथा यह निर्धारित करता है कि सार्वजनिक रोजगार एवं शिक्षा में धर्म के आधार पर कोई राजकीय भेदभाव नहीं होगा; यह आगे निर्धारित करता है कि राज्य को स्वयं धार्मिक लक्ष्यों के प्रति तटस्थ रहना चाहिए तथा न तो धार्मिक उद्देश्यों के लिए कर (tax) लेने चाहिए और न राज्य द्वारा पूर्ण रूप से वित्त पोषित शैक्षणिक संस्थाओं में धार्मिक शिक्षण प्रोत्साहित करना चाहिए। तथापि, यह विधानसभाओं तथा संसद की लोकसभा में अनुसूचित जातियों व जनजातियों के सदस्यों के लिए विशुद्ध मानवीय आधारों पर विशेष सीटों का प्रावधान करता है। इस प्रकार, भारत का संविधान हमें लौकिकता एवं लोकतंत्र की एक मानदण्डात्मक संरचना प्रस्तुत करता है जो कि भारत में आधुनिकीकरण की वृहत् परम्परा के आवश्यक भागों का गठन करता है।

यद्यपि, संविधान में लौकिक आदर्शों के अधिनियमन (enactment) का परिणाम सार्वजनिक जीवन तथा प्रमुख भारतीय समुदायों के मध्य सम्बन्धों में इसके मानदण्डों के प्रति वास्तविक अनुरूपता नहीं है। इसका सही मूल्यांकन आवश्यक है। यह उल्लेखनीय है कि हिन्दू समुदाय ने अंग्रेजी राज्य की शुरुआत से ही उन विभिन्न सामाजिक कानूनों की तरफ अधिक उदारवादी रवैया रखा, जिन्होंने इसकी अनेक छद्म धार्मिक प्रथाओं को कानून के द्वारा समाप्त कर दिया। जैसा कि हमने ऊपर बताया है कि इसने जाति व्यवस्था को प्रभावित करने वाले कानून को भी 19वीं शताब्दी में काफी पहले सह लिया। स्वतंत्रता के पश्चात् जाति की प्रथा, छुआछूत, उत्तराधिकार (inheritance) आदि में सुधार हेतु, अनेक कानूनों को बिना अधिक विरोध के स्वीकार कर लिया गया। स्वयं हिन्दू

धर्म की सार्वभौमिकतावादी प्रकृति द्वारा इसे आंशिक रूप से समझाया जा सकता है;[141] परन्तु यह मुख्य रूप से हिन्दू समाज में एक प्रबुद्ध अभिजन (enlightened elite) के उदय के कारण हुआ। इस अभिजन की राष्ट्रवाद के प्रति तार्किक प्रतिबद्धता थी। जैसा कि हमने ऊपर विश्लेषण किया है, अन्य प्रमुख भारतीय समुदाय, मुसलमानों का मामला मूलभूत रूप से भिन्न रहा है। यह भारत में लौकिकीकरण की प्रक्रियाओं में असंतुलन पैदा करता है।

भारत में लौकिकीकरण के विकास में अन्य असंगतियाँ भी हैं। धार्मिक तटस्थता के दावों के बावजूद, भारत में राज्य ने प्रायः धार्मिक मामलों में दखल दी है; यह विशेषतः मंदिरों व धार्मिक संस्थानों के प्रबंधन के मामले में सही है, जैसे कि मठों व मठाधीशों (monasteries and monastic heads) के मामलों में। यद्यपि, इस क्षेत्र में कानून अंग्रेजी काल से विद्यमान रहे हैं; उदाहरण के लिए, बंगाल में 1810 में तथा मद्रास में 1817 में मंदिर धर्मार्थ सम्पत्ति (temple endowments) के नियमित प्रशासन के लिए सरकार ने कानून पारित किए थे।[142] इन्हें बाद में संशोधित किया गया। 1960 में भारत सरकार ने हिन्दू धर्मार्थ संपत्तियों (Hindu religious endowments) के प्रशासन को जाँचने तथा इसके प्रबंधन के सुधार हेतु कदम सुझाने के लिए एक हिन्दू धर्मार्थ सम्पत्ति आयोग (Hindu Religious Endowments Commission) को नियुक्त किया। इस आयोग की 1962 में रिपोर्ट के बाद, भारत के अनेक राज्यों में कानून लागू किए गए, जिनमें मंदिर धर्मार्थ सम्पत्ति के प्रबंधन हेतु पहले कोई ऐसे कानून (असम, उत्तर प्रदेश, पंजाब) नहीं थे तथा धर्मशास्त्रीय महाविद्यालयों (theological colleges) एवं संस्कृत शिक्षण के प्रोत्साहन के माध्यम से ऐसे कदम भी उठाए गए, जिससे हिन्दू पुजारियों के शिक्षण व प्रशिक्षण पद्धतियों को तार्कीकृत किया जा सके।

राजनैतिक क्षेत्र में भी अनेक, समकालीन मुद्दों पर भी राजनैतिक दलों तथा समूहों ने निरन्तर साम्प्रदायिक दृष्टिकोण को मुखरित किया है। हिन्दू सभा, राम राज्य परिषद, जनसंघ तथा मुस्लिम लीग जैसे राजनैतिक दल जिनके कि प्रत्यक्ष अथवा परोक्ष साम्प्रदायिक अभिमुखन हैं, राजनैतिक अखाड़े में सक्रिय हैं; इनमें से कुछ जैसे जनसंघ व मुस्लिम लीग ने देश के अनेक भागों में अपना राजनैतिक प्रभाव भी बढ़ा लिया है। साधुओं तथा धार्मिक नेताओं ने गोवध के खिलाफ एक उग्र आंदोलन चलाया और अनेक राज्यों में जाति, क्षेत्रवादी तथा भाषायी सम्बद्धताओं पर आधारित संकुचित आंदोलनों (parochial movement) ने राजनैतिक प्रक्रियाओं में विशिष्टतावादी अस्मिताओं की गहनता (degrees) को मुखरित किया है क्योंकि लौकिकीकरण का अर्थ एक सार्वभौमिकतावादी विश्व–दर्शन है, भारत में ये समकालीन आंदोलन इसकी मूल्य व्यवस्था से मेल नहीं खाते।

इन कठिनाइयों के बावजूद, लौकिकीकरण को व्यापक रूप से भारत में

राष्ट्रीय नीति के तौर पर स्वीकार लिया गया है। अधिकांश राजनैतिक दल और यहाँ तक कि जनसंघ भी, जिस पर प्रायः साम्प्रदायिक अभिमुखन का आरोप लगता है, अपने दृष्टिकोण में लौकिक होने का प्रतिपादन करते हैं। जैसा कि डोनाल्ड ई. स्मिथ कहते हैं, "समस्याओं के अस्तित्व के बावजूद एक लौकिक राज्य के तौर पर भारत के बारे में बात करना अर्थपूर्ण है........... भारत उसी अर्थ में लौकिक है जिस अर्थ में इसे एक जनतंत्र कहा जाता है। भारतीय राजनीति एवं सरकार के अनेक अलोकतांत्रिक लक्षणों के बावजूद संसदीय लोकतंत्र कार्यशील है और काफी ऊर्जा के साथ कार्यशील है। इसी प्रकार लौकिक राज्य आदर्श के रूप में संविधान में निहित है और उसे काफी ठोस तरीके से क्रियान्वित किया जा रहा है।"[143]

भारतीय राजनैतिक व्यवस्था में लौकिकीकरण के मुद्दे पर जो दुविधा हम देखते हैं, वह लोकतांत्रिक राजनैतिक व्यवस्था की क्रियाशीलता में भी दिखाई देती है। भारत में समकालीन लोकतांत्रिक प्रक्रिया समय–समय पर अंग्रेजों द्वारा किए गए राजनैतिक सुधारों का स्वाभाविक परिणाम है। जैसा कि नॉर्मन डी. पामर ने बताया है कि इसके प्रमुख ऐतिहासिक बिंदु हैं; 1861 का इंडियन काउंसिल एक्ट, स्थानीय स्वायत्त शासन (local self-government) का 1882 का लॉर्ड रिपन का प्रस्ताव (resolution), इंडियन काउंसिल 1893, 1909 का मॉर्ले मिन्टो सुधार (Morley Minto reforms), 1918 के मॉन्टेग्यू–चेम्सफोर्ड सुधार (Montague-Chelmsford reforms), 1919 का गवर्नमेन्ट ऑफ इंडिया एक्ट तथा 1935 का गवर्नमेंट ऑफ इंडिया एक्ट। अंतिम अधिनियम को कभी लागू नहीं किया गया परन्तु उसने संसदीय प्रणाली की संघीय (federal) प्रकृति को काफी ठोस तरीके से प्रभावित किया है जैसा कि उसे संविधान में अपना लिया गया। ब्रिटिश विरासत के साथ इस जुड़ाव के बावजूद यह नहीं कहा जा सकता कि भारतीय लोकतंत्र किसी विदेशी प्रारूप पर प्रतिमानित है। यह बात दोनों औपचारिक प्रतिमान तथा लोकतांत्रिक क्रियाशीलता की प्रक्रियाओं पर लागू होती है।

भारतीय संविधान संघवाद (federalism) व विकेन्द्रीकरण (decentralization) पर जोर के माध्यम से भारतीय परम्परा में विविधताओं को मान्यता देता है। ग्राम पंचायतों, कुटीर उद्योगों की आवश्यकता को इसके द्वारा दी गई मान्यता में गाँधीवादी दर्शन की छाप दिखाई देती है तथा काफी हद तक कल्याणकारी राज्य पर दिए गए इसके जोर में गाँधी द्वारा दिए गए मानवतावाद एवं सहिष्णुता के केन्द्रीय मूल्य निहित हैं। भारत में लोकतंत्र के गत डेढ़ दशक में क्रियाशीलता ने यह और भी सिद्ध कर दिया है कि किस हद तक इसकी जड़ें जाति, नातेदारी एवं अन्य संकुचित अस्मिताओं (parochial identities) का प्रतिनिधित्व कर रहे पारम्परिक विशिष्टवादी मूल्यों के मूलभूत ताने–बाने में पाई

जाती हैं।[144] राजनैतिक एवं आर्थिक हितों की सार्वभौमिकतावादी अस्मिताओं पर आधारित दबाव समूह (pressure groups) जिस प्रकार पाश्चात्य लोकतंत्र में काम करते हैं, भारत में उनका स्थान उस समूहों ने ले लिया है जिनकी अस्मिताएं पूरी तरह से विशिष्टतावादी नहीं तो अर्द्ध–सार्वभौमिकतावादी तो हैं। समाजशास्त्रीय दृष्टिकोण से ये लक्षण भारत में लोकतंत्र के खराब तरीके से काम करने के (malfunctioning) तो अवश्य ही नहीं हैं। अधिक विकसित एवं सार्वभौमिकतावादी समूह अस्मिताओं द्वारा इनका धीरे–धीरे स्थान लेना भारतीय समाज में और प्रगति एवं परिवर्तन के माध्यम से होगा। यह क्रमिक परिवर्तन भारत में राजनीति व लोकतंत्र के भारतीयकरण[145] में और अधिक योगदान देगा।

सांस्कृतिक आधुनिकीकरण की लघु परम्परा
(Little Tradition of Cultural Modernization)

सांस्कृतिक आधुनिकीकरण के पाँच प्रमुख आयाम, जिनकी चर्चा हम ऊपर कर चुके हैं, भारत में समकालीन सांस्कृतिक परम्पराओं के औपचारिक पक्ष से सम्बन्धित हैं। इस कारण हम उन्हें आधुनिकीकरण की वृहत् परम्परा के तत्व कहते हैं। प्रक्रियाओं के रूप में ये सांस्कृतिक तत्व अखिल भारतीय चरित्र के हैं, इनके केन्द्र नगरीय व महानगरीय क्षेत्रों में हैं, ये स्वरूप में अत्यधिक संरचित एवं परिष्कृत हैं तथा विज्ञान एवं उदारवाद के विश्व–दर्शन के साथ एकीकृत हैं। अतः ये सांस्कृतिक आधुनिकीकरण की उच्चतर धारा (upper stream) का निर्माण करते हैं। इसके अतिरिक्त भारत में आधुनिकीकरण की एक अन्य प्रक्रिया भी जमीनी स्तर (grass-root level) पर चल रही है। यह भारत में आम लोगों के दैनिक जीवन, प्रथाओं तथा आदतों से सम्बंधित है। इसे भारत में सामाजिक परिवर्तन की प्रक्रियाओं का अध्ययन कर रहे अनेक सामाजिक मानवशास्त्रियों ने अंकित किया है। सांस्कृतिक आधुनिकीकरण का यह आयाम एक लघु परम्परा की विशेषताओं की पुष्टि करता है।

इसके अंतर्गत पोशाक, भोजन की आदतों, कर्मकांड, शब्दावली (vocabulary), भौतिक संस्कृति, यातायात के तरीकों व वाहन के प्रकारों तथा प्रथाओं में परिवर्तन आते हैं। परम्परागत रूप से सारे देश में ग्रामीणों द्वारा घर में बने वस्त्र पहने जाते थे, यह एक ऐसी प्रथा है जो कि अब भारत में कुछ क्षेत्रों में कुछ जातियों में ही बची है। फैक्ट्री निर्मित वस्त्रों ने घर में बने वस्त्रों का स्थान ले लिया है तथा कभी–कभी देश के सुदूर भागों में भी नायलॉन, टेरीलिन आदि जैसे आधुनिक संश्लेषी (synthetic) वस्त्रों को देखा जा सकता है। पूर्वी उत्तर प्रदेश के गाँवों में अनेक दुकानदार जहाँ पचास वर्ष पूर्व हथकरघे के वस्त्रों का भंडार रखते थे तथा फैक्ट्री निर्मित वस्त्रों का भी बहुत थोड़ा माल रखते थे, वे अब अधिकांशतः फैक्ट्री निर्मित वस्त्रों का ही व्यापार करते हैं तथा तैयार वस्त्रों

(ready-made garments) की बिक्री भी बहुत लोकप्रिय होती जा रही है। निर्धन घरों में भी अब महिलाएं अपने परिवार के सदस्यों के लिए कपड़े नहीं सिलती; पेशेवर दर्ज़ी यह काम करते हैं। अनेक समृद्ध परिवारों में उनकी अपनी सिलाई की मशीन होती हैं जिन्हें महिलाएं यदाकदा सिलाई के लिए प्रयुक्त करती हैं। कृषकों द्वारा पगड़ी का प्रयोग बहुत कम हो गया है। पुरानी शैली का कुर्ता भी बहुत कम पहना जाता है और उसका स्थान धीरे–धीरे आधुनिक शैली की कमीज लेती जा रही है। लकड़ी अथवा सींग से बने पारम्परिक कंघे गाँवों से लगभग गायब हो गए हैं और उसका स्थान संश्लिष्ट सामग्री से बने कंघों ने ले लिया है; संश्लिष्ट सामग्री (synthetic material) से बने बटन, छुटपुट आभूषण (trinkets) तथा खिलौने गाँवों में आम बात हो गए हैं।

मैसूर में पोशाक तथा अन्य आदतों में परिवर्तन के बारे में प्रोफेसर श्रीनिवास लिखते हैं: "मैसूर के ब्राह्मणों के आधुनिकीकरण ने उनके जीवन में अनेक परिवर्तन किए। उनके बाह्य रूप व पोशाक में परिवर्तन हुआ। चोटी के स्थान पर कतरे हुए बालों ने स्थान ले लिया तथा पारम्परिक पोशाक के स्थान पर, आंशिक रूप से ही सही, पाश्चात्य किस्म की पोशाक व जूते आ गए। पोशाक में परिवर्तन कर्मकांडीय शुद्धता के बारे में विचारों का क्रमिक रूप से कमजोर होने का द्योतक था। उदाहरण के लिए, पहले भोजन करते समय अथवा परोसते समय कर्मकाण्डीय रूप से शुद्ध वस्त्रों को पहनना पड़ता था। इसका अर्थ था या तो ताजा धुली सूती धोती, या रेशमी धोती और एक शुद्ध ऊपर का वस्त्र। कमीज पहनना प्रतिबंधित था, परन्तु जैसे–जैसे पाश्चात्य वस्त्र लोकप्रिय हुए, ब्राह्मणों ने कमीज़ पहन कर भोजन करना शुरू कर दिया और आजकल मेज पर भोजन करना धनवान लोगों में आम होता जा रहा है।[146] अन्य 'द्विज जातियों" में भी पोशाक में परिवर्तन इसी प्रतिमान पर भिन्न–भिन्न मात्रा में हुए हैं।

आधुनिकीकरण भोजन की आदतों तथा खाने के तरीकों तक पहुंच चुका है। जैसा कि हम जानते हैं कि खानपान के प्रतिबंध (commensal restrictions) जाति व्यवस्था की मानदण्डात्मक संरचना का आवश्यक हिस्सा है और ये शुद्धता व अशुद्धता की धारणाओं से जुड़े हुए हैं। रेलों तथा बस तथा नावों जैसी अन्य जन यातायात व्यवस्थाओं के आगमन के बाद खाने की आदतों तथा मानदण्डों में पहले समझौते किए गए। रेल डिब्बों तथा बसों में जातिगत आधार पर कोई पृथक्कीकरण (segregation) नहीं था और प्रायः इसकी सीटें चमड़े आदि की बनी होती थीं, जिसे भी अशुद्धिकारक माना जाता था। रेल स्टेशनों के पानी के नलों में वाल्व में चमड़ा लगा होता था। इन परिवर्तनों ने खाने की आदतों में शुद्धता के स्थापित मानदंडों को खतरे में डाल दिया। फिर भी उच्च जाति के लोगों ने यातायात के इन आधुनिक साधनों से यात्रा न करने के बजाय खानपान सम्बंधी नियमों की कठोरताओं के साथ समझौते कर लिए।

भोजन की आदतों में परिवर्तन लोगों को आधुनिक भोजन प्रौद्योगिकी के समीप लाता है। घी के स्थान पर वनस्पति तेल का प्रयोग हो रहा है, न केवल शहरी क्षेत्रों में बल्कि गाँवों में भी; सड़क के किनारे गाँवों में जहाँ भी बसें चलती हैं चाय की दुकानें आम बात है और सभी जातियों के लोग चाय चीनी मिट्टी के प्यालों में, गिलासों या कुल्हड़ों में पीते हैं, चाहे चाय एक निम्न जाति के व्यक्ति ने बनाई हो। प्रोफेसर श्रीनिवास मैसूर क्षेत्र के बारे में लिखते हैं "कि यात्रा की लोकप्रियता व चाय की दुकानें अब शहरियों तक सीमित नहीं हैं अपितु गाँवों तक पहुँच चुकी हैं।"[147] भोजन की अन्य नई वस्तुएं मिठाई, ठंडा पेय तथा फैक्ट्री में बनी तथा पैक की गई अन्य खाद्य वस्तुएं, गाँव के स्तर पर भी लोकप्रिय हो रही हैं। उच्च जाति के सदस्यों में माँस–खाना तथा अंडों का प्रयोग बढ़ रहा है, और उत्तरी भारतीय गाँवों में जहाँ एक दशक पूर्व मुर्गी–पालन अशुद्ध व्यवसाय के रूप में हेय दृष्टि से देखा जाता था, अब ऐसे पोल्ट्री फार्मों (मुर्गी पालन केन्द्रों) की संख्या कई गुणा बढ़ गई है। पहले उच्च जाति के लोग रेस्तरां य सार्वजनिक स्थानों पर खाने से परहेज करते थे, परन्तु अब बहुत कम लोग इन प्रतिबंधों को मानते हैं।[148]

अंग्रेजी भाषा के अनेक शब्द अब ग्रामीण जनता की रोजमर्रा की बोली का एक सावयवी हिस्सा बन गए हैं और उन तक सांस्कृतिक आधुनिकीकरण की बारीकियाँ पहुंचा रहे हैं। नागरिक प्रशासन के विस्तार ने 'कोर्ट', 'कलेक्टर', 'जज', 'बैरिस्टर', आदि शब्दों को लोकप्रिय कर दिया है। यातायात के साधनों के विस्तार ने 'रेल', 'स्टेशन', 'सिग्नल', आदि शब्दों को रोजमर्रा के प्रयोग का बना दिया है। स्वतंत्रता के बाद गाँवों के राजनैतिकीकरण ने ग्रामीणों का 'पार्टी', 'सोशियलिज़्म', 'कम्युनिज़्म', 'कोएलिशन गवर्नमेंट', 'मिनिस्ट्री', आदि शब्दों को सिखा दिया। इसी के समान, चिकित्सा सुविधाओं के प्रसार ने 'इंजेक्शन', 'मिक्सचर', 'पैनिसिलीन', आदि अभिव्यक्तियों को भी घरेलू शब्द बना दिया। अब लोग योजनाओं तथा परिवार नियोजन के बारे में भी बातें करते हैं। इस प्रकार, आधुनिकीकरण के अनेक भाषायी प्रतीक (linguistic motifs) लघु परम्परा के हिस्से बन गए हैं। इन शब्दों के अर्थों में संदर्भात्मक भिन्नताएं हो सकती हैं, परन्तु वह यह देखते हुए, कि इन शब्दों का आम जनता के लिए 'मानसिक गतिशीलता' के तत्व का महत्व है, वह कम महत्वपूर्ण है। आधुनिक प्रौद्योगिकी तथा सांस्कृतिक उपकरण भी अब भारत में लघु परम्परा का एक हिस्सा हैं। श्रीनिवास कहते हैं, शहरी क्षेत्रों में, 'नगरीय जीवन के दबाव' अपने आम लोगों को काम व निजी आदतों की नई कार्यसूचियों (schedules) को अपनाने को बाध्य करते हैं और यातायात, संचार तथा अवकाश के आधुनिक माध्यमों (media) को उपयोग में लाने के लिए अभिप्रेरित करते हैं, परन्तु व्यापार की सीमाओं,[149] यातायात, भारत में ग्रामीण स्तर पर प्रशासनिक, विकास सम्बंधी तथा राजनैतिक गतिविधियों के

विस्तार में परिवर्तनों के कारण इन आधुनिक प्रौद्योगिकीय एवं सांस्कृतिक उपकरणों ने सांस्कृतिक जीवन में भी प्रभाव डाला है। आधुनिक कृषि उपकरण, रासायनिक खाद, नल कूप (tube-wells), विद्युत, ट्रैक्टर्स तथा साइकिलें अब भारत की ग्रामीण भौतिक संस्कृति का भाग बन गए हैं। अनेक घरों में शहरों से खरीदे हुए अथवा नगरीय केंद्रों और शहरों में काम करने वाले परिवार के सदस्यों द्वारा भेंट किए हुए चीनी मिट्टी के प्याले व बर्तन, रेडियो तथा सौंदर्य प्रसाधन (cosmetic goods) मिल सकते हैं। साइकिल एक लोकप्रिय वाहन बन चुकी है तथा इसकी बढ़ती संख्या के साथ गाँवों में इसकी मरम्मत की अनेक दुकानें खुल गई हैं। नगरीय जीवन का दबाव एक ओर भारतीय ग्रामीणों को न केवल व्यापारिक जानकारी के नजदीक लाता है अपितु प्रौद्योगिक जानकारी (know-how) के भी समीप लाता है और दूसरी ओर नगरीय केन्द्रों से उनका स्थायी सम्पर्क स्थापित करता है।

लोक परम्परा (folk tradition) के सांस्कृतिक माध्यमों (cultural media) द्वारा नगरीय जीवन, समकालीन राजनीति तथा सामाजिक आर्थिक मुद्दों के प्रसंगों को प्रयोग में लेने का चलन बढ़ रहा है। अब लोकगीत (folk songs) प्रायः लोकप्रिय सिनेमा के रूपकों (metaphors), मुहावरों (idioms) तथा धुनों (tunes) का उपयोग कर रहे हैं; इनमें से कई विभिन्न जातियों तथा समूहों के मध्य समकालीन झगड़ों व तनावों को व्यंग्यात्मक तरीके से इंगित करते हैं; चुनावी प्रचार प्रायः लोक नाटकों, गीतों तथा सत्संगों के माध्यमों होता है। मैसूर में नामहल्ली में बाहरी सम्पर्क के फलस्वरूप परिवर्तनों के बारे में एलन आर. बील्स लिखते हैं कि "आधुनिक गद्य नाटक का एक स्वरूप इस काल (प्रथम विश्व युद्ध के बाद) में आम हो गया और ग्रामीणों की पोशाक तथा व्यवहार के तरीकों को प्रभावित किया है।"[150] यह माना जा सकता है कि तब से आधुनिक सांस्कृतिक प्रसंगों (themes) व विचारधाराओं के बढ़ते सम्पर्क के साथ लोक सांस्कृतिक परम्परा में अनेक और अधिक परिवर्तन हुए हैं।

हम यह पहले बता चुके हैं कि आधुनिकीकरण की वृहत् परम्पराओं के साथ संचार के इसके जाल की अंतर्क्रिया के माध्यम से आधुनिकीकरण की लघु परम्परा किस प्रकार प्रसारित होती है। लघु एवं वृहत् भारतीय परम्परा के स्थानीय केन्द्र एवं जाल कभी–कभी तो स्वतंत्र रूप से कार्य करते हैं और कभी–कभी आधुनिकीकरण की लघु एवं वृहत् परम्परा के वाहक के तौर पर कार्य करते हैं। भारत में संस्कृति–परिवर्तन की समकालीन प्रक्रियाओं में परम्परा और आधुनिकता का समागमी (syncretic) तथा पृथक् (separate) अस्तित्व दोनों को, जो अनेक को प्रायः पेचीदा लगता है, इन प्रक्रियाओं के द्वारा समझाया जा सकता है। अतः सांस्कृतिक रूप से भारत में हम तीन महत्वपूर्ण परिणाम देख सकते हैं: पारम्परिक, आधुनिक तथा परम्परागत–आधुनिक। अंतिम परिणाम सांस्कृतिक

परिवर्तन की प्रक्रियाओं में सर्वोपरि है। यह एक संक्रमणात्मक अवस्था है, जिसको फ्रैड डब्ल्यू. रिग्स परिवर्तन की 'प्रिज्मैटिक' अवस्था (prismatic stage) कहते हैं। सांस्कृतिक परम्पराओं में 'आधुनिक' तथा एक 'संक्रमणात्मक' सैक्टर का अस्तित्व अपने आप में, तथापि, आधुनिकीकरण की प्रकृति या प्रतिमान को नहीं बताता; इसका यह भी अर्थ नहीं है कि प्रत्येक देश में आधुनिकीकरण का एक जैसा स्वरूप होगा।

यह मानना तार्किक होगा कि क्योंकि पारम्परिक समाजों में आधुनिकीकरण एक संक्रमणात्मक अथवा प्रिज्मैटिक अवस्था से आगे बढ़ता है, जिसमें परम्परागत सांस्कृतिक स्वरूप आवश्यक रूप से समागमी परिवर्तनों से गुजरते हैं, संक्रमणात्मक अवस्था की समाप्ति पर आधुनिकीकरण का जो अंतिम परिणाम अंततः उभरकर आएगा, उस पर परम्परा की छाप होगी। प्रश्न उठता है कि भारतीय संस्कृति में समकालीन आधुनिकीकरण पर कहाँ तक इस प्रकार की पारम्परिक छाप है? इसकी प्रकृति व दिशा क्या है?

भारत में सांस्कृतिक आधुनिकीकरण
(Cultural Modernization in India)

परम्परा एवं आधुनिकीकरण को पद्धतिशास्त्रीय अवधारणाओं (heuristic concepts) के रूप में सूत्रबद्ध करना आसान है, परन्तु सैद्धांतिक स्तर पर अलग करना अलबत्ता मुश्किल है। जैसा कि जॉसेफ आर. ग्रासफील्ड ने कहा है, "हम आधुनिकता एवं परम्परा को किसी 'विशिष्ट' (specific) आधुनिकता से आसानी से अलग नहीं कर सकते। कुछ बयान (version) जो कि विचाराधारात्मक रूप से निदेशक (directive) का प्रकार्य करते हैं। परम्परागत समाजों में आधुनिकीकरण एक विशिष्ट संस्कृति के रूप में अपनी स्वयं की परम्पराओं के साथ आता है।"[152] परन्तु यह कभी–कभी ही समान स्वरूप में आता है अथवा कभी–कभी ही यह उस प्रत्येक समाज में समान सांस्कृतिक परिणाम उत्पन्न करता है, जिसके यह सम्पर्क में आता है। वस्तुतः एक प्रक्रिया के रूप में आधुनिकीकरण में परम्परा की तुलना में स्वरूप का लचीलापन अधिक है। इसका एक खुला विश्व–दर्शन है, जो कि विज्ञान की तरह अपनी मूल्य–संरचना तथा प्रस्थापनाओं (postulates) में निरन्तर स्व–मिथ्याकरण (self-falsification) तथा स्व–पारलौकिकीकरण (self-transcendence) से गुजरता है।

नए राज्यों में आधुनिकीकरण पर तुलनात्मक अध्ययनों ने दर्शाया है कि रूढ़धारणात्मक विश्वासों (stereotyped beliefs) के विपरीत, प्राचीन परम्पराओं को आधुनिकीकरण पूरी तरह से विस्थापित नहीं करता। इसका परिणाम स्वरूपों की वृद्धि व रूपांतरण (accretion and transmutation) में होता है। इसी प्रकार, परम्परा अनिवार्यतः आधुनिकीकरण की प्रक्रिया को धीमा नहीं करती। जैसा कि

हमने ऊपर बताया है कि इंडोनेशिया में धार्मिक नेताओं के अध्ययन के उपरान्त गियट्र्ज ने बताया कि वहाँ धार्मिक नेता आधुनिकीकरण में वाहक का काम करते हैं।[153] भारत में जाति समितियां जो कि अन्यथा परम्परा का विशिष्ट प्रतीक (typical symbols) हैं, राजनैतिक आधुनिकीकरण का उद्देश्य निभाने में इनकी बढ़ती हुई भूमिका देखी जा सकती हे। लॉयड आई. रूडोल्फ इस प्रघटना को 'परम्परा की आधुनिकता,'[154] (modernity of tradition) कहते हैं और एडवर्ड शिल्स के साथ निष्कर्ष निकालते हैं कि "भारतीय चरित्र व समाज में आधुनिकता प्रविष्ट कर गई है, परन्तु उसने ऐसा विस्थापन न करके (assimilation) के माध्यम से किया है।"[155] भारतीय सामाजिक प्रक्रियाओं में अन्य अध्ययन इस बात का प्रमाण देते हैं कि संयुक्त परिवार, नातेदारी आधारित उद्यमिता प्रकार्य जैसी पारम्परिक संस्थाएं आधुनिक मूल्यों तथा सामाजिक क्रिया के स्वरूपों के साथ सह–अस्तित्व में हैं तथा इन्हें समर्थन भी देती हैं।[156] यातायात तथा संचार के आधुनिक साधनों की प्रगति द्वारा न केवल आधुनिकीकरण का सांस्कृतिक प्रसार बढ़ा है अपितु परम्परायीकरण भी बढ़ा है।

आधुनिकीकरण के संस्थात्मक क्षेत्रों में ये प्रक्रियाएं भारत में इस प्रघटना की ऐतिहासिक वृद्धि से भी मेल खाती हैं। जैसी कि हम ऊपर चर्चा कर चुके हैं, ऐतिहासिक रूप से राष्ट्रवादी आंदोलन का उदय, जो कि बाद में राजनैतिक, सांस्कृतिक एवं आर्थिक आधुनिकीकरण हेतु आंदोलन में परिवर्तित हो गया, स्वयं अपने आप में भारत की विगत परम्परा की चेतना से वंचित नहीं था। नया नेतृत्व, जो अब उभर रहा है, राष्ट्रीय अस्मिता के प्रति अधिक जागरूक है तथा भारत की परम्परागत संस्कृति पर गर्व करता है। परिणामस्वरूप, यह मानना उचित होगा कि जैसे–जैसे सांस्कृतिक आधुनिकीकरण की शक्तियाँ विकसित होंगी, उनके साथ–साथ राष्ट्रीय अस्मिता की भावना तथा राष्ट्र की विगत परम्परा के साथ तादात्म्य (identification) भी बढ़ेगा। इस प्रक्रिया के अंतर्गत सांस्कृतिक आधुनिकीकरण एक समागमी स्वरूप (syncretic forms) ग्रहण कर लेता है तथा परम्परागत मूल्यों के साथ निरन्तर स्थायी बना रहता है। भारत में आधुनिकता परम्परा को कभी भी पूर्णतया विस्थापित (supplant) नहीं कर पाएगी।

टिप्पणियां तथा संदर्भ
(Notes and References)

1. Cf. Louis Dumont, "The Modern Conception of the Individual", *Contributions to Indian Sociology,* No. VIII, (October, 1965), pp. 13-61.
2. देखिए, Max Weber, *The Protestant Ethic and the Spiit of Capitalism,* translated by Talcott Parsons (New York: Charles Scribner's Sons, 1958); Alexis De Tocqueville, *Democracy in America* (New York: Vintage Books, 1954); KARL Mannheim, *Man and Society in an Age of Reconstruction* (New York: Harcourt, Brace and Company, 1940); पारम्परिक समाजों में सोपानक्रम की धारणा के विपरीत मानहाइम की "मूलभूत लोकतांत्रीकरण" की अवधारणा का संदर्भ विशेष रूप में देखा जा सकता है।
3. इस बिन्दु पर परसिवल स्पीयर लिखते हैं: "सत्रहवीं शताब्दी के बाद यूरोपीय चिन्तन के महान आन्दोलन से अभिमत का एक एक नया माहौल जन्मा। पुनर्जागरण, नये जगत की खोज, सत्रहवीं शताब्दी के अन्तिम दौर में वैज्ञानिक क्रान्ति के प्रभाव के कारण शास्त्रीय जगत के प्रति प्राचीन आदर का स्थान एक नए विश्वास ने ले लिया। ....औद्योगिक क्रान्ति जो कि व्यावहारिक विज्ञान की संतान थी, तथा अप्रत्याशित समृद्धि की जनक थी, उसने इस प्रक्रिया को वैसे ही आगे बढ़ाया जैसे कि अंतरिक्ष रॉकेट की दूसरी अवस्था, रॉकेट को आगे बढ़ाती है। अतीत के लिए पुराने आदर का स्थान वर्तमान पर महान गर्व तथा भविष्य में असीमित विश्वास ने ले लिया। इस नई भावना का प्रतीक कॉन्डोरसेट का लेख Eassy on the Progress of the Human Spirit, था, जिसे कि 1794 में फाँसी के तख्ते की छाया तले लिखा गया था। इस बौद्धिक वायु का सेवन कर रहे मस्तिष्कों ने अब अपना ध्यान भारत की ओर मोड़ा।" देखिए, Percival Spear, *India: A Modern History* (Ann Arbor: The University of Michigan Press, 1961), p. 255.
4. देखिए, Arnold J. Toynbee, *A Study of History* (London: Oxford University Press), Vol., I. सभ्यता के सिद्धांत में सांस्कृतिक स्व–समूह केन्द्रीयता (cultural ethnocentrism) के लिए विभिन्न विचारधारात्मक औचित्यों की चर्चा हेतु, यह स्व–समूह–केन्द्रीयता औद्योगिक क्रान्ति के द्वारा जनित अत्यधिक आशावादी विश्व–दर्शन के कारण पैदा हुई।
5. L.S.S. O'Malley, "The Impact of European Civilization", *Modern India and the West: A Study of the Interaction of their Civilizations,* ed. L.S.S. O'Malley (London: Oxford University Press 1941), p. 45.
6. For details *see*, Percival Spear, *India: A Modern History,* op. cit., pp. 215-224.

7. M.N. Srinivas, *Social Change in Modern India,* op. cit., p. 53.

8. Max Weber, Supra, pp. 13-31.

9. M.N. Srinivas पश्चिमीकरण में विभिन्न अवस्थाओं की सम्भावना बताते हैं। वे कहते हैं, "मैं सोचता हूँ कि 'पश्चिमीकरण' के साथ उपसर्ग "प्राथमिक", द्वैतीयक", अथवा "तृतीयक" को जोड़ना आवश्यक हो जाएगा; द्वैतीयक व तृतीयक पश्चिमीकरण के विपरीत, प्राथमिक पश्चिमीकरण में सम्बन्ध सरल व प्रत्यक्ष हैं।" उनकी पुस्तक देखिए– *Social Change in Modern India,* Supra, p. 56.

10. B.B. Misra, Supra, p. 104.

11. Ibid., pp. 76-77.

12. Ibid., p. 76.

13. Ibid., p. 76.

14. Ibid., p. 106.

15. Spear, *India,* p. 299.

16. H. Woodrow, *Macaulay's Minutes on Education in India* (1862), p. 2; quoted in Misra, op. cit., p. 160.

17. Joseph Mullens, *Ten Years of Missionary Labour in India,*p. 138, quoted in Misra, op. cit., p. 160.

18. Spear, *India,* op. cit., p. 292.

19. Misra, op. cit., p. 154.

20. देखिए, Nirad C. Chaudhari, *The Autobiography of an Unknown Indian* (London: Macmillan & Co. Ltd., 1951).

21. J.C. Ghosh, "Bengali", ed. O'Malley op. cit., pp. 487-490.

22. O'malley, op. cit., Ch. XIV, pp. 484-534.

23. Miss Collet, *Life and Letters of Ram Mohan Roy*, 1911 quoted in K.C. Vyas, *The Social Renaissance in India* (Bombay: Vora & Co., Publisher Private Ltd., 1957), p.29.

24. Ram Mohan Roy, quoted in O'Malley, op. cit., p. 485.

25. Ram Mohan Roy, quoted, K.C. Vyas, op. cit., p. 19.

26. Charles H. Heimsath लिखते हैं: राममोहन रॉय की भांति केशव चन्द्र सेन मानते थे कि ईसाई सभ्यता के साथ भारत का सम्पर्क नैतिक पुनरुद्धार का सबसे सुनिश्चित साधन है। सेन के अनुसार, उस सम्पर्क की अभिकरण, अंग्रेजी राज, को "धार्मिक इतिहास का" अध्याय माना जाए। वह पुस्तक अंग्रेजी राष्ट्र के संरक्षक

राज में, जो पाश्चात्य विज्ञान की सहायता से हमारे महान देश का नैतिक, सामाजिक तथा धार्मिक उत्थान, की व्याख्या करती है, वह वस्तुतः पवित्र पुस्तक है। ..... इस बात से कौन नकार सकता है कि इस गिरे हुए देश को राष्ट्रों के पैमाने में ऊपर उठाने के लिए विधाता के विधान के अनुसार विक्टोरिया एक माध्यम है ......(अपने भाषणों में से किसी एक में सेन ने यह कहा था)।" देखिए, Heimsath, *Indian Nationalism and Hindu Social Reform* (Princeton, New Jersey: Princeton University Press, 1964), p. 21.

27. J.C. Ghosh, ed., O'Malley, op. cit., p. 491.
28. Heimsath, op. cit., pp. 12-13.
29. O'Malley, op. cit., p. 66.
30. Ibid., p. 67.
31. पाश्चात्य संस्कृति के प्रति पारसियों का अत्यधिक उत्साह बम्बई के एक पारसी, फारमजी बोमाजी ने 1863 में लिखे लेख से प्रतिबिम्बित होता है। "हमें, अपनी पत्नियों व पुत्रियों के लिए अंग्रेजी भाषा, अंग्रेजी शिष्टाचार, तथा अंग्रेजी व्यवहार चाहिए। जब तक वह नहीं प्राप्त हो जाता, तब तक अंग्रेजों व भारतीयों के बीच वर्तमान खाई हमेशा इतनी चौड़ी ही रहनी चाहिए।" Quoted in Heimsath, op.cit., p. 14.
32. Shanti S. Tangri, "Intellectuals and Society in Nineteenth Century India", *Comparative Studies in Society and History,* Vol. 3, 1960-61, p. 375.
33. O' Malley, op. cit., p. 69.
34. इस संस्था का रोचक वृत्तांत एक ऐतिहासिक उपन्यास में पाया जा सकता है, *The Deceivers* by John Masters
35. O' Malley, op. cit., pp. 54-56.
36. Ibid., p. 59.
37. Spear, *India*, p. 292.
38. O' Malley, op. cit., pp. 79-80.
39. Emile Durkheim, *The Division of Labour in Society* (Illinois: Free Press, 1947), p. 64.
40. Ibid., p. 65.
41. Bernard S. Cohn स्थानीय विधि–रीतियों" तथा "वकील के कानून" (Lawyer's law) में भेद करते हैं। इनमें से प्रथम प्रथाओं पर आधारित है तथा दूसरा औपचारिक कानूनी संहिताओं से व्युत्पन्न है। हम यह सकते हैं कि स्थानीय विधि–रीतियां अथवा प्रथाएं तथा वकील के कानून, कानूनी मानदण्डों की लघु एवं

वृहत् परम्पराएं हैं। कोहन के भेद के लिए उसका निम्न लेख देखिए– "Anthropology Notes on Disputes and Law in India", *American Anthropology,* Vol., 67, No. 6 (December 1965) pp. 82-122.

42. B.S. Cohn, "From Indian status to British contract", *Journal of Economic History* 21: 613-618.

43. Basham op. cit., 1-120.

44. Ibid., p. 121.

45. J. Duncan M. Derett लिखते हैं: "ऐसा प्रतीत होता है कि जब स्मृतियाँ संकलित की जा रही थीं, उस समय कुछ प्रयास किए गए ताकि आर्य परम्परा के मध्य व्यवस्थापन किया जा सके, जो कि शास्त्रों का मूल केन्द्र था, जैसा कि वैदिक व पहले के स्मृति ग्रन्थों में दिया गया था तथा बचे हुए अनार्यों के रीति–रिवाजों में दिया गया था जिन अनार्यों ने 'रूढ़िवादी' मत स्वीकार लिया था और जाति वाले हिन्दुओं के तौर पर स्वीकृत हो गए थे। इस हद तक मूलभूत शास्त्रीय सत्तासीन ग्रन्थों में इन तत्वों को शामिल किया गया था जो कि पारम्परिक आर्य जीवन शैली के साथ असंगत था और ऐसा प्रतीत होता है अन्ततः उन्हें निष्कासित कर दिया गया अथवा वे अप्रासंगिक हो गए जैसे शास्त्रों के प्रधान मत ही सर्वोपरि रहे, तथा शास्त्रहीन व अ–शास्त्रीय प्रथाओं में भेद सामने आए। ऐसे कुछ वर्ग थे जिनको शास्त्र न्यायिक संरक्षण (छतरी) प्रदान करते थे; अन्य शास्त्रों के विचार के बाहर थे, सिवाय प्रक्रियात्मक अथवा समान उद्देश्यों के। कालान्तर में (यद्यपि अभी भी प्रागैतिहासिक रूप से) अनार्य जातियां कर्मकांडीय व अन्य प्रकार से आंशिक रूप से आर्यीकृत हो गई। अतः इस छतरी को बड़ा करना आवश्यक हो गया। इसकी एकमात्र पद्धति स्मृतियों की व्याख्या को टीकाकारों, सारांश संकलकों, तथा व्यापक शोध प्रबन्धों के लेखकों की क्रमिक पीढ़ियों द्वारा निर्वाचित करने की थी।" देखिए, Derrett "The History of the Juridical Framework of the Joint Hindu Family", *Contributions to Indian Sociology,* No. VI, op. cit., pp. 20-21.

46. Sir Benjamin Lindsay, "Law", ed. O'Malley, op. cit., p. 619.

47. O'Malley, op. cit., p. 30.

48. Ibid., p. 32.

49. Ibid., p. 31-43.

50. Percival Spear. *A History of India* (Middlesex: Penguin Books Ltd., 1965), Vol. 2, p. 98.

51. Tilak, quoted in Heimsath, op. cit., p., 174.

52. Ibid., p. 153.

53. Ibid., p. 153 (foot note).

54. देखिए, *Social Legislation,* Government of India Publication, 1955.

55. B.S. Cohn, "Anthropology Notes ......", op. cit., p. 105.

56. अंग्रेजों द्वारा लागू किए कानूनी सुधारों को उच्च जातियों ने पसंद नहीं किया, क्योंकि ये सुधार सभी मनुष्यों को उनके जन्म, जाति अथवा सम्पत्ति का ध्यान किए बिना कानून के सामने समान मानते थे। यह असंतोष तथा यह तथ्य भी कि नए विधानों का लाभ निम्न जातियाँ ले रही थीं, एक उच्च जाति के व्यक्ति के निम्न कथन से उजागर होता है (सन् 1866–67 में) जैसा कि Bishop Thobourn ने उद्धृत किया है: उसने कहा कि, "हमारे राजाओं के जमाने में यदि कोई ऐसा व्यक्ति न्यायालय जाने की हिम्मत करता था जिसकी प्रतिष्ठा सुस्थापित नहीं थी और मुझ जैसे प्रतिष्ठित व्यक्ति के विरुद्ध शिकायत करता था और उसका आरोप सत्य सिद्ध नहीं होता था, तो उसे भली–भांति पता था कि उसके दोनों कान काट दिए जाएंगे तथा उसे न्यायालय से बाहर निकाल दिया जाएगा; परन्तु अब देखिए यह क्या हो रहा है। कोई भी निम्न जाति का व्यक्ति न केवल अंग्रेजी न्यायालय में जा सकता है तथा न केवल मेरे खिलाफ शिकायत दर्ज करा सकता है, अपितु मुझे खुले न्यायालय में उसके आमने–सामने आने के लिए और उसके प्रश्नों के उत्तर देने के लिए बाध्य कर सकता है जैसे कि मैं बिना किसी हैसियत का आम आदमी हूँ। हमें इसके खिलाफ शिकायत है। कोई सम्मान, उचित का अर्थ व न्याय नहीं रह गया है। इसे आप न्याय और निष्पक्षता कहते हैं, वास्तव में यह गलत तथा उत्पीड़न है।" Bishop J.M. Thobourn, *India and Malaysia* (Cincinnati, 1893), p. 69., quoted in O'Malley, op. cit., p. 632.

57. O'MALLEY, op. cit., p. 59.

58. B.S. Cohn "Anthropological Notes ....", op. cit., p. 108.

59. Ibid, p. 106.

60. O'Malley लिखते हैं: "समूहवाद की आधारशिलाओं को भू–राजस्व प्रशासन व्यवस्था ने और अधिक कमजोर कर दिया जिस पर ग्राम समुदाय टिका हुआ था। इस प्रशासन व्यवस्था ने काफी हद तक सामुदायिक उत्तरदायित्व को व्यक्ति से विस्थापित कर दिया, दूसरे शब्दों में निजी भू–स्वामित्व का आकलन पृथक् रूप से होता था, प्रत्येक परिवार को कितने अनुपात का भुगतान करना है इसे ग्रामीण स्वयं निर्धारित करते थे। एक पूरक कारक (subsidiary factor) भूमि के निजी स्वामित्व के अधिकारों की मान्यता है।" देखिए, O'Malley, op. cit., p., 85.

61. Ibid, p. 630.

62. Weber, op. cit., p. 57-58.

63. शिक्षण नीति में "छनन सिद्धांत" (filtration theory) इस मान्यता पर आधारित है कि प्रशिक्षण संस्थाएँ केवल शहरी क्षेत्रों में स्थापित की जा सकती हैं, जहाँ समय

के साथ–साथ शिक्षा स्वतः गाँवों की ओर प्रसारित हो जाएगी। इस विचार के फलस्वरूप शैक्षणिक विकिरण के केन्द्र के तौर पर प्रत्येक जिला मुख्यालय पर एक हाई स्कूल की स्थापना हुई।

64. Misra, op. cit. pp. 302-305.

65. Ibid, p. 305.

65 (a) Harold R. Issacs, *India's Ex-Untouchables,* (New York: John Day Company, 1964), p. 79.

66. Tangri, op. cit. pp. 372-73.

67. Edward Shils, op. cit., p. 60.

68. Misra, op. cit., p. 294.

69. Ibid, p. 295.

70. Daniel Lerner, ने साक्षरता, मीडिया सहभागिता तथा सांस्कृतिक आधुनिकीकरण के मध्य एक घनिष्ठ सहसम्बन्ध की प्रस्थापना की है। उनकी निम्न पुस्तक देखिए, *The Passing of Traditional Society,* op. cit.

71. *Report of the Education Commission* 1964-66: *Educational and National Development* (Delhi: The Manager of Publications, Government of India Press, 1966), p. 298.

72. Ibid, p. 399.

73. Ibid., p. 401.

74. उन अध्ययनों को उद्धृत किया जा सकता है जो इस तथ्य को बताते हैं: V.K.R.V. Rao, *University Education and Employment (A Case Study of Delhi Graduates)*, (Bombay: Asia Publishing House, 1961); Baljit Singh, *Urban Middle Class Climbers,* (Lucknow: J.K. Institute of Sociology and Human Relations, 1958); P.C. Joshi & M.R. Rao, "Social and Economic Factors in Literacy and Education in Rural Areas", *Economic Weekly,* (Bombay: January 4, 1964), pp. 21-27; Leslie Palmer, "Educational System of Southern Asia and Social Stratification" paper presented at the Seminar on Sociology of Education in India, Tata Institute of Social Sciences, Bombay, 1966.

75. *Statistical Year Book* 1963 (Paris: Unesco, 1964), pp. 39-58.

76. *Report of the Educational Commission,* op. cit., p. 466.

77. Unesco *Statistical Year Book,* op. cit., pp. 282-295.

78. *See*, Margaret Cormack, *She Who Rides A Peacock,* (Bombay: Asia Publishing House, 1960), pp. 225-236; B.V. Shah, *Social Change and*

College Students of Gujrat (Baroda: The Maharaja Sayajrao University, 1964), Ch. IX; Y.B. Damle, *"College Youth in Poona"* (Poona: 1966), pp. 193-214; Yogendra Singh, "Cultural Integration and Changing Values (A Study of Value System of Educated Youth)", *Sociological Bulletin,* Vol. XIII, September 1964.

79. Report of the Education Commission, op. cit.

79 (a) *See*, P.A. Sorokin, & C.C. Zimmerman, *Principles of Rural-Urban Sociology* (New York: Henry Holt, 1929); Robert Redfield, *The Folk Culture of Yucatan* (Chicago: University of Chicago Press, 1941).

80. Ferdinand Tonnies, *Gemeinschaft and Gesellschaft* (listed., 1887) tr. and ed. by C.P. Loomis as *Fundamental Concepts of Sociology* (New York: American Book Company, 1940).

81. Durkheim, op. cit.

82. Howard P. Becker, *Through Values to Social Interpretation,* Greenwood, 1968.

83. टॉनीज़, वेबर, दुर्खीम, इत्यादि जैसे शास्त्रीय समाजशास्त्रियों की कृतियों में कोई भी रूढ़िवादिता के तत्वों को उदारवाद अथवा आमूल क्रांतिवाद (radicalism) के भी मूल्यों के साथ–साथ विद्यमान देखा जा सकता है। उदाहरण के लिए, अपने लेख *The Protestant Ethic and The Spirit of Capitalism* के निष्कर्ष वाले भाग में वेबर पूंजीवाद को इस तरह से देखते हैं– एक ऐसी संस्था जो संदेह की भावना सहित तर्कवाद तथा आधुनिकता के मूल्यों का आदर्श नमूना है। उनके शब्द हैं: "कोई नहीं जानता कि इस पिंजरे में भविष्य में कौन रहेगा, अथवा इस भीषण विकास के अंत में नितान्त नए पैगम्बर उदित होंगे, अथवा पुराने विचारों तथा आदर्शों का महान् पुनर्जन्म होगा, या कुछ नहीं होगा, यांत्रिक अश्मीकरण [पथराना (petrification)] जो कि एक प्रकार की आलोड़नकारी स्व–महत्ता से अलंकृत होगा। इस सांस्कृतिक विकास की अंतिम अवस्था के लिए यह सच कहा जा सकता है कि बिना भावना के विशेषज्ञ, हृदयहीन भोगवादी; यह शून्यता कल्पना करती है कि इसने सभ्यता का वह स्तर प्राप्त कर लिया है जिसे पहले कभी अर्जित नहीं किया जा सका। *See*, Weber, op.cit., p.182. समाजशास्त्रियों के चिन्तन में इस प्रकार के विचारों पर सामान्य चर्चा के लिए– देखिए, Robert A. Nisbet, *The Sociological Tradition* (New York: Basic Books, Inc., 1966) Part One, pp. 3-44.

84. *See*, P.V. Kane, *History of Dharmasastra,* Vol. III, pp. 178—183.

85. David F. Pocock, "Sociologies: Urban and Rural", *Contributions to Indian Sociology,* No. IV, April, 1960, p. 66.

86. देखिए, Gideon Sjoberg, *Preindustrial Cities* (New York: The Free Press of Glencoe, 1960).

87. Richard D. Lambert, "Some Impact of Urban Society upon Village", *India's Urban Future,* ed. Roy Turner (Berkeley: University of California Press, 1962), p. 117.

88. Ibid., p. 118.

89. Cf. K.M. Kapadia, "Rural Family Patterns", *Sociological Bulletin,* (Bombay), V, September 1956, pp. 111-126.

90. Cf. A. Bopegamage, "Neighbourhood Relations in Indian Cities .....Delhi", *Sociological Bulletin,* Vol. VI, No. 1 (March, 1957), pp. 34-42. Also *See* R.L. Singh, *Banaras......A Study in Urban Geography* (Banaras: Nand Kishore & Brothers, 1955).

91. D.R. Mishra, *Report on Socio-Economic Survey of Jamshedpur City* (Patna: Patna University Press, 1959), pp. 10-26.

91. a) Lambert, op. cit., p. 136.

92. P.N. Prabhu, "Social Effects of Urbanization on Industrial Workers in Bombay", *Sociological Bulletin,* Vol. V, No. 1 (March 1956), p. 29.

93. Lambert, op.cit.

94. R.L. Singh, op. cit.

95. Gertrude Woodruff दक्षिण भारत में परिया के बारे में ये लिखते हैं: "शहर जाना जिज्ञासावश नहीं होता जितना कि जीने की एक वैकल्पिक शैली के कारण होता है। प्रवास को हेयदृष्टि से नहीं देखा जाता, और केवल असफल परिवार ही शहर की ओर प्रस्थान नहीं करते। परिया की बातचीत में "दुनिया देखने के लिए" मुहावरा आम है। इसे प्रत्येक पुरुष का स्वाभाविक अधिकार माना जाता है और कुछ कम हद तक महिलाओं का भी। विशेषतया, बैंगलोर की निरन्तर चर्चा होती रहती है और उसकी काफी विस्तृत जानकारी भी है ......उद्यान एवं पार्क तथा चमकीली रात की रोशनियों में एक रूमानी आभा है, परन्तु यथार्थ रूमानियत में सुधार करता है। एक युवा पुरुष ने वहाँ से लौटकर अपनी बहन को कहा, "मैंनें तुम्हारा बैंगलोर देख लिया–यह कुछ भी नहीं है, बल्कि बहते मल की नदी है।" "चेरी में शायद ही ऐसा कोई लड़का हो जो बस व रेल के टाइम टेबल, व्यय, तथा अनेक रिश्तेदारों के पते व कार्य स्थलों को न जानता हो। एक दूसरे के यहाँ आना–जाना, पोस्टकार्ड बहुधा आते रहते हैं। गर्म मौसम में कुछ ग्रामीण व्यक्ति शहर की बेहतर जलवायु का आनन्द लेने के लिए नियमित रूप से बैंगलोर जाते हैं।" देखिए, Gertrude Woodruff, An Adidravida Settlement in Banglore....

India" (Doctoral dissertation, Radcliffe College, 1959), p. 78; quoted in Lambert, op. cit., p. 132.

96. Lambert, op. cit., p. 132; also see, P.N. Prabhu, "Bombay: A Study on the Social Effects of Urbanization on Industrial Workers Migrating from Rural Areas to the City of Bombay", *The Social Implications of Industrialization and Urbanization: Five Studies in Asia* (Calcutta: Unesco Centre on the Social Implications of Industrialization in Southern Asia, 1956).

97. Bert F. Hoselitz, "The Role of Urbanization in Economic Development: Some International Comparisions", ed. Roy Turner, op. cit., p. 178.

98. Bert F. Hoselitz लिखते हैं: "नगरीय वृद्धि की प्रवृत्तियाँ (लैटिन अमेरिका में) भारत के समान हैं। वस्तुतः, वहाँ नगर व कस्बे और भी तेजी से विकसित हुए हैं। उदाहरण के लिए, वेनेजुएला में 1891 में 20,000 की आबादी से अधिक वाले स्थानों का प्रतिशत देश की कुल जनसंख्या का 5.3% था। और यह अनुपात 1951 तक बढ़कर 31.3% हो गया। इसी प्रकार की प्रवृत्तियाँ मेक्सिको, चिली, प्यूर्टोरिको व पनामा में देखी गई हैं। लैटिन अमेरिका में भी बड़े शहर अधिक तेजी से विकसित हुए हैं।" देखिए, Hoselitz, op. cit., p. 177.

99. Cf. Oscar Lewis, "Urbanization without Breakdown: A Case Study", *Scientific Monthly*, LXXV, No. 1 (July, 1952), pp. 31-41.

100. Cf. D.R. Gadgil, *Poona: A Socio-Economic Survey* (Poona, 1909), Part II.

101. Milton Singer, "Great Tradition in a Metropolitan Centre: Madras" op. cit., pp. 141-182.

102. Kingsley Davis, "Urbanization in India: Past and Future", ed. Roy Turner, op. cit., p.7.

103. George Rosen, op. cit., p. 15.

104. Davis, op. cit., p. 12.

105. किंग्स्ले डेविस के विचारों के विपरीत, बर्ट एफ. हॉजलिट्स महसूस करते हैं कि भारतीय प्रतिमान के लिए नगरीकरण का उचित मॉडल अमेरिकी न होकर यूरोपीय है। देखिए, Hoselitz, op. cit., pp. 159-160.

106. Kingsley Davis, op. cit., pp. 10-11.

107. Kingsley Davis, *The Population of India and Pakistan* (Princeton, New Jersey: Princeton University Press, 1951), pp. 127-128.

108. Y.B. Damle, *Communication of Modern Ideas and Knowledge in Indian Village* (Cambridge, Mass: Massachusetts Institute of Technology, 1955).

109. Lambert, op. cit., p. 137.
110. देखिए, M.N. Srinivas, "Industrialization and Urbanization of Rural Areas", *Sociological Bulletin,* Vol. V (September, 1956); D.N. Majumdar, *Caste and Communication in an Indian Village,* op. cit.; Bailey, *Caste and the Economic Frontier,* op. cit.
111. Cf. Bert F. Hoselitz, *Sociological Aspects of Economic Growth* (Glencoe, Illinois, 1960).
112. Cf. S. Tangri, "Urbanization, Political Stability and Economic Growth", ed. Roy Turner, op. cit., p. 192-212. इस सामान्य मान्यता के विपरीत कि नगरीकरण के कारण आर्थिक वृद्धि होती है, टांगरी का विचार है "नगरीकरण आर्थिक वृद्धि के लिए न तो आवश्यक दशा है और न पर्याप्त दशा है। तथापि, कुछ निश्चित दशाओं के अन्तर्गत, तथा कुछ हद तक यह विकास के लिए इच्छित दशा हो सकती है, जबकि अन्य दशाओं के अन्तर्गत, अथवा एक हद के बाहर, यह वृद्धि को धीमा करने वाला कारण हो सकता है। समकालीन भारत में नगरीकरण की प्रक्रिया, विशालता व प्रकृति दोनों में, वृद्धि को बढ़ाने के बजाय धीमा करने का कारक प्रतीत होती है।" (Tangri, op.cit., p. 192).
113. Cf. Ronald Segal, op. cit., p. 174.
114. Chester Bowles, *New York Times,* September 16, 1967.
115. George Rosen, op. cit., p. 191.
116. Kingsley Davis, *Population of India and Pakistan,* op. cit., p.213.
117. Cf. Max Weber, *Sociology of Religion* (Beacon Press, 1963); Also, Max Weber, *The Religion of India,* tr. H.H. Gerth and Don Martindale (The Free Press, Glencoe, 1958).
118. किंग्सले डेविस अंग्रेजों द्वारा भारत के औपनिवेशिक प्रशासन संबंधी उन विभिन्न कारकों का संक्षिप्तीकरण करते हैं जो औद्योगीकरण हेतु अनुकूल नहीं थे। इसके लिए उनके द्वारा उत्तरदायी बताए गए कारणों में से निम्न हैं: (1) "भारत का शासन करने वाले उस प्रकार के नहीं थे, यदि वे भारतीय उद्योग को विकसित करने के लिए अभिप्रेरित भी होते तो; (2) इंग्लैण्ड व भारत में शुल्क नीति अंग्रेजी आर्थिक हितों की सशक्त मांगों से मान्य रूप से प्रभावित थी; (3) (यातायात) व्यवस्था का संगठन तथा दर संरचना (rate structure) आंतरिक कस्बों तथा देश के समरूप सामान्य औद्योगिक विकास के हितों के स्थान पर अनुचित रूप से बंदरगाह कस्बों व विदेश व्यापार को लाभ पहुंचाती थी; (4) दीर्घ–कालिक राष्ट्रीय हितों को बढ़ाने के उद्देश्य से (भारतीय) सरकार ने प्राकृतिक संसाधनों का शोषण

एवं निर्देशन नहीं किया; (5) न (भारतीय) सरकार ने कच्चे माल के देशी उत्पादकों को कच्चे माल के उपयोग में लाने वाले विदेशी उत्पादकों के विरुद्ध अधिक समर्थन दिया; (6) ठेके अंग्रेजी प्रतिष्ठानों को दिए गए (स्टोर की खरीद के .....सेना के लिए उपकरण, नागरिक सुविधाओं के लिए सामग्री, चिकित्सालयों के लिए आपूर्ति, रेलों के लिए पटरियाँ तथा डिब्बे व इंजन, आदि) जबकि भारतीय प्रतिष्ठान माल की आपूर्ति कर सकते थे, तथा (7) भारत में अंग्रेजी सरकार ने अंग्रेजी आर्थिक हितों के साथ सांठ–गांठ करके, भारत के दस्तकारी उद्योग को नष्ट कर दिया, और इस तरह अनगिनत हजारों दस्तकारों को निर्धन बना दिया और उन्हें खेती करने पर मजबूर कर दिया। भारत में कृषि की स्थिति पहले से ही भीड़ भरी हुई थी। Kingsley Davis, *Population of India and Pakistan,* op. cit., p. 217.

119. Cf. M.N. Srinivas, "India's Cultural Values and Economic Development: A Discussion", *Introduction to the Civilization of India (Developing India),* ed. Myron Weiner (Chicago: The University of Chicago Press, 1961) Vol. II p. 123. ये भी देखिए, D.G. Karve, *Introduction to the Civilization of India,* op. cit., pp. 123-126; Louis Dumont, Contributions to Indian Sociolgy, No. VIII, op.cit. p. 25.

120. देखिए, Milton Singer, "Cultural Values in India's Economic Development", *Introduction to the Civilization of India,* op. cit., pp. 107-117. M.N. Srinivas, ibid, pp. 120-123. S.C. Dube, "Cultural Problems in the Economic Development of India", *Religion and Progress in Modern Asia,* ed. R.N. Bellah (New York: The Free Press, 1965), pp. 43-45.

121. Cf. Kusum Nair, *Blossoms in the Dust: The Human Element in Indian Development* (London: Gerald Duckworth & Co. Ltd., 1961).

122. Milton Singer, ed. Myron Weiner, op. cit., pp. 107-108.

123. Myron Weiner, *The Politics of Scarcity* (Chicago: The University of Chicago Press, 1962).

124. O'Malley, op. cit., p. 223.

125. W.C. Wordsworth, "The Press", ed. O'Malley, op. cit., p. 188.

126. Ibid. p. 188.

127. Ibid., p. 191.

128. Ibid., p. 191.

129. J.R. Cunningham, "Education", ed. O'Malley, op. cit., p. 180.

130. *The Indiagram* (Indian High Commissiono, Ottawa), August 10, 1967.

131. O'Malley, op. cit., p. 236.

132. Reinhard Bendix, op. cit., p. 260.

133. Cf. M.N. Srinivas, "Caste in India of Tomorrow", *Caste in Modern India,* op. cit., p. 74; Gusfield Joseph R., "Tradition and Modernity: Misplaced Polarities in the Study of Social Change", *American Journal of Sociology,* Vol. 72, No. 4, (January, 1967), pp. 351-362; Cladue E. Welch, JR., "The Comparative Study of Political Modernization", *Political Modernization,* ed. Clause E. Welch (Belmont, California: Wadsworth Publishing Company, Inc. 1967) pp. 9-10.

134. Lucian W. Pye, *Aspects of Political Development* (Boston: Little Brown, 1965), p.8.

135. W.H. Morris-Jones, *Parliament in India* (Philadelphia, 1957), p. 37.

136. Bendix, op. cit., Ch. 3., p. 55.

137. Ibid., p. 55.

138. David E. Apter, "Political Religion in the New Nations", *Old Societies and New States,* ed. Clifford Geertz (London: The Free Press, 1963). p. 59.

139. देखिए, Srinivas, *Social Change in Modern India*, op. cit., p. 119.

140. *Reports and Proceedings of the Second Indian National Congress,* quoted in Donald E. Smith, op. cit., p. 88.

141. Ibid., p. 41.

142. Ibid., p. 73.

143. Ibid., p. 499-500.

144. देखिए, M.N. Srinivas, "Caste in India of Tomorrow", op. cit.; Lloyd I. Rudolph and Susanne Hoeber Rudolph, "The Political Role of India's Caste Association", ed. Welch, op. cit., pp. 126-145; Selig Harrison, op. cit.; Myron Weiner, *The Politics of Scarcity,* op. cit. etc.

145. देखिए, Norman D. Palmer, *The Indian Political System* (Boston: Houghton Mifflin Co., 1961); Morris-Jones, op. cit.; David Apter, op. cit.; Bendix, op. cit.

146. Srinivas, "A Note on Sanskritization and Westernization", op. cit. p. 53.

147. Srinivas, *Social Change,* op. cit. p. 112.

148. Ibid., p. 123.

149. F.G. Bailey, *Caste and the Economic Frontier* (Manchester: Manchester University Press, 1957), p. 231.

150. Alan R. Beals, "Interplay Among Factors of Change in a Mysore Village", ed. McKim Marriott, op. cit., p. 90.

151. Fred W. Riggs, *Administration in Developing Countries: The Theory of Prismatic Society* (Boston: Houghton Mifflin Company, 1964), pp. 28-30.

152. Gusfield; op. cit., p. 361.

153. Cf. Clifford Geertz, "Social Change and Economic Modernization in Two Indonesian Towns: A Case in Point", *On the Theory of Social Change,* ed. Everett E. Hagen (Illinois: The Dorsey Press, Inc., 1962), pp. 385-407.

154. Lloyd I. Rudolph, "The Modernity of Tradition: The Democratic Incarnation of Caste in India", *American Political Science Review,* Vol. LIX, No. 4, (December, 1965), pp. 975-989.

155. Ibid., p. 983.

156. देखिए, Richard D. Lambert, ed. Roy Turner, op. cit.; Richard D. Lambert, *Workers, Factories, and Social Change in India,* op. cit., pp. 214-224; James Berna, "Patterns of Entrepreneurship in South India", *Economic Development and Cultural Change,* Vol. VII (April, 1959), 343-362; William Goode, "Industrialization and Family Change", *Industrialization Society,* ed. Hoselitz and Moore (New York: UNESCO, 1963), Ch. XII.

5

सामाजिक संरचना में परिवर्तन एवं आधुनिकीकरण (वृहत्–संरचनात्मक परिवर्तन)

(Changes in Social Structure and Modernization: The Macro-Structural Changes)

आधुनिकीकरण का आशय समाजों की सामाजिक संरचना में कुछ विशिष्ट (typical) स्वरूपों के परिवर्तन से है। सामाजिक सम्बन्धों की व्यवस्थाओं में ये परिवर्तन आधुनिकीकरण के सहवर्ती मानदंडों (concomitant norms) पर आधारित नई भूमिकाओं तथा समूह–संरचनाओं के विकास एवं संस्थायीकरण में योगदान देते हैं। यह प्रक्रिया संचयी रूप से समाज के संरचनात्मक आधुनिकीकरण का कारण बनती है। तथापि, सामाजिक संरचना में परिवर्तन के अनेक स्वरूप इस प्रक्रिया के बाहर रहते हैं। उदाहरणार्थ, मृत्यु, जन्म, विवाह के कारण परिवार संरचना में परिवर्तन, युद्ध अथवा महामारी के कारण वृहत् स्तरीय प्रवास (migration), राजनैतिक शक्ति तथा व्यापार मार्गों में परिवर्तन के कारण पूर्व–औद्योगिक नगरों एवं वाणिज्यिक केन्द्रों का उदय एवं पतन, इत्यादि। समाजों में इस प्रकार के संरचनात्मक परिवर्तन अनन्त काल से चले आ रहे हैं; इन परिवर्तनों में से अधिकांश चक्रीय अथवा लयात्मक प्रतिमान (cyclical or rhythmical in pattern) के थे, अर्थात्, सामाजिक संरचनाएं अस्तित्व में आती या विलुप्त हो जाती थीं, स्वरूप में बढ़ती या घटती रहती थीं, परन्तु वे प्रकार्यात्मक रूप से स्थिर (static) या 'जुड़ी रहती' (fused) थीं।[1] जो भी विशेषीकरण था, उसका आशय 'किसी ठोस गतिविधि' से होता था न कि सामाजिक जीवन के सम्पूर्ण पक्ष से, जैसा कि अर्थ संरचनात्मक आधुनिकीकरण का होता हैं। मरियन

जे. लेवी, जूनियर लिखते हैं :

> सम्पूर्ण इतिहास के दौरान हस्तशिल्पी तथा सम्पूर्ण ग्रामीण जनसंख्या भी कुछ विशेष प्रकार के उत्पादों के उत्पादन में विशेषीकृत देखी जाती है, उदाहरण के तौर पर, गुड़िया या किसी विशेष प्रकार के वस्त्र के रूप, आदि। तथापि, जिस संगठन के संदर्भ ये गतिविधियाँ की जाती हैं ....प्रायः हस्तशिल्पी के मामले में एक परिवार इकाई और परिभाषा के अनुसार, गाँव के उदाहरण में एक गाँव इकाई ....
>
> प्रायः अपने सदस्यों के व्यवहार के विशिष्ट पक्ष जैसे आर्थिक या राजनैतिक पक्ष के संदर्भ में विशेषीकृत नहीं होते। इकाइयों को सदस्यों द्वारा देखा जाता है जो सामान्य जीवित इकाइयों के रूप में उनका हिस्सा होती हैं। न तो परिवार और न ही गाँव अन्य परिवारों या गाँवों से अधिक प्रमुखता से आर्थिक रूप से अभिमुखित होते हैं।[2]

वस्तुतः परम्परागत समाजों में काम का विशेषीकरण सत्ता (authority) के पारम्परिक स्वरूपों एवं सामाजिक सम्बन्धों के विशिष्टवादी प्रतिमानों से संरचनात्मक रूप से अविभेदीकृत (undifferentiated) होता है। यहाँ तक कि शिल्प संघ (craft guilds) भी समूह संरचना के भीतर संसाधनों व सेवाओं के आवंटन के संदर्भ में सत्ता के तार्किक–सार्वभौतिकतावादी स्वरूपों पर आधारित नहीं थे। मैक्स वेबर लिखते हैं, ''पश्चिम (occident) के व्यापारी तथा शिल्प संघ जातियों की भांति धार्मिक हितों को पोषित करते थे''। इन हितों के सम्बन्ध में सामाजिक पद सम्बंधी प्रश्न संघों में महत्वपूर्ण भूमिका निभाते थे। उदाहरण के लिए, आर्थिक हितों के प्रश्न से अधिक इस प्रश्न पर कभी–कभी काफी हठपूर्वक संघर्ष होता था कि जुलूसों में संघों में किस क्रम में विभिन्न पद होंगे।[3] सामाजिक गतिविधियों के अन्य क्षेत्रों में भी, परम्परागत समाजों में बिना महत्वपूर्ण प्रकार्यात्मक विभेदीकरण अथवा विशेषीकरण के परम्परागत समाजों में समूहों का सर्वोपरि गठन हुआ है।

परम्परागत समाज की विशेषता के रूप में अविभेदीकृत भूमिका संरचना का एक शास्त्रीय उदाहरण मध्ययुगीन यूरोप के सामन्तवाद तथा पितृसत्तात्मकता (patrimonialism) की व्यवस्थाओं में देखा जा सकता है।[4] राजा की अपनी प्रजा व गृहस्थी के प्रबंधन पर पितृसत्तात्मक सत्ता (patrimonial authority) थी। यह सत्ता न केवल लौकिक अपितु धार्मिक भी थी, न केवल औपचारिक अपितु पितृसत्तात्मक भी थी, न केवल राजनैतिक अपितु सार्वभौमिक भी थी। यही बात सामंतवाद पर लागू होती है। कभी–कभी सामंतवाद, चर्च की भांति, राजा की पितृसत्तात्मक सत्ता को कुछ खतरा पेश करता था, परन्तु सामान्यतया दोनों परस्पर विरोधी होने के स्थान पर एक–दूसरे के परिपूरक थे। राजा तथा सामन्त

के मध्य सम्बन्ध, सामन्त तथा खातेदार (tenant) व भूदास (serfs) के मध्य सम्बन्ध सिद्धान्ततः अनेक सोपानक्रमिक सत्ता की श्रृंखला पर आधारित थे जो कि सार्वभौमिक के स्थान पर अधिक विशिष्टवादी (particularistic), प्रकार्यात्मक रूप से विशिष्ट (functionally specific) के स्थान पर अधिक प्रकार्यात्मक रूप से विसरित (functionally diffused) तथा भावनात्मक रूप से तटस्थ (emotionally neutral) के स्थान पर भावनात्मक रूप से अधिक प्रतिबद्ध (emotionally loaded) थे। विभेदात्मक आर्थिक हितों का प्रतिनिधित्व करने वाले सामाजिक वर्ग अस्तित्व में नहीं थे। जो अस्तित्व में थे वे जागीरें थीं, जिनमें व्यक्ति के स्थान पर समूह के अधिकार व कर्तव्य होते थे जो कि इसकी जागीर के सामाजिक पद के अनुरूप थे। अपनी जागीर के बाहर व्यक्ति के कोई अधिकार नहीं थे। "कोई भी व्यक्ति अपने स्वामी के स्थापित पद या वैयक्तिक रूप से उसकी स्वेच्छाचारी परोपकारिता को अपील करके उस व्यक्तिगत या निगमित नियम को परिवर्द्धित कर सकता था जो उस पर लागू होता था।"[5] अतः सामाजिक व्यवस्था बंद थी और उसकी एक सत्तावादी[6] संरचना (authoritarian structure) थी।

सामाजिक संगठन की सामन्तवादी–प्रकार्यात्मक–पितृसत्तात्मक व्यवस्था टूटने के बाद ही यूरोप में "अपेक्षाकृत रूप से आधुनिकीकृत" (relatively modernized) समाज की सामाजिक संरचना विकसित हो सकी। इसकी प्रक्रिया क्रमिक थी। मध्ययुगीन समाज में छुटपुट प्रतिरोध आन्दोलनों से यह आरम्भ हुई।[7] परन्तु वृहत् रूपान्तरण बाद में आया। औद्योगिक क्रान्ति तथा फ्रेंच क्रान्ति द्वारा उत्पन्न शक्तियों से यह प्रेरित हुई। औद्योगिक क्रान्ति के कारण सामन्तवादी समाज की सामाजिक संरचना में क्रमिक परिवर्तन आया, जिसने इसे पहले एक व्यापारिक समाज में तथा बाद में एक औद्योगिक–उदारवादी समाज में रूपान्तरित किया।[8] इस प्रक्रिया में, जागीरों, जो मुख्यतया खेतिहर मजदूरों तथा सामन्तों से बनी थीं, में उग्र (cataclysmic) परिवर्तन हुए। कृषक एवं खेतिहर मजदूर औद्योगिक कामगार (industrial workers) बन गए, सामन्त, विशेषतः, ब्रिटेन में, अधिक से अधिक वाणिज्यिक एवं औद्यौगिक उद्यमी बन गए, शहरों में परम्परागत संघ (technical guilds) समयातीत अथवा बीती हुई बात हो गए, संघ मालिकों (guild masters) का स्थान "परियोजनाकारों" अथवा उद्यमियों ने ले लिया। एक अवस्था से दूसरी अवस्था में संक्रमण कठिनाइयों से मुक्त नहीं था। इसकी मानवीय कीमत बहुत बड़ी थी। इसके मध्यवर्ती काल को विस्थापित कृषकों के निर्धनीकरण (pauperization), शहरों में कच्ची बस्तीनुमा कामघरों की बढ़ोतरी, पारिवारिक संरचना के यकायक बिखराव तथा उदीयमान उद्यमी वर्ग द्वारा कामगारों के शोषण से जाना जाता है, इस उद्यमी वर्ग का अभिमुखन तार्किक होने के स्थान पर लुटेरे का अधिक था।

औद्योगिक क्रान्ति का केन्द्र ब्रिटेन था। औद्योगिक क्रान्ति ब्रिटेन में पहले

क्यों हुई दूसरी जगह क्यों नहीं, इस प्रश्न का उत्तर विल तथा एरियल ड्यूरंट देते हैं:

> क्योंकि ब्रिटेन ने महाद्वीप में महान युद्ध जीते थे, जबकि उसने अपनी धरती को युद्ध के विनाश से मुक्त रखा था; क्योंकि उसने समुद्रों पर नियन्त्रण हासिल कर लिया था और इसके द्वारा उपनिवेश बना लिए थे जो उसे कच्चा माल देते थे तथा उनकी आवश्यकता निर्मित माल की थी; क्योंकि इसकी सेना, बेड़े तथा बढ़ती जनसंख्या औद्योगिक उत्पादों के लिए बढ़ता हुआ बाजार थे; और संघ (guilds) इसकी बढ़ती हुई माँग को पूरा नहीं कर सकते थे; क्योंकि सुदूर वाणिज्य के लाभ से संचित पूँजी निवेश के लिए नए रास्ते ढूंढ़ रही थी; क्योंकि इंग्लैण्ड ने इसके कुलीनों (nobles) ......और उनकी सम्पत्ति.... को वाणिज्य एवं उद्योग में लगाने की अनुमति दी; क्योंकि चरागाहों द्वारा जोत के बढ़ते विस्थापन ने कृषकों को खेतों से कस्बों में पहुंचा दिया, जहाँ वे फैक्ट्रियों के लिए उपलब्ध श्रमशक्ति में जुड़ गए; और इंग्लैण्ड में विज्ञान का निर्देशन व्यावहारिक मानसिकता वाले लोगों द्वारा हो रहा था, जबकि महाद्वीप में यह प्रमुखतया अमूर्त शोध (abstract research) के रूप में था; तथा इंग्लैण्ड की एक संवैधानिक सरकार थी जो व्यावसायिक हितों के प्रति संवेदनशील थी, जो अस्पष्ट रूप से इस बात को जानती थी कि औद्योगिक क्रांति की प्राथमिकता इंग्लैण्ड को एक शताब्दी से भी अधिक के लिए पाश्चात्य जगत का राजनैतिक नेता बना देगी।[9]

ऊपर बताए गए प्रत्येक कारणात्मक कारक में धुरी का तत्व (pivotal element) समूहों के मध्य व उनके भीतर सम्बन्धों की संरचना में, आर्थिक व्यवस्थाओं तथा शक्ति की व्यवस्थाओं में परिवर्तन है। इन परिवर्तनों का परिणाम मौलिक रूप से नई भूमिका–संरचनाओं, जैसे औद्योगिक श्रम, फैक्ट्री व्यवस्थाएं, वित्तीय तथा प्रौद्योगिकीय प्रशासनतंत्रों तथा आधुनिक बाजार–प्रणाली का सृजन है। ये परिवर्तन लयात्मक नहीं थे अपितु रूपांतरकारी थे; हो रहे परिवर्तनों की प्रक्रिया में त्वरण एवं सतत वृद्धि की अंतनिर्हित प्रणाली (built-in-mechanism) थी, क्योंकि नवाचारों की शक्ति के रूप में विज्ञान एवं प्रौद्योगिकी की व्यवस्थाओं की संचयी प्रकृति थी जो कि मानव इतिहास में आज तक अनजानी थी। इसके अतिरिक्त, वैज्ञानिक एवं प्रौद्योगिक आविष्कारों ने माल एवं सेवाओं के उत्पादन की प्रक्रियाओं में क्रान्ति ला दी थी तथा आर्थिक वृद्धि की प्रगतिशील दर को संभव बना दिया था। अतीत में भी आर्थिक वृद्धि होती थी परन्तु इसकी दर इतनी धीमी होती थी कि यह दिखाई नहीं देती थी। ''यदि हमें समय बिन्दुओं के बारे में

सूचना हो जहाँ समय का अंतराल शायद 10,000 वर्षों का हो, तो शायद हम देख सकते हैं कि दुनिया के मानववासियों के जीवन स्तर में वृद्धि प्रत्येक दो बिन्दुओं के मध्य हुई है। परन्तु अभी हाल के समय तक यह वृद्धि इतनी धीमी थी कि हजार वर्ष के अंतरालों में भी प्रत्येक अंतराल में जाँचने पर यह प्रगति दिखाई न दे।"[10] औद्योगिक क्रान्ति ने ऐसी शुरुआत की कि "प्रौद्योगिकी में प्रगति की एक श्रृंखला तथा प्रति व्यक्ति उत्पादन में वृद्धि में तेजी इतनी थी कि प्रत्येक पीढ़ी और वस्तुतः प्रत्येक दशक में परिवर्तन दिखाई देने लगे।"[11] अतः आर्थिक वृद्धि सामाजिक परिवर्तन की प्रक्रिया का एक सावयवी हिस्सा बन गई।

फ्रांस में 1789 की क्रान्ति के द्वारा इसी प्रकार के संरचनात्मक परिवर्तन हुए। राजनैतिक रूप से सक्रिय एक नगरीय मध्यम–वर्ग का उदय, सामन्तवादी संरचना का टूटना तथा सामन्ती–सैन्य प्रभुता (feudal-military domination) से कृषकों के एक बहुत बड़े वर्ग की मुक्ति, चर्च की विश्वसनीयता में तबाह करने वाला पतन परिवर्तनों के प्रमुख स्वरूपों में से कुछ थे जो क्रान्ति के पश्चात् घटित हुए। धीरे से सत्ता–वैधकरण (authority-legitimation) के नए आधार भी उभरे जिन्होंने शक्ति की सामन्ती पितृसत्तात्मक व्यवस्था को एक उदारवादी–लोकतांत्रिक स्वरूप में रूपान्तरित कर दिया। इसने सामाजिक संरचना में विशिष्टतावादी तत्वों की जड़ों पर प्रहार किया। "फ्रांसीसी क्रान्ति ने प्रतिनिधित्व की अवधारणा में एक आधारभूत परिवर्तन कियाः अब आधारभूत इकाई गृहस्थ, या सम्पत्ति, या निगम नहीं थी बल्कि व्यक्ति नागरिक (individual citizen) था; और प्रतिनिधित्व अब पृथक प्रकार्यात्मक निकायों के माध्यम से नहीं होता था अपितु विधायकों (legislators) की एकीकृत राष्ट्रीय सभा के माध्यम से होता था। अगस्त 11, 1792 का कानून तो यहाँ तक आगे बढ़ गया कि उसने 21 वर्ष से ऊपर के प्रत्येक फ्रांसीसी पुरुष, जो नौकर, कंगाल (pauper) या घुमक्कड़ (vagabond) नहीं था, को मताधिकार दे दिया, और 1793 के संविधान ने तो कंगालों को भी इससे बाहर नहीं किया, यदि वे कैन्टन (canton) में छह माह से अधिक रहे हों। पुनर्स्थापन (restoration) जागीरों के प्रतिनिधित्व को पुनः नहीं लायाः अलबत्ता रेजिम सैन्सिटेयर (regime censitaire) ने एक अमूर्त मौद्रिक आधार दिया जो कि प्रदत्त प्रस्थिति के पूर्व आधार के पार निर्णायक रूप से काम करता है।"[12]

ये प्रक्रियाएं हमें एक उदाहरण प्रदान करती हैं जिससे पता चलता है कि समाज में संरचनात्मक परिवर्तनों से क्या तात्पर्य है। इसका परिणाम सामाजिक सम्बन्धों में सम्पूर्ण व्यवस्था में परिवर्तन है। उदाहरण के लिए, जागीरों के मध्य विशिष्टीकृत सम्बन्धों पर आधारित सामन्ती सामाजिक संगठन के वर्ग एवं फैक्ट्री व्यवस्था पर आधारित औद्योगिक सामाजिक संगठन में रूपान्तरण, काम एवं व्यवसाय का व्यवसायीकरण तथा प्रभुता एवं नेतृत्व संरचना का लोकतान्त्रीकरण

समाज में संरचनात्मक परिवर्तनों का सूचक है। यूरोपीय समाज में औद्योगिक क्रान्ति द्वारा इस प्रकार के परिवर्तन लाए गये। सामाजिक व्यवस्था में जिस प्रक्रिया के माध्यम से संरचनात्मक परिवर्तन आए हैं, वह भूमिकाओं का विभेदीकरण है। भूमिकाओं के विभेदीकरण का परिणाम संरचनात्मक विभेदीकरण में होता है। "संरचनात्मक विभेदीकरण का प्रारूप परिवर्तन का एक अमूर्त सिद्धान्त भी है। जब बदलती हुई ऐतिहासिक परिस्थितियों में एक सामाजिक भूमिका अथवा संगठन पुराना हो जाता है, घटनाओं की निश्चित तथा विशेष शृंखला द्वारा यह दो अथवा अधिक भूमिकाओं या संगठनों में विभेदीकरण करता है जो नई ऐतिहासिक परिस्थितियों में अधिक प्रभावशाली तरीके से कार्य करती है,"[13] और अन्ततः सामाजिक व्यवस्था में संरचनात्मक परिवर्तन लाती है। विभेदीकरण के माध्यम से उदित होने वाली नई सामाजिक इकाइयाँ संरचनात्मक रूप से भिन्न होती हैं परन्तु प्रकार्यात्मक रूप से उस संरचना के समतुल्य होती हैं, जिसे इन्होंने विस्थापित किया है। यकीनन प्रकार्यात्मक विशेषीकरण की प्रक्रिया के पश्चात् संरचनात्मक विभेदीकरण होता है। उदाहरण के लिए, पारम्परिक संयुक्त परिवार न केवल प्रजनन तथा समाज हेतु नए सदस्यों के, समाजीकरण के एक अभिकरण के रूप में कार्यशील होता था, अपितु यह अन्य क्षेत्रों जैसे व्यवसाय, शिक्षा, अवकाश एवं मनोरंजन आदि में भी कर्तव्य निभाता था जिन्हें कि अब विशेषीकृत अभिकरण करते हैं। औद्योगीकृत समाजों में नाभिक परिवार (nuclear family), जो कि संयुक्त परिवार से विभेदीकृत हुआ था, प्रकार्यात्मक रूप से विशिष्ट है न कि पारम्परिक परिवार की भांति प्रकार्यात्मक रूप से बहुल। प्रकार्यात्मक विशेषीकरण के पश्चात होने वाले संरचनात्मक विभेदीकरण का अन्य उदाहरण वह हो सकता है जिसमें उत्पादन क्रमिक अवस्थाओं में गृहस्थों से गिल्ड्स तक और अन्ततः आधुनिक फैक्ट्रियों तक पहुंच जाता है। भूमिकाओं के संदर्भ में घरेलू उत्पादन अन्य अनेक भूमिकाओं से घुलमिल जाता है। गिल्ड्स में काम विशेषीकृत था परन्तु अभी तक नातेदारी तथा धार्मिक भूमिकाओं से पूरी तरह विभेदीकृत नहीं हुआ था। तथापि, एक आधुनिक फैक्ट्री में श्रम विभाजन प्रकार्यात्मक विशिष्टता तथा विशेषीकरण (functional specificity and specialization) की उच्च श्रेणी का एक उदाहरण है। दुर्खाइम के अनुसार, यह 'यांत्रिक' से 'सावयवी' प्रकार की एकता अथवा समाज की सामाजिक संरचना में परिवर्तन का द्योतक है।

सामाजिक जीवन के लगभग सभी पक्षों में संरचनात्मक परिवर्तनों में समान भूमिका विभेदीकरण निहित होते हैं। विज्ञान एवं प्रौद्योगिकी में वृद्धि इस प्रक्रिया को प्रेरक शक्ति प्रदान करती है तथा अन्ततः परिवर्तन के संवेग (momentum of change) को त्वरित करती है। पारम्परिक समाजों की भांति परिवर्तन अब एक अपवादस्वरूप प्रघटना नहीं रहता; यह रोजमर्रा की जिन्दगी का तथ्य बन जाता

है; इसे सिर्फ सहा ही नहीं जाता, अपितु इसका महिमामंडन भी किया जाता है। विभेदीकरण की बढ़ती दर के साथ नए संरचनात्मक स्वरूप अस्तित्व में आते हैं तथा प्राचीन लुप्त हो जाते हैं। उदाहरणार्थ, मध्ययुगीन इंग्लैण्ड में परिवार द्वारा तय किए गए विवाह (arranged marriage) एक आम प्रघटना थी। विवाह दो परिवारों या गोत्रों (clans) के मध्य एक सम्बन्ध था; यह अब सामाजिक पटल से विलुप्त हो गया है। विवाह में नातेदारी का स्थान प्रणय निवेदन (courtship) ने ले लिया है। पहले विवाह में सम्बन्धों के बहुल समूह (diffused set of relationship) होते थे, अब ये बहुत विशिष्ट हैं। यह उन दो व्यक्तियों के मध्य सम्बन्ध है जो इस सम्बन्ध में बंधना चाहते हैं। आधुनिक फैक्ट्रियों, प्रशासनतंत्रीय रूप से संगठित शासन, सेना तथा संचार माध्यमों (media) के आधुनिक जाल में जो भूमिका–संरचनाएं होती हैं, उनको अतीत में कोई नहीं जानता था।

संरचनात्मक विभेदीकरण की समकालीन प्रक्रिया में संयोग से, संरचनात्मक आधुनिकीकरण के तत्व भी होते हैं। यह इसलिए है क्योंकि संरचनात्मक विभेदीकरण के समकालीन स्वरूपों को विज्ञान एवं प्रौद्योगिकी में हुए नवाचार इसे सावयवी तौर पर सुदृढ़ करते हैं। ये नवाचार फैक्ट्रियों, प्रशासन व संचार के औपचारिक संगठनों जैसी संरचनाओं के अनेक आधुनिक स्वरूपों को न केवल संभव बनाते हैं अपितु इन संरचनाओं के भीतर सामाजिक सम्बन्धों को आधुनिकीकरण की मूल्य व्यवस्था व संज्ञानात्मक संवर्गों (cognitive categories) से ओत–प्रोत करते हैं। मरियन जे. लेवी लिखते हैं: "सभी अपेक्षाकृत रूप से आधुनिकीकृत समाजों की संरचनाएं विशेषता के रूप में तार्किकता, सार्वभौमिकतावाद, प्रकार्यात्मक विशेषता, तथा भावनात्मक–तटस्थता अथवा परिहार (avoidance) [वस्तुपरकता (objectivity)] पर बढ़े हुए जोर (emphasis) को बिम्बित करती हैं। यह भी इनकी विशेषता है कि किसी भी अपेक्षाकृत रूप से गैर–आधुनिकीकृत समाज की तुलना में सम्पूर्ण सामाजिक संरचना में ये जोर (emphasis) अधिक उच्चतर तथा अधिक सामान्य होते हैं।"[14] इस प्रकार की संरचना की वृद्धि में जो एक महत्वपूर्ण प्रक्रिया योगदान देती है, वह आर्थिक वृद्धि है तथा कुछ हद तक जिसके औद्योगीकरण एवं नगरीकरण स्वाभाविक सहवर्ती हैं। प्रतिनिधिक निकायों (representative bodies) में निहित सत्ता के कानूनी–संवैधानिक वैधकरण (legal-constitutional legitimation of authority) पर आधारित राजनैतिक संस्थाएं आधुनिकीकरण की सामाजिक संरचना को समर्थन देती हैं।

पश्चिम के अपेक्षाकृत आधुनिकीकृत समाजों में मूल्यों तथा अभिप्रेरणाओं के एक क्रमिक किन्तु सहज उफान ने आधुनिकीकरण की आधारशिला रखी। आधुनिकीकरण की सांस्कृतिक शक्तियाँ संरचनात्मक विभेदीकरण तथा अनुकूलन की गति के प्रति अधिक अभ्यस्त थीं। इंग्लैण्ड में पारम्परिक संयुक्त परिवार

व्यवस्था का टूटना तथा आधुनिक फैक्ट्रियों का उदय संयोग से लगभग एक ही समय में साथ–साथ हुआ। संस्कृति एवं सामाजिक संरचना के क्षेत्रों के साथ–साथ सामान्यतया समाज के केन्द्रीय तथा परिधि के क्षेत्रों में परिवर्तन निरन्तर एवं समरूप थे।[15] आधुनिकीकरण टूटने की समस्याओं से उस हद तक ग्रस्त नहीं था जैसा कि एशिया, अफ्रीका व लैटिन अमेरिका के नए देशों में हो रहा था। इन समाजों में सांस्कृतिक एवं संरचनात्मक स्वरूपों में आधुनिकीकरण व्यवस्था बाह्यजनित है तथा अधिकांशतया औपनिवेशिक टकरावों के माध्यम से ऐतिहासिक वृद्धि की प्रघटना को निर्मित करती है।

इन समाजों में इन परिस्थितियों में प्रायः आधुनिकीकारक प्रभावों के सांस्कृतिक व सामाजिक संरचनात्मक स्वरूपों के मध्य एक विलम्बन (lag) होता है। आधुनिकीकरण के वे समीकरण जो पाश्चात्य समाज में विश्वसनीय सिद्ध हुए थे, नए राष्ट्रों की सामाजिक–सांस्कृतिक प्रक्रियाओं का प्रतिनिधित्व करने में असफल रहे हैं। आभासी तौर पर, इन समाजों में आधुनिक सामाजिक संरचनाएं, प्रकार्यों के संदर्भ में आधुनिकीकरण के उद्देश्यों को हो सकता है आंशिक रूप से ही पूरा करें, जबकि हो सकता है कि आंशिक रूप से वे परम्परागत भूमिका–संरचनाओं तथा सामाजिक कर्तव्यों के स्वरूपों को सुदृढ़ कर रही हों। अतः भारत में संरचनात्मक परिवर्तनों के हमारे अध्ययन में यह आवश्यक हो जाता है कि अनुकूलन की इन दोनों दिशाओं के संदर्भ में हम सामाजिक संरचना के परिणामों तथा अन्तर्सम्बन्धों पर विशेष ध्यान दें।

संरचनात्मक अन्तर्सम्बन्धों के इन स्वरूपों को हम दो मुख्य संवर्गों में विश्लेषित कर सकते हैं; वृहत्–संरचनाएं तथा लघु–संरचनाएं (macro-structures and micro-structures)। परिवार, समुदाय, गोत्र, जनजाति, जाति तथा उप–जाति भारतीय समाज की लघु–संरचनाओं के उदाहरण हैं। लघु–संरचनाएं सापेक्ष रूप से स्वायत्त संस्थाएं हैं तथा प्राथमिक सम्बन्धों के लिए सामाजिक स्थान प्रदान करती हैं। उनका संगठन कम औपचारिक होता है, इनमें सम्बन्ध अधिक भावनात्मक (affective) तथा विशिष्टतावादी (particularistic) होते हैं और इनकी आवश्यकताएं छोटी परन्तु प्राथमिक प्रकृति की होती हैं तथा इनके प्रकार्य प्रमुखतः इन आवश्यकताओं पर केन्द्रित होते हैं। इन समूहों में सम्बन्धों का जाल भी सीमित होता है और इन सम्बन्धात्मक बंधनों की गुणवत्ता विशेष (specific) के स्थान पर बहुल (diffused) होती है। सम्बन्ध नातेदारी, जन्म, भौगोलिक बंधनों से नियन्त्रित होते हैं जो कि सामाजिक अन्तर्क्रिया के दायरे को विसीमित (delimit) करते हैं तथा उन मूल्यों को सम्पुष्ट करते हैं जो आधुनिक भूमिका–संरचना से आभासी विरोध रख सकते हैं, परन्तु यह अनिवार्य नहीं है। आधुनिकीकृत अथवा सापेक्ष रूप से आधुनिकीकृत समाजों में इस प्रकार की समूह संरचना की वैध गुंजाइश तथा आवश्यकता है। इन लघु–संरचनाओं द्वारा निभाई जा रही

सामाजिक भूमिकाओं में से कुछ का विकल्प नहीं हो सकता और वे संरचनात्मक सार्वभौमिकों (structural universals) का निर्माण करती हैं, जैसे वे भूमिकाएं, जो परिवार द्वारा निभाई जाती हैं। बच्चों का लालन–पालन, समाजीकरण तथा प्रजनन की संस्थात्मक भूमिकाएं, किसी भी समाज, चाहे वह परम्परागत हो या आधुनिक, की आधारभूत आवश्यकताएं हैं।

तथापि, इन लघु–संरचनाओं के संरचनात्मक ढांचे के भीतर भूमिका के संगठन हेतु सापेक्ष गुंजाइश इस प्रकार से है कि वह संरचनात्मक अथवा सांस्कृतिक आधुनिकीकरण की प्रक्रिया को सुदृढ़ करती है और उनके द्वारा किए जाने वाले प्रकार्यों की प्रकृति को मूलभूत रूप से बदलती भी नहीं है। संरचनात्मक विभेदीकरण के प्रमुख गुणों में से यह एक है जिसकी चर्चा ऊपर की जा चुकी है। संरचनात्मक विभेदीकरण की प्रक्रिया में भूमिका–संरचनाओं की पूर्व, सामान्यीकृत प्रकृति को अधिकाधिक विशेषीकृत एवं विशेष (specialized and specific) कर दिया जाता है और पूर्ववर्ती भूमिकाओं में से अनेक, जो एक विशिष्ट लघु अथवा वृहत् संरचना के लिए आवश्यक नहीं थीं, उन्हें अन्य विशेषीकृत संरचनाओं को सौंप दिया जाता है। यह सम्बन्धित सम्बन्ध की गुणात्मक प्रकृति को महत्वपूर्ण तरीके से बदले बिना होता है। उदाहरण के लिए, यदि लघु–संरचना परिवार है तो सामाजिक सम्बन्धों में इसका आवश्यक भावनात्मक गुण, जिसमें परिवार की भूमिकाओं का मौलिक समुच्चय[16] निहित होता है, परिवर्तित नहीं होता, परन्तु अनेक प्रकार्य, जो पारम्परिक रूप से परिवार निभा रहा था, उन्हें किसी अपेक्षाकृत आधुनिकीकृत समाज में क्रांतिकारी ढंग से कम कर दिया जाता है।

तथापि, किसी पारम्परिक समाज में लघु–संरचना आधुनिकीकरण के दबाव का ठीक किस प्रकार से अनुकूलन करती है, वह भिन्न–भिन्न हो सकता है। संरचनात्मक दृष्टिकोण से परिवर्तन सदैव भूमिका–संरचनाओं के विभेदीकरण से ही नहीं होता अपितु कुछ परिस्थितियों के अन्तर्गत भूमिका–वृद्धि (role-accretion) से भी होता है। भारत में जाति पर यह बात खरी उतरती है जो कि परिवर्तन के दबाव के कारण अनेक ऐसे कार्य ग्रहण कर रही है जो पारम्परिक रूप से इसके कार्य क्षेत्र के बाहर थे। कुछ विशेष स्थितियों में यह एक राजनैतिक दबाव समूह तथा एक आर्थिक समिति के रूप में काम करती है जो कि इसकी सामुदायिक–विशिष्टवादी संरचना[17] (communal-particularistic) के लिए आवश्यक रूप से बाहरी है। हम इस समस्या की कुछ विस्तार से चर्चा निम्न रूप से करेंगे। तथापि, यह बताया जा सकता है कि इस प्रकार की असाधारण परिस्थितियों में भूमिका–वृद्धि के कारण सामाजिक परिवर्तन में होने वाली भूमिका विभेदीकरण की सामान्य प्रक्रिया द्वारा खारिज नहीं की जा सकती। हम यह विश्लेषण करेंगे कि भारतीय समाज की चुनिंदा लघु–संरचनाओं में किस

प्रकार समान अथवा अन्य परिवर्तन घट रहे हैं और किस हद तक ये परिवर्तन संरचनात्मक आधुनिकीकरण की प्रक्रिया में योगदान दे रहे हैं।

वृहत्–संरचनाएं उन संगठित भूमिकाओं तथा सम्बन्धों को कहा जाता है जो कि अधिक विस्तृत, अधिक औपचारिक, सार्वभौमिकतावादी नियमों (तार्किक कानूनी मानदण्डों) के आधार पर संगठित हैं या संगठित होने का दावा करते हैं और जिनका सम्बन्ध समाज की वृहत्तर व्यवस्था की एकता अथवा नियन्त्रण से है और जिनमें सम्बन्धों का द्वैतीयक तथा उच्चतर क्रम निहित होता है। वृहत् संरचनाओं के परिचित उदाहरण हैं: राजनैतिक तथा अन्य प्रकार के अभिजन, प्रशासन तथा नौकरशाही [administration and bureaucracy] (कार्यकारी, कानूनी, औद्योगिक तथा सैन्य), औद्योगिक कामगार तथा उद्यमी एवं अन्य नगरीय एवं औद्योगिक समूह तथा सामाजिक वर्ग। राजनैतिक अभिजन भारतीय लोकतांत्रिक दल संरचना एवं उसकी प्रक्रियाओं का एक भाग हैं। इसी प्रकार, सांस्कृतिक अभिजन मूल्यों तथा विचारधाराओं के संचार हेतु एक जाल बनाते हैं। प्रशासन की व्यवस्थाएं, फैक्ट्री, उद्योग, श्रम एवं उद्यमिता सामाजिक अन्तर्क्रिया के लिए वृहत् स्तरीय संरचनाएं प्रदान करती हैं जो कि किसी आधुनिक राष्ट्र व राज्य की एक सम्भाव्य आर्थिक एवं प्रशासनिक संरचना के रूप में वृद्धि के लिए आवश्यक हैं। समस्त वृहत्–संरचनाएं संरचनात्मक आधुनिकीकरण के लिए आवश्यक सामाजिक मतैक्यता पैदा करती हैं।

चुनिंदा प्रमुख वृहत् एवं लघु–सामाजिक संरचनाओं में निरन्तर चलने वाले संरचनात्मक परिवर्तनों के आधार पर हम भारतीय समाज की सामाजिक संरचना में परिवर्तन की प्रक्रियाओं का विश्लेषण करेंगे। वृहत्–संरचनाओं में हम विशेष तौर पर उन परिवर्तनों का विश्लेषण करेंगे जो नए अभिजनों अथवा नेतृत्व, प्रशासन के ब्यूरोक्रेटिक स्वरूपों, औद्योगिक श्रमिक वर्ग, तथा नगरोन्मुख प्रवास, औद्योगिक उद्यमी, उद्योग एवं फैक्ट्रियां तथा नई राजनैतिक संरचनाओं में वृद्धि के माध्यम से हो रहे हैं। लघु–संरचनाओं में हम जाति एवं ग्राम समुदाय में घटित हो रहे परिवर्तनों का विश्लेषण करेंगे। इन वृहत् एवं लघु संरचनाओं में परिवर्तनों का विश्लेषण करते समय परिवर्तन के कारणात्मक पक्षों पर भी ध्यान दिया जाएगा। जैसा कि सांस्कृतिक परम्परा में हो रहा है, उसी तरह से भारतीय समाज की सामाजिक संरचना में भी अन्तःजनित (endogenous or orthogenetic) तथा बाह्यजनित (exogenous or heterogenetic) स्रोतों से परिवर्तन हो रहे हैं। परिणामस्वरूप संरचनात्मक विश्लेषण के प्रत्येक स्तर पर (लघु एवं वृहत्), यह हमारा प्रयास होगा कि इन दो प्रकार के कारणात्मक कारकों के मध्य स्पष्ट विभेद किया जाए। यह मानी हुई बात है कि भारत में बाह्यजनित स्रोतों के कारण घटने वाले संरचनात्मक परिवर्तन अन्तःजनित स्रोतों के कारण होने वाले परिवर्तनों से कहीं अधिक होंगे, तथापि, परिवर्तन की एक ऐतिहासिक रूप से सुगम्य तस्वीर

पाने के लिए ऐसा एक प्रयास अनिवार्य कहा जा सकता है। इसके अतिरिक्त सामाजिक परिवर्तन के व्यवस्थित सैद्धान्तिक विश्लेषण के दृष्टिकोण से भी यह अनिवार्य हो सकता है, जिसकी प्रस्थापना (postulate) हम ऊपर दे चुके हैं।

वृहत्–सामाजिक संरचना एवं सामाजिक परिवर्तन (Macro-Social Structure and Social Changes)

भारत का सामाजिक एवं राजनैतिक इतिहास वृहत् संरचनाओं की विविधता के अस्तित्व के बारे में बताता है जिनके माध्यम से समय–समय पर देश के एक बड़े भाग पर केन्द्रीयकृत राजनैतिक एवं आर्थिक नियन्त्रण के ढीले स्वरूप लागू किए जाते थे। ईसा से चार शताब्दी पूर्व मौर्य साम्राज्य का उदय, ईसा के बाद चतुर्थ से षष्ठम शताब्दी के दौरान गुप्त वंश के राजाओं का आंशिक केन्द्रीयकृत नियन्त्रण, सोलहवीं शती के आरम्भ से अठारहवीं शती के प्रथम चतुर्थांश तक मुगल साम्राज्य और अन्ततः अठारहवीं से लेकर बीसवी शताब्दी के मध्य तक अंग्रेजी साम्राज्य अतीत में किसी प्रकार की राजनैतिक एवं आर्थिक वृहत्–संरचनाओं की वृद्धि के उदाहरण हैं। मौर्य काल से मुगल साम्राज्य तक, राजनैतिक संरचना का संगठन एकतंत्रीय–सामन्ती (monarchical feudal) था। ''कुछ गणतंत्र अवश्य थे, परन्तु उन्हें ढूंढ़ने के लिए ईसा से पहले के काल में लौटना पड़ेगा''।[18] आर्थिक वृह्त–संरचना व्यापारिक प्रतिमान पर व गिल्ड्स में संगठित थी, जो कि नगरीय केन्द्रों में स्थित थे। गिल्ड्स के दो महत्वपूर्ण संवर्ग (categories)–व्यापारी[19] तथा शिल्पकार (craftsmen)[20] थे। इनकी सदस्यता अधिकांशतया बन्द व प्रदत्त नियमों (ascriptive principles) पर आधारित थी। परम्परागत भारत में वृहत्–संरचनाओं के ये तथा अनेक स्वरूप विद्यमान थे। समय बीतने के साथ, नई वृहत्–संरचनाएं भी अस्तित्व में आ गईं। यथा सम्भव ऐतिहासिक संदर्भ में, भारत में चुनिंदा वृहत्–सामाजिक संरचनाओं में किन अवस्थाओं (stages) में आधुनिकीकारक (modernizing) परिवर्तन होते रहे हैं, हम इसका निम्न विश्लेषण करेंगे।

अभिजन एवं सामाजिक परिवर्तन (The Elite and Social Change)

किसी भी समाज की अभिजन–संरचना न केवल उसकी आधारभूत मूल्यों का अपितु इस बात का भी प्रतिनिधित्व करती है कि किस हद तक इन मूल्यों को समाज की शक्ति–संरचना तथा निर्णय लेने की प्रक्रिया में ठोस अभिव्यक्ति मिलती है। यह सही कहा गया है कि ''किसी समाज का 'नेतृत्व' उन मूल्यों का आधार है, जिनके द्वारा वह समाज जीवन जीता है। वह तरीका, जिसके द्वारा 'नेतृत्व' को चुना जाता है; कितने बड़े सामाजिक आधार से इसकी भर्ती होती है; वह तरीका जिसके द्वारा यह निर्णय करने की शक्ति का क्रियान्वयन करता है;

इसके उत्तरदायित्व (accountability) की सीमा व प्रकृति (extent and nature)......... ये तथा अन्य गुण किसी भी समाज में किसी भी समय सहभागी शक्ति, सहभागी इज्ज़त, सहभागी कुशलमंगल तथा सहभागी सुरक्षा की मात्रा के सूचक हैं। अभिजन की प्रकृति जानकर, हम समाज की प्रकृति के बारे में बहुत कुछ जान सकते हैं।''[21] अतः अभिजन संरचना में परिवर्तन उस समाज में सामाजिक परिवर्तनों की आवश्यक प्रकृति को भी उजागर कर सकते हैं।

अभिजन जीवन के विभिन्न क्षेत्रों में मूल्य–उत्कृष्टता (value-excellence) के मानकों (standards) का उनकी भूमिकाओं के माध्यम से प्रतिनिधित्व करते हैं, ये भूमिकाएं या तो प्रदत्त होती हैं जैसा कि परम्परागत समाज में होता है, या उन्हें मेधावी उपलब्धियों के माध्यम से अर्जित होती हैं जो कि अपेक्षाकृत रूप से आधुनिकीकृत समाज का मानदण्ड हैं। हैरॉल्ड डी. लासवैल के अनुसार, अभिजन उतने ही प्रकार के हो सकते हैं जितने प्रकार के 'मूल्यवान परिणाम'[22] (value outcomes) तथा संस्थाओं के स्वरूप हैं। उन्होंने 1952 में लिखाः ''अभिजन की अवधारणा वर्गात्मक व विवरणात्मक है, जो किसी समाज में उच्च स्थान धारकों को बताती है। जितने प्रकार के मूल्य होंगे, उतने ही प्रकार के अभिजन होंगे। शक्ति के अभिजन (राजनैतिक अभिजन) के अतिरिक्त (कुछ अन्य के नाम बताने के लिए) सम्पत्ति, सम्मान एवं ज्ञान के अभिजन हैं।''[23] हाल ही, इन मूल्य–क्षेत्रों के बारे में लासवैल ने आगे प्रस्थापनाएं देते हुए आठ संवर्ग बताए हैं; उदाहरणार्थ, 'शक्ति', 'प्रबोधन', 'सम्पत्ति', 'कुशल मंगल [well-being (मानव का स्वास्थ्य, सुरक्षा तथा आराम)], 'दक्षता' (skill), 'स्नेह' (affection), 'सम्मान', तथा सम्यक्ता (rectitude)।[24] वे लिखते हैंः

> अभिजन को प्रभावशाली रूप में परिभाषित करते हुए हम किसी सामाजिक प्रक्रिया में आठ अभिजन स्तर विभेदित कर सकते हैं। जहाँ प्रभाव असमान होता है, प्रत्येक मूल्यः परिणाम (value outcome) के संदर्भ में अभिजन वर्ग कुछ अथवा अनेक द्वारा गठित हो सकता है। स्वाभाविक रूप से प्रत्येक मूल्य हेतु प्रभाव का वितरण प्रतिमान अनेक विभिन्न रेखिक आकृतियों से मिलता–जुलता हो सकता है, पिरामिड या 'प्याज–स्तम्भ' उल्लेखनीय है। इस पर ध्यान देने से यह स्पष्ट है कि मूल्य के संदर्भ में जो विशेष व्यक्ति सर्वोच्च स्थान पर स्थित होते हैं, वे अन्य मूल्यों के संदर्भ में उतनी ही लाभकारी स्थिति में होते हैं। वस्तुतः, यह सम्भावना 'संसक्ति उपकल्पना' (agglutination hypothesis) है। सम्पूर्ण सामाजिक प्रतियोगिता (social contest) को प्रत्येक मूल्य अथवा मूल्यों के कुल योग के आधार पर चरित्रीकृत (characterized) किया जा सकता है।[25]

वस्तुतः सम्पूर्ण सामाजिक व्यवस्था में परिवर्तन के साथ समाज में अभिजनों की संरचना में विभेदीकरण की प्रक्रिया घटित होती है। यह विशेष रूप से सत्य है कि जब पारम्परिक समाज आधुनिकीकरण की अवस्थाओं से गुजरता है। विज्ञान एवं प्रौद्योगिकी में नवाचार मूल्य क्षेत्रों तथा दक्षता के क्षेत्रों को पैदा करता है, जिनका पहले अस्तित्व नहीं होता था, तथा समाज में भूमिका उत्कृष्टता या अभिजन भूमिका (role excellence or elite role) के नए अवसर प्रस्तुत करता है।[26] इस कारण अभिजन समूहों की संख्या में वृद्धि होती है, जो कि कुछ हद तक परम्परागत अभिजनों की 'एकांगिता' को तोड़ती है।[26] लासवैल के रूपक (metaphor) का यदि हम प्रयोग करें तो अभिजनों के नए पिरामिड हैं। तथापि, संसक्ति प्रक्रिया काम करना बन्द नहीं करती; जैसे–जैसे अभिजन पिरामिड संख्या में बढ़ते हैं, एक मूल्य क्षेत्र के अभिजन प्रतिनिधियों का दूसरे मूल्य क्षेत्र के उन अभिजन प्रतिनिधियों से प्रतियोगिता चलती रहती है जिनका अन्य पर नियन्त्रण होता है। समाज की शक्ति संरचना द्वारा यह प्रक्रिया नियमित व निर्धारित होती है। इस संदर्भ में किसी भी समाज की अभिजन संरचना का सर्वाधिक महत्वपूर्ण हिस्सा सामान्यतया राजनैतिक अभिजन होते हैं, क्योंकि शक्ति के सभी स्वरूपों में सर्वाधिक महत्वपूर्ण राजनैतिक शक्ति तक इनकी (राजनैतिक अभिजनों) पहुंच होती है।

उपरोक्त आधारों पर 'सामान्य' तथा 'विशेष' अभिजनों[27] अथवा 'निर्वाचित अभिजन' (elected elite), एवं 'प्रतिष्ठित अभिजन' (eminent elite)[28] के मध्य एक भेद सुझाया गया है। सामान्य अथवा निर्वाचित अभिजन वे हैं, जिनमें अनेक गुण होते हैं या जिनका मूल्यों के संयोजन पर अधिकार होता है: विशेष अथवा प्रतिष्ठित अभिजन की मूल्यों के केवल एक क्षेत्र में उत्कृष्टता होती है। पहले मामले में अनेक प्रभाव एक अभिजन प्रस्थिति में संसक्त (agglutinate) होते हैं जबकि बाद वाले मामलों में अभिजनों का अधिकार प्रभाव के केवल एक क्षेत्र में ही होता है। चूंकि अभिजनों के विभेदीकरण में मूल्यों में वृद्धि तथा शक्ति के परिणामों की निर्णायक भूमिका होती है (हम शक्ति को समाज में मूल्यों पर अधिकार की क्षमता के रूप में परिभाषित करते हैं), अभिजन संरचना में परिवर्तन परम्परागत समाज के रूपान्तरण के साथ महत्वपूर्ण रूप से जुड़ा हुआ है।

एक परम्परागत समाज ही मूल्यों की अधिक समांगी (homogeneous) संरचना होता है। इसमें बहुत कम विशेषीकरण होता है तथा इसके "मूल्य परिणाम" न केवल सीमित होते हैं, अपितु पारम्परिक रूप से बंद होते हैं। इस प्रकार के समाजों में अभिजन विविधताओं अथवा स्तरों के आधार पर अत्यधिक विभेदीकृत नहीं होते। अभिजन प्रस्थिति की एक सामान्य प्रस्थिति में स्तरों की संसक्ति (agglutination of levels) अर्जित करने में सरल हैं तथा इस प्रकार के समाज की विशेषता अधिक है। यह बात हम अधिकांश पारम्परिक समाजों में देख

सकते हैं। पारम्परिक समाजों की सामाजिक संरचना प्रभुतावादी (authoritarian) है। इस प्रकार के समाजों में अभिजन एक बन्द समूह का निर्माण करते हैं: अभिजन प्रस्थिति (मूल्यों पर अधिकार) अधिकांश मामलों में प्रदत्त होती है: यह जन्म, नातेदारी तथा आयु पर आधारित होती है; इसके आधार पैतृक (patrimonial) या वृद्धसत्तात्मक (gerentocratic) या करिश्माई (charismatic) होते हैं;[29] अधिकांशतः ये भूपति कुलीनतंत्र (landed aristocracy) के होते हैं;[30] उनमें से केवल एक भाग व्यापार तथा वाणिज्य अथवा पौरोहित्य (priestly callings) जैसे अन्य व्यवसायों में पाया जाता है। परम्परागत अभिजनों के विश्व–दर्शन की जड़ें गूढ़ तथा अमूर्त आदर्शों की खोज में होती है, और ये लोग हाथ से–तकनीकी प्रकार का काम करने को हेयदृष्टि से देखते हैं, उसे ओछे दर्जे (plebian) का मानते हैं। इस कारण उनकी सोच में खासतौर पर समाज में भौतिक एवं प्रौद्योगिकीय पक्षों के संदर्भ में सृजनता तथा नवाचारों का अभाव होता है.।[31] इस प्रकार के समाजों में अभिजन मनोवैज्ञानिक रूप से संकुचित, उग्र होते हैं तथा प्रस्थिति व्यग्रता संबंधी चेतना से गंभीर रूप से ग्रस्त होते हैं।[32] समानुभूति (Empathy) तथा मानसिक गतिशीलता के प्रति इनकी क्षमता सीमित होती है।[33]

परम्परागत भारत में अभिजनों की संरचना हिन्दू परम्परा के आधारभूत मूल्यों ......सोपानक्रम, समग्रवाद तथा निरन्तरता के नियमों पर आधारित होती थी। इस परम्परा में राजा तथा पुरोहित दो महत्वपूर्ण अभिजन भूमिकाएं थीं। दोनों भूमिकाएं जाति व्यवस्था से व्युत्पन्न थीं जो अभिजन संरचना को एक सांस्कृतिक तथा नैतिक संदर्भ संरचना प्रदान करती थीं। यह राजा का कर्तव्य था कि वह एक प्रभावशाली सैन्य नेता हो, जाति–व्यवस्था के कर्तव्यों के लोगों पर लागू करके इसकी रक्षा करे, स्वयं जातिगत मानदण्डों का कड़ाई से पालन करे, पुरोहित वर्ग की रक्षा करे तथा ध्यान (meditation) एवं धार्मिक कर्तव्यों के पालन हेतु अनुकूल वातावरण पेश करे। राजा व पुजारी के पद परस्पर परिपूरक होते थे; पुरोहित धर्म (नैतिक मानदण्डों) का स्रोत था जिसको लागू करना राजा का कर्तव्य था। अतः सिद्धान्ततः पुरोहित का पद राजा से श्रेष्ठतर था। व्यवहार में इस आदर्श का कभी पूर्णरूपेण पालन नहीं हुआ, परन्तु इसका हृदयहीन उल्लंघन भी बहुत कम हुआ था। अभिजन की पारम्परिक संरचना में सोपानक्रम का नियम प्रमाणित था, क्योंकि पुरोहित की भूमिका सिर्फ ब्राह्मणों को और राजा की भूमिका केवल क्षत्रियों को वैधानिक रूप से दी जाती थी, दोनों ही वर्ण–सोपानक्रम के सर्वोच्च दो भाग थे। तथापि, ऐसा हमेशा नहीं था। प्रायः अ–क्षत्रियों ने भी राजा के पदों को पाया है; ''व्यवहार में 'जो राज करे वहीं क्षत्रिय' का मंत्र लागू होता था।''[34] कुछ धार्मिक ग्रन्थों में राजतंत्र का चक्रीय सिद्धान्त भी दिया गया है, प्रत्येक युग में सामाजिक तथा नैतिक मानकों के पतन के साथ अन्ततः कलियुग आएगा, जिसमें शूद्रों के पास शक्ति होगी तथा वे ब्राह्मणों और क्षत्रियों को चुनौती देंगे।

इस प्रकार, अभिजनों की संरचना में संचरण को प्रस्थापित किया गया है, जो कि हिन्दू परम्परा में निरन्तरता के नियम के अनुरूप है। अभिजन तथा सामाजिक राजनीति के परम्परागत हिन्दू सिद्धान्त में भी हम पाते हैं कि व्यक्ति तथा राज्य में कभी भी विरोध की कल्पना नहीं की गई है जो कि 'पाश्चात्य राजनैतिक विचार के पसंदीदा प्रसंग'[35] के विपरीत है। यह हिन्दू सामाजिक परम्परा में समग्रवाद के नियम के अनुरूप है।

जैसे–जैसे हम अभिजनों से ऐतिहासिक संक्रमणों की सैद्धान्तिक प्रस्थापनाओं के स्तर से आगे बढ़ते हैं तो पाते हैं कि दीर्घ काल तक भारतीय समाज की अभिजन संरचना प्रभुतावादी, राजतंत्रीय–सामन्ती तथा करिश्माई रही है। हिन्दू काल में अर्द्ध–सामन्ती व्यवस्था प्रचलित थी। राजाओं और "सम्राटों" के प्रभाव क्षेत्र के नीचे छोटे मुखिया अथवा जागीरदार थे। मौर्य काल में सम्राट का अपना केन्द्र प्रशासित भौगोलिक क्षेत्र था, जिसके इर्द–गिर्द जागीरदारियाँ थीं जो भिन्न–भिन्न स्तर पर उसके अधीन थीं; "जागीरदारों के अपने स्वयं के छोटे स्थानीय मुखिया भूपति थे जो अपने आप को राजा कहते थे"।[36] पश्चिम की भांति राजा का अपने जागीरदारों से सम्बन्ध संविदात्मक नहीं था; वह शक्ति और विजय के मनमाने सम्बन्धों द्वारा शासित होता था। इस एकतंत्रीय–सामन्ती (monarchical-feudal) संरचना के प्रत्येक स्तर से पुरोहित तथा पार्षद पूरक अभिजनों के तौर पर जुड़े हुए थे क्योंकि प्रायः जागीरदारों पर राजा के राजनैतिक नियन्त्रण में उतार–चढ़ाव होते रहते थे और अनेक मामलों में यह नाममात्र का था, अभिजनों की वृहत्–संरचना उसी काल में अस्तित्व में आती थी, जब साम्राज्य का शासन अपेक्षाकृत रूप से स्थायी होता था, जैसे कि उत्तर में मौर्य व गुप्त साम्राज्य तथा दक्षिण में चोलों के उदय के दौरान।

भारत में मुगल–शासन के उदय के साथ, अभिजन संरचना का सामन्ती प्रतिमान और अधिक स्थायी हो गया। सर्वप्रथम, अनेक मुस्लिम योद्धाओं ने अपने आपको उन मुस्लिम राजाओं के शासकों तथा जागीरदारों के रूप में स्थापित कर लिया जो विजय के द्वारा शक्ति में आए थे। मुगल साम्राज्य के उदय से पहले तुर्क–अफगान शासन में यह विशेष रूप से सत्य था। तुर्क एवं अफगान सुल्तानों के अनेक दरबारी थे, खान, मलिक तथा अमीर; न्याय का जिम्मा काज़ियों और मुफ्तियों का था और राज्यों में अमीलों की सहायता से राजा, वायसरॉय नायब सुल्तान शासन करते थे, अमील छोटी जागीरों के शासक थे। अभिजनों के सोपानक्रम में उलेमा को वही स्थान प्राप्त था, जो अतीत में हिन्दू पुरोहितों को मिला हुआ था। मुगल साम्राज्य की स्थापना व दृढ़ीकरण (consolidation) के बाद अभिजनों की अधिक ठोस सामन्ती संरचना उभरी। मुगल सम्राटों ने जागीरदारी और मनसबदारी की व्यवस्थाएं प्रारम्भ कीं जिनके अन्तर्गत सामन्त को जागीरें दी जाती थीं और इन सामन्तों का संविदात्मक कर्तव्य था। राजा को

आवश्यकता पड़ने पर एक पूर्व नियत संख्या में सेना तथा निजी सैन्य सेवाएं देनी पड़ती थीं। इस प्रकार जागीरदार एवं मनसबदार एक नए सामन्त कुलीनवर्ग (feudal nobility) के तौर पर उभरे। इसके अतिरिक्त, प्रशासनिक अभिजनों के अनेक संवर्ग थे जो शाही दरबार एवं उसके विभागों का कार्य संभालते थे।[37] परन्तु उनका चयन या नियुक्ति तार्किक आधारों पर नहीं थी; इसके 'पूर्व–आवश्यकतात्मक समन्वय' (imperative co-ordination) वेबर के शब्दों में, की व्यवस्था परम्परा तथा उससे अधिक मुखिया की स्वेच्छाचारिता द्वारा शासित होती थी।[38]

अभिजनों का चरित्र, चाहे वह राजनैतिक हो या बौद्धिक, प्रमुखतया सामन्ती तथा करिश्माई था। हिन्दू पुरोहित एवं राजा दोनों की प्रभुता जन्म प्रदत्त गुणों से व्युत्पन्न थी और उसके पीछे पारम्परिक तथा करिश्माई मान्यता थी। अभिजन प्रस्थिति की जड़ें आंशिक रूप से जाति व्यवस्था में थीं जो कि स्वयं अपने आप में आनुवांशिक करिश्मा का एक उदाहरण थीं।[39] राजनैतिक अभिजन की स्थिति सोपानक्रमिक रूप से व्यवस्थित थी जिसमें राजा सर्वोच्च स्थान पर था उसके बाद जागीरदार, पार्षद, दरबारी, पुरोहित, कलाकार एवं कवि थे। ऊपर से नीचे तक संरचना विशिष्टीकृत निष्ठाओं तथा संरक्षणों से शासित होती थी। मुस्लिम शासन ने अभिजन प्रस्थिति में लिप्त सिर्फ व्यक्तियों अथवा पदों को स्थानापन्न किया था, स्वयं व्यवस्था को नहीं। उसी व्यवस्था में यह अभिजनों के एक वर्ग के स्थान पर दूसरे वर्ग का हस्तान्तरण था बजाय भिजनों की संरचना या प्रकार्यों में परिवर्तन के; अभिजन संरचना सामन्ती, पैतृक एवं करिश्माई बनी रही। जैसे ही मुस्लिम राजाओं ने शक्ति की साम्राज्यिक भूमिका (imperial role) में कदम रखा, अनेक हिन्दू राजा उनके जागीरदार बन गए; अन्य जिन्होंने जागीरदारी नहीं स्वीकारी, वे निरन्तर संघर्ष करते रहे, परन्तु अपने सीमित अधिकार क्षेत्र में प्रत्येक जागीरदार राजा ने अपने संरक्षण में अधिकारियों एवं अभिजनों के पारम्परिक लाव–लश्कर को बनाये रखा।

इन अभिजनों के सभी वर्गों में कोई वृहत्–संरचना अथवा अखिल–भारतीय प्रभाव नहीं था। इस प्रकार का प्रभाव केवल सर्वोच्च राजनैतिक अभिजनों की विशेषता थी जो साम्राज्यिक शक्ति (imperial power) अथवा सांस्कृतिक एवं धार्मिक अभिजनों के प्रतिनिधि थे जो देश के विभिन्न भागों में मठों या धार्मिक संगठनों के जाल को नियन्त्रित करते थे। तब भी वृहत्–संरचनात्मक कड़ियाँ हमेशा प्रभावी नहीं थीं। स्थानीय जागीरदारों अथवा उप–शाही प्रतिनिधियों में आए दिन विद्रोह करने की प्रवृति थी तथा ऐसा कोई धार्मिक अथवा सांस्कृतिक आन्दोलन नहीं था जिसके प्रतिद्वंद्वी सम्प्रदाय न हों। इस काल की अभिजन संरचना मुख्यतया खंडात्मक (segmental) थी, जिस पर वृहत्–संरचना की एक बहुत पतली परत थी।

मुगल साम्राज्य का धीमा पतन तथा परम्परागत अभिजनों का क्षरण साथ–साथ घटित हुआ। अंग्रेजी शक्ति के आगमन ने इस प्रक्रिया को और तेज कर दिया तथा अभिजनों की पूर्णतया नई संरचना के उदय के लिए भौतिक दशाएं उत्पन्न कर दीं। एकतन्त्रीय–सामन्ती प्रकार के अभिजनों को राष्ट्रवादी–उदारवादी प्रकार के अभिजनों से विस्थापित होना पड़ा। भारत में अंग्रेजी औपनिवेशिक राज ने इस प्रक्रिया को अनेक प्रकार से सहायता दी। इसने भारत में सामन्ती मुखियाओं की सैन्य क्षमताओं को निष्फल कर दिया; इसने देश में कानून का राज स्थापित किया; साथ ही शिक्षा, प्रशासन के तार्किक स्वरूप, आधुनिक सेना, संचार वाहकों तथा प्रौद्योगिकीय एवं वैज्ञानिक जानकारी की आधुनिक व्यवस्था को प्रारम्भ किया। यह सही है कि इनमें से अनेक बातों को अंग्रेजों ने अपने स्वयं के प्रबुद्ध स्वहितों हेतु किया, परन्तु भारत में अभिजनों की नई वृहत्–संरचना का उदय इसका अप्रकट प्रकार्य (latent function) था।

प्रकट रूप में, अंग्रेजों ने परम्परागत सामन्ती अभिजनों को अपना संरक्षण जारी रखा; उन्होंने बंगाल एवं बिहार में बड़े भू–सामन्तों का एक वर्ग स्थाई उपनिवेशन के द्वारा (by permanent settlement) भी पैदा कर दिया। बंगाल में इसके परिणामस्वरूप पुराने भू–स्वामी अभिजनों के लिए बहुत मुश्किलें खड़ी हो गईं जो अपनी जमीन पर थोपे गए ऊँचे करों का भुगतान नहीं कर सके तथा यह जमीन धनी व्यापारी वर्ग के नवधनाढ्यों (noveaux riches) के वर्ग के पास चली गई। पारम्परिक अभिजनों–भू–स्वामियों तथा राजाओं–को बनाए रखने में अंग्रेजों के अपने निहित स्वार्थ थे क्योंकि उनका आदर्श–वाक्य था। 'देशी लोगों (natives) को देशी लोगों से संतुलित करो'।[40] इसके परिणामस्वरूप भारत में पारम्परिक सामन्ती तथा उदीयमान राष्ट्रवादी अभिजनों के मध्य ऐतिहासिक खाई खड़ी हो गई।

भारत में अंग्रेजी नीति (जिन्हें व्यक्तिगत विद्वान, मिशनरी अथवा पत्रकार अंग्रेज के अभिमुखन से भिन्न मानना चाहिए) के बावजूद राष्ट्रवादी अभिजनों की जो सामाजिक संरचना विकसित हुई, मौलिक रूप से भिन्न थी। नए अभिजन, गाँवों के स्थान पर शहरों की उत्पत्ति थे, भूपति कुलीनों (landed aristocracy) की अपेक्षा व्यवसायों (पत्रकार, वकील, सामाजिक कार्यकर्ता, आदि), से अधिक थे, भूपति कुलीनों में से अधिकांश राष्ट्रवादी आन्दोलन के विरुद्ध थे; अभिजन नए मध्यम वर्ग से बने थे, जो अंग्रेजी शिक्षा तथा प्रशासन, न्यायपालिका तथा शैक्षणिक व्यवसायों के विस्तार के परिणामस्वरूप विकसित हुआ था। राजा राममोहन रॉय एक पत्रकार एवं विद्वान थे। ईश्वरचन्द्र विद्यासागर तथा केशबचन्द्र सेन शिक्षाशास्त्री तथा शिक्षक थे। दयानन्द सरस्वती तथा विवेकानन्द सामाजिक एवं धार्मिक सुधारक थे। रानाडे एवं बी.के. गोखले सामाजिक कार्यकर्ता एवं शिक्षक थे। मदन मोहन मालवीय एक वकील, शिक्षाशास्त्री तथा विद्वान थे। बी.जी.

तिलक एक पत्रकार एवं शिक्षक थे। मोती लाल नेहरू, जवाहर नेहरू, राजेन्द्र प्रसाद, लाजपत राय, अम्बेडकर एवं सरदार पटेल कानूनी व्यवयाय में प्रशिक्षित थे। गाँधी स्वयं एक कानूनी बैरिस्टर थे। इसी प्रकार की व्यावसायिक पृष्ठभूमि को अन्य प्रख्यात राष्ट्रीय नेताओं के मामले में देखा जा सकता है जैसे कि अरविंद घोष, चक्रवर्ती राजगोपालाचारी, जे.पी. नारायण, अब्दुल–कलाम आज़ाद, सुभाष चन्द्र बोस एवं अन्य।

भारत में राजनैतिक अभिजनों का उदय व पश्चिमीकृत मध्यम वर्ग का विकास साथ–साथ हुआ। इसका उदय उच्च जातियों में शिक्षा के प्रसार के फलस्वरूप हुआ। अभिजन स्थितियों में जिन उच्च जातियों का प्रभुत्व था, वे थीं ब्राह्मण (गुजरात में नागर एवं अनाविल ब्राह्मण, महाराष्ट्र में चितपावन ब्राह्मण,[41] उत्तर में कश्मीरी ब्राह्मण, पूर्वी भारत में बंगाली ब्राह्मण और दक्षिण भारत में ब्राह्मणों की विभिन्न उप–जातियाँ) कायस्थ, पारसी बनिया तथा अन्य मुस्लिम उच्च जातियाँ। व्यावसायिक संदर्भ में राजनैतिक अभिजनों की आरम्भिक सामाजिक संरचना में वकील प्रमुख थे। ''कुल 13,839 प्रतिभागियों में से जिन्होंने 1892 से 1909 के मध्य (काँग्रेस के) विभिन्न वार्षिक अधिवेशनों में भाग लिया, उनमें से 5,442 अथवा लगभग 40 प्रतिशत, कानूनी व्यवसाय के सदस्य थे। अन्य महत्वपूर्ण समूहों में भू–स्वामी कुलीन वर्ग (landed gentry) के 2,629 थे और वाणिज्यिक वर्गों के 2,091 थे। शेष अन्य में पत्रकार, डॉक्टर व शिक्षक .... थे।[42] जैसे–जैसे राजनैतिक आन्दोलन मजबूत हुआ, भू–स्वामी कुलीन वर्ग अलग थलग पड़ता गया और राजनैतिक अभिजन की भूमिका शिक्षित मध्यम वर्गों तथा व्यावसायिक समूहों में चली गई।

बीसवीं शताब्दी क़े आरम्भ में भारतीय अभिजन एक समेकित समूह (composite group) था। प्रशासनतंत्रीय (bureaucratic) तथा तकनीकी व्यावसायिक अभिजनों के अतिरिक्त, अभिजनों के अन्य स्तर पूर्ण रूप से विभेदीकृत नहीं थे। व्यावसायिक अभिजनों का महत्वपूर्ण भाग उदित नहीं हो पाया क्योंकि औद्योगीकरण की प्रक्रिया आरम्भ ही हो रही थी। बौद्धिक एवं राजनैतिक अभिजनों के स्तर एक उप–संरचना में विलीन हो जाते हैं। सर्वोच्च राजनैतिक अभिजनों में से अधिकांश ने उच्च बौद्धिक मानक अर्जित किए थे, जाने–माने पाश्चात्य विश्वविद्यालयों में शिक्षा पाई थी तथा समाचार पत्रों एवं पत्रिकाओं, समूह बैठकों तथा सार्वजनिक सभाओं के माध्यम से सृजनात्मक, राजनैतिक तथा सामाजिक विमर्श (discourse) में सक्रिय रूप से कार्यरत थे। बौद्धिक रूप से ये अनेक महाविद्यालयी व विश्वविद्यालयी प्रोफेसरों से अधिक सक्रिय थे, उनका चिन्तन समाज तथा वृहत् विश्व के समक्ष मुंह बाए खड़े समकालीन राजनैतिक एवं नैतिक मुददों के प्रति निर्दिष्ट था, और यह चिन्तन, समकालीन प्राध्यापकों में आमतौर पर प्रचलित अमूर्त सैद्धान्तिक तार्किकता (abstract theoretical ratiocination) से मुक्त तथा व्यावहारिक था। उन्होंने भावनात्मक नेताओं (demagogues) तथा विद्वानों की भूमिकाओं का विलय कर दिया था। आने वाले समय में यह प्रतिमान क्रान्तिकारी रूप से बदलने वाला था।

इस प्रकार के अभिजन का विकास पारम्परिक अभिजनों के सामन्ती राजवंशीय चरित्र से संरचनात्मक रूप से भिन्न था। नए अभिजन उनकी व्यावसायिक उपलब्धियों तथा आधुनिक शिक्षा के आधार पर उदित हुए थे। अभिजन की भूमिका उन्हें विरासत में नहीं मिली थी, न सामन्ती–पैतृक संरक्षण द्वारा दी गई थी; वस्तुतः, नए अभिजनों का एक महत्वपूर्ण हिस्सा सामन्तवाद के खिलाफ था और सामाजिक एवं आर्थिक सुधार चाहता था। इसकी आन्तरिक संरचना अब भिन्न थी और इसका पूर्ववर्ती एकांगीपन (former exclusiveness) अब समाप्त हो चुका था, परन्तु क्योंकि अभिजन में अधिकांश उच्च जातियों, विशेषतः ब्राह्मण जाति के थे, अतः अभिजन संरचना को सच्चे अर्थों में 'लोकतांत्रीकृत' नहीं कहा जा सकता। भारत में नए अभिजनों के उदय ने भारतीय समाज में समान प्रकार के संरचनात्मक परिवर्तनों का अनुसरण नहीं किया जो कि औद्योगिक क्रान्ति के बाद यूरोपियन सामाजिक रूपान्तरण की विशेषता थी। जिस सामाजिक आधार से अभिजन भर्ती हो रहे थे, वह छोटा सा ही रहा तथा भर्ती उच्च जातियों तक सीमित रही। अभिजन भूमिका में ब्राह्मणों की प्रमुखता के महत्वपूर्ण समाजशास्त्रीय परिणाम थे; यह पाश्चात्य मूल्यों के सामाजिक एवं सांस्कृतिक अनुकूलन में मंदन (moderation) का तत्व लाया; इसने करिश्माई अभिजनों हेतु पारम्परिक लालच बनाए रखा; करिश्माई अभिजन संरचनात्मक प्रक्रियाओं द्वारा भी अनुकूलित (conditioned) हुए। इस संदर्भ में यह कहा गया है :

> पारम्परिक अतीत से टूटने की प्रक्रिया ऐसी अभिवृत्तियाँ (attitudes) पैदा करती है जो करिश्माई नेताओं को स्वीकारने के लिए सशक्त रूप से प्रवृत्त होती हैं। देशी शासक परिवार एवं कुलीनतंत्र बहुत तेजी से अधिप्राकृतिक विश्वासों द्वारा स्वीकृत सत्ता (authority sanctioned by supernatural beliefs) को खो रहे हैं या पहले से खो चुके हैं। पारम्परिक सत्ता के लिए आदर की गहरी भावुक जड़ें मुरझा रही हैं जिसके कारण आज्ञाकारिता की आदत, नए लगावों की तलाश में स्वच्छन्द हो जाती है। इस बीच, तार्किक विशेषता वाली शिक्षा के धीमे प्रसार तथा जन–संचार के माध्यमों का अभाव मुख्य रूप से बौद्धिक अनुनय (intellectual persuation) पर आधारित एक नए मतैक्य के विकास को धीमा करते हैं। संक्रमण के इन कालों में करिश्माई नेताओं द्वारा रिक्त स्थानों को भरने की संभावना रहती है।[43]

उपरोक्त दशाएं असाधारण रूप से भारतीय स्थिति का संकेत देती हैं, और शायद इस बात के कारण स्पष्ट करती हैं कि भारतीय लोगों पर गाँधी और नेहरू का करिश्माई नियन्त्रण क्यों था, परन्तु अन्यथा भी नए अभिजन की पारम्परिक अभिजन के साथ निरन्तरता थी। प्रोफेसर श्रीनिवास के अनुसार, यह निरन्तरता दो स्वरूपों में विद्यमान थीः ''प्रथम, पारम्परिक अभिजन के कुछ सदस्यों तथा भागों ने अपने आपको एक नए अभिजन में रूपान्तरित कर लिया, और दूसरा, प्राचीन व नए व्यवसायों में एक निरन्तरता होती है। जब ब्राह्मण पंडित के बेटे व्यवसायों में प्रवेश करते हैं, अथवा जब एक मुखिया/जागीरदार का बेटा भारतीय सेना में उच्च स्थान अर्जित करता है, अथवा एक वणिक्पुत्र वस्तुओं का प्रमुख निर्यातक एवं आयातक बन जाता है, ये निरन्तरता के ही सहज उदाहरण हैं।''[44]

यह संरचना निरन्तरता नए अभिजन की विचारधारात्मक विशेषताओं को स्पष्ट करती है, जो कि अधिकांश पश्चिमीकृत थे, परन्तु भारतीय परम्परा के लिए प्रतिबद्ध थे। ऐसे कुछ मामले हैं जहाँ अभिजन पूरी तरह से पश्चिम से अभिभूत थे; अधिकांश मामलों में पश्चिमी संस्कृति और इसकी मूल्यों की व्यवस्था का अधिक अनुभव (exposure) राष्ट्रीयता एवं राष्ट्रीय सांस्कृतिक अस्मिता की उनकी भावनाओं को सुदृढ़ करता था। तीनों प्रमुख राजनैतिक विचारधाराओं, उदाहरणार्थ, सामुदायिक–रूढ़िवादी (communal-conservative), मध्यम–उदारवादी (moderate-liberal) एवं क्रांतिकारी–लोकप्रियतावादी (radical-populistic), के अभिजनों में एक बात समान थी, वह थी, भारत की पारम्परिक सांस्कृतिक अस्मिता को बनाए रखने पर जोर। इस बिन्दु पर मतभेद केवल न्यूनाधिक मात्रा का है। काँग्रेस के सर्वाधिक प्रभावशाली राजनैतिक अभिजन, जिन्होंने अन्ततः देश के लिए आजादी हासिल की, खुल्लमखुल्ला इस नीति से प्रतिबद्ध थे। जैसा कि हम ऊपर चर्चा कर चुके हैं, इस विचारधारात्मक परम्परा का एक अतिवादी उदाहरण है। अन्तर्राष्ट्रवाद तथा सांस्कृतिक बहुलवाद के प्रति उनके उन्माद (passion) के बावजूद वे एक गर्वीले राष्ट्रवादी भी थे।

नया अभिजन अर्थव्यवस्था के आधुनिकीकरण, सामाजिक सुधारों, समानतावाद की नीति, सामाजिक न्याय, सार्वभौमिक नागरिक अधिकार, जातिगत बाधाओं की समाप्ति तथा महिलाओं व पिछड़े वर्गों के लिए कल्याण एवं समान अधिकारों के पक्ष में था। ये नीतिगत आह्वान संयुक्त रूप से एक ऐसी मूल्य व्यवस्था का निर्माण करते हैं जो कि सोपानक्रम, समग्रवाद एवं निरन्तरता की पारम्परिक भारतीय मूल्यों से तार्किक रूप से कोसों दूर है। यह आधुनिकीकृत पाश्चात्य विश्व–दर्शन के नजदीक आती है। इसके साथ ही, ये अभिजन भारतीय परम्परा से चमत्कृत भी थे और इसे इसके आवश्यक स्वरूप में संरक्षित करना चाहते थे। इसके परिणामस्वरूप उनके दृष्टिकोण में एक मनोवैज्ञानिक खाई पैदा हो गई, जिसको अलग–अलग तरीके से विवेचित किया गया है,[45] परन्तु इसकी

समान लक्षण परम्परा एवं आधुनिकता के मध्य दुविधा की भावना है जो कि एक ओर सांस्कृतिक संश्लेषण की खोज और दूसरी ओर सांस्कृतिक अस्मिता में निहित विभेदीकृत मांगों से उभरती है।

संरचनात्मक दृष्टि से, नया अभिजन मध्यम वर्ग से था और विभिन्न व्यावसायिक समूहों से सम्बन्धित था और इसका मुख्यतया नगरीय आधार था। इनका सामाजिक प्रभाव सामाजिक संरचना की सर्वोच्च स्थिति, जहाँ पर अभिजन स्थित होते हैं, से नीचे की ओर होता है। इनके राजनैतिक अभिमुखन आदर्शवादी थे तथा क्षेत्रीय समूह के हितों से मुक्त थे। इस कारण ये भारतीय समाज की एक समेकित वृहत्–संरचना का निर्माण करते हैं क्योंकि वे अत्यधिक पश्चिमीकृत भी होते थे, अतः ये लोगों से कुछ हद तक सांस्कृतिक रूप से दूर होते थे।[46]

स्वतन्त्रता के पश्चात् अभिजन संरचना का स्वरूप और बदला। राजनैतिक एवं सांस्कृतिक लक्ष्यों, जो स्वतन्त्रता के पूर्व बहुल (diffused) तथा आदर्शवादी (idealistic) थे, को विशेष लक्ष्यों में क्रियान्वित करना था; अभिजनों के प्रकार्य भी अब बदल गए थे; पहले के आह्वानों को क्रियान्वित करना था, तथा राष्ट्रीय आन्दोलन को संसदीय लोकतांत्रिक ढांचे के अन्तर्गत दल आन्दोलनों (party movements) की प्रभावशाली व्यवस्था में परिवर्तित करना था। इसने अभिजन–जनता के सम्बन्धों को बदल दिया, जो कि अब राजनैतिक दलों के भीतर एवं बाहर हित–समूहों द्वारा ठोस रूप से प्रभुताग्रस्त (materially dominanted) थे क्योंकि भारत में एक सशक्त विरोधी दल नहीं विकसित हो पाया, इन समूह हितों का क्रियान्वयन प्रमुखतः काँग्रेस पार्टी तक ही सीमित रहा।

अभिजन संरचना में परिवर्तन की महत्वपूर्ण प्रवृत्तियाँ, जो स्वातंत्र्योत्तर काल में उभरी हैं, वे हैं: (1) ग्रामीण–आधारित राजनैतिक अभिजनों का बढ़ता प्रभाव तथा विभिन्न व्यवसायों से आए अभिजनों के प्रभाव में कुछ कमी; (2) मध्यम वर्गों के सदस्यों की संख्या में महत्वपूर्ण वृद्धि के साथ अभिजन संरचना में अधिक विभेदीकरण; (3) राजनैतिक–सांस्कृतिक विचारधाराओं में क्षेत्र व हित–समूह अभिमुखन वाले लक्ष्यों का अधिक मुखरण (greater articulation); (4) अभिजन स्थिति में उच्च जातियों के एकांगीपन (exclusiveness) में थोड़ी कमी (बिखराव) तथा परिणामतः इसका लोकतांत्रीकरण।

भारतीय लोकसभा के सदस्यों की व्यावसायिक पृष्ठभूमि के अध्ययन से ग्राम–आधारित राजनैतिक अभिजन में वृद्धि की प्रवृत्ति का सूचक मिल सकता है। सन् 1947 की कामचलाऊ लोकसभा में केवल 6% सदस्य कृषक व्यावसायिक पृष्ठभूमि से थे। सन् 1952 की लोकसभा में उनकी सदस्यता 19% हो गई। सन् 1957 में यह संख्या 22% हो गई और अन्ततः 1962 की संसद में उनकी संख्या बढ़कर 26% हो गई। इसके विपरीत, पेशे के आधार पर सदस्यों का प्रतिशत क्रमिक रूप से घटता गया। सन् 1947 में कामचलाऊ संसद में कुल सदस्यों की

संख्या के 83% सदस्य पेशे से सम्बन्धित पृष्ठभूमि से थे; यह संख्या सन् 1952 में घटकर 74%, 1957 में 73% और 1962 में उतनी ही रही। संसद की सदस्यता का अधिकांश भाग जिन दो पेशेवर समूहों से आता है, वे वकील तथा सामाजिक कार्यकर्ता हैं। इन दोनों समूहों से आने वाले सदस्यों का संसद में प्रतिशत 1947 में 46% था; 1962 में कुल सदस्यता के 48% सदस्य इन दो समूहों से थे।[47] व्यापारिक समूहों ने भी क्रमिक चुनावों में अपनी सदस्यता का प्रतिशत 2% बढ़ा लिया, परन्तु सर्वाधिक वृद्धि (20%) केवल ग्रामीण–कृषक अभिजनों में हुई। राजनैतिक पदों का इसी प्रकार का ग्रामीणीकरण राज्य विधानसभाओं में भी हो रहा है।[48]

स्वतन्त्रता के पश्चात् दूसरी महत्वपूर्ण प्रक्रिया मध्यम वर्ग समूह के सदस्यों की संख्या में वृद्धि है, जिसने अभिजन संरचना को विभिन्न स्तरों पर सशक्त किया, फलस्वरूप इसके कारण इसकी आन्तरिक संरचना में तीव्र विभेदीकरण हुआ। परिणामस्वरूप, बौद्धिक एवं राजनैतिक अभिजन दो प्रकार्यात्मक अभिजन समूहों में पृथक हो गए। बौद्धिक अभिजनों में बड़ी संख्या में लोग अब विभिन्न तकनीकी, कानूनी तथा शिक्षा–सम्बन्धी व्यवसायों में, पत्रकारिता एवं कला में कार्यरत थे। नगरीय मध्यम वर्गीय पेशेवर कर्मचारी (शिक्षक, पत्रकार, वकील एवं चिकित्सक तथा अन्य स्वास्थ्य सेवाओं में कार्यरत) 1950 से 1961 के मध्य 74% बढ़े।[49] इनकी कुल संख्या 1950 में 770,000 आंकी गई थी जो 1961 में बढ़कर 1,220,000 हो गई। स्वाभाविक रूप से, ये सभी लोग अभिजन स्थिति के नहीं हैं, तथापि मध्यम वर्गीय समूह में एक महत्वपूर्ण वृद्धि देखी गई है। भारत में बौद्धिक अभिजनों की संख्या के बारे में एडवर्ड शिल्स लिखते हैं:

> भारतीय सांख्यिकी की वर्तमान अवस्था तथा 'बुद्धिजीवी शब्द की सीमाओं के धुंधले होने के कारण अभी विद्यमान भारतीय बुद्धिजीवियों की सही संख्या का आकलन अत्यधिक कठिन है। दस हजार से कम या ज्यादा, आज भारत में लगभग 60,000 पेशेवर बुद्धिजीवी हैं.......इस संख्या में महाविद्यालयी व विश्वविद्यालयी शिक्षक, सरकार में तथा विद्वतपूर्ण तथा वैज्ञानिक शोध संस्थानों में कार्यरत शोधकर्मी, उद्योगों में व्यावहारिक वैज्ञानिक (applied scientists), लेखक एवं पत्रकार, साहित्यकार, आलोचक, पटकथा लेखक, चित्रकार एवं मूर्तिकार शामिल हैं। न्यायालय व बार, चिकित्सा, सरकारी सेवा (civil service), व्यवसाय तथा पेशेवर राजनीति (professional politics) में सक्रिय सृजनशील बुद्धिजीवी कुछ हजार और जोड़ देंगे। उपभोगी बुद्धिजीवी, जिनके व्यवसाय स्वयं में बौद्धिक न हों, जिनका प्रशिक्षण व मनोवृत्ति (disposition), चाहे उनके व्यवसाय से जुड़ा हो या नहीं, उन्हें बौद्धिक मामलों में रुचि रखने को प्रेरित करता है, लगभग

100,000 होंगे। कुल मिलाकर हमारा आकलन है कि भारत में आज कम से कम 160,000 व्यक्ति हैं जिन्हें कठोर मानकों के अनुसार 'बुद्धिजीवी' कहा जा सकता है।[50]

शिल्स द्वारा उद्धृत आंकड़े (1961 में प्रकाशित) बुद्धिजीवियों की उस परिभाषा पर आधारित हैं जिसमें ऊपर वर्णित नगरीय मध्यम वर्गीय पेशेवर कर्मचारियों के सभी संवर्गों को शामिल नहीं करता, अकेले जिनकी संख्या 1961 में दस लाख से अधिक थी। निश्चित रिकॉर्ड्स (आलेखों) के अभाव में तथ्यों को जाँचने का कोई विश्वसनीय तरीका नहीं है, परन्तु शिल्स की संख्या वास्तविक स्थिति का कम आकलन हो सकती है। तब भी यह प्रवृत्ति स्व–स्पष्ट है। सृजनशील एवं उपभोगी अभिजनों की संख्या महत्वपूर्ण तरीके से बढ़ी है, और शिल्स ने यह निष्कर्ष दिया है कि "सभी नए राज्यों में से, अकेले भारत के पास एक बुद्धिजीवी वर्ग प्रतीत होता है जो कि उसी अर्थ में 'आधुनिक' है जिस अर्थ में पाश्चात्य देशों के बुद्धिजीवियों की वृहत् स्तरीय तकनीकी एवं विश्लेषणात्मक दक्षता तथा मनोवृत्तियाँ तथा रुचियाँ विशेषताएँ कहलाती हैं। यह 'एक कार्यक्षेत्र की जागीर' (an estate of the realm) हैं इसका अस्तित्व, अच्छे अथवा बुरे के लिए समाज में माना जाता है और यह बहुविविधता की भूमिकाएँ निभाती है जैसा कि पाश्चात्य देशों में बुद्धिजीवी के लिए उचित है।"[51] यह हमारी बात को स्पष्ट रूप से सिद्ध करता है कि स्वातंत्र्योत्तर काल में अभिजन संरचना में एक विभेदीकरण हुआ है।

अभिजनों की रुचियों तथा निष्ठाओं के अभिमुखन में, विशेषतः राजनैतिक अभिजनों में, एक अन्य महत्वपूर्ण परिवर्तन हुआ है। राजनैतिक अभिजन अब क्षेत्रीय हित समूहों के मूल्यों तथा आकांक्षाओं के प्रति अधिक झुक जाते हैं तथा उनको मुखरित भी करते हैं; उदीयमान नए राजनैतिक अभिजनों की चेतना में स्वतन्त्रता पूर्व के दिनों के बहुल विचारधारात्मक अभिमुखन (diffused ideological orientation) का अभाव बढ़ रहा है। तथापि, यह भारत में राजनैतिक जीवन की सामान्य वास्तविकताओं को प्रतिबिम्बित करता है जिसे मायरन वीनर 'अभाव की राजनीति' (politics of scarcity) कहते हैं। जैसे–जैसे भारतीय मिट्टी में लोकतांत्रिक प्रक्रिया जड़ें जमाती जायेगी, क्षेत्रीय हित–समूहों की लामबंदी होना एक सामान्य प्रक्रिया है, और राजनैतिक अभिजन को इन शक्तियों का ध्यान रखना होगा, परन्तु क्योंकि इस प्रक्रिया के साथ–साथ विभेदीकरण तथा अभिजनों के अन्य प्रकारों की संख्या में वृद्धि होती है, किसी को इसमें अत्यधिक राजनैतिक क्षेत्रवाद नहीं देखना चाहिए अथवा इस कारण भारतीय संघ के अन्ततः टूटने का निष्कर्ष नहीं निकालना चाहिए। इसके विपरीत, क्षेत्रीय समूह–हितों के मुखरण (articulation) के माध्यम से और राजनैतिक रूप से स्वतन्त्र, मुखरित (articulate) तथा प्रबुद्ध पेशेवर (enlightened professional), प्रशासनतंत्रीय तथा

बौद्धिक अभिजनों (bureaucratic and intellectual elites) की वृद्धि के प्रति–संतुलनकारी (its counter-checks) प्रभाव से भारत के राजनैतिक तथा सामाजिक एकता की अधिकाधिक संभावना प्रतीत होती है।

अन्ततः, स्वतन्त्रता के बाद से भारत में अभिजनों की भर्ती के सामाजिक एवं आर्थिक आधार बड़े हो गए हैं। इस भूमिका–संरचना पर उच्च जातियों तथा मध्यम वर्गों का पूर्ववर्ती एकाधिकार कुछ हद तक टूटा है। अधिकांश दक्षिण राज्यों में, जैसे तमिलनाडु, आंध्र, मैसूर व कुछ हद तक केरल में राजनैतिक अभिजन प्रस्थिति पर उच्च जाति एकाधिकार विफल कर दिया गया है। तथापि, इन राज्यों में, ब्राह्मणों में एक प्रवृत्ति है, जो कि पहले राजनैतिक अभिजन थे अब वे ऐसी अन्य अभिजन भूमिकाओं की ओर बढ़ रहे हैं जो राजनैतिक रूप से तटस्थ हैं और जो विज्ञान, अभियांत्रिकी (engineering), चिकित्सा, आदि में व्यावसायिक एवं बौद्धिक उपलब्धियों के उच्च मानकों पर निर्भर करती हैं।[52] इस प्रकार अभिजन प्रस्थिति में लम्बवत् गतिशीलता है, और इसका चरित्र, ब्राह्मण तथा गैर–ब्राह्मण समूहों की राजनैतिक शक्ति में परिवर्तनों तथा उस काल–विलम्बन (time-lag) से नियन्त्रित होता है, जिस काल–विलम्बन से इन राज्यों में शिक्षा तथा सामान्य पश्चिमीकरण के मामले में गैर–ब्राह्मण ग्रस्त हैं।[53]

भारतीय समाज की अभिजन संरचना में हो रहे परिवर्तनों को संक्षिप्तीकृत करने के लिए हम संक्रमण की तीन अवस्थाओं को प्रस्तावित करते हैं: (1) पारम्परिक प्रकार के एकतंत्रीय–सामन्ती अभिजन, जिनकी सामाजिक संरचना तथा विश्व–दर्शन सोपानक्रमिक था, जिनकी अभिजन भूमिका धार्मिक, पैतृक एवं अन्य विशिष्टीकृत आधारों, अथवा सम्पत्ति के आधार पर प्रदत्त थी; जो कम सृजनशील थे तथा यथास्थिति की विचारधारा के प्रति अधिक प्रतिबद्ध थे, और अन्ततः उनकी सत्ता की वैधता का स्रोत पारम्परिक प्रस्थिति, प्रतिष्ठा तथा करिश्मा में निहित था; (2) नया राष्ट्रवादी–उदारवादी–अभिजन, जो भारत में अंग्रेजी राज के फलस्वरूप उदित हुआ, इसके कारण पाश्चात्य शिक्षा, उदारवादी–मानवतावाद की पाश्चात्य विचारधारा के साथ सम्पर्क, लोकतंत्र, समानतावाद, राष्ट्रवाद तथा उद्योगवाद का विकास हुआ। इसने एक इस प्रकार की अभिजन संरचना बनाई, जिसकी जड़ें यद्यपि कुछ अर्थों में उच्च जाति प्रस्थिति, मध्यम व उच्च मध्यम वर्ग प्रस्थिति तथा प्रतिष्ठा की पारम्परिक स्थितियों पर आधारित अतीत की सामाजिक संरचना में आबद्ध थी, परन्तु कुछ अर्थों में परम्परागत अभिजन की सामाजिक संरचना से विभेदीकृत थी। नए अभिजनों में से अधिकांश सामन्ती–एकतंत्रीय वर्ग अथवा भू–स्वामी कुलीनवर्ग (landed aristocracy) से न होकर एक उदीयमान पेशेवर समूह से था; इनमें से अधिकांश अत्यधिक पश्चिमीकृत थे तथा पुरानी मनोवृत्ति के अभिजनों के उग्र व्यवहार को झेलते थे। इस प्रकार के संघर्षों के सामाजिक नाटक को डी.डी. कर्वे द्वारा 'द न्यू ब्राह्मणस्' (The New Brahmins) में स्पष्ट रूप

से चित्रित किया गया है।[54] इस प्रकार के अभिजनों की विशेष विचारधारा के स्थान पर बहुल विचारधारा थी। ये राष्ट्रवाद, उदारवाद, विज्ञान तथा आर्थिक प्रगति के सांस्कृतिक मूल्य सामान्य लक्ष्यों के रूप में परन्तु बिना किसी विशेष नीति अभिमुखनों का प्रसार करते थे। इस प्रकार के मूल्यों, जो पाश्चात्य मूल के हैं; के प्रति उनकी प्रतिक्रिया दुविधापूर्ण थी तथा पर–संस्कृति भय (xenophobia) से लेकर पर–संस्कृति प्रेम (xenophilia) तक फैली हुई थी।[55] इन अंतिम छोरों के विशुद्ध मामले मिलने मुश्किल थे। श्रीनिवास के अनुसार, इस समूह के अधिकांश अभिजन, "दो चेहरों के थे, एक चेहरा अपने स्वयं के समाज की तरफ तथा दूसरा पश्चिम की ओर उन्मुख था। जहाँ तक उनके लोगों की बात थी तो वे पश्चिम के प्रवक्ता (spokesmen for the west) थे और जब शासकों की बात आती तो वे अपने लोगों के प्रवक्ता बन जाते थे।"[56]

भारत के एक स्वतन्त्र लोकतांत्रिक राष्ट्र के रूप में विकास के साथ–साथ एक अन्य अभिजन संरचना उभरी : (3) राजनैतिक–लोकप्रियवादी अभिमुखन का नया अभिजन। यह अभिजन स्वतन्त्रता पूर्व के काल के नए अभिजन से इस तथ्य में भिन्न है कि राजनैतिक लक्ष्यों में उनके अधिक व्यावहारिक तथा विशेष नीति अभिमुखन होते हैं; इनकी राजनैतिक विचारधारा बहुल न होकर विशेष है; ये सामान्यीकृत राष्ट्रवादी प्रसंगों पर जनता को अपील नहीं करते बल्कि उन विशेष मुद्दों पर जो कि उनके समुदाय या क्षेत्र में समकालीन हित समूह की सामाजिक संरचना का हिस्सा बनाते हैं; ये अब ज्यादातर ग्रामीण, कृषि सम्बन्धी तथा निम्न मध्यम जातियों अथवा वर्ग पृष्ठभूमि से भर्ती होते हैं। अंग्रेजी काल के राष्ट्रीय–उदारवादी अभिजनों की तुलना में कम पश्चिमीकृत हैं। इस स्तर के राजनैतिक अभिजनों का उदय व अभिजन संरचना के भीतर बढ़ते विभेदीकरण साथ–साथ घटित हुआ है। बौद्धिक अभिजनों का अब एक पृथक तथा अपेक्षाकृत स्वायत्त अस्तित्व है; नए राजनैतिक लोकप्रियतावादी अभिजन शायद ही कभी बुद्धिजीवी हों तथा वे इस तरह के दावे भी बहुत कम करते हैं।

भारतीय समाज में अभिजन संरचना में परिवर्तन की ये अवस्थाएं दक्षिण एशिया, अफ्रीका तथा लैटिन अमेरिका में घटित हो रही परिवर्तन की सामान्य प्रक्रिया को पुष्ट करती हैं जहाँ पर राजनैतिक अभिजन ज्यादा से ज्यादा राष्ट्रीय अस्मिता के बारे में अधिक चैतन्य हो गए हैं तथा पश्चिम के साथ सीधे सांस्कृतिक एवं संस्थात्मक पहचान का प्रतिरोध करते हैं।[57] भारत में नए लोकप्रियतावादी अभिजन अभिमुखन में आदर्शवादी तथा अन्तर्राष्ट्रीय के स्थान पर अधिक व्यावहारिक तथा अस्मिता चैतन्य (identity conscious) हो गए हैं। उत्तर में जनसंघ व दक्षिण में डी.एम.के. का उदय अभिजनों में लोकप्रियतावादी प्रकार की वृद्धि का परिचायक है। साम्यवादी तथा वामपंथी अथवा मार्क्सवादी झुकाव के अन्य राजनैतिक अभिजन भी अब विशेष समूह हितों के विशेष तथा तात्कालिक

मुद्दों के प्रति जागरूक हैं बजाए किसी बहुल राजनैतिक विचारधारा (जो कि सिद्धान्ततः उनमें है पर यह विडम्बनापूर्ण बात है कि उसका ये सदैव उल्लंघन करते हैं) से प्रतिबद्धता के, जो कि राष्ट्रीय उदारवादी अभिजनों की विशेषता थी।

प्रशासनतंत्रीय अभिजन तथा प्रशासनतंत्र
(Bureaucratic Elite and Bureaucracy)

आदर्श प्रारूपात्मक स्वरूप में, प्रशासनतंत्रीय संगठन आधुनिकीकृत सामाजिक संरचना का एक विस्तार है। यह कानूनी सत्ता पर आधारित है, जो कि वेबर के अनुसार, तार्किक रूप से परिभाषित कानूनी मानदण्डों में स्थित है; ये मानदण्ड किसी भी व्यक्ति में निहित नहीं हैं अपितु 'पदों' में हैं, जो कि अमूर्त तार्किक संवर्ग हैं; अतः प्रशासनतंत्र में आज्ञाकारिता व्यक्तियों के प्रति नहीं है, अपितु 'कानूनों' के प्रति है जो 'नियमों' तथा 'योग्यता के विशेष क्षेत्र' द्वारा परिभाषित होते हैं; पद–योग्यता एवं उत्तरदायित्व के अनुरूप सोपानक्रम में व्यवस्थित होते हैं। प्रशासनिक प्रक्रियाएं 'लिखित' में आलेखित व सूत्रबद्ध होती हैं, ताकि समस्त संगठन विशेष तौर पर शक्ति सम्बन्धों के क्षेत्र में, 'तार्कीकृत' हो जाएं और 'रहस्य से मुक्त'[58] (de-mystified) हो जाएं। वेबर के अनुसार, एक विशुद्ध प्रकार की प्रशासनिक संरचना में अधिकारी निम्नलिखित आधारों पर नियुक्त होते हैं तथा कार्य करते हैं:

> (1) वे व्यक्तिगत रूप से मुक्त होते हैं तथा केवल उनके वैयक्तिक कार्यालयी कर्तव्यों के संदर्भ में सत्ता (authority) के दायरे में आते हैं। (2) वे सुपरिभाषित सोपानक्रम एवं पदों में व्यवस्थित होते हैं। (3) कानूनी अर्थ में प्रत्येक पद की योग्यता का क्षेत्र सुपरिभाषित होता है। (4) पद संविदात्मक सम्बन्ध के आधार पर भरे जाते हैं। अतः, सिद्धान्ततः, स्वतन्त्र चयन होता है। (5) प्रत्याशियों को तकनीकी योग्यता के आधार पर चयनित किया जाता है। अत्यधिक तार्किक उदाहरण में, इसका परीक्षण परीक्षा के द्वारा या तकनीकी प्रशिक्षण को प्रमाणित करने वाली उपाधियों से गारन्टीशुदा होता है या दोनों, परीक्षा तथा उपाधियों के द्वारा होता है। ये नियुक्त होते हैं, निर्वाचित नहीं। (6) इन्हें नियत वेतन नकद मिलता है तथा अधिकांश को पेंशन का अधिकार भी होता है। केवल विशेष परिस्थितियों में नियोक्ता अधिकारी को, विशेषतः निजी संगठनों में नियुक्ति समाप्त करने का अधिकार होता है, परन्तु कर्मचारी त्यागपत्र देने के लिए सदैव स्वतन्त्र होता है। वेतनमान मुख्यतया सोपानक्रम में दर्जे के अनुरूप वर्गीकृत होता है; परन्तु इस आधार के अतिरिक्त पद के उत्तरदायित्व तथा

पदाधिकारी की सामाजिक प्रस्थिति की आवश्यकताओं को भी ध्यान में रखा जा सकता है। (7) इस पद को व्यक्ति का एकमात्र, कम से कम प्राथमिक व्यवसाय समझा जाता है। (8) यह एक भविष्य (career) का निर्माण करता है। वरिष्ठता अथवा उपलब्धि, अथवा दोनों के आधार पर 'पदोन्नति' की व्यवस्था होती है। पदोन्नति उच्च पदस्थ अधिकारियों के मूल्यांकन पर निर्भर करती है। (9) पदाधिकारी प्रशासन के साधनों के स्वामित्व से पूर्णतया अलग तथा अपने पद का गैर–कानूनी उपयोग किए बिना रहता है। (10) अपने पद संचालन में वह सख्त एवं व्यवस्थित अनुशासन एवं नियन्त्रण के अधीन होता है।[59]

तथापि, वास्तविक जीवन में उपरोक्त प्रशासनतंत्र की विशेषताओं में भिन्नताएँ देखने को मिलती हैं। वेबर के अनुसार, पारम्परिक भारत में तार्किक वैधानिक सत्ता (rational legal authority) तथा प्रशासनतंत्रीय सामाजिक संरचनाओं (bureaucratic social structure) के विकास के लिए विकसित सामाजिक–सांस्कृतिक आधारशिला नहीं थी।[60] मोटे तौर पर कहा जाए तो वे सही थे। हमें कौटिल्य के <u>अर्थशास्त्र</u> में राज्य, नगर तथा सैन्य संगठन आदि के प्रशासन की जटिल व्यवस्था का विस्तृत ब्यौरा मिलता है। राजा के सलाहकार योग्यता तथा शक्ति के सोपानक्रमों में व्यवस्थित बताए जाते हैं, विभिन्न राज्यों की गतिविधियों के प्रशासन के लिए एक मुख्य सलाहकार (महामंत्रिण) के अधीन अनेक सलाहकार (मंत्रिण) होते थे; कोषपाल (अर्थशास्त्र सन्निधार), कर संग्रहकर्ता (समाहर्ता), मुख्य न्यायाधीश एवं कानूनी सलाहकार (प्रद्विवाका), जनरल (सेनापति) तथा मुख्य अभिलेखपाल (महाक्षपटलिका) (chief record keeper) थे। ये सभी राजा की परिषद् के सदस्य थे। नगरों का प्रशासन एक अधिकारी करता था जिसे <u>नगरका</u> या <u>पुरपाल</u> कहा जाता था, जो कर संग्रह तथा कानून व व्यवस्था के लिए उत्तरदायी था; वह पुलिस, गुप्तचरों (secret agents) तथा सैन्य बलों (troops), जो कभी <u>दण्डनायक</u> (captain) के कमान में होते थे, कभी उसकी कमान में होते थे, का नियन्त्रण करता था। नगर में प्रत्येक चालीस परिवारों पर एक <u>गोप</u> (petty officer) होता था, जो उनकी आय तथा व्यय का लेखा–जोखा रखता था, तथा उसके कार्यभार में आने वाले परिवारों की जन्म व मृत्यु का आलेखन करता था। अपराध नियंत्रण, अपराधी निस्तारण (disposal of criminal) तथा वित्त प्रशासन के लिए भी प्रशासक थे।

ऊपरी तौर पर, यह प्रशासनिक संरचना हमें यह विश्वास दिलाती है कि कानूनी सत्ता का कोई स्वरूप प्रशासनतंत्र जैसी संरचना के साथ प्राचीन भारत में विद्यमान था, परन्तु यह कानूनी व्यवस्था संविदात्मक अथवा समानतावादी नहीं थी; सामाजिक एवं अपराध संहिताएँ (codes) कुछ निश्चित जाति के व्यक्तियों तथा कुछ निश्चित पदों पर आसीन व्यक्तियों के हित में पक्षपातपूर्ण थीं; न्याय करने में

करिश्माई तथा पारम्परिक प्रस्थिति को प्राथमिकता दी जाती थी; कानून के समक्ष सभी व्यक्तियों की समानता का स्वीकृत नियम नहीं था। कोई भी स्थापित संविधान अथवा कानूनी प्रक्रिया नहीं थी। राजा शाही शासनादेश (royal decrees) के माध्यम से राज करता था जो कि मनमाने (arbitrary) होते थे तथा समय–समय पर बदलते रहते थे। कुछ अधिकारियों को वेतन मिलता था, परन्तु अधिकांश कमीशन पर निर्भर रहते थे; किसी की भी स्थिर कार्यावधि (tenure) अथवा तार्किक रूप से परिभाषित योग्यता का कार्यक्षेत्र नहीं था; 'पद' की अमूर्त धारणा का अस्तित्व नहीं था, सभी पदाधिकारी राजा के नौकर थे तथा उसके प्रति व्यक्तिशः निष्ठा रखते थे। इस प्रकार की प्रशासनतंत्रीय संरचना 'पैतृक प्रशासनतंत्रीय प्रारूप' (patrimonial bureaucratic model) से बहुत मिलती–जुलती है।[61]

कुछ हेरफेर के साथ, भारत में तुर्क–अफगान तथा मुस्लिम शासन के दौरान यह व्यवस्था जारी रही। अब हिन्दू तथा मुस्लिम कानून दोनों न्याय के प्रशासन का आधार बनाते थे; कर्मचारियों तथा प्रशासन के प्रतिमान में कुछ परिवर्तन प्रभावी हुए, परन्तु, कानून में असमानतावाद तथा अधिकारियों की नियुक्ति तथा कर्तव्यों के आवंटन आदि में पैतृकता निरन्तर बनी रही।

भारत में आधुनिक प्रशासनतंत्रीय संरचना अंग्रेजी राज का योगदान है। इसका तार्किक चरित्र धीरे–धीरे विकसित हुआ है, और इसके वर्तमान स्वरूप में इस संगठन ने अनेक प्रारूपात्मक (typical) तत्वों को आन्तरीकृत किया है जिससे इसे किसी अन्य राष्ट्र के प्रशासनतंत्र से भिन्न किया जा सकता है, जिसकी हम आगे चर्चा करेंगे। ये प्रारूपात्मकताएँ (typicalities) भारत में अनूठी ऐतिहासिक स्थिति में इसके सावयवी विकास का परिणाम हैं। यह अपेक्षित था। नए राष्ट्रों की राजनैतिक तथा प्रशासनिक विकास में पश्चिम के कुछ राष्ट्रों से व्यवस्थित समानताएँ (systematic similarities) हो सकती हैं, परन्तु जैसा कि राल्फ ब्रैबेंती ने बताया है, "संदर्भ का गुणात्मक ताना–बाना असमानता की दशाओं को प्रभावित एवं पैदा करता है जिससे अन्य अनुभव की प्रासंगिकता दूषित हो जाती है,"[62] फलस्वरूप समान व्यवस्थाएँ विभिन्न सामाजिक संदर्भों में विभिन्न प्रकार्यात्मक अभिमुखन ग्रहण कर लेती हैं।

यह बात भारत में प्रशासन व्यवस्था तथा इसकी अभिजन संरचना (भारतीय सिविल सेवा) पर भी खरी उतरती है। कुछ अर्थों में अंग्रेजों ने इसे आकार (shape) दिया; इस व्यवस्था में इसके आधारभूत तार्किक ढाँचे को लाने के लिए वे उत्तरदायी थे, जिस ढाँचे में "शैक्षणिक प्रतियोगिता के आधार पर खुला प्रवेश; राजनैतिक दल में परिवर्तन से कार्यकाल (tenure) का स्थायित्व अप्रभावित; कोई कार्य उत्तरदायित्व का है या केवल रोजमर्रा (routine) का, इसके अनुरूप वर्गों अथवा दर्जों (grades) में विभाजन; एक नियमित वर्गीकृत वेतनमान; वरिष्ठता तथा

प्रतिभा द्वारा चयन के संयोग पर आधारित पदोन्नति व्यवस्था होती है।''[63] परन्तु ये विशेषताएँ शक्तियों की एक ऐतिहासिक संभावनाओं के अन्तर्गत विकसित हुई हैं जिनका कम्पनी तथा अंग्रेजी सरकार को भारत में सामना करना पड़ा। इन्हें ब्रिटेन से सम्पूर्ण रूप में आयातित नहीं किया जा सकता था। हघ टिन्कर लिखते हैं: ''इसमें से कोई भी गुण, भ्रूणावस्था में भी, अठारहवीं शताब्दी में ब्रिटेन में 'सिविल सेवा' में नहीं खोजे जा सकते थे। व्हाइटहॉल पदाधिकारी (Whitehall functionaries) दलीय राजनैतिक नियुक्तियों से 'प्रशासनिक पद' पर और पुनः फिर राजनीति में चले जाते थे। नियुक्ति संरक्षण (patronage) से होती थी। वेतन एक विशेष नियुक्ति से जुड़ा होता था......। बहुधा, एक अल्प वेतन भोगी नायब (deputy) पद के कर्तव्य निभाता था। विशुद्धतया क्लर्की के पदों तथा उत्तरदायित्व की उच्च शक्तियों में, जो कि अल्प वेतनभोगी अथवा उच्च वेतनभोगी हो सकते थे, कोई स्पष्ट भेद नहीं था। सन् 1870 के बाद तक 'घरेलू' इंग्लैण्ड की (home) सिविल सेवा ने इसका वर्तमान प्रतिमान ग्रहण करना शुरू नहीं किया था। यह प्रतिमान अधिकांशतः भारत में श्रेष्ठतर सिविल सेवा के उद्‌विकास से व्युत्पन्न हुआ था।''[64]

भारत में सिविल सेवा का एक अधिक तार्किक संगठन विकसित हुआ क्योंकि ब्रिटेन में राजनीतिज्ञों को कम्पनी के नौकरों द्वारा दौलत संचित करने की सम्भावनाओं को नियन्त्रित करने की चिन्ता थी ताकि ''भारतीय संरक्षण का असीम खजाना (cornucopia) इंग्लैण्ड की राजनीति पर प्रभुत्व जमाने का साधन न बन जाए।''[65] परिणामस्वरूप, 1784 का पिट्स इंडिया एक्ट द्वारा लाया गया, जिसने वेतन और भत्तों के निश्चित वेतनमान का प्रावधान किया तथा वरिष्ठता के आधार पर पदोन्नति के नियम सूत्रबद्ध किए गए; इसने 'लिपिकों' (writers) व कैडेट्स (cadets) की सेवा में प्रवेश की आयु भी पंद्रह से अठारह वर्ष नियत कर दी। सन् 1793 में कम्पनी के पुनर्नवीनीकृत लिखित अधिकार–पत्र (renewed charter) के अन्तर्गत उच्च सिविल पद की प्रस्थिति को 'कॉवेनेन्टेड' सिविल सेवा (covenanted civil service) के लिए आरक्षित कर दिया गया, जिसको बाद में नाम बदल कर भारतीय सिविल सेवा कहा गया तथा इसे 1861 के भारतीय सिविल सेवा अधिनियम द्वारा नियमित किया गया। कम्पनी के काल में प्रशासनतंत्रीय अभिजन 'कॉवेनेन्टेड' सिविल सेवा के सदस्य थे; अंग्रेजी ताज के शासन (crown's rule) के आरम्भ में इस स्थिति को भारतीय सिविल सेवा ने ग्रहण कर लिया। स्वतन्त्र भारत में इसका परिवर्तित नाम भारतीय प्रशासनिक सेवा है। इस प्रकार, भारत में प्रशासनतंत्रीय अभिजन–काडर की संरचना एवं प्रकार्य में बहुत निरन्तरता देखी जा सकती है।

भारतीय प्रशासनतंत्र की सामाजिक संरचना को तीन प्रमुख उद्‌विकासीय अवस्थाओं के संदर्भ में विश्लेषित किया जा सकता है। प्रथम, स्थापना के समय

तथा कम्पनी के शासन की आरम्भिक अवस्था के दौरान (1600–1740)[66], जबकि सिविल सेवा में 'व्यापार' के मूल्य–परिवेश'[67] (ethos of trade) का प्रभुत्व था। द्वितीय, कम्पनी–ताज (company-crown) शासन का काल (1740–1947) जब सिविल सेवा 'व्यावसायिक भविष्य के मूल्य–परिवेश' (ethos of professional career) तथा 'स्वामी तथा संरक्षक' (masters and guardians) की मानसिकता से निर्दिष्ट होती थी।[68] तीसरी अवस्था स्वतन्त्रता के बाद की है (1947.........) जब भारतीय प्रशासनतंत्र के मूल्य–परिवेश ने व्यावसायिकता (professionalism) तथा राष्ट्रवादी चेतना दोनों के तत्वों का आन्तरीकरण कर लिया।[69]

प्रथम अवस्था में अधिकारियों की भर्ती के मामले में प्रशासनिक व्यवस्था (bureaucratic system) विशिष्टतावादी प्रवृत्ति से ग्रस्त थी। कम्पनी के निदेशक व्यापारी, एजेन्टों, लिपिकों (writers), कैडेट्स तथा अधिकारियों को अन्य संवर्गों पर नातेदारी एवं मित्रता के आधार पर मनोनीत करते थे। सन् 1809–1810, 1819–20, 1829–30, 1839–40 तथा 1849–50 के दौरान मित्रता एवं नातेदारी के आधार पर कम्पनी की सिविल सेवा में नियुक्तियों में से उन सालों की कुल नियुक्तियों का क्रमशः 75 प्रतिशत, 74 प्रतिशत, 75 प्रतिशत, 85 प्रतिशत, 79 प्रतिशत था।[70] इन नियुक्त लोगों में से अधिकांश कम्पनी के सेवारत व्यक्तियों, भद्र पुरुषों, व्यापारियों तथा उत्पादकों (manufacturers) के पुत्र थे।[71] इनमें से अधिकांश कम्पनी के हेलीबरी में स्थित प्रशिक्षण महाविद्यालय में प्रशिक्षित किए गए, जहाँ के कर्मचारियों में उल्लेखनीय धार्मिक अभिमुखन[72] था और वे इस बात का पूरा प्रयत्न करते थे कि प्रशिक्षुओं में धार्मिक, नैतिक भावना आन्तरीकृत हो। प्रशिक्षु कुलीन वर्ग अथवा उच्च–मध्यम वर्ग के परिवारों से नहीं थे; वे मुख्यतया ''बैंक तथा व्यापारी घरानों तथा स्कॉटलैण्ड व इंग्लैण्ड के दक्षिण–पूर्व के भू–स्वामी समूहों से थे। इन समूहों के सांस्कृतिक एवं धार्मिक सम्बन्ध वंशानुक्रम व बंधुता (descent and affinity) द्वारा समर्थित होते थे।''[73]

इन अधिकारियों के वेतन बहुत कम थे। सन् 1674 में ईस्ट इण्डिया कम्पनी में नियुक्ति के प्रथम पाँच वर्षों में वार्षिक वेतन के तौर पर वरिष्ठ व्यापारी एजेन्ट (factor) को चालीस अंग्रेजी पाउन्ड, लिपिक को दस पाउन्ड तथा एक प्रशिक्षु (apprentice) को केवल पाँच पाउण्ड मिलते थे। इस कारण, इनमें से अनेक निजी व्यापार[74] तथा बागानों[75] में भी कार्यरत थे।'' कम्पनी यह मानती थी कि उसके नौकर अपनी आजीविका हेतु निजी व्यापार भी कर सकते थे।''[76] इन परिस्थितियों के अन्तर्गत सेवा में व्यावसायिकवाद (professionalism) विकसित नहीं हो सका।

तथापि, अठारहवीं शताब्दी के मध्य तक सिविल सेवा में व्यावसायिकवाद विकसित होने लगा; 'संरक्षण' द्वारा नियुक्तियों के स्थान पर परीक्षा के माध्यम से 'प्रतिभा' के आधार पर नियुक्तियाँ अधिक होने लगीं। सिविल सेवाओं में अभिजन

पद अब "कॉवेनेन्टेड" अधिकारियों के लिए आरक्षित थे, जिन्हें लन्दन में कोर्ट ऑफ डायरेक्टर्स (Court of Directors) द्वारा नियुक्त किया जाता था। हघ टिन्कर लिखते हैं: सभी वरिष्ठ पदों को कॉवेनेन्टेड सेवा हेतु प्रतिबन्धित करके अंग्रेजों ने उन साहसिकों (adventurers) को प्रभावी रूप से निष्कासित कर दिया जो भारतीय प्रशासन पर पल कर मौज कर रहे थे; इस प्रतिबंध ने व्यावसायिक गर्व की भावना (professional esprit de crops) के बीज भी बो दिए, युग की भावना बदलते हुए........एवांगेलिकल ईसाईयत (evangelical christianity) द्वारा पोषित तथा सुधारकारी बैन्थमवादी उपयोगितावाद (benthamite utilitarianism) का वैज्ञानिक अर्थ........सरकारी सेवा के स्वभाव (tone) को उन्नत कर रहा था।"[77]

'कॉवेनेन्टेड' सेवाओं में प्रवेश एकांगी (exclusively) रूप से अंग्रेजों के लिए 1833 के अधिनियम तक आरक्षित था। इस अधिनियम के अनुसार, "कथित भौगोलिक क्षेत्रों (ब्रिटिश इंडिया) के किसी भी देशज (native) को ....केवल उसके धर्म, जन्म स्थान, वंशानुक्रम, रंग अथवा इनमें से कोई, कारण के आधार पर कम्पनी की नियुक्ति अथवा कोई पद, स्थान ग्रहण करने से निर्योग्य (disable) नहीं किया जाएगा।"[78] इसके परिणामस्वरूप प्रशासनिक सेवाओं के मध्यम दर्जे (rank) पर भारतीय नियुक्त किए गए, परन्तु उन्हें अभी भी कॉवेनेन्टेड सेवाओं में नहीं लिया जाता था। कुछ भारतीयों को नायब कलेक्टर (deputy collector) अथवा सिविल न्यायाधीश (civil judge) पदोन्नति द्वारा नियुक्त किया गया। कॉवेनेन्टेड सेवाओं में भारतीयों का प्रवेश तभी संभव हुआ, जब 1855 के बाद परीक्षा द्वारा खुली प्रतियोगिता नियम भर्ती के लिए स्वीकृत हुआ, जब सिविल सेवाओं के लिए पहली परीक्षा आयोजित की गई। भारतीय सिविल सेवा में प्रथम सफल प्रत्याशी सत्येन्द्रनाथ टैगोर थे जिन्होंने 1864 में यह गौरव प्राप्त किया। "सन् 1869 में चार ब्रह्म समाज के प्रत्याशियों, सुरेन्द्रनाथ बनर्जी, रोमेश चन्द्र दत्त, बिहारी लाल गुप्ता तथा एस.बी. ठाकुर ने प्रतियोगिता में भाग लिया एवं सभी सफल रहे।"[79]

इस प्रकार सिविल सेवाओं के धीमे भारतीयकरण की नई अवस्था प्रारम्भ हुई। तथापि, यह प्रक्रिया बिना प्रतिरोध के नहीं थी। सन् 1876 में प्रतियोगिता हेतु अधिकतम आयु सीमा को घटा दिया गया (21 से 19 वर्ष) जिसने भारतीय प्रत्याशियों को प्रतिकूल (disadvantageous) स्थिति में ला दिया। ऐसा इसलिए हुआ क्योंकि परीक्षाएं इंग्लैण्ड में आयोजित होती थीं और एक भावी प्रत्याशी को वहाँ चार वर्ष पहले भेजना पड़ता था ताकि प्रतियोगिता में बैठने से पहले यह ऑक्सफोर्ड अथवा कैम्ब्रिज से न्यूनतम योग्यता की उपाधि (qualifying degree) ले सके, और अब आयु में घटोतरी के कारण, भारतीय प्रत्याशियों के लिए अभीष्ट प्रवीणता (requisite proficiency) पाने के लिए बहुत कम समय रहता था। भारतीय सिविल अधिकारियों के प्रति भेदभाव होता था। परिणामस्वरूप, 1877 में

सुरेन्द्रनाथ बनर्जी ने सिविल सेवा आन्दोलन छेड़ा, परन्तु भारतीयकरण की प्रक्रिया बहुत धीमी रही। केवल 1922 में भारतीय सिविल सेवा के लिए एक परीक्षा भारत (इलाहाबाद) तथा इंग्लैण्ड में एक ही समय पर आयोजित की गई। इसके बाद ली आयोग (Lee Commission) ने प्रस्तावित किया कि 1939 तक सिविल सेवा में नियुक्त अंग्रेज एवं भारतीय अधिकारियों के मध्य संख्यात्मक बराबरी (numerical parity) स्थापित की जाए, और उसके बाद, शनैः शनैः अंग्रेजी हिस्सा घटा दिया जाए ताकि सिविल सेवा को पूर्णतः भारतीयकृत कर दिया जाए। ली आयोग की रिपोर्ट के बाद सिविल सेवा में भारतीयों की नियुक्ति में कुछ प्रगति हुई। सन् 1929 में 894 अंग्रेज तथा 367 भारतीय सिविल अधिकारी थे; 1939 में 759 अंग्रेज तथा 625 भारतीय आई.सी.एस. अधिकारी थे।[80] यदि हम इस स्थिति की 1909 की स्थिति से तुलना करें, जब आई.सी.एस. में 1082 अंग्रेज अधिकारियों की तुलना में केवल 60 भारतीय थे, तो भारतीयकरण की प्रक्रिया ने कुछ प्रगति की थी, परन्तु ली आयोग का अंतिम लक्ष्य भारत में अंग्रेजी राज के दौरान कभी नहीं अर्जित हो सका।

आरम्भिक राष्ट्रवादी राजनैतिक अभिजनों की भांति, भारतीय प्रशासनतंत्रीय अभिजन भी उच्च–मध्यम वर्गों तथा उच्च जातियों से आते थे। बंगाल में आई.सी.एस. भर्ती हुए नए अधिकारियों में से अधिकांश ब्रह्म समाज के सुधारवादी हिन्दू समूह से आते थे;[81] अन्य भागों में भी ब्राह्मणों तथा अन्य उच्च जातियों का प्रभुत्व था। बी.बी. मिश्रा लिखते हैं कि "सरकारी नौकरी में हिन्दुओं में से अधिकांश उच्च जातियों वाले पुरुष, विशेषतः ब्राह्मण एवं कायस्थ थे जिनका इस क्षेत्र में प्रभुत्व था। सन् 1887 में भारतीय लोक सेवा आयोग (Indian Public Service Commission) ने रिपोर्ट दी कि न्यायिक एवं कार्यकारी सेवाओं (judicial and executive services) के 1,886 हिन्दू सदस्यों में से 904, अथवा लगभग आधे, ब्राह्मण थे, और 454, अथवा लगभग चौथाई, कायस्थ थे, जिन्हें बम्बई में प्रभु कहते हैं। क्षत्रियों अथवा राजपूतों की संख्या 147; वैश्यों की 113; शूद्रों की 146; एवं अन्य 102 थे। ब्राह्मणों का विशेष रूप से मद्रास में, और बम्बई में प्रभुत्व था, वहाँ क्रमशः कुल 297 में से 202 तथा 328 में से 211 थे।"[82] काफी हद तक ऐसा इसलिए था क्योंकि जैसा हमने ऊपर बताया कि ब्राह्मण तथा कायस्थ एवं अन्य उच्च जाति समूह मुगलों के समय से ही व्यावसायिक सेवाओं में थे और व्यावसायिक क्षेत्रों में अवसरों के लिए उनकी बेहतर पहुंच थी क्योंकि व्यावसायिक आवश्यकताओं के नए मानकों से अनुकूलन करने के लिए उनके रुख में परम्परागत लचीलापन था।

भारत में प्रशासनतांत्रिक अभिजन के संरचनात्मक रूपान्तरण में तीसरी अवस्था स्वतंत्रता के पश्चात आई। इसने अभिजन की रचना (composition) को बदल दिया। स्वतन्त्रता पूर्व सिविल सेवाओं में 608 अंग्रेज तथा 549 भारतीय थे;

स्वतन्त्रता के तुरन्त बाद सिविल सेवा में 418 भारतीयों की तुलना में केवल 33 अंग्रेज थे, 1964 तक देशी (indigenous) अधिकारियों (अब यह भारतीय प्रशासनिक सेवा कहलाती है) की संख्या 1971 तक पहुंच चुकी थी और केवल 3 अंग्रेज अधिकारी सरकारी सेवा में बचे थे।[83] इसके अतिरिक्त, भारतीय प्रशासनिक सेवा के काडर के अधिकारियों का अनुपात पूर्व भारतीय सिविल सेवा के अधिकारियों की संख्या की तुलना में बहुत बढ़ गया। भारतीय प्रशासनिक सेवा के अधिकारी पूर्णतया भारत में प्रशिक्षित व शिक्षित हुए थे, जबकि पूर्व भारतीय सिविल सेवा के अधिकारियों में से अधिकांश ब्रिटेन में प्रशिक्षित एवं शिक्षित हुए और पाश्चात्य संस्कृति के साथ उनके नजदीकी सम्बन्ध थे। भारतीय प्रशासनिक सेवा में पूर्व आई.सी.एस. की 1965 में कुल आकलित संख्या 2,252 का 9.1% थी; यह प्रतिशत सन् 1982 में 0.1% तक नीचे चला जाएगा। इस प्रकार, स्वतन्त्रता के बाद प्रशासनतांत्रिक अभिजन में भारतीयकरण की दोहरी प्रक्रिया हुई। पहली, भारतीय अफसरों द्वारा अंग्रेजों का विस्थापन; और दूसरी, भारतीय प्रशासनतांत्रिक अभिजन के भीतर स्थानीय रूप से शिक्षित एवं प्रशिक्षित अभिजन की संख्या में वृद्धि।

इस दोहरे भारतीयकरण का सामाजिक प्रभाव इन अभिजनों में सांस्कृतिक एवं राजनैतिक अभिमुखन का क्रांतिकारी परिवर्तन है। इसके साथ–साथ प्रशासनतांत्रिक एवं राजनैतिक अभिजन के मध्य सम्बन्ध के पूर्व प्रतिमान में यकायक रूपान्तरण आया है। स्वतन्त्रता से पूर्व, भारतीय मूल के प्रशासनतांत्रिक अभिजन दो प्रकार की निष्ठाओं के बीच संघर्ष कर रहे थे। एक तो राष्ट्रवाद की विचारधारात्मक अपील के प्रति व दूसरी उनकी स्वयं के व्यावसायिक मानदण्डों के प्रति। सौभाग्यवश, भारतीय प्रशासनतंत्र अपने व्यावसायिक मानदण्ड बनाए रखने में सफल रहा और केवल कानूनी–संवैधानिक सत्ता द्वारा निर्धारित योग्यता के विशेष दायरे में ही कार्यशील रहा। इस कारण स्वतन्त्रता के बाद बदली हुई स्थितियों से उनका अनुकूलन अधिक आसान व प्रभावी हुआ।

नए प्रशासनतंत्रीय अभिजन की सामाजिक पृष्ठभूमि भी कुछ हद तक परिवर्तित हुई है, परन्तु अभी भी आई.ए.एस. में सीधे भर्ती होने वाले उच्च आय वाले परिवारों से आते हैं।[84] सन् 1960 में एक विश्लेषण में 615 सीधे भर्ती होने वाले अधिकारियों में से 58% उन परिवारों से थे, जिनका वेतन 300 रुपये से 900 रुपये प्रतिमाह था; 33% उन परिवारों से थे जिनका मासिक वेतन 900 रुपये प्रतिमाह से अधिक था और केवल 9% उन परिवारों से थे जिनका मासिक वेतन 300 रुपये प्रतिमाह से कम था।[85] तथापि, सफल प्रतियोगिता में इस वर्ग पक्षपात के कम करने में कुछ परिवर्तन आया है। "राष्ट्रीय प्रशासनिक अकादमी (National Academy of Administration) में 1960 में प्रशिक्षण पा रहे 72 नए अधिकारियों में उच्च, मध्यम एवं निम्न पारिवारिक आय समूहों के मामले में काफी

समान वितरण हुआ है.......क्रमशः 37%, 39% तथा 24%। अनुसूचित जातियों व अनुसूचित जनजातियों जो पहले अछूत कहलाती थीं, के प्रतिनिधित्व में हाल में हुई नाटकीय वृद्धि रोचक प्रतीत होती है। 1962 में कुल भर्ती नए अधिकारियों में से 26.2% इसी पृष्ठभूमि के थे।"[86] त्रिवेदी एवं राव द्वारा 1948–60 के मध्य सीधी भर्ती वाले अधिकारियों के एक अध्ययन ने दर्शाया कि इनमें से 44.5% सरकारी अधिकारियों के पुत्र थे तथा 14.3% के पिता शिक्षक थे, 10.6% के पिता वकील थे, 9.9% के व्यवसायी थे, 8.0% के किसान थे तथा 4.9% के पिता चिकित्सक थे। स्वाभाविक रूप से आई.ए.एस. में भर्ती प्रत्याशियों में से वे प्रत्याशी सत्ता में अधिक हैं जिनके पिता पेशेवर समूह (professional group) से थे। कुल जनसंख्या के 75% से अधिक खेतिहर लोगों के पुत्रों की आई.ए.एस. में संख्या केवल 8% है।

यह आश्चर्यजनक नहीं है कि कृषक समूहों का भर्ती में हिस्सा उनकी जनसंख्या के अनुपात में नहीं है। इसकी व्याख्या के स्वाभाविक कारण हैं; उदाहरण के लिए, उनका शैक्षणिक पिछड़ापन, निर्धनता एवं अवसरों का अभाव। परन्तु यह बहुत महत्वपूर्ण है कि पेशेवर समूहों के भीतर, जहाँ से अधिकांश प्रशासनतंत्रीय अभिजनों की भर्ती होती है, कम आय वाले परिवारों का हिस्सा बढ़ रहा है तथा उच्च आय वर्गों व उच्च जातियों का इस प्रस्थिति पर एकाधिकार धीरे–धीरे टूट रहा है।

प्रशासनतंत्रीय अभिजनों की संरचना, इसकी सांस्कृतिक पृष्ठभूमि एवं अभिमुखन में संक्रमण की तीन अवस्थाओं में हुए परिवर्तन अब स्पष्ट हैं तथा उनकी तुलना की जा सकती है। कम्पनी के काल में , इन अभिजनों की भर्ती केवल उनमें से होती थी, जिनमें व्यावसायिक अभिमुखन (professional orientation) नहीं था; प्रशासनतंत्रीय अभिजन संरचना का धीमा भारतीयकरण गदर के बाद अंग्रेजी राज के सुदृढ़ीकरण (consolidation) से प्रारम्भ हुआ; इन अभिजनों के अभिमुखनों में व्यावसायिक मूल्य–परिवेश उभरा, परन्तु इसका दायरा संकुचित था, केवल कानून एवं व्यवस्था के निर्वाह तक ही सीमित था। सामाजिक (social composition) में ये अभिजन (भारतीय मूल के) उच्च–मध्यम वर्गीय व्यावसायिक समूहों से आते थे। स्वतन्त्रता के पश्चात, इन अभिजनों की संरचना एवं अभिमुखन में परिवर्तन हुआ। अब इनमें से अधिकाधिक अपेक्षाकृत निम्न आय वाले व्यावसायिक समूहों से आते हैं; ये सभी भारत में शिक्षित व प्रशिक्षित हुए हैं; तथा इनका अभिमुखन केवल कानून व व्यवस्था का निर्वाह (जो अभी भी प्राथमिक है)[87] करना ही नहीं है, अपितु सामाजिक विकास एवं राष्ट्रीय विकास भी है।

तथापि, प्रशासनतंत्रीय अभिजनों की राष्ट्रीय विकास–विचारधारा के लिए प्रतिबद्धता भारतीय समाज की वृहत्–संरचना को स्थायी संवैधानिक रूप से बनाए रखने के उनके कार्य के सामने गौण है। यह अभिजन सामाजिक संरचना यद्यपि

बहुत भिन्न है, फिर भी यह प्रकार्यात्मक एकता का एक नियम प्रस्तुत करती है। यह राष्ट्रीय मतैक्यता के लिए एक सामाजिक आधार भी प्रस्तुत करती है। पॉटर लिखते हैं: "आई.ए.एस. अधिकारी, अपने प्रकार्यात्मक अभिमुखन में अखिल–भारतीय है। वह अपने साथ प्रत्येक जिले में राष्ट्रीय विचारधारा ले जाता है, जहाँ जिले के लोगों के बीच अपनी प्रदर्शित स्थिति में इसे निरन्तर मुखरित करता रहता है। उसका व्यवहार भारत की विकासशील राजनैतिक व्यवस्था के माध्यम से राष्ट्रीय मतैक्यता को मजबूत करता है।"[88] परिवर्तन की इसकी क्रमिक अवस्थाओं के माध्यम से यह अभिजन संरचना अपने सामाजिक आधार के लोकतांत्रीकरण, उदारीकरण तथा अनेकांगीपन (non-exclusiveness) की इन प्रक्रियाओं के अनुरूप बनने की प्रवृत्ति रखती हैं, जिसके प्रति राजनैतिक अभिजन संरचना भी खुली हुई (exposed) है। दोनों उप–संरचनाओं के एक बड़े वर्ग की पाश्चात्य मूल्यों व विचारधाराओं के प्रति अप्रत्यक्ष जानकारी अथवा तादात्म्य (identification) दिन–प्रतिदिन बढ़ रहा है, परन्तु इस सम्बन्ध में नौकरशाहों (bureaucrats) की स्थिति राजनीतिज्ञों से अधिक सुरक्षित है, राजनीतिज्ञों को जनता की सांस्कृतिक व राजनैतिक आकांक्षाओं का प्रत्युत्तर देना होता है। तथापि, परिवर्तन की यह प्रक्रिया भारत में प्रशासनतंत्रीय तथा राजनैतिक अभिजनों के मध्य प्रकार्यात्मक सामंजस्य की बेहतर संभावना की भविष्यवाणी करती है।

भारत में प्रशासनतंत्र (bureaucracy) समाज के आधुनिकीकरण तथा मतैक्यतापूर्ण मानदण्डात्मक व्यवस्था के विकास के लिए सर्वाधिक स्थायी संरचनात्मक आधारशिला प्रस्तुत करता है। इसमें कोई संदेह नहीं है कि यह आन्तरिक सांस्कृतिक तनावों से ग्रस्त है। ये तनाव नौकरशाहों (bureaucrats) की अन्तःसंरचनात्मक सहभागिता में भूमिका संघर्ष से उपजते हैं; उसका परिवारवादी, जाति व नातेदारी–अभिमुखित विशिष्टतावाद (particularism) उसकी प्रशासनतंत्रीय भूमिकाओं में निहित सार्वभौमिकतावाद की विचारधारा से टकरा सकता है; उसकी निजी निष्ठा कानूनी अनामयन (legal anonymity) तथा उसके 'पद' की अमूर्तता के पार जा सकती है, परन्तु इन खतरों पर आवश्यकता से अधिक महत्व व जोर दिया गया है, इस मिथ्या विश्वास के साथ कि ये भारतीय समाज की कम 'विकसित' तथा पारम्परिक प्रकृति से एकांगी रूप से (exclusively) उपजते हैं। जब हम इसमें गहराई से देखते हैं तो अनेक अपकार्य (dysfunctions) शक्ति की प्रघटना तथा समूहों व वर्गों के सापेक्षिक वंचनों (relative deprivations) से सम्बन्धित प्रतीत होते हैं। इस स्वरूप में प्रशासनतंत्र के अनेक अपकार्यों की तुलना पाश्चात्य समाजों में विद्यमान अपकार्यों से की जा सकती है।[89] यह बात इस मिथ्या मान्यता से भी उपजती है कि प्रकार्यात्मक रूप से समतुल्य प्रक्रियाएं अथवा परिणामों का सभी जगह समान संरचनात्मक विकास

होता है। पारम्परिक समाजों के आधुनिकीकरण के बारे में अधिकांश चिन्तनों में यह एक लोकप्रिय भ्रांति है।[90]

राजनैतिक, बौद्धिक तथा प्रशासनतंत्रीय अभिजन सभी वृहत्–संरचनाओं के स्वरूप हैं जो भारतीय समाज के संरचनात्मक आधुनिकीकरण में योगदान देते हैं। सभी तीन स्तरों के अभिजनों की भूमिका–संरचनाओं का परिणाम, लोकतंत्र, कानूनी–तार्किक संस्थाओं, सार्वजनिक जीवन में सार्वभौमिकतावादी मानदण्डों, उपलब्धियों तथा योग्यता पर जोर आदि के साथ सुसंगत सांस्कृतिक लक्ष्यों के प्रति अनुरूपता है, जो कि मूल्य–परिवेश (ethos) में मूलभूत रूप से आधुनिक हैं। परन्तु इन मूल्यों को वृहत् भूमिका–संरचनाओं में सहभागिता के प्रत्येक स्तर की संरचनात्मक बाधाओं के साथ–साथ सामान्य तौर पर भारतीय समाज की दशाओं के अन्तर्गत विकसित होना पड़ता है। इन संरचनात्मक बाधाओं (structural constraints) की जड़ें विभिन्न वर्गों तथा सामाजिक स्तृतों (social strata) के शक्ति सम्बन्धों में आबद्ध हैं। वर्तमान में, भारत में राजनैतिक शक्ति नगरों से ग्रामीण क्षेत्रों में, उच्च से मध्यम तथा निम्न वर्गों में, और विचारधारात्मक–राष्ट्रवादी से क्षेत्रीय–लोकप्रिय प्रकार के राजनैतिक अभिजनों में आती जा रही है, ये अभिजन अधिक से अधिक स्थानीय संस्कृतियों के प्रतिनिधि हैं, इनमें से अनेक ने विश्वविद्यालयी शिक्षा भी नहीं पाई है जो कि भारत मे अधिकांश प्रशासनतंत्रीय एवं बौद्धिक अभिजनों ने पाई है, और आधुनिक मूल्यों के प्रति इनकी प्रतिबद्धता विचारधारात्मक होने के स्थान पर साधक (instrumental) अथवा व्यावहारिक (pragmatic) अधिक है। ये आधुनिक संस्थाएं चाहते हैं, परन्तु पश्चिमीकृत नहीं हैं। इनमें से अधिकांश के लिए आधुनिकता राष्ट्रीय अस्मिता अथवा खोई राष्ट्रीय महिमा के पुनरुत्थान की एवजी (surrogate) है। ये अधिक पश्चिमीकृत प्रशासनतंत्रीय तथा बौद्धिक अभिजनों पर वर्चस्व रखते हैं। हाल ही न्यू स्टेट्समैन (New Statesman) ने स्थिति को निम्न रूप से सूत्रबद्ध किया है:

> किसी भी सूरत में स्वतन्त्रता के बाद, राजनैतिक एवं प्रशासनिक शक्ति अंग्रेजी शिक्षितों के हाथ से निकल गई है। संसद और राज्य विधानसभाओं में उनका प्रभुत्व है जो या तो अंग्रेजी नहीं बोलते या इसके उग्र विरोधी है। ऑक्सफोर्ड में शिक्षित भारतीय नौकरशाहों को ग्रामीण स्कूली पृष्ठभूमि वाले कनिष्ठ मंत्रियों के सामने काँपते देखना असामान्य बात नहीं है।[91]

यह शक्ति सम्बन्धों तथा सांस्कृतिक संचार में एक असंतुलन पैदा करता है। बौद्धिक तथा प्रशासनतंत्रीय अभिजन, जो कि सांस्कृतिक रूप से आधुनिकीकरण की मूल्य व्यवस्था के अधिक समीप हैं और संरचनात्मक रूप से, या शक्ति सम्बन्धों के संदर्भ में, राजनैतिक अभिजन से कम प्रभावशाली हैं। इसके

अतिरिक्त, प्रायः आधुनिकीकरण के संरचनात्मक लक्ष्य, जैसे कि उदारवाद, अवसर की समानता, वृहत् राजनैतिक सहभागिता आदि, स्वयं सामाजिक शक्तियाँ उत्पन्न करते हैं जो कि शक्ति सम्बन्ध के संतुलन को पश्चिमीकृत उदारवादी बौद्धिक अभिजन के स्थान पर लोकप्रिय राजनैतिक अभिजन के पक्ष में परिवर्तित कर देती हैं। शक्ति सम्बद्ध के असंतुलन आधुनिकीकरण के सांस्कृतिक लक्ष्यों को न केवल संकुचित करते हैं, अपितु विकृत भी करते हैं और इसका परिणाम प्रतिरोध आन्दोलनों (protest movements) के अनेक स्वरूपों के जन्म में होता है।[92] अन्तर्राष्ट्रीय दृष्टिकोण से इसका परिणाम विकसित पाश्चात्य राष्ट्रों तथा उनके सांस्कृतिक प्रतिमानों के विरुद्ध संदेह तथा नाराजगी की मानसिकता में होता है। राष्ट्रों के मध्य तथा राष्ट्रों के भीतर वर्गों की शक्ति संरचनाओं में असंतुलन ऐतिहासिक प्रक्रियाओं का परिणाम है और इसकी प्रवृत्ति निरन्तरता की है, विकासशील देशों में आधुनिकीकरण की वृद्धि को पाश्चात्य संस्कृति के विस्तार के रूप में कल्पना करना दुष्कर है जैसा कि अनेक पाश्चात्य विद्वानों का मत है।[93] भारत जैसे विकासशील देशों में, जहाँ राजनैतिक लामबंदी (political mobilization) अधिक है, वर्गों में समाज के भीतर तथा बाहरी जगत में राष्ट्रों के साथ शक्ति सम्बन्धों में असन्तुलनों के बारे में जागरूकता में वृद्धि अवश्यम्भावी है जिसके फलस्वरूप देश में अन्तसामूहिक सम्बन्ध में प्रतिरोध आन्दोलनों तथा अन्तर्राष्ट्रीय कार्यक्षेत्र में उग्र राष्ट्रवाद में वृद्धि हो सकती है।

औद्योगिक तथा नगरीय वृहत्–संरचनाएं
(Industrial and Urban Macro-Structures)

एक उदीयमान उद्यमी वर्ग तथा व्यावसायिक अभिजन, फैक्ट्रियों तथा मजदूर संघों में औद्योगिक कामगारों की बढ़ती संख्या, नगरोन्मुख जनसंख्या का प्रवास तथा नगरों का विस्तार वृहत्–संरचनात्मक प्रघटना के अन्य स्वरूप हैं जो भारतीय समाज के आधुनिकीकरण एवं सामाजिक परिवर्तन में योगदान दे सकते हैं। ये संरचनाएं सामूहिक रूप से औद्योगीकरण एवं आर्थिक वृद्धि की प्रक्रियाओं के प्रति केन्द्रीय हैं। किसी भी परम्परागत समाज में इन वृहत्–संरचनाओं में किस हद तक वृद्धि हुई है, यह इसके सामाजिक परिवर्तन की दर व गुणवत्ता की ओर इंगित करती है।

इन वृहत्–संरचनाओं में, व्यावसायिक अभिजन के गतिशील वर्ग का उदय इस सारी प्रक्रिया की कुंजी है, क्योंकि अन्य वृहत्–संरचनाएं (फैक्ट्रियों में, प्रवास में, और नगरीकरण की दर में वृद्धि) काफी हद तक समाज में उपलब्ध उद्यमी पहल व दक्षता की मात्रा पर निर्भर करती हैं। वृहत्–संरचनाओं के इन कार्य क्षेत्रों में व्यापारी अभिजन प्रथम क्रम के नवाचारी हैं। ये लोग सर्वोत्तम उद्यमी हैं; इनकी जोखिम उठाने की योग्यता इन पर निर्भर उद्यमी प्रत्युत्तरों की एक सम्पूर्ण

श्रृंखला को गतिमान कर देती है। इनमें से, नगरोन्मुख प्रवास एक है तथा फैक्ट्री के परिवेश में नए औद्योगिक कार्य के प्रति श्रमिकों की 'प्रतिबद्धता' दूसरी है। इन दोनों प्रघटनाओं का परिणाम व्यवहार व विचार में पुनः अनुकूलन के अन्य स्वरूपों की श्रृंखला भी है जो कि औद्योगीकरण, आर्थिक वृद्धि तथा सामाजिक परिवर्तन के लिए निर्णायक है।

व्यापारी (व्यापारिक) अभिजन (Business Elite)

भारत में नए व्यापारी अभिजन तथा उद्यमी वर्ग का उदय अंग्रेजी राज के जड़ें जमाने के साथ–साथ हुआ, जिसने भारतीय अर्थव्यवस्था तथा ब्रिटिश अर्थ व्यवस्था में एक सावयवी सम्बन्ध स्थापित कर दिया। अंग्रेजी अर्थव्यवस्था भी औद्योगिक क्रान्ति के झटके खा रही थी, इसने भारतीय व्यवसाय अभिजन को पहली बार आर्थिक उद्यमों में विकासशील प्रौद्योगिक एवं वैज्ञानिक नवाचारों के उतार–चढ़ावों के प्रति खोल दिया। भारत में समकालीन व्यवसाय अभिजन के उदय में यदि अंग्रेजी राज ऐतिहासिक परिवर्तन लाया है तो प्रौद्योगिकी एवं विज्ञान के साथ सम्पर्क अतीत की परम्परा की तुलना में सांस्कृतिक परिवर्तन लाया है।

भारतीय परम्परा उद्यमी व्यापारी अभिजन की वृद्धि का समर्थन नहीं करती, इस सामान्य धारणा के विपरीत, परम्परागत भारत के इतिहास की अनेक अवस्थाओं में इस प्रकार के अभिजन का एक समृद्धशाली एवं साहसी वर्ग था, जिसने अपने कार्य को भारतीय तटों के पार अफ्रीका तथा मध्य पूर्व, श्रीलंका, मलाया, इंडोनेशिया, हिन्द चीन तथा अन्य जगहों तक फैला रखा था;[94] हैलेन बी. लैम्ब लिखती हैं: "भारतीय जाति में निहित समाज के सोपानक्रमिक दृष्टिकोण तथा भारतीय व्यापारी समुदायों के स्वाभाविक उत्साह में आभासी विरोधाभास से कोई भी चकित हो जाता है।"[95] भारतीय परम्परा में व्यापारिक–नीतिशास्त्र (business-ethics) का विस्तृत स्वरूप था, यह मनु द्वारा बताए गए व्यापारी के गुणों से प्रमाणित होता है:

> उसे बहुमूल्यीय रत्नों, धातुओं, बने हुए माल की कीमतों तथा गुणवत्ता के बारे में ज्ञान होना चाहिए; वस्तुओं के तोलने के नियमों; कारीगरों की पगार, मृदाओं (soils) तथा बीज बोने के बारे में; भूमि की माप; विभिन्न वस्तुओं की बिक्री से लाभ व हानि के बारे में सूचना होनी चाहिए; उसमें कीमतों में उतार–चढ़ाव की भविष्यवाणी करने की योग्यता होनी चाहिए; वह क्रय–विक्रय के तरीकों में निपुण होना चाहिए, उसे राष्ट्रों के गुणों व अवगुणों के बारे में पता होना चाहिए; उसे विभिन्न लोगों की भाषाएं बोलनी आनी चाहिए, उसे ईमानदार तरीके से अपनी समृद्धि बढ़ानी आनी चाहिए।[96]

यह स्पष्ट है कि पारम्परिक भारत में समकालीन आर्थिक वास्तविकताओं के अनुरूप एक नीतिशास्त्र (ethic) विद्यमान था। ईसा से लगभग 600 वर्ष पूर्व के मध्य में, बौद्धधर्म तथा जैन धर्म उदय के साथ, नए व्यापारी वर्ग अस्तित्व में आए। बैंकिंग तथा बही–खाता प्रणाली विकसित हुई, शहरों में व्यापारी–संघ आर्थिक गतिविधियों के केन्द्र बन गए। बौद्ध धर्म हिन्दू धर्म के पुनरुत्थान के सामने झुक गया, जैनियों ने भारत में व्यापार एवं उद्योग में प्रगति जारी रखी। उनका वर्चस्व प्रमुखतः गुजरात क्षेत्र एवं राजपूताना में था।[97] सन् 1829 में एक अंग्रेज लेखक ने लिखा कि "भारत की व्यापारिक सम्पत्ति का आधे से अधिक जैन गृहस्थों के हाथों से गुजरता है....। राज्य एवं राजस्व के अधिकारी मुख्यतया जैन गृहस्थ हैं, जैसा कि देखते हैं कि लाहौर से महासागर तक अधिकांश जैन बैंकर्स हैं।"[98] देश के अन्य भागों में वैष्णव बनियों ने समान भूमिका निभाई है। भारत के परम्परागत व्यापारिक जाल के विखण्डन में अंग्रेजी राज ने योगदान दिया, जो जाल मुगल शासन के पतन के दौरान राजनैतिक उथल–पुथल के कारण पहले ही नष्ट हो रहा था। अंग्रेजों ने भारत को ग्रामीणीकृत कर दिया क्योंकि उनकी आर्थिक नीतियों ने कारीगरों की जनता को कृषकों व खेतिहर मजदूरों में परिवर्तित कर दिया। भारतीय व्यापारियों हेतु व्यापारिक उद्यम के अब केवल दो ही रास्ते खुले रह गए थे; धन उधार देने (moneylending) तथा कृषि सम्बंधी पूंजी लगाना (agricultural financing) एवं अंग्रेजी प्रतिष्ठानों (British firms) के मध्यस्थ व दलाल के रूप में कार्य करना।

भारत में नए व्यापारी अभिजन का उदय इन दलालों व मध्यस्थों के उभरने से सम्बन्धित है। यह कलकत्ता तथ बम्बई के क्षेत्रों में हुआ। कलकत्ता क्षेत्र में दलालों के तौर पर बनियों, जैनियों (श्रॉफ) तथा कुछ कायस्थों का प्रभुत्व था; बम्बई में इस तरह के व्यवसाय को मुख्यतया पारसी, बनिये व जैन नियंत्रित करते थे, मद्रास में यही काम चैट्टियार करते थे। अन्य स्तरों के अभिजनों की भांति ये व्यापारी अभिजन भी प्राथमिक रूप से जाति संरचना के ऊपरी भाग से आते थे।

ये व्यापार समूह मुख्यतया व्यावसायिक एजेन्टों की तरह काम करते थे, न कि औद्योगिक उद्यमियों की तरह। इनकी भूमिका औद्योगिक प्रबंधन या इसके संगठन से सम्बन्धित न होकर माल की आपूर्ति (supply) तथा विपणन (Marketing) से सम्बंधित थी। औद्योगिक उद्यम के लिए तकनीकी जानकारी, मशीनें तथा सांख्यिकी आंकड़े चाहिए थे, जो भारत में विकसित नहीं थे। तथापि, 19वीं शती के लगभग दूसरे चतुर्थांश में कुछ पारसी व बंगाली उद्यमी उभर कर सामने आए। कावसजी बानाजी ने 1845 में एक कताई व बुनाई मिल को शुरू किया; अन्य पारसियों ने जहाज–निर्माण उद्योग को अपनाया। बंगाल में, द्वारकानाथ टैगोर ने एक अंग्रेजी कोयले की खान 1836 में खरीदी।[99] तथापि, ये

उद्यम काफी नहीं थे। सन् 1911 तक अंग्रेज ही एकमात्र प्रमुख औद्योगिक उद्यमी थे, बम्बई क्षेत्र को छोड़कर जहाँ पारसी, यहूदी एवं गुजराती भी सक्रिय थे।[100]

सन् 1911 के बाद भारतीय औद्योगिक उद्यमियों ने अंग्रेजों का साथ पकड़ना शुरू किया। 1911 में गुजरातियों का केवल 3 कम्पनियों पर नियन्त्रण था; 1931 में यह संख्या बढ़कर 11 हो गई, और 1951 में 17। इसी प्रकार 1911 में पारसियों का 15 कम्पनियों पर नियंत्रण था और 1931 में यह संख्या बढ़कर 25 तक पहुंच गई, यद्यपि 1951 में यह घटकर 19 रह गई। इस काल के दौरान सबसे महत्वपूर्ण वृद्धि मारवाड़ियों की औद्यौगिक उद्यमिता की थी। सन् 1911 तक उनका एक भी कम्पनी पर नियंत्रण नहीं था, 1931 में केवल 6 कम्पनियों पर उनका नियंत्रण था, परन्तु 1951 तक उनका 96 से अधिक कम्पनियों पर नियंत्रण हो गया।[101] "सन् 1911 तथा बाद में 1931 तक पारसी, गुजराती तथा बंगाली मारवाड़ियों से आगे थे। पारसियों का सूती वस्त्र उद्योग पर प्रभुत्व था, और उनके एक सदस्य टाटा ने 1907 में जमशेदपुर में आयरन एवं स्टील वर्क्स शुरू किया तथा 1910 में बम्बई में हाइड्रो–इलैक्ट्रिक वर्क्स (जल–विद्युत योजना) शुरू किया। तथापि, 1930 के दशक में गुजरातियों व मारवाड़ियों ने पारसियों को सूती उद्योग में पीछे छोड़ दिया। इनमें सबसे प्रमुख बिड़ला, जुग्गीलाल कमलापत, रूइया, अम्बालाल साराभाई, कस्तूरभाई लालभाई एवं कुछ अन्य थे।"[102] भारत के व्यापारी अभिजन, वस्तुतः मुख्यतया इन औद्योगिक घरानों के थे।

भारत में व्यापारी अभिजन की दो बहुत उल्लेखनीय समाजशास्त्रीय विशेषताएं थीं। प्रथम, सामाजिक संरचना के संदर्भ में इनका उदय अतीतकालीन परम्परा के साथ एक निरन्तरता रखता है। इनमें से अधिकांश भारत की व्यापार व व्यावसायिक जातियों के थे और इस प्रकार इनका उदय व्यापारी अभिजन की पारम्परिक सामाजिक संरचना से क्रांतिकारी रूप से भिन्न नहीं था। द्वितीय, व्यापारी अभिजन भारत में राष्ट्रवादी आंदोलन के साथ सक्रिय रूप से जुड़े हुए थे। कुछ अर्थों में उनकी उद्यमी आकांक्षाएं उनकी देशभक्तिपूर्ण लगन से निर्देशित होती थीं।[103] इसी कारण, स्वतंत्रता के बाद भारतीय व्यापारी वर्ग औद्योगिक विकास के मामले में सरकारी नीतियों के प्रति प्रतिकूल होने अपेक्षा अधिक अनुकूलन वाला था।[104] यह बात स्वतंत्रता के पहले दशक तक के लिए विशेष रूप से सत्य है, जिसके बाद सौहार्द (harmony) के प्रतिमान में नए व्यवधान विशेषकर दिखाई दिए।

भारतीय समाज के आधुनिकीकरण में व्यापारी अभिजन द्वारा निभाई जा रही भूमिका को ये दो विशेषताएं प्रभावित करती हैं। पारम्परिक भूमिका प्रस्थिति के साथ इनकी निरन्तरता आधुनिकता के तत्वों को परम्परा के साथ सरल अथवा मिश्रित करती हुई भी प्रतीत होती है; अथवा यह संक्रमण की प्रक्रिया को केवल क्रमिक कर देती है। हाल के प्रमाण सुझाते हैं कि धीरे–धीरे इन व्यापारी

अभिजनों में से अधिकांश कार्य–संगठन तथा जीवनशैली के परम्परागत प्रतिमानों से विलग हो रहे हैं। इनमें से अधिकाधिक अब पाश्चात्य व्यापारी अभिजनों से मिलते–जुलते हैं तथा पारम्परिक शैलियों के साथ बंधे रहने की अपेक्षा ये लोग अपने काम को पश्चिम जैसे औद्योगिक प्रशासनतंत्रीय संगठनों की भांति कर रहे हैं। औद्योगिक अभिजन का एक वर्ग आज भारत में बौद्धिक तथा प्रशासनतंत्रीय अभिजन से अधिक आधुनिकीकृत है। इनके नियंत्रण में विशाल संसाधन व प्रतिष्ठा है तथा ये संरक्षणों के वितरण तथा हित समूहों पर नियंत्रण के माध्यम से भारतीय राजनैतिक प्रक्रिया को भी प्रभावित करते हैं।

भारतीय व्यापारी अभिजन अब अपनी औद्योगिक गतिविधियों तथा निवेश (investment) को पश्चिमी व्यवसाय अभिजन की भांति वैज्ञानिक एवं तार्किक आधार पर करते हैं। हाल के वर्षों में तकनीकी तथा प्रबंधकीय प्रकार्यों के लिए तार्किक भर्ती पर जोर कई गुणा बढ़ गया है। अनेक बड़े व्यवसाय प्रतिष्ठानों ने शोध संस्थान स्थापित किए हैं ताकि विपणन (marketing), औद्योगिक सम्बंधों के क्षेत्र में एवं उद्योगों के लिए अति महत्वपूर्ण अन्य मसलों पर स्वतंत्र अध्ययन किए जा सकें। इनमें से कुछ ने प्रशासनिक एवं तकनीकी सेवाओं के अपने स्वयं के काडर (cadres) स्थापित किए हैं, जिसके लिए भर्ती अखिल–भारतीय प्रतियोगिता के आधार पर की जाती है। इस प्रकार भारत में औद्योगिक नौकरशाहों का अब एक नया वर्ग उभर रहा है, जो न केवल उद्योगों के प्रबंधन हेतु एक तार्किक आधारशिला प्रदान करता है, अपितु भारत में शेष प्रशासनतंत्र के लिए भी संदर्भ समूह (reference group) का एक नया स्वरूप गठित करता है।

बड़े व्यापारी अभिजन के अतिरिक्त, व्यापारियों व नियोक्ताओं (merchants and employers) के मध्यम–वर्गीय अभिजन की संख्या में भी वृद्धि हुई है।[105] सन् 1950 के आरम्भ की तुलना में 1961 में नियोक्ताओं की संख्या 75 प्रतिशत बढ़ गई और व्यापारियों (खुदरा तथा थोक) की संख्या 30.4 प्रतिशत बढ़ी। यह इंगित करता है कि उद्यमिता सिर्फ सर्वोच्च स्तर पर ही नहीं, अपितु नगरीय क्षेत्रों में मध्यम–वर्गीय स्तर भी बढ़ रही है।

वस्तुतः देश में आर्थिक वृद्धि के सामान्य त्वरित विकास हेतु समाज के सामान्यीकृत स्तर पर उद्यमी अभिप्रेरणा (entrepreneurial motivation) का सक्रियकरण (mobilization) एक पूर्व–आवश्यकता (pre-requisite) है। इस मुद्दे पर अनेक वैज्ञानिकों ने महसूस किया है कि भारत जैसे समाज में जो अभी भी सत्तात्मक (authoritarian) सामाजिक संरचना में आबद्ध है, उद्यमी दक्षता का सक्रियकरण धीमा तथा दुष्कर होगा, और यदि इसके उच्च स्तर पर महत्वपूर्ण उद्यमी वर्ग है तो भी, तृणमूल स्तर पर इसका उदय कठिन होगा। यह वृहत् आधार का नहीं होगा अथवा इसमें सभी विविध सामाजिक समूहों एवं जातियों का प्रतिनिधित्व नहीं होगा। इसकी प्रवृत्ति किसी समूह अथवा जाति के पारम्परिक

व्यवसाय के विस्तार की होगी, जैसे जैन, बनिया और पारसी, जो कि एकदम शुरुआत से व्यापारी एवं व्यवसायी समूह रहे हैं।

इन अवलोकनों के सत्य होने के बावजूद भारत में उद्यमिता विकास के कुछ अध्ययनों ने यह दर्शाया है कि प्रक्रिया परम्परागत सामाजिक संरचना से बाधित नहीं होती। मद्रास क्षेत्र में जेम्स बर्ना[106] का अध्ययन दर्शाता है कि उद्यमियों का उदीयमान स्तर (emergent level) आनुवांशिक रूप से धनाढ्यों में से नही उभरा है अपितु उनमें से उभरा है, जिन्होंने बहुत छोटी पूंजी से प्रथम शुरुआत की और धीरे–धीरे क्रमिक अवस्थाओं में प्रगति की। उन्होंने यह भी दर्शाया है कि इनमें से महत्वपूर्ण संख्या के लोग आधुनिक शिक्षा प्राप्त थे और उन्होंने निवेश के क्षेत्र में अपनी तार्किक तथा प्रौद्योगिक दक्षता को प्रयुक्त किया। आम धारणा के विपरीत ये लोग अधिसंख्य रूप से व्यापारियों के उस परम्परागत समूह से नहीं थे, जिनका आर्थिक गतिविधियों तथा निवेश में एक पारम्परिक विश्व–दर्शन होता है। बचत एवं निवेदन की प्रक्रिया में, विस्तृत परिवार व नातेदारी जैसी पारम्परिक संस्थाएं बाधा का स्रोत बनने के बजाय सहायक सिद्ध हुई हैं।[107] रामनगर में लेअटन डब्ल्यू–हेज़लहर्स्ट के अध्ययन ने इंगित किया कि उद्यमियों के उदय में पुराने व्यापारी समूहों (स्थानीय व्यापारियों) के स्वरूप में न केवल एक संरचनात्मक निरन्तरता है, अपितु शरणार्थियों के इस वर्ग में भर्ती के द्वारा एक परिवर्तन भी हुआ है, जिसने, "रामनगर में आर्थिक प्रयोगों की प्रक्रिया में महत्वपूर्ण भूमिका निभाई है जो कि उद्योग की नई लाइन में प्रयोग से लेकर नए उपभोक्ता माल में प्रयोग तक है.......।"[108]

भारत में उद्यमिता के पर्याप्त प्रतिनिधि अध्ययनों के अभाव में अभी कुछ भी बहुत निष्कर्षात्मक रूप से नहीं कहा जा सकता, परन्तु जो भी अध्ययन उपलब्ध हैं, इनमें भारत की परम्परागत सामाजिक संरचना के बारे में प्रचलित रूढ़ धारणा (stereotype) कि भारत की पारम्परिक संरचना तार्किक उद्यमिता के विकास के लिए अनुकूल नहीं है, को खंडन करने की प्रवृत्ति है। इसके विपरीत, ये अध्ययन सुझाते हैं कि कुछ पारम्परिक संस्थात्मक केन्द्र बाधा पहुंचाने की अपेक्षा उद्यमिता विकास की प्रक्रिया में सहायक होते हैं।[109] प्रक्रिया को जो अधिक शक्तिशाली तरीके से बाधित करता है, वह विकास के महत्वाकांक्षी समूहों व वर्गों पर लादी गई आर्थिक पिछड़ेपन की सीमा है, न कि मूल्य व पारम्परिक सांस्कृतिक संवर्ग (categories), जो काफी अनुकूलनकारी (adaptive) हैं।

औद्योगिक कामगारों का प्रवास तथा नगरीकरण
(Industrial Workers' Migration and Urbanization)

फैक्ट्रियों तथा एक नए वर्ग के रूप में औद्योगिक कामगारों की वृद्धि का सामाजिक परिवर्तन एवं आधुनिकीकरण के साथ न केवल कारणात्मक सम्बंध है,

अपितु यह समाज के वृहत् सामाजिक संरचना के एक नए स्तर को जन्म भी देता है। फैक्ट्रियाँ कार्य–शैली हेतु एक समरूप तार्किक परिवेश, श्रम विभाजन, नया सामाजिक, भौतिक एवं सांस्कृतिक[110] पर्यावरण तथा व्यापक सहसम्बंधी संगठन प्रस्तुत करती हैं जिनकी समाज की वृहत् सामाजिक संरचना में एक एकात्मक भूमिका होती है। मजदूर संगठन सहसम्बंधी संस्थाओं के उदाहरण हैं जो न केवल किसी एक फैक्ट्री की विशेष स्थिति में कार्य करते हैं, परन्तु उनकी सम्पूर्ण औद्योगिक व्यवस्था से वृहत् सम्बंध (macrolinkages) होते हैं और कुछ के तो राष्ट्रीय संगठनात्मक आधार भी होते हैं। औद्योगिक कार्य–शक्ति का उदय एक लोक समाज (folk society) में पारम्परिक सम्बंधों के किसी स्वरूप के धीमे क्षरण की प्रक्रिया[111] तथा सामाजिक सम्बंधों की नई संरचनाओं द्वारा उनके विस्थापन का अप्रत्यक्ष प्रतिनिधित्व कर सकता है। आदर्श प्रारूपात्मक अर्थ में, इसका परिणाम सामाजिक सम्बंधों में परिवर्तन होता है, जो कि प्रस्थिति एवं प्रतिष्ठा के आधार पर भूमिका आवंटनों के स्थान पर संविदात्मक कर्तव्यों के रूप में परिभाषित भूमिका आवंटनों के द्वारा होता है। प्रस्थिति किसी व्यक्ति को प्रदत्त न हो, परन्तु उसे व्यक्ति द्वारा अपने कर्तव्य निर्वाह द्वारा अर्जित करने के लिए खुला छोड़ दिया जाए। परिवार एवं नातेदारी समूह अब उत्पादन की इकाई में नहीं रहते और इनका स्थान फैक्ट्रियों में जटिल श्रम विभाजन के माध्यम से उत्पादन ले लेता है जो कि उत्पादन की प्रक्रियाओं को तार्कीकृत तथा विवैयक्तीकृत (rationalize and depersonalize) करता है। इन सभी परिवर्तनों का संचयी परिणाम समाज को धीरे–धीरे परिवर्तित करना है, जिसमें यह "एक स्थैतिक (static), प्रदत्त प्रस्थिति ग्रस्त, परम्पराबद्ध, प्राथमिक समूह अभिमुखित, विशिष्टतावादी (particularistic), भाग्यवादी (fatalistic) समाज से तीव्रता से परिवर्तनशील, अर्जित प्रस्थिति की प्रभुता वाले, प्रगतिशील, द्वैतीयक समूह अभिमुखित, सार्वभौमिकतावादी (universalistic) तथा महत्वाकांक्षी समाज में परिवर्तित हो जाता है।"[112]

ये परिवर्तन केवल सैद्धांतिक स्तर पर प्रस्थापित किए गए हैं। वास्तविक जीवन में सांस्कृतिक एवं सामाजिक संस्थाओं की प्रारूपात्मकता (typicality) के कारण इसके प्रतिमान में विविधताएं हैं। औद्योगीकरण प्रत्येक समाज में एक से तरीके से आगे नहीं बढ़ता। इसके आधारभूत प्रकार्य सभी समाजों में समान रह सकते हैं, परन्तु परम्पराओं की ऐतिहासिकता तथा उन पूर्व–विद्यमान संरचनात्मक विशेषताओं के कारण, जिनसे औद्योगीकरण को अग्रसर होना पड़ता है, इसके स्वरूपों में विविधता आ सकती है। औद्योगीकरण में एक सार्वभौमिक प्रतिमान की पूर्व मान्यता विकास के केवल मात्रात्मक कारकों का ध्यान रखती है और इसके प्रत्युत्तर प्रतिमान में गुणात्मक विविधताओं का पूर्वाभास नहीं करती है।[113] इसी कारण, भारतीय औद्योगिक कामगारों की सामाजिक चयनता (social selectivity),

भर्ती (recruitment) तथा प्रतिबद्धता एवं संरचनात्मक विशेषताओं के बारे में अनेक मान्यताएं, जो अन्य राष्ट्रों अथवा भारत के अन्य क्षेत्रों में वैध पाई जाती हैं, सम्पूर्ण भारतीय औद्योगिक कामगारों के लिए वैधता की जाँच में खरी नहीं उतरतीं।

हम विदिधता के कुछ मामलों को दर्शाने का प्रयास करेंगे ताकि सामाजिक परिवर्तन की एक संस्थात्मक प्रणाली के रूप में औद्योगिक कार्य–शक्ति की भूमिका का विश्लेषण किया जा सके। परिवर्तन के दृष्टिकोण से औद्योगिक कामगार वर्ग का गुणात्मक चरित्र अधिक महत्वपूर्ण हो, परन्तु इसकी मात्रात्मक वृद्धि समान रूप से महत्वपूर्ण है क्योंकि यह सामाजिक गतिशीलता की वास्तविक मात्रा दर्शाती है।

मात्रात्मक रूप से, औद्योगिक कामगार भारत में कुल कार्य–शक्ति का एक बहुत छोटा सा हिस्सा है। सन् 1950 के आरम्भ में नगरीय कामगार वर्ग की संख्या 11,450 थी, जिसमें से केवल 1,800 कामगार पंजीकृत फैक्ट्रियों में कार्यरत थे।[113b.] यह संख्या 1961 के आसपास कुछ बढ़ गई थी, जब व्यवसायों के विभिन्न संवर्गों में कुल नगरीय श्रमिक वर्ग की संख्या 14,800 तथा पंजीकृत फैक्ट्रियों में कामगारों की संख्या 2,700 थी।[114] सन् 1951–61 के मध्य भारत में कामगार जनसंख्या (ग्रामीण एवं नगरीय) की कुल संख्या में प्राथमिक, द्वैतीयक तथा तृतीयक क्षेत्रों में स्थिर वृद्धि दर थी। द्वैतीयक क्षेत्र में (जिसमें औद्योगिक कामगार शामिल हैं) 1951 में एक करोड़ 41 लाख कामगार थे जबकि उसी साल में प्राथमिक क्षेत्र में दस करोड़ 14 लाख और तृतीयक क्षेत्र में दो करोड़ चालीस लाख कामगार थे। सन् 1961 में, द्वैतीयक क्षेत्र में कार्य शक्ति बढ़कर 2 करोड़ 21 लाख, प्राथमिक क्षेत्र में 13 करोड़ 62 लाख तथा तृतीयक क्षेत्र में 3 करोड़ दो लाख हो गई। इस प्रकार यद्यपि पूर्ण संख्या में प्रत्येक क्षेत्र में वृद्धि हुई थी, तुलनात्मक संदर्भ में (क्षेत्रों के मध्य) वृद्धि का प्रतिशत कमोबेश स्थायी बना रहा।[115] सन् 1951 में एक अनुमान के अनुसार, भारत में केवल 70 लाख औद्योगिक कामगार थे,[116] जो कि इस समय की कुल श्रम शक्ति का लगभग 5 प्रतिशत और भारत की कुल जनसंख्या का 2 प्रतिशत था।[117] तब से संख्या में वृद्धि हुई है, परन्तु तुलनात्मक संदर्भ में यह बहुत मामूली है। एक अनुमान के अनुसार, 1961 में भारतीय जनसंख्या का 0.5 प्रतिशत खान तथा खदान में और 10 प्रतिशत उत्पादन (manufacturing) तथा निर्माण कार्य (construction work) में कार्यरत था, जो कि कुल मिलाकर 10.5 प्रतिशत होता है। तुलनात्मक रूप से इन्हीं संवर्गों में कार्यशक्ति के प्रतिशत की चीन में 32 प्रतिशत, 36 प्रतिशत रूस में एवं इंग्लैंड में 49.5 प्रतिशत की गणना की गई है।[118]

अतः, मात्रात्मक संदर्भ में औद्योगिक कामगारों की वृहत् संरचना में वृद्धि विकसित एवं विकासशील देशों के संवर्गों में कुछ अन्य देशों के स्तर की नहीं हुई

है। चीन की तुलना में विलम्बन स्वाभाविक है। प्रश्न उठता है कि वृद्धि की यह दर मात्रा में कम व त्वरण (acceleration) में धीमी क्यों है? इस प्रश्न का आंशिक उत्तर अर्थशास्त्र के कार्यक्षेत्र में आता है। उदाहरण के लिए, पूंजी संचारण (capital mobilization) की संरचना तथा निवेश दर एवं प्रतिमान जो कि वर्तमान विश्लेषण के दायरे से बाहर है, परन्तु व्याख्या का एक अन्य भाग भारतीय समाज की सांस्कृतिक तथा समाजशास्त्रीय विशेषताओं से जुड़ा हुआ है। इस बात का विश्लेषण किया जा सकता है क्योंकि यह ऊपर उठाए गये प्रश्न का कुछ उत्तर दे सकता है तथा भारतीय औद्योगिक क़ामगारों की प्रमुख संरचनात्मक विशेषताओं को बता सकता है।

भारत में औद्योगिक कामगारों के अनेक अध्ययनों ने इस तथ्य पर जोर दिया है कि कामगार औद्योगिक कार्य और जीवनशैली के प्रति प्रतिबद्ध नहीं हैं;[119] उन्हें इस काम में धकेल दिया जाता है बजाय उनके स्वेच्छा से चयन के तथा औद्योगिक कार्य–शक्ति की संख्या में आनुपातिक वृद्धि पारम्परिक समाज द्वारा अपने सदस्यों के लक्ष्यों को पूरा करने की अक्षमता का प्रकार्य अथवा परिणाम है।[120] यह माना जाता है कि फैक्ट्री कामगार परम्परागत संस्थात्मक संरचना में वंचित व्यक्तियों का एक चयनित वर्ग का निर्माण करते हैं जिन्हें जबर्दस्ती बाहर धकेल दिया जाता है और वे इसमें वापस आने की आकांक्षा रखते हैं। इन चिन्तकों के अनुसार, यह प्रघटना, फैक्ट्रियों में अनुपस्थिति, श्रमिकों की अनियमित उपस्थिति तथा छुट्टी की अर्जियों आदि का स्पष्टीकरण देती है। यह मजदूर संघों की वृद्धि तथा कामगारों की भर्ती की तार्किक प्रक्रिया के अभाव का भी स्पष्टीकरण देती है।

यह स्वीकार करना होगा कि मोटे तौर पर ये मान्यताएं विशेष क्षेत्रीय संदर्भों में वैध हैं, परन्तु इसके अपवाद भी हैं। लैम्बर्ट के पूना की पाँच फैक्ट्रियों के अध्ययन ने दर्शाया कि श्रम–शक्ति की चयनात्मकता (selectivity) निम्न जातियों अथवा वंचित अनुभागों (deprived sections) तक सीमित नहीं है जैसा कि स्लॉटकिन की उपकल्पना बताती है। इसके विपरीत, यह कार्य शक्ति में जाति व नृतत्व समूहों (ethnic groups), साक्षरता, शिक्षा, तथा विवाहित प्रस्थिति का वही अनुपात दर्शाती है जो पूना की शहरी जनसंख्या का है। यह स्लॉटकिन की वंचित अनुभागों की चयनात्मकता की उपकल्पना के विपरीत है। इसी प्रकार यह अध्ययन भारतीय कामगारों के बारे में श्रम प्रतिबद्धता की उपकल्पना पर भी संदेह खड़ा करता है। लैम्बर्ट ने अपने अध्ययन में पाया कि "जब तक कामगार अपने वर्तमान फैक्ट्री रोज़गार तक पहुंचते हैं, नए कर्मचारियों में से एक चौथाई एवं एक तिहाई इसके समान काम को पहले कर चुके होते हैं, आधे से कुछ कम फैक्ट्रियों में पहले काम कर चुके होते हैं, और एक तिहाई को पहले रोजगार मिला हुआ होता है।[121] यह दर्शाता है कि कामगारों के एक अच्छे–खासे अनुपात के फैक्ट्री

कार्य के साथ स्थायी सम्बंध होते हैं, यद्यपि यह उनकी प्रतिबद्धता की प्रकृति को पूरी तरह से स्पष्टीकरण नहीं कर पाता है। फैक्ट्रियों की आंतरिक संरचना के संगठन के सम्बंध में, कर्मचारियों की गतिशीलता, काम के आवंटन तथा पुरस्कारों तथा सुविधाओं के तार्किक वितरण के संदर्भ में लैम्बर्ट का अध्ययन इस पारम्परिक रूढ़ धारणा (traditional stereotype) का समर्थन करता है कि फैक्ट्री की सामाजिक संरचना परम्परागत समाज के अनेक तत्वों का निर्वाह करती है। भर्ती, वेतन तथा दिहाड़ी (wages) और मजदूर संघ के आंदोलनों में भी विशिष्टतावादी आधार निरन्तर बने हुए हैं।

समाजशास्त्रीय संदर्भों में यह इंगित करता है कि औद्योगिक कार्य–शक्ति की आधुनिकीकारक भूमिका सीमित है, यद्यपि यह अमहत्वपूर्ण नहीं है। यह सीमित इसलिए नहीं है कि पारम्परिक सांस्कृतिक व्यवस्था की निर्धारक भूमिका है, जो कि निस्संदेह आधुनिक शक्तियों के लिए रास्ते खोल रही है, अपितु आधुनिकता की इन शक्तियों के निरन्तर परम्परायीकरण (persistent traditionalization) के कारण हैं।[122]

नगरीकरण एवं नगरोन्मुख प्रवास
(Urbanization and Urbanward Migration)

नगरों का विकास अथवा नगरीकरण, समाज में संरचनात्मक विभेदीकरण का एक अन्य स्रोत है। इस अर्थ में, पूर्व औद्योगिक शहरों को आधुनिक शहरों की तुलना में एक भिन्न स्तर पर मूल्यांकित किया जा सकता है। भारत में पूर्व–औद्योगिक नगरों का इतिहास है जो कि सिंधु घाटी सभ्यता के काल तक देखा जा सकता है। इस प्रकार के शहरों का अस्तित्व तीर्थ केन्द्रों, शाही राजधानियों, व्यापार एवं वाणिज्य के केन्द्रों, कुछ सामरिक महत्व के स्थलों पर सैन्य छावनियों और शैक्षणिक केन्द्रों, आदि के तौर पर था। ऊपर वर्णित एक अथवा अन्य दूसरे प्रकार के शहर ब्रिटिश पूर्व भारत में बहुत थे। समाजशास्त्रीय रूप से ऐसे शहरों का स्थिर एवं पुरातन चरित्र था। इनके प्रकार्य संचयी औद्योगिक अथवा आर्थिक प्रगति के साथ एकीकृत नहीं थे; शहर दिखावटी खपत (conspicuous consumption) तथा अभिजन वर्ग के लिए कुछ विलासी माल और आयुध (armaments) के उत्पादन के केन्द्र थे। जल आपूर्ति, स्वच्छता तथा रक्षा के क्षेत्रों में प्रौद्योगिक प्रगति के अभाव ने इन शहरों के विस्तार पर एक सीमा बांध दी थी। इनमें से अधिकांश में परकोटा होता था तथा इनमें व्यक्तियों का प्रवास नियंत्रित था; अन्यथा भी परकोटाबद्ध शहर में भौतिक विस्तार के लिए सीमित गुंजाइश थी।

भारत में ये पूर्व–औद्योगिक शहर अस्तित्व में आते थे तथा विलुप्त हो जाते थे, राजनैतिक शक्ति में उतार–चढ़ावों, वैध व्यापार मार्गों में परिवर्तनों अथवा राजा

की केवल सनक के कारण ये शहर बनते थे अथवा नेस्तनाबूद हो जाते थे। प्रायः शहर समर्थन अथवा कुलीन वर्ग के संरक्षण के खत्म होने के कारण नष्ट हो जाते थे। शहरों की जनसंख्या महामारियों के कारण घटती बढ़ती रहती थी। गर्मियों के मौसम में अधिकांश शहरों में प्लेग की महामारी फैलती रहती थी, यद्यपि इसकी गंभीरता साल दर साल अलग–अलग होती थी। इन कारणों से भारत में नगरीकरण की दर विश्व में अधिकांश देशों की तुलना में निम्न रही थी।[123]

भारत में पूर्व औद्योगिक शहरों का जनांकिकीय चरित्र (demographic character) न केवल स्थैतिक (static) था, अपितु इसकी सामाजिक संरचना भी सोपानक्रमिक व बंद थी। नगर आदर्श स्तर पर जाति की अभिव्यक्ति थे, और राजनैतिक स्तर पर ये राज्य का केन्द्र थे। दोनों तरीकों से ये परम्परागत सामाजिक व्यवस्था की मूलभूत विशेषताओं के प्रतीक थे।[124] इनकी सांस्कृतिक गतिविधियाँ मंदिरों के इर्द–गिर्द संगठित थीं। इनकी आर्थिक गतिविधियाँ गिल्ड्स (व्यापार संघों) द्वारा प्रबंधित होती थीं तथा राजनैतिक गतिविधियाँ राजाओं के दरबार से शुरू होती थीं। ये सभी जाति सोपानक्रम के पारम्परिक हिन्दू नियम पर आधारित थे। मुस्लिम शासन के दौरान यह प्रतिमान परिवर्तित नहीं हुआ; केवल सोपानक्रम के एक नियम का विस्थापन दूसरे नियम के द्वारा हुआ। अब धर्मशास्त्रों के साथ–साथ कुरान तथा शरिया भी प्रचलित थे।

औद्योगिक चरित्र अथवा आधुनिक जनांकिकीय लक्षणों के साथ भारत में शहरों का विकास पश्चिम के साथ इसके सम्पर्क के बाद हुआ, जो कि अपने साथ औद्योगिक क्रांति के परिणाम, स्वास्थ्य एवं स्वच्छता की आधुनिक सुविधाएं, सार्वजनिक उपयोगी सेवाओं की तार्किक संरचना, स्थायी सुरक्षा तथा आधुनिक प्रतिष्ठानों (firms) तथा उद्योगों को लाया। फिर भी 1881 से 1941 तक भारत में नगरीकरण की दर बहुत धीमी थी। सन् 1881 में कुल नगरीय जनसंख्या (5,000 अथवा अधिक व्यक्तियों के रहने के स्थान को नगर के रूप में परिभाषित किया गया है) 93 लाख थी, 1891 में 94 लाख थी, 1901 में एक करोड़ थी, 1911 में 94 लाख थी (प्लेग महामारी के कारण नगरीय जनसंख्या में यकायक कमी हुई थी), और 1921, 1931 एवं 1941 में नगरीय जनसंख्या क्रमशः एक करोड़ दो लाख, एक करोड़ ग्यारह लाख तथा एक करोड़ 28 लाख थी।[125] इस प्रकार इन छह दशकों में नगरीय जनसंख्या कमोबेश स्थायी रही। सन् 1941–1951 के दशक में नगरीकरण तथा नगरोन्मुख प्रवास में उल्लेखनीय वृद्धि हुई। सन् 1951 में भारत में 3,018 कस्बे थे जिनकी सम्मिलित जनसंख्या 6 करोड़ 19 लाख थी; नगरीय जनसंख्या 41% बढ़ गई थी।[126] तब से नगरीकरण की ओर निरन्तर बढ़ रही है।

परम्परागत भारत में नगरीकरण की धीमी दर इसलिए नहीं थी जैसी कि आम धारणा (stereotyped view) है कि यह भौतिक गतिशीलता के बारे में लोगों

के सांस्कृतिक संकोच (cultural inhibitions) के कारण थी। इसके विपरीत, शहर तक पहुंच सामाजिक प्रतिष्ठा एवं उच्चोन्मुख सामाजिक गतिशीलता का द्योतक थी; ग्रामीण विद्वान, कलाकार, कारीगर एवं योद्धा तथा अकुशल कामगार भी शहरों को जाने की आकांक्षा रखते थे ताकि शाही संरक्षण और व्यापक ख्याति तथा यश एवं बेहतर जीवन पा सकें। यह परम्परागत नगरों की बंद सामाजिक संरचना थी जो अंतः प्रवास (in-migration) पर विभिन्न प्रकार की संरचनात्मक सीमाओं के कारण अनेक बाधाएं डालती थी। डोनाल्ड जे.बोग तथा के.सी. जकरिया सही बताते हैं :

> भारत का इतिहास अनेक बहुत बड़े आक्रमणों तथा प्रवासों से भरा हुआ है जिसमें जनसंख्या का संरचण हुआ है। अतः यह संदेहास्पद है कि लगभग आदर्श अगतिशीलता की दशाओं का कभी वास्तव में अस्तित्व रहा हो। भारतीय कृषक उत्सुकता से नए बागानों की ओर दौड़ लगाते थे जैसे ही वे खुलते थे (उदाहरण के लिए असम में) अथवा विदेशी धरती पर जब भी उन्हें प्रवेश करने दिया जाता (बर्मा, श्रीलंका, मलाया, अफ्रीका)। यह बहुत सम्भव है कि आम भारतीय नागरिक की आवासीय इच्छा पर गाँव की प्रभुता (विशेषकर वे जो जनसंख्या की तकलीफ सबसे ज्यादा झेल रहे हैं) की अतिशयोक्ति की गई हो, और आंकड़ों की कमी से इस गलत सूचना (misinformation) को निरन्तरता प्रदान की है।[127]

इन लेखकों के द्वारा किए गए भारत में नगरीकरण एवं प्रवास प्रवृत्तियों के एक अध्ययन ने दर्शाया है कि भारत में गाँव से शहरों को प्रवास नाममात्र को नहीं है और यह एक व्यापक प्रघटना है। प्रवास केवल बड़े शहरों की ओर ही नहीं हो रहा है बल्कि सैकड़ों मध्यम आकार के तथा छोटे शहरों की ओर भी हो रहा है; प्रवासियों में पहले प्रमुखतः पुरुष ही हुआ करते थे। 1941–51 के दशक में यह परिवर्तित हो गया जब पुरुषों के समान महिलाएं भी शहरों में प्रवासित हो रही थीं। देहातियों में प्रवास के प्रति संकोच के प्रमाण ही नहीं मिलते, प्रवास में इस हद तक प्रगति हो गई है कि लगभग हर गाँववासी का कोई न कोई रिश्तेदार या ग्रामीण साथी शहर में रहता है। प्रवासियों में से अधिकांश गैर–कृषि गतिविधियों में लिप्त हो जाते हैं, विशेषतः उत्पादन तथा सेवा व्यवसायों में; ये व्यापार में उतनी आसानी से सफल नहीं होते जितना कि अन्य व्यवसायों में।

परिणामस्वरूप, यह मानना उचित होगा कि समय गुजरने के साथ भारत में नगरीकरण में संचयी गति (cumulative pace) से वृद्धि होगी। प्रक्रिया प्रारम्भ हो चुकी है। प्रश्न यह है किः त्वरित नगरीकरण की इस प्रक्रिया के समाजशास्त्रीय परिवर्तन क्या होंगे? क्या यह पारम्परिक सामाजिक संरचनाओं के जाति, संयुक्त

परिवार, नातेदारी और विवाह आदि के आधार को आमूलचूल तरीके से बदल देगा? भारत में किये गये विभिन्न नगरीय अध्ययनों के अनुसार नगरीकरण परम्परागत संरचनात्मक स्वरूपों को आवश्यक रूप से परिवर्तित नहीं करता, यद्यपि यह आधुनिकीकरण के लक्ष्यों को उद्योग, यातायात तथा संचार, अवकाश एवं मनोरंजन तथा सामाजिक अंतःक्रिया के तरीके व प्रतिमान में नए संरचनात्मक नवाचारों के माध्यम से पूरा करता है। हमने ऊपर बताया है कि किस प्रकार संचार के आधुनिक साधन तथा आधुनिक मीडिया का परम्परागत संस्थाओं की निरंतरता बनाए रखने के लिए प्रयोग बढ़ता जा रहा है। फिर भी, इसके साथ–साथ नगरीकरण परम्परागत संस्थात्मक प्रतिमानों की कार्यशीलता को तोड़ रहा है। प्रायः स्वरूप बने रहते हैं, परन्तु प्रकार्यों में महत्वपूर्ण पुनः अनुकूलन हो जाते हैं। परम्परागत संस्थागत स्वरूपों के अभिमुखन में प्रायः तार्किक व आधुनिक अनेक नई भूमिकाएं जुड़ जाती हैं। यह जाति, परिवार, समुदाय तथा पड़ोस, आदि जैसी अनेक संस्थाओं के मामले में लागू होता है जिसके बारे में हम विस्तार से आगे चर्चा करेंगे।

राजनैतिक वृहत्–संरचनाएं एवं परिवर्तन
(Political Macro-Structures and Change)

स्वतंत्रता के बाद से राष्ट्रीय लोकतांत्रिक प्रक्रिया में लोगों की सक्रिय भागीदारी ने अपने आपको अनेक राजनैतिक संरचनाओं अथवा राजनैतिक दलों के सक्रियकरण (mobilization) के माध्यम से मुखरित किया है। ये अनेक राजनैतिक संरचनाएं अथवा राजनैतिक दल भारत में सामाजिक परिवर्तन एवं आधुनिकीकरण की वृहत्–संरचनाओं के नए स्वरूप के तौर पर उभरे हैं। इनका महत्व प्रत्यक्षतः सामाजिक–संरचनात्मक है क्योंकि इनकी प्रतिबद्धता प्राथमिक रूप से शक्ति के स्रोतों तक वैध पहुंच की है। भारत में राजनैतिक वृहत्–संरचना की एक अनूठी विशेषता राजनैतिक शक्ति के क्षेत्र में एक दल (काँग्रेस) के प्रभुत्व की निरन्तरता है। यह दल 1967 के आम चुनावों में केवल आंशिक रूप से टूटा था। भारत में आधुनिकीकरण की प्रक्रियाओं के सम्बंध में राजनैतिक संरचना के किसी भी विश्लेषण हेतु यह एक ऐतिहासिक परिवेश प्रदान करता है।

राजनैतिक ढांचे के आधुनिकीकरण की जड़ें आवश्यक रूप से सत्ता के वैधकरण के परिवर्तनशील स्रोतों तथा सामाजिक संरचना में इसके प्रसार व केन्द्रीयता की प्रक्रिया में आबद्ध हैं। परम्परागत राजनैतिक व्यवस्था वाले समाज में शक्ति के स्रोतों राजा, मुखिया, अथवा पुरोहित–शासक के परम्परागत रूप से स्थापित तथा संस्थागत पदों में निहित होते हैं, जिन्हें प्रदत्त गुणों के आधार पर ये पद प्राप्त हुए हैं। जिन मानदण्डों के आधार पर इन राजनैतिक पदों को आवंटित किया जाता है, वे जातियों (यूरोप में जागीरों) अथवा समान प्रस्थिति समूहों के

सोपानक्रमिक नियम के आधार पर असमान रूप से वितरित होते हैं। जो इन पदों पर आरूढ़ होते हैं उनका प्रभुतावादी चरित्र (authoritarian character) होता है तथा राजनैतिक मानदण्डों के प्रति उनकी अनुरूपता इस अर्थ में स्वेच्छाचारी होती है कि क्रियाओं का क्षेत्र जिन्हें वास्तव में 'राजनैतिक' कहा जा सकता है या जो सम्पूर्ण राष्ट्र अथवा समुदाय के लिए नीति निर्धारण से सम्बंधित होता है, वह कुछ चुनिंदा लोगों के लिए सीमित होता है तथा राजनैतिक दर्जे तक पहुंच पारम्परिक रूप से बंद होती है। इस प्रकार की व्यवस्था में सत्ता का चरित्र मतैक्यवादी (consensual) न होकर सोपानक्रमिक होता है। यह पदस्थों (incumbents) की अन्य भूमिकाओं की तुलना में शक्ति संरचना में उनकी भूमिका के मध्य अविभेदीकृत होता है।

शक्ति के सन्दर्भ में लोकतांत्रिक राजनैतिक ढांचा इस प्रकार की भूमिका–संरचनाओं को आमूलचूल तरीके से परिवर्तित कर देता है। शक्ति का अब बंद सोपानक्रमिक चरित्र नहीं रहता; राजनैतिक क्रिया का क्षेत्र जन सहभागिता के स्तर पर विस्तृत हो जाता है और लोगों की इच्छाओं के प्रति, जो विभिन्न हित–समूहों के द्वारा मुखरित होती हैं, उत्तरदायी होने लगता है। राजनैतिक शक्ति संरचना की कार्यशीलता में उत्तरदायित्व की एक नई अवधारणा अस्तित्व में आ जाती है। परिणामस्वरूप, समाज की राजनैतिक प्रक्रियाओं में भूमिका विभेदीकरण, समाधान (reconciliation), विचारधारात्मक सक्रियकरण (ideological mobilization) तथा हित समूह निर्माण पर जोर बढ़ता जाता है। ये सभी शक्तियाँ राजनैतिक संरचना के आधुनिकीकरण में योगदान देती हैं।

यदि हम भारतीय समाज में इस संदर्भ परिधि (frame of reference) में लोकतांत्रिक प्रघटनाओं का मूल्यांकन करें तो हम दो प्रघटनाओं से प्रभावित होते हैं जो कि कुछ हद तक परस्पर विरोधाभासी हैं। प्रथम, राजनैतिक प्रक्रिया में जन सहभागिता में वृद्धि तथा जाति समिति, जनजातीय समूहों, भाषायी तथा नृतत्व समुदायों, आदि जैसी पहले विद्यमान संस्थात्मक मीडिया के माध्यम से समूह–हितों का मुखरण (articulation)। द्वितीय, राजनैतिक नवाचारों में से अधिकांश का निरन्तर अभिजनवादी चरित्र। वस्तुतः भारत में विशेष प्रकार के लोकतांत्रिक ढांचे का चयन अपने आप में जन इच्छा के स्थान पर अभिजन चयन का परिणाम है। यदि भारतीय अभिजन ने भारत में लोकतंत्र का कोई अन्य प्रारूप वर्तमान प्रारूप के स्थान पर चुन लिया होता तो वही प्रारूप चलता। यह दर्शाता है कि यद्यपि लोकतांत्रिक राजनीति का चुना गया विकल्प भारत में एकमात्र आधुनिकीकारक लक्षण है। इसका मूल्य–परिवेश (ethos) परम्परागत प्रतिमानों की भांति, सोपानक्रम तथा करिश्माई अभिजनवाद के पारम्परिक नियम को प्रतिबिम्बित करता है। संयोगवश यह भारत में आधुनिकीकरण के केंद्रीय लक्षण को दर्शाता है जो कि मुख्यतया पारम्परिक संरचनात्मक स्वरूपों में प्रकार्यों के नवाचारों के द्वारा

आगे बढ़ता है।

तथापि, राजनैतिक परिदृश्य में राजनैतिक आधुनिकीकरण की दूसरी अवस्था अब अधिकांशतया अतीत की बात हो गई है। राजनैतिक परिवर्तनों की अधिकांश समकालीन प्रक्रियाएं प्रथम आयाम, समाधान प्रतिमान (reconciliation pattern) के माध्यम से राजनैतिक सक्रियकरण (political mobilization) पर केन्द्रित हैं। इस स्तर पर अधिकांश प्रश्न उठ खड़े होते हैं। राजनैतिक वृहत्–संरचनाएं किस प्रकार क्षेत्रीय हित–समूहों के विरोधाभासों से बच पाएंगी? वृहत्–संरचना के एक स्तर में विकास, उदाहरणार्थ आर्थिक स्तर पर किस प्रकार दूसरे स्तर, उदाहरणार्थ राजनैतिक स्तर पर संरचना एवं प्रकार्य को प्रभावित करेगा? जाति, जनजाति, नृतत्व समूहों जैसी परम्परागत संस्थाएं किस हद तक आधुनिक लोकतांत्रिक राजनैतिक संरचना की प्रकार्यात्मक आवश्यकताओं के साथ अनुकूलन कर पाएंगी?

संक्षेप में, स्वतंत्रता के बाद से राजनैतिक प्रवृत्तियाँ अधिकांशतः क्षेत्रीय हित समूहों द्वारा मुखरित मांगों के साथ समाधानों की एक श्रृंखला (a series of reconciliation) रही हैं। राजनैतिक क्षेत्र में राज्यों का भाषायी आधार पर गठन, आर्थिक नीति के क्षेत्र में मिश्रित अर्थव्यवस्था पर जोर, धर्म एवं संस्कृति में लौकिकवाद (धर्म निरपेक्षवाद) की विचारधारा तथा अंतर्राष्ट्रीय सम्बंध में तटस्थता, ये सभी भारत में राजनैतिक आधुनिकीकरण के प्रमुखतः समाधानकारी प्रतिमान (reconciliatory pattern) के बिम्ब हैं। राजनीति में पारम्परिक संस्थाओं की भूमिका के मामले में भी यही प्रतिमान खरा उतरता है। जाति समितियों, नातेदारी समूहों तथा नृतत्व एकता वाले समूहों ने, जैसा कि प्रमाण बताते हैं, अपने आपको काफी हद तक बहुत कम विकृतियों के साथ, सफलतापूर्वक आधुनिक लोकतांत्रिक, राजनैतिक संरचना की आवश्यकता के अनुकूल ढाल लिया है।[128] तथापि, कुछ कुसामंजस्य (some maladjustments), विशेषतः वे जो कि नए प्रतिरोध आंदोलनों का स्वरूप ग्रहण कर लेते हैं, प्रक्रिया में स्वाभाविक हैं। परन्तु अभी तक भारतीय राजनीति के समाधानकारी अभिमुखन व्यवस्था को कोई क्षति पहुंचाए बिना अपने झटकों को झेलने में सफल रहें हैं। फिर भी भविष्य के बारे में कोई भी अटकल नहीं लगा सकता। यदि भारतीय संस्थाओं के प्राकृतिक लचीलेपन तथा भारत की सांस्कृतिक परम्परा में सहिष्णुता की अंतर्निहित प्रवृत्ति को स्थिर मान लिया जाए तो हम मान सकते हैं कि भविष्य में जब भी राजनैतिक प्रतिरोध आंदोलन राजनैतिक संरचना को खतरे का अंदेशा देंगे, समाधानकारी अभिमुखन हर बार विजयी होंगे। इस कारण भारत में राजनैतिक आधुनिकीकरण की गति धीमी हो सकती है परन्तु यह परिवर्तन की सामाजिक कीमत को अवश्य न्यूनतम रखेगी।

टिप्पणियां तथा संदर्भ
(Notes and References)

1. Fred W. Riggs, op. cit., pp. 22-23.
2. Marion J. Levy, Jr. *Modernization and the Structure of Society* (Princeton, New Jersey: Princeton University Press, 1966), pp. 38-39.
3. Max Weber, *Essays in Sociology,* trans. H.H. Gerth and C. Wright Mills (New York: Oxford University Pres, 1946), p. 400.
4. Reinhard Bendix, op. cit., pp. 36-37.
5. Ibid. pp. 39-39.
6. देखिए, B.B. Mishra, op. cit., pp. 49-65; Everett E. Hagen, *On The Theory of Social Change* (Illinois: Dorsey Press Inc., 1962), pp. 55-85.

   राइनहार्ड बैंडिक्स बताते हैं कि मध्ययुगीन यूरोपीय समाज में भी पारम्परिक सत्ता के विरुद्ध सहस्त्राब्दीय आन्दोलन (millenarian movement), सामाजिक डकैती (social banditry) तथा लोकप्रिय वैधवाद (populist legitimism) के आन्दोलन जैसे प्रतिरोध आन्दोलन उभरते रहते थे।
7. देखिए, Bendix, op. cit., pp. 43-46.
8. Karl Polanyi, *The Great Transformation: The Political and Economic Origin of our Time* (Boston: Beacon Press, 1957) pp. 68-76.
9. Will & Ariel Durant, *Rousseau and Revolution* (New York: Simon and Schuster, 1967), p. 669.
10. Everett E. Hagen, op. cit., p. 10.
11. Ibid., p. 10.
12. Bendix, op. cit., p. 94.
13. Neil J. Smelser, *Social Change in the Industrial Revolution* (Chicago: University of Chicago Press, 1959), pp. 1-2.
14. Marion J. Levy, Jr., op. cit., Vol. I, p. 62.
15. S.N. Eisenstadt, *Modernization: Protest and Change* (New York: Prentice Hall Inc 1966), pp. 55-67.
16. देखिए, George P. Murdock, *Social Structure* (New York: The Macmillan Co., 1949) Ch. 9-11.
17. इस बिन्दु पर देखिए, Myron Weiner, M.N. Srinivas, Rudolphs & Selig Harrison cited above.

. . .

18. Daya Krishna, "Democracy and Traditional Indian Values", ed. Baidya Nath Varma, *Contemporary India* (New York: Asia Publishing House, 1964), p. 126.

19. Helen B.B. Lamb, "The Indian Merchant", ed. Milton Singer, op. cit., pp. 25-34.

20. Stella Kramrisch, "Traditions of the Indian Craftsman", ed. Milton Singer, op. cit., pp. 18-24.

21. Harold D. Lasswell, Daniel Lerner & C. Easton Rothwell, *The Comparative Study of Elites: An Introduction and Bibliography,* (Stanford: Stanford University Press, 1952), p. 1.

22. Harold D. Lasswell, "The Study of Political Elite", ed. Harold Lasswell and Daniel Lerner, *World Revolutionary Elite,* (Cambridge: Massachusetts: The M.I.T. Press, 1966), p. 8.

23. Lasswell, Lerner & Rothwell, op. cit. p. 6.

24. Lasswell, in ed. Lasswell and Daniel Lerner, op. cit. p.8.

25. Ibid. pp. 8-9.

26. Karl Mannheim, *Man and Society in an Age of Reconstruction,* (New York: Harcourt, Brace and Company, 1940), p. 86.

27. A. De Grazia, P. Deutschmann & F. Hunter ने अभिजन की अपनी परिभाषा में इस भेद को निम्न प्रकार से प्रस्तुत किया है : "किसी भी समुदाय में अभिजन, अथवा नेतृत्व समूह उन व्यक्तियों से बनता है जिनमें सामान्यतया इच्छित गुणों का संयोग अथवा एक गुण असाधारण सीमा में होता है। अभिजन का शक्ति, आदर, सम्पत्ति अथवा दक्षता के संयोग अथवा इनमें से किसी एक गुण पर स्वामित्व होता है। कोई भी व्यक्ति जो किसी एक सूचक (index) पर उच्च स्तर का होता है, वह विशेष अभिजन का सदस्य होता है, जैसे कि उदाहरणार्थ, धार्मिक अभिजन अथवा सम्पत्ति का अभिजन। तथापि, यदि समाज में वह कारक प्रभुत्वपूर्ण होता है तो वह व्यक्ति सामान्य अभिजन का भी सदस्य होता है। दूसरी ओर, उस व्यक्ति में अनेक गुण उच्च स्तरीय होते हैं और वे सब मिलकर समाज में नेतृत्व पर प्रभुत्व रखते हैं, तो वह व्यक्ति सामान्य अभिजन के साथ–साथ अनेक विशेष अभिजनों का सदस्य भी होता है।" देखिए A. De. Grazia, et al., *Elite Analysis: A Manual of Methods for Discovering the Leaders of a Society and their Vulnerability to Propaganda* (Stanford, California: Institute of Journalistic Studies, 1955), p. 1 mimeographed, quoted in Marshall R. Singer, *The Emerging Elite: A Study of Political Leadership in Ceylon,* (Cambridge, Massachusetts: M.I.T. Press, 1964), p. 5.

28. Fred W. Riggs, op. cit., pp. 126-127.
29. Max Weber, *The Theory of Social and Economic Organization,* trans. A.M. Henderson and Talcott Parsons (New York: Oxford University Press, 1947), pp. 341-363.
30. Everett E. Hagen, op. cit., pp. 74-81.
31. Ibid, pp. 80-81.
32. Ibid.
33. Daniel Lerner, op. cit.
34. A.L. Basham, op. cit., p. 91.
35. D. Mackenzie Brown, "Traditional Concepts of Indian Leadership", ed. Richard L. Park and Irene Tinker, *Leadership and Political Institutions in India* (New Jersey: Princeton University Press, 1959), p.6.
36. Basham, op. cit, p. 94.
37. R.C. Majumdar, H.C. Raychaudhuri & Kalkinkar Datta, *An Advanced History of India* (London: Macmillan Co. Ltd., 1956), p. 557.
38. Max, Weber *The Theory of Social and Economic Organization,* op. cit., p. 341.
39. Ibid., p. 372.
40. Jawaharlal Nehru, *The Discovery of India,* (London: Meridian Books Ltd., 1951), p. 283.
41. D.G. Karve, (trans. and selected with the assistance of Ellen E. McDonald) *The New Brahmans: Five Maharashtrian Families*, (Berkeley and Los Angeles: University of California Press, 1963), देखिए General Introduction, pp. 1-5.
42. B.B. Misra, op. cit., p. 353.
43. George McT. Kahin, Guy J, Pauker, & Lucian Pye, "Comparative Politics of Non-Western Countries", *American Political Science Review,* XLIX, December 1955; quoted in Myron Weiner, "Some Hypothesis on the Politics of Modernization in India" in Park and Tinker, op. cit., p. 27.
44. M.N. Srinivas, *Social Change in Modern India,* op. cit., p. 69; इतिहासवेत्ताओं द्वारा अभिजन के अध्ययन अभिजन समूहों की संरचना में निरन्तरता को पुष्ट करते हैं। Papers of H.J. Broomfield, "An Elite and its Rivals: The Bengal Bhadralok at the Opening of the Twentieth Century"; of P.R.B,

"Regionalism, Nationalism, and Political Conflict in Uttar Pradesh and of E. Irschick, "The Brahmin and Non-Brahmin Struggle for Power in Madras" referred to by Srinivas may be noted in this connection. देखिए, Srinivas, ibid, p. 175, footnote 55.

45. देखिए, Edward Shils, *The Intellectual Between Tradition and Modernity,* op. cit., and Daniel Lerner, op. cit.

46. M.N. Srinivas, *Social Change in Modern India*, op. cit., p.72.

47. George Rosen, op. cit., p. 73.

48. Myron Weiner, "Changing Leadership in West Bengal" ed. A.R. Desai, *Rural Sociology in India* (Bombay: Popular Book Depot, 1961)

49. George Rosen, op. cit., Table 21, p. 175.

50. Edward Shils, Supra, pp. 17-18.

51. Ibid., p. 18.

52. Information given by Prof. B. Kuppuswamy, India International Centre, New Delhi.

53. Srinivas, Supra, pp. 71-73.

54. D.D. Karve, *The New Brahmans,* op. cit., देखिए, "My Life Story", by D.D. Karve महिलाओं की प्रस्थिति (विधवा पुनर्विवाह तथा शिक्षा) में सुधार लाने के लिए परम्परावादियों द्वारा सामाजिक प्रतिरोध हेतु झलक पाने के लिए इस पुस्तक को देखिए। pp. 17-57.

55. देखिए, I.P. Desai, "The New Elite", ed. Unnithan et al. op. cit., pp. 150-155; also T.B. Bottomore, "Modern Elite in India", ed. Unnithan et al, Supra, pp. 180-188.

56. Srinivas, Supra, p. 80.

57. अनेक हाल के अध्ययनों में एशियाई–अफ्रीकी अभिजन के मनोविज्ञान में पाश्चात्य मूल्यों तथा सांस्कृतिक प्रतीकों से परे स्वयं अपने देश की संस्कृति के प्रति अधिक तादात्म्य का प्रचलन देखा गया है। देखिए, Marshall Singer, op. cit., S.N. Eisenstadt, op. cit.; P.E. Sigmund, Jr. *The Ideology of Developing Nations* (New York: Praeger, 1963); Clifford Geertz, ed. *Old Societies and New States,* op. cit.; James Coleman, *Nigeria: Background to Nationalism* (Berkeley, California: University of California Press, 1959); Lucian Pye, *Politics, Personality and Nation Building: Burma's search for Identity* (New Haven: Yale University Press, 1963); Thom Kerstiens, *The New Elite in Asia*

and Africa: A Comparative Study of Indonesia and Ghana (New York: Frederick A. Praeger Publishers, 1966) कैरस्टियनस ने इंडोनेशिया तथा घाना दोनों में एक प्रक्रिया का अवलोकन किया है जिसके अन्तर्गत जिन पश्चिम शिक्षित अभिजन ने इन देशों में स्वतन्तत्रा के लिए संघर्ष का नेतृत्व किया, वे अब अधिकाधिक नए जन नेताओं के उदय की चुनौती को झेल रहे हैं, ये नए जन नेता अपश्चिमीकृत हैं तथा अपनी संस्कृति में पाश्चात्य सांस्कृतिक घुसपैठ को नव–उपनिवेशवाद का छद्म स्वरूप मानते हैं। कैरिस्टियेन्स लिखते हैं: "तथापि, नए पाश्चात्य–शिक्षित अभिजन. स्वयं जन नेताओं के नए समूहों द्वारा खतरा महसूस करते हैं ......सामान्यतया जन नेता इतने सुशिक्षित नहीं हैं और न अपने दृष्टिकोण में पाश्चात्य हैं, परन्तु जनसंख्या के घनिष्ठ सम्पर्क में हैं। ट्रेड यूनियन, युवा समूहों अथवा सेना से निकलकर आते हैं। यह अभिजन अपने दृष्टिकोण में अधिक क्रांतिकारी है, यूरोपीय अभिजन के विरुद्ध अपने मत पर पाश्चात्य समूह को मात देते हैं। यदि पाश्चात्य समूह यूरोपीय अभिजन की राजनैतिक शक्ति को तोड़ने के प्रति उत्सुक था, तो भी यह इस बात के लिए सहमत था कि यूरोपीय अभिजन अभी भी इसकी अधिकांश आर्थिक शक्ति पर पकड़ बनाए रखे और इसकी जीवन शैली का अनुकरण हो। तथापि, नए जन–नेता यूरोपीय आर्थिक शक्ति के विरुद्ध हैं जिसे ये नव–उपनिवेशवाद के स्वरूप के तौर पर देखते हैं।" देखिए, Kerstiens, Supra, p. 221.

58. नौकरशाही के बारें में वेबर के आदर्श–प्रारूपों पर टिप्पणी हेतु, देखिए Carl J. Friedrich, "Some Observations on Weber's Analysis of Bureaucracy", ed. Robert K. Merton et al., *Reader in Bureaucracy* (Glencoe, Illinois: The Free Press, 1952), pp. 27-33.

59. Max Weber, *The Theory of Social Economic Organization,* op. cit., pp. 333-334.

60. Max Weber, *Essays in Sociology* op. cit., pp. 416-417.

61. Max Weber, *The Theory of Social and Economic Organization,* op. cit., p. 335.

62. Ralph Braibanti, "Introduction" ed. Ralph Braibanti, *Asian Bureaucratic Systems Emergent from the British Imperial Tradition* (Durham, N.C.: Duke University Press, 1966), p. 9.

63. Hugh Tinker, "Structure of the British Imperial Heritage", ed. Ralph Braibanti, op. cit., p. 24.

64. Ibid ·5.

65. Ibid

66. Bernard S. Cohn, "Recruitment and Trading of British Civil Servants in India, 1600-1800", ed. Ralph Braibanti, op. cit., pp. 88-93.
67. Hugh Tinker, Supra, p. 24.
68. देखिए, Philip Woodrough, *The Men who Ruled India: The Guardians* (London, 1954)
69. David C. Potter, "Bureaucratic Change in India", ed. Ralph Braibanti, op.cit., p.166.
70. B.S. Cohn, ed. Braibanti, Supra, p. 105. (तालिका देखिए).
71. Ibid., p. 107.
72. Ibid., p. 119.
73. Ibid., pp 110-111.
74. Ibid., p. 91.
75. Tinker, Supra, p. 26.
76. B.S. Cohn, Supra, ed. Braibanti, p. 92.
77. Huge Tinker, ed. Braibanti, op. cit., p. 26.
78. Quoted in Tinker, op. cit., p. 29.
79. Ibid., p. 54.
80. Ibid., p. 63.
81. Tinker, op, cit., p. 54.
82. B.B. Misra, op. cit., p. 322.
83. Ralph Braibanti, "Concluding Observations", ed. Ralph Braibanti, op. cit., pp. 645-647.
84. Potter, op. cit., p. 152.
85. D.N. Rao, "Disparities of Representation Among the Direct Recruits to the I.A.S." *Indian Journal of Public Administration*, IX, (January- March 1963), 91; quoted in Potter, op. cit., p. 153.
86. Potter, ibid, p. 153.
87. Ibid., p. 160.
88. Ibid., p. 162.
89. Michel Crozier, *The Bureaucratic Phenomenon* (Chicago: University of Chicago Press, 1963).

90. इस बिन्दु पर, अफ्रीकी–एशियाई बुद्धिजीवियों पर एडवर्ड शिल्स के शोधपत्र को Daedulus, Spring 1967, published by American Academy of Arts and Sciences, 280 Newton St. Brookline Station, Boston., Mass, U.S.A., देखिए। इसमें शिल्स ने एक सार्वभौमिक बौद्धिक परम्परा (इसके केन्द्र) की प्रस्थापना दी है जिसमें अफ्रीकी–एशियाई अभिजन को वे परिधि पर स्थित मानते हैं। उनके अनुसार, अफ्रीकी–एशियाई बुद्धिजीवियों की समस्या उनके इस केन्द्रीय सार्वभौमिक बौद्धिक धारा में शामिल होने की है जिसका आधुनिक पश्चिम प्रतिनिधि केन्द्र है। शिल्स स्वाभाविक रूप से आधुनिकीकरण का सार्वभौमिक दृष्टिकोण अपनाते हैं जो कि पाश्चात्य बुद्धिजीवियों में आज एक व्यापक भ्रांति है।

91. K.R. Sunder Rajan, *New Statesman* (Friday, October 13, 1967), p. 456.

92. भारत में प्रतिरोध आन्दोलनों के उदय को जाति समितियों, सामुदायिक एवं नृतत्व समूहों तथा पिछड़ा वर्ग आन्दोलनों के स्वरूप में देखा गया है। इस संदर्भ में, देखिए, M.N. Srinivas, *Caste in Modern India......* op. cit.; Myron Weiner, *The Politics of Scarcity,* op.cit. ; Selig Harrison, op. cit.; Rudolph, op. cit., etc.

93. देखिए, Shils in *Daedalus*, op. cit.

94. Helen Lamb, op. cit., p. 25.

95. Ibid., p. 25.

96. S. Bhargava, *Indigenous Banking in Ancient and Medieval India* (Bombay, 1935), p. 9., quoted in Helen Lamb, op. cit., p. 27.

97. Helen Lamb, Ibid., p. 29.

98. J. Tod, *Annals and Antiquities of Rajasthan,* Vol. I, pp. 518-519, quoted in Helen Lamb, op. cit., p. 30.

99. B.B. Misra, op. cit., p. 117.

100. Ibid., p. 249.

101. Ibid., p. 250.

102. Ibid., p. 250.

103. Helen Lamb, op. cit., p. 33.

104. Myron Weiner, *The Politics of Scarcity*, op. cit.

105. George Rosen, op. cit., Table 21, p. 175.

106. James Berna, *Industrial Entrepreneurs and Entrepreneurship in Madras State* (Bombay: Allied Press, 1961).

107. James Berna, "Pattern of Entrepreneurships in South India", *Economic Development and Cultural Change,* Vol. VII, (April, 1959), pp. 343-62.

108. Leighton W. Hazlehurst, *Entrepreneurship and the Merchant Castes in a Panjabi City* (Duke University Programme in Comparative Studies on Southern Asia, 1966), p. 144.

109. Joseph R. Gusfield, "Tradition and Modernity: Misplaced Polarities in the Study of Social Change", *American Journal of Sociology*, Vol. 72, No.4, (January 1967), p. 357.

110. मैलिनोवस्की के प्रारूप पर फैक्ट्री संस्कृति एवं जनरीतियों के अध्ययन हेतु, देखिए, John S. Elisworth, JR., *Factory Folkways: Study of Institutional Structure and Change* (New Haven: Yale University Press, 1953),Chapter IV, pp. 89-191.

111. J.S. Slotkin, *From Field to Factory* (Glencoe, Illınois: Free Press, 1960); Wilbert E. Moore & Arnold S. Feldman, *Labour Commitment and Social Change in Developing Societies,* (New York: Social Science Research Council, 1960).

112. Richard D. Lambert, *Workers, Factories and Social Change in India* (Princeton, New Jersey" Princeton University Press, 1963), p. 17.

113 (a) L.W. Hazlehurst, op.cit., p. 140.

113 (b) George Rosen, op. cit., p. 191.

114. Ibid.

115. Ibid, p. 138.

116. Charles A. Myer, *Labour Problems in the Industrialization of India* (Cambridge, Mass: Harvard University Press, 1958), p. 8.

117. Ranbir Varma, "Industrial Labour as a Factor of Economic Growth in India", ed. B.N. Varma, op. cit., 148.

118. Ronald Segal, *The Crisis of India* (Penguin Special, 1965), p. 174.

119. देखिए, Charles A. myer, Ranbir Varma & Wilbert E. Moore & Feldman, op.cit.

120. Slotkin, op. cit., Ch. III and VI.

121. Richard D. Lambert, op. cit., 104.

122. Ibid., p. 223.

123. Kingsley Davis, *The Population of India and Pakistan,* op. cit., p. 129.

124. David F. Pocock, "Sociologies: Urban and Rural" *Contribution to Indian Sociology,* No. IV (April 1960), p. 66.

125. Kingsley Davis, Supra, p. 127.
126. Donald J. Bogue & K.C. Zachariah, "Urbanization and Migration in India", ed. Roy Turner, op. cit., pp. 30-31.
127. Ibid.
128. देखिए, Lloyd I. Rudolph, "The Modernity of Tradition: The Democratic Incarnation of Caste in India", *The American Political Science Review,* Vol. LIX, No. 4 (December 1965); इसे भी देखिए, *Gusfield*, op. cit.

6

सामाजिक संरचना में परिवर्तन तथा आधुनिकीकरण (लघु–संरचनात्मक परिवर्तन)

(Changes in Social Structures and Modernization: The Micro-Structural Changes)

संरचनात्मक परिवर्तन की प्रक्रिया में, वृहत्–संरचनाओं में परिवर्तनों में, जैसा कि पहले विश्लेषित किया गया है, लघु–सामाजिक संरचनाओं को प्रभावित करने की प्रवृत्ति होती है। अतः लघु–संरचनाओं में परिवर्तनों को दो संदर्भ–परिधियों (frames of references) में विश्लेषित किया जा सकता है। प्रथम, समाज की वृहत्–संरचनाओं में परिवर्तनों के विस्तार–प्रभाव (spread-effect) के परिणाम के तौर पर, जैसे कि औद्योगीकरण, राजनैतिकरण, नौकरशाहीकरण एवं नगरीकरण आदि, तथा द्वितीयतः, परिवर्तन की अंतःजनित शक्तियों के परिणाम के तौर पर। हमने जिन लघु–संरचनाओं को विश्लेषण हेतु चुना है वे जाति, परिवार एवं ग्राम समुदाय हैं।

जाति के किसी भी विश्लेषण में यह आवश्यक है कि इसके सैद्धांतिक सूत्रणों तथा इसकी अस्तित्वात्मक (यथार्थवादी) प्रक्रियाओं (existential processes) के मध्य भेद किया जाए। सैद्धांतिक रूप से, जाति व्यवस्था की जड़ें चार जाति संवर्गों में समाज के वर्ण विभाजन में गड़ी हुई हैं, अर्थात् ब्राह्मण, क्षत्रिय, वैश्य एवं शूद्र, तथा अछूतों का पाँचवां संवर्ग, जिसे कि जाति की संदर्भ परिधि से बाहर रखा गया है तो भी यह सामाजिक एवं कर्मकांडीय सोपानक्रम (hierarchy) में इसका निम्नतम स्तृत है। जाति व्यवस्था का वर्ण प्रारूप प्रकृति में वृहत्–संरचनात्मक है, परन्तु जाति की वास्तविकता यथार्थवादी स्तर में निहित है न कि

आदर्श–प्रारूपात्मक स्तर पर, जिसको वर्ण सिद्धांत प्रस्थापित करता है। यथार्थवादी स्तर पर एक भी ऐसे वर्ण (जाति) का अस्तित्व नहीं है, जिसका नातेदारी, व्यावसायिक विशेषीकरण तथा सामाजिक अंतःक्रिया की निरन्तरता का अखिल भारतीय संरचनात्मक जाल हो। श्रीनिवास लिखते हैं:

> केवल यह नहीं है कि कुछ जातियाँ........ उदाहरण के लिए, भड़भूजा (भाड़ में अनाज भूनने वाला), कहार (पानी भरने वाला), तथा बरतो (वंशावली रखने वाला geneologist)........... देश के कुछ भागों में ही पाए जाते हैं, अथवा कुछ व्यावसायिक जातियों की स्थिति देश के एक भाग से दूसरे भागों में भिन्न होती है, परन्तु जाति मुख्यतया एक क्षेत्रीय व्यवस्था के तौर पर अस्तित्व में रहती है तथा प्रकार्यशील होती है। वस्तुतः भारत के सारे ब्राह्मणों को छोड़ भी दें तो, एक ही क्षेत्रीय भाषा बोलने वाले सारे ब्राह्मण एक अंतर्विवाही समूह गठित नहीं करते। उनमें एक दर्जन या उससे अधिक अंतर्विवाही समूह हो सकते हैं। फिर, एक छोटे से क्षेत्र में भी एक जाति सामान्यतया केवल कुछ अन्य जातियों से अंतःक्रिया करती है, न कि सभी जातियों के साथ। तथापि, कुछ जातियाँ एक विस्तृत क्षेत्र में फैली हुई होती हैं। इसका अर्थ है कि इसके विविध भागों में सांस्कृतिक भिन्नताएं हैं। इसके अतिरिक्त, एक औसत किसान के लिए, अन्य भाषायी क्षेत्रों में जातियों के नाम विशुद्ध रूप से अनजान शब्द हैं। उनका अर्थ तभी निकलता है, जब उन्हें वर्ण की प्रोक्रस्टियन संदर्भ परिधि (procrustean frame of reference) में देखा जाए।[1a]

अतः, यथार्थवादी स्तर पर जातियों को सैकड़ों अंतर्विवाही समूहों में विभाजित किया गया है। क्षेत्रों के मध्य भाषायी अवरोध एक ओर इन्हें अलग करने की भूमिका निभाते हैं। दूसरी ओर, क्षेत्रीय सांस्कृतिक भिन्नताएं, संस्थागत असमानता की अंतर्निहित व्यवस्था तथा जातियों के मध्य परस्पर विकर्षण ने जातियों के क्षेत्रीय अथवा स्थानीय चरित्र को और अधिक सम्पुष्ट (reinforce) किया है। तुलनात्मक दृष्टिकोण से, जाति संरचना एक क्षेत्र से दूसरे क्षेत्र में आंतरिक दर्जे के विभेदीकरण के सन्दर्भ में भिन्न हो जाती है।[1b] अतः आनुभाविक रूप से जातियाँ भारतीय समाज की लघु–संरचनाओं के रूप में विद्यमान हैं। वर्ण प्रारूप जो एक वृहत्–संरचनात्मक प्रघटना की भांति प्रतीत होता है, वास्तव में शुद्ध संवर्ग के रूप में जाति का एक सांस्कृतिक ढांचा है। जाति व्यवस्था की वास्तविकता में संरचनात्मक तथा प्रकार्यात्मक भिन्नताओं की वास्तविक प्रक्रियाओं के साथ बिना कोई वास्ता रखे यह मानदण्डात्मक नियम निर्धारित करता है।

अतः भारत में जाति के संरचनात्मक विश्लेषण को इस बात पर ध्यान

केन्द्रित करना होगा कि विभिन्न क्षेत्रीय स्थितियों में जातियाँ तथा उप–जातियाँ इन दो बातों का निर्वाह अथवा उनसे विचलन किस प्रकार करती हैं: प्रथम, गतिविधियों का उनके पारम्परिक रूप से स्थापित प्रतिमान, एवं द्वितीय, अन्य जातियों के साथ अंतःक्रिया के सन्दर्भ में। पहला मामला उस जाति का होगा जो अपना परम्परागत व्यवसाय छोड़ चुकी है, तथा अपने आपको परम्परात्मक व्यावसायिक कर्तव्यों से अलग कर चुकी है...... उदाहरण के लिए, जजमानी सम्बंधों को। परिवर्तनों का दूसरा संवर्ग उन प्रक्रियाओं को शामिल करेगा जो अंतर्जातीय सम्बंधों के स्थापित प्रतिमान को खंडित करने की आशंका खड़ी करती हैं और इस प्रकार व्यवस्था की निरन्तरता के लिए भी खतरा खड़ा करती हैं। तथापि, इस प्रकार के परिवर्तन बहुत कम हैं, परन्तु उभर रहे हैं। अंतर्जातीय विवाहों की प्रवृत्ति यद्यपि अभी भी कमजोर है, परन्तु यह भविष्य में ऐसी सम्भावना ला सकती है जिसमें अंतर्विवाह के जाति के नियम टूट जाएंगे। अभी तक इनकी संख्या इतनी कम है कि उससे कोई फर्क नहीं पड़ता। एक अन्य स्तर पर, संरचनात्मक परिवर्तन जाति के भीतर विभिन्न प्रकार्यात्मक विभेदीकरण को भी शामिल करेंगे, यह एक ऐसी प्रक्रिया है जिसमें जातिगत गतिविधियों का क्षेत्र संकुचित होने के बजाय धीरे–धीरे विस्तृत हो रहा है। इस प्रकार के परिवर्तनों के उदाहरण हैं जब जाति समूह राजनैतिक समितियों, आर्थिक हित–समूहों अथवा वर्गों के तौर पर प्रकार्य करते हैं। परिवर्तनों के ये स्वरूप स्वतंत्रता के बाद बहुधा घटने लगे हैं तथा जाति के संरचनात्मक विश्लेषण हेतु एक नया स्थान प्रस्तुत करते हैं। इन प्रक्रियाओं ने भारत में जाति की वास्तविकता के बारे में नई सैद्धांतिक चर्चाएं छेड़ दी हैं।[2]

जाति में सरचनात्मक परिवर्तनों के उपरोक्त क्षेत्रों पर अर्थपूर्ण तरीके से ध्यान केंद्रित करने के लिए इसकी आवश्यक संरचनात्मक विशेषताओं को पुनः दोहराना भी आवश्यक है, जो कि सोपानक्रम, अशुद्धता तथा शुद्धता एवं कर्म एवं धर्म के सिद्धांत के इसके सांस्कृतिक लक्षणों से व्युत्पन्न हो सकती हैं, यद्यपि ये मात्र इन लक्षणों में नहीं हो सकतीं। संक्षेप में, इस प्रकार के संरचनात्मक लक्षण दो हैं। प्रथम, सामाजिक अंतःक्रिया के क्षेत्रों का संस्थात्मक सीमांकन एवं द्वितीय, शक्ति का असमान वितरण। प्रथम प्रकार की संरचनात्मक विशेषताओं में विवाह पर, साथ–साथ खाने–पीने पर तथा सामाजिक सम्बंधों के अन्य स्वरूपों पर प्रतिबंध आते हैं, जिन्हें सम्पुष्ट तथा लागू किया जाता था। इसके पीछे कारण जाति की संरचनात्मक विशेषता का दूसरा स्वरूप–शक्ति तक पहुंच की असमानता है। अतः जाति व्यवस्था में परिवर्तनों की संरचनात्मक व्याख्या को परिवर्तनशील शक्ति संरचना में इसकी भूमिका पर केन्द्रित किया जाना चाहिए।

जाति व्यवस्था में परिवर्तनों का इतिहास इस बात का समर्थन करता है। यह देखा गया है कि जब भी कोई जाति, सौभाग्य से, अथवा राजनैतिक शक्ति

संरचना में परिवर्तन, या स्वयं अपने श्रम अथवा उद्यमिता के कारण अपने अवसरों को आर्थिक रूप से (प्रायः राजनैतिक रूप से भी) बेहतर कर सकी तो उसने जातिगत सोपानक्रम में उच्चतर स्थिति के लिए दावा प्रस्तुत किया, जिसमें वह प्रायः सफल रही। ऐसे परिवर्तन वैदिक काल से हो रहे हैं। पन्निकर लिखते हैं कि "वैदिक काल से भी ऐसे असंख्य उदाहरण हैं, जहाँ मनुष्य जातिगत–समाज के निम्नतम दर्जे में पैदा हुआ और उन्होंने उन व्यवसायों को अपनाया जिन पर सिद्धांततः अन्य जातियों का एकाधिकार था। कुछ हद तक यह अपरिहार्य था जब महापद्म नंदा एवं मौर्यों के बाद अनेक शाही परिवार शूद्रों से आये थे। आज भी भारत के शाही परिवारों में से बड़ी संख्या में आदिवासी जतियों (aboriginal castes) के हैं, यद्यपि अनेक क्षत्रियत्व ग्रहण कर चुके हैं अथवा कम से कम उच्चतर सामाजिक प्रस्थिति पर दावा पेश कर चुके हैं। दक्षिण में, जहाँ क्षत्रिय नहीं थे, ब्राह्मण इस हद तक आगे बढ़े कि सोने की गाय के माध्यम से एक प्रतीकात्मक पुनर्जन्म करवा कर शूद्र शासकों को द्वितीय श्रेणी का क्षत्रियत्व ग्रहण करने की अनुमति प्रदान की।"[3] ये उदाहरण राजनैतिक अथवा आर्थिक शक्ति प्राप्त करने के बाद उच्चतर जातिगत सोपानक्रम में आरोहण (ascendance) के बारे में बताते हैं।

जाति के कुछ हाल ही के मानवशास्त्रीय अध्ययनों में इसकी संरचना एवं परिवर्तन का विश्लेषण करने के लिए प्रयुक्त राजसी प्रारूप (kingly model) भी अप्रत्यक्ष रूप से शक्ति की प्रघटना पर केंद्रित है। राजा का अर्थ, ऐसा भूमिका–सम्बंध है जिसमें शक्ति का केंद्रीयकरण है, ताकि समाज के अन्य सदस्यों की क्रियाओं तथा निर्णयों पर सापेक्ष नियंत्रण हो। पारम्परिक रूप से, राजनैतिक वृहत्–संरचना के स्तर पर, क्षत्रिय राजाओं की इस भूमिका में पुजारियों का गठजोड़ था। गाँवों तथा अन्य भौगोलिक क्षेत्रीय समूहों के लघु–संरचनात्मक स्तर पर राजसी भूमिका की प्रकार्यात्मक समतुल्यता का प्रतिनिधित्व, श्रीनिवास के शब्दों में, प्रभु जातियाँ' (dominant castes) करती थीं।[4] जैसे ही कोई जाति जातिगत सोपानक्रम में सम्पूर्ण अथवा सापेक्ष प्रभुता की स्थिति अर्जित कर पाती थी, वह जातिगत सोपानक्रम में उच्चतर स्थिति का दावा करने का प्रयास करती थी, यदि उसकी वर्तमान स्थिति निम्नतर थी। जाति की स्थिति में इस प्रकार के परिवर्तन, सांस्कृतिक महत्व या संस्कृतीकारक होने के स्थान पर, शक्ति की संरचनात्मक प्रघटना के साथ सम्बंध रखते हैं।

इसी समस्या पर ध्यान देते हुए डी.एफ. पॉकॉक ने लिखा है:

> ठीक जिस प्रकार क्षत्रिय या राजा ब्राह्मण के साथ वैश्य तथा शूद्र वर्णों से श्रेष्ठतर हैं, उसी प्रकार हम हिन्दू समाज में राजसी प्रारूप (kingly model) के बारे में कह सकते हैं कि वह ब्राह्मणवादी प्रारूप (Brahminic model) का परिपूरक है, यद्यपि कुछ अर्थों में वह

> ब्राह्मणवादी प्रारूप पर निर्भर है, किसी भी नियत समय या स्थान पर राजसी प्रारूप, किसी भी क्षेत्र में प्रभु राजनैतिक शक्ति का प्रतिनिधित्व करता है तथा इसमें उस क्षेत्र की स्थानीय प्रभु गैर–ब्राह्मण जाति अथवा जातियाँ मध्यस्थता करती हैं।[5]

एक दृष्टिकोण से–ब्राह्मणवादी तथा राजसी–दोनों प्रारूपों को शक्ति के दो स्वरूपों–मानदण्डात्मक एवं लौकिक को समान रूप से अभिव्यक्ति के रूप में समझा जा सकता है। पुरोहित की राजा पर मानदण्डात्मक शक्ति होती है, वह आदर्श परम्परा का प्रतिनिधित्व करता है; परन्तु राजा की शक्ति, लौकिक होने के कारण यथार्थवादी स्थितियों में निहित होती है, और लौकिक मामलों में ब्राह्मणों पर उनकी शक्ति चलती है। ग्रामीण स्थितियों के जातिगत अध्ययनों ने इस प्रस्थापना की वैधता को प्रदर्शित किया है। जिस गाँव का हमने अध्ययन किया है, चानुखेड़ा में क्षत्रिय ब्राह्मणों का बहुत आदरसूचक सम्बोधनों से पहले अभिवादन करते थे; कर्मकांडीय अवसरों पर वे ब्राह्मण पुजारियों के पैर भी छूते थे; परन्तु सामाजिक सभाओं, निर्णय करने वाली प्रक्रियाओं जैसे लौकिक मामलों में ब्राह्मणों से अधीनस्थता की अपेक्षा करते थे, जो प्रायः उन्हें प्राप्त होती थी। सामाजिक अवसरों पर (कर्मकांडीय नहीं) बैठने की व्यवस्था में ब्राह्मणों का स्थान क्षत्रियों से नीचा होता था।[6] इसी प्रकार के अवलोकन अनेक अन्य मानवशास्त्रियों ने भी किए हैं। बीडलमैन का अवलोकन है कि "सेनापुर एवं रामपुर में ब्राह्मण शक्तिशाली अथवा आर्थिक रूप से श्रेष्ठ जाति नहीं थे, बल्कि जाटों तथा ठाकुरों के अधीन थे।"[7] क्षत्रिय अथवा राजपूत अन्य उत्तरी भारतीय गाँवों में भी प्रभु (dominant) थे, उदाहरण के। लिए, केन्द्रीय यू.पी. में मोहाना[8] गाँव में, पश्चिमी यू.पी. में खालापुर[9] गाँव, गुजरात में कसान्दरा[10] गाँव तथा मालवा में रामखेड़ी गाँव[11]। बैरेमन ने अवलोकन किया कि हिमालय में सिरकण्डा गाँव में राजपूत तथा ब्राह्मण जातियाँ एक जोड़े के रूप में प्रभु जाति थे।[12] बेली के द्वारा अध्ययन किए गए बिसीपारा गाँव में, योद्धा जाति (जो कि दर्जे में राजपूतों के समान है) को प्रभु जाति बताया गया है।[13]

दक्षिण भारतीय गाँवों में सामाजिक मानवशास्त्रियों ने ब्राह्मणों तथा ओक्कालिगा को प्रभु जाति के तौर पर पाया है। मैसूर के मलंड क्षेत्र में टोट्टागड्डे गाँव में हविक ब्राह्मणों[14] तथा तंजौर (तमिलनाडु) में कुम्बपेट्टई गाँव में समर्थ ब्राह्मणों[15] को प्रभु जाति के रूप में पाया है। मैसूर के अध्ययनों में रामपुरा[16] वंगाला[17] तथा डेलाना[18] गाँवों में ओक्कालिगाओं को प्रभु जाति माना गया है। इन गाँवों में इन जातियों की प्रभुता में एक रोचक समान कारक बहुत महत्वपूर्ण भूमिका निभाता है और वह श्रेष्ठतर आर्थिक प्रस्थिति, विशेषकर भूमि है।[19] टोटागड्डे में सारी नकद फसली भूमि पर ब्राह्मणों का स्वामित्व है; पारम्परिक रूप से कुम्बपेट्टई ब्राह्मण सारी भूमि पर नियंत्रण रखते थे; वंगाला तथा डेलाना में

ओक्कालिगा 80% से अधिक भूमि पर नियंत्रण रखते हैं; सोनापुर, पूर्वी यू.पी. में गाँव में 82% भूमि पर राजपूतों का नियंत्रण है तथा गुजरात में कसान्दरा गाँव में सारी जमीन पर वाघेला राजपूतों का नियंत्रण है। इन सभी गाँव में इन जातियों के प्रभुत्व की मात्रा ऊंची है। मोहाना गाँव, जहाँ ठाकुर (राजपूत) 41% भूमि पर नियंत्रण रखते हैं, तथा बिसीपारा में, जहाँ योद्धाओं के पास 28% भूमि है, दोनों जातियों की प्रभुता मध्यम श्रेणी की है।[20]

जाति की सामाजिक संरचना के निर्वाह में एक जाति की दूसरी जाति पर प्रभुता अथवा शक्ति की प्रघटना एक निर्णायक कारक है। एक सैद्धांतिक राजसी प्रारूप में आर्थिक तथा राजनैतिक प्रभुता के तत्व कर्मकांडीय प्रभुता के साथ भी जुड़ जाते हैं क्योंकि क्षत्रिय एवं ब्राह्मण दोनों ही उच्च अथवा 'द्विज' जातियाँ हैं। उपरोक्त गाँवों के संदर्भ में विश्लेषित प्रभुता सम्बन्धी तथ्यों में इस सैद्धांतिक सूत्रण को समर्थित करने की प्रवृत्ति है; क्योंकि उल्लिखित प्रभु जातियाँ ब्राह्मण, राजपूत तथा ओक्कालिगा हैं। प्रथम जाति उच्च है तथा अन्य दो जातियाँ उच्च मध्यम व मध्यम दर्जे की हैं। यह जाति व्यवस्था में निरन्तर संरचनात्मक स्थायित्व की ओर इंगित करता है, विशेषतः उन गाँवों के सम्बंध में जहाँ इन अध्ययनों को किया गया है, परन्तु यह बात भी जोड़ी जानी चाहिए कि यह स्थायित्व बिना सतत तनावों के नहीं है जो कि जातियों के मध्य शक्ति के संतुलन को अस्थिर स्तर पर रखता है। परम्परागत रूप से जब आधुनिक न्यायिक एवं संवैधानिक अधिकार सभी जातियों को उपलब्ध नहीं थे, प्रभु जातियों द्वारा पीड़ित, सदैव उन अन्य प्रभु जातियों की शरण ले सकते थे जिनके सम्बंध उत्पीड़न करने वाली प्रभु जातियों से दुश्मनी के थे; अथवा पीड़ित व्यक्ति गाँव छोड़ सकते थे, जो कि कठिन नहीं था, यह देखते हुए कि पीड़ित जातियों के नातेदारी सम्बंध अन्य गाँवों में थे तथा उन दिनों श्रम शक्ति का अभाव रहता था। तथापि, यदा–कदा प्रभु जातियों के विरुद्ध खुला विद्रोह भी हुआ है, जिसने कभी–कभी अंतर्जातीय सम्बंधों के समीकरणों को बदल दिया है।

उच्च प्रभु जातियों के विरुद्ध निम्न प्रजा जातियों के विद्रोह के अनेक उदाहरण स्वतंत्रता–पूर्व के दिनों में भी पाए गए हैं। पूर्वी यू.पी. के चानुखेड़ा गाँव में निम्न जातियों (चमारों एवं कहारों) ने क्षत्रियों के विरुद्ध बेहतर मज़दूरी तथा स्वतंत्रता के लिए काँग्रेसी आंदोलन में शामिल होने की स्वतंत्रता की खातिर आंदोलन किया, इसका क्षत्रियों ने प्रारम्भ में तो प्रतिरोध किया परन्तु अंततः उन्हें सहमत होना पड़ा।[21] बर्नार्ड एस. कॉन ने माधोपुर गाँव में ठाकुरों (राजपूतों) की सत्ता को चमारों द्वारा दी गई ऐसी ही चुनौती के बारे में बताया है। वे लिखते हैं :

> तीस वर्ष पूर्व, अपने ठाकुरों के विरोध में माधोपुर के कुछ चमारों ने यह घोषणा की कि अब वे ठाकुरों के खेतों तक खाद नहीं ले जाएंगे।

उन्हें ठाकुरों के कोप से बचने के लिए गाँव छोड़ने पर मजबूर होना पड़ा। अंततः जब इन चमारों को गाँव लौटने की अनुमति मिली तो इन्हें खाद के काम से माफ कर दिया गया जिसे कि वे हेय मानते थे। चमार महिलाओं ने एक कदम और आगे बढ़ाया, उन्होंने ठाकुरों के घरों के लिए गोबर के कण्डे थापने से मना कर दिया। अंततः उन्हें भी ठाकुरों की अनिच्छा भरी सहमति मिल गई।[22]

अंतर्जातीय सम्बंधों पर समाजशास्त्रियों द्वारा किए गए अध्ययनों से अनेक मिलते–जुलते उदाहरण दिए जा सकते हैं; ये अध्ययन इस विचार की पुष्टि करते हैं कि प्रभुता की प्रघटना कभी भी सम्पूर्ण नहीं थी[23] तथा उपयोगितावादी आधारों पर अथवा प्रभु जातियों तथा उनकी प्रजाओं के मध्य बदलती शक्ति की रूपरेखा के संदर्भ में अनुकूलनात्मक परिवर्तन सदैव सम्भव थे और घटित भी हुए। उनकी आवृत्ति तथा विशालता स्वाभाविक रूप से सीमित थी, क्योंकि व्यवस्था अपने आप में अपेक्षाकृत रूप से बंद थी।

आज, जैसे–जैसे ग्रामीण एवं नगरीय समुदायों की व्यवस्थाओं में औपचारिक बंद प्रकृति को लोकतांत्रीकरण व राजनैतिकीकरण द्वारा तथा भूमि सुधारों तथा गाँवों में विकास के कार्यों एवं शहरों में औद्योगीकरण के माध्यम से खोला जा रहा है, जातियों की शक्ति की पूर्ववत् रूपरेखा भी बदल रही है। भारत में जाति की व्यवस्था में संरचनात्मक परिवर्तन का यह सम्भावित क्षेत्र है। ग्राम स्तर (पंचायत) से राज्य व राष्ट्र तक राजनैतिक संरचना के लोकतांत्रीकरण के माध्यम से सार्वभौमिक मतदान प्रक्रिया की शुरुआत ने जाति के प्रकार्यात्मक विभेदीकरण में एक नया आयाम जोड़ा है। गाँवों में भूमि सुधारों ने नए परिवर्तनों के सुर को और आगे बढ़ाया है।

ग्रामीण स्तर पर प्रभु जातियों को अपनी पूर्ववर्ती प्रजा जातियों से नई चुनौतियों का सामना करना पड़ रहा है जिसके कारण हैं : भूमि सुधारों के कारण उनकी शक्ति में परिवर्तन तथा ग्रामीण पंचायतों में शक्ति प्राप्त करने के लिए संख्या में बड़ी जातियों को रिझाने की आवश्यकता, अब ग्रामीण पंचायतों के पद निर्वाचन पर आधारित हो गए हैं। अनेक गाँवों में इसने शक्ति के कर्मकांडीय व आर्थिक स्वरूपों तथा संख्यात्मक शक्ति में एक प्रकार का अन्तर्विरोध खड़ा कर दिया है, जिसमें कर्मकांडीय व आर्थिक शक्ति पर अभी भी उच्च जातियों (जो कि संख्यात्मक रूप से अल्पसंख्यक हैं) का एकाधिकार है तथा संख्यात्मक शक्ति निम्न जातियों में है। उन स्थितियों में जहाँ निम्न जातियाँ अपनी संख्यात्मक शक्ति को भुनाने में सफल हैं, उन्होंने शक्ति की परम्परागत रूपरेखा को बदल दिया है। भूमि सुधार भी जातियों के मध्य प्रभु सम्बंधों में परिवर्तन लाए हैं।

ऊपर बताए गए सेनापुर गाँव में, विलियम एल.रोव ने अवलोकन किया है कि ''अतीत में आर्थिक एवं राजनैतिक रूप से सारी शक्ति वाले क्षत्रिय भू–सामंतों

का छोटा सा समूह शांति से (अधिकांशतया) समाज को निर्देशित करता था। अब भू–सामंत व खातेदार के मध्य सामाजिक सम्बंध के टूटने के साथ, नोनिया (निम्न जाति) जैसे उनके बहुसंख्यक तथा आर्थिक रूप से सक्षम जाति समुदाय अपने उद्देश्यों हेतु प्रयास करने के लिए अपने आप को स्वतंत्र पाते हैं।"[24] एक अन्य गाँव, यू.पी. में किशनगढ़ी में भी मैकिम मैरियट अंतर्जातीय सम्बंधों के पूर्ववर्ती प्रतिमान में आंतरिक तनाव की समान प्रक्रिया को देखते हैं, और कहते हैं कि "वर्तमान में जातियों के मध्य दर्जे (rank) तथा व्यक्तियों के मध्य प्रतिष्ठा के लिए घनघोर प्रतियोगिता है। यह प्रतियोगिता वर्तमान में, कर समाहर्ताओं (tax collectors) के रूप में भू–सामंतों के हट जाने से तथा ग्रामीणों के गांव पंचायत तथा पंचायती अदालत में काम करने के लिए निर्वाचन से तीव्र हुई है।"[25]

विभिन्न जातियों के ग्रामीण स्तर पर शक्ति सम्बंधों की संरचना में परिवर्तन क्षेत्रीय स्तरों पर भी मुखरित होते हैं, यद्यपि इस बात का कोई प्रमाण नहीं है (अनुसूचित जातियों व जनजातियों के सम्भावित अपवाद को छोड़कर) कि कोई एक जाति भारतीय समाज के वृहत्–संरचनात्मक स्तर पर अपने प्रभुत्व को मुखरित करती है। समाज वैज्ञानिकों ने यह भी पाया है कि जाति समितियाँ अब भारत में राजनैतिक प्रक्रियाओं में व्यापक एवं महत्वपूर्ण भूमिका निभा रही हैं और विशेषतः विधानसभाओं के, जिला निकायों के चुनावों में तथा सरकार द्वारा संचालित संस्थाओं में पदों के वितरण के मामले में यह बात बढ़ती ही जा रही है।[26] गुजरात, उड़ीसा, मद्रास, आंध्र, मैसूर, बिहार एवं यू.पी. में उभरती जाति चेतना तथा इसके नए संगठनों तथा प्रकार्यों की समीक्षा में श्रीनिवास ने निष्कर्ष निकाला है कि आधुनिकीकरण के साथ जाति की शक्तियाँ कमजोर होने के स्थान पर और अधिक सशक्त हो रही हैं। वे लिखते हैं :

> सम्पूर्ण भारत में सड़क निर्माण, रेलों, डाक, तार, सस्ता कागज, तथा छपाई का आरम्भ......... विशेषतः क्षेत्रीय भाषा में........ ने जातियों को इस प्रकार संगठित होने योग्य बनाया, जिस तरह से पहले वे कभी संगठित नहीं हुई थीं। एक पोस्टकार्ड जाति की बैठक का समाचार ले जाता था, दूरदराज के गाँवों में बिखरे हुए सदस्यों को आवश्यकता पड़ने पर एकत्रित होने में रेल ने सहायता दी, जबकि जाति की पत्रिकाओं को स्थापित करने में सस्ते अखबारी कागज़ के कारण सहूलियत हुई, इन पत्रिकाओं का उद्देश्य अपनी–अपनी जातियों के हितों का संवर्धन था। यह बताना एक आम बात है कि रेलों तथा फैक्ट्रियों ने खाने, पीने तथा सम्पर्क के अन्य स्वरूपों के बारे में अशुद्धि (pollution) के नियमों को ढीला किया है, परन्तु यह कहानी का केवल एक पक्ष है। सस्ते कागज की उपलब्धता ने जातिगत झगड़ों को आलेखित करने की सहूलियत दी, और इसने नियमों तथा

पूर्व के उदाहरणों को स्थायी स्वरूप दिया जो कि तब तक बुजुर्गों की अविश्वसनीय, अतः चुनौती देने योग्य, याददाश्त पर निर्भर थे। मुझे पता चला है कि गुजरात में अनेक जातियों ने अपने संविधान छपवा लिए हैं।[27]

अन्य शक्तियाँ, जो जाति का लचीलापन दर्शाती हैं उनमें श्रीनिवास मद्रास में बढ़ते हुए ब्राह्मण–विरोध की चर्चा करते हैं जो कि डी.एम.के. आन्दोलन में निम्न जातियों के ध्रुवीकरण के लिए एक तर्क प्रदान करते हैं। महाराष्ट्र में राजनैतिक समूहों के रूप में महारों तथा मराठों का उदय (जिसमें ब्राह्मण–विरोधवाद की प्रतिध्वनि थी)[28], आंध्र में कामा तथा रेड्डी में प्रतिद्वंद्विता, दोनों ने पहले तो एकता करके ब्राह्मणों को शक्ति से हटा दिया और उसके बाद शक्ति का अधिक लाभ उठाने के लिए स्वयं उप–विभक्त हो गए;[29] वे मैसूर में लिंगायत–ओक्कालिगा प्रतिद्वंद्विता के बारे में भी बताते हैं, जहाँ पर भी जातियों के राजनैतिकीकरण के लिए ब्राह्मण –विरोधवाद ने उत्प्रेरक का कार्य किया है; और जाति को सरकारी पदों पर नियुक्ति तथा मेडिकल तथा इंजीनियरिंग कॉलेजों में सीटें देने के लिए एक कारक के रूप में माना गया है; तथापि, यह भारत सरकार की सहमति के बिना अर्जित नहीं हो सकता था, भारत सरकार ने नौकरियों तथा शिक्षण संस्थाओं में पिछड़े वर्गों तथा अनुसूचित जाति एवं जनजाति के सदस्यों को प्राथमिकता देने के लिए 1951 में संविधान में संशोधन किया। शक्ति के लिए बिहार में राजपूत–भूमिहार प्रतिद्वंद्विता तथा यू.पी. में शोषित संघ के अनुसूचित जाति आन्दोलनों को भी श्रीनिवास ने बताया है जो कि लौकिक उद्‌देश्यों को पाने के लिए जातियों की बढ़ती हुई लामबन्दी से सम्बन्धित थे। उनका निष्कर्ष है, "जिस अनुपात में शासकों से राजनैतिक शक्ति का लोगों को मिलना बढ़ा है (संवैधानिक सुधार तथा लोकतांत्रीकरण के माध्यम से) उसी अनुपात में जाति की शक्ति तथा गतिविधि भी बढ़ी है।"[30]

श्रीनिवास द्वारा चर्चित समान प्रक्रियाओं के बारे में लॉयड़ आई. रूडॉल्फ तथा सूजन हॉबर रूडॉल्फ ने भी बताया है। उन्होंने भारतीय राजनैतिक प्रक्रिया में जाति की बदलती हुई भूमिका पर जोर दिया है जो कि उनके अनुसार एक समिति से मिलती–जुलती है; उनकी मान्यतानुसार जाति समितियों की कार्यप्रणाली यूरोपीय और अमेरिकी राजनीति में सुपरिचित स्वयंसेवी समितियों तथा हित समूहों से बहुत मिलती–जुलती है।[31] "इस संदर्भ में जाति समिति उस तरह की इस अर्थ में स्वाभाविक समिति नहीं रही, जिस तरह की जाति थी और है। इसने स्वयंसेवी अथवा स्वैच्छिक समिति की विशेषताएं ग्रहण करनी शुरू कर दी हैं। जाति समितियों में सदस्यता विशुद्धतया प्रदत्त नहीं है; सदस्यता हेतु जाति में जन्म एक आवश्यक दशा है परन्तु पर्याप्त दशा नहीं है। किसी को (राजपूत) क्षत्रिय महासभा अथवा (जाट) किसान सभा में किसी चैतन्य क्रिया द्वारा शामिल

होना पड़ता है जिसमें अपना तादात्म्य (identification) बनाने के लिए .... जाति समिति की बैठकों में उपस्थित होने से लेकर, जाति समिति के नेताओं द्वारा समर्थित उम्मीदवारों को वोट देने, और सदस्यता शुल्क भरना शामिल है। सामान्यतया जाति समिति में सम्भावित एवं वास्तविक सदस्यता है। जब जाति बात करती है तो यह पूर्ण जाति की सम्भावित सदस्यता के प्रतिनिधित्व करने की बात करती है।''[32]

किसी अन्य स्थान पर, लॉयड रूडॉल्फ ने जाति समिति की विशेषता बताते हुए कहा है कि इसमें प्रदत्त और स्वैच्छिक समूहों, दोनों के मिश्रित लक्षण होते हैं [वेबर के शब्दों में, 'सामुदायिक' (communal) तथा 'समिति सम्बन्धी' (associative) सम्बन्धों] और इनका परिणाम रूडॉल्फ के शब्दों में 'छद्म–समाज' (shadow-society) का होता है, जिसका जाति की परम्परागत संस्था को प्रत्यक्ष रूप से विस्थापित किए बिना, आधुनिकीकारक प्रभाव होता है। वे लिखते हैं:

> प्रदत्त तत्व दृढ़ता से इसका संकेत देता है कि एक पूर्णतया स्वैच्छिक समिति के समान बनने में जाति समिति की क्षमता की एक स्वाभाविक सीमा है। तथापि, चाहे जहाँ तक यह अपने सदस्यों को ले जाए, जो आमने–सामने के पारम्परिक समुदाय के संकुचित दायरे से इसके साथ तादात्म्य महसूस करते हैं, यह तार्किक रूप से, इन सदस्यों को प्रदत्त सीमाओं से परे नहीं ले जा सकती। कोई भी व्यक्ति अपने आप को परिभाषित करने व अपने भविष्य को बनाने के लिए पूर्ण रूप से स्वतन्त्र नहीं हो सका, परिणामस्वरूप राजनैतिक रूप से वह उस तरह व्यवहार करने में अक्षम है जो कि समूह संकुचितवाद तथा स्वार्थ से अछूता हो।
>
> इस दृष्टिकोण को हाल की अनेक बातों ने चुनौती दी है। प्रथम, जहाँ तक भारत में सम्भव है परम्परात्मक समाज को ''छोड़कर'' आधुनिक समाज में 'शामिल' होना। उदाहरण के लिए अंग्रेजी माध्यम तथा 'पाश्चात्य' विचारों में शिक्षित होकर, आधुनिक व्यवसाय में प्रशिक्षित होकर इसको, अपना कर जाति के बाहर विवाह करके, उन लोगों के साथ जुड़कर जो प्रत्यक्षतः, उनकी दोस्ती में जाति का ध्यान नहीं रखते–एक सीमा तक आज भारत में यह संभव है। जाति के परिवर्तन के माध्यम से भारतीय समाज व राजनीति का आधुनिकीकरण, आधुनिकता अर्जित करने के दो तरीकों में से एक हो जाता है, परन्तु जिस प्रकार के आधुनिकीकरण के बारे में मार्क्स बात कर रहे थे तथा जिस प्रकार के बारे में श्रीनिवास ने उपकल्पना दी है, अर्थात, परिवर्तन की एक वैकल्पिक प्रक्रिया, जो पाश्चात्य अर्थों में समाज के

> गठन में प्रकट होती है, यह यथार्थ विवरण होने के स्थान पर एक विश्लेषणात्मक रचना अधिक है। पश्चिमीकरण ने एक 'छद्म' समाज की रचना की है, जैसे ब्रिटेन की राजनीति में विपक्ष का मंत्रिमण्डल, जो सत्ता संभालने को तत्पर है, परन्तु हाल–फिलहाल में जो सत्तारूढ़ है, उनके आलोचक का काम करता है तथा परिवर्तन का नवाचार या उत्प्रेरक है। एक 'छद्म' मंत्रिमण्डल की भांति यह वर्तमान शासन को विस्थापित किए बिना उसकी दिशा बदल सकता है। आधुनिकता भारतीय चरित्र तथा समाज में समा चुकी है, परन्तु ऐसा उसने विस्थापन किए बिना, स्वांगीकरण (assimilation) के माध्यम से किया है। जाति समिति के और अधिक उद्‌विकास तथा इसके प्रदत्त गुण के पारलौकिकीकरण के संदर्भ में जो परिवर्तन अब क्षितिज पर उभर रहे हैं, वे इसके आन्तरिक विभेदीकरण (विखंडन) तथा इस पर एकात्मक संस्थाओं की क्रिया एवं जाति समूहों के वृहत् समूहों में (विलय) सुदृढ़ीकरण अथवा महासंघीकरण से सम्बन्धित हैं।[33]

रूडॉल्फ का यह लम्बा उद्धरण इसलिए दिया गया है ताकि उनके विचारों को अधिक स्पष्ट रूप से और इसके सभी आयामों में प्रस्तुत किया जा सके। एक बात स्पष्ट रूप से उभरती है कि रूडॉल्फ द्वारा जाति समिति की सम्बद्धात्मकता पर जोर देने के बावजूद, वे यह महसूस करते हैं कि जाति के राजनैतिक प्रकार्य जाति के आवश्यक तत्वों पर केवल आच्छादित अथवा थोपे हुए हैं, जो कि सम्बद्धात्मक होने के स्थान पर प्रकृति में सामुदायिक हैं। जाति आधारित समितियों में भावी परिवर्तन के बारे में उनका पूर्वाभास, जो विलय के माध्यम से पूर्णतया लौकिक एकात्मक समितियों में उनके सामुदायिक चरित्र में (हमारे अनुसार वृहत् संरचना के रूप में) परिवर्तन होगा, यह तथ्यात्मक होने के बजाय अटकलपच्चू अधिक है। पहली बात तो यह कि अंतर्जातीय विवाहों के माध्यम से परम्परा को छोड़कर आधुनिकता में 'शामिल' होने की घटनाएं नाम मात्र की है। इसके अतिरिक्त, पाश्चात्य शिक्षित तथा व्यावसायिक वर्गों की आधुनिकता ने बार–बार अन्तर्विरोध और दुविधा के तत्व दर्शाए हैं, जिसे रूडॉल्फ खुद बताते हैं। तथ्य यह है कि जाति समितियाँ लघु–संरचना की राजनैतिक अभिव्यक्तियाँ हैं और यह सम्भावना है कि या तो वे ऐसे ही रहेंगी या उनमें और अधिक विखंडन व उप–विभाजन होंगे, परन्तु मुश्किल से वे वृहत्–संरचना का स्वरूप ग्रहण कर पायेंगी। हम रूडॉल्फ द्वारा वर्णित घटनाओं में जाति एकता में विखंडन के मामले देख सकते हैं। सन् 1952 में तमिलनाड श्रमिक (Tamil Nad toiler) नामक एक समूह में एकीकृत हुई, वन्नियार जाति में 1954 मे आन्तरिक उप–विभाजन हुए और एक खंडित समूह गठित हुआ। आंध्र में 1955 के चुनाव में उम्मीदवार के चयन में एक जाति के सामने उसी जाति का उम्मीदवार खड़ा करके काँग्रेस

कम्युनिस्टों को हरा सकी। कामा कम्युनिस्ट उम्मीदवारों के खिलाफ काँग्रेस के कामा उम्मीदवार चुनाव लड़े।[34] भारत में आम चुनावों में एक जाति के सामने उसी जाति का उम्मीदवार खड़ा करना राजनैतिक दलों की आम नीति है, जो यह दर्शाती है कि राजनैतिक मोर्चे पर जाति एकता ही नहीं लाती बल्कि उसमें उप–विभाजन करने तथा गुट का गठन करने की भी प्रवृत्ति है, जैसा कि सामाजिक मानवशास्त्रियों ने व्यापक रूप से बताया है।[35]

जाति समितियों के वृहत्–राजनैतिक संरचनाओं में विकसित होने की सम्भावना को भाषायी, नातेदारी तथा क्षेत्रीय सांस्कृतिक कारक सीमित करते हैं। दोनों रूडॉल्फ इस बात को स्वीकारते हैं, जब वे यह कहते हैं कि ''भारतीय संघीय व्यवस्था के भीतर जाति समितियों का राजनीति पर मुख्य प्रभाव राज्य स्तर पर है.......... सामान्यतया जाति समितियां राज्य की सीमा के बाहर तक नहीं होतीं। नियमानुसार, जातियों में भिन्न भाषायी–सांस्कृतिक पृष्ठभूमि के व्यक्तियों को शामिल नहीं किया जाता, और अधिकांश भारतीय राज्य आज भाषायी–सांस्कृतिक आधार पर संगठित हैं।''[36] इसमें जब हम विखंडनों तथा शक्ति के लिए अंतर्जातीय प्रतिद्वंद्विताओं की प्रवृत्ति को जोड़ देते हैं तो जाति समितियों के राजनैतिक सहभागिता की अखिल भारतीय संस्थाओं के रूप में उभरने की सम्भावना, वास्तव में बहुत दूरगामी हो जाती है।

यदि जाति समितियों को हम एक अन्य दृष्टिकोण से देखें तो पाएंगे कि भारत में हाल के संवैधानिक कानूनी तथा आर्थिक सुधारों के कारण जाति समितियों के माध्यम से जनित संरचनात्मक असंगतियाँ काफी ठोस रूप से क्रियान्वित हो रही हैं। समय के लिहाज से भारत में संवैधानिक एवं सामाजिक सुधारों की प्रक्रियाएं बहुत कम समय में घटी हैं, अथवा दबी हुई हैं, वे ऐसी आकांक्षाओं को जन्म देती हैं जिनको पूरा करने के लिए अभी तक संस्थात्मक प्रणालियाँ अस्तित्व में नहीं आ पाई हैं। लोगों की नयी सामाजिक आकांक्षाओं के उभरने में शीघ्रता इतनी है कि पश्चिम की भांति यह उपयुक्त संस्थात्मक प्रणालियों के विकसित होने तक इंतजार नहीं कर सकीं। अतः भारत में जाति, नृतत्व तथा भाषायी समूहों जैसी परम्परागत संस्थाएं, नए मूल्यों और आकांक्षाओं तथा गतिविधियों के क्षेत्रों की अभिव्यक्ति हेतु स्वाभाविक क्षेत्र प्रस्तुत करती हैं।

इस प्रक्रिया में विभिन्न क्षेत्रों में जातियों की संरचनात्मक संघटना तथा अंतर्जातीय सम्बंधों की परम्पराएं, जो इन क्षेत्रों में प्रचलित रही हैं, जाति के राजनैतिकीकरण में एक निर्णायक कारक के रूप में उभरी हैं। यदि हम भारत के चुने हुए क्षेत्रों में, विशेषतया उत्तर एवं दक्षिण में विभिन्न जाति दर्जों के वितरण की तुलना करें तो यह प्रमाणित है कि उत्तरी क्षेत्रों के ग्रामीण इलाकों में 1952–54 में 18 लाख उच्च, 37 लाख मध्यम, 18 लाख निम्न एवं 24 लाख अनुसूचित जातियाँ थीं। इसकी तुलना में भारत के दक्षिणी क्षेत्र में, 3 लाख उच्च, 5 लाख मध्यम, 75

लाख निम्न तथा 24 लाख अनुसूचित जातियाँ थीं।[37] इस प्रकार दक्षिण में निम्न जातियों की संख्या उच्च व मध्यम जातियों से बहुत अधिक है। उत्तरी क्षेत्र में निम्न जाति हिन्दू परिवारों के 18.5% की तुलना में दक्षिण क्षेत्र में 70.9% निम्न जाति हिन्दू परिवार थे।[38] जब हम इस प्रघटना का अन्य तथ्यों की पृष्ठभूमि में मूल्यांकन करते हैं, जैसे कि आर्थिक संसाधनों पर उच्च जातियों का लगभग एकाधिकार, निम्न जातियों के विरुद्ध परम्परागत भेदभाव तथा उनके आवागमन, कार्य तथा सांस्कृतिक सहभागिता की स्वतंत्रता का दमन, जो कि सुधार कानूनों तथा संवैधानिक परिवर्तनों के लागू होने तक चल रहा था, तो वर्तमान निम्न जाति एकता की राजनैतिक अभिव्यक्ति, दक्षिण में इसका ब्राह्मण–विरोधवाद तथा आर्य–विरोधवाद राजनैतिक संघर्ष का एक छुपा हुआ स्वरूप प्रतीत होता है।

स्वतंत्रता के पश्चात् लागू किए गए कानूनी तथा लोकतांत्रिक अधिकार, उन समूहों अथवा सामूहिकताओं को राजनैतिक शक्ति का एक नया स्वरूप प्रदान करते हैं जिनके पास संख्यात्मक शक्ति है बशर्ते कि इस शक्ति को राजनैतिक रूप में लामबंद किया जा सके, जो कि सम्भव है, यदि समूह की (यथार्थवादी) स्थिति अपने आप में समांग (homogeneous) तथा समरूप हो। ये दशाएं दक्षिण भारत में निम्न जातियों, भारत के केन्द्रीय एवं पूर्वी क्षेत्रों में अनुसूचित जातियों तथा जनजातियों में पायी जाती हैं (1952–54 में अनुसूचित जातियां पूर्वी क्षेत्र में 37 लाख तथा 16 लाख केन्द्रीय क्षेत्र में थीं)।[39] प्रामाणिक रूप से इन जातियों के राजनैतिक आंदोलन इन क्षेत्रों में सर्वाधिक सशक्त रूप से अपने आप को मुखरित करते हैं।

दक्षिण भारत में एक ऐतिहासिक परिप्रेक्ष्य में कुछ जाति आंदोलनों की समीक्षा उजागर करती है कि बीसवीं शती के द्वितीय चतुर्थांश तक निम्न जाति आंदोलन ब्राह्मण–विरोधवादी तथा आर्य–विरोधवादी नहीं था। उत्तर में जाति आंदोलनों की भांति; यहाँ पर भी निम्न जातियाँ अपने आपका संस्कृतीकरण कर रही थीं। ब्राह्मण अथवा क्षत्रिय जाति प्रस्थिति के अनुकरण, मंदिरों में प्रवेश की सुविधाओं को प्राप्त करना और उच्च जातियों के सदस्यों की तरह पोशाक पहनने तथा जीने के अधिकार प्राप्त करने का उनका निरन्तर प्रयास था। सन् 1891 की जनगणना में दक्षिण की शानन अथवा नाडार जातियों ने द्रविड़ क्षत्रिय होने का दावा किया जिसे जनगणना आयुक्त ने स्वीकार नहीं किया। उसने महसूस किया कि यह दावा "बकवास था, क्योंकि द्रविड़ क्षत्रिय जैसी कोई चीज़ नहीं होती।"[40] सन् 1901 में शाननों के एक समूह ने जनगणना आयुक्त को एक अर्जी प्रस्तुत की जिसमें कहा गया : "हम विनम्र निवेदन करते हैं कि हम पांड्या अथवा द्रविड़ जात्रा प्रजाति (Dravid Xatra race) के वंशज हैं, जिन्होंने...... सर्वप्रथम दक्षिण भारत की इस धरती को विवनीकृत (disafforested) किया तथा बसावट की।"[41] सन् 1874 में शाननों ने मदुरै के मंदिरों में उनके प्रवेश के अधिकार को स्थापित

करने का प्रयास किया तथा असफल रहे। सन् 1889 में, उन्होंने न्यायालयों के माध्यम से कानूनी मुकदमे का सहारा लेकर इस अधिकार को स्थापित करने की चेष्टा की और पुनः असफल रहे क्योंकि न्यायालय ने आदेश दिया, "केवल आर्य न कि द्रविड़ क्षत्रिय हो सकते थे; पिता की अशुद्धि के कारण बेटे वाणिज्य, व्यवसायों तथा खेती के क्षेत्रों में आए।"[42] इसके कारण दंगे छिड़ गए। तथापि, सन् 1921 में सरकार ने शाननों के उच्चतर प्रस्थिति के दावे को स्वीकार कर लिया तथा शानन नामक स्थान पर नाडार नाम दिया गया जो कि एक आदरसूचक उपाधि थी जिसने उन्हें शानन ताड़ी बनाने वालों से अलग किया। अब यह दावा किया गया कि नाडार भूपति थे और उनमें से कुछ विकृत लोग ताड़ी बनाने का काम करते थे।[43]

ऐसी ही कहानी मद्रास राज्य की संख्या में सबसे बड़ी जाति वन्नियार (पूर्ववर्ती पल्ली) की है, जिन्होंने अपने आपके लिए वन्निया कुल क्षत्रिय का दावा किया तथा इस सामाजिक प्रस्थिति के क्रियान्वयन हेतु एक समिति स्थापित की। सन् 1951 में उन्होंने चुनाव लड़ने के लिए तमिलनाड श्रमिक (Tamilnad toilers) नामक एक पार्टी गठित की तथा एक दुर्जेय राजनैतिक शक्ति बन गए।[44] पहले समिति काँग्रेस के साथ थी परन्तु शनैः शनैः यह द्रविड़ मुनेत्र कषगम की ओर सरक आई। द्रविड़ मुनेत्र कषगम तमिल परा–राष्ट्रवाद (Tamil para-nationalism) के विचार का प्रतिनिधित्व करती है तथा यह ब्राह्मणों व उत्तरी भारतीयों की सर्वोच्चता के विरुद्ध है। नाडारों तथा अन्य प्रमुख जाति समूहों ने अब अपनी शक्तियों को द्रविड़ मुनेत्र कषगम की विचारधारा में शामिल कर लिया है। यह इस तथ्य से ही उजागर होता है कि 1967 के आम चुनावों में मद्रास राज्य में डी.एम.के. ने काँग्रेस को पद से हटा दिया। निम्न जातियों ने अब अपना पूर्ववर्ती अभिमुखन छोड़ दिया है जिसमें वे क्षत्रियों या ब्राह्मणों के साथ तादात्म्य रखते थे या उनकी प्रस्थिति का दावा करते थे। उसके स्थान पर अब वे उच्च जातियों की सम्पूर्ण विचारधारा को अस्वीकार करते हैं जो कि डी.एम.के. सिद्धांत के अनुसार, ब्राह्मणवादी या आर्यवादी थोपी हुई विचारधारा है। निम्न जातियों में पहले की लम्बवत् गतिशीलता या संस्कृतीकरण की आकांक्षा का विस्थापन अपनी ही जाति में स्व–अस्मिता (self-identify) की नयी भावना या बढ़ती हुई क्षैतिज जातिगत एकता ने कर दिया है। जाति समितियाँ इस नयी प्रवृत्ति का अप्रत्यक्ष प्रतिबिम्ब हैं।

ऐसा क्यों है कि 19वीं शती के आरम्भिक भाग में देश में सभी जगह निम्न जातियाँ संस्कृतीकरण के लिए एक–दूसरे से होड़ लगाए हुए थीं और स्वतंत्रता के कुछ वर्षों बाद इस प्रवृत्ति को क्षैतिज एकता अथवा अस्मिता चेतना (identity consciousness) पर महत्व के द्वारा अधिकाधिक रूप से विस्थापित किया जा रहा है? इसका उत्तर सम्मान एवं शक्ति के बदलते स्रोतों में निहित है। पहले, शक्ति

तथा उच्च सामाजिक प्रस्थिति तक पहुंच केवल पारम्परिक जाति सोपानक्रम के माध्यम से थी, दूसरे शब्दों में, राजाशाही प्रारूप कार्यरत था। ब्राह्मण व क्षत्रियों की उच्च जातियाँ, स्थायी संदर्भ समूह गठित करती थीं और सामाजिक तथा सांस्कृतिक संसाधनों पर उनके आधिपत्य को कोई चुनौती नहीं दे सकता था। स्वतंत्रता के पश्चात् इन उच्च जातियों की संदर्भ समूहों के तौर पर स्थिति को एक प्रक्रिया के माध्यम से चुनौती दी गई, जिसे कार्ल मानहाइम ''मूलभूत लोकतांत्रीकरण'' (fundamental democratization) कहते हैं। जातियों के मध्य इस व्यवस्था के राजनैतिक–आर्थिक पक्षों से कर्मकांड को विभेदीकृत करने की प्रवृत्ति है। जाति के कर्मकांडीय स्तर को अभी भी सोपानक्रमिक नियम के आधार पर मूल्यांकित करने की प्रवृत्ति है; कर्मकाण्डों को करने के लिए अभी भी ब्राह्मणों की आवश्यकता होती है; परन्तु राजनैतिक–आर्थिक क्षेत्र में सोपानक्रम के नियम को निरस्त कर दिया गया है तथा समानतावादी एवं प्रतियोगितावादी विचारधाराएं प्रचलित हैं। कुछ अतिवादी मामलों में, जैसे कि डी.एम.के. आंदोलन में, विभेदीकरण की प्रक्रिया को जाति के सम्पूर्ण विश्व–दर्शन के चेतन निरस्तीकरण द्वारा सम्पूर्णीकृत कर दिया गया है। स्वाभाविक रूप से ये परिवर्तन केवल समकालीन राजनैतिक, आर्थिक एवं सामाजिक सुधारों के कारण सम्भव हुए हैं, परन्तु समाजशास्त्रीय रूप से किस हद तक ये सुधार अपने आप को मुखरित कर पाए हैं, यह जातियों के जनांकिकीय तथा सामाजिक संघटनाओं तथा अंतर्जातीय सम्बंधों की ऐतिहासिक परम्परा की प्रकृति द्वारा निर्धारित होता है। दक्षिणी क्षेत्र में जैसा कि हमने ऊपर बताया, जनांकिकीय विशेषताएं तथा निम्न जातियों से उच्च जातियों के सम्बंध का अतीतकालीन इतिहास (जो कि अत्यधिक भेदभावपूर्ण था) वर्तमान भावनाओं तथा जाति से जुड़े हुए सामाजिक आंदोलनों की व्याख्या करता है। निम्न जातियों की राजनैतिक लामबंदी ने दक्षिण में एक दुर्जेय सामाजिक शक्ति प्रमुखतः इसलिए पैदा की है क्योंकि निम्न तथा अनुसूचित जातियाँ कुल हिन्दू परिवारों का 92.9% थीं।[45] दक्षिण में जाति की जनांकिकीय विशेषता, एक अप्रकट सामाजिक संरचना थी जो अब अपने आपको लोकतांत्रीकरण, शिक्षा तथा राजनैतिकीकरण आदि के माध्यम से इसके बाह्य पर्यावरण में परिवर्तनों के कारण प्रकट कर रही है।

क्योंकि जाति में इन परिवर्तनों का परिणाम भूमिका विभेदीकरण अथवा प्रकार्यात्मक विविधीकरण है, ये व्यवस्था में संरचनात्मक परिवर्तनों का पूर्वाभास दे सकते हैं। तथापि, इस व्याख्या पर समाज वैज्ञानिकों में असहमति है।[46] ऐसा दावा किया जाता है कि जाति के राजनैतिक प्रकार्य स्वयं स्वभावतः जाति सामाजिक संरचना के लिए अनिवार्य न हों, परन्तु इस व्यवस्था पर एक अन्य संरचना का अतिरिक्त आच्छादन है। तथापि, भेद वास्तविक होने की अपेक्षा शाब्दिक अधिक है। व्यावहारिक रूप से, जब किसी क्षेत्र में जातियों की

राजनैतिक लामबंदी होती है [खंडित समूहों तथा पार्टियों, आदि के गठन के माध्यम से] तो जाति सम्बंध प्रभावित होते हैं। यदाकदा, एक समान राजनैतिक अथवा आर्थिक उद्देश्य की प्राप्ति हेतु विभिन्न जातियाँ परस्पर एकीकृत हो जाती हैं, इस प्रकार वे एक वर्ग चरित्र ग्रहण कर लेती हैं,[47] परन्तु इस प्रकार के परिवर्तन अल्पायु के होते हैं। इस प्रकार के लौकिक उद्देश्यों की प्राप्ति के बाद, जातियाँ पुनः अपने पारम्परिक आधारभूत प्रकार्यों–वैवाहिक, खान–पान तथा कर्मकाण्डीय, पर लौट आती हैं। जाति का स्थायित्व जिस ठोस धरातल पर टिका होता है, वे ये सामाजिक प्रकार्य हैं और इस क्षेत्र में जाति कोई बहुत बड़ी हद तक परिवर्तित नहीं हो रही है। अंतर्जातीय विवाहों के अध्ययन बहुत कम हैं, वे भी जाति के इन मूलभूत प्रकार्यों में परिवर्तन नहीं बताते हैं।[48]

संरचनात्मक रूप से जातियाँ 'सामुदायिक' समूहों के रूप में स्थिर बनी हुई हैं। तथापि, उनके प्रकार्यात्मक विभेदीकरण के अन्य स्तरों पर परिवर्तन हो रहे हैं, जैसे कि हित समूहों के रूप में, राजनैतिक लघु–संरचनाओं के रूप में तथा आधुनिकीकरण हेतु संचार जाल के रूप में उनकी अभिव्यक्ति। जैसा कि हम ऊपर वर्णित कर चुके हैं, जाति इन प्रकार्यों को अधिकांशतया जिन कारणों से निभाती है वे या तो संरचनात्मक बाधाएं हैं अथवा क्योंकि भारत में जाति ही अकेली विसरण (diffusion) तथा नई भूमिका संरचनाओं के सक्रियकरण हेतु एक तात्कालिक एवं पूर्व–विद्यमान संरचनात्मक ढाँचा प्रदान करती है। ये प्रकार्य जाति संरचना के लिए आधारभूत न भी हों, परन्तु अन्य पूर्णतः विभेदीकृत स्वैच्छिक समितियों की अनुपस्थिति में ये न केवल जाति की छाप लिए हुए होते हैं अपितु जाति की सामाजिक संरचना के माध्यम से नयी गतिविधियों को अभिव्यक्त भी करते हैं। इस स्वरूप में जाति सामाजिक संरचना में परिवर्तन होते हैं जो भारत में आधुनिकीकरण की प्रक्रिया के लिए अर्थपूर्ण हैं।

जाति में अन्य स्वरूपों के परिवर्तन भी हो रहे हैं जिसने इसके सोपानक्रमिक चरित्र को बनाए रखने वाली शक्ति संरचना में परिवर्तनों के माध्यम से अंतर्सम्बंधों के इसके पारम्परिक तरीके को बदला है। बिसीपारा (बेली द्वारा अध्ययन किए गए उड़ीसा के एक गाँव) में अछूत बोड शराब बनाने वालों ने खालों तथा शराब में व्यापार के द्वारा पर्याप्त धन कमाया जिससे वे योद्धा (warrior) जातियों के समान भूमि खरीद सके। इसी प्रकार, गंजम शराब बनाने वालों ने शराब के व्यापार के माध्यम से गाँव में किसी भी अन्य जाति से अधिक भूमि खरीद ली। इन आर्थिक परिवर्तनों के बाद गाँव की राजनैतिक संरचना में भी परिवर्तन आए जिसने अंतर्जातीय सम्बंधों के संतुलन को बदल दिया।[49] इस प्रकार के परिवर्तन भारत के अन्य क्षेत्रों के गाँवों में भी आम बात है और इन्हें विशेषकर पारम्परिक जजमानी सम्बंधों के परिवर्तनशील स्वरूप में देखा गया है।[50]

जाति में संरचनात्मक परिर्वतन अंतर्जातीय शक्ति संरचना में परिवर्तनों से

वैसे ही उद्गमित (originate) होते हैं जैसे कि कर्मकांडों, जीवनशैलियों, तथा प्रथाओं में परिवर्तन के माध्यम से इनमें सांस्कृतिक परिवर्तन होते हैं। ये कर्मकांड, जीवनशैलियाँ तथा प्रथाएं पहले विशिष्ट जातियों तथा उप–जातियों के लिए नियत थी। प्रायद्वीपीय भारत में शक्ति शीघ्रता से निम्न जातियों को हस्तांतरित हो गई तथा परम्परागत रूप से प्रभु जातियों का या तो इसमें से स्वामित्वहरण हो गया या वे नाजुक परिस्थितियों में इसे सम्भाले हुए हैं।[51] उत्तरी भारत में ग्रामीण स्तर तथा खंड, जिला एवं राज्य जैसे अन्य स्तरों पर अभी भी उच्च जातियों की शक्ति संरचना में प्रभु भूमिका है। इन दो अतिवादी स्थितियों के मध्य भारत के अन्य क्षेत्र संक्रमणात्मक अवस्थाओं में हैं। सांख्यिकी रूप से भी, ग्रामीण एवं नगरीय दोनों क्षेत्रों में, निम्न व उच्च जातियों की यथार्थवादी स्थितियों में महत्वपूर्ण अंतर हैं। सन् 1952–54 में, खेतिहर मज़दूरों तथा बटाईदारों की संख्या कुल निम्न जाति परिवारों का 23% थी, कुल अनुसूचित जाति परिवारों का 45% तथा उच्च जाति परिवारों का केवल 5% थी, जो गाँवों में निम्न तथा अनुसूचित जातियों की सापेक्षिक आर्थिक कमजोरी को दर्शाती है।[52] नगरीय क्षेत्रों में भी उच्च जातियों की बेहतर स्थिति को इस तथ्य से आंका जा सकता है कि इसी काल के दौरान प्रशासनिक व व्यावसायिक पेशे वाले (administrative and professional occupations) उच्च जाति के परिवार, कुल संख्या का 58% थे, जबकि केवल 28.8% निम्न जाति के थे तथा 27.0% अनुसूचित जाति परिवार इसी व्यवसाय के थे।[53] प्रशासनिक एवं व्यावसायिक पेशे को मुख्य पेशे (occupation) की तरह अपनाने वाले निम्न जाति परिवारों का निम्न प्रतिशत, सरकारी व अन्य सेवाओं में इनके लिए आरक्षण के बावजूद, प्रस्थिति एवं शक्ति में इनके पिछड़ेपन की यात्रा को दर्शाता है।

परन्तु जहाँ सापेक्ष रूप से ये संस्थाएं जाति व्यवस्था में व्यावसायिक तथा संरचनात्मक परिवर्तनों की धीमी गति को इंगित कर सकती हैं, परन्तु सम्पूर्ण दृष्टिकोण से ये परिवर्तन भी जातियों के पारम्परिक सोपानक्रमिक संरचना में एक महत्वपूर्ण बदलाव का द्योतक हैं। ऐसे समाज में, जहाँ कुछ दशकों पूर्व निम्न जातियों को कमोबेश पूरी तरह से व्यावसायिक–प्रशासनिक पदों से बाहर रखा जाता था, वहां यह तथ्य महत्वपूर्ण है कि अब उनमें से एक–तिहाई लोगों की ऐसे पदों तक पहुंच है, अतीत की तुलना में एक महत्वपूर्ण परिवर्तन का द्योतक है जो कि समाजशास्त्रीय रूप से क्रांतिकारी तथा महत्वपूर्ण है। तथापि, जाति में संरचनात्मक परिवर्तनों को इस संस्था के निरन्तर लचीलेपन (resilience) तथा नमनीयता (plasticity) के संदर्भ में देखा जाना चाहिए। जाति ने सदियों से इसके अस्तित्व को चुनौती देने वाली शक्तियों की अवहेलना की है, ऐसा इसने अनेक संरचनात्मक परिवर्तनों के साथ सह–अस्तित्व हेतु तथा इनके स्वांगीकरण (assimilation) हेतु अनुकूलनात्मक प्रणालियों को विकसित करके किया है। इस

कारण तथा अन्य अनेक कारणों से यह निष्कर्ष निकाला जा सकता है कि आने वाले दीर्घकाल तक जाति राजनीति, अर्थव्यवस्था तथा संस्कृति के कार्यक्षेत्रों में आधुनिकीकारक सामाजिक संरचनाओं की क्रियाशीलता हेतु एक संस्थात्मक आधारशिला निरन्तर प्रदान करती रहेगी।

परिवर्तनशील परिवार संरचना
(The Changing Family Structure)

परिवार मानव समाज की आधारभूत एवं सार्वभौमिक सामाजिक संरचना है। यह आवश्यकताएं पूरी करती है तथा उन प्रकार्यों को निभाती है, जो कि समाज व्यवस्था की निरन्तरता, एकता एवं परिवर्तन हेतु अपरिहार्य हैं। समाज के प्रौद्योगिकीय तथा आर्थिक अधिसंरचना में परिवर्तनों के साथ, परिवर्तन के स्वरूप एवं प्रकार्यों में अनुकूलनात्मक परिवर्तन आए हैं।[54] इस परिवर्तन की विशेषता बताने का एक तरीका यह है कि परिवार के वैवाहिक (conjugal) अथवा नाभिक स्वरूपों (nuclear forms) को सापेक्ष रूप से आधुनिकीकृत अथवा औद्योगिक समाज के साथ तथा विस्तृत (extended) अथवा संयुक्त प्रकार के परिवारों को पारम्परिक–कृषक और पूर्व–औद्योगिक समाजों के साथ जोड़ा जाए। अतः सार रूप में, विस्तृत परिवार आधारित समाज से नाभिक परिवार आधारित समाज में संक्रमण, संरचनात्मक परिवार का एक उदाहरण है, क्योंकि इसमें विभेदीकरण की प्रक्रियाओं के माध्यम से भूमिका–संरचनाओं में व्यवस्थात्मक परिवर्तन होते हैं। विस्तृत परिवार की तुलना में नाभिक परिवार में भूमिका संरचनाओं के संयोग कम होते हैं, सत्ता व्यवस्था तथा नातेदारी सम्बंधों के जाल भी भिन्न होते हैं। एक नाभिक परिवार स्वयं विस्तृत परिवार की अधिक गठी हुई, सामाजिक संरचना से संरचनात्मक विभेदीकरण का एक उदाहरण है।

विश्व में सर्वत्र पारम्परिक कृषक समाजों में विस्तृत परिवारों की प्रधानता रही है। प्रायः ऐसे परिवार पितृस्थानीय (patrilocal) तथा पितृसत्तामक (patriarchal) थे। इस प्रकार के परिवारों में महिलाओं की सापेक्षतया अधीनस्थ स्थिति थी; सभी सदस्य अपनी गतिविधियों में एक बुजुर्ग परिवार मुखिया द्वारा निदेशित होते थे तथा सभी सदस्यों में अंतर्वैयक्तिक सम्बंध सत्तात्मक थे। इस प्रकार के परिवारों में विवाह प्रणय निवेदन (courtship) के बजाय नातेदारी के नियमों से निर्धारित होते थे और विवाह को व्यक्तियों के मध्य सम्बंध के बजाय परिवारों के मध्य सम्बंध का मामला समझा जाता था। इस प्रकार के समाजों में परिवार आर्थिक, सांस्कृतिक, धार्मिक तथा राजनैतिक गतिविधियों की इकाई भी होता था। इस प्रकार के पारिवारिक संगठन में व्यक्तिवाद एवं निजी स्वतंत्रता की भावना अनजानी व परदेसी थी क्योंकि इस प्रकार के समाजों की आर्थिक संरचना बंद थी तथा प्रौद्योगिकीय नवाचार बहुत कम थे, लोककथाओं, मिथक्शास्त्रों,

पहेलियों तथा लोकगीतों, आदि के स्वरूप में विद्यमान ज्ञान के सम्पूर्ण भंडार को बुजुर्गों द्वारा युवा पीढ़ी को मौखिक परम्परा के माध्यम से हस्तांतरित किया जा सकता था। इस कारण से विस्तृत परिवारों तथा कृषक समाजों में सामाजिक प्रस्थिति तथा सुविधाओं के निर्धारण में सामान्यतया आयु एक महत्वपूर्ण तत्व थी।

इस प्रकार, खेतिहर–कृषक समाजों (agrarian-peasant societies) तथा विस्तृत प्रकार के परिवार में एक सहजीवी सम्बंध विकसित हो गया था। औद्योगिक क्रांति के आरम्भ तक इंग्लैंड में इस प्रकार के परिवारों की प्रधानता रही है। कृषकों को गाँव से उखाड़ कर शहरों में धकेलने वाले अनुलग्नक कानूनों (Enclosure Laws) ने औद्योगिक प्रौद्योगिक नवाचारों के साथ मिलकर परिवार संरचना में एक मूलभूत परिवर्तन किया। जैसे–जैसे औद्योगिक क्रांति में प्रगति हुई विवाह के विस्तृत स्वरूप से वैवाहिक स्वरूपों (extended to conjugal forms) में संक्रमण बहुत अधिक त्वरित हो गया और वैवाहिक अथवा नाभिक स्वरूप का परिवार समाज का एक प्रधान लक्षण बन गया।

जैसे–जैसे विस्तृत परिवार नाभिक परिवार में परिवर्तित होता है, परिवार में बच्चों का समाजीकरण एक नयी दिशा ले लेता है; बच्चे को अब सापेक्षतया बहुत छोटे सामाजिक संसार में बड़ा होना पड़ता है; उसे सदैव दुलारने तथा देखभाल हेतु बहुत से नातेदार नहीं होते;[55] बच्चे के खेलने के साथी तथा उसके संगी–साथियों को भी परिवार के बाहर से चुनना पड़ता है और यदि माँ भी काम–काजी है, तो इसका अर्थ बच्चे पर कम आयु में ही अजनबियों से सम्पर्क स्थापित करने तथा अपने भावनात्मक संसार को विशिष्टवादी लगाव के विभिन्न स्तरों के मध्य बाँटने का भावनात्मक तनाव होता है। इस प्रकार के पारिवारिक माहौल में विस्तृत परिवारों की भांति स्नेह का अत्यधिक आश्रय बच्चे के लिए व्यवधान नहीं होता, जो व्यक्तित्व में निर्भरता की विशेषता पैदा करता है। सत्तावादिता निर्भरता का केवल एक विपर्याय (obverse) है जो विस्तृत परिवार में सामान्यतया व्यक्तित्व में निर्भरता पैदा करता है। नाभिक परिवार में बच्चे का भावनात्मक संसार स्नेह की मात्रा और अलगाव के बीच झूलता रहता है। इसके फलस्वरूप जो तनाव पैदा होता है वह एक ऐसे प्रकार के व्यक्तित्व को जन्म देता है जिसमें समानुभूति की अधिक क्षमता होती है, जो अधिक आत्मनिर्भर होता है और जिसमें संकट की स्थितियों से जूझने की योग्यता होती है तथा अभिमुखन में वह अधिक कल्पनाशील तथा नवाचारी होता है। इस प्रकार का व्यक्तित्व आधुनिकीकरण के प्रति अनुकूल परिवर्तनों को आरम्भ करता है तथा आगे बढ़ाता है।

तथापि, समाजीकरण प्रतिमान में नाभिक परिवारों की भूमिका सृजनात्मक व्यक्तित्वों के विकास में अनुकूल होने की एक न्यूनतम आवश्यक दशा है। वह यह है कि नाभिक परिवार एक 'अनुकूलनात्मक समाज' के वातावरण (milieu of an 'adaptive' society) में वास्तव में स्थित हों न कि एक 'स्थापित समाज' में,[56] जो कि लोक अथवा कृषक समाज का बहु प्रचलित रूप है। हम यह बात इसलिए कह रहे हैं क्योंकि आंशिक रूप से नाभिक परिवार पारम्परिक कृषक समाजों में भी विद्यमान थे। उदाहरणार्थ, भारत में ऐसी निम्न जातियाँ अधिकांशतया नाभिक थीं, जिनकी प्रमुख आजीविका खेतिहर मजदूरी थी, परन्तु यह नाभिकता प्रायः सकारात्मक कारणों के बजाय नकारात्मक कारणों से थी। ये नकारात्मक कारण भूमि सम्पत्ति का अभाव, पर्याप्त एवं स्थायी आजीविका के साधनों की कमी तथा बदलते व्यवसाय के तरीके थे। इन नाभिक परिवारों में पारम्परिक संयुक्त परिवारों की अनेक विशेषताएं थीं, जैसे कि नातेदारों व बुजुर्गों पर अत्यधिक निर्भरता, बाल विवाह, महिलाओं की पराश्रित स्थिति तथा परिवार में सत्तावादी अंतर्वैयक्तिक सम्बंध। कुछ अर्थों में इन परिवारों में सापेक्षतया अधिक वैयक्तिक स्वतंत्रता थी, उदाहरण के लिए, तलाक व विधवाओं का पुनर्विवाह स्वीकृत था, महिलाएं पर्दा नहीं करती थीं तथा स्वतंत्र रूप से घूमती थीं और पुरूषों के साथ कंधे से कंधा मिलाकर काम करती थीं, परन्तु इन मूल्यों को आदर्श के रूप नहीं स्वीकारा जाता था। आई.पी.देसाई भी यही कहना चाहते थे। जब वे कहते हैं कि "एक आवासीय नाभिक समूह सामाजिक, सांस्कृतिक एवं अन्य गैर–सामाजिक वातावरण में आबद्ध है जो अन्य समाजों के समान नहीं है, जैसे कि पश्चिमी समाज के समान जहाँ कि नाभिक समूह आवासीय रूप से प्रधान प्रतिमान है, अर्थात् भारत में अतीत में, जब नाभिक समूह अस्तित्व में तो थे परन्तु नाभिकता, परिवार का प्रचलित प्रतिमान नहीं थी।"[57] जो निम्न जातियाँ इस प्रकार के नाभिक परिवारों में रहती थीं, उनके लिए भी हिन्दू संयुक्त परिवार आदर्श था जिसमें भू–सामन्त तथा पुरोहित वर्ग के अधिकांश लोग रहते थे। दूसरे शब्दों में; नाभिक परिवार की धारणा न तो संस्थायीकृत थी, और आवश्यक संरचनात्मक परिवर्तनों के अभाव में न इसका समाजशास्त्रीय महत्व समाज के आर्थिक एवं प्रौद्योगिकीय आधार में पूर्णतः अभिव्यक्त था।

विस्तृत परिवार जो कि भारत में प्रधान प्रतिमान हैं, ये ऊपर वर्णित पारम्परिक प्रकार के नाभिक परिवारों के साथ–साथ अस्तित्व में थे। अब परम्परागत परिवार के इन दोनों स्वरूपों में परिवर्तन हो रहे हैं। भारत में आधुनिकीकरण तथा सामाजिक परिवर्तन की दिशा के साथ इसका महत्वपूर्ण सम्बंध है। पारम्परिक रूप से ये विस्तृत परिवार उन समाजशास्त्रीय प्रक्रियाओं को परिपोषित करते थे, जो भारतीय समाज की परम्परागत खेतिहर (agrarian) संरचना तथा इसकी व्यक्तित्व व्यवस्था की एकता हेतु अनुकूल थीं। अब समकालीन शक्तियों के कारण इनमें परिवर्तन हो रहे हैं। हम भारत में परिवार में संरचनात्मक परिवर्तनों की कुछ प्रमुख प्रवृत्तियों की समीक्षा कर सकते हैं।

पारिवारिक संरचना में परिवर्तनों के प्रवृत्ति विश्लेषण में पहला प्रश्न यह

उठता है किः भारत में परिवारों के नाभिक एवं संयुक्त प्रकार कितने आम रहे हैं? तथा; सामान्यतया किस संरचनात्मक चर (structural variable) के साथ नाभिक तथा विस्तृत प्रकार के परिवार सह–सम्बंधित ? पहले प्रश्न की व्याख्या, दूसरे पर प्रकाश डाल सकती है। भारत में परिवार प्रकारों (संरचनात्मक रूप से) के वितरण से सम्बंधित अध्ययन ऐसे परिणाम दर्शाते हैं जो कि संयुक्तता के वर्गीकरण हेतु अपनाए गए आधारों के कारण काफी ऊपर–नीचे होते रहते हैं। "निवास, सम्पत्ति एवं नातेदारों के पारम्परिक कर्त्तव्यों के संदर्भ में," संयुक्तता को पारिभाषित करते हुए, आई.पी. देसाई परिवार प्रकारों के चार संवर्ग (categories) प्रस्तुत करते हैंः "I-अ, केवल पति एवं पत्नी; I-ब, एक–सदस्यीय परिवार; II-अ, पति, पत्नी एवं बिना संतानों के विवाहित बेटे तथा अविवाहित बच्चे; II-ब, उपरोक्त समूह के साथ ऐसे अन्य रिश्तेदार, जो कि पीढ़ी की गहराई को नहीं बढ़ाते; III, एक वंश के रेखीय वंशजों के तीन पीढ़ी समूह तथा; IV, चार अथवा चार से अधिक रेखीय वंशजों की पीढ़ियाँ।"[58] नाभिक परिवारों के संवर्गों में वे I-.अ से II-.ब तक को शामिल करते हैं। महुवा (गुजरात का एक कस्बा) में किया गया उनका अध्ययन इस प्रकार के परिवारों को दर्शाता है कि कुल परिवारों में (423 में से 260) 61% नाभिक परिवार हैं; III व IV प्रकार के शेष 39% परिवारों को वे संयुक्त परिवार के रूप में परिभाषित करते हैं।[59]

देसाई संरचनात्मक प्रघटना के तौर पर [रेखीय–संपार्श्विक गहराई (Hineal-collateral depth)], परिवार की नाभिकता एवं संयुक्तता के प्रकारों में भेद करते हैं, यह भेद प्रत्येक परिवार में संयुक्तता की भावना की मात्रा के आधार पर भी होता है जो कि "एक ही परिवार में रहने वाले सम्बंधों तथा महुवा में (उसी कस्बे अथवा गाँव में) अथवा इसके बाहर अन्य परिवार में रहने वाले रिश्तेदारों के मध्य सम्बंधों"[60] दूसरे शब्दों में, अंतःक्रिया प्रतिमान की गुणवत्ता से व्युत्पन्न होता है। संयुक्तता की भावना के आधार पर संरचनात्मक रूप से नाभिक एवं संयुक्त परिवारों का मूल्यांकन करते हुए वे कहते हैं कि महुवा के जिन 70 परिवारों को संरचनात्मक आधार पर नाभिक परिवार के रूप में वर्गीकृत किया गया है, वे संयुक्तता के भावनात्मक आधार पर 'उच्च' संवर्ग में हैं। इस प्रकार के 51 नाभिक परिवार 'उच्चतर' संवर्ग में हैं तथा 6 परिवार संयुक्तता की भावना के पैमाने पर 'उच्चतम' संवर्ग में हैं। (संयुक्तता की भावना का पैमाना शून्य, निम्न, उच्च, उच्चतर संवर्गों तक है)[61]। संयुक्तता के भावना के शून्य पैमाने पर केवल 21 नाभिक परिवार हैं तथा निम्न पैमाने पर 112 नाभिक परिवार हैं। शून्य संयुक्तता की भावना वाले 5% परिवारों को छोड़कर, कुल निर्देशित परिवारों के 95% परिवारों में संयुक्तता की भावना 'निम्न' से 'उच्चतम' अंश की पाई गई है।[62]

भारत में केवल संरचनात्मक विभेदीकरण के तथ्यों के आधार पर संयुक्त परिवारों से नाभिक परिवारों के मध्य परिवार व्यवस्था में संरचनात्मक परिवर्तनों के

मापन में यह प्रघटना गंभीर संदेह उत्पन्न करती है। किसी भी आवासीय परिवार समूह की रचना महत्पूर्ण नहीं है, अपितु यथामान्य नाभिक परिवार की सामाजिक अंतःक्रिया की प्रकृति एवं गुणवत्ता अधिक महत्वपूर्ण है जो कि इसे ऐसी अन्य परिवार इकाइयों से भावनात्मक बंधनों, कर्मकाण्डीय तथा आर्थिक कर्तव्यों से जोड़ती है जो परिवार इकाइयाँ, उसी स्थान पर या अन्य स्थानों पर रहती हों तथा वे भी आवासीय समूह के तौर पर नाभिक हो सकती हैं, परन्तु इस नाभिक परिवार के साथ प्रकार्यात्मक रूप से कर्तव्यात्मक सम्बंधों में जुड़ी हो सकती हैं। आई.पी. देसाई कहते हैं :

> 'संयुक्त परिवार' का भाव किसी भारतीय शब्द का ऐसे ही अनुवाद नहीं है। यह जानना रोचक है कि अधिकांश भारतीय भाषाओं में संयुक्त परिवार के लिए जो शब्द प्रयुक्त किए जाते हैं, वे अंग्रेजी शब्द 'जॉइंट फैमिली' के समतुल्य अथवा अनुवाद हैं। नाभिक परिवार से बड़े समूह के तौर पर परिवार, यूरोपीय समाज में अनजाना नहीं है। तथापि, विचित्र बात है कि एक गुणात्मक रूप से भिन्न परिवार के स्थान पर सभी उद्देश्यों हेतु परिवारों के समूह को संयुक्त परिवार समझा जाने लगा। इसने भारत में परिवार के अध्ययन व हमारी समझ को धुंधला कर दिया है। कोई दो अथवा दो से अधिक परिवार जो व्यवसाय में कानूनी भागीदार हैं, एक संयुक्त परिवार नहीं निर्मित करते। भारतीय के लिए परिवार वही है जो अंग्रेजी में 'जॉइंट फैमिली' है। नाभिक परिवार के तौर पर परिवार की अवधारणा, अभी तक भारतीय अवधारणा नहीं है। फलस्वरूप, भारतीय के लिए नाभिक परिवार वही नहीं है जो कि आज अंग्रेज अथवा अमेरिकी के लिए है।[63]

भारतीय सामाजिक संरचना में पारिवारिक संयुक्तता अभी भी एक प्रमुख समाजशास्त्रीय प्रघटना है जो धर्म, जाति, नगरीकरण एवं व्यवसाय की भिन्नताओं से अप्रभावित है। महुवा में न केवल हिन्दुओं में अपितु जैनियों तथा मुसलमानों में भी संयुक्त परिवार हैं; कृषि तथा व्यवसाय तथा अन्य पेशों के साथ संयुक्तता के अंश का अत्यधिक रूप से सह–अस्तित्व देखा गया और पाया गया कि ''लम्बे नगरीय आवास ने संयुक्तता को तोड़ा नहीं है''।[64] के.एम. कपाड़िया के निष्कर्ष आई.पी. देसाई के निष्कर्षों का समर्थन करते हैं। नवसारी कस्बे तथा उसी क्षेत्र के पंद्रह गाँवों में पारिवारिक प्रतिमानों के एक तुलनात्मक अध्ययन में जिनमें विभिन्न मात्रा में नगरीय प्रभाव था, कपाड़िया ने पाया कि संयुक्त परिवार प्रतिमान न केवल सामान्य रूप से प्रधान था अपितु लोकप्रिय छवि के विपरीत गाँवों की तुलना में कस्बों में सशक्त था। उनका निष्कर्ष था कि ''कस्बों में संयुक्त परिवार

न केवल संख्या में अधिक थे अपितु ग्रामीण क्षेत्रों की तुलना में इसका आकार भी कस्बों में बड़ा था। यह तथ्य संयुक्त परिवार की जीवंतता को सम्पुष्ट करता है, और इस प्रकार कस्बों में संयुक्त परिवारों की प्रधानता को एक संयोग नहीं माना जा सकता।"[65] संयुक्त परिवारों का मनोवैज्ञानिक लगाव भी ग्रामीणों व नगरवासियों में समान रूप से विद्यमान है। पश्चिम बंगालियों में भारतीय जनमत संस्थान (Indian Institute of Public Opinion) ने 1955 में एक जनमत संग्रह किया जिसने दर्शाया कि नगर के 60.5% व गाँवों के 54.5% पश्चिमी बंगाली संयुक्त परिवार में रहना पसंद करते थे।[66] दिल्ली के अग्रवालों में गोरे के द्वारा किए गए अध्ययन में तीन–चौथाई लोग संयुक्त परिवारों में रहना पसंद करते थे, परन्तु केवल 54% का यह विश्वास था कि माता–पिता की मृत्यु के उपरांत भाइयों को साथ–साथ रहना जारी रखना चाहिए।[67]

यद्यपि भारत में संयुक्त परिवार की संरचना व्यापक है तथा संयुक्तता की भावना अभी भी सशक्त बनी हुई है, इस प्रतिमान में अनेक क्षेत्रीय भिन्नताएं हैं। मॉरीसन के द्वारा अध्ययन किए गए बदलापुर एवं तालुका शहर मे 85% परिवार नाभिक थे, पूना शहर में दो–तिहाई परिवार नाभिक थे; भारत के अन्य क्षेत्रों में भी नाभिक परिवार प्रधान पाए गए हैं।[68] भारत के कुछ क्षेत्रों में नाभिक अथवा छोटे परिवारों की बहुलता, परिवारों की सामाजिक संरचना में परिवर्तन का परिचायक न भी हो क्योंकि यह प्रतिमान पुराना है। जनगणना रिपोर्ट्स ने भारत में पारिवारिक आकार को छोटा बताया है। 1951 की जनगणना में केवल 17% परिवारों में 7 से 9 सदस्य थे; 1911 की जनगणना में भी, संयुक्त परिवारों के प्रचलन के बावजूद भारत में पारिवारिक आकार को छोटा पाया गया तथा गेट (Gait) ने जनगणना रिपोर्ट में लिखा कि "उच्च जातियों को छोड़कर, जो कि जनसंख्या का एक लघु भाग हैं, संयुक्त परिवार उतने आम नहीं हैं जितने कि माने जाते हैं।"[69] अतः निर्णायक प्रश्न नाभिक एवं संयुक्त परिवारों की प्रकृति का है।

इस सम्बंध में आई.पी. देसाई तथा के.एम. कपाड़िया के नाभिक परिवार के बारे में अवलोकन सामाजिक संरचनात्मक आधारों पर वैध हैं, जिसमें वे नाभिक परिवार को संयुक्तता की भावना तथा सम्बंधों में लिप्त पाते हैं। पश्चिम का नाभिक परिवार औद्योगिक क्रांति का परिणाम है जिसने आर्थिक एवं नातेदारी सम्बंधों के सम्पूर्ण प्रतिमान को परिवर्तित कर दिया। इस प्रकार की यथार्थवादी दशाओं के अभाव में भारत जैसे खेतिहर जातिग्रस्त समाज में नाभिक परिवार आत्मनिर्भर या आत्म समर्थित नहीं रह पाते। नाभिक परिवार पर देसाई एवं कपाड़िया के द्वारा दी गई व्याख्या पर गुडे की आपत्ति यह है कि नाभिक परिवार की उनकी अवधारणा के आधार पर "पश्चिम सहित, विश्व के प्रमुख सांस्कृतिक क्षेत्रों में सभी परिवार व्यवस्थाएं 'संयुक्त परिवार' हो जाती हैं"[70]– न तो

ऐतिहासिक और न समाजशास्त्रीय आधारों पर तर्कसंगत हैं। आई.पी. देसाई[71] तथा अन्य समाजशास्त्रियों ने अवलोकन किया है कि भारत में नाभिक परिवार संयुक्त परिवार चक्र की एक अवस्था मात्र है।[72] संयुक्त से नाभिक पारिवारिक संगठन में कोई रेखीय उद्‌विकासीय विभेदीकरण नहीं है। दुबे ने इस बिन्दु पर निम्न स्पष्टीकरण दिये हैं:

> सरल, यौगिक (compound) तथा विस्तृत परिवार का परम्परागत वर्गीकरण भारत में पाए जाने वाले पारिवारिक संगठन के स्वरूपों में सटीक नहीं बैठता है। समय के किसी भी एक बिन्दु पर, किसी परिवार का आकार तथा वास्तविक संघटना, प्रायः इसके विकासात्मक चक्र में एक विशिष्ट अवस्था मात्र का द्योतक है। सरल परिवार विस्तृत परिवारों के रूप में विकसित हो जाते हैं तथा बाद में पुनः सरल परिवारों के रूप में खंडित हो जाते हैं। इस प्रक्रिया से उभरने वाला कोई परिवार पहले के विस्तृत परिवार से कुछ जुड़ाव रख सकता है। वृद्ध माता–पिता अपने आपको, अपने पुत्रों में से किसी एक के साथ बाद में जोड़ सकते हैं, जो पहले एक स्वतंत्र परिवार स्थापित करने के लिए, उनसे अलग हो गया था। सरल से विस्तृत एवं विस्तृत से सरल परिवारों में परिवर्तन बहुधा होते रहते हैं। आदर्श तीन–पीढ़ी के विस्तृत परिवार दुर्लभ हैं, और अनेक सरल परिवार दीर्घकाल तक तकनीकी रूप से सरल नहीं रह सकते।[73]

परिवारों की संरचना में चक्रीय परिवर्तनों की प्रक्रिया एक ही समय में दो बिन्दुओं पर प्रकाश डालती है। प्रथम, भारतीय सामाजिक संरचना के अन्य स्वरूपों की भांति, समकालीन पारिवारिक संरचना में सभी परिवर्तन, केवल पाश्चात्य प्रभाव के बाह्यजनित कारणों के फलस्वरूप नहीं हुए हैं, तथा द्वितीय, विश्व में सभी स्थानों पर सार्वभौमिक उद्‌विकास की मान्यताओं के आधार पर नाभिक परिवारों का एक सार्वभौमिक प्रकार्य मान लेना, जैसा कि विलियम जे. गुडे की आलोचना में निहित है, अनेक पारम्परिक समाजों में ऐतिहासिक प्रक्रियाओं के विपरीत है। इस अपवाद (reservation) के साथ, कोई गुडे के इन निष्कर्षों के साथ सहमत हो सकता है कि ''किसी भी नियत काल में, अधिकांश भारतीय परिवार संयुक्त संघटना के नहीं हैं; तथापि, यह तथ्य, यह सिद्ध नहीं करता कि बहुत परिवर्तन हो चुका है, क्योंकि अतीत में अधिकांश परिवार संयुक्त नहीं थे; तो भी भारतीय मूल्य एवं अभिवृत्तियाँ अभी भी सामान्यतया संयुक्त परिवार के पक्ष में हैं तथा इसके बावजूद संयुक्त परिवार में अनेक महत्वपूर्ण संरचनात्मक परिवर्तन हो रहे हैं।''[74]

भारत में पारिवारिक संरचना में परिवर्तनों की बड़ी तस्वीर तुलनात्मक क्षेत्रीय

अध्ययनों के माध्यम से ही प्राप्त हो सकती है। इस प्रकार का एक प्रयास हाल ही में पॉलाइन एम. कॉलेण्डा ने किया है, जिन्होंने तुलनात्मक मूल्यांकन हेतु परिवार प्रकारों को बारह संवर्गों में वर्गीकृत किया है। ''पहला, एक व्यक्ति का परिवार; दूसरा, उप–नाभिक परिवार [पूर्ववत नाभिक परिवार का एक खंड जिसमें विधवा या तलाकशुदा माँ अथवा विधुर या तलाकशुदा पिता तथा अविवाहित बच्चे, या अविवाहित, विधवा या विधुर अथवा तलाकशुदा भाई–बहन साथ रहते हैं]; तीसरा, अनुपूरक (supplemented) उप–नाभिक परिवार [एक उप–नाभिक परिवार के साथ कुछ अन्य अविवाहित, विधवा या विधुर या तलाकशुदा रिश्तेदार, जो कि मूल नाभिक परिवार के अंग नहीं थे। उदाहरणार्थ, एक विधवा अपने अविवाहित बच्चों के साथ अपने मृत पति की विधवा भाभी के साथ]; चौथा, नाभिक परिवार [दम्पती तथा उनके अविवाहित बच्चे]; पाँचवां, अनुपूरक नाभिक परिवार [एक नाभिक परिवार के साथ कुछ अन्य विधवा या विधुर, तलाकशुदा या अविवाहित रिश्तेदार, जैसे कि पति की विधवा माँ या उसके अविवाहित भाई या बहन]; छठा, रेखीय या वंशज संयुक्त परिवार (lineal joint family) [माता–पिता तथा अविवाहित बच्चे तथा एक विवाहित पुत्र और उसकी पत्नी तथा अविवाहित बच्चे]; सातवां, अनुपूरक वंशज संयुक्त परिवार (supplemented lineal joint family) [एक वंशज संयुक्त परिवार तथा कुछ अन्य अविवाहित, तलाकशुदा अथवा विधवा या विधुर रिश्तेदार, जैसे कि वृद्ध व्यक्ति की विधवा बहन अथवा उसके अविवाहित भाई]; आठवां, संपार्श्विक संयुक्त परिवार (collateral joint family) [दो अथवा अधिक विवाहित भाई तथा उनकी पत्नियाँ एवं अविवाहित बच्चे]; नवां , अनुपूरक संपार्श्विक संयुक्त परिवार (supplemented collateral joint family) [एक संपार्श्विक संयुक्त परिवार तथा कुछ अन्य अविवाहित, विधवा या विधुर या तलाकशुदा रिश्तेदार, जैसे कि विवाहित भाइयों की विधवा मां या विधुर पिता या अविवाहित भाई अथवा बहन; दसवां, वंशज संपार्श्विक संयुक्त परिवार (lineal collateral joint family) [माता–पिता, उनके अविवाहित बच्चे तथा दो या अधिक अविवाहित बेटे और उनकी पत्नियाँ तथा विवाहित एवं अविवाहित बच्चे]; ग्यारहवां, अनुपूरक वंशज संपार्श्विक संयुक्त परिवार (supplemented lineal collateral joint family) [एक वंशज संपार्श्विक संयुक्त परिवार तथा कुछ अन्य रिश्तेदार जो कि इनमें निहित किसी भी नाभिक परिवार के सदस्य नहीं हैं। उदाहरणार्थ, पत्नी का विधुर भाई या परिवार के सबसे बड़े पुरुष का अविवाहित भाई]; बारहवां, अन्य [वे परिवार जिन्हें शोधकर्मियों ने 'अन्य' के तौर पर संवर्गीकृत (categorized) किया है तथा और अधिक परिभाषित या वर्णित नहीं किया है। इसके साथ–साथ कुछ ऐसे प्रकार, जो उपरोक्त किसी भी प्रकार में शामिल नहीं हो सकते, जैसे कि पोते के साथ रह रही दादी या विधुर ससुर के साथ रह रही विधवा पुत्रवधू।]''[75]

उन्होंने भारत के तेरह क्षेत्रों में पारिवारिक संरचना के बारे में विवेचन करने

वाले बत्तीस प्रकाशनों के आधार पर परिवार प्रकारों के वितरण की तुलना की है, अर्थात् पश्चिम बंगाल, उत्तर प्रदेश, दिल्ली, राजस्थान, कश्मीर, मध्य प्रदेश, गुजरात, महाराष्ट्र, आंध्रप्रदेश, उड़ीसा, मद्रास, मैसूर तथा केरल। परिवार प्रकारों के वितरण के विश्लेषण हेतु उन्होंने बारह परिवारों का केवल दो संवर्गों में विलय कर दिया है: (1) एक व्यक्ति, उप नाभिक एवं नाभिक परिवार; (2) संयुक्त अनुपूरक नाभिक परिवार; परिवारों के इन दो स्वरूपों का वितरण अंतर्क्षेत्रीय तथा क्षेत्रों के भीतर (inter-regional and intra- regional) भिन्नताएं दर्शाता है। पश्चिमी बंगाल में, उदाहरणार्थ, कंचनपुर[76] (बर्दवान जिला) में 39% संयुक्त परिवार, 61% नाभिक परिवार हैं; श्यामबाज़ार[77] क्षेत्र, कलकत्ता में 58% संयुक्त परिवार, 42% नाभिक परिवार हैं। उत्तर प्रदेश में सेनापुर (जौनपुर जिला) के ठाकुरों में[78] 74.5% संयुक्त परिवार तथा 25.5% नाभिक परिवार हैं; खालापुर राजपूतों[79] (सहारनपुर जिला) में 51% संयुक्त परिवार तथा 49: नाभिक परिवार हैं; शेरापुर[80] (यू.पी., फ़ैजाबाद जिला) में 56%: संयुक्त परिवार तथा 44% नाभिक परिवार हैं। तथापि, यू.पी. के अन्य भागों में प्रतिमान परिवर्तित होता है; उदाहरणार्थ, देहरादून जिले में एक उप-हिमालयी गाँव, सिरकण्डा[81], में केवल 39% संयुक्त परिवार तथा 61% नाभिक परिवार हैं; सेनापुर[82] अछूतों में 34% संयुक्त परिवार तथा 66% नाभिक परिवार हैं। खालापुर[83] (सहारनपुर जिला) के अछूत चूहड़ों (Chuhras) में भी केवल 44% संयुक्त परिवार तथा 56% नाभिक परिवार हैं।

दिल्ली क्षेत्र में, रामपुर गाँव[84] में 54% संयुक्त परिवार तथा 46% नाभिक परिवार हैं और दिल्ली शहर[85] के खत्रियों में 28% से अधिक संयुक्त तथा 72% से कम नाभिक परिवार हैं। राजस्थान में, कोरना[86] (जोधपुर जिला) में 57% संयुक्त तथा 43% नाभिक परिवार हैं; चार पंचायत समिति[87] क्षेत्रों (बाड़मेर जिला) में 48% संयुक्त तथा 52% नाभिक परिवार हैं। जालौर जिले[88] में 47% संयुक्त तथा 53% नाभिक परिवार हैं। कश्मीर[89] में उत्तरासू-उमानगरी (अनंतनाग जिला) के पंडित ब्राह्मणों के 60% संयुक्त तथा 40% नाभिक परिवार हैं। मध्यप्रदेश में, रामखेड़ी[90] (मालवा) में 41% संयुक्त तथा 59% नाभिक परिवार हैं। गुजरात में ब्राह्मण, बनिया तथा पाटीदार जातियों में प्रत्येक जाति के हाई स्कूल विद्यार्थियों के क्रमशः 42%, 37% एवं 62% संयुक्त परिवार थे और 58%, 63% तथा 38% नाभिक परिवार थे।

महाराष्ट्र में बदलापुर[92] में 14% संयुक्त तथा 86% नाभिक परिवार हैं, तथा नागपुर[93] जिले में 38% संयुक्त तथा 62% नाभिक परिवार हैं। शमीरपेट[94] गाँव (आंध्रप्रदेश तेलंगाना) में 18.5% संयुक्त परिवार तथा 81.5% नाभिक परिवार हैं। बीरा नरसिंहापुर[95] के उड़ीसा ब्राह्मणों में 53% संयुक्त परिवार तथा 47% नाभिक परिवार हैं।

मद्रास के दक्षिणी क्षेत्र में, कुम्बपेट्टई[96] (तंजौर जिला) के ब्राह्मणों में संयुक्त

एवं नाभिक परिवारों का वितरण क्रमशः 42% एवं 58% है। मदुरा जिले (मद्रास) में प्रमला कल्लारों में केवल 8% संयुक्त परिवार तथा 92% नाभिक परिवार हैं। गोकक तालुका[98] (बेलगाम जिला, मैसूर में) के चार क्षेत्रों (zones) में संयुक्त एवं नाभिक परिवारों का वितरण प्रत्येक क्षेत्र में क्रमशः 59% तथा 41%, 55% तथा 45%, 66% तथा 34%, एवं 62% एवं 38% है। बंगलौर[99] के अछूत परैया में 24% संयुक्त परिवार तथा 76% नाभिक प्रकार के परिवार बताए जाते हैं। केरल में, एरनाद तालुक में अनगाड़ी[100] गाँव के दो जनगणना क्षेत्रों में प्रत्येक में (अधिकांश नायर जाति) नाभिक एवं संयुक्त परिवारों को क्रमशः 55% एवं 45% तथा 61% और 39% पाया गया।

भारत में विभिन्न क्षेत्रों में परिवार प्रकारों के वितरण के बारे में इस निदर्श (sample) से कॉलेन्डा ने कुछ सामान्यीकरण निकाले हैं। क्षेत्रों के मध्य गंगा के मैदानों के ग्रामीण इलाकों में केन्द्रीय भारत, महाराष्ट्र, आंध्र तथा मद्रास की तुलना में संयुक्त परिवारों का अनुपात उच्चतर है। गंगा के मैदानों में राजपूतों में संयुक्त परिवार अधिक आम बात है और निम्न जातियों में नाभिक परिवारों की प्रधानता है। उप–हिमालयी सिरकण्डा गाँव में, जहाँ अधिकांश जनसंख्या राजपूतों की है, मैदानी भागों के राजपूतों के विपरीत, नाभिक परिवार प्रधान हैं। कश्मीर के ब्राह्मणों में 60% परिवार संयुक्त हैं तथा यही बात गुजरात के उच्च जाति के पाटीदारों, उड़ीसा के ब्राह्मणों तथा केरल के नायरों के बारे में सत्य है।

कॉलेण्डा उन कारकों का विश्लेषण करती हैं जो कि संभवतया किसी एक क्षेत्र या एक समूह में संयुक्त परिवार और किसी अन्य में नाभिक परिवार की प्रधानता के साथ जोड़े जा सकते हैं। उनका निष्कर्ष है कि न तो आर्थिक व्याख्या (कि संयुक्त परिवार सुविधाजनक श्रम शक्ति प्रदान करते हैं), न शास्त्रीय हिन्दू कानून, न जाति अस्मिता (caste identity), न भूमि का स्वामित्व, न जातियों की प्रभुतापूर्ण अथवा अधीनता की प्रस्थिति का संयुक्त परिवार प्रकारों की प्रधानता के साथ कोई सार्वभौमिक सहसम्बंध (association) है। खालापुर एवं सेनापुर के राजपूतों में संयुक्त परिवारों की अधिकांश संख्या पाई जाती है, फिर भी वे सभी "खेती के काम कभी नहीं करने में" गर्व महसूस करते हैं।[101] मद्रास में, तेन्गालापट्टी के प्रमलै कल्लारों का भू–स्वामित्व है तथा वे गाँव की प्रभु जाति हैं, फिर भी उनमें केवल 8% संयुक्त परिवार हैं। सिरकण्डा के राजपूतों में भी, जो कि उच्च जाति के हैं तथा भूमि के स्वामी हैं, संयुक्त परिवार केवल 39% में प्रचलित हैं। सेनापुर के राजपूतों में सर्वाधिक संख्या में संयुक्त परिवार हैं। रणखेड़ी योद्धाओं में संयुक्त परिवारों की संख्या कम है, फिर भी दोनों स्थानों पर एक समान मिताक्षरा कानून के हिन्दू सम्प्रदाय का पालन किया जाता है।

कॉलेण्डा की उपकल्पना के अनुसार विभिन्न क्षेत्रों एवं समूहों में संयुक्त अथवा नाभिक परिवार प्रकारों की विभेदात्मक संख्या को परिवार विखंडन की

प्रक्रिया के द्वारा समझाया जा सकता है। वे लिखती हैं:

> मैं यहाँ कहना चाहती हूं कि भारत में जहाँ नाभिक परिवार सर्वाधिक प्रचलित हैं, ऐसा वहाँ बुजुर्ग पीढ़ी की प्राकृतिक मृत्यु का ही परिणाम नहीं है, बल्कि माता–पिता की मृत्यु के पूर्व परिवार के टूटने का परिणाम है। इसके अतिरिक्त, जहाँ संयुक्त परिवार सर्वाधिक प्रचलित हैं, वहाँ प्रजनक (progenitor) की मृत्यु के कारण संयुक्त परिवार तत्काल अथवा कुछ देर से नहीं टूटा है। भारतीय ग्रामीण क्षेत्रों के अध्ययनों से परिवार के टूटने के तीन विभिन्न प्रतिमानित समय उभरते हैं। बेटों के विवाह के कुछ महीनों अथवा वर्षों के भीतर पहला प्रतिमानित विखडंन होता है (शमीरपेट, तेलंगाना में दुबे ने, नामहल्ली, मैसूर में बील्स, प्रमलै कल्लारों के लिए ड्यूमाँ, बिसीपारा के लिए बेली ने बताया है)। दूसरा प्रतिमान पिता की मृत्यु पर या थोड़े से समय के बाद विवाहित भाइयों के मध्य विखण्डन है........ संयुक्त परिवार के विखंडन का तीसरा प्रतिमान वह है जिसमें विवाहित भाई अपने परिवारों के साथ कुछ वर्ष रह चुके हैं, विवाहित भाई इसके मुखिया बने या तब भी जब परिवार के मुखिया के रूप में चचेरा भाई हो। यह प्रतिमान सेनापुर उत्तर प्रदेश के ठाकुरों में दिखाई देता है।[102]

परन्तु परिवारों के विखंडन की ये शृंखलाएं अभी भी विभिन्न क्षेत्रों में संयुक्त परिवारों में विखंडन के समयों में भिन्नता के प्रारम्भिक कारणों को नहीं समझा पातीं। कॉलेण्डा ने इस प्रघटना के तीन कारण प्रस्थापित किए हैं। तलाक एवं पुनर्विवाह की उच्च दर, वधूमूल्य तथा दहेज का भुगतान एवं स्त्रीपक्षीयता (uxorilaterality) बनाम पुरुष पक्षीयता (virilocality)। सेनापुर, खालापुर, रामखेड़ी, सिरकंडा तथा प्रमलै कल्लार के गाँवों में तलाक एवं पुनर्विवाह के साथ परिवारों में संयुक्तता की आवृत्ति की तुलना करने पर कॉलेण्डा ने इन दो कारकों के मध्य सहसम्बंध बताया। संयुक्त परिवारों के आवृत्ति पैमाने पर सेनापुर एवं खालापुर उच्चतम स्थान पर हैं, रामखेड़ी मध्यम स्थान पर है तथा सिरकण्डा एवं प्रमलै कल्लार निम्नतम स्थान पर है। तलाक की आवृत्ति व पुनर्विवाह की अनुमति के मामले में इनकी स्थिति उल्टी है। सेनापुर एवं खालापुर में कानूनी तलाक प्रथागत रूप से निषिद्ध है तथा विधवाएं पुनर्विवाह नहीं करतीं; सिरकण्डा में बैरेमन के अनुसार, लगभग 20% विवाहों का अंत तलाक में होता है।[103] ड्यूमाँ के अनुसार, प्रमलै कल्लार में अनेक क्रमिक विवाह नियम है।[104] रामखेड़ी में तलाक एवं पुनर्विवाह की घटनाएं कम हैं। मेयर का अनुमान है कि इस गाँव में केवल 3. 6% विवाह ही पुनर्विवाह में बदलते हैं।[105]

जिन गाँवों में संयुक्त परिवार अधिक प्रचलित हैं, वहाँ दहेज प्रथा की

प्रधानता है और जहाँ संयुक्त परिवार कम प्रचलित हैं उन गाँवों में वधूमूल्य की प्रथा चलती है। इसी प्रकार, जिन गाँवों में जहाँ संयुक्त परिवार अधिक हैं, वहाँ पत्नी के पैतृक परिवार का प्रभाव अथवा स्त्रीपक्षीयता (uxorilaterality) सर्वाधिक कमजोर है और पुरुषपक्षीयता (virilocality) प्रचलित है। सेनापुर में, जहाँ संयुक्त परिवार सर्वाधिक हैं, विवाहित महिलाओं के पैतृक व ससुराल के गाँवों के मध्य दूरी 40 से 200 मील है, रामखेड़ी जो संयुक्त परिवार आवृत्ति में मध्यम है, इन दो प्रकार के गाँवों के मध्य औसत दूरी 13.7 मील है। दूसरी ओर, सिरकण्डा जो संयुक्त परिवार पैमाने पर निम्नतम है, यह दूरी भी न्यूनतम केवल 4 मील है। इसी प्रकार, प्रमलै कल्लार में सम्पूर्ण नाड का फैलाव 18×10 मील के क्षेत्र में है। कॉलेण्डा का निष्कर्ष है :

> संयुक्त परिवारों के उच्च एवं निम्न अनुपात के लिए अपनी पत्नी के सम्बंधियों से पति के घनिष्ठ सम्बंध बनने व सम्बंधियों द्वारा उसे आर्थिक सहायता देने की क्षमता के लिए गुंजाइश होना निर्णायक रूप से महत्वपूर्ण होता है। इस प्रकार की दशाओं का सह–सम्बंध तलाक की उच्च अथवा निम्न दर, विवाह नियत करने में दहेज बनाम वधू मूल्य व्यवस्थाओं तथा मजबूत अथवा कमज़ोर पितृ–परिवार एवं पितृवंशीय के संतुलन से होता है।[106]

संक्षेप में, उनके अनुसार, मजबूत पितृवंशीय बंधन, विवाहित सम्बंधियों के साथ कमजोर सम्बंध, जैसे कारक, जो संयुक्त परिवार की आवृत्ति के साथ घनिष्ठ रूप से जुड़े होते हैं, वे संरचनात्मक सीमाओं तथा ऐतिहासिक वृद्धि की अप्रत्यक्ष अभिव्यक्ति होते हैं। ऐतिहासिक रूप से, नातेदारी एवं विवाह की उत्तरी तथा दक्षिणी व्यवस्थाओं में अंतर, जैसे कि दक्षिण भारत की अनेक जातियों में विलिंग–सहोदर (cross-cousin) तथा मामा–भांजी (uncle-niece) के विवाहों की अधिमान्यता तथा उत्तर में गोत्र–बहिर्विवाह (जिसके अनुसार किसी व्यक्ति को पिता की तरफ की पाँच पीढ़ियों तक व माँ की तरफ की तीन पीढ़ियों तक पीछे समान वंशज वाले से विवाह नहीं करना चाहिए), कॉलेण्डा के अनुसार, इन दो क्षेत्रों में गाँवों के विकास में निहित हो सकता है, जिस पर बैडेन पॉवेल ने उत्तर के संयुक्त–गाँवों व दक्षिण के बहुल प्रकार के गाँवों के भेद के आधार पर जोर दिया, उत्तरी भारत के गाँवों में सहभागी भू–स्वामित्व तथा मजबूत पितृवंशीय एकता, तथा रैयतवाड़ी होती है जबकि दक्षिण भारत में गाँवों में निजी कृषक स्वामित्व होता है जो कि संयुक्त परिवार, सम्बंधों के विकास में कम सहायक होता है। संरचनात्मक सीमाओं का आधार, जिसे मरडॉक व उन अन्य मानवशास्त्रियों ने स्पष्ट रूप से मान्यता दी है, जिन्होंने सामाजिक संरचना के तुलनात्मक अध्ययन किए हैं, यथार्थवादी अथवा उन भौतिक एवं आर्थिक संसाधनों में निहित है जिन्हें

कि सामाजिक इकाइयाँ पारिवारिक संरचना की भीतर व बाहर नियंत्रित कर सकती हैं।[107] भारतीय परिवारों में परिवर्तन कारकों के दोनों समूहों द्वारा वैयक्तिक रूप से या संयुग्मित रूप से नियंत्रित हो सकते हैं।

भारत में परिवारों की आंतरिक संरचना में परिवर्तनों को देखा गया है जिसे एलिन रॉस ने अधिकारों एवं कर्तव्यों, शक्ति एवं सत्ता तथा भावना एवं कार्य की उप–संरचनाओं के तौर पर वर्णित किया है।[108] बंगलौर में उच्च तथा मध्यम–वर्गीय नगरीय परिवारों के अपने अध्ययन में रॉस ने पाया कि नगरीय संदर्भ में नई प्रकार की गतिविधियों के बढ़ते तनाव के साथ–साथ पारिवारिक भूमिका अपेक्षाओं के अनेक पारम्परिक स्वरूप बदल रहे हैं। कुछ निश्चित प्रसंगों में बच्चे अब अधिक आत्मनिर्भर बनने को प्रवृत्त हैं; एक नगरीय नाभिक परिवार में पति व पत्नी के मध्य परम्परागत श्रम विभाजन टूट जाता है और पति कुछ कामों में हाथ बंटाता है जो कि पारम्परिक रूप से पत्नी का कर्तव्य था। इस प्रकार के परिवारों में पत्नी सर्वाधिक महत्वपूर्ण अभिकर्ता (agent) हो जाती है जिसके इर्द–गिर्द सम्पूर्ण पारिवारिक गतिविधि घूमती है; उसकी सलाह ली जाती है तथा सभी महत्वपूर्ण पारिवारिक निर्णयों में उसकी सहभागिता होती है। सत्ता के दृष्टिकोण से, अनुशासन लागू करने के लिए परिवार अभी भी सर्वाधिक महत्वपूर्ण संस्था बनी हुई है और इसकी सत्ता अभी भी मज़बूत है। फिर भी, ''लड़कों व युवा पुरुषों के नई स्थितियों के सम्पर्क में आने की सम्भावनाएं अधिक हैं.......... वे माता–पिता की देखरेख से परे जाने में सक्षम हैं; अतः वे प्रायः गुप्त रूप से नए प्रकार का व्यवहार कर सकते हैं,''[109] फिर भी, लड़कियाँ अभी भी इस प्रकार के व्यवहार से दूर हैं।

युवा पीढ़ी की स्वतंत्रता की चाह के कारण परिवार की सत्ता–प्रतिमान में कुछ तनाव जरूर उभरते हैं, परन्तु ''कुल मिलाकर अभी तक नगरीय मध्यम–वर्गीय परिवारों में इस बात का प्रमाण नहीं है कि जब वे (युवा पीढ़ी) अलग इकाई के तौर पर भी रहते हैं तो बुजुर्गों का नियंत्रण पूरी तरह से हट जाता हो; तथापि, इस बात का प्रमाण अवश्य है कि युवा पीढ़ी पर बुजुर्ग पीढ़ी की अब उतनी ही या उसी प्रकार की प्रभुता नहीं रही।''[110] संयुक्त से नाभिक परिवारों में संक्रमण परिवार के सदस्यों के साथ अन्तर्वैयक्तिक सम्बंध में प्रेम एवं भावनाओं की प्रकृति को भी बदल देता है। अपने बच्चों के लिए प्यार, पति व पत्नी के मध्य प्रेम के बंधन अधिक विशिष्टीकृत व अधिक घनिष्ठ हो जाते हैं तथा संपार्श्विक (collateral) सम्बंधियों को बांधने वाले बंधन कमज़ोर पड़ जाते हैं, इसने परम्परागत संयुक्त पारिवारिक भावनाओं की संरचना को ही बदल दिया है। परन्तु इस क्षेत्र में परिवर्तन अपेक्षाकृत रूप से धीमे हैं। भावनाओं की संरचना में परिवर्तनों के समाजशास्त्रीय परिणाम का एक महत्वपूर्ण उदाहरण केरल के मातृवंशीय <u>तारवाड़</u> परिवारों का टूटना है, जहाँ निजी सम्पत्ति के संचय होने के

साथ, व्यावसायिक सम्बंधों या उच्च शिक्षा में वृद्धि के साथ, युवा पीढ़ी का व्यक्ति संयुक्त परिवार के पारम्परिक तारवाड़ स्वरूप से दूर अपने लिए, अपनी पत्नी व बच्चों के लिए अलग घर स्थापित करना चाहता है।[111]

इस प्रकार भारत में संयुक्त परिवारों की संरचना एवं प्रकार्यों में परिवर्तनों में एक समझौतावादी (reconciliatory) प्रतिमान देखा जा रहा है, एक ऐसा प्रतिमान जो भारतीय समाज में संरचनात्मक परिवर्तनों में भी देखा जा सकता है। जीवन साथी के चुनाव में, निजी पसंद के नियम को, विशेषतः नगरीय परिवारों में, अधिक से अधिक आज माता–पिता की सहमति के साथ समन्वित किया जा रहा है; मध्यम–वर्गीय परिवारों में दफ्तरों तथा स्कूलों में बाहर काम करने की पत्नी की स्वतंत्रता, पति की सहमति और कभी–कभी पति के और पत्नी के भी माता–पिता की सहमति के पारम्परिक ढांचे में काम करती है। तथापि, इस प्रकार के समझौते बिना तनाव के नहीं होते जो कि सामाजिक परिवर्तन का एक अटूट हिस्सा है। इन परिवर्तनों के बावजूद, संयुक्त परिवार का पारम्परिक विश्व–दर्शन अभी भी प्रचलित है।

ग्राम समुदाय

भारतीय समाज में तीसरी महत्वपूर्ण लघु–संरचना ग्राम समुदाय है। भारतीय ग्राम समुदायों पर आरम्भिक साहित्य, जैसे कि मेने, बैडेन पॉवल, कार्ल मार्क्स, आल्टेकर, राधाकमल मुखर्जी,[112] आदि का, भारत में गाँवों के लिए एक अर्द्ध–स्वायत्त (semi-autonomous) या स्वतंत्र संरचनात्मक महत्व ग्रहण कर लेता है। सी.टी. मेटकाफ का यह कथन प्रेक्षण कि "ग्राम समुदाय लघु गणतंत्र हैं, जिनमें लगभग वह सभी कुछ है जिसे वे अपने बीच चाहते हैं और लगभग किसी भी प्रकार के बाहरी सम्बंधों (foreign relations) से स्वतन्त्र है"[113] एक शास्त्रीय सूत्र बन गया है। बाद में, राष्ट्रीय नेताओं, विशेषतः महात्मा गांधी, ने भारतीय समाज की अधि–संरचना (superstructure) की आरम्भिक सावयवी इकाई के रूप में आत्म निर्भर, नैतिक एवं आर्थिक रूप से एकीकृत ग्राम समुदाय की विचारधारा को सम्पुष्ट किया। इस प्रकार लघु–संरचना के रूप में गाँव को न केवल मान्यता मिली, अपितु क्रमिक रूप से यह राष्ट्रीय विकास नियोजन (National Developmental Planning) तथा राजनैतिक–सांस्कृतिक चेतना का एक अत्यावश्यक पक्ष बन गया।

ग्राम समुदायों का अध्ययन भारतीय समाजशास्त्र एवं सामाजिक मानवशास्त्र में एक स्थापित परम्परा भी बन गया है, यद्यपि यदाकदा इन समुदायों की समाजशास्त्रीय वास्तविकता अथवा संरचनात्मक स्वायत्तता पर विवाद छिड़ जाते हैं। कुछ वर्षों पूर्व भारत में गाँवों को समाजशास्त्रीय लघु जगतों (micro-cosms) की तरह मानने पर लुई ड्यूमाँ ने तगड़ी आपत्ति की। उन्होंने लिखा :

हमें पूछा जाता है कि एक भारतीय गाँव किस हद तक एक लघु जगत (microcosm) है जो भारतीय सभ्यता के लघु जगत (microcosm) को बिम्बित करता है? परन्तु भारत, समाजशास्त्रीय रूप से कहा जाए तो, गाँवों से नहीं बना है। यह सत्य है कि गाँव का विचार भारतीय साहित्य एवं विचार में विद्यमान है और बेख़बर समाजशास्त्री अथवा ग्रामीण अथवा आधुनिक भारतीय राजनीतिज्ञ को प्रभावित कर सकता है। गाँव को सभ्यता के विपरीत खड़ा करने से एकदम गाँव को समाजशास्त्रीय वास्तविकता दिया जाना है जो कि इसी प्रकार के समान समूह अन्यत्र हो सकते हैं तथा प्रतीतियों (appearances) से धोखा खा सकते हैं.......। भारतीय समाज में गाँव का विचार, महात्मा गाँधी द्वारा इसकी सम्पुष्टि (reinforcement), आरम्भिक सरकारी अधिकारियों के व्यावहारिक हितों तथा मानवशास्त्रीय पद्धतियों के प्रभाव ने विश्व में अन्यत्र इस मूलभूत मान्यता को पैदा कर दिया कि भारतीय समाज को समझने की कुंजी गाँव में निहित है।[114]

ड्यूमाँ की आपत्तियाँ उसकी पद्धतिशास्त्रीय पूर्व–मान्यताओं से उभरती हैं जिनके बारे में, जैसी कि हम ऊपर चर्चा कर चुके हैं (अध्याय–प्रथम) उसकी प्रस्थापना में निहित है कि किसी भी समाजशास्त्रीय विश्लेषण को संज्ञानात्मक–ऐतिहासिक अथवा संस्कृतिशास्त्रीय होना चाहिए; इसे प्रतिनिधानों (epresentations) अथवा यथार्थ के विचारों पर केन्द्रित होना चाहिए, बजाय अपने में स्वभावतः यथार्थ पर (reality *per se*) केंद्रित होने के। ड्यूमाँ के अनुसार, समाजशास्त्रियों की "समझ सरल को जटिल से, लघु को वृहत् से विस्थापित करने में, संकुचित क्षेत्र को पुनः अपने पर्यावरण में लाकर प्रकाश में लाने में होनी चाहिए, जिसे कि आम चितंन और प्रायः सामान्य चिन्तन दबा देता है,"[115] और इसमें यह जोड़ा जा सकता है कि यह सामाजिक प्रघटना की वस्तुपरक वास्तविकताओं को विचारों, विचारणात्मक संरचनाओं अथवा प्रतिनिधानों की व्यवस्थाओं के सन्दर्भ में समझने में भी निहित है।

इस उपागम के अनेक लाभ हैं। यह भारतीय समाज के पारम्परिक विचारणात्मक–संरचनाओं के संदर्भ में सामाजिक परिवर्तन के विश्लेषण हेतु एक रचना प्रदान करता है। इसकी सीमाएं तब उभर कर आती हैं जब कोई संरचना की मूर्त सामाजिक सम्बंधों के स्तर पर और निरन्तरता एवं परिवर्तन के आनुभाविक पक्षों के सन्दर्भ में, व्याख्या करने का प्रयास करता है, विशेषतया जब परिवर्तन भारतीय समाज के परम्परागत विचारणात्मक–संरचनाओं के बाहर के स्रोतों से जनित होता है।

यह एक लघु–जगत के रूप में भारतीय गाँव की वास्तविकता के बारे में भी

लागू होता है। वस्तुतः भारत में गाँव भौगोलिक (territorial) 'राजनैतिक' नातेदारी तथा आर्थिक एकता की भावना जैसे संरचनात्मक एकता के अनेक तत्व दर्शाते हैं। हेनरी ऑरेन्सटाइन ने कहा है कि भौगोलिक रूप से सुसम्बद्ध इकाई के तौर पर ग्राम समुदाय का अस्तित्व अभी भी बना हुआ है। अनेक अवसरों पर ग्राम–अस्मिता की भावना जातिगत निष्ठा के परे चली जाती है, जबकि किसी गाँव को जातिगत निष्ठा बांटती है। <u>गाँव</u> नामक जिस ग्राम का उसने अध्ययन किया, उसमें अनेक महत्वपूर्ण ग्राम स्तरीय कर्मकांड हैं जिसमें सभी लोग सहयोग एवं सहभागिता करते हैं। जब <u>गाँव</u> के पहलवान अन्य गाँवों के पहलवानों से कुश्ती लड़ते हैं (<u>गाँव</u> में ये पहलवान अछूत हैं), तो ग्राम के राजपूत अपने ग्राम के पहलवानों का हौसला बढ़ाते हैं, यह तब भी होता है जब प्रतिद्वंद्वी राजपूत होते हैं।[116] वे यह भी बताते हैं कि <u>गाँव</u> में अनेक कारक, जैसे कि पड़ोस, मित्रता, भूमि की संसक्ति (contiguity), विभिन्न जातियों के सदस्यों को समीप लाते हैं तथा उन्हें एक सुसम्बद्ध समूह में एकीकृत करते हैं।[117] इसका अर्थ यह नहीं है कि जाति से जुड़े विभाजक कारक काम नहीं करते, परन्तु इनका ग्राम स्तर की एकता की भावना के साथ सह–अस्तित्व होता है। ऑरेन्सटाइन का निष्कर्ष है:

> सुसम्बद्धता एक छलावी प्रघटना (elusive phenomenon) है, परन्तु इसके अस्तित्व के कुछ प्रमाण दिए जा सकते हैं। ग्राम तादात्म्य (village identification) पूरी तरह से अचेतन नहीं था। अनेक अवसरों पर ग्राम के एवं इसके भीतर सौहार्दपूर्ण सम्बंधों के प्रति चिन्ता मुखरित होती थी। इसका एक उदाहरण हनुमान जयन्ती पर मराठा–राजपूत संघर्ष के सम्बंध में दिया गया है, जब खुली लड़ाई को रोकने के लिए एक मराठा ने अपनी ही जाति की निन्दा की और राजपूत ने 'ग्राम को क्षति' न पहुंचाने की आवश्यकता की बात की। जो लोग 'उग्र' (radical) भावनाएं रखते थे वे भी कभी–कभी कहते थे कि वे अपने सारे विश्वासों पर काम नहीं कर सकते। उन्होंने स्पष्ट किया कि उन्हें अपने पड़ोसियों के साथ हर सम्भव रूप में मिल–जुल कर रहना है और आसानी से साथ निभाना है। इस प्रकार के कथन बहुत बार नहीं कहे जाते थे, परन्तु इस कथन को जाति की अपेक्षा ग्राम के सम्बंध में अधिक सुना गया था। इसका अर्थ यह नहीं कि ग्राम जाति से अधिक सुसम्बद्ध था। इसके विपरीत, यह तथ्य कि सहयोग की आवश्यकता को शब्दों में व्यक्त किया गया था, जो एक अधिक भंगुर सुसम्बद्धता को इंगित करता है। किसी सूरत में यह शायद एक भिन्न प्रकार की एकता का द्योतक है, जो कि दुर्खीम के शब्दों में, 'यांत्रिक' के स्थान पर 'सावयवी' थी।[118]

जिस प्रकार की सुसम्बद्धता गाँव में पाई गई, वह भारत में अधिकांश गाँवों की विशेषता है। गाँवों में अंतर्जातीय सम्बंध केवल प्रभुता के सम्बंध से नियंत्रित नहीं होते अपितु पारस्परिकता के सम्बंध से भी नियंत्रित होते हैं। गाँवों में इस प्रघटना का जो संस्था उदाहरण पेश करती है वह जजमानी प्रथा है, इसे भारत के विभिन्न क्षेत्रों में बलूटा, आया, मिलन्द, आदि नामों से भी जाना जाता है। यह संस्था जातियों की अंतर्निर्भरता तथा आर्थिक एवं कर्मकांडीय पारस्परिकता के केन्द्र में है जो कि उन्हें प्रभुता (dominance) से लेकर पारम्परिकता (reciprocity) तक के सम्बंधों में बांधती है। जजमानी व्यवस्था की प्रकार्यशीलता पर वाइजर, दुबे, ओपलर तथा सिंह एवं के ईश्वरन के अध्ययन इंगित करते हैं कि जजमानी भूमिकाएं जातियों को सुसम्बद्ध सम्बंधों में बांधती हैं। यह बात गाँव के बारे में सत्य है जहाँ बलूटा व्यवस्था (जजमानी) ग्रामीणों को पारम्परिकता के सम्बंध में बाँधती है। तथापि, जजमानी व्यवस्था के फलस्वरूप ग्राम एकात्मकता तथा अंतर्समूही सम्बंधों में पारस्परिकता ईश्वरन द्वारा अध्ययन किए गए शिवापुर में देखा जा सकता है, जहाँ आया की संस्था (जजमानी) ग्रामीणों को सुसम्बद्ध नैतिक व्यवस्था में परस्पर बांधते हैं। के. ईश्वरन् लिखते हैं:

> आया (जजमानी) व्यवस्था आधुनिक प्रकार की किसी समानतावादी विचारधारा पर आधारित नहीं है, अपितु यह एक ऐसे विचार पर आधारित है, जिसमें सम्पूर्ण सामुदायिक जीवन के ड्रामा (नाटक) में प्रत्येक के निभाने हेतु एक भूमिका है। प्रत्येक भूमिका सरल नहीं है, अपितु जटिल है जिसमें आर्थिक, नैतिक एवं सामाजिक प्रकार्य हैं। निष्कर्षतः, व्यवस्था का संतुलन इस ढंग से बनाये रखा जाता है कि जब आर्थिक जैसी, किसी शक्ति का वर्चस्व होता है, तब इसकी प्रतिक्रिया में धार्मिक अथवा सामाजिक, अन्य प्रकार की शक्तियाँ स्वयं पैदा हो जाती हैं।[120]

तथापि, सभी गाँवों में, जजमानी व्यवस्था उतनी पारस्परिक नहीं होती जितनी ईश्वरन ने वर्णित की है। भारत में अनेक ग्रामों में इस प्रकार के सम्बंधों में प्रभु जातियाँ शक्ति का संतुलन अपने पक्ष में झुका लेती हैं।[121] भूमि सुधारों, सामुदायिक विकास कार्यक्रमों, पंचायत चुनावों व राष्ट्रीय चुनावों के माध्यम से लाए गए संस्थागत परिवर्तनों ने समुदाय–सुसम्बद्धता की संरचना तथा अंतर्समूही सम्बंध के इसके प्रतिमान तथा शक्ति संरचना में बहुत परिवर्तन किए हैं, परन्तु इन कारकों में से किसी ने भी ग्राम अस्मिता की भावना को पूरी तरह से क्षरित नहीं किया है और न ही भविष्य में वे ऐसा करने का पूर्वाभास देते हैं। स्वतंत्रता के पश्चात्, अनेक सरकार समर्थित विकास तथा सुधार की योजनाएं प्रारम्भ की गई हैं जिसमें गाँव को प्रशासन तथा परिवर्तन पैदा करने वाले मूल्य एवं तकनीकों के

संचार की इकाई के तौर पर लिया गया है। एक सामाजिक लघु–जगत के तौर पर गाँव के महत्व को इस तरह और अधिक सम्पुष्ट किया गया है।

भारत के सभी क्षेत्रों में, आर्थिक संस्थाओं, शक्ति संरचना तथा अंतर्जातीय सम्बंधों के संदर्भ में गाँव बदल रहे हैं। आर्थिक परिवर्तन का एक प्रमुख स्रोत भूमि सुधार है, जिसने ग्राम सामाजिक संरचना पर अप्रतिम समाजशास्त्रीय प्रभाव डाला है, यद्यपि इनके आर्थिक प्रभाव विवादास्पद हैं।[122] गाँव में भूमि सुधारों को इनके माध्यम से प्रारम्भ किया गया है: (i) बिचौलियों की समाप्ति; (ii) खातेदारी सुधार; (iii) भूमि के स्वामित्व व भूमि के पुनर्वितरण पर सीमास; (iv) जोतों का एकीकरण तथा जोतों के अलाभकारी आकार तक खंडित होने से रोकना; (v) सहकारी कृषि का विकास व उस पर जोर; तथा (vi) धनवानों द्वारा निर्धनों को भूदान के तौर पर अतिरिक्त भूमि की भेंट हेतु धार्मिक–आर्थिक आंदोलन। इन उपायों को विभिन्न राज्यों में भिन्न रूप से लागू किया गया है, परन्तु इन्होंने कुछ समरूप समाजशास्त्रीय परिणाम उत्पन्न किए हैं।

एक महत्वपूर्ण परिणाम तो गाँव की शक्ति संरचना के कार्यक्षेत्र से सम्बंधित है। जमींदार एवं सामंतों जैसे मध्यस्थों की सुविधाओं तथा आर्थिक अधिकारों की समाप्ति, यद्यपि, गाँवों में एक समानतावादी वर्ग संरचना को प्रारम्भ करने में सफल नहीं हुई है, फिर भी इसने भूतपूर्व खातेदार समूहों पर एक गहरा सामाजिक मनोवैज्ञानिक प्रभाव छोड़ा है तथा उन्हें अब शक्ति तथा सामाजिक प्रस्थिति के पदों तक पहुंच के लिए परम्परागत शक्तिशाली समूहों से प्रतियोगिता के लिए अभिप्रेरित किया है। इस प्रक्रिया और पंचायतों के सुधार ने संयोग से साथ–साथ ग्रामीण नेतृत्व की संरचना को परिवर्तित किया है। ग्राम नेतृत्व अब अधिक समाधानकारी (conciliatory) और अभिमुखन में व्यावहारिक (pragmatic) होता जा रहा है। पुराने ग्रामीण अभिजनों की शक्ति के परम्परागत आधार हट जाने से, जो नेतृत्व अब उभर रहा है उसे शक्ति में बने रहने के लिए गुटों तथा विरोधी हित–समूहों से समझौता करना पड़ेगा। असरदार होने के लिए, नेताओं को अब व्यावहारिक होना पड़ेगा;[123] अनौपचारिक सम्बंधों के माध्यम से नियंत्रण करना होगा तथा अनौपचारिक नेतृत्व के ढांचे के भीतर उनकी भूमिका में नौकरशाही नवाचारों को शामिल करना पड़ेगा। ऑरेन्सटाइन बताते हैं कि उनके द्वारा अध्ययन किए गए गाँव में औपचारिक नेताओं के स्थान पर अनौपचारिक नेता अधिक प्रभावी हैं।[124] एलन बील्स ने नामहल्ली (मैसूर) में ग्राम नेतृत्व को गुटबाजी से ग्रस्त पाया और ग्रामीण उस व्यक्ति पर विश्वास अधिक करते हैं जिसके पास सफल क्रिया करने की क्षमता होती है।[125] विलियम मैक्कॉर्मेक के द्वारा अध्ययन किए गए बंगलौर जिले में मोरसली के गाँव में भी नेतृत्व की संरचना में गुटबाजी का आधार पाया गया।[125a] इस गाँव में गुटों की वृद्धि सरकार समर्थित सुधारों की शुरुआत तथा गाँव के कामकाज में सरकार के हस्तक्षेप से

सम्बंधित है; नए गुटों के नेताओं ने निर्वाह कृषि (subsistence farming) से हटकर नकद फसलों (cashcrops) की खेती शुरू करके अतिरिक्त आर्थिक स्वायत्तता प्राप्त कर ली है जो कि उन्हें परम्परागत मुक्त सहकारी श्रम पर निर्भरता से छुटकारा दिलाती है क्योंकि नई खेनी भाड़े के श्रमिकों व बाहर के कर्मचारियों की सहायता से की जाती है। इन प्रक्रियाओं ने गुट नेताओं को पारम्परिक नेताओं से अधिक फायदे में रखा है, पारम्परिक नेताओं के पास मुक्त सहकारी श्रम की आपूर्ति को, यदि श्रमिक उनके निर्णयों की पालना नहीं करते थे, तो अपने मनमाने तरीके से चलाने की मान्यता थी।

इस प्रकार, आर्थिक एवं प्रशासनिक संरचनाओं में परिवर्तनों ने मोरसल्ली गाँव के नेतृत्व में एक नया गतिशील तत्व प्रारम्भ किया। आर. बैकनहाइमर द्वारा अध्ययन किए गए आंध्र के पाडु गाँव में प्रत्येक जाति में नेतृत्व आर्थिक रूप से प्रभु परिवारों के हाथों में था तथा नेतृत्व का निर्धारण सम्पत्ति और उच्च जाति प्रस्थिति से होता है।[125b] जो परिवार अधिक प्रगतिशील तथा धनी हैं, उन्होंने नेतृत्व संभाल रखा है जो कि अभी भी परम्परागत प्रतिमान पर चलता है। कर्नाटक में टोटागड्डे गाँव में एडवर्ड तथा लुई जी. हार्पर ने नेतृत्व के पारम्परिक स्वरूप की निरन्तरता का अध्ययन किया है।[126] उत्तर भारत में रामपुर गाँव में पारम्परिक रूप से प्रभु जाटों ने नेतृत्व संभाल रखा है। रामपुर गाँव में जाट नेतृत्व की चार विशेषताओं का अध्ययन ऑस्कर लेविस[127] ने किया। प्रथम, जाति के भीतर नेता तथा अनुयायियों के मध्य प्रस्थिति अंतर को न्यूनतम करने की प्रवृत्ति। द्वितीय, उचित गुट की सलाह के बिना नेताओं को स्थायी रूप से सत्ता सौंपने का प्रतिरोध। तृतीय; युवा नेतृत्व की पूर्ण अनुपस्थिति तथा, चतुर्थ, नेतृत्व में महिलाओं की प्रत्यक्ष भूमिका का अभाव। यह प्रतिमान सभी उत्तर भारतीय गाँवों का प्रारूपात्मक (typical) नहीं हो सकता। राजस्थान में पंचायत नेताओं के एक सर्वेक्षण[128] ने दर्शाया कि सरपंचों में से 57.4% चालीस वर्ष से कम आयु के हैं। योजना आयोग द्वारा प्रायोजित पंचायत नेतृत्व के एक अखिल भारतीय अध्ययन में 175 गाँवों (14 राज्यों) के 15 मूल्यांकन खण्डों में तथा 547 पंचों व 47 सरपंचों के निदर्श (sample) ने निम्न विशेषताएं उजागर कीं। पंचों में 1.1% 25 वर्ष की आयु से कम हैं; 38.9% पंच 25–40 वर्ष की आयु के मध्य हैं तथा 59.6% पंच 40 वर्ष की आयु से अधिक हैं। कोई भी सरपंच 25 वर्ष की आयु से कम नहीं है; 46.8% सरपंच 25–40 के मध्य हैं तथा 53.2% सरपंच 40 के ऊपर हैं; 42.2% पंच तथा 17.0% सरपंच अशिक्षित हैं; 88.1% पंच तथा 95.7% सरपंच भू–स्वामी हैं; 32.5% पंच तथा 89.4% सरपंच धनी वर्ग के हैं तथा 69.8% पंच एवं 97.9% सरपंच उच्च जातियों के हैं।[129]

अब हमारे पास भारत में गाँवों की शक्ति संरचना तथा नेतृत्व पर काफी विस्तृत परिप्रेक्ष्य है। ऐसा प्रतीत होता है कि इसकी संरचना पर अभी भी धनी व

उच्च जाति समूहों की प्रभुता है, परन्तु गाँवों में नेतृत्व भूमिका में युवा पीढ़ी की भर्ती की एक प्रवृत्ति है तथा अधिकांश नेता शिक्षित हैं। गाँव में नेतृत्व प्राप्त करने तथा इसके कामकाज पर प्रभुता के लिए एक महत्वपूर्ण स्रोत भू–सम्पत्ति है।[130] भूपति धनी लोग बेहतर शिक्षित भी हैं तथा उनके बाहरी विश्व के साथ बेहतर सम्पर्क हैं।

नेतृत्व सामाजिक स्तरीकरण की व्यवस्था की एक अप्रत्यक्ष अभिव्यक्ति है। नेतृत्व संरचना में परिवर्तन की प्रक्रियाएं उजागर करती हैं कि परम्परागत रूप से शक्तिशाली समूहों में भूमिकाओं की पुनर्परिभाषा[131] एवं पुनः अनुकूलन की प्रवृत्ति है ताकि शक्ति संरचना में उनकी स्थिति बनी रहे। परम्परागत संरचना स्वयं परिवर्तित नहीं हुई है। कम शक्तिशाली वर्गों को प्रदान किए गए नए लोकतांत्रिक अधिकार तथा कानूनी संरक्षण उन्हें शक्ति की आकांक्षा करने के लिए अभिप्रेरित करते हैं, परन्तु उनकी आर्थिक बाधाएं उनकी इच्छाओं को निष्फल कर देती हैं। इस प्रकार की शक्ति के लिए उदीयमान तनाव अंततः समाधान में परिणित होते हैं जिसके द्वारा परम्परागत प्रभु जातियाँ तथा वर्ग, समझौतों और छलयोजनों की एक श्रृंखला द्वारा शक्ति में बने रहते हैं।

जहाँ कहीं भी निम्न जातियों द्वारा आर्थिक रूप से उच्चोन्मुख गतिशीलता की सम्भावना रहती है जैसा कि बेली द्वारा अध्ययन किए गए बिसीपारा गाँव में बोड व गंजम शराब बनाने वालों के मामले में है,[132] आर्थिक परिवर्तन, शक्ति के सन्तुलन में परिवर्तनों का अग्रदूत बन जाता है। जैसा कि ऊपर बता चुके हैं कि ये दो अछूत जातियाँ शराब के व्यापार में पर्याप्त धन कमा सकीं, ताकि वे गाँव में भूमि खरीद सकें जिस पर कि पहले बिसीपारा की प्रभु जाति, योद्धा जाति (warrior caste) का एकाधिकार था। फलस्वरूप, सामाजिक स्तरीकरण की पारम्परिक व्यवस्था में एक परिवर्तन हुआ है। तथापि, विभिन्न क्षेत्रों में प्रतिमान भिन्न हैं। श्रीपुरम गाँव में (तंजौर जिले में आंद्रे बेते द्वारा अध्ययन किया गया) पारम्परिक भूपति समूहों द्वारा अपनी भूमि को किसी विशाल मात्रा में खोए बिना गाँव की शक्ति संरचना में परिवर्तन हुआ है। बेते कहते हैं :

> यद्यपि वर्गों के मध्य सम्बंधों में परिवर्तन हो रहा है, इस परिवर्तन ने शक्ति के वितरण में होने वाले परिवर्तनों के साथ समान गति नहीं बनाये रखी है। भूमि किराए पर देने वाले पुराने वर्ग से किसानों के उदीयमान वर्ग तथा मालिक–काश्तकारों में बहुत छोटे स्तर पर भू–स्वामित्व बदला है। दूसरी ओर गाँव के पारम्परिक अभिजन से शक्ति अधिक निर्णायक रूप से नए लोकप्रिय नेताओं के हाथों में आ गई है।

परम्परागत व्यवस्था में जाति एवं वर्ग के मध्य न केवल अत्यधिक

तारतम्य था, अपितु आज की तुलना में ये दोनों शक्ति संरचना के साथ अधिक तारतम्यता में थे। अतीत में शक्तिशाली परिवार बड़े भूपति परिवार थे। इनमें मुख्यतया ब्राह्मण परिवार तथा गैर–ब्राह्मण परिवारों में, मराठा परिवार थे। अतीत की भांति आज राजनैतिक शक्ति चाहे गाँव के भीतर या बाहर भू– स्वामित्व से घनिष्ठता से जुड़ी हुई नहीं है। शक्ति के नए आधार उभरे हैं, जो कि कुछ हद तक, जाति एवं वर्ग दोनों से स्वतंत्र हैं। शायद इनमें सर्वाधिक महत्वपूर्ण संख्यात्मक समर्थन की ताकत है।[133]

बेते के निष्कर्ष क्षेत्रीय भिन्नता का एक उदाहरण दर्शाते हैं; अन्यथा विभिन्न क्षेत्रों से भारत के बारह गाँवों में बी.एस.कोहन द्वारा तुलनात्मक रूप से मूल्यांकित भू– स्वामित्व तथा समूहों की प्रभुता की मात्रा में घनिष्ठता की सटीकता वास्तव में बहुत निष्कर्षात्मक है। छह गाँवों में भूमि नियंत्रण संख्यात्मक प्रभुता के अभाव की क्षतिपूर्ति करता है (ये गाँव रामपुरा, टोटागड्डे, कुम्बपेट्टेई, सेनापुर, खालापुर तथा कसान्दरा उपरोक्त हैं)[134]।

इस तथ्य के बावजूद कि सामाजिक स्तरीकरण की व्यवस्था में प्रमुख परिवर्तन व्यापक नहीं हुए हैं, इस व्यवस्था में सीमान्त परिवर्तन प्रायः होते रहे हैं। यह विशेष रूप से व्यावसायिक विविधीकरण, नगरीय क्षेत्रों तथा कस्बों की ओर प्रव्रजन, कृषि के तार्किकीकरण के संदर्भ में है। दक्षिण भारत में दो गाँवों के ऐपेस्टाइन का अध्ययन बाह्य पर्यावरण के तनावों के परिणाम के रूप में आर्थिक विविधीकरण का उदाहरण पेश करता हैं।[135] चानुखेड़ा में हमने ऐसे अनेक मामले पाए जिसमें परम्परागत सेवक जातियों ने चाय की स्टालें खोल ली हैं, सुनार किराने की दुकान चलाते हैं और अछूत श्रमिक निर्माण कार्य, ईंट के भट्टों व फैक्ट्रियों में काम करते हैं।[136] सामान्य तौर पर कहा जाए तो भारत में अधिकांश गाँवों में जातियों व वर्गों के अभिकेन्द्रीय (centripetal) विश्व दर्शन में, परिवर्तन आया है। शिक्षा, प्रस्थिति गतिशीलता तथा स्थानीय, क्षेत्रीय एवं राष्ट्रीय शक्ति संरचनाओं में सहभागिता हेतु अभिप्रेरणा बढ़ रही है। इस परिवर्तन का अधिकांश भाग समकालीन राजनैतिक सुधारों के माध्यम से गाँवों में राजनैतिकीकरण के परिणामस्वरूप आया है। यह सामुदायिक विकास योजनाओं के द्वारा भी अभिप्रेरित हुआ है जो कि अब भारत में लगभग सभी गाँवों में चल रही हैं।

यह सत्य है कि विकास व प्रगति के लाभ सामान्यतया गाँव की उच्च जातियों व वर्गों को मिले हैं,[137] परन्तु देश के अधिकांश ग्रामीणों के जीवन स्तर, आवास की दशाओं, स्वास्थ्य एवं स्वच्छता में दृष्टव्य परिवर्तन हुए हैं। सन् 1957 में, 71% बस्तियों में स्कूल थे तथा वर्ष 1960–61 में 6 तथा 11 वर्ष की आयु के मध्य जनसंख्या का 61% स्कूल में नामांकित (enrolled) था। यह सब प्रगति एवं

परिवर्तन की आकांक्षा का सूचक है। यथार्थवादी संरचना (existential structure) ने आकांक्षा के साथ समान गति बनाये नहीं रखी, तथापि; ऐसे परिवर्तनों के स्थान पर जिन्हें कि वास्तव में संरचनात्मक कहा जा सकता है, गाँवों का सामाजिक स्तरीकरण एवं शक्ति संरचना अनुकूलनात्मक प्रकृति के केवल सीमान्त परिवर्तन दर्शाता है, आर्थिक व सामाजिक प्रगति की दर भी क्रांतिकारी चरित्र की नहीं रही है। परिवर्तन की प्रक्रिया तथा इसके तनाव निरन्तर बने हुए हैं और इस प्रक्रिया का आशाजनक पक्ष है कि ग्रामीण लघु–संरचना अब 'अन्तर्मुखी' (inward looking)[138] नहीं रही तथा अधिक गतिशील आंतरिक सामंजस्यों के लिए तैयार है क्योंकि परिवर्तन के लिए बाह्य दबाव जोर पकड़ रहा है। अंतरिम काल में अनिश्चितता तथा तनाव इस प्रक्रिया के स्वाभाविक अधि–उत्पाद (by-product) हैं।

ग्रामीण लघु–संरचना में परिवर्तन महत्ता की दृष्टि से महत्व में संरचनात्मक होने के बजाय अधिक सामंजस्यकारी हैं। पारम्परिक रूप से प्रभावशाली समूह अभी भी प्रभाव व शक्ति रखते हैं। जातिगत सुविधाओं का सुविधाभोगी वर्ग प्रस्थिति के साथ संयोग अभी भी बना हुआ है। इन लक्षणों के बावजूद परिवर्तन हो रहा है। उच्च जातियों के पास अपनी सत्ता के पारस्परिक वैधकरण के कारण शक्ति नहीं है, अपितु यह मतैक्यता के द्वारा है जो कि जोड़–तोड़ द्वारा प्राप्त होती है, किन्तु उसका मूल्य परिवेश (Ethos) आवश्यक रूप में लोकतांत्रिक होता है। इसने गाँवों में अंतःसमूही सम्बंधों के मनोवैज्ञानिक आधार को ही बदल डाला। शक्ति पारम्परिक सुविधाभोगी वर्ग के पास है परन्तु अब यह परम्परा द्वारा संस्थायीकृत नहीं है। यह तथ्य भारतीय ग्रामीण समाज के सम्बंधात्मक सांचे (matrix) में हुए आधारभूत परिवर्तन को स्पष्ट करता है। जैसे–जैसे समय बीतेगा, नई शक्ति संरचना के अनेक अप्रकट लक्षण उभरेंगे जो कि इस समाज में संरचनात्मक परिवर्तन लाने में सहायक हो सकते हैं।

टिप्पणियां तथा संदर्भ
(Notes and References)

1(a) M.N. Srinivas, *Social Change in Modern India,* op. cit. p. 3.

1(b) McKim Marriott, *Caste Ranking and Community Structure in Five Regions of India and Pakistan* (Poona: Deccan College, 1960), pp. 53-55.

2. इस बिन्दु पर चर्चा हेतु देखिए, Edmund E. Leach, ed. *Aspects of Caste in*

South India, Ceylon and N.W. Pakistan (Cambridge: Cambridge Papers in Social Anthropology, 1960); Louis Dumont, "Caste, Racism and "Stratification", Reflections of a Social Anthropologist", *Contributions to Indian Sociology,* No. V (October 1961) pp. 20-43; Rudolph, op. cit.

3. K.M. Panikkar, *Hindu Society at Cross Roads* (Bombay: Asia Publishing House, 1955), p. 12.

4. Srinivas, *Caste in Modern India*, op. cit.

5. David F. Pocock, "The Movement of Caste", *Man* (May 1955), pp. 71-72, quoted in Srinivas, *Social Change.....*, op. cit., pp. 7-8.

6. Yogendra Singh, in ed. K. Ishwaran, op. cit.

7. T.O. Beidelman, *A Comparative Analysis of the Jajmani System* (New York: Monograph of the Association for Asian Study, 1959), p. 18-19.

8. D.N. Majumdar, *Caste and Communication in an Indian Village* (New York: Asia Publishing House, 1958).

9. John Hitchcock, *The Rajputs of Khalapur* (New York: John Wiley and Sons, 1963).

10. Gitel P. Steed, "Notes on an Approach to a Study of Personality Formation in a Hindu Village in Gujrat", ed. McKim Marriott, *Village India* (Chicago: University of Chicago Press, 1955).

11. Adrian C. Mayer, *Caste and Kinship in Central India* (Berkeley and Los Angles: University of California Press, 1960).

12. Gerald D. Berreman, *Hindus of the Himalayas* (Berkeley and Log Angeles: University of California Press, 1963); Also देखिए, Berreman, "Caste and Economy in the Himalayas", *Economic Development and Cultural Change,* Vol. X (July 1962), pp. 386-394.

13. F.G. Bailey, *Caste and the Economic Frontier* (Manchester: Manchester University Press, 1957).

14. Edward B. Harper, "The System of Economic Exchange in Village India", *American Anthropologist,* Vol. LXI (1959), pp. 760-778.

15. Kathleen Gough, "The Structure of a Mysore Village", ed. McKim Marriott, op. cit.

16. Srinivas, "The Social System in a Mysore, Village", ed. McKim Marriott, op.cit.

17. Scarlet T. Epestein, *Economic Development and Social Change in South India,* (Manchester: Manchester University Press, 1962).

18. Ibid.

19. B.S. Cohn, "Anthropological Notes on Disputes and Law in India",op.cit., p. 84.

20. Ibid., p. 87.

21. Yogendra Singh, op. cit.

22. B.S. Cohn, "The Changing Status of Depressed Caste", ed. McKim Marriott, op. cit., p. 73.

23. B.S. Cohn, "Anthropological Notes ....", op. cit., p. 92.

24. William L. Rowe, Supra, p. 41.

25. McKim Marriott, "Social Structure and Change in a U.P. Village", ed. M.N. Srinivas, *India's Villages* (Bombay: Asia Publishing House, 1955) p. 114.

26. देखिए, Lloyd I. Rudolph & Susanne Hoeber Rudolph, "The Political Role of India's Caste Association", ed. Claude E. Welch, op. cit.; L. Rudolph, "The Modernity of Tradition ...., op. cit.; Selig Harrison, op. cit.; Maureen L.P. Patterson, "Caste and Politics in Maharashtra", *Economics Weekly,* Vol. VI, No.39(Sept. 25, 1954), pp.1066-1067, and M.N. Srinivas, Supra.

27. Srinivas, "Caste in Modern India", ed. Myron Weiner, *The Civilization of India,* Vol. II (Chicago, Illinois:The University of Chicago Press,1961), p.194.

28. M. Patterson, op. cit.

29. M.N. Srinivas, "Caste in Modern India", op. cit., pp. 201-204; Also यह भी देखिए, Selig S. Harrison, "Caste and the Andhra Communists", *American Political Science Review,* Vol.L (June 1956), 378-404.

30. Srinivas, ibid., p. 199.

31. Rudolph & Rudolph, op. cit., p. 127.

32. Ibid, p. 129.

33. Rudolph, op. cit., p. 982-983.

34. M.N. Srinivas, ibid.

35. भारत में गाँवों में गुटों पर देखिए, Oscar Lewis, op. cit., ; R.W. Nicholas, "Village Factions and Political Parties in Rural West Bengal", *Journal of Commonwealth Political Studies,* Vol. II, No. I, (November 1963); P.N.

Rastogi, "Anatomy of Factional Conflict", *Sociological Bulletin,* Vol. XVI, No. 1 (March 1967), pp. 71-32; Ralph W. Nichols, "Factions: A Comparative Analysis: in *Political Systems and the Distribution of Power,* A.S.A. Monograph 2 (London: Tavistock Publications, 1965) pp. 21-61; Raymond Firth, "Introduction to Factions in Indian and Overseas Indian Societies", *British Journal of Sociology* 8:291-295, (1957); इस सम्बंध में प्रभु जाति पर श्रीनिवास एवं दुबे के लेखों की केन्द्रीय प्रासंगिकता है।

36. Rudolph & Rudolph, op. cit., p. 132-133.
37. George Rosen, op. cit., p.28.
38. Ibid.
39. Ibid.
40. Edgar Thurston, *Castes and Tribes of Southern India* (7 Volume, Madras, Government Press, 1909), Vol. VI, p. 365.
41. Ibid.
42. Rudolph, op. cit., p. 980.
43. Ibid., p. 981.
44. Rudolph & Rudolph, op. cit., p. 138.
45. George, Rosen, op. cit., p. 28.
46. देखिए, Leach, Supra.
47. Yogendra Singh, Supra.
48. Kanan, *Inter-Caste Marriages in India* (Bombay: Popular Book, 1964).
49. Bailey, *Caste and the Economic Frontier,* op. cit., pp. 208-209.
50. जजमानी पर तुलनात्मक अध्ययन हेतु देखिए, P.M. Kolenda, "Toward Model of the Hindu *Jajmani* System", *Human Organization,* Vol. 22, No.1 (Spring, 1963) pp. 11-32.
51. Andre Beteille, *Caste, Class and Power* (Berkeley and Los Angeles: University of California Press, 1965), pp. 202-207.
52. George Rosen, op. cit., p. 29.
53. Ibid, p. 36.
54. George P. Murdock, op. cit.
55. इरावती कर्वे लिखती हैं :

"एक संयुक्त परिवार..... रहने के लिए सदैव एक बहुत उत्साहजनक समूह होता

है। हर समय वहाँ कुछ न कुछ रोचक होता रहता है। कभी एक लड़की अथवा लड़के का विवाह है, कभी यज्ञोपवीत संस्कार है, या एक नए शिशु का जन्म है, नववधू का गौना (puberty rites) है, कोई विशिष्ट पारिवारिक कर्मकांड है, या कोई उपवास है, उसका भोज है, या कभी कोई मृत्यु है। परिवार में सदैव कोई न कोई अतिथि आता या जाता रहता है। बहुओं के भाई अपनी माँ के घर के लिए निमंत्रित करने आते हैं, घर की बेटियों को पारिवारिक भोज अथवा विवाह के लिए लाया जाता है। यहाँ सदैव हलचल तथा अपेक्षा, हंसी–मजाक तथा झगड़े, बहस और योजनाएं चलती रहती हैं।"

I. Karve, *Kinship Organization in India* (Poona: Deccan College Monograph, 1953), p.14. देखिए, इस प्रकार के पारिवारिक माहौल में किसी भी बच्चे के लिए अनेक स्नेह के बंधन होते हैं तथा जिस भावनात्मक संसार में वह घूमता रहता है वह वास्तव में बहुत बड़ा होता है। इसके विपरीत, एक नाभिक परिवार इसके समतुल्य भावनात्मक स्थान नहीं देता जो कि अधिक संकुचित व अलगाववादी होता है। व्यक्तित्व के विकास पर इसका प्रभाव पड़ता है।

56. Elton Mayo, *The Social Problems of an Industrial Civilization (Boston: Division of Research,* Graduate School of Business Administration, Harvard University, 1945), pp. 11-19.
57. I.P. Desai, *Some Aspects of Family in Mahuva* (New York: Asia Publishing House, 1964), p. 40.
58. Ibid., p. 34.
59. Ibid., p. 41, Table-I.
60. Ibid., p. 34.
61. Ibid. p. 35.
62. Ibid., p.71, Table –II.
63. Ibid., p. 31-32.
64. Ibid., p. 146.
65. K.M. Kapadia, "Rural Family Pattern: A Study in Urban-Rural Relationship", *Sociological Bulletin,* Vol. V. No. 2 (September 1956), p. 119.
66. *Monthly Public Opinion Survey*, Indian Institute of Public Opinion, I (October 1955), p. 8, 23.
67. M.S. Gore, "The Impact of Industrialization and Urbanization on the Agarwal Family in the Delhi Area", (Unpublished Ph.D. Dissertation, Columbia University, 1961), p. 207. Quoted in William J. Goode, *World Revolution and*

Family Patterns (Glencoe: Free Press, 1963), p .247.

68. Goode, op. cit., p. 242.

69. *Census of India,* Vol. I, Part I Report (1911), p. 46.

70. Goode, op. cit., p. 243.

71. I.P. Desai, Supra, pp. 44-47.

72. देखिए, Harold A. Gould, "Time Dimension and Structural Change in an Indian Kinship System: A Problem of Conceptual Refinement" (Unpublished paper presented at the Association for Asian Studies, New York, April 5, 1966); T.N. Madan, *Family and Kinship: A Study of the Pandits of Rural Kashmir* (New York: Asia Publishing House, 1965); B.S. Cohn, "Chamar Family in a North Indian Village: A Structural Contingent", *Economic Weekly,* 13: (1961) 1051-1055; Ralph W. Nicholas, "Economics of Family Types in Two West Bengal Villages", *Economic Weekly,* 13: (1961), 1057-1060; A.B. Bose & P.C. Saxena, "Composition and Size of Rural Joint Households", *Indian Journal of Social Research,* 30-40 (1965); Savitri Sahani, "The Joint Family: A Case Study", *Economic Weekly,* 13: (1961), 1823-1828.

73. S.C. Dube, "Men and Women's Role in India: A Sociological Review", ed. Barbara E. Ward, *Women in New Asia* (Unesco: 1963), p. 177.

74. Goode, op. cit., pp. 238-239

75. Pauline M. Kolenda, "Regional Differences in Indian Family Structure", ed. Robert I. Crane, *Regicns and Regionalism in South Asian Studies: An Exploratory Study* (Duke University, Program in Comparative Study in Southern Asia, Symposium Papers, 1967), pp. 149-150.

76. Tara Krishna Basu, *The Bengal Peasant from Time to Time* (New York: Publishing House, 1962).

77. Jyotirmoyee Sharma, "The Nuclearization of Joint Family Household in West Bengal", *Man in India*, 44: (1964), pp. 193-194.

78. Rudra Datta Singh, "Family Organization in a North Indian Village: A Study in Culture Change" (Unpublished Ph. D. Dissertation, Cornell University, 1962), quoted in Kolenda, ibid, p. 151.

79. Hitchcock, op. cit., quoted in Kolenda, ibid, p. 151.

80. H.A. Gould, "Family and Kinship in a North Indian Village" (Unpublished

Ph.D.Dissertation, Washington University, St. Louis, 1959), cited in Kolenda, ibid.

81. Geral D. Berreman, op. cit., quoted in Kolenda, ibid, p. 151.

82. B.S. Cohn, "Chamar Family in a North Indian Village: A Structural Contingent", *Economic Weekley*, 13: (1961), 1051-1055, in Kolenda, ibid, p. 151.

83. P.M. Kolenda, Unpublished field census of Chuhras of Village Khalapur, U.P. quoted in Kolenda, ed. Crane, Supra, p. 151.

84. Oscar Lewis, op. cit., quoted in Kolenda, ed. Crane, Supra, 151.

85. Kolenda, op. cit., ed. Crane, Supra, p. 151.

86. A.B. Bose, S.P. Malhotra & Lala Paul Bharara, "Socio-Economic Differences in Dispersed Dwelling and Compact Settlement Types in Arid Regions", *Man in India,* 43:(1963), 119-130; quoted in Kolenda, ed. Crane, op. cit., Supra p. 151.

87. S.P. Malhotra & Mohan Lal A. Sen, "A Comparative Study of the Socio-Economic Characteristics of Nuclear and Joint Households II", Journal of Family Welfare, Vol. II, No. 2 (1964), pp. 21-32.

88. Bose & Saksena, op. cit.

89. T.N. Madan, op. cit., (Kolenda, ed. Crane, Supra p. 152).

90. A.C. Mayer, op. cit., (Kolenda, ibid).

91. Savitri Sahani, op. cit., in Kolenda, ibid.

92. William A. Morrison, "Family Types in Badlapur: An Analysis of Changing Institutions in a Maharashtrian Village", *Sociological Bulletin,* 8 (1959), 45-67.

93. Edwin D. Driver, "Family Structure and Socio-Economic Status in Central India", *Sociological Bulletin,* 11: (1962), 112-120, quoted in Kolenda, ed. Crane, Supra (figures adjusted).

94. S.C. Dube, *Indian Village* (London: Routledge and Kegan Paul Ltd., 1955), in Kolenda, ibid.

95. Ajit Ray, "A Brahmin Village of the Sansna Type in the district of Puri, Orissa", *Man in India,* 36: (1956), 7-16.

96. Kathleen E. Gough, "Caste in a Tanjore Village", ed. Leach op. cit., quoted in Kolenda, ed. Crane, Supra p. 152.

97. Dumont, quoted in Kolenda, ed. Crane, Supra, p. 152.
98. M.G. Kulkarni, "Family Patterns in Gokak Taluka", *Sociological Bulletin,* 9: (1960) pp. 60-81 in Kolenda, ibid, p. 153.
99. Gertrude Marvin Woodruff, "An Adidravida Settlement in Bangalore, India", (Unpublished Ph. D. Dissertation, Radcliffe College, 1959), quoted in Kolenda, ibid, p. 153.
100. Joan P. Mencher, "Changing Familial Roles Among South Malabar Nayars", *South Western Journal of Anthropology,* 18: (1962) 230-245, quoted in Kolenda, ibid.
101. Kolenda, ibid, p. 157.
102. Ibid., pp. 166-67.
103. Berreman, op. cit., quoted in Kolenda, ibid, p. 174.
104. Dumont, op. cit., in Kolenda, ibid, p. 174.
105. Mayers, op. cit., quoted in Kolenda, ibid, p. 175.
106. Kolenda, ibid, p. 203.
107. Murdock op. cit. नातेदारी में संरचनात्मक परिवर्तनों हेतु विशेषकर सुझायी गई श्रृंखला देखिए, (देखिए, specially the suggested sequence for structural changes in kinship).
108. Aileen D. Ross, *The Hindu Family in its Urban Setting* (Toronto: University of Toronto press, 1961)
109. Ibid., 134.
110. Ibid., 135.
111. Kathleen Gough, "Mappilla: North Kerala", ed. David M. Schneider and Kathleen Gough, *Matrilineal Kinship* (Berkeley and Los Angeles: University of California Press, 1961) pp. 437-439.
112. इन सभी अध्ययनों के लेखक भारत में ग्राम समुदायों की आत्मनिर्भरता पर जोर देने का प्रयास करते हैं। इनकी कृतियों की समीक्षा हेतु देखिए, Yogendra Singh, "The Changing Pattern of Socio-Economic Relations in the Countryside", (Lucknow University, 1958).
113. C.T. Metcalfe, quoted in B.B. Mishra, op. cit., p. 56.
114. Louis Dumont, "Village Studies", *Contributions to Indian Sociology,* No. 1, (April 1957), pp. 25-26.

115. Louis Dumont & D. Pocock, "For a Sociology of India", *Contributions to Indian Sociology,* No. 1, op. cit., p. 12.

116. Henry Orenstein, *Gaon: Conflict and Cohesion in an Indian Village* (Princeton, New Jersey: Princeton University Press, 1965). p. 232.

117. Ibid, Ch. 9, pp. 161-164.

118. Ibid, pp. 229-230.

119. उत्तर भारत में 'जजमानी' शब्द आम बात है। ऑरेन्स्टाइन के गाँव नामक ग्राम में इसे "बतूता" कहते हैं; मैसूर में के.ईश्वरन द्वारा अध्ययन किए गए शिवपुर में इसे आया व्यवस्था कहते हैं, परन्तु ये सभी नाम क्षेत्रीय भिन्नताओं के साथ समान प्रकार के सम्बंधों को दर्शाते हैं। उपरोक्त का एक विशिष्ट प्रकार का उदाहरण हार्पर द्वारा आलेखित "मलन्द व्यवस्था" है। हार्पर की उपकल्पना पर चर्चा हेतु देखिए, David F. Pocock "Notes on *Jamani* Relationship", *Contribution to Indian Sociology,* No. VI (December 1962), pp. 78-95.

120. K. Ishwaran, *Tradition and Economy in Village India* (London: Routledge and Kegan Paul Ltd., 1966), p. 41.

121. देखिए, Kolenda, "Toward a Model of the Hindu *Jajmani System", Human Organization,* Vol. 22, No.1 (Spring 1963), pp. 11-32.

122. देखिए, Raj Krishna, "Agrarian Reform in India: The Debate on Ceilings", *Economic Development and Cultural Change,* Vol. VII, No.3, Part I (April 1959), pp. 302-17.

123. Evelyn Wood, "Patterns of Influence Within Rural India", ed. Richard L. Park and Irene Tinker, *Leadership and Political Institutions in India* (Princeton, New Jersey: Princeton University Press, 1959), p. 390.

124. Henry Orenstein, "Leadership and Caste in a Bombay Village", ed. Park and Tinker, ibid, p. 426.

125. Alan Beals, "Leadership in a Mysore Village", ed. Park and Tinker, op. cit., p. 435-437.

125 (a) William McCormack, "Factionalism in a Mysore Village", ed. Park and Tinker, op. cit., p. 444 .

125(b) R. Bachenheimer, "Elements of Leadership in an Andhra Village", ed. Park and Tinker, op. cit., pp. 451-452.

126. Edward B. & Louis G. Harper, "Political Organization and Leadership in a Karnataka Village", ed. Park and Tinker, op. cit., pp. 468-469.

127. Oscar Lewis, op. cit., p. 150.

128. *The Working of Panchayat Raj in Rajasthan* (Jaipur: Evaluation Organization. Government of Rajasthan, 1962), Appendix II.

129. *A Study of Panchayats* (Programme Evaluation Commission Planning Commission, Ch. IV of the fifth Evaluation Report, May 1958).

130. B.S. Cohn. "Anthropological Notes......" op. cit., p. 87.

131. Yogendra Singh, Chanukhera: Cultural Change in Eastern Uttar Pradesh op. cit.

132. Bailey, op. cit., pp. 267-271.

133. Beteille, op. cit., p. 199.

134. B.S. Cohn, ibid, p. 87.

135. Scarlet Epestein, op. cit.

136. Yogendra Singh, Supra.

137. S.C. Dube, *India's Changing Villages,* op. cit.

138. Oscar Lewis, op. cit.

7

भारतीय परम्परा का आधुनिकीकरण : विश्लेषण

(Modernization of Indian Tradition: Analysis)

परम्परा, जिससे हमारा तात्पर्य मूल्य–प्रसंगों से है, जिन्होंने आधुनिकीकरण के प्रारम्भ से पहले भारतीय समाज की सम्पूर्ण सामाजिक व्यवस्था को समाहित कर रखा था, सोपानक्रम, समग्रता, निरन्तरता एवं पारलौकिकता के नियमों पर संगठित थे। ये चार मूल्य–प्रसंग भारतीय संरचना के अन्य तत्वों के साथ गहनता से गुंथे हुए थे। सोपानक्रम न केवल जाति व्यवस्था तथा उप–जाति स्तरीकरण में ओत–प्रोत है अपितु मानव प्रकृति, व्यावसायिक जीवन–चक्र (आश्रमों) तथा नैतिक कर्तव्यों (धर्म) की हिन्दू अवधारणाओं में भी है। समग्रता का आशय व्यक्ति तथा समूह के मध्य सम्बंध है जिसमें कर्तव्य तथा अधिकारों के मामले में व्यक्ति समूह में समाहित हैं; यहाँ समुदाय या संघ को प्राथमिकता दी जाती है व्यक्ति को नहीं। व्यक्ति का सामूहिकता में संविलय परम्परागत सामाजिक संरचना के सारे स्तरों पर बना रहा है, उदाहरणार्थ, परिवार, ग्राम समुदाय, जाति एवं राजनैतिक भौगोलिक क्षेत्र अथवा राष्ट्र। पारम्परिक सामाजिक व्यवस्था में सामुदायिकता को निरन्तरता की मूल्य व्यवस्था के द्वारा सम्पुष्ट किया गया जिसे कि हिन्दू धर्म में कर्म के नियमों द्वारा प्रतीकीकृत (symbolized) किया जाना, आत्मा का आवागमन तथा परिवर्तन का चक्रीय दृष्टिकोण। पारलौकिकता का नियम भी बताता है कि पारम्परिक मूल्यों के वैधकरण को तार्किकता के ऐसे आधार पर कभी भी चुनौती नहीं दी जा सकती जो आधार मूल्यांकन के अपवित्र अथवा साधारण[1] पैमाने से व्युत्पन्न हो। इसने एक महाअवधारणा को रचा जिसने परम्परा के अन्य मूल्य–प्रसंगों के एकीकरण तथा तार्कीकरण में योगदान दिया है।

इन मूल्य–संघटकों (value-components) के आधार पर परम्परा के संगठन

को भारतीय समाज के लिये विशिष्ट नहीं कहा जा सकता, क्योंकि एक स्तर पर परम्परागत पश्चिम में भी समान प्रघटना विद्यमान थी।[2] इन दोनों परम्पराओं में विविधता, तथापि, इनकी अनूठी सामाजिक विरासत, यथार्थवादी (अस्तित्वात्मक) स्थितियों तथा परिस्थितियों की ऐतिहासिकता से उभरी। इससे एक प्रश्न उठता है: क्या विषम (heterogeneous) समाजों तथा परम्पराओं में आधुनिकीकरण की ऐतिहासिकता का परिणाम आधुनिकीकरण के एक सार्वभौमिक एवं सम (homogenous) स्वरूप की ओर अनेक परिवर्तन में उत्पन्न होगा? यह प्रश्न भारत के लिए विशेष महत्व का है जिसका एक पुरातन अतीत है और जो महान कालिक गहराई वाली सभ्यताओं का केन्द्र रहा है।

पारम्परिक भारतीय समाज में सभ्यता की कालिक गहनता (temporal depth) न केवल सामाजिक संरचना एवं संस्कृति में भारी रूपान्तरणों के माध्यम से आधुनिकीकरण की प्रक्रिया, जो दिशा अंततः ले सकती है, उसके विश्लेषण हेतु प्रासंगिक है, अपितु यह उन घटनाओं की कारणात्मक तथा शृंखला को समझने के लिए भी महत्वपूर्ण है, जिनके द्वारा आधुनिकीकरण ने परम्परागत भारतीय समाज पर अपना प्रभाव डाला है। यह उस तरीके को भी उजागर कर सकती है, जिसके द्वारा भारत में आधुनिकीकरण की आरम्भिक संरचनात्मक तथा सांस्कृतिक दशाएं संस्थात्मक में योगदान दे सकती हैं जो अभिमुखन में सार्वभौमिक किन्तु स्वरूप में विशिष्टतावादी हो सकती हैं। परम्परागत संस्थाओं का स्वरूप यथावत रह सकता है, परन्तु उनकी विषयवस्तु में आधुनिकीकरण सहित बड़े रूपान्तरण हो सकते हैं।

ऐतिहासिक रूप से, भारत में सामाजिक संरचना एवं परम्परा आधुनिकता के प्रमुख तत्वों से अप्रभावित रही है जब तक कि औपनिवेशीकरण के माध्यम से पश्चिम के साथ सम्पर्क प्रारम्भ नहीं हुआ। इस्लाम के साथ आरम्भिक सम्पर्कों ने परम्परा को सम्पुष्ट किया क्योंकि इस्लाम के हिन्दू परम्परा के बाह्यजनित होने के बावजूद यह आधारभूत रूप से उन मूल्य–प्रसंगों पर संगठित था जो पारम्परिक थी। आदर्शात्मक रूप से, इस्लाम के अपने अनुयायियों के समुदाय के भीतर व्यक्तियों के सोपानक्रमिक विभेदीकरण के लिए कोई स्थान नहीं था। निरन्तरता के हिन्दू विचार के विपरीत इसकी विश्व–दर्शन मसीही–ऐतिहासिक (Messianic-Historical) थी; इस्लाम में पारलौकिकता का नियम कठोरता से एकेश्वरवादी था और यहाँ भी यह हिन्दू धर्म से भिन्न था। समग्रता का नियम जो निस्संदेह इस्लाम व हिन्दू दोनों धर्मों में विद्यमान था किन्तु उसके समाजशास्त्रीय अर्थ दोनों सभ्यताओं में भिन्न थे। हिन्दू धर्म में समग्रता का आशय बिना धार्मिक परिणामों के व्यक्ति की समूह के समक्ष सामाजिक एवं नैतिक अधीनस्थता है, जबकि धार्मिक परिणाम इस्लाम में आधारभूत हैं।

हिन्दू एवं इस्लामी परम्पराओं के आदर्श मूल्य–प्रसंगों में इन असमानताओं

के बावजूद, इनके मध्य एक समन्वय (synthesis) हुआ, जिसने भारतीय समाज के पारम्परिक चरित्र को सम्पुष्ट किया, बिना इसके संगठन में महत्वपूर्ण विखंडन के। इस्लाम में इसके फारसी परिवर्तनों के दौरान पहले से ही सोपानक्रमिक स्तरीकरण के कुछ तत्वों को अवशोषित किया जा चुका था जब यह वहाँ से भारत आया, और जाति–सोपानीकृत हिन्दू समाज के बीच में, और इससे अधिक, जाति हिन्दुओं द्वारा इस्लाम में वृहत् स्तरीय इस्लाम में धर्म परिवर्तन के कारण, इस देश में इस्लामी सामाजिक संरचना ने शीघ्र ही जाति सोपानक्रमिकता का अपना प्रतिमान विकसित कर लिया।[3] राजनैतिक संरचना में भी मुस्लिम शासकों द्वारा अपनाई गई सामंती एकतंत्रीय व्यवस्था (feudal monarchical system) पारम्परिक हिन्दू शासकों की व्यवस्था से मौलिक रूप से भिन्न नहीं थी, और जहाँ पर भी भिन्नताएं थीं, उन्हें संस्थात्मक सामंजस्यों के माध्यम से राजनैतिक व्यवस्था के हिन्दू मानदण्डों में शामिल करने का प्रयास किया गया। उत्तर में मुस्लिम शासकों के दरबार में हिन्दू राजा तथा प्रशासनिक अधिकारियों के पास महत्वपूर्ण पद थे। फलस्वरूप, बिना किसी प्रमुख विखंडन के इन दो व्यवस्थाओं के मध्य उच्च मात्रा में सांस्कृतिक एवं संस्थात्मक समागम हुआ। अतः आधुनिकीकरण के दृष्टिकोण से इस्लामी सम्पर्क अन्यथा होने के स्थान पर परम्परा–सम्पुष्टिकारक (tradition- reinforcing) अधिक था।

परम्परात्मक भारत में सामाजिक परिवर्तन
(Social Changes in Traditional India)

विशेषकर परम्परागत समाज में परिवर्तनों का मूल्यांकन करने के लिए सामजिक परिवर्तन एवं आधुनिकीकरण के मध्य एक अंतर स्थापित करना आवश्यक है। बिना आधुनिकीकरण के प्रभाव के, परम्परागत भारत में सामाजिक परिवर्तन के निरन्तर उदाहरण रहे हैं। ये परिवर्तन एक पारम्परिक संरचना से अन्य पारम्परिक संरचना में परिवर्तन थे, तथापि, इनमें कोई गुणात्मक रूप से भिन्न उद्‌विकासीय विभेदीकरण नही होता था। परिवर्तनों का प्रारम्भ अंतःजनित एवं बाह्यजनित (orthogenetic and heterogenetic) दोनों कारणात्मक स्रोतों के माध्यम से होता था तथा सामाजिक संरचना एवं संस्कृति से सम्बंधित होता था, परन्तु ये आवश्यक रूप से प्रकृति व गुणवत्ता में पूर्व–आधुनिक थे।

पश्चिमी सम्पर्क के प्रारम्भ से पहले लघु परम्परा तथा वृहत् परम्परा से बनी हुई भारत की पारम्परिक सांस्कृतिक संरचना में अनेक परिवर्तन हुए। हिन्दू जाति व्यवस्था के विरुद्ध प्रतिरोध आंदोलनों (protest movements) के तौर पर बुद्ध धर्म व जैन धर्म उभरे; इनकी वृद्धि ने नए जाति जैसे खंडात्मक समूहों (segmentary groups) की रचना की जो कि बाद में जातियों में विकृत हो गए और बहुलवादी परम्पराओं में और अधिक योगदान दिया। इन आंदोलनों का भारतीय समाज की

राजनैतिक एवं आर्थिक संरचना पर भी प्रभाव पड़ा। जैन धर्म विशेषकर एक नगरीय आंदोलन था, तथा जैन व बौद्ध धर्म दोनों के नगरीय केन्द्रों में नई व्यापारिक जातियों को जन्म दिया। अंतःजनित आंदोलनों ने भी उत्तर भारत में सिख धर्म के आधार बनाए। उत्तर व दक्षिण भारत में भक्ति आंदोलनों ने आधार बनाए। ब्रिटिश राज में आर्य समाज व ब्रह्म समाज ने आधार बनाए और अंततः समकालीन समय में गांधीवादी आंदोलन ने आधार बनाया जो भारत की राजनैतिक स्वतंत्रता में परिणित हुआ। उत्तर भारत में भक्ति आंदोलनों के आंशिक अपवाद को छोड़कर जिसने समानतावादी मूल्य प्रस्तुत किए तथा हिन्दू व मुस्लिम परम्पराओं के मध्य समन्वय का प्रयास किया, अन्य सभी आंदोलन या तो टूट कर अलग होने की प्रक्रियाएं थीं ताकि समानान्तर वृहत् परम्पराएं स्थापित की जा सकें या उन्होंने हिन्दू धर्म की स्थापित वृहत् परम्पराओं को दोहराया।

इस प्रकार जो परिवर्तन हुए, वे पारम्परिक सामाजिक संरचना एवं मूल्यों के भीतर विभेदीकरण तक सीमित थेः संरचनात्मक परिवर्तन बहुत कम हुए, और जो हुए वे भूमिकाओं के प्रकार के सम्बंध तक सीमित थे। बौद्ध धर्म के उदय के साथ उभरी पौरोहित्य भूमिकाओं (priestly roles) तथा मठवादी संगठनों (monastic organizations) की बात की जा सकती है। अन्य परम्पराओं के उदय के बाद इसी प्रकार के परिवर्तन धार्मिक भूमिका संरचनाओं तथा संगठनों में हुए, परन्तु इन परिवर्तनों को किसी भी प्रकार से संरचनात्मक नहीं कहा जा सकता था, क्योंकि भूमिकाओं का विभेदीकरण खंडात्मक था और इन्होंने सम्पूर्ण व्यवस्था को नहीं बदला। भूमिका विभेदीकरणों का चरित्र भी अभिजनात्मक (elitist) था क्योंकि इन सभी का नेतृत्व उच्च वर्ग व जाति के सदस्य कर रहे थे। केवल कुछ भक्ति आंदोलन अपवाद थे, परन्तु ये महत्व में नवाचारी होने के स्थान पर अपरिवर्तनीय रूप से पुनरावृत्ति करने वाले थे। इनमें से किसी का भी राजनैतिक व्यवस्था, स्तरीकरण व्यवस्था अथवा जाति व्यवस्था, जिसके विरुद्ध इनका प्रसार हुआ, कोई सार्थक प्रभाव नहीं पड़ा।

भारत में इस्लामी परम्परा एक बाह्यजनित स्रोत से आई; विजय के द्वारा इसकी स्थापना ने प्रारम्भ से ही एक जटिल भावनात्मक चर (variable) जो कि समय के साथ–साथ जारी रहा। इस्लाम के मूल्य–प्रसंग (Value-themes) समग्रवादी थे, परन्तु सिद्धांततः सोपानक्रम अथवा जाति का नियम स्वीकार्य नहीं था; निरन्तरता का विचार कम प्रधानता लिए हुए था क्योंकि इस्लाम, सेमिटिक उद्‌गम के अन्य धर्मों की भांति, ऐतिहासिक समय की धारणा पर आधारित था, पारलौकिकता पर इसके मूल्य–प्रसंग की जड़ें भी सम्पूर्ण एकेश्वरवादी के नियम में आबद्ध थीं। तथापि, इतिहास एवं मूल्य–प्रसंगों के ये विरोधाभास इस्लाम को भारतीय परम्परा में क्रांतिकारी परिवर्तन के लिए एक व्यवस्थित बाह्यजनित स्रोत के तौर पर स्थापित नहीं कर सके। आभासी समानताओं के बावजूद, हिन्दू धर्म

एवं इस्लाम की वृहत् परम्परा के मध्य सम्पर्क दो पारम्परिक व्यवस्थाओं के मध्य सम्पर्क मात्र थे। भारत में मुस्लिम शासन के दौरान इस्लाम अपनाने वाले वृहत् स्तरीय धर्म परिवर्तनों ने हिन्दू जातियों को सामाजिक, आर्थिक तथा सांस्कृतिक गतिशीलता हेतु संरचनात्मक निकास प्रस्तुत किया, ऐसा कहा जा सकता है। परन्तु इसमें धर्म परिवर्तन करने वाले सीमित मात्रा में ही सफल रहे। इन धर्म परिवर्तन करने वालों से अशरफों (चार मुस्लिम प्रवासी समूह) ने प्रायः विवाह व नातेदारी सम्बंधों के मामले में सामाजिक दूरी बनाए रखी; उन्होंने धर्म परिवर्तन करने वालों को कभी भी अपने समान नही माना। धर्म परिवर्तित कर मुसलमान बनने वालों में भी जातिगत सोपानक्रम निरन्तर बना रहा तथा अधिकांश मामलों में पारम्परिक व्यवसायों तथा जातिगत कर्मकाण्डों को भी बनाए रखा गया। फिर भी यह विश्वास करने के लिए तर्क हैं कि धर्म परिवर्तन के कुछ लाभ होंगे। एक ऐसी राजनैतिक व्यवस्था में जहाँ मुस्लिम राजा व मुखिया शासक हों, इन धर्म परिवर्तन करने वाले समूहों को सुरक्षा तथा अन्य सीमांत लाभ अवश्य मिल जाते थे।

तथापि, ये तथ्य इस दृष्टिकोण का समर्थन नहीं करते कि धर्म परिवर्तन करके इस्लाम अपनाने की अभिप्रेरणा जाति व्यवस्था की सांस्कृतिक दृढ़ता तथा इसके अपकार्यों (dysfunction) के कारण थी। इस्लामी सामाजिक संरचना के भीतर धर्म परिवर्तन करने वालों में जातिगत एवं सांस्कृतिक वंचनाएं दोनों अधिकांशतः बनी रहीं। अतः धर्म परिवर्तन के पीछे संरचनात्मक अभिप्रेरणा जाति व्यवस्था की सांस्कृतिक वंचनाओं के स्थान पर अनुभव की गई संरचनात्मक वंचनाएं हो सकती हैं (नए आर्थिक अवसरों, सुरक्षा एवं शक्ति के संदर्भ में)। धर्म परिवर्तन के पीछे केवल पलायन की ही नहीं अपितु उन्नयन की भी भावना हो सकती है। तथापि, जिन समूहों ने सहर्ष इस्लामी धर्म अपना लिया, वे निम्न जातियों से थे जिनके लिए पूर्वापेक्षित भौतिक लाभों के अतिरिक्त शासक समुदाय के साथ तादात्म्य की मनोवैज्ञानिक अपील अधिक सशक्त रही होगी। यहाँ पर मुख्य संरचनात्मक वंचनाएं शक्ति तथा सामाजिक प्रस्थिति की थीं, जिसकी ड्यूमाँ 'शक्ति एवं धर्म' के मध्य एक समीकरण के तौर पर सही विशेषता बताते हैं। उन सभी परम्परागत समाजों में जहाँ सामाजिक स्तरीकरण की व्यवस्था बंद है तथा सामाजिक सोपानक्रम में ऊपर की ओर गतिशील होने के लिए कोई वैध संरचनात्मक साधन नहीं है, वहाँ धर्म अथवा प्रथाओं और कर्मकांडों में परिवर्तन कर के उच्च प्रस्थिति के लिए जुआ खेलना एक अपेक्षाकृत सुरक्षित साधन है।

जब हम अपना विश्लेषण करते हुए वृहत् से लघु परम्परा की ओर जाते हैं तो यह स्पष्ट रूप से उजागर होता है। रैडफील्ड एवं सिंगर के अनुसार, इन लघु परम्पराओं में लोगों के सांस्कृतिक विश्वास तथा प्रथाएं हैं जो कि मौखिक परम्परा द्वारा प्रचलित हैं तथा वृहत् परम्परा की सांस्कृतिक भूमिकाएं तथा मूल्यों के

स्थानीय रूपांतरण हैं। भारत में हिन्दू धर्म एवं इस्लाम दोनों ने इन लघु परम्पराओं का निर्वहन किया है। लघु परम्पराओं की बहुलता को विशेषकर निम्न व मध्यम दर्जे की जातियों में जाति संरचना तथा इसकी सांस्कृतिक अभिव्यक्तियों के माध्यम से संरक्षित किया जाता था। इन, हिन्दू व मुस्लिम जातियों ने अपनी स्वयं की बहुल परम्पराएं तथा लघुसंरचनाएं बनाईं। जैसा कि हम पहले बता चुके हैं कि भारत के किसी भी भाग में जातियों के नातेदारी व सामाजिक सम्बंध मुश्किल से भी दो सौ मील के दायरे के परे फैले होते हैं। इस प्रकार, इन जातियों की बहुल परम्पराओं ने भारत में लघु परम्पराओं की रचना की। परिवर्तन की दो महत्वपूर्ण प्रक्रियाएं, जो परम्परागत रूप से परम्पराओं में सक्रिय हैं, वे संस्कृतीकरण एवं इस्लामीकरण हैं। संस्कृतीकरण हिन्दू परम्परा के भीतर परिवर्तन की प्रक्रियाओं से सम्बंधित है जबकि इस्लामीकरण बाह्य परम्परा के साथ सम्पर्क के प्रत्युत्तर में है। ये दोनों परम्पराएं अत्यधिक वंचित समूहों में वृहत् परम्परा के मानदण्डात्मक तत्वों के अनुरूप अपनी स्थानीय परम्पराओं में परिवर्तन अथवा अनुकूलन हेतु प्रवृत्ति को प्रतिबिम्बित करती हैं, चाहे ये वृहत् परम्पराएं उद्‌गम में अंतःजनित अथवा बाह्यजनित हों। संस्कृतीकरण पर काफी साहित्य है जिसमें एम. एन. श्रीनिवास द्वारा किए गए अग्रणी अध्ययनों के बाद वृद्धि हुई है। इस्लामीकरण की प्रक्रिया पर इसी प्रकार के आनुभाविक अध्ययन शोचनीय रूप से दुर्लभ हैं (देखिए अध्याय तृतीय), यद्यपि संस्कृतीकरण व इस्लामीकरण दोनों एक बिन्दु पर समधर्मी (समान) प्रक्रियाएं (homologous processes) हैं। यह समधर्मिता (homology) संरचनात्मक संदर्भों की समानता से उपजती है, जिसमें इन परिवर्तनों हेतु अभिप्रेरणा अस्तित्व में आती है।[4] यहाँ पर एक महत्वपूर्ण कारणात्मक कारक बेहतर सामाजिक प्रस्थिति का लाभ उठा रहे अन्य समूहों तथा जातियों की तुलना में समूहों तथा जातियों की 'सापेक्षिक वंचना' है। परम्परा के भीतर अथवा बाहर, यह संदर्भ समूह विश्लेषण के सिद्धांत का एक हिस्सा बनता है।[5]

संरचनात्मक परिवर्तन एवं संस्कृतीकरण
(Structural Changes and Sanskritization)

पश्चिमी सम्पर्क के प्रारम्भ से पूर्व हिन्दू धर्म की सांस्कृतिक परम्परा में अंतःजनित परिवर्तन मुख्यतया संस्कृतीकरण तक सीमित थे। इस पूरे काल के दौरान संस्कृतीकरण दो विभिन्न स्वरूपों में हुआ। प्रथम, निम्न जातियों का उच्च जातियों के दर्जे में सामूहिक मान्यता द्वारा, एक ऐतिहासिक प्रक्रिया रूप में, जो कि बहादुरी के कर्मों, आर्थिक तथा शक्ति प्रस्थिति में उत्थान तथा राजनैतिक गठबंधनों द्वारा हुआ।[6] इस प्रकार के अधिकांश मामलों में गतिशीलता प्रभु जातियों की मतैक्यता द्वारा वैधकृत हुई तथा एक ऐतिहासिक आवश्यकता के तौर पर

अस्तित्व में आई। प्रस्थिति उत्थान के इस प्रकार के वैधकरण को उच्च जातियों द्वारा, राजाओं द्वारा भी शाही शासनादेशों के द्वारा, तथा पुरोहित जातियों द्वारा मान्यता प्राप्त उच्च दर्जे में प्रवेश के अन्य औपचारिक साधनों द्वारा प्रदान किया गया था। यहाँ संस्कृतीकरण का एक व्यापक ऐतिहासिक आशय था। यद्यपि इसका प्रभाव एक क्षेत्र अथवा उप–क्षेत्र तक सीमित था, इसकी पृष्ठभूमि में निहित राजनैतिक एवं आर्थिक सम्बंधों ने इसे महत्व का एक नया आयाम दिया। द्वितीय स्वरूप में, संस्कृतीकरण का संदर्भात्मक अथवा स्थानीय अर्थ होता है और सामान्यतया इसका तात्पर्य किसी जाति अथवा उप–जाति के सोपानक्रम में उच्चोन्मुखता के एक पक्षीय प्रयास से है। कुछ भिन्न जाति समूह, उनके क्षेत्र की उच्च जातियों की प्रथाओं तथा शैलियों का अनुकरण प्रारम्भ कर देते हैं, कुछ निम्न दर्जे की अपनी प्रथाएं त्याग देते हैं तथा व्यवस्था के भीतर उच्च जाति प्रस्थिति हेतु मान्यता प्राप्त करने का प्रयास करते हैं। संस्कृतीकरण के ऐतिहासिक संदर्भ में, इस प्रक्रिया में एक प्रमुख अंतर मतैक्यता की अनुपस्थिति है। प्रायः इसके विपरीत, अर्थात् उच्च जातियों द्वारा प्रतिरोध प्रचलित है।[7] जाति व्यवस्था के भीतर इस स्वरूप में संस्कृतीकरण बिरले ही वैधकृत होता है। संस्कृतीकरण के सर्वाधिक आनुभाविक मामले इस प्रकार के परिवर्तन के बारे मे हैं।

दूसरे, अथवा संदर्भात्मक स्वरूप में, संस्कृतीकरण जातियों की सांस्कृतिक गतिशीलता की एक धीमी तथा अप्रभावी प्रक्रिया है। इसमें व्यापक राजनैतिक अभिप्राय भी नहीं है, जिससे यह प्रक्रिया ऐतिहासिक अर्थ में गुजरती है। दोनों स्वरूपों में, तथापि, संस्कृतीकरण कुछ निश्चित घटनाओं का परिणाम होता है जिन्हें कि इस प्रक्रिया की संरचनात्मक पूर्व–आवश्यकताएँ कहा जा सकता है। ये हैं : (1) जातियों अथवा समूहों की स्व–छवि (self-image) में परिवर्तन तथा उच्च प्रस्थिति की महत्वाकांक्षा; (2) इन जातियों (समूहों) की सामाजिक एवं आर्थिक प्रस्थिति में कुछ सुधार, जो कि प्रस्थिति गतिशीलता हेतु सक्रिय प्रयास करने के लिए आकांक्षा तथा स्व–छवि में परिवर्तनों को संभव बना सकते हैं; (3) प्रथाओं तथा सांस्कृतिक शैलियों के अनुकरण के अतिरिक्त स्तरीकरण व्यवस्था के अन्य मार्गों (avenues) का बंद होना (सामाजिक भूमिकाओं, व्यवसायों, आर्थिक प्रतियोगिता तथा शक्ति प्रस्थिति के लिए प्रतियोगिता, आदि)। (4) नकारात्मक संदर्भ समूह[8] के रूप में उच्च जाति प्रस्थिति से तादात्म्य के लिए आकांक्षी जातियों में सामाजिक एवं मनोवैज्ञानिक दबावों का अभाव जो या तो परम्परागत समाज की विचारधारा के प्रति गहन प्रतिबद्धता के कारण था या आदत की शक्ति के कारण; एवं (5) मनोवैज्ञानिक अथवा संरचनात्मक कारणों से निम्न जातियों के इस प्रकार के व्यवहार के प्रति उच्च जातियों द्वारा संगठित विरोध का अभाव।

इन पूर्व आवश्यकताओं के संदर्भ में, जो कि संस्कृतीकरण के सभी

आलेखित मामलों में; विभिन्न संयोगों में विद्यमान हैं, चाहे ऐतिहासिक अथवा संदर्भात्मक हों, इस प्रक्रिया के अनेक संरचनात्मक परिणामों को देखा जा सकता है। यह हो सकता है कि संस्कृतीकरण उच्च जातियों की वृहत् परम्परा के मूल्यों का निम्न जातियों द्वारा अधिक स्वीकार्य होने का परिणाम न हो, परन्तु सामाजिक स्तरीकरण की एक बंद व्यवस्था में प्रस्थिति गतिशीलता के लिए उपलब्ध एकमात्र व्यावहारिक साधन के तौर पर इसे प्रयुक्त किया गया हो। अतः प्रभावी आधुनिकीकरण के विकास के लिए उपजाऊ जमीन को संस्कृतीकरण प्रायः छिपा देता है। वृहत् परम्परा द्वारा लादे गए वंचनों को चुनौती देने वाली अभिप्रेरणात्मक शक्तियाँ जब तक सशक्त हैं, संस्कृतीकरण मनोवैज्ञानिक रूप से और यहाँ तक कि संरचनात्मक रूप से आधुनिकीकरण के समान है। स्वंतत्रता के पश्चात् निम्न व पिछड़े वर्गों ने अपनी वंचनाओं के विरुद्ध लड़ने के लिए राजनैतिक एवं कानूनी अधिकार प्राप्त कर लिए, जिसके कारण अब संस्कृतीकरण का नहीं, अपितु राजनैतिक रूप से अभिमुखित जाति समितियों के गठन का रिवाज है।[9]

संस्कृतीकरण समाज एवं परम्परा के संरचनात्मक पक्षों के परिवर्तन का नहीं अपितु सांस्कृतिक पक्षों में परिवर्तन का द्योतक है। उदाहरण के लिए यह नहीं दर्शाता कि नगरीकरण एवं नए व्यावसायिक नवाचारों, अथवा पारिवारिक संरचना तथा शक्ति संरचना (नेतृत्व एवं अभिजन) में परिवर्तनों के बाद किस प्रकार भूमिका विभेदीकरण सामाजिक स्तरों के अंतःसम्बंधों का अनुसरण करते हैं, और इन चरों को कैसे समझाया जा सकता है। इस अवधारणा में प्रमुख विश्लेषणात्मक अभिमुखन समाजशास्त्रीय होने के बजाय संस्कृतिशास्त्रीय है। तथापि, कुछ समाज वैज्ञानिकों का विश्वास है कि संदर्भ समूह सिद्धांत के ढांचे में संस्कृतीकरण के मूल्यांकन करने के बाद इसे न केवल सांस्कृतिक रूप से अपितु संरचनात्मक रूप से भी परिभाषित किया जा सकता है। ऑवन एम.लिंच लिखते हैं :

> संदर्भ समूह तथा प्रस्थिति भूमिका सिद्धांतों के द्वारा प्रदत्त विश्लेषण के ढांचे के अंतर्गत संस्कृतीकरण को न केवल सांस्कृतिक अपितु संरचनात्मक रूप से भी परिभाषित किया जा सकता है, अर्थात् इसे प्रस्थिति गुणों को उधार लेने से अधिक के रूप में या एक विशिष्ट जाति के व्यवहार में परिवर्तन से अधिक के रूप में देखा जा सकता है, जिसमें एक उच्च जाति के कर्मकाण्डों, देवकुल (pantheon) तथा प्रथाओं को अपनी जाति के कर्मकांडों, देवकुल व प्रथाओं के स्थान पर अपना लेती है। संस्कृतीकरण को अब समूहों अथवा जातियों के मध्य संरचित सम्बंध के रूप में देख सकते हैं। इस प्रकार संस्कृतीकृत हो रही एक जाति उन सामाजिक स्थितियों को परिभाषित करती है जिनमें इसकी गतिशीलता होनी है (संदर्भ समूह) तथा इसके बाद अन्य जातियों के सदस्यों से अंतर्क्रिया करती है। इस प्रकार की

> अंतर्क्रिया में विशिष्ट प्रस्थितियों को सक्रिय कर दिया जाता है (प्रभु एवं प्रमुख प्रस्थितियाँ)। इस प्रकार की सामाजिक क्रिया में जाति सोपानक्रम के भीतर प्रस्थिति उत्थान तथा संस्कृतीकृत हो रही जाति के सदस्यों के लिए शक्ति व अवसर संरचना के खुलने का इच्छित परिणाम होता है। प्रायः इस प्रकार की सामाजिक क्रिया में 'संघर्ष' अथवा 'अन्तर्विरोध' का अनचाहा परिणाम होता है।[10] (रेखांकित वाक्य जोड़े गए हैं)

यहाँ पर किसी विशिष्ट जाति के आंतरिक संगठन में सांस्कृतिक परिवर्तन से सम्बंधित अवधारणा के रूप में संस्कृतीकरण तथा जाति व्यवस्था के भीतर संरचनात्मक परिवर्तनों को समझने के लिए प्रासंगिक अवधारणा के रूप में संस्कृतीकरण के मध्य महत्वपूर्ण भेद निहित है। निस्संदेह, संदर्भ समूह सिद्धांत संस्कृतीकरण नामक सांस्कृतिक प्रक्रिया की संरचनात्मक व्याख्या प्रस्तुत करता है; ऐसा इसलिए है क्योंकि अधिक सामान्य होने के कारण, संदर्भ समूह सिद्धांत मे व्याख्यात्मक शक्ति अधिक है, परन्तु लिंच के द्वारा संस्कृतीकरण के विश्लेषण में एक दुर्भाग्यशाली आशय प्रतीत होता है कि इस नामिनलिस्टिक (nominalistic) अवधारणा में संदर्भ समूह सिद्धांत को लागू करने से, संस्कृतीकरण द्वारा जाति व्यवस्था में संरचनात्मक परिवर्तनों को समझाया जा सकता है।

लिंच के विश्लेषण में इस सरलतावादी मान्यता का कारण उन कुछ अन्य महत्वपूर्ण अंतरों पर ध्यान केंद्रित करने का अभाव है, जिन्हें मर्टन ने अपने संदर्भ समूह अवधारणात्मक ढांचे को सूत्रबद्ध करते समय काम में लिया था। ये हैं : (1) क़िसी समूह के भीतर सदस्यों के सापेक्षिक वंचन की भावना पर आधारित सदस्यता एवं अ–सदस्यता (non-membership) समूहों में अंतर; (2) किसी अ–सदस्यता समूह के पक्ष में अपनी वर्तमान सदस्यता के समूह को त्यागने की इच्छा रखने वाले सदस्यों के पूर्वाभासी समाजीकरण की प्रक्रिया; तथा (3) अ–सदस्यता वाले समूह में इच्छुकों के लिए सदस्यता हेतु बंद अथवा खुलेपन की महत्वपूर्ण भूमिका, जो कि अंततः इच्छुकों के संदर्भ समूह व्यवहार की सफलता या विफलता की सीमा को परिभाषित करेगी।

कुछ मामलों में पाई गई संस्कृतीकरण की प्रक्रिया प्रस्थिति उत्थान की आशा में पूर्वाभासी समाजीकरण की तरह अधिक है; परन्तु यह कहा जाना चाहिए कि यह आशा बिरले ही शायद पूरी होती हो। लिंच का कहना है कि संस्कृतीकृत हो रही जाति उस सामाजिक स्थिति को परिभाषित करती है जिसमें इसकी गतिशीलता उत्पन्न होनी है;[10a] बहुत प्रासंगिक है परन्तु उनके निष्कर्ष, "और इसके बाद अन्य जातियों के सदस्यों के साथ अंतर्क्रिया करते हैं"[11], बहुत अस्पष्ट है। शायद विचार संदर्भ समूह की उच्च जाति के साथ अंतर्क्रिया का है, परन्तु

पुनः अंतर्क्रिया के अर्थ को अपरिभाषित छोड़ दिया गया है। यह विशेषकर भ्रामक है क्योंकि सामाजिक व्यवस्था का गठन करने वाली इसकी जातियों के मध्य हमेशा अंतर्क्रिया के कुछ नकारात्मक (संघर्ष, कानूनी झगड़े) अथवा सकारात्मक (सहयोग, जजमानी) स्वरूप विद्यमान रहते हैं। संदर्भ समूह विश्लेषण के माध्यम से विशेष सदंर्भ में जो 'अंतर्क्रिया' अतिरिक्त अर्थ प्राप्त कर लेती है उसे सिर्फ सदस्यता–असदस्यता के भेद से समझा जा सकता है जिसे लिंच ने पूर्णतया नहीं समझाया है। आगरा के जाटवों के जिन मामलों को वे उद्धृत करते हैं, वे कभी भी उच्च जातियों के सदस्य के रूप में स्वीकारे नहीं जा सके; उच्च (क्षत्रिय अथव ब्राह्मण) जातियों के साथ उनकी अंतःक्रिया कभी भी खान–पान सम्बंधी या वैवाहिक नहीं हो सकी। अंतर्क्रियाओं के दो सर्वाधिक महत्वपूर्ण तथा केन्द्रीय स्वरूप (key forms) खान–पान अथवा वैवाहिक सम्बंधों के होते हैं, जो कि जाति व्यवस्था की संरचना को परिभाषित करते हैं। फलस्वरूप, लिंच के स्वयं के कथन के अनुसार, ये उच्च जातियाँ जाटवों के लिए नकारात्मक संदर्भ समूह बन गई हैं। यहां पर बन्द समूह के रूप में जाति की प्रस्थिति नया अन्वेषणात्मक महत्व ग्रहण कर लेती है जिसे लिंच का विश्लेषण बताने में विफल रहा है।

जाति व्यवस्था में गतिशीलता के अध्ययन में प्रयुक्त किए गए संदर्भ समूह सिद्धांत की अधिक व्यापक व्याख्या पर वाई. बी. दामले लिखते हैं :

> जाति व्यवस्था को एक बंद व्यवस्था के रूप में चित्रित किया जाता है तथा किसी जाति का अपनी स्वयं की जाति (जन्म से) से अन्य जाति में शामिल होना सामान्यतया सम्भव नहीं है। परन्तु संदर्भ समूह सिद्धांत एक खुली व्यवस्था में सकारात्मक अभिमुखन के लिए पूर्व–आवश्यकताओं (pre-requisites) को निर्धारित करता है, जहाँ अ–सदस्यता समूह में अंतिम तौर पर शामिल होना सम्भव है तथा प्रायः पूर्वाभासित है। यदि किसी अन्य जाति में सामान्यतया अंतिम तौर पर शामिल होना जाति व्यवस्था की प्रकृति के कारण सम्भव नहीं है, तो क्या किसी व्यक्ति के लिए उसकी स्वयं की जाति के अतिरिक्त किसी अन्य जाति के प्रति सकारात्मक अभिमुखन रखना अपकार्यात्मक हो सकता है? जाति की विडम्बना इस तथ्य में निहित है कि, यद्यपि निम्न जाति का व्यक्ति उच्च जाति में शामिल होने की अपेक्षा नहीं कर सकता, और क्योंकि उच्च जाति के व्यक्तियों को निम्न जाति के लोगों के शामिल होने का भय रखने की आवश्यकता भी नहीं है, संदर्भ एवं अनुकरण हेतु सकारात्मक अभिमुखन की अनुमति दी जाती है और उसे प्रोत्साहित भी किया जाता है। इस प्रकार पूर्वाभासी समाजीकरण उत्पन्न हो सकता है तथा यदि अंततः यह उच्च जातियों में शामिल

करने या आत्मसातीकरण करने को निश्चित नहीं भी करती है तो इसका प्रभाव जातियों के मध्य दूरी एवं विकर्षण (repulsion) घटाने का है।[12]

यह स्पष्ट करता है कि एक प्रक्रिया के रूप में संस्कृतीकरण का आशय जाति की व्यवस्था में संरचनात्मक परिवर्तन के लिए नहीं अपितु केवल जाति के सांस्कृतिक गुणों में परिवर्तनों से नहीं है; तथापि, संरचनात्मक कारण अत्यधिक अर्थपूर्ण हैं; हम संस्कृतीकरण की उपरोक्त पाँच संरचनात्मक पूर्व–आवश्यकताओं की बात कर सकते हैं। इनमें से सर्वाधिक महत्वपूर्ण किसी भी जाति द्वारा अपनी आर्थिक अथवा राजनैतिक परिस्थिति में परिवर्तन के बाद अपनी स्व–छवि को पुनः परिभाषित करना है। इस प्रकार के परिवतनों में प्रस्थिति में सुधार की वास्तविक मात्रा महत्वपूर्ण नहीं है अपितु यह बोध महत्वपूर्ण है कि सकारात्मक परिवर्तन सम्भव है। एक बार यह भावना आ जाए तो समूह के लिए यह बात कोई महत्व नहीं रखती कि इच्छुकों के लिए उच्च जाति की सदस्यता बंद है क्योंकि उच्च जातियों द्वारा व्यक्त प्रतिक्रिया से निम्न जातियों को जो मान्यता मिलती है, उससे पर्याप्त रूप से संतुलित हो जाती है। तथापि, यदि उच्च जातियों की प्रतिक्रिया शत्रुतापूर्ण है या निम्न जातियों द्वारा शत्रुतापूर्ण प्रतिक्रिया समझी जाती है तो यह सम्भव है कि निम्न जातियाँ उच्च जातियों को एक नकारात्मक संदर्भ समूह के तौर पर परिभाषित करेंगी और इससे जाति व्यवस्था में टूट कर अलग होने का आंदोलन प्रारम्भ हो जायेगा। इस बारे में विशेष उल्लेख किया जा सकता है कि भारत में मध्ययुगीन काल में इस्लाम के पक्ष में धर्म परिवर्तन हुए, अंग्रेजी काल में ईसाईयत के पक्ष में धर्म परिवर्तन हुए तथा अनुसूचित जातियों तथा जनजातियों में नव–बौद्ध आंदोलन वर्तमान में चल रहा है।

इन सीमाओं के बावजूद, संस्कृतीकरण भारतीय समाज की पारम्परिक व्यवस्था में परिवर्तनों को समझने के लिए अत्यधिक एक व्यवहार्य अवधारणा है, जहाँ कि सामाजिक स्तरीकरण व्यवस्था बंद थी तथा मानदण्डात्मक नियम तदनुरूप सोपानक्रमिक तथा समग्रवादी थे। इन नियमों ने बंद स्तरीकरण व्यवस्था को सशक्त बनाया और इस प्रकार एक सापेक्षिक रूप से स्थायी सामाजिक संतुलन अर्जित किया गया। परम्परा के भीतर जो भी परिवर्तन होते थे, वे यदा कदा ही स्तरीकरण की इस व्यवस्था तथा मूल्य–प्रसंगों के विरुद्ध होते थे। इसके विपरीत परिवर्तनों तथा नवाचारों के लिए परम्परागत समाज के इन जुड़वाँ संरचनात्मक–मानदण्डात्मक गुणों के भीतर वैधता ढूंढ़ी जाती थी। भारतीय परम्परा के ढांचे में परिवर्तन, जो विशेष स्वरूप अपना लेता है, संस्कृतीकरण उसी का संकेत देता है।

अब प्रश्न यह उठता है कि पारम्परिक भारतीय समाज में संरचनात्मक परिवर्तनों के क्या स्वरूप थे? इन परिवर्तनों के विश्लेषण के लिए समाज की लघु

तथा वृहत्–संरचनाओं के मध्य हमने भेद किया है। पद्धतिशास्त्रीय तौर पर, सम्बंधों के जाल के विस्तार के आधार पर इस संवर्गीकरण (categorization) का प्रयास किया गया है। लघु–संरचना के सम्बंधों का विस्तार (range) भौगोलिक क्षेत्र व इसमें निहित गतिविधियों के विकल्पों के संदर्भ में सीमित है। इसके उदाहरण हैं: परिवार, जाति एवं उपजाति, तथा ग्रामीण समुदाय। पारम्परिक समाज में परिवार एवं समुदाय दोनों के सम्बंधों के जाल को परिभाषित करने में जाति संरचना निर्णायक भूमिका निभाती थी। आनुभाविक अध्ययन सुझाते हैं कि अंतर्क्रिया की इसकी अपनी सीमाएं बहुत बिरले ही क्षेत्रीय–भाषाई तथा सांस्कृतिक समावेशन द्वारा निश्चित सीमाओं के पार गई हों, ये सीमाएं भौगोलिक रूप से दो सौ से तीन सौ मील से परे नहीं विस्तृत हुईं। दूसरी ओर, वृहत्–संरचाओं के सम्बंधात्मक जालों का एक अंतर्क्षेत्रीय तथा अखिल–भारतीय विस्तार होता है। पारम्परिक भारत में इस प्रकार की वृहत्–संरचना के उदाहरण साम्राज्यिक (imperial) तथा सामंती राजनैतिक जाल, बैंकिंग तथा वाणिज्य तथा मठ सम्बंधी एवं अन्य धार्मिक संरचनाओं की संस्थाएं, आदि हैं।

परम्परागत समाज में संरचनात्मक परिवर्तन का एक महत्वपूर्ण पक्ष लघु–संरचनाओं और वृहत्–संरचनाओं के मध्य विद्यमान सम्बंध की प्रकृति से निर्धारित होता था। इन सम्बंधों की विशेषता स्वायत्तता की उच्च मात्रा थी।[13] इसका परिणाम यह था कि वृहत्–संरचनात्मक स्तरों पर परिवर्तन व उथल–पुथल यदा–कदा ही समाज की लघु–संरचना में तद्नुसार परिणाम पैदा कर पाते हैं। अतः विदेशी स्रोतों से इसकी सांस्कृतिक अस्मिता पर अतिक्रमणों की सतत् धारा होने के बावजूद भारत में सांस्कृतिक प्रथाओं व मानदण्डों की शानदार निरन्तरता रही है। अंतः–संरचनात्मक स्वायत्तता ने नए सांस्कृतिक तरीकों, व्यवहार के स्वरूपों तथा संरचना के चुनिंदा समागम (selective syncretism) में सहायता दी है। बिना सम्पूर्ण सामाजिक संरचना में विखंडन पैदा किए एक स्तर पर नवाचार को प्रभावी बनाया जा सकता है। परम्परागत भारतीय समाज की यह संरचनात्मक विशेषता, अंग्रेजी शासन के प्रारम्भ से, आधुनिकीकरण की ओर इसके अनुकूलनकारी रूपान्तरों में बहुत सहायक सिद्ध हुई है।[14]

परम्परागत समाज का यह गुण संरचनात्मक परिवर्तनों की प्रकृति एवं दिशा पर एक सीमा भी निर्धारित करता है। इन परिवर्तनों की विशेषता चक्रीय प्रक्रिया है। एक संयुक्त परिवार नाभिक परिवार बन जाता है और फिर बढ़कर संरचना में संयुक्त हो जाता है। कस्बे तथा व्यापार केन्द्र अस्तित्व में आते हैं, विलुप्त हो जाते हैं और पुनः अस्तित्व में आते हैं। बिना किसी प्रमुख संरचनात्मक रूपांतरणों के समान वर्ग तथा जाति, आदि में से अभिजन तथा शासकों का संचरण होता है। अतः वास्तविक अर्थ में, परिवर्तन संरचनात्मक होने के बजाय अनुकूलनकारी होते हैं। इन परिवर्तनों की अस्थिर प्रकृति ईसा से 300 बी.सी. और सन् 1845 के मध्य

भारत की जनगणना के अनुमानों से प्रमाणित हो सकती है। इस काल के दौरान जनसंख्या 10 करोड़ से 14 करोड़ के बीच ऊपर नीचे होती रही है। भारत में 1855 के बाद ही जनसंख्या में उदीयमान प्रवृत्ति स्थायी प्रतीत होती है।[14a] इस प्रकार सामाजिक संरचना का, बिना भूमिकाओं के प्रकार्यात्मक विभेदीकरण के, 'घुला–मिला'[15] चरित्र (fused character) था। ऐसा इसलिए था क्योंकि अधिकांश नवाचार वैकल्पिक उद्विकासीय समाधान न होकर, वैधकरण के पारम्परिक नियमों के भीतर संरचनात्मक स्वरूपों तथा गतिविधियों (भूमिका–संरचनाओं) में पुनःनिर्वचनात्मक सामंजस्य थे। यह प्रतिमान परम्परागत हिन्दू सामाजिक संरचना पर इस्लाम के प्रथम प्रमुख बाह्यजनित प्रभाव के बाद भी जारी रहा।

इस्लामीकरण : दो पारम्परिक व्यवस्थाओं के मध्य एक मिलन
(Islamization: An Encounter Between Two Traditional Systems)

सामाजिक परिवर्तन हेतु भारत पर इस्लामी प्रभाव सीमित था तथा आधुनिकीकरण के अनुकूल नहीं था। तथापि, इसके प्रसार ने नई वृहत् एवं लघु परम्पराओं के उदय को जन्म दिया, यद्यपि यह स्पष्ट नहीं है कि इस्लाम ने भारतीय समाज की लघु एवं वृहत् सामाजिक संरचनाओं में नवाचारों को किस सीमा तक उत्पन्न किया। परिवार, जाति तथा ग्राम समुदाय पर इसका प्रभाव नगण्य था, तथा लघु–संरचनाओं में भी इसने कोई आधारभूत रूप से नए स्वरूपों की शुरुआत की। इस्लामी राजनैतिक व्यवस्था तथा न्यायिक प्रशासन आवश्यक रूप से सामंती तथा पैतृक थी। कानूनी नियम व मानदण्ड भी सोपानक्रमिक थे और राजनैतिक एवं नागरिक अधिकारों में समानता एवं न्यायिक समता के नियमों को पूर्णरूपेण मान्यता नहीं देते थे। यह तथ्य स्पष्ट करता है कि पश्चिम के विपरीत क्यों इस्लामी प्रभाव आधुनिकीकरण में योगदान देने में विफल रहे।

इस्लाम के प्रभाव ने जिन सांस्कृतिक परिवर्तनों को प्रारम्भ किया, वे भारतीय धरती पर इस्लामी वृहत् परम्परा के विकास से उभरे। चूँकि भारत में इस्लाम ने अपने आप को विजय के द्वारा स्थापित किया था, अतः इस परम्परा के प्रसार में शक्ति के कुछ तत्व होने को निरस्त नहीं किया जा सकता, परन्तु इसकी वृद्धि में महत्वपूर्ण कारण, संरचनात्मक हैं, जिन्होंने आरम्भिक हिन्दू परम्परा में जातियों को संस्कृतीकरण के लिए अभिप्रेरित किया। यह एक रहस्योद्घाटन है कि संस्कृतीकरण व इस्लामीकरण अथवा इस्लाम में धर्म परिवर्तन, भारत की निम्न जातियों में सर्वाधिक लोकप्रिय रहा है। इस्लामीकरण के लिए भी संरचनात्मक पूर्व–आवश्यकताएं थीं: स्व–छवि की पुनःपरिभाषा, स्तरीकरण की विद्यमान व्यवस्था के बंद होने से कुंठा तथा यह पूर्वाभासी आशा कि धर्म परिवर्तन से सामाजिक अवसर सुधरेंगे। ये ही कारक संस्कृतीकरण में भी सक्रिय थे। तथापि, महत्वपूर्ण अंतर इन परिवर्तनों के प्रति हिन्दुओं की प्रतिक्रिया थी जिसे निश्चित वैमनस्यता

और पृथकता की माना जा सकता है। प्रत्येक अवस्था पर इस्लामीकरण का आशय धर्म परिवर्तन करने वालों के प्रति उस समूह की एक सक्रिय व वैमनस्यता और इन धर्म परिवर्तन करने वालों को उस समूह द्वारा अपनी सदस्यता से पूर्णतया निष्कासन की प्रतिक्रिया थी, जिस समूह की मौलिक सदस्यता को छोड़कर धर्म परिवर्तन किया गया। ऐसा संस्कृतीकरण के मामले में नहीं था।

अतः, इस्लामीकरण के कारण निरन्तर विभेदीकरण तथा इस्लाम कबूलने वाली नई जातियों के खंडीकरण के माध्यम से कुछ संरचनात्मक परिवर्तन हुए। जैसा कि इन (नये) मुसलमानों की उप–संस्कृति आज भी बताती है कि उन्होंने अपने पूर्ववर्ती कर्मकांडों व रिवाजों में से अनेक को आज तक भी नहीं त्यागा है। इसके कारण इस्लाम की लघु परम्परा गठित हुई। ये परम्पराएं उल्लेखनीय रूप से समागमी थीं तथा इन्होंने हिन्दू व मुस्लिम सांस्कृतिक प्रतिमानों व विश्वासों के मध्य समन्वय किया। इस्लाम की लघु परम्पराओं के गठन के साथ, इस्लामीकरण ने संस्कृतीकरण के साथ और अधिक संरचनात्मक समानताएं विकसित कीं। धर्म परिवर्तित करने वाली निम्न जातियों ने अशरफों (मुस्लिम उच्च जाति या समूह) की प्रस्थिति पाने के प्रयास शुरू किए और छद्म–अशरफों (pseudo-Ashrafs) की एक जाति उदित हुई।[16] संस्कृतीकरण की भांति, यहाँ पर भी ऊंची जाति के लिए दावे को उच्च मुस्लिम जातियों ने मान्यता नहीं दी। इस्लामीकरण के इस प्रकार के मामले व्यापक हैं तथा देश के विभिन्न भागों में बताए गए हैं।[17]

अंग्रेजी शक्ति की स्थापना के साथ हिन्दू एवं मुस्लिम समूहों व परम्पराओं के मध्य सम्बंध राजनैतिकीकृत होने शुरू हुए। इसकी शुरुआत को अनेक कारकों ने उकसाया, जैसे कि पुनर्जागरणवादी आंदोलनों का उदय (उदाहरणार्थ, आर्य समाज ने धर्म परिवर्तन किए, मुसलमानों को पुनः हिन्दू धर्म में परिवर्तन की घोषणा की), मुसलमानों की अंग्रेजों से कुंठा तथा राष्ट्रीय स्वतंत्रता हेतु नए राजनैतिक आंदोलनों का प्रारम्भ, जिन्होंने मुसलमानों को अपने स्वयं की क्रिया के मार्ग को तय करने के लिए उकसाया। इस राजनैतिकीकरण का परिणाम, अंततः भारत का विभाजन था, जिसने भारतीय मुसलमानों की अल्पसंख्यक प्रस्थिति में एक नया आयाम जोड़ा।

मुसलमानों में अब एक नई चेतना उभरी है, जो इस्लाम की वृहत् परम्परा की शुद्धवादी अनुरूपता को प्रोत्साहित करके उनकी लघु परम्पराओं तथा अतीत की जाति उप–संस्कृतियों की भिन्नताओं को समाप्त करना चाहती है। उदाहरणार्थ, तबलीग़ आंदोलन इस लक्ष्य के प्रति सीधे अभिमुखित हैं। उत्तरी भारत एवं केरल के कुछ भागों में मुस्लिम सम्प्रदायवाद सक्रिय व सशक्त भी हो गया है। इस्लामीकरण के द्वारा नई जाति प्रस्थिति की ओर लम्बवत् गतिशीलता की प्रक्रिया को अब विस्थापित कर के सम्पूर्ण मुस्लिम समुदाय की क्षैतिज एकता पर जोर दिया जा रहा है।

इस प्रकार हम देखते हैं कि किस प्रकार एक सांस्कृतिक प्रक्रिया के तौर पर इस्लामीकरण ने भारत में चक्र पूर्ण कर लिया है। यह प्रक्रिया बाह्य प्रभाव तथा निम्न जाति हिन्दुओं के मुस्लिम वृहत् परम्परा में धर्म परिवर्तन से शुरू हुई, और बाद में यह बिल्कुल संस्कृतीकरण की भांति, इस्लामी सामाजिक संरचना के भीतर प्रस्थिति गतिशीलता की प्रक्रिया के रूप में उभरी, और अंततः इसने आरम्भिक रूढ़िवादिता पुनः प्राप्त कर ली; इस्लाम की परम्परा के बाहर जो उप–सांस्कृतिक अतिरिक्त बातें हैं, उन्हें जानबूझकर इस दृष्टिकोण से त्याग दिया जाता है कि मुसलमानों को विविध लघु परम्पराओं (भाषा, जाति एवं उप–जाति एवं क्षेत्र, की आदि,) का ध्यान रखे बिना एक सावयवी सम्पूर्णता (organic whole) में अपने आपको संगठित कर लेना चाहिए।

इस्लामीकरण की प्रक्रिया में यह मोड़ निम्न हिन्दू जातियों में नए आन्दोलन के समान है, जिसमें ये जातियाँ संस्कृतीकरण के माध्यम से जाति व्यवस्था के भीतर प्रस्थिति गतिशीलता का प्रयास करने के बजाय जाति समितियाँ गठित कर रही हैं तथा क्षैतिज एकता स्थापित कर रही हैं। इन दोनों की कारणात्मक पृष्ठ भूमि संरचनात्मक रूप से समान प्रतीत होती हैं। यह इस अनुभूति से उपजती है कि किसी भी जनतांत्रिक समाज में बजाय परम्परागत रूप से परिभाषित उच्च प्रस्थिति के अनुकरण के, जिसे पाना दुष्कर है तथा जो नई सामाजिक गतिकी में शीघ्रता से दकियानूसी होती जा रही है, सामाजिक शक्ति व प्रस्थिति गतिशीलता, अपने दर्जे के दृढ़ीकरण तथा प्रभावी शक्ति व प्रतिरोध समूह बनकर अधिक आसानी से प्राप्त की जा सकती है।

यह भी हो सकता है कि इस प्रकार के परिवर्तनों के लिए हिन्दू व इस्लाभी सांस्कृतिक परम्परा में अप्रकट कारण स्तरीकरण एवं शक्ति की स्थापित व्यवस्था के विरुद्ध छुपे हुए प्रतिरोध आंदोलन हों। प्रयास केवल क्षैतिज सामुदायिक एकता के गठन के लिए ही नहीं किए जा रहे हैं अपितु इस बात के प्रयास भी किए जा रहे हैं कि इन्हें आधुनिक निगमित समूहों का संगठनात्मक आकार दे दिया जाए जो तार्किक मानदण्डों, कर्तव्यों तथा कार्यों के आवंटन तथा संचार तथा प्रचार के तार्किक साधनों पर आधारित हो।[18] आंदोलनों का यह पक्ष जो कि आभासी रूप से परम्परायीकारक प्रतीत हो सकता है, आधुनिकीकरण के हमारे विश्लेषण के लिए अत्यधिक प्रासंगिक है।

आधुनिकीकरण की प्रक्रियाएं
(Processes of Modernization)

भारत में आधुनिकीकरण मुख्यतया पाश्चात्य सम्पर्क, विशेषतः अंग्रेजी राज की स्थापना के माध्यम से प्रारम्भ हुआ। इस सम्पर्क की एक विशेष ऐतिहासिकता थी जो भारतीय समाज की सामाजिक संरचना एवं संस्कृति में अनेक दूरगामी

परिवर्तन लाई। तथापि, उन सभी को आधुनिकीकारक नहीं कहा जा सकता।[19] इस सम्पर्क की आधारभूत दिशा आधुनिकीकरण की तरफ थी, परन्तु इस प्रक्रिया में अनेक प्रकार की पारम्परिक संस्थाओं को भी सम्पुष्टिकरण मिला। यह परम्परा एवं आधुनिकता के मध्य स्पष्ट विपरीतता की मान्यता की कमजोरी दर्शाती है। यह ध्रुवीयता वास्तविक होने के बजाय पद्धतिशास्त्रीय अधिक हो सकती है। तथापि, भारत में अंग्रेजी राज की स्थापना के बाद ही, आधुनिक सांस्कृतिक संस्थाओं तथा सामाजिक संरचना के स्वरूपों को लाया गया। इस संदर्भ में पाश्चात्य परम्परा का प्रभाव इस्लाम के प्रभाव से बुनियादी तौर पर भिन्न था यद्यपि दोनों बाह्यजनित थे और राजनैतिक प्रभुता एवं शासन से प्रारम्भ हुए थे। सम्पर्क के समय पाश्चात्य परम्परा में औद्योगिक क्रांति एवं सामाजिक सुधार के माध्यम से बुनियादी परिवर्तन हुए थे। स्तरीकरण के सोपानक्रम सम्बन्धी इसके पारम्परिक नियम को झकझोर दिया गया था जिसका प्रतिनिधित्व चर्च तथा सामन्तवाद द्वारा किया गया था। प्रोटेस्टेंटवाद के उदय के कारण मूल्य व्यवस्था का इसका मध्ययुगीन समग्रवाद गंभीर संकट में आ गया था तथा समाप्ति के कगार पर था। इसका स्थान अब अर्थव्यवस्था एवं समाज के तार्किक–व्यक्तिवाद ले रहा था। इन सभी प्रक्रियाओं को विज्ञान एवं प्रौद्योगिकी में नवाचारों की संचयी शृंखला बुनियादी गतिशीलता प्रदान कर रही थी। यह अति आशावादिता का काल था तथा पश्चिम में, विशेषतः ब्रिटेन में, सामाजिक परिवर्तन की गति को अधिकाधिक त्वरित कर रहा था।

भारत में आधुनिकीकरण के बारे में अंग्रेज शासकों तथा प्रशासकों के रवैये को बहुत हद तक यह सामाजिक पृष्ठभूमि निर्धारित करती है। उनकी औपनिवेशिक प्रस्थिति एक अन्य निर्धारक कारक थी। कुछ गिने–चुने पूर्ववादियों (orientalists) के अपवाद को छोड़कर, जो भारतीय परम्परा के ग्रंथात्मक वैभव से अभिभूत थे, अंग्रेजी मिशनरियों तथा प्रशासकों में से अधिकांश केवल उन विपरीतताओं से प्रभावित थे जो उनके अपने पाश्चात्य समाज एवं भारतीय समाज के मध्य थीं।[20] उन्हें भारतीय समाज जातियों, उप–जातियों एवं जनजातियों की पृथक् बहुल परम्पराओं से बना हुआ प्रतीत होता था जिसमें सार्वभौमिक प्रकृति की कोई व्यवस्थित बांधने वाली शक्ति का अभाव था।[21] आधुनिकीकरण के प्रति अंग्रेजी योगदान का महत्व मुख्यतया सामाजिक संरचना एवं संस्कृति के ऐसे जालों (networks) की रचना में निहित है जो आधुनिक एवं अखिल–भारतीय थे।

प्रारम्भ में, सम्पर्क के कारण एक आधुनिकीकारक उप–संस्कृति अथवा पश्चिमीकरण की लघु परम्परा का विकास हुआ, विशेषतः सत्रहवीं शताब्दी में बंगाल, मद्रास एवं बम्बई में, जहाँ कि दुभाषियों, व्यापारी–मध्यस्थों का एक छोटा केन्द्रक पनपा जो कि धीरे–धीरे पाश्चात्य तौर–तरीकों में समाजीकृत किए जा रहे थे। बाद में, ऐसे सम्प्रदाय भी उदित हुए, जिन्होंने पाश्चात्य मानदण्डों तथा

पाश्चात्य शिक्षण के तरीकों के सात्मीकरण (assimilation) पर जोर दिया (उदाहरण के लिए, ब्रह्म समाज, प्रार्थना समाज, आदि)। इन्होंने हिन्दू परम्पराओं में दकियानूसी के खिलाफ संघर्ष भी छेड़ा। एक ओर इन आंदोलनों के कारण तथा दूसरी ओर उन्नीसवीं शताब्दी के मध्य तक अंग्रेजी शक्ति के दृढ़ीकरण के कारण, अंततः एक आधुनिकीकारक वृहत् परम्परा का संस्थाईकरण हुआ। इसके घटक थेः एक सार्वभौमिक कानूनी व्यवस्था, शिक्षा के पाश्चात्य स्वरूप, नगरीकरण तथा औद्योगिकीकरण का प्रसार, संचार व यातायात के नए साधनों का प्रसार तथा सामाजिक सुधार। इन आधुनिकीकरण मानदण्डों के साथ–साथ संरचनात्मक आधुनिकीकरण भी हुआ। उदाहरण के लिए, प्रशासन एवं न्याय व्यवस्था की तार्किक नौकरशाही व्यवस्था (rational bureaucratic systems of administration and judiciary), सेना तथा औद्योगिक नौकरशाही, (industrial) व्यापारिक अभिजन, (business elite) तथा उद्यमियों के नए वर्ग अस्तित्व में आए। इनके साथ–साथ उन्नीसवीं शताब्दी के मध्य तक राजनैतिक अभिजन एवं राष्ट्रीय नेतृत्व उदित हुआ। औद्योगिक उद्यमिता के विकास ने पश्चिम की भांति निगमीय ढांचे पर संगठित, औद्योगिक श्रमिक वर्ग व मजदूर संघों के उदय में भी योगदान दिया। इन आधुनिकीकारक संरचनाओं का सम्पूर्ण देश में एक समरूप चरित्र था। अतः उनके विकास ने देश में राष्ट्रवादी आकांक्षाओं को मुखरित किया जो आधुनिकीकरण की वृद्धि में स्वयं एक प्रमुख कदम था।

तथापि, अंग्रेजी काल के दौरान भारतीय आधुनिकीकरण का एक महत्वपूर्ण लक्षण था। इस प्रक्रिया का विकास चयनात्मक व खण्डात्मक था। यह भारतीय समाज की परिवार, जाति एवं ग्राम समुदाय जैसी लघु–संरचनाओं के साथ समेकित (integrated) नहीं था। इन स्तरों पर, विशेषतः 1857 के विद्रोह के बाद, अंग्रेजों ने न्यूनतम हस्तक्षेप की नीति का पालन किया। इसके अतिरिक्त, शेष भारतीय समाज की तुलना में, इन लघु संरचनाओं की स्थिरता व स्वायत्तता से कुछ अंग्रेज प्रशासन त्रुटिपूर्वक प्रभावित थे। यह विशेषतया ग्राम समुदाय[22] की अवधारणा एवं जाति को दिए गए महत्व के बारे में था। एक लम्बे समय तक सेना तथा नौकरशाही के मध्यम एवं निम्न दर्जे में अधिकारियों की भर्ती में जाति व नृतत्व कारकों को मान्यता दी जाती थी। कालान्तर में बीसवीं शताब्दी में जब राष्ट्रवादी आंदोलन ने जोर पकड़ लिया, एक साम्प्रदायिक निर्वाचन व्यवस्था प्रारम्भ की गई। इन ऐतिहासिक कारकों ने उत्तर–औपनिवेशिक काल के दौरान चलने वाली आधुनिकीकरण की प्रक्रिया को गहन रूप से प्रभावित किया। इसने आधुनिकीकरण की भारतीय प्रक्रिया के प्रति पारम्परिक संस्थाओं व प्रतीकवादों की प्रासंगिकता को बढ़ा दिया।

स्वतंत्रता आंदोलन तथा उसके बाद भारतीय समाज के आधुनिकीकरण में यह विकास पूर्णतः अभिव्यक्त हुआ है। स्वतंत्रता आंदोलन के आधुनिकीकरण की

एक नई राजनैतिक संस्कृति का मार्ग प्रशस्त हुआ। इसके केन्द्र में महात्मा गांधी का व्यक्तित्व था जिनका एक पैर सदैव परम्परा में गहन रूप से धंसा हुआ था। भारत में पश्चिमीकरण प्रक्रिया के चरमोत्कर्ष के दौरान उनका उदय, सामजिक परिवर्तन की नई चुनौतियों के प्रति भारतीय परम्परा के अंतःजनित प्रत्युत्तर का महत्व रखता है। गाँधी ने स्वतंत्रता प्राप्ति हेतु भारतीय लोगों की सफलतापूर्वक लामबंदी की, परन्तु वे किसी तरह, प्रक्रिया में एक गम्भीर विखंडन, दो स्वतंत्र राष्ट्रों में भारत के विभाजन को नहीं टाल पाए। जैसा कि हम ऊपर बता चुके हैं, कि यह हिन्दू धर्म एवं इस्लाम में आधुनिकीकरण की उप–सांस्कृतिक परम्पराओं में असमान विकास के कारण हुआ, इनमें से प्रत्येक अपनी अनूठी ऐतिहासिकता में ढली हुई थीं। भारत में मुस्लिम समुदाय द्वारा एक पृथक् राष्ट्र की चाह आकांक्षाओं तथा विश्वास का संकट प्रतिबिम्बित करती है।

स्वतंत्रता के पश्चात्, भारत में आधुनिकीकरण प्रक्रिया में इसके औपनिवेशिक प्रतिमान से एक आधारभूत अंतर आया है। विकास की रणनीति के एक समेकित भाग के रूप में आधुनिकीकरण की अब सांस्कृतिक व संरचनात्मक व्यवस्थाओं के सभी स्तरों के लिए कल्पना की गई है। वृहत्–संरचनाओं (macro-structures) लघु संरचनाओं (micro-structures) एवं लघु तथा वृहत् परम्पराओं के मध्य आधुनिकीकरण में असंगति, जैसी अंग्रेजी शासन के दौरान थी, को अब चैतन्य रूप से समाप्त कर दिया गया है। वयस्क मताधिकार तथा राजनैतिक संरचना के संघात्मक संसदीय स्वरूप के क्रियान्वयन ने सामाजिक संगठन के प्रत्येक क्षेत्र तक राजनैतिकीकरण को पहुंचा दिया है। हिन्दू विवाह तथा उत्तराधिकार कानूनों में चेतन कानूनी सुधारों ने परम्परागत हिन्दू पारिवारिक संरचना की आधारशिलाओं को गहनता से प्रभावित किया है। सामुदायिक विकास परियोजनाओं ने आधुनिकता के सांस्कृतिक मानदण्डों व भूमिका–संरचनाओं को भारत के प्रत्येक गाँव तक पहुँचा दिया है, और इसके साथ भूमि–सुधारों तथा निर्वाचित ग्राम पंचायतों के क्रियान्वयन ने ग्रामीणों को स्थानीय स्तरीय प्रबंधन तथा न्याय के प्रशासन में सहभागिता के नौकरशाही स्वरूप से अवगत करा दिया है। इस प्रक्रिया में जाति में भूमिकाओं का आमूलचूल रूपांतरण हुआ है, नए प्रकार्यात्मक अनुकूलन विकसित किए हैं तथा राजनीति एवं शक्ति संरचना के लोकतांत्रीकरण द्वारा स्फूर्त आकांक्षाओं को सक्रिय कर दिया है। किस प्रकार जाति का एक समिति सम्बंधी (associational) चरित्र में विकास बढ़ रहा है, इसको हम विस्तार में विश्लेषित कर चुके हैं। अब यह आधुनिकीकरण की प्रक्रिया में एक महत्वपूर्ण संरचनात्मक जाल के रूप में कार्य करता है।

जैसे–जैसे आधुनिकीकरण की प्रक्रिया अपने में सब कुछ सम्मिलित करती जाती है, यह परम्पराओं (अतीतकालीन व समकालीन) के मध्य अंतःसंरचनात्मक तनावों व संघर्षों को भी जन्म दे रही है। भारत में आधुनिकीकरण में भावी मार्ग

इस बात पर निर्भर करेगा कि जैसे–जैसे आधुनिकीकरण ज़ोर पकड़ता जाएगा, इन तनावों का समाधान किस प्रकार से होगा। एशिया में अनेक विकासशील देशों में आधुनिकीकरण ने समाज में संरचनात्मक व सांस्कृतिक विखंडन में योगदान दिया है। चीन, इंडोनेशिया, बर्मा एवं पाकिस्तान के उदाहरण दिए जा सकते हैं। एशिया में आधुनिकीकरण का एकमात्र सफल उदाहरण जापान है, परन्तु वहाँ पर भी द्वितीय विश्व युद्ध के बाद इसका संस्थायीकरण बिना विखंडन (Breakdown) के नहीं हुआ है।

संस्थायीकरण एवं आधुनिकीकरण में विखंडन (Institutionalization and Breakdown in Modernization)

प्रश्न हैंः किन संरचनात्मक अथवा सांस्कृतिक दशाओं के अंतर्गत आधुनिकीकरण के कारण समाज में एकतात्मक रूपांतरण होते हैं? बिना विखंडन के आधुनिकीकारक परिवर्तनों के संस्थायीकरण हेतु संरचनात्मक पूर्व आवश्यकताएं क्या हैं? किस सीमा तक भारतीय उदाहरण आधुनिकता के संस्थायीकरण की सम्भावना को अथवा वैकल्पिक रूप से प्रक्रिया में संरचनात्मक विखंडन को न्यायसंगत ठहराता है?

इन प्रश्नों के उत्तर उस तरीके से सम्बंधित हैं जिसमें आधुनिकीकरण की अवधारणा की कल्पना की गई है। यह महत्वपूर्ण बात है कि समाज वैज्ञानिकों में आधुनिकीकरण की अवधारणाओं तथा मूल्यांकनात्मक मानकों पर अभी तक कोई मतैक्यता नहीं है, तथा प्रत्येक उपागम में अपकट विचाराधारात्मक पक्षपात का आरोप लगाया जा सकता है।[22a] आधुनिकीकरण पर मार्क्सवादी उपागम रखने वाले समाजशास्त्री 'विखंडन' (breakdown) की अवधारणा की ही निन्दा कर सकते हैं जैसे कि इस आवधारणा को 'मुक्त विश्व' गुट (free world bloc) के समाजशास्त्री प्रयुक्त करते हैं। मार्क्सवादियों के लिए 'विखंडन', 'क्रांति' के लिए प्रयुक्त एक विकृत अवधारणात्मक विकल्प है, जो कि सभी विकासशील एवं विकसित पूंजीवादी समाजों के लिए आधुनिकीकरण हेतु एक पूर्व–आवश्यकता है। अतः, यह आवश्यक है कि हम आधुनिकीकरण की कुछ महत्वपूर्ण सैद्धांतिक मान्यताओं के मूल्यांकन का प्रयास करें जिनका भारत में आधुनिकीकरण पर प्रभाव हो।

आधुनिकीकरण में अधिकांश उपागमों को मोटे तौर पर दो संवर्गों में समूहीकृत किया जा सकता है : संरचनात्मक एवं उदविकासीय। समाज विज्ञानों में संरचनात्मक उपागम अपेक्षाकृत रूप से प्रमुख हैं। यह उपागम कुछ चयनित सामाजिक अथवा मानदण्डात्मक चरों की सहायता से आधुनिकीकरण के विश्लेषण का प्रयास करता है। 'सामाजिक सक्रियकरण' (social mobilization)[23], 'संचार' की वृद्धि, 'मीडिया प्रदर्शन' (media exposure)[24]; लोकतांत्रिक राजनैतिक संस्थाएं

तथा मूल्य[25], आधुनिकीकरण के अनुकूल नैतिकताएं एवं मानदंड[26], समाज के प्रौद्योगिकीय एवं आर्थिक संसाधन[27], तथा समाज की 'आरम्भिक दशाएं'[28] जो कि सामाजिक व्यवस्था के भीतर अंगों की सांस्कृतिक एवं संरचनात्मक स्वायत्तता[29] की उपस्थिति के सम्बंध में है, जैसे चरों (Variables) के ध्यान में रखा गया है। यह अपेक्षित है कि सामाजिक व्यवस्था में इन चरों की उपस्थिति के परिणामस्वरूप आधुनिकीकरण होगा; इनकी गहनता तथा अनुपात विशेष स्थितियों में आधुनिकीकरण की प्रकृति व मात्रा को निर्धारित करता है।

दूसरी ओर, आधुनिकीकरण का उदविकासीय उपागम अधिक व्यवस्थित सैद्धांतिक मान्यताओं पर आधारित है। यह आधुनिकीकरण को मानव समाज के जीवन में एक उद्‌विकासीय अवस्था मानता है। तथापि, उद्‌विकास की प्रक्रिया के गठन तथा इसकी दिशा पर मतभेद हैं। इसके पद्धतिशास्त्रीय सूत्रण या तो संरचनात्मक –प्रकार्यात्मक[30] हैं या द्वंद्वात्मक[31]। इसी प्रकार उद्‌विकास की दिशा भी या तो एकरेखीय[32] अथवा बहु–रेखीय[33] (unilinear or multilinear) हो सकती है। आधुनिकीकरण के द्वंद्वात्मक (मार्क्सवादी) तथा संरचनात्मक प्रकार्यात्मक उद्‌विकासीय उपागमों में एक प्रमुख अंतर यह है कि द्वंद्वात्मक उपागम समाज के स्थापित राजनैतिक, आर्थिक एवं संरचनात्मक ढांचे में 'विखंडन' को विकास हेतु आधुनिकीकरण की ओर ले जाने के लिए एक आवश्यक एवं अपरिहार्य दशा मानता है। वर्ग संघर्ष धनी एवं निर्धन राष्ट्रों के मध्य संघर्ष के इसके अंतर्राष्ट्रीय स्वरूप को इसमें इस प्रकार की उदविकासीय उपलब्धियों के लिए आवश्यक प्रक्रियाएं माना जाता है। यहाँ तक कि अवधारणा के रूप में आधुनिकीकरण को विभिन्न अर्थों में समझा जाता है, इसके दृष्टि केन्द्र में स्तरीकरण व्यवस्था में, किसी राष्ट्र में संपत्ति स्वामित्व तथा उत्पादक संसाधनों के स्वामित्व की व्यवस्था में परिवर्तन हैं[34], न कि 'अर्जित अभिमुखन', 'मनोवैज्ञानिक गतिशीलता' तथा 'तार्किक–भोगवाद' (rational–hedonism), आदि जैसे मनोवैज्ञानिक–मानदण्डात्मक चर, जो कि अनेक समाज वैज्ञानिकों की व्याख्याओं में सामान्यतया पाए जाते हैं। व्यक्तिगत विशेषताओं को यहाँ पर समाज की संस्थात्मक संरचना तथा इसकी शक्ति की संरचना तथा सम्पत्ति सम्बंधों में परिवर्तनों के प्रमुख संकलनों (major aggregates) के अधि–उत्पाद (by-products) के रूप में माना जाता है।[35]

आधुनिकीकरण की संरचनात्मक–प्रकार्यात्मक उदविकासीय व्याख्या प्राथमिक रूप से एक सावयवी समतुल्यता से व्युत्पन्न होती है, जहाँ उद्‌विकास को अधो–मानवीय से मानवीय अवस्था (sub-human to human phase) तथा उसके परे की निरन्तरता के तौर पर माना जाता है। मानव समाज के 'उद्‌विकासीय सार्वभौमिकता (evolutionary universal) के रूप में आधुनिकीकरण पर एक लेख में टाल्कट पारसन्स लिखते हैं कि सामाजिक व सांस्कृतिक संगठन के अन्य पहलुओं में उनकी प्रारूपात्मकता (typicalities) के बावजूद उद्‌विकासीय परिवर्तन

सारे मानवीय समूहों को अपने घेरे में ले लेते हैं। उनका दृष्टिकोण यह मानता है कि अधोमानव व मानव के मध्य महत्वपूर्ण परिवर्तन (**watershed between sub-human and human**) विकासीय परिवर्तन को समाप्त नहीं कर देता है, अपितु एक लम्बी प्रक्रिया में एक अवस्था है जो अनेक अधोमानवीय अवस्थाओं से प्रारम्भ होती है और यह हमारे समय के उस महत्वपूर्ण परिवर्तन से गुजरते हुए जारी रहती है और आगे तक जाती है।[36] आधुनिकीकरण 'उद्विकासीय सार्वभौमिकताओं' की क्रमिक अवस्थाओं से गुजरता है, जिन्हें कि इस प्रकार परिभाषित किया गया है, "कोई भी संगठनात्मक विकास जो कि उद्विकास को आगे बढ़ाने के लिए पर्याप्त रूप से महत्वपूर्ण है, केवल एक बार उत्पन्न होने के बजाय, विभिन्न दशाओं के अन्तर्गत कार्यरत अनेक व्यवस्थाओं को 'प्रभावित करने' की सम्भावना रखता है"।[37] सम्पूर्ण अधो–मानवीय प्राणी जगत में एक महत्वपूर्ण 'उद्विकासीय सार्वभौमिक' दृष्टि है और मनुष्य के मामले में यह हाथ तथा मस्तिष्क का विकास है।[38] सामाजिक कार्यक्षेत्र में इसके उद्विकास की श्रृंखला चार पूर्व–आवश्यक सार्वभौमिकताओं द्वारा स्थापित होती है। ये हैं: भाषा के माध्यम से सम्प्रेषण, धर्म, नातेदारी सहित सामाजिक संगठन, तथा प्रौद्योगिकी। ये परम्पर समेकित होकर आरम्भिक सामाजिक संगठन के लिए एक समुच्चय (set) बनाते हैं। इस आधारशिला पर 'स्तरीकरण' 'सांस्कृतिक वैधकरण' नौकरशाही संगठन 'धन एवं बाज़ार संकुल', 'सामान्यीकृत सार्वभौमवादी मानदण्ड' (generalized universalistic norms) तथा अंततः लोकतांत्रिक समितियाँ जैसी सार्वभौमिकताएं एक श्रृंखलात्मक क्रम में विकसित होती हैं। इनमें से अंतिम चार (नौकरशाही संगठन, धन एवं बाज़ार संकुल, सामान्यीकृत सार्वभौमिकतावादी मानदंड तथा लोकतांत्रिक समितियाँ) आधुनिक समाज की संरचनात्मक–मानदंडात्मक दशाओं की रचना करते हैं।[39]

पारसन्स के सिद्धांत के अनुसार, आधुनिकीकरण में संरचनात्मक विखंडन तब उभरता है, जब ऐतिहासिक अथवा अन्य सांस्कृतिक कारकों के कारण, उद्विकास की श्रृंखला उल्टी हो जाती है अथवा अनियमित हो जाती है अथवा सार्वभौमिकताओं में से कुछ अत्यधिक कठोर हो जाते हैं तथा उद्विकास को आगे बढ़ाने में सामान्य से अधिक प्रतिरोध प्रस्तुत करते हैं। बक एवं जैकबसन के द्वारा बाद में किए गए एक अध्ययन के अनुसार, इस प्रकार की दशाएं एशियाई देशों में विद्यमान हैं। भूतपूर्व उपनिवेश होने के नाते इन देशों में संचार, प्रौद्योगिकी, स्तरीकरण व वैधकरण के नियमों जैसी अन्य आधारभूत सार्वभौमिकताओं के समुचित विकास के बिना, नौकरशाही, लोकतांत्रिक समितियाँ तथा सामान्यीकृत सार्वभौमवादी मानदंडों जैसी अनेक उद्विकासीय संरचनाओं को इनकी सामाजिक संरचना में प्रारम्भ किया गया।[40] इंडोनेशिया, भारत, पाकिस्तान तथा अफ्रीका, लैटिन–अमेरिका व मध्य पूर्व में अनेक अन्य देशों जैसों के लिए यह सत्य है।

भारत के बारे में विशेषकर बक एवं जैकबसन का अध्ययन, नौकरशाही तथा सामान्यीकृत सार्वभौमिकवादी मानदंडों में उच्च विकास तथा संचार, नातेदारी, प्रौद्योगिकी, सामाजिक स्तरीकरण एवं धन तथा बाज़ार संकुल के क्षेत्र में बहुत कम विकास हुआ, बताता है।[41] इस प्रकार, अनेक आधुनिक संस्थाओं को मूल्य समर्थन का अभाव है तथा पश्चिम से अनेक संस्थाओं का थोक के भाव स्थानांतरण विलम्बन को और अधिक विकट बनाता हैं।

आधुनिकीकरण के पारसन्स के उद्विकासीय सिद्धांत में अनेक मान्यताएं हैं जो अन्य समाजशास्त्रियों को स्वीकार्य न हों। उदाहरण के लिए, आधुनिकीकरण की प्रक्रिया में 'लोकतांत्रिक समिति' सर्वोच्च उद्विकासीय अवस्था है, उनकी इस मान्यता की मार्क्सवादी व गैर–मार्क्सवादी, दोनों समाजशास्त्रियों द्वारा भिन्न प्रकार से व्याख्या की गई है अथवा उनका खण्डन किया गया है। विकास एवं आधुनिकीकरण की एशियाई सम्भावना पर एक हाल के अध्ययन में गुन्नर मिर्डल लिखते हैं :

> तथापि यह संदेहास्पद हो सकता है कि क्या आधुनिकीकरण आदर्शों के सूत्रण (formulations) में राजनैतिक लोकतंत्र के इस आदर्श, जिसमें राजनैतिक शक्ति स्वतंत्र निर्वाचन तथा सभा करने की स्वतंत्रता, प्रेस (पत्रकारिता), तथा अन्य नागरिक स्वतंत्रताओं पर आधारित हो, को महत्व दिया जाना चाहिए। ऐसा इसलिए नहीं कि वर्तमान में आदर्श पूरी तरह प्राप्त नहीं हो रहे हैं और भविष्य में इन्हें प्राप्त न किया जा सके, न हों: मूल्य प्रस्थापनाएं केवल एक दृष्टिकोण का प्रतिनिधित्व करती हैं जिनके द्वारा वास्तविक दशाओं को देखा जाता है और उस अर्थ में 'यथार्थवादी' होना आवश्यक नहीं है........ किसी भी व्यवस्था में जिसमें अन्य सभी आधुनिकीकरण आदर्श उपस्थित हों, उसमें इस लोकतांत्रिक आदर्श का होना आवश्यक नहीं है।[42] (रेखांकित जोड़ा गया है)

आधुनिकीकरण के मूल्य प्रस्थापनाओं से व्युत्पन्न इन सीमाओं के बावजूद, पारसन्स का सूत्रण सैद्धांतिक रूप से सशक्त है तथा अविकसित देशों में आधुनिकीकरण के अनेक संरचनात्मक तथा सांस्कृतिक अन्तर्विरोधों को समझाने के लिए प्रयुक्त किया जा सकता है। स्तरीकरण एक महत्वपूर्ण कारक है जो अपनी कठोरता तथा असमानतावादी चरित्र के द्वारा भारत के तीव्र आधुनिकीकरण में व्यवधानों का कारण बना हुआ है। उनका प्रारूप उपकल्पनात्मक रूप से आधुनिकीकरण का एक मार्ग बताता है जिसमें संक्रमण की अवस्थाओं में न्यूनतम संघर्ष निहित होगा।[43]

मरियन जे. लेवी, ई.एस.एन. आइज़नस्टाट तथा गुन्नर मिर्डल ने पारसन्स के

सूत्रणों से घनिष्ठ रूप से मिलते–जुलते सूत्रण (formulations) दिए हैं परन्तु उनमें समान सैद्धांतिक मान्यता नहीं है। इन समाजशास्त्रियों ने विखंडन अथवा आसानी से आधुनिकीकरण में संक्रमण के लिए विकासशील समाजों में संरचनात्मक तथा मानदण्डात्मक 'आरम्भिक दशाओं' को उत्तरदायी माना है। चीन एवं जापान के उदाहरणों की तुलना करते हुए मरियन जे. लेवी ने जापान के सफलतापूर्वक आधुनिकीकरण के विपरीत इस प्रक्रिया में चीन में संरचनात्मक विखंडन (क्रांति) के लिए इन दो देशों में असमान आंतरिक संरचनात्मक दशाओं को उत्तरदायी माना है यद्यपि इनमें अनेक अन्य संरचनात्मक समानताएं थीं। उदाहरण के लिए, दोनों देशों में व्यापारी वर्ग स्तरीकरण व्यवस्था के निम्नतम स्तर पर था, दोनों देशों में सशक्त पारिवारिक सम्बंध तथा समान धार्मिक सांस्कृतिक मूल्य थे। तथापि, आधुनिकीकरण की आरम्भिक अवस्थाओं में संरचनात्मक भिन्नताओं के कारण, दोनों देशों में इस प्रक्रिया के परिणाम आधारभूत तरीके से भिन्न थे। चीन गें पारिवारिक सत्ता सर्वोपरि थी और उसमें सम्राट एवं सामन्ती मालिकों की सत्ता के नियम समाहित थे, वे इसी पर आधारित थे : जापान की तुलना में वर्ग व्यवस्था खुली हुई थी, जो कि जापान में खुली हुई नहीं थी, और अंततः चीन में ामंती व्यवस्था पूर्णतया विकसित नहीं थी, जबकि जापान में इसका विकसित स्वरूप था।[44] उन्नीसवीं शताब्दी के दौरान चीन में आरम्भिक आधुनिकीकरण के प्रभाव के अन्तर्गत पारिवारिक सत्ता ढह गई जब औद्योगिक–नगरीय केन्द्रों ने स्वतंत्र रूप से रोज़गार के अवसर प्रदान किए। पारिवारिक सत्ता के इस प्रकार क्षरण का अर्थ राज्य प्रशासन के अन्य क्षेत्रों में भी सत्ता का पतन हुआ क्योंकि इनकी सत्ता के वैधकरण का स्रोत चीनी परिवार की सत्ता व्यवस्था में था। इसके फलस्वरूप नौकरशाही सोपानों में भ्रष्टाचार तथा नैतिक मानदण्डों में सामान्य पतन हुआ।

इसके अतिरिक्त, चूंकि चीन में एक खुली वर्ग व्यवस्था थी, व्यापारियों (तब तक स्तरीकरण पिरामिड में निम्नतम स्तर पर) को जो आर्थिक लाभ हुआ उसे उन्होंने कुलीनता (nobility) की प्रस्थिति अर्जित करने के लिए भूमि में निवेशित कर दिया; इसके ठीक विपरीत जापान में घटित हुआ, जहाँ ऐसे अवसर उपलब्ध नहीं थे, निवेश उद्योगों में किया गया।[45] आइज़नस्टाट चीन में इस विखण्डन के लिए राजनीति एवं मूल्य व्यवस्था के मध्य, राजनैतिक व्यवस्था तथा स्तरीकरण के मध्य तथा प्रमुख सामाजिक समूहों व स्तृतों (strata) के मध्य संस्थात्मक स्वायत्तता के अभाव को दोषी ठहराते हैं।[46]

आइज़नस्टाट के निष्कर्ष मरियन जे. लेवी के निष्कर्षों के समान हैं। चीन के उदाहरण में वे पुनः दोहराते हैं कि कन्फ्यूशियन मूल्य व्यवस्था तथा साम्राज्य के वैधकरण के मध्य कोई स्वायत्तता विद्यमान नहीं थी; "राज्य से स्वतंत्र किसी भी चर्च अथवा धार्मिक संगठन का अस्तित्व नहीं था।"[47] स्तरीकरण भी प्राथमिक रूप

से राजनैतिक व्यवस्था पर केन्द्रित था; "एक अभिजात्य समूह के रूप में विद्वजन (literati) एकताबद्ध साम्राज्य के आदर्श के स्थायित्व पर निर्भर थे"।[48] इसको सशक्त पारिवारिक बंधनों के द्वारा सम्पुष्ट किया गया था जो कि सृजनात्मक नवाचारों को अनुमति नहीं देते थे, और जब साम्राज्यिक संरचना ढह गई, तो अभिजन व अन्य समूह परिवर्तन की नई शक्ति को वैधकरण के वैकल्पिक स्रोतों के माध्यम से रोक नहीं सके। सम्पूर्ण व्यवस्था को फिर से निर्मित करना पड़ा। इसके विपरीत, जापान में तोकुगवा के अधीन सामंतवाद का एक विशिष्टीकृत स्वरूप था, तथा दोहरी सत्ता संरचना, एक तो प्रतीकात्मक सम्राट तथा दूसरा सामन्ती शोगुनेट, जो कि मेज़ी पुनर्रूथापन के पहले से विद्यमान थी, ने आधुनिकीकारक संरचनात्मक व सांस्कृतिक मांगों के प्रति चयनात्मक अनुकूलन में सहायता की। स्तरीकरण व्यवस्था चीन के जैसे समरूप (homogeneous) नहीं थी। इसमें भूमिपति कुलीन, व्यापारी तथा बुद्धिजीवी थे जिन्हें प्रत्येक को कार्य एवं मानदंडों की कुछ स्वायत्तता थी। परिवारवाद की मूल्य व्यवस्था, जो कि यहाँ पर भी प्रधान थी, में सामूहिक निष्ठाओं के प्रति भी समान प्रतिबद्धता थी[49]। पारम्परिक प्रतीकों के पुनर्नवीनीकरण तथा आर्थिक आधुनिकीकरण हेतु लघु विशिष्टतावादी समूहों पर इसे विशेषतः मेजी द्वारा दिए गए महत्व ने सम्पुष्ट किया था।[50] औद्योगीकरण की आरम्भिक अवस्थाओं में बौद्ध धर्म तथा शिन्तो धर्म के पारम्परिक सादगी के मानदंडों को भी प्रयुक्त किया गया था, जब विदेशी बाज़ार की प्रतियोगिता में सस्ता माल उत्पादित करने के लिए नियंत्रित पगार पर ज़ोर दिया गया। औद्योगीकरण की आरम्भिक अवस्थाओं में कल्याण कार्यक्रमों को प्रोत्साहित करने में मेजी सरकारों ने भी कम रुचि दर्शाई।[51]

भारतीय दृश्य
(The Indian Scene)

आइज़नस्टाट के अनुसार, भारत में आरम्भिक अवस्थाओं में, भारतीय समाज की विशेष संरचनात्मक विशेषताओं के कारण आधुनिकीकरण ने कोई गम्भीर विखंडन नहीं किया। यहाँ सांस्कृतिक व्यवस्था राजनैतिक व्यवस्था से काफी स्वतंत्र थी।[52] लुई ड्यूमाँ लिखते हैं : "प्रभु परम्परा में यह क्षेत्र (राजनीति अथवा अर्थ) सम्पूर्ण मूल्यों (absolute values) के सम्बंध में सापेक्ष रूप से स्वायत्त है"[53] राजनैतिक व्यवस्था तथा जातिगत स्तरीकरण की व्यवस्था के मध्य भी स्वतंत्रता थी। जातियों की अपनी पंचायतें तथा बहुल परम्पराएं थीं, और इसी के समान समूहों तथा क्षेत्रीय समुदायों के लिए भी स्वायत्तता विद्यमान थी। इस अंतःसंरचनात्मक स्वायत्तता ने बिना किसी प्रमुख विखंडन के आधुनिकीकारक नवाचारों के सात्मीकरण को सम्भव बनाया। तथापि, जीवन के सभी क्षेत्रों में व्यापक प्रसार के बिना, आधुनिकता मुख्यतया एक उप–संरचना एवं उप–संस्कृति के रूप में

विकसित हुई।

आधुनिकीकरण की औपनिवेशिक अवस्था ने अनेक संरचनात्मक चुनौतियों को गम्भीरता से व्यक्त नहीं किया जो कि स्वतंत्र भारत में इस प्रक्रिया के पूर्णीकरण के कारण उठ रही हैं। जैसे ही आधुनिकीकरण की खंडात्मक प्रकृति सभी कुछ समाहित करने वाली बन जाती है। संरचनात्मक स्वायत्तता की प्रासंगिकता आघात सहन करने की प्रणाली के रूप में कार्य करना बंद कर देती है। राजनैतिक व्यवस्था में परिवर्तन अधिकाधिक रूप से स्तरीकरण की व्यवस्था (जाति, वर्ग, नृतत्व समुदायों) पर अतिक्रमण करना प्रारम्भ कर देते हैं और ये परस्पर मिलकर सम्पूर्ण सांस्कृतिक व्यवस्था पर गम्भीर दबाव डालते हैं। एक व्यापक आधुनिकीकरण की सांस्कृतिक पूर्व–आवश्यकताएं, मूल्यों की व्यवस्था में अनुकूलनात्मक परिवर्तनों को आवश्यक बना देती हैं जो कि पारम्परिक सांस्कृतिक मूल्यों एवं मानदण्डों के साथ सीधे टकराव की स्थिति से उत्पन्न होती हैं। उदाहरण के लिए, लौकिकीकरण, अस्पृश्यता, गैर–संकुचितवाद, समकालीन भारत में आधुनिकीकरण की कुछ सांस्कृतिक मांगे हैं जिनका इसके पारम्परिक मूल्य निरन्तर प्रतिरोध कर रहे हैं। अतः प्रश्न उठता हैः कि क्या आधुनिकीकरण की द्वितीय अवस्था में भारतीय समाज संरचनात्मक विखण्डन को टाल पाएगा? संरचनात्मक स्वायत्तता के माध्यम से इसने जो लाभ पहले उठाए हैं, क्या वे अब बदली हुई परिस्थितियों में, आधुनिकता के आसान संस्थायीकरण में व्यवधान नहीं बन जाएंगे?

इन प्रश्नों के उत्तर भारत में सामाजिक एवं सांस्कृतिक परिवर्तनों की महत्वपूर्ण प्रवृत्तियों के वस्तुपरक विश्लेषण के माध्यम से ही दिए जा सकते हैं, जो कि आधुनिकीकरण की प्रक्रिया हेतु प्रासंगिक हैं। सांस्कृतिक क्षेत्र में, विधानों ने महत्वपूर्ण परिवर्तन किए हैं। ये परम्पराओं द्वारा हस्तांतरित सामाजिक असमानताओं तथा शोषणों को समाप्त करने तथा समाज के सभी सदस्यों को लोकतांत्रिक अधिकार एवं संवैधानिक सुविधाओं को प्रदान करने का प्रयास करते हैं। इसके कारण संस्कृतीकरण (वृहत् परम्परा का अनुकरण) से परे तथा जातियों, क्षेत्रीय समूहों तथा जनजातियों की नई अस्मिताएं तथा समितियाँ गठित करने की ओर एक प्रवृत्ति प्रचलित हुई है। ये प्रक्रियाएं नगरीकरण, औद्योगीकरण, शिक्षा का प्रसार तथा राजनैतिकीकरण जैसी आधुनिकीकरण की 'वृहत् परम्पराओं' द्वारा तीव्र होती हैं। पारम्परिक संरचनाएं तथा निष्ठाएं उन उद्देश्यों के लिए सक्रियकृत हो रही हैं जो कि आवश्यक रूप से आधुनिक हैं तथा प्रतिरोध आंदोलनों को अधिक महत्व दिया जा रहा है। तथापि, इस प्रक्रिया में परम्परा को भी सम्पुष्टीकरण मिलता है। कर्मकांडीय व्यवस्था के प्रसार तथा धार्मिक समूहों के तार्किक संगठन एवं उनकी गतिविधियों तथा सामाजिक सहभागिता के तरीकों में संचार व यातायात के आधुनिक माध्यमों का प्रयोग बढ़ रहा है। धार्मिक सम्प्रदायों में अपने

आपको तार्किक नौकरशाही मॉडल पर संगठित करने की प्रवृत्ति है तथा मुख्य संगठन के टूटकर बने प्रत्येक नए सम्प्रदाय में पूर्ववत् विखंडन अब विलय की ओर सशक्त अभिमुखन में बदल गया है।[54]

आधुनिकीकरण के उत्तर–औपनिवेशिक अवस्था के दौरान भारत में हुए संरचनात्मक परिवर्तनों में इसी प्रकार की समान असंगतियाँ हैं। जाति, परिवार एवं ग्राम समुदाय जैसी लघु–संरचनाओं ने अपना पारम्परिक चरित्र बनाए रखा है। जाति ने अनपेक्षित लचीलापन तथा लोकतांत्रिक सहभागिता, राजनैतिक दल संगठन तथा ट्रेड यूनियनवाद जैसी आधुनिक संस्थाओं के साथ अनुकूलन हेतु अप्रकट सम्भाव्यता दर्शाई, तथा यह बिना रुके हुए स्थायी बनी हुई है। संयुक्त परिवार निष्ठाओं तथा विशिष्टतावादी मानदंडों का प्रचलन जारी है। तथापि, ये अन्तर्विरोध राजनैतिक व्यवस्था, नौकरशाही, अभिजन संरचना, उद्योग एवं अर्थव्यवस्था जैसी वृहत् संरचनाओं के स्तर पर और अधिक बढ़ गये हैं। आधुनिकीकरण के औपनिवेशिक काल में अभिजन संरचना में समरूपता **(homogeneity)** थी। औद्योगिक, नागरिक एवं सैन्य नौकरशाहियों तथा राजनैतिक क्षेत्र में ये अभिजन समान वर्ग–जाति स्तृत **(stratum)** से आते थे; इनको पाश्चात्य शिक्षा तथा समाजीकरण का समुचित अनुभव था। इनकी विचारधाराओं तथा आकांक्षाओं में भी समानता थी।[55] ऐसा इसलिए था क्योंकि इन अभिजनों की भर्ती का आधार सीमित था। स्वातंत्र्योत्तर काल में यह काफी बड़ा हो गया है। स्तरीकरण व्यवस्था के संदर्भ में यह न्यायसंगत न भी हो, परन्तु सांस्कृतिक पृष्ठभूमि में इसमें पर्याप्त प्रतिनिधित्व के गुण हैं जिसके कारण अनेक अन्तर्विरोध उठ खड़े हुए हैं। राजनैतिक अभिजन तथा गैर–राजनैतिक अभिजन में एक दूरी विशेषकर अस्तित्व में आई है, राजनैतिक अभिजन कम पश्चिमीकृत हैं तथा गैर–राजनैतिक अभिजन की तुलना में कम से कम बाह्य रूप से पारम्परिक सांस्कृतिक प्रतीकवादों से अधिक सशक्त रूप से तादात्म्य रखते हैं। संघ की संघात्मक संरचना में भी अन्तर्विरोध बढ़ रहे हैं जिस तरह राज्यों में एक दलीय सरकार, विविध विचारधारात्मक नीतियों वाली बहु–दलीय संयुक्त मोर्चों द्वारा विस्थापित हो रही है (केरल व पश्चिम बंगाल में साम्यवादी नेतृत्व के संयुक्त मोर्चे, तमिलनाडु में डी.एम.के)। इस बात का भी प्रमाण है कि तीन पंचवर्षीय योजनाओं में आर्थिक निवेशों से जो अतिरिक्त आय हुई वह निर्धन वर्गों को हानि पहुंचाते हुए केवल समृद्ध वर्गों के पक्ष में गई।[56] इस प्रकार नियोजन ने सामाजिक स्तरीकरण में खाइयों को बढ़ाया तथा और तीक्ष्ण किया है। यह आर्थिक वृद्धि की धीमी दर तथा जनसंख्या में तीव्र वृद्धि के साथ मिलकर संरचनात्मक तनावों के लिए अतिरिक्त प्रबलताएं पैदा करता है। औद्योगीकरण हेतु वर्षों के प्रयास के बावजूद, भारत निर्धनता वाला, ग्रामीण–कृषक प्रधान समाज बना रहता है।

अतः आधुनिकीकरण की भारतीय प्रक्रिया में विखंडन के प्रमुख सम्भावित

स्रोत, एक रूप में अथवा अन्य रूप में संरचनात्मक असंगतियों में बताए जा सकते हैं, जैसे कि: नागरिक संस्कृति (शिक्षा) के प्रसार के बिना लोकतांत्रीकरण, सार्वभौमिकतावादी मानदण्डों के लिए प्रतिबद्धता के बिना नौकरशाहीकरण, मीडियों सहभागिता में वृद्धि (संचार) तथा संसाधनों[57] तथा वितरणात्मक न्याय[58] में बिना आनुपातिक वृद्धि की आकांक्षाओं में वृद्धि, बिना इसके सामाजिक संरचना में प्रसार[59] तथा सामाजिक नीति के रूप में क्रियान्वयन के कल्याण विचाराधारा का मुखरीकरण (verbalization)[60] बिना औद्योगीकरण के अत्यधिक नगरीकरण[61] तथा अंततः स्तरीकरण व्यवस्था में सार्थक परिवर्तनों के बिना आधुनिकीकरण।[62]

गुन्नर मिर्डल अपनी कृति एशियन ड्रामा में भारत तथा अन्य एशियाई देशों में आधुनिकीकरण की इसी प्रकार की समान बाधाएं बताते हैं। उनके अनुसार, इन देशों में राष्ट्रवादी एवं लोकतांत्रिक संस्थाएं, स्वयं संरचनात्मक रूप से अनियमित स्वरूप में बढ़ी हैं। वे कहते हैं कि, "यूरोप में पर्याप्त रूप से प्रभावी सरकार का सशक्त स्वतंत्र राज्य तथा कानून के प्रवर्तन का समान प्रतिमान राष्ट्रवाद से पहले अस्तित्व में आए।"[63] दक्षिण एशियाई देशों में, विशेष ऐतिहासिकता के कारण, यदि वास्तविकता नहीं, तो लोकतांत्रिक विचारधारा सशक्त एवं स्वतंत्र राज्य तथा प्रभावी सरकार से पूर्व अस्तित्व में आई, और इसे राष्ट्रवाद के आक्रमण ने और अधिक उलझा दिया।[64] यह अनियमित ऐतिहासिकता, इन देशों की विकसित राष्ट्रों पर आर्थिक निर्भरता तथा आर्थिक वृद्धि की धीमी दर और उससे भी धीमी संस्थात्मक परिवर्तनों की गति साथ–साथ चलते हैं। मिर्डल के अनुसार, विशेषतः भारत में, जहाँ लोकतंत्र के लिए आवश्यक अधिक व्यवहार्य आकार में बुद्धिजीवी तथा मध्यम वर्ग हैं, वहाँ अपेक्षा के अनुरूप नियोजित आर्थिक वृद्धि ने आधुनिकीकरण की संरचनात्मक बाधाओं को मुक्त करने के लिए इतना गहन प्रभाव नहीं डाला है। मिर्डल के अनुसार, स्वतंत्रता के पश्चात् भारत की 'नर्म राज्य' (soft State) नीति ने इसके नेतृत्व को समस्या की जड़ तक जाने से रोका, अर्थात् समाज की संस्थात्मक संरचना में आधारभूत परिवर्तनों को लागू करने से रोका। फलस्वरूप, समाज की असमानतावादी संरचना ने अपनी वृद्धि व दृढ़ीकरण जारी रखा;[65] सुधार की नीतियों के मुखरीकरण [verbalization कानून निर्माण भी– even enactment] में एक लम्बा अन्तराल विकसित हो गया[66]; ग्रामीण क्षेत्रों में शक्ति के विकेन्द्रीकरण ने शक्ति का संकेन्द्रण छुटभइये धनकुबेरों के हाथों में कर दिया।[67] देश का नेतृत्व भी अपनी सम्पूर्णता में उनके हाथों में रहा जो वास्तविक आर्थिक एवं सामाजिक परिवर्तन के विरुद्ध हैं।[68]

सामाजिक परिवर्तन एवं विकास के सिद्धांत पर मिर्डल की स्थिति सुपरिचित है जो कि चक्रीय कारणात्मक तथा संचयी परिवर्तन की है। ये 'वृद्धि' की सार्वभौमिक उद्विकासीय अवस्थाओं के निर्माण की वैधता पर संदेह करते हैं। उनके अनुसार, इनमें प्रायः उद्देश्यवादी होने की प्रवृत्ति होती है तथा इनमें

रूढ़िवादी विचारधाराएं छुपी हुई होती हैं।[69] विकास में निर्णायक कारक, इसकी समस्त घटक 'दशाओं' के साथ अपनी सम्पूर्णता में सामाजिक व्यवस्था का उच्चोन्मुख गतिशीलता होना है।[70] दक्षिण एशियाई देशों के लिए मिर्डल द्वारा वर्णित, ये दशाएं हैं : (1) उत्पादन एवं आय; (2) उत्पादन की दशाएं; (3) जीवनयापन के स्तर; (4) जीवन तथा कार्य के प्रति रवैया; (5) संस्थाएं तथा (6) नीतियाँ। वे इन दशाओं के मध्य एक–दिशात्मक कारणात्मक सम्बंध मान लेते हैं। किसी एक दशा में 'उच्चोन्मुख' अथवा 'पतनोन्मुख' गतिशीलता अन्य दशाओं में भी समान प्रकृति की संचयी गतिशीलता का कारण बनती है। इन दशाओं से सम्बंधित मूल्य कथन (value premises) एक देश से दूसरे देश में भिन्न हो सकते हैं, विशेषतः उन दशाओं के संदर्भ में जिनको उनकी 'स्वतंत्र' (अपने आप में उद्देश्य) मूल्यों की उनसे भिन्नता के लिए लिया जाता है, जिनके मूल्य 'उपकरणात्मक' हैं।[71] प्रत्येक राष्ट्रीय समाज में विकास के विचारधारात्मक संदर्भ को ये मूल्य परिभाषित करते हैं, परन्तु इनकी चयनात्मकता सम्पूर्ण सामाजिक व्यवस्था के गुणों से सावयवी रूप से जुड़ी हुई हैं। मिर्डल के अनुसार, भारत व अन्य दक्षिण एशियाई देशों में आधुनिकीकरण प्रक्रिया तेजी से चरमोत्कर्ष की ओर बढ़ रही है तथा उनके पास तर्कयुक्त विकल्प हेतु समय सीमित है।[72] 'क्रमिकतावादी' उपागम के लिए भी अवसर समाप्त हो चुका है। मिर्डल सोचते हैं कि "यह दुष्कर नहीं है, अपितु आसान है किसी छोटे परिवर्तन को क्रमिक रूप से क्रियान्वित करने के बजाय एक बड़े परिवर्तन को तेजी से क्रियान्वित करना।"[73] इस प्रकार के बड़े, तीव्र परिवर्तनों के प्रमुख क्षेत्र भारतीय समाज में सामाजिक एवं संस्थात्मक दशाएं हैं। विकास की अन्य सभी दशाओं के सक्रियकरण की कुंजी इन दशाओं (उपर्युक्त में से 4 तथा 5) के पास है।

मिर्डल के आधुनिकीकरण के सिद्धांत का सर्वश्रेष्ठ मूल्यांकन उनके द्वारा दिए गए गए 'स्वतंत्र' एवं 'उपकरणात्मक' मूल्यों के मध्य विभेद के माध्यम से किया जा सकता है जो कि संस्थाओं तथा किसी समाज की सामाजिक वास्तविकताओं (दशाओं) के पास उनके लोगों के लिए होती हैं। किसी परम्परागत समाज के 'स्वतंत्र मूल्य', आधुनिक समाज के 'स्वतंत्र' मूल्यों से भिन्न होते हैं, और प्रायः ये परस्पर विरोधी होते हैं, परन्तु 'स्वतंत्र मूल्यों' को बिना 'उपकरणात्मक मूल्यों में रूपान्तरित किए असत्य अथवा निरर्थक नहीं दर्शाया जा सकता। चूंकि पारम्परिक समाज में जीवन तथा काम के प्रति संस्थाएं तथा अभिवृत्तियाँ उनके 'स्वतंत्र मूल्यों' के कारण महत्वपूर्ण होती हैं, आधुनिक समाज के 'स्वतंत्र मूल्यों' के कारण महत्वपूर्ण होती हैं, आधुनिक समाज के 'स्वतंत्र मूल्यों' के आगे इनकी (पारम्परिक समाज के 'स्वतंत्र मूल्यों' की) निर्धनता दर्शानी आवश्यक है ताकि लोगों को आधुनिक समाज के 'स्वतंत्र मूल्यों' की खातिर पारम्परिक समाज के 'स्वतंत्र मूल्यों' के त्याग हेतु अभिप्रेरित किया जा सके। तथापि, यह

'उपकरणात्मक मूल्यों' के माध्यम को लागू किए बिना क्रियान्वित नहीं किया जा सकता। यदि हम लोगों को इस बात के लिए राजी कर सकें कि "(अ) स्तरीकरण की बंद व्यवस्था खराब है" तथा "(ब) स्तरीकरण की खुली व्यवस्था अच्छी है", तब हमें यह भी दर्शाना होगा कि "(स) सामाजिक न्याय के उद्देश्यों को बंद स्तरीकरण व्यवस्था में क्रियान्वित नहीं किया जा सकता, परन्तु एक खुली व्यवस्था में इसे आसानी से प्राप्त किया जा सकता है।" लोग अपने स्वतंत्र मूल्य (अ) को (ब) के बदले परिवर्तित कर लेंगे, इससे भी अधिक आसानी से वे तब करेंगे, जब उनके द्वारा चहेते उपकरणात्मक मूल्य (स) को (अ) की तुलना में (ब) से घनिष्ठ सहसम्बंध में दर्शाया जाएगा।

जैसा कि हमने ऊपर समझाया है कि इसे लाने के लिए निर्णायक चर उपयोगितावादी आधारों पर लोगों की अभिप्रेरणाओं में सक्रियकरण (mobilization) करने में निहित है, अथवा जिसे मिर्डल तार्किकता का आधार कहते हैं। यदि हम इसे स्वीकार करते हैं तो ऐसा प्रतीत होगा कि आय, उत्पादन, आदि जैसी अधिक उपकरणात्मक अथवा संरचनात्मक 'दशाओं' की तुलना में विकासशील समाजों की मूल्य व्यवस्थाओं में सर्वप्रथम आमूलचूल परिवर्तनों की प्राथमिकता पर, मिर्डल का आवश्यकता से अधिक महत्व अत्यधिक अयथार्थवादी प्रवृत्त होता है। हमारी सोच के अनुसार, आधुनिक उपकरणात्मक संरचनाओं में वृद्धि को सम्भव बनाने के लिए पारम्परिक समाजों में क्रांतिकारी मूल्य परिवर्तनों से प्रारम्भ कठिन है। वस्तुतः मिर्डल सामाजिक रूपांतरण की 'सक्रियकरण व्यवस्था'[74] के हिमायती हैं जो कि वैध है, परन्तु समाज की संरचनाओं को परिवर्तित करने के स्थान पर पहले मूल्यों या संस्थाओं को परिवर्तित करने पर दिए गए उनके महत्व से तार्किक रूप से अनुरूप नहीं है।

तथापि, समाज की अन्य संरचनात्मक दशाओं में आधुनिकीकरण परिवर्तनों के समन्वय हेतु संस्थात्मक परिवर्तन अनिवार्य हैं, परन्तु ऐसी कोई सामान्य उपकल्पना युक्तिसंगत नहीं हो सकती कि परिवर्तन का 'क्रमिकतावादी' उपागम, की तुलना में संस्थाओं में परिवर्तन की 'वृहत्–दबाव' (big-push) नीति अधिमान्य है। यह वस्तुतः विकास एवं आधुनिकीकरण में विभिन्न 'दशाओं' में संतुलन के मिर्डल के अपने सिद्धांत का विरोध करता है।[75] 'वृहत–दबाव' नीति के स्थान पर तार्किक समन्वय अधिक महत्वपूर्ण कारक है जो कि असमन्वित तरीके से सामाजिक संरचना के विखंडन में अवश्यम्भावी तरीके से योगदान कर सकता है, विशेषतया भारत में, जहाँ लोकतांत्रिक राज्यतंत्र व जीवनशैली को स्वतंत्र मूल्य के रूप में स्वीकार लिया गया है।

वस्तुतः, भारत में आधुनिकीकरण की प्रक्रियाओं द्वारा जनित उदीयमान तनाव, हमारा ध्यान नीतिगत क्रांतिकारी परिवर्तनों के साथ परिवर्तन की रणनीति में अति आवश्यक और अधिक समन्वय की ओर निर्दिष्ट करते हैं। विभिन्न बिंदुओं

पर व्यवस्था में अन्तर्विरोध उभर रहे हैं जो कि स्वातंत्र्योत्तर काल के दौरान आधुनिकीकरण हेतु प्रारम्भ किए गए असमन्वित संस्थात्मक सुधारों तथा आर्थिक उपायों का परिणाम हैं। तथापि, इन अंतर्विरोधों में अभी तक दबाकर रखे गए समूहों की आकांक्षाओं व हितों की उच्चोन्मुख गतिशीलता के कारण उत्पन्न वैमनस्यों को अंतर्निहित व प्रतीकीकृत (symbolize) भी करते हैं। प्रतिरोध आंदोलन चाहे वे छुपे हुए हों (जैसे संस्कृतीकरण, इस्लामीकरण, जाति, भाषा तथा क्षेत्रीय संस्कृति पर आधारित संकुचित समितियाँ) अथवा प्रत्यक्ष (केन्द्र–राज्य तनाव) हों, आधुनिकीकरण के लोकतांत्रिक संक्रमण में अवश्यम्भावी हैं। यकीनन, ये उन विशेष क्षेत्रों को बताते हैं, जहाँ परिवर्तन की प्रक्रिया में से वैमनस्यता को दूर करने के लिए संस्थात्मक व अन्य सुधारों को और अधिक त्वरित किया जा सकता हो। इस प्रकार विकास की प्रक्रिया के दौरान सक्रियकरण की सशक्त रणनीति के माध्यम से समाधानकारी चरणों की श्रृंखला के द्वारा आधुनिकीकरण को आगे बढ़ना चाहिए। इसके साथ–साथ लोकतांत्रिक मूल्यों तथा संस्थाओं को सम्पुष्ट करने की भी आवश्यकता है। किसी भी लोकतांत्रिक राजनैतिक ढांचे में, इस व्यवस्था में आधुनिकीकरण की 'दशाओं' में असमन्वित परिवर्तनों से उभरने वाली असंगतियों को दूर करने के लिए दबाव बनाने की अंतर्निहित प्रणाली विद्यमान है; परन्तु वही बात सर्वसत्तात्मक राजनैतिक व्यवस्थाओं के अन्य स्वरूपों के लिए सत्य नहीं कही जा सकती।

भारतीय दृश्य में ऐसा प्रतीत होता है कि निरन्तर तनावों तथा अंतर्विरोधों के बावजूद, संस्थात्मक विखंडन के अवसर न्यूनतम हैं; राजनैतिक व्यवस्था में लोकतांत्रिक मूल्य पर्याप्त रूप में संस्थायीकृत हो गए हैं; अभिजन के विभिन्न स्तरों के मध्य सांस्कृतिक दूरी, जो हाल में ही बढ़ गई है, इतनी दूर नहीं जाती कि आधुनिकीकरण की विचारधारा के बारे में प्रमुख संघर्ष प्रारम्भ कर दे। जाति, जो परम्परा द्वारा स्वीकृत असमानता के संस्थात्मक स्वरूप का प्रतिनिधित्व करती है अब समितियों में अपने स्वयं के तार्किक स्व–रूपांतरण के द्वारा असमानता व असमानतावाद के खिलाफ लड़ाई लड़ रही है; परम्परा के अनेक स्वतंत्र अथवा संवर्गात्मक मूल्यों (categorical values) ने अपने आपको आधुनिकीकरण की सांस्कृतिक व्यवस्था के प्रति अनुकूल बनाने के लिए आश्चर्यजनक हद तक लचीलापन दर्शाया है। इन परम्पराओं में से कुछ अभी भी फल–फूल रही हैं क्योंकि आधुनिकीकरण प्रक्रियाएं बिना प्रमुख अंतर्विरोध पैदा किए तेजी से आगे बढ़ रही हैं। भौतिक संसाधनों के क्षेत्र में भी, गाँवों में हाल की 'कृषि सम्बंधी क्रांति' ने भावी प्रगति के लिए आशावादिता का एक नया वातावरण पैदा किया है। इसके साथ, लोगों में जन्म–दर को रोकने की बढ़ती जागरूकता बिना विखंडन के आधुनिकीकरण के नए आशावादी इशारों की ओर इंगित कर सकती है।

तथापि, यह मान्यता एक प्रमुख सशर्त (conditional) मान्यता पर टिकी हुई है कि विकास की भारतीय प्रक्रिया में किसी भी स्तर पर अंतर्विरोधों को सुलझाने के उद्देश्य के तौर पर समाधान (reconciliation) को त्यागा नहीं जाएगा अथवा नियंत्रित दबाव की नीति से विस्थापित नहीं किया जाएगा। समाधान के साथ सक्रियकरण का निरन्तर समन्वय भारत में आधुनिकीकरण के लोकतांत्रिक स्वरूप के लिए एक पूर्व–आवश्यकता है।

आधुनिकीकरण की ऐतिहासिकता
(Historicity of Modernization)

आधुनिकीकरण की ऐतिहासिकता से सम्बंधित समस्याएँ विभिन्न समाजों की 'आरम्भिक दशाओं' से उदित होती हैं जहाँ एक प्रक्रिया के रूप में आधुनिकीकरण प्रारम्भ होता है। इन दशाओं में भिन्नताएं उद्गम में सांस्कृतिक एवं सामाजिक संरचनात्मक हो सकती हैं तथा आधुनिकीकरण में अनुकूलनात्मक प्रतिमानों में भिन्नताओं को जन्म दे सकती हैं, जिन्हें अनेक समाज वैज्ञानिकों ने पहचाना है।[76] आधुनिकीकरण के उद्विकासीय सार्वभौमिकतावादी सिद्धांत के विपरीत, इन समाज वैज्ञानिकों की मान्यता है कि आधुनिकीकरण विभिन्न समाजों में विशिष्ट स्वरूप विकसित करेगा। इस लेख में हमारा आशय भी यही है।

इसके तार्किक व पद्धतिशास्त्रीय दोनों आधार हैं कि आधुनिकीकरण के विकास का प्रतिमान क्यों एक समाज से दूसरे समाज में भिन्न होगा। प्रायः आधुनिकीकरण को ऐसे गुणों के द्वारा परिभाषित किया जाता है जो कि बहुत अमूर्त तथा प्रकृति में आंशिक हैं और प्रत्येक समाज की सामाजिक एवं सांस्कृतिक शक्तियों की गतिकी (dynamics) का ध्यान नहीं रखते। आधुनिकीकरण को सांस्कृतिक तथा भूमिका–संरचनात्मक गुणों के समरूप सम्मुचय के विकास के तौर पर समझा जाता है, परन्तु इस बात पर ध्यान नहीं दिया जाता कि ये गुण प्रत्येक समाज की पारम्परिक दशाओं के भीतर विशिष्ट अनुकूलनों को किस प्रकार विकसित करते हैं। हमारे दृष्टिकोण में इस सीमा को टाला जा सकता है यदि हम परम्परा एवं आधुनिकीकरण, दोनों को मूल्यों व भूमिका–संरचनाओं के ऐसे समुच्चयों के तौर पर अवधारणात्मक रूप से सूत्रबद्ध करें, जो परस्पर सम्पर्क में आने पर अंतःक्रिया करते हैं और उनके मध्य सात्मीकरण एवं समागम की चयनात्मक प्रक्रिया प्रारम्भ होती है। चयनात्मक स्वीकृति में मूल्यों की व्यवस्था निर्णायक भूमिका निभाती है। प्रत्येक समाज में ये मूल्य (1) संवर्गात्मक अथवा स्वतंत्र (categorical or independent);[77] तथा (2) उपकरणात्मक प्रकार (instrumental type) में विभेदीकृत होते हैं। सभी भूमिका–संरचनाओं में चाहे वे पारम्परिक हों या आधुनिक, संवर्गात्मक एवं उपकरणात्मक मानक दोनों अंतर्निहित होते हैं और इसके फलस्वरूप इन दोनों का मिश्रण (combination) होता है।

कोई व्यक्ति, जो उच्च उपकरणात्मक मूल्य की आधुनिक भूमिका–संरचना में सुप्रशिक्षित है, उदाहरण के लिए कोई शल्य चिकित्सक (**surgeon**), इंजीनियर या वैज्ञानिक, वह पारम्परिक संवर्गात्मक मूल्यों के प्रति गहनता से प्रतिबद्ध हो सकता है। तार्किक रूप से यह बहुत सम्भव है, क्योंकि संवर्गात्मक मूल्यों की उपकरणात्मक मूल्यों से स्वायत्तता होती है। इस प्रकार के उदाहरण भारतीय समाज में आम तौर पर बहुत मिलते हैं, परन्तु ऐसा माना जाता है कि कोई भी समाज इस नियम का अपवाद नहीं होगा।

जहाँ तक भारत में आधुनिकीकरण की बात है, हम देखते हैं कि पारम्परिक भूमिका–संरचनाओं का स्थान आधुनिक भूमिका संरचनाओं द्वारा लेने की प्रवृत्ति बढ़ रही है, परन्तु जो लोग इन भूमिकाओं को निभा रहे हैं, वे आधुनिकता के मूल्यों के स्थान पर परम्परा के संवर्गात्मक मूल्यों को प्रायः संजोए हुए हैं। हमने बताया है कि किस प्रकार स्वयं जाति अनेक प्रकार्यों को अपना रही है जो कि समुचित रूप से तार्किक निगमीय समूहों के होते हैं। सामान्यतया, कर्मकाण्डीय व्यवस्था एवं धर्म, जो कि अनिवार्यतः पारम्परिक प्रकृति के संवर्गात्मक मूल्यों पर आधारित होते हैं, पतन का प्रमाण नहीं दर्शाते, और न ही निकट भविष्य में इनकी विलुप्ति की कोई आसान सम्भावना है।[78] चूंकि इन संवर्गात्मक मूल्यों में से अनेक एक समाज से अन्य समाज में भिन्न होते हैं, ऐसी सदैव सम्भावना हो सकती है जिसमें पारम्परिक व आधुनिक मूल्यों का अनूठा मिश्रण हो। वैज्ञानिक प्रमाणों द्वारा संवर्गात्मक मूल्यों को शायद ही असत्य सिद्ध किया जा सकता है, अतः विज्ञान के प्रसार के तार्किक परिणामस्वरूप परम्परागत संवर्गात्मक मूल्यों का लोप न हो जाए।

यह विभिन्न समाजों में आधुनिकीकरण के प्रतिमान में विविधता को समझाएगा, परन्तु इस तर्क से यह निष्कर्ष निकालना त्रुटिपूर्ण होगा कि आधुनिकीकरण विश्व के लोगों में संरचनात्मक एवं सांस्कृतिक समानताएं नहीं लाएगा। जैसे–जैसे आधुनिकीकरण आगे बढ़ेगा, यह भूमिका–संरचनाओं के समरूप सम्मुचय और उसके साथ की उपकरणात्मक अथवा संवर्गात्मक आधुनिक मूल्य प्रतिबद्धताएं पैदा करेगा। भूमिकाओं तथा मूल्यों के असंगत मिश्रण अभी भी प्रचलित हो सकते हैं, परन्तु समाजों के सामाजिक व सांस्कृतिक जीवन के वृहत् क्षेत्रों में अन्य आधुनिक समाजों के समान मानकों की समरूपता की सहभागिता होगी। मानव की परम्पराओं में एकता की एक सशक्त भावना में विविधता हो सकती है। यहाँ पर प्रमुख कारक मूल्य कथनों की प्रकृति होगी जो समाजों द्वारा आधुनिकीकरण हेतु अपनायी जाती है। तथापि, अभी तक इस प्रकार के मूल्य कथनों की कोई समरूपता नजर नहीं आती। राजनैतिक विचारधाराओं की भिन्नता, सांस्कृतिक एवं प्रजातीय अस्मिताओं में अंतर्विरोधों के साथ राष्ट्रों के मध्य संसाधनों की असमानता आधुनिकीकरण की मूल्य–संरचना में आधारभूत खाई पैदा

करती है। अतः, आधुनिकीकरण के विकास के सार्वभौमिकवादी स्वरूप के स्थान पर आधुनिकीकरण के विशिष्टतावादी वृद्धि प्रतिमान अधिक विश्वसनीय प्रतीत होते हैं।

टिप्पणियां तथा संदर्भ
(Notes and References)

1. Cf. Emile Durkheim, *The Elementary Forms of Religious Life* tr. Josph Ward Swain, (New York: Collier Books, 1961), Ch. I, pp. 37-63 (पवित्र एवं साधारण में भेद हेतु).
2. Cf. Louis Dumont, "The Modern Conception of the Individual", *Contributions To Indian Sociology,* No. VIII, op. cit., pp. 13-61; इसे भी देखिए, R. Bendix, op. cit., पूर्वी एवं पाश्चात्य समाजों की सामाजिक व्यवस्थाओं के मध्य समानान्तर हेतु।
3. देखिए, Chapter III of this volume, also Ghaus Ansari, *Muslim Castes in Uttar Pradesh,* op. cit.; Barth F., "The System of Social Stratification in Swat, North Pakistan", *Some Aspects of Caste in South India, Ceylon and North-West Pakistan,* op. cit.
4. L. Dumont, "Nationalism And Communalism", *Contribution to Indian Sociology,* op. cit., pp. 59-60, इस पुस्तक का तृतीय अध्याय भी देखिए।
5. Cf. Y.B. Damle, "Reference Group Theory With Regard to Mobility in Caste", *Social Mobility In the Caste System in India,* Comparative Studies in Society and History Supplement III, ed. James Silverberg (The Hague: Mouton, Publisher, 1968), pp. 95-102, Owen M. Lynch, "The Politics of Untouchability: A Case from Agra, India", *Structure and Change in Indian, Society* ed., Milton Singer and Bernard S. Cohn (Chicago: Aldine Publishing Company, 1968), pp. 209-213.
6. Cf. M.N. Srinivas, *Social Change in Modern India,* op. cit. इसे भी देखिए "Mobility in the Caste System", in *Structure and Change in Modern India,* ed. Singer and Cohn, op. cit., pp. 189-207; Burton Stein, "Social Mobility And Medieval South Indian Hindu Sects", *Social Mobility in The Caste in India,* ed. Silverberg, op. cit., pp. 78-94.

7. Burton Stein, Supra; William L. Rowe, The New Cauhans; A Caste Mobility Movement in Northern India', *Social Mobility in the Caste System in India,* op. cit., pp. 66-77.

8. नकारात्मक संदर्भ समूह की अवधारणा हेतु देखिए, R.K. Merton, *Social Theory and Social Structure* (Glencoe: The Free Press, 1949), pp. 300-01.

9. देखिए, Rudolph & Rudolph, op. cit.; Yogendra Singh, "Caste and Class: Some Aspects of Continuity and Change", *Sociological Bulletin,* Vol. XVII, No. 2, Sept. 1968, pp. 165-186.

10. Owen M. Lynch, Supra, p. 236.

10(a) Ibid.

11. Ibid.

12. Y.B. Damle, op. cit., p. 98.

13. देखिए, S.N. Eisenstadt, "Transformation of Social, Political, and Cultural Orders in Modernization", *American Sociological Review,* Vol. 30, No.5, Oct. 1965. Yogendra Singh "Historicity of Modernization", को भी देखिए, यह पत्र Indian Institute of Technology, New Delhi, Feb. 3-6, 1969. में 'भारत में आधुनिकीकरण' पर समाजशास्त्र विभाग, बनारस हिन्दू विश्वविद्यालय तथा United States Educational Foundation in India द्वारा आयोजित सेमीनार में प्रस्तुत किया गया।

14. देखिए, Cf. S.N. Eisenstadt, "Transformation of Social, and Cultural Orders in Modernization", op. cit., also "The Development of Socio-Political Centres at the Second Stage of Modernization –A Comparative Analysis of the Two Types", *International Journal of Comparative Sociology,* Vol. III, Nos. 1-2, March 1966. देखिए, M.J. Levy & Yogendra Singh, Supra.

14(a) देखिए, Kingsley Davis, "The Population of India and Pakistan", op.cit., p. 25.

15. Fred W. Riggs, *Administration in Developing Countries,* op. cit., pp. 19-30.

16. Ghaus Ansari, op. cit., p. 38.

17. Cf. Ch. III of this volume.

18. Cf. F.G. Bailey, *Politics and Social Change-Orissa in* 1959 (Oxford University Press, 1963), op. cit., Yogendra Singh, "Caste and Class.....", op. cit.

19. वस्तुतः 'परम्परा' एवं 'आधुनिकता' के मध्य भेद को अनेक सामाजिक वैज्ञानिकों ने प्रयुक्त किया है, इसे भारत के मामले में अंग्रेजी उपनिवेशवाद के विशेष संदर्भ में

समझा जाना चाहिए। भारत में समाज की स्थिति पर औपनिवेशिक प्रशासकों के दृष्टिकोण ने भारत में परम्परा एवं समाज की अत्यधिक स्थिरता की धारणा को लोकप्रिय बनाया। जिन प्राच्यविदों की भारत के अतीत के प्रति अधिक प्रतिबद्धता थी, उन्होंने भी इस दृष्टिकोण को सशक्त होने में सहायता प्रदान की; ऐसा उन्होंने भारतीय शास्त्रीय साहित्य तथा इसकी ग्रन्थात्मक छवि पर अत्यधिक ध्यान देकर किया बजाय ऐतिहासिक, सामाजिक वास्तविकता पर ध्यान देने के, जिसकी सदैव अपनी स्वयं की आंतरिक गतिकी थी। इस सम्बन्ध में देखिए, Bernard S. Cohn, "Notes on the History of the Study of Indian Society and Culture", *Structure and Change in Indian Sociology,* ed. Singer and Cohn, op. cit., pp. 3-28; also Cohn's intervention in the "Colloquium", *Social Mobility in the Caste System in India,* op. cit., p. 116; Bernard Barber, "Social Mobility in Hindu India", *Social Mobility in the Caste System in India,* Supra, pp. 18-35.

20. Bernard Cohn, "Notes on the History of the Study of Indian Society and Culture", op. cit., p. 3-28.

21. Ibid.

22. Ibid. Also, Bernard Barber, Supra, p. 27.

22(a) Cf. Gunnar Myrdal, *Asian Drama: An Inquiry into the Poverty of Nations* (London: Allen Lane, The Penguin Press, 1968), Vol. I, pp. 12-16. प्रोफेसर मिर्डल उन तरीकों का हवाला देते हैं जिनके द्वारा विकासशील देशों पर पाश्चात्य विद्वानों के अध्ययन कूटनीति, राष्ट्रीय तथा गुट शक्ति हितों तथा अन्य विभिन्न प्रकार की सांस्कृतिक, सामाजिक व आर्थिक अभिनतियों (biases) से प्रभावित होते हैं।

23. Karl W. Deutch, "Social Mobilization and Political Development", *The American Political Science Review*, Vol. LV, No. 3, September 1961.

24. Cf. Daniel Lerner and Wilbur Schramm, ed. *Communication and Change in the Developing Countries* (Honolulu East West Center Press, 1967). इस पुस्तक में विशेषतः Wilbur Schram, Lucian W. Pye, Daniel Lerner तथा S.C. Dube के शोध पत्र देखिए। यह भी देखिए, Daniel Lerner, *The Passing of Traditional Society*, op. cit.; Lucian W. Pye, ed. *Communication and Political Development* (Princeton: Princeton University Press, 1963).

25. इस सम्बन्ध में देखिए, David E. Apter, *Politics of Modernization* (Chicago: University of Chicago Press, 1965). Lucian W. Pye and Sidney Verba, eds. *Political Culture and Political Development* (Princeton: Princeton University Press, 1965); Clifford Geertz, ed. *Old Societies and New States: The Quest for Modernity in Asia and Africa* (New York: Free Press of Glencoe, 1963);

Almond G.A. and Sidney Verba, *The Civic Culture* (Boston and Toronto: Little Brown and Co., 1965), etc.

26. Cf. Edward C. Banfield, *The Moral Basis of a Backward Society* (Glencoe Illinois: The Free Press, 1958); David C. McCleland, *The Achieving Society* (New York: Van Nostrand, 1961); Everett E. Hagen, *On the Theory of Social Change* (Honewood, Illinois: The Dorsey Press, Inc., 1962); R.N. Bellah, *Religion and Progress in Modern Asia,* op. cit., etc.

27. Cf. M.J. Levy J., *Modernization and the Structure of Societies* (Princeton: Princeton University Press, 1966) Vols. I and II; अर्थशास्त्रियों के उपागमों को भी देखिए जो आधुनिकीकरण को उद्योगों में पूंजी सक्रियकरण (capital mobilization) तथा निवेश से पहचानते हैं। उदाहरणार्थ, W.W. Rostow, *The States of Economic Growth: A Non-Communist Manifesto* (Cambridge (Eng.): Cambridge University Press, 1960); Other theories of similar hue are reviewed by E. Hagen, op.cit.,

28. अनेक समाज वैज्ञानिकों द्वारा सामाजिक संरचना, संस्कृति तथा संसाधनों की 'आरम्भिक दशाओं' के महत्व पर जोर दिया गया है; यह आधुनिकीकरण के भविष्य तथा प्रतिमान को निर्धारित करता है। देखिए, M.J. Levy, JR., "Contrasting Factors in the Modernization of China and Japan", *Economic Growth: Brazil, India, Japan,* eds. Simon Kuznets, Wilbert E. Moore and Joseph J. Spengler (Durham, N.C.: Duke University Press, 1955) pp. 496-97; S.N. EISENSTADT, "Transformation of Social, Political and Cultural Orders in Modernization", op. cit.; G. Myrdal, *Asian Drama,* op. cit., Ch. 14.

29. Eisenstadt, Supra.

30. आधुनिकीकरण के अध्ययन में संरचनात्मक–प्रकार्यात्मक उपागम सबसे अधिक आम है। पारसंस, आइज़नस्टाट, एप्टर, शिल्स, मरियन जे.लेवी. जूनियर, आदि की उपरोक्त उद्धृत कृतियाँ इसके अच्छे उदाहरण हैं।

31. Cf. W.F. Wertheim, *East-West Parallels* (The Hague: W. Van Hague Ltd., 1968); also Irving L. Horowitz, *Three Worlds of Development* (New York: Oxford University Press, 1966).

32. Cf. Talcott Parsons, "Evolutionary Universals in Society", *American Sociological Review,* Vol. 29, No. 3, June 1964, pp. 339-357.

33. Cf. Bendix, Gusfield, Yogendra Singh, op. cit.,

34. Cf. I.L. Horowitz & Gunnar Myrdal, op.cit.,

35. देखिए, A.A. Zovorikine, "Some Problems of the Theory of Culture", *Socialist*

Digest, No.2, June, 1968, pp. 68, 96.

36. Talcott Parsons, "Evolutionary Universals in Society", op. cit., p. 339.

37. Ibid.

38. Ibid., pp. 339-40.

39. Ibid., pp. 341-356.

40. Gary L. Buck & Alvin L. Jacobson, "Social Evolution and Structural-functional Analysis: An Empirical Test", *American Sociological Review,* Vol, 33, No. 3, June, 1968, pp. 343-355.

41. बक एवं जैकबसन ने संचार, नातेदारी, प्रौद्योगिकी तथा सामाजिक स्तरीकरण को मापने के लिए निम्न सूचकों का प्रयोग किया है: संचार: (अ) भाषायी समरूपता; (ब) प्रति 100 व्यक्तियों पर दैनिक समाचार पत्र; (स) प्रति 100 व्यक्तियों पर रेडियो; (द) प्रति 100 व्यक्तियों पर टेलीविज़न; (ई) प्रति 100 व्यक्तियों पर यात्री व वाणिज्यिक वाहनों की संख्या। नातेदारी: (अ) गैर–सरकारी समूहों द्वारा हितों की अभिव्यक्ति; (ब) कुल कामगार शक्ति के अनुपात में बिना भुगतान वाले पारिवारिक कामगार। प्रौद्योगिकी: (अ) किलोवाट घंटों में प्रति व्यक्ति विद्युत उत्पादन (ब) कृषि में होने वाले सकल घरेलू उत्पाद (gross domestic product) का प्रतिशत; (स) उद्योग में श्रमशक्ति का प्रतिशत; (द) कृषि में श्रमशक्ति का प्रतिशत। स्तरीकरण: (अ) 15 वर्ष की आयु तथा इससे अधिक आयु की जनसंख्या में साक्षरता प्रतिशत; (ब) प्रति 1000 की जनसंख्या पर उच्च शिक्षा में नामांकित विद्यार्थी; (स) एक लाख या उससे अधिक की जनसंख्या वाले नगरों में रहने वाली जनसंख्या का प्रतिशत; (द) प्रथम व द्वितीय स्तर के विद्यालयों में नामांकन हेतु समन्वित विद्यालय अनुपात; तथा (इ) श्रम शक्ति विविधीकरण। देखिए, Buck and Jacobson, op. cit.

42. Gunnar Myrdal, *Asian Drama,* op. cit. p. 65.

43. Cf. Buck & Jacobson, op. cit.

44. Marion J. Levy, Jr. "Contrasting Factors in the Modernization of China and Japan", op. cit., pp. 496-536.

45. Ibid., pp. 499-524.

46. Eisenstadt, "Transformation of Social, Political, and Cultural Orders in Modernization", op. cit., p. 660.

47. Ibid., p. 661.

48. Ibid.

49. Herbert Normon, *Japan's Emergence as a Modern State* (New York: Institute of Pacific Relations, 1940).

50. Eisenstadt, Supra, p. 666.

51. William W. Lockwood, "The State and Economic Enterprise in Modern Japan", *Economic Growth: Brazil, India, Japan,* op. cit., p. 545.

52. Eisenstadt, Supra, p. 667.

53. Louis Dumont, "The Conception of Kinship in Ancient India", *Contributions to Indian Sociology,* eds. Dumont and David Pocock (Paris: Mouton and Co., 1962), No. VI., p. 75.

54. James Silverberg, op. cit. p. 116.

55. Cf. Articles *by* Andre Beiteille & T.B. Borromore in *Indian and Ceylon: Unity and Diversity,* ed. Philip Mason (London: Oxford University Press, 1967).

56. Gunnar Myrdal, *Asian Drama,* op. cit., Vol., pp. 563-575.

57. Myron Weiner, *The Politics of Scarcity,* op. cit.

58. Gunnar Myrdal, Supra, p. 278

59. S.N. Eisenstadt, "The Development of Socio-Political Centers at the Second Stage of Modernization –A Comparative Analysis of Two Types", *International Journal of Comparative Sociology,* Vol. VII, No. 1-2, March, 1966, pp. 125.

60. गुन्नर मिर्डल लिखते हैं: "इस प्रकार सिद्धान्त के तौर पर आमूल परिवर्तनवाद तथा व्यवहार में रूढ़िवाद का समन्वय, जिसके चिन्ह स्वतन्त्रता से पूर्व काँग्रेस में पहले से प्रतीत होते थे, शीघ्र ही भारतीय राजनीति के ढांचे में ढल गया। सामाजिक विधान ने वह दिशा तो दिखा दी जिसमें समाज को आगे बढ़ना था, परन्तु गति को निर्धारित किए बिना ही छोड़ दिया। इनमें से अनेक कानून जानबूझकर उदारवादी थे। दहेज, बाल विवाह, तथा अस्पृश्यता के प्रतिबंध में सरकार ने इसके कानून को सक्रिय रूप से लागू करने का प्रयास नहीं किया। जो कानून अनिवार्य थे या तो वे लागू ही नहीं किए गए अथवा उन्हें कानूनों की भावना एवं उद्देश्य के अनुरूप लागू नहीं किया गया।" *Asian Drama,* op. cit., p. 276.

61. Cf. N.V. Sovani, *Urbanization and Urban India* (Bombay: Asia Publishing House, 1966) Ch. I, pp. 1-13.

62. Cf. Myrdal & Horowitz, op. cit.

63. Myrdal, Supra, p. 119.

64. Ibid.

65. Ibid., p. 258.

66. Ibid., p. 278.
67. Ibid., p. 293.
68. Ibid., p. 295.
69. Myrdal, *Asian Drama,* Vol. III, op. cit., pp. 1847-1855.
70. Ibid., pp. 1855-60.
71. Ibid., pp. 1866-67 and pp. 1879-81.
72. Myrdal, Supra, pp. 34, 35.
73. Ibid., 115.
74. Cf. D. Apter, op.cit.
75. G. Myrdal, Supra, pp. 1901-2.
76. देखिए, the works of Bendix, Gusfield, Myrdal, etc., cited above.
77. Cf. Myrdal, op. cit.
78. Cf. R.N. Bellah, "Religious Evolution", *American Sociological* Review, Vol. 29, No. 3, June 1964, pp. 358-374.